国家出版基金项目
NATIONAL PUBLICATION FOUNDATION

國家出版基金項目

教育部哲學社會科學研究重大課題攻關項目

「十一五」國家重點圖書出版規劃項目·重大工程出版規劃

國家社會科學基金重大項目

北京大學「九八五工程」重點項目

儒藏

精華編八八冊
經部春秋類

儒藏

北京大學《儒藏》編纂與研究中心

《儒藏》精華編第八八册

首席總編纂　季羡林

項目首席專家　湯一介

總　編　纂　湯一介　龐　樸　孫欽善　安平秋（按年齡排序）

本册主編　姜廣輝　朱漢民

《儒藏》精華編凡例

一、中國傳統文化以儒家思想爲中心。《儒藏》爲儒家經典和反映儒家思想、體現儒家經世做人原則的典籍的叢編。收書時限自先秦至清代結束。

二、《儒藏》精華編爲《儒藏》的一部分，選收《儒藏》中的精要書籍。

三、《儒藏》精華編所收書籍，包括傳世文獻和出土文獻。傳世文獻按《四庫全書總目》經史子集四部分類法分類，大類、小類基本參照《中國叢書綜録》和《中國古籍善本書目》，於個别處略作調整。凡單書已收入入選的個人叢書或全集者，僅存目録，並注明互見。出土文獻單列爲一個部類，原件以古文字書寫者一律收其釋文文本。韓國、日本、越南儒學者用漢文寫作的儒學著作，編爲海外文獻部類。

四、所收書籍的篇目卷次，一仍底本原貌，不選編，不改編，保持原書的完整性和獨立性。

五、對入選書籍進行簡要校勘。以對校爲主，確定内容完足、精確率高的版本爲底本，精選有校勘價值的版本爲校本。出校堅持少而精，以校正誤爲主，酌校異同。校記力求規範、精煉。

六、根據現行標點符號用法，結合古籍標點通例，進行規範化標點。專名號除書名號用角號（《》）外，其他一律省略。

七、對較長的篇章，根據文字内容，適當劃分段落。正文原已分段者，不作改動。千字以内的短文一般不分段。

八、各書卷端由整理者撰寫《校點説明》，簡要介紹作者生平、該書成書背景、主要内容及影響，以及整理時所確定的底本、校本（舉全稱後括注簡稱）及其他有關情況。重複出現的作者，其生平事蹟按出現順序前詳後略。

九、本書用繁體漢字豎排，小注一律排爲單行。

《儒藏》精華編第八八册

經部春秋類

公羊傳之屬

公羊義疏五十一

句容陳立卓人著

成三年盡七年。

三年春，王正月，公會晉侯、宋公、衛侯、曹伯伐鄭。**疏**《穀梁》注云：「宋、衛未葬而自同於正君，故書公、侯以譏之。」

辛亥，葬衛繆公。**疏**《釋文》「繆，音穆」。《左氏》、《穀梁》作「穆」。詳《隱三年》。包氏慎言云：「正月書辛亥，据曆爲二月朔日。」按：如包氏所推，則爲過時而日，隱之也。

二月，公至自伐鄭。**疏**舊疏云：「《莊公六年》傳云：『得意致會，不得意致伐。』何氏云：『此謂公與二國以上也。』然則此言『公至自伐鄭』者，不得意故也。」《通義》云：「時諸侯次於伯牛，遣師東侵，鄭敗於丘輿，故以不得意致伐也。」舊疏又云：「《莊六年》注云：『皆例時。』今此書二月者，爲下甲子出也。」

甲子，新宮災。三日哭。**疏**包氏慎言云：「二月書甲子，月之十四日。」

新宮者何？宣公之宮也。**注**以無新宮，知宣公之宮廟。**疏**《穀梁傳》曰：「新宮者，❶禰宮也。」注：「謂宣公廟也。三年喪畢，宣公神主新入廟，故謂之新宮。」杜亦云：「三年喪畢，宣公神主新入廟，故謂之新宮。」范所本也。○注「以無」至「宮廟」。○《校勘記》云：「按：當作『以無新公』，乃合。魯桓公廟，謂之桓宮；僖公廟，謂之僖宮；煬公廟，謂之煬宮。魯無新公，故疑之而問也。」

宣宮，則曷爲謂之新宮？不忍言也。**注**親之精神所依而災，孝子隱痛，不忍正言也。謂之新宮者，因新入宮，易其西北角，示昭穆相繼，代有所改更也。**疏**《通義》云：「始入宮廟，未忍遽以神事，孝子之志也。」《穀梁傳》曰：「迫近不敢稱謚，恭

---

❶「者」下，原衍「何」字，據《穀梁傳注疏》删。

也。」注：「迫近，言親禰也。桓、僖遠祖，則稱謚。」○注「親之」至「言也」。○《穀梁》注云：「宫廟，親之神靈所憑居而遇災，故以哀哭爲禮。」故亦不忍正言其謚也。○注「謂之」至「更也」。○邵氏晉涵《爾雅正義》云：「《御覽》引舍人云：『古者徹屋西北厞以炊沐，汲者訖而復之。古謂之屋漏也。』《釋名》曰：『西北隅曰屋漏。禮，每有親死者，撤屋之西北隅薪，以爨竈煑沐，供諸喪用。時若值雨則漏，遂以名之也。』必取是隅者，禮既祭改設饌於西北隅。《喪大記》云：『甸人取所徹廟之西北厞薪，用爨之。』是劉熙所引之《禮》也。劉與舍人同義，唯曰雨漏訓屋漏爲增成其義爾。《詩疏》引孫炎云：『屋漏者，當室之白，日光所漏入。』按：《有司徹》云：『有司官徹饌於宫中西北隅。』鄭注云：『於此尸謖改饌，當室之白。』《曾子問》陽厭之事，『當室之白』，鄭注云：『得户明者也。』蓋西北隅爲幽隱之地，漏見日光，故爲當室之白，義本康成也。」按：《穀梁傳》「壞廟之道，❶易檐可也。」即謂易其西北角，當在祔廟時，與新死撤西北厞者，自是兩事。毛氏奇齡《春秋毛氏傳》云：「新主入廟，禮無明文。唯《春秋》吉禘在二十七月纖禘之後，以禫月遇吉祭，雖可以奉主祭廟，然猶是祔祖而不以妃配。必逾月吉禘，然後遷祖於禰廟，名曰新宫。今宣以十八年十月薨，則成二年十一月爲大祥，三年正月爲禫，至是二月，禫已逾月，正二十八月吉禘之際。其名新宫，當在吉禘後，已經遷主，故燬而哭之也。新宫即先公之宫。先公居五廟之末，名曰禰廟。伯禽以來，即已有之。雖名曰新宫，而實則舊廟。必待吉禘之日，將四親廟并祧合食大祖。及其臨徹，先迎高廟一位，隨諸祧主，還遷廟中。然後，逐隊隨三親歸，分高、曾、祖、禰而各入廟焉。是一日不吉禘，則一日不遷廟。一日不遷廟，則一日不易廟也。若謂『丹楹刻桷』，經稱『桓宫』，而此稱新，不稱宣，必非無故。則以丹楹刻桷在莊二十三年，此時已舊而不新，故稱桓耳。若初入廟，則未有不稱新者。不聞夏宗伯稱新鬼大乎？」按：此稱新宫，自以新入廟而災故，不忍正言。若丹楹刻桷，無所不忍，即在莊公初年，亦可正稱桓宫矣。**其言三日哭何？** **注** 据桓、僖宫災，不言三日哭。**疏** 注「据桓」至「日哭」。○鄂本「据」作「據」。

❶「壞」，原作「壤」，據《春秋穀梁傳注疏》改。

桓、僖宮災，見《哀三年》。❶廟災，三日哭，禮也。**注** 善得禮。痛傷鬼神無所依歸，故君臣素縞哭之。**疏**《穀梁傳》：「三日哭，哀也。其哀，禮也。」○注「痛傷」至「哭之」。○《白虎通·災變》云：❷「何以言災有哭也？《春秋》曰：『新宮災，三日哭。』傳：『必三日哭何也？禮也。』所以然者，宗廟先祖所處，鬼神無形體，曰今忽得天火，得無爲災所中？故哭也。」《禮記·檀弓》曰：「有焚其先人之室，則三日哭。故曰『新宮火，亦三日哭』。」注：「哭者，哀精神之有虧傷也。」故《曾子問》曰：「諸侯旅見天子，入廟門，不得終禮，廢者幾？孔子曰：『四。』請問之，曰：『太廟火。』」注：「太廟，始祖廟。宗廟皆然。《記》主於始祖言耳。」新宮災，何以書？記災也。**注** 此象宣公篡立，當誅絶，不宜列昭穆。成公幼少，臣威大重，結怨彊齊，將不得久承宗廟之應。**疏**《五行志上》云：「新宮災。《穀梁》以爲宣宮。❸不言謚，恭也。劉向以爲，時魯三桓子孫始執國政，宣公欲誅之，恐不能，使大夫公孫歸父如晉謀，未反，宣公死。三家譖歸父於成公。成公父喪未葬，聽讒而逐其父之臣，使奔齊，故天災宣宮，❹明不用父命之象也。一曰：三家親而亡禮，猶宣公殺子赤而立。亡禮而親，天災宣廟，欲示去三家也。董仲舒以爲，成居喪無哀戚心，數興兵戰伐，故天災其父廟，❺示失子道，不能奉宗廟也。一曰：宣殺君而立，不當列於群祖也。」《經義雜記》云：「按：《公羊》當從董說。天意以成失子道，不能奉宗廟，不如災之，欲成公之追念其父，寢兵息民也。若謂以宣篡立，故災之，則天何不誅之於未亡之先，而必欲災之於入廟之後乎？何注謂『臣威太重，結怨强齊』，則與宣廟無涉。《穀梁》當從劉說，謂成不能用父命，以誅三家。夫能用父命，方可謂之孝。天意若曰『爾不能聽父生前之命，安用死後之廟哉？不如災之』，庶成能感悟，追用父命，方可謂之

❶「哀」，原作「宣」，據《春秋公羊傳注疏》改。
❷「變」，原作「異」，據《白虎通》改。
❸「宮」，原作「公」，據《漢書》改。
❹「宮」，原作「廟」，據《漢書》改。
❺「廟」字，原脱，據《漢書》補。

孝。有禮而恭，非孝子之能事也。《檀弓》説申生自卒，而以爲恭世子。鄭康成云：『言行如此，可以爲恭，於孝則未之有。』余謂《公羊》、《穀梁》云『禮也』者，皆微詞以婉刺也。何休、杜預云『善得禮』，失經傳之旨，亦非董、劉之意也。至謂天欲去三家，故災宣廟以示之。雖天意昭昭，每因此以示彼，然較之不欲父命之説，似疏矣。」按：當以《五行志》「一曰」説爲正。臧氏謂「天何不誅之未亡之先，而必欲災之於入廟之後」。夫商臣弑父，尚未顯誅亂臣賊子，天雖昭報不爽，安能駢示之罰？適宣宮災，故《春秋》書以示戒也。傳云「禮也」，亦謂其三日哭，得處變之禮也，何有微文婉刺？其即譏貶宣、成，已於災著之矣。何氏謂「成公幼少」云云，係推言之爾。新宮爲廟之極親，故以不得久承宗廟爲戒也。《通義》云：「桓、宣皆篡立者，二公之宮並以災書於《春秋》。上本天道，下正人事，灼然著明，有若符契。」是也。舊疏云：「桓公亦篡立，不災其宫者，蓋以桓母言媵，次第宜立。隱公攝位，久不還，天示其變，隱猶不覺，是以《隱九年》：『三月癸酉，大雨震電。』何氏云：『此陽氣大失其節，猶隱公久居位，不返於桓，失其宜也。』然則桓正宜立，隱是左媵之子，據位失宜，而桓弑之，雖曰篡君，其罪差輕，是以不災其廟。豈若宣公，以庶篡嫡，其子失政，故災其宫矣。而《哀三年》『桓宫、僖宫災』者，彼是已毁後復立之，是不宜立，故天災之，不謂怒其篡隱也。」按：舊説亦泥。桓、宣同爲弑君，無分輕重。桓廟不災，或偶不災爾。天道遠，人道邇，天事焉能盡如人測乎？況桓公不終於齊，受害哲婦，天之報之者，不爲不憯矣，故不必更災其廟與？

乙亥，葬宋文公。

夏，公如晉。

鄭公子去疾率師伐許。

公至自晉。

秋，叔孫僑如率師圍棘。

棘者何？汶陽之不服邑也。**注**棘民初未服於魯。**疏**杜云：「棘，汶陽田之邑，在濟北蛇丘縣。」《大事表》云：「今當爲泰安府肥城縣地。」《水經注·汶水》篇：「汶水又西，溝水注之。水出東北馬山，西南流徑棘亭南。❶《春秋》成公三年，叔孫僑如圍棘，

❶「南」字，原脱，據《水經注》補。

南去汶水八十里。」《方輿紀要》：「在兖州甯陽縣西北。」○注「棘民」至「於魯」。○舊疏云：「言『初未服』者，欲言終服於魯矣。《公羊》之義，以圍爲不克之文，若其得之而言圍者，正謂當時未克，何妨終得之乎。」

其言圍之何？注 据國内兵不舉。疏 注「据國」至「不舉」。○舊疏云：「即《定八年》『公斂處父帥師而至』，經不書之，是也。」不聽也。注 不聽者，叛也。不言叛者，爲内諱，故書圍以起之。不先以文德來之，而便以兵圍之，當與圍外邑同罪，故言圍也。得曰取，不得曰圍。疏《左傳》：「取汶陽之田，棘不服，故圍之。」○注「不聽」至「起之」。○《易·艮·象傳》：「不拯其隨，未退聽也。」疏：「聽，從也。」故昭二十六年《左傳》「姑慈婦聽」，亦謂婦從也。不從故叛。成十二年《左傳》：❶「鄭伯如晉聽成。」注：「聽，猶受也。」❷不受成，亦即叛義。必内諱叛，故於書圍起之。○注「不先」至「圍之」。○《論語·季氏》云：「故遠人不服，則修文德以來之。」今不然，故譏之。舊疏云：「國内之兵，本自不書，而此書者，惡其失所，令與圍外邑同矣。」❸○注「得曰」至「曰圍」。○舊疏云：「取者，是得文，故言得曰取，即上文『取汶陽田』及《哀九年》『宋皇瑗帥師取鄭師於雍丘』之屬是也。不得曰圍者，即《定四年》『楚人圍蔡』之屬是也。」

大雩。注 成公幼少，大臣秉政，變亂政教。先是，作丘甲，爲鞌之戰，伐鄭圍棘，不恤民之所生。疏 注「成公」至「所生」。○作丘甲，見上元年。鞌之戰，見上二年。伐鄭圍棘，並見上。《桓五年》傳：「大雩者何？旱祭也。」注：「祭言大雩，大旱可知。」

晉郤克、衛孫良夫伐將咎如。疏《左氏》作「廧咎如」，《穀梁》作「牆咎如」。古將、牆皆从爿得聲，通。廧當是从牆之省聲也。《儀禮經傳通解續》引《書大傳·洛誥傳》「負廧而歌」。又《多士傳》「天子賁廧」，鄭注：「廧謂之庸。」又説「棘廧外閉之」，即《祭義》之「棘

❶「二」，原作「六」，據《春秋左傳注疏》改。
❷「猶」字，原脱，據《春秋經傳集解》補。
❸「令」，原作「會」，據《春秋公羊傳注疏》改。

牆」也。《詩・小雅・常棣》「兄弟鬩于牆」，《釋文》：「牆，本或作廧」是也。《左傳》曰「討赤狄之餘焉」，杜注：「廧咎如，赤狄別種潞氏，入廧咎如，故討之。」《大事表》云：「按：是年赤狄之種盡絶。」

冬，十有一月，晉侯使荀庚來聘。

衛侯使孫良夫來聘。

丙午，及荀庚盟。丁未，及孫良夫盟。**疏**包氏慎言云：「十一月書丙午、丁未，一爲閏月之朔日，一爲閏月之二日也。」

此聘也，其言盟何？**注**据不舉重，嫌生事，故此以輕問重也。**疏**注「据不」至「重也」。○舊疏云：「《春秋》之義，舉重略輕，即《莊十年》傳『戰不言伐，圍不言戰，入不言圍，滅不言入，書其重者也』是也。今聘、盟兩受命書，故云『不舉重』矣。『嫌生事』者，嫌是荀庚初受命但聘，至魯，生事而盟，故曰『嫌生事』也。『以輕問重』者，聘輕而盟重，即此傳云『此聘也，其言盟何』是也。」聘而言盟者，尋舊盟也。**注**尋，猶尋繹也。以不舉重，連聘而言之，知尋繹舊故約誓也。書者，惡之。《詩》曰：「君子屢盟，亂是用長。」二國既修禮相聘，不能相親信，反復相疑，故舉聘以非之。**疏**注「尋，猶尋繹也」。○《説文》「尋，繹理也」。繹猶絡繹不絶，故亦訓長。《廣韻》：「尋，長也。」《方言》：「尋，長也。海岱、大野之間曰尋，自關而西，秦、晉、梁、益之間，凡物長謂之尋。」是也。哀十二年《左傳》：「若可尋也。」《禮疏》引賈逵注：「尋，温也。」服注同。杜云：「重也。」皆與尋繹義相足。《左傳》兩言「且尋盟」，與此同。范云「此先聘而後盟，故不言來盟也」是也。○注「以不」至「誓也」。○舊疏云：「若其特結約誓，當但舉重，即《文十五年》：『宋司馬華孫來盟。』《宣七年》『衛侯使孫良夫來盟』之屬，皆因聘爲之，不言聘而言盟，故知特結盟。此則言聘又言盟，故知非特結盟，而尋繹舊事盟矣。」❶○注「書者」至「非之」。○《解詁箋》云：「來盟者，亦先行聘，此所聞世詳録之，故不舉重，惡屢盟也。」按：言亦所聞世，宋華孫、

❶「舊事」下，原衍「無」，據《春秋公羊傳注疏》刪。

衛孫良夫何不詳録之與？「君子屢盟」二語，《詩・小雅・巧言》文。《毛傳》：「凡國有疑，會同則用盟而相要也。」箋云：「屢，數也。盟之所以數者，由世衰亂，多相背違。時見曰會，殷見曰同。非此時而盟謂之數。」此修禮相聘，復有疑貳而盟，故並舉以見其非。《解詁箋》云「皆日，亦惡不信」是也。

鄭伐許。注謂之鄭者，惡鄭襄公與楚同心，數侵伐諸夏。自此之後，中國盟會無已，兵革數起，夷狄比周爲黨，故夷狄之。疏注「謂之」至「狄之」。○《左傳疏》引賈逵云：「鄭小國，與大國爭諸侯，仍伐許。不稱將帥，夷狄之，刺無知也。」范甯云：「鄭從楚而伐衛之喪，又叛諸侯之盟，故狄之。」《穀梁》昭十二年：「晉伐鮮虞。」傳：「不正其與夷狄交伐中國，故狄稱之。」此《定四年》傳：「吴何以不稱子，反夷狄也。」是皆以不稱爵爲狄之也。《繁露・竹林》云：「《春秋》曰：『鄭伐許。』奚惡於鄭而夷狄之也？曰：『衛侯速卒，鄭師侵之，是伐喪也。鄭與諸侯盟于蜀，以盟而歸，諸侯於是伐許，是叛盟也。伐喪無義，叛盟無信，無信無義，故大惡之。』」按：鄭自宣十二年後，敗晉圍宋，執解揚，致諸夏弱，蠻楚强，皆鄭爲之，不徒伐喪叛盟也。

四年春，宋公使華元來聘。

三月壬申，鄭伯堅卒。疏《釋文》「堅」作「臤」，云：「苦刃反。本或作堅。」按：舊疏云：「《左氏》作堅字，《穀梁》作賢字，今定本亦作堅字。」則疏本亦作臤，與《釋文》同也。今《穀梁》亦作堅，又後人据《左氏》改矣。《九經古義》云：「《公羊》作臤，《穀梁》作賢，本一字也。《説文》云：『臤，古文以爲賢字。』漢《潘乾校官碑》云：『親臤寳智。』《三老袁良碑》云：『優臤之寵。』今文《盤庚》云『優賢揚歷』，見《三國志注》。是優臤即優賢也。《玉篇》又引作㣐。㣐與堅同。臤亦爲古文堅字。堅又與賢通。《東觀漢記》云『陰城公主名賢得』，《續漢書・天文志》作『堅得』。疑古堅字、賢字，皆省作『臤』。《公羊》从古文作『臤』，《穀梁》以爲『賢』，《左氏》以爲『堅』，師讀各異故也。」按：《説文》：「臤，堅也，从又臣聲，讀若鏗鏘之鏗。」知古文臤、堅、賢三字通也。《玉篇》之「㣐」，當是「㣐」字之誤。《釋名・釋采帛》云：「絹，絚也，其絲絚厚而疎也。」畢氏沅《疏證》云：「今本絚，皆

作絙，謁。」段云：「絙，古堅字，當从系臣聲。」是也。包氏慎言云：「三月書壬申，月之二十八日。」

杞伯來朝。

夏四月，甲寅，臧孫許卒。**疏**包氏慎言云：「四月書甲寅，四月無甲寅，五月之十一日也。」

公如晉。

葬鄭襄公。

秋，公至自晉。

冬，城運。**疏**《左氏》作「鄆」。下《五年》：「秋，大水。」注作「城鄆」。《左氏正義》引《釋例·土地名》云：「魯有二鄆。《文十二年》：『城諸及鄆。』杜云：『此東鄆，莒、魯所争者。城陽姑幕縣南有員亭。或曰鄆即員也。』《成十六年》傳：『晉人執季孫文子，公待於鄆。』杜云：『此西鄆，昭公所出居者。東郡廩丘縣東有鄆城。』然則此爲公欲叛晉，而城鄆以爲備，當西鄆也。」《大事表》云：「今在山東曹州府鄆城縣東六十里。鄆自唐季爲戰争要地。」馬氏宗槤《左傳補注》云：「《釋例》以此爲西鄆，非是。此爲莒、魯所争之東鄆。《郡國志》：『琅邪東莞有鄆亭。』槤按：鄆近費，故爲季氏邑。《漢·五行志》：『成公五年秋，大水。董仲舒、劉向以爲，時成幼弱，政在大夫。前此一年，再用師，明年復城鄆，以彊私家。』師古注『鄆，季氏邑』是也。」

鄭伯伐許。**注**未踰年君稱伯者，時樂成君位，親自伐許，故如其意，以著其惡。**疏**注「未踰」至「其惡」。○《莊三十二年》傳云：「君存稱世子，君薨稱子某，既葬稱子，踰年稱公。」故《僖二十五年》：「夏，衛侯燬卒。秋，葬衛文公。」冬書「衛子」是也。本年：「三月，鄭伯臤卒。」此書「鄭伯」稱爵，故解之。《通典》引《五經異義》：「諸侯未踰年出朝會與不出會何稱？❶《春秋公羊》説云：『諸侯未踰年，不出境，在國中，稱子。以王事出，亦稱子。非王事而出會同，安父位，不稱子。鄭伯伐許，未踰年，以本爵，譏不子也。』《左氏》説，『諸侯未踰年，在國内稱子。以王事出則稱爵，詘於王事，不敢伸其私恩，「鄭伯伐許」是也』。謹案：《春秋》不得以家事辭王事。❷諸侯蕃衛

❶「出」，原作「朝」，據《通典》改。
❷「得」字，原脱，據《通典》補。

之臣，雖未踰年，以王事，稱爵是也。」「鄭駮之云：昔武王卒父業，既除喪，至孟津之上，猶稱大子者，是爲孝也。今未除喪而出稱爵，是與武王義反矣。《春秋》僖九年：『春，三月丁丑，宋公禦説卒。夏，公會宰周公、齊侯、宋子、衛侯、鄭伯、許男、曹伯于葵丘。』宋子即未踰年君也，出與天子大夫會，非王事而稱子耶。」是鄭用《公羊》義也。《曲禮下》正義：「《公羊》凡以王事出會，未踰年，皆稱子。《僖九年》『會于葵丘』，宋襄公稱子。《僖二十八年》『會于踐土』，陳共公稱子。《定四年》『會召陵』，陳懷公稱子。若未踰年，非王事稱爵，皆譏爾。《成四年》『鄭伯伐許』是也。《左氏》之義，凡在喪，王曰小童，公侯曰子，宋襄公、陳共公稱子是也。其王事出會，則稱爵，『鄭伯伐許』是也。按：《桓十三年》經書衛侯爲惠公，《成三年》經書宋公、衛侯，時宋文公、衛穆公未葬，此並先君未葬而稱爵者。賈、服注譏其不稱子。《僖二十五年》『會衛子、莒慶盟于洮』，時先君已葬，衛成公猶稱子。服虔云：『明不失子道。』成十年晉侯伐鄭，時厲公父景公疾未薨，而厲公出會稱爵，譏其生代父位也。」然則《左氏》先師皆不以在喪稱爵爲禮，與《公羊》同。《異義》所載《左氏》説，不知何人臆見，致杜預輩得以彌縫其無父無君之見，故鄭駮從《公羊》，爲不易之論也。《繁露·竹林》云：「問者曰：是君死，其子未踰年，有稱伯不子，法辭其罪何？曰：先王之制，有大喪者，三年不呼其門，順其志之不在事也。《書》云：❶『高宗諒闇三年不言。』居喪之義也。今縱不能如是，奈何其父卒未踰年，即以喪舉兵也。《春秋》以薄恩且施失其子心，故不復得稱子，謂之鄭伯，以辱之也。且其先君襄公伐喪叛盟，得罪諸侯，諸侯怒之未解，惡之未已。繼其業者，宜務善以覆之，今又重之，❷無故居喪以伐人。父伐人喪，子以喪伐人。父加不義於人，子施失恩於親，❸以犯中國。是父負故惡於前，已起大惡於後，諸侯果怒而憎之，卒而俱至，謀共擊之。鄭乃恐懼，去楚而成蟲牢之盟是也。楚與中國俠而擊之，鄭罷敝危亡，終身愁辜。吾本其端，無義而敗，由輕心然。孔子曰：『道千乘之國，敬事而信。』知其爲得失之大也，故敬而慎之。今鄭伯既無子恩，又不熟計，一舉兵不

❶「書」，原作「詩」，據《春秋繁露》改。
❷「之」，原作「以」，據《春秋繁露》改。
❸「失」，原作「其」，據《春秋繁露》改。

當，被患不窮，自取之也。是以生不得稱子，去其義也。死不得書葬，見其罪也。曰：有國者視此。行身不放義，興事不審時，其如此爾。」此《公羊》先師舊義，故何氏依用之焉。

五年春，王正月，杞叔姬來歸。注始歸不書，與郯伯姬同。疏注「始歸」至「姬同」。○《宣十六年》：「郯伯姬來歸。」注：「嫁不書者，爲媵也。來歸書者，後嫡也。棄歸例，有罪時，無罪月。」則今書月，爲無罪文也。《穀梁傳》：「婦人之義，嫁曰歸，反曰來歸。」杜云：「出也。」上年《左傳》云「杞伯來朝，歸叔姬故也」是也。《禮記・雜記》云：「諸侯出夫人，夫人比至於其國，❶以夫人之禮，行至以夫人入。」注：「行道以夫人之禮者，棄妻致命其家乃義絶，不用此爲始。」❷故仍繫杞也。《禮疏》引《易・同人》六二鄭注云：❸「天子諸侯后夫人無子不出，則猶有六出也。」其天子之后雖失禮亦不出，故《禮記疏》引《鼎》初六鄭注云：「嫁於天子，雖失禮，無出道，廢遠而已。若其無子，不廢遠之，后尊如故。其犯六出則廢之。」此與郯叔姬，其皆犯六出與？

仲孫蔑如宋。

夏，叔孫僑如會晉荀秀于穀。疏《左氏》作「荀首」，《穀梁》同。按：秀、首同部叚借字。

梁山崩。

梁山者何？河上之山也。疏《校勘記》云：「《唐石經》、鄂本、閩本同。監、毛本『河』作『江』，誤也。」《穀梁》注：「梁山，晉之望也。」杜云：「在馮翊夏陽縣北。」《經義述聞》云：「此梁山，非《詩》之梁山也。《詩》之梁山，在涿郡良鄉縣北，乃㶟水所經，去河甚遠，不得云『梁山崩，壅遏河水，三日不流』。其韓城在涿郡方城縣，與燕甚近，故《詩》曰『溥彼韓城，燕師所完』，非在晉地之韓也。此梁山則在馮翊夏陽縣西北，臨於河上，故梁山崩，壅河三日不流也。夏陽，《春秋》之梁國，亦非韓也。自康成箋《詩》始誤以『奕奕梁山』

❶「其」字，原脱，據《禮記注疏》補。
❷「用」，原作「甲」，據《禮記注疏》改。
❸「易同人六二」五字，原在「禮疏」上，今據上下文意及《禮記正義》乙正。

爲夏陽之山，又誤以韓城爲晉所滅之韓國，而隋人遂改夏陽爲韓城縣。楊氏不能糾正而承用之，疏矣。」按：《爾雅·釋山》：「梁山，晉望也。」郭注：「晉國所望祭者，今在馮翊夏陽縣西北。」《漢書·地理志》左馮翊夏陽縣：「《禹貢》梁山在西北。」今梁山在同州府郃陽、韓城二縣境。《大事表》「梁山在今陝西同州府韓城縣西北九十里。《詩》『奕奕梁山，惟禹甸之』。本爲韓國鎮山，晉滅韓，其地屬晉。」仍本鄭義，以《詩》之梁山，即此之梁山也。《水經注》云：「河水又南徑梁山原，《公羊傳》所謂『河上之山也』。」《一統志》：「梁山在同州韓城西十九里，與郃陽縣接界。」《通義》云：「梁山不繫國者，與沙鹿同義。」**梁山崩，何以書？記異也。何異爾？大也。何大爾？梁山崩，壅河三日不沶。**注故不日以起之。不書壅河者，舉崩大爲重。疏《校勘記》云：「壅河三日不沶，《唐石經》、諸本同。《釋文》：『壅河，於勇反，沶音流。』按：《釋文》當本作『雍』，今从土，當後人所加。」《穀梁傳》：「梁山崩，壅遏河三日不流。」又：「輦者對曰：『壅遏河三日不流。』」彼《釋文》：「壅遏，於勇反，下於葛反。」《經義雜記》曰：「《公羊傳》『壅河三日不沶』，無『遏』字。壅、遏義同，不當複見。傳又云：『天有山，天崩之。❶天有河，天壅之。』❷亦有『壅』無『遏』，疑二『遏』皆衍文，或本爲注義，誤入傳中。《漢書·五行志》：『《穀梁傳》曰：廱河三日不流。』則西漢儒所据《穀梁》無『遏』字。陸德明爲『遏』作音，是唐初本已衍矣。」《釋文》：「沶，音流。」《通義》：「沶，古流字。」《水經注·河水》篇：「河水又南逕梁山原東南，出至河，晉之望也，在馮翊夏陽縣之西，臨於河上。山崩，壅河三日不流。晉使以此問伯宗，即是處也。《春秋穀梁傳》曰『成公五年，梁山崩，遏河水三日不流。』」以「遏」代「壅」，知不得壅、遏兼有也。○注「故不日以起之」。○舊疏云：「謂起其三日不沶也，則但一日，不可不書日矣。若無所起，例當書日，即《僖十四年》『秋，八月辛卯，沙鹿崩』是也。」**外異不書，**疏舊疏云：「正以文十一年長狄之齊、❸晉，不書故也。」**此何以**

❶「天」，原作「山」，據《春秋穀梁傳注疏》改。
❷「天」，原作「山」，據《春秋公羊傳注疏》改。
❸「狄」，原作「秋」，據《春秋公羊傳注疏》改。

書？爲天下記異也。**注**山者陽精，德澤所由生，君之象。河者四瀆，所以通道中國，與正道同。記山崩壅河者，此象諸侯失勢，王道絶，大夫擅恣，爲海内害。自是之後，六十年之中，弑君十四，亡國三十二。故溴梁之盟，徧刺天下之大夫。

疏注「山者」至「内害」。○《校勘記》出「與正道同」，云：「閩、監、毛本同，鄂本『正』作『王』。」按：紹熙本「正」作「王」。《爾雅・釋水》云：「江、河、淮、濟爲四瀆。」《五行志下之上》：「梁山崩，《穀梁傳》曰：『廱河三日不流。』晉君帥群臣而哭之，迺流。劉向以爲，山陽，君也。水陰，民也。天戒若曰：君道崩壞，下亂，百姓將失其所矣。哭，然後流，喪亡象也。梁山在晉地，自晉始而及天下也。後晉暴殺三卿，厲公以弑。溴梁之會，天下大夫皆執國政。其後，孫、甯出衛獻，三家逐魯昭，單、尹亂王室。❶董仲舒説略同。劉歆以爲，梁山，晉望也。崩，弛崩也。古者三代命祀，祭不越望，❷吉凶禍福，不是過也。國主山川，山崩川竭，亡之徵也。美惡周必復，是歲歲在鶉火，至十七年復至鶉火。樂書、中行偃殺厲公而立悼公。」按：劉歆專主晉説。董仲舒、劉向説與爲天下記異義合。《通義》云：「山者高大，尊道也。河者，所以宣通潤澤。此象君位陵遲，德澤壅遏。自是之後，禮樂征伐自大夫出，徧於天下。」按：《博物志》云：「山崩川溢，臣盛君衰。《詩》云：『百川沸騰，山冢崒崩。高岸爲谷，深谷爲陵。』小人握命，君子陵遲，大亂之道也。」義通於此。《漢書・劉向傳》曰：「天變見於上，地變動於下。水泉沸騰，山谷易處。」謂此。《水經注》引《考異郵》云：「河者，水之氣，四瀆之精也，所以流化。❸故曰『河潤千里』。此壅之不流，故爲王道將絶之象。」劉、董取象於民，不若何氏爲允。○注「自是」至「十二」。○舊疏云：「《春秋説》文。若對經數之，從今以後，訖於六十年，則不及此數。自今盡昭十六年，弑君止十，亡國止九。然則《春秋》書遂其可書者矣。《説》文舉者，悉言之，是以多少異爾。

❶「尹」，原作「劉」，據《漢書》改。
❷「望」，原作「境」，據《漢書》改。
❸「化」，原作「地」，據《水經注》改。

或者此注誤也。」舊疏又云：「弑君十四者，襄二十五年，齊崔杼弑其君光，吴子門于巢，爲巢人所弑；二十六年，衛甯喜弑其君剽；二十九年，閽弑吴子餘祭；三十年，蔡世子般弑其君固；三十一年，莒人弑其君密州；昭八年，陳招殺偃師；十一年，楚子殺蔡侯般；十三年，楚公子比弑其君虔，楚公子棄疾弑公子比，是也。亡國止九者，成十七年，楚滅舒庸；襄六年，莒人滅鄫，齊侯滅萊；十年，遂滅偪陽；十三年取詩；二十五年，楚滅舒鳩；昭四年遂滅厲；八年，楚滅陳；十三年滅蔡是也。」按：《成十八年》「晉弑其君州蒲」，又《襄七年》：「鄭伯髡頑卒于操。」傳云：「弑也。」《昭元年》「楚子卷卒」，《左傳》以爲圍所弑。數楚虔殺蔡侯般，則昭十六年楚殺戎曼子，亦宜列入。是十四也。其亡國，《春秋》不見者多矣，何氏或別有所見，或有誤字也。○注「故溴」至「大夫」。○《校勘記》云：「溴梁，監、毛本同，誤也，鄂本、閩本作『湨』。《釋文》：『湨，苦闃反。』當據正。」《襄十六年》：「公會晉侯以下于湨梁。戊寅，大夫盟。」傳：「諸侯皆在是，其言大夫盟何？信在大夫也。何言乎信在大夫？偏刺天下之大夫也。曷爲偏刺天下之大夫？君若贅旒然」是也。

秋，大水。**注** 先是，既有丘甲，鞌、棘之役，又重以城鄆，民怨之所生。**疏** 注「先是」至「所生」。○《五行志上》「成公五年秋，大水。董仲舒、劉向以爲，時成幼弱，政在大夫。前此一年，再用師。明年，復城鄆以彊私家。仲孫蔑、叔孫僑如顓會宋、齊，陰勝陽。」按：彼引《五行傳》曰：「簡宗廟，不禱祠，廢祭祀，逆天時，則水不潤下。」説曰：水，北方，終成萬物者也。❶其於人道，命終而形藏，精神放越，聖人爲之立廟，以收魂氣。春秋祭祀，以終孝道。王者即位，必郊祀天地，禱祈神祇，望秩山川，懷柔百神，亡不宗事，慎其齊戒，致其嚴敬。鬼神歆饗，多獲福助，此聖王所以順事陰氣，和神人也。至發號施令，亦奉天時。❷十二月咸得其氣，❸則陰陽調而終始成。如此，則水得其性矣。若乃不敬鬼神，致令逆時，則水失其性，霧水暴出，百川逆溢，壞鄉邑，溺人民，及淫雨傷稼穡，是爲水

❶「者」，原作「成」，據國學本及《漢志》改。
❷「奉」，原作「泰」，據國學本及《漢志》改。
❸「咸」，原作「成」，據國學本及《漢志》改。

不潤下。」時魯方謀立武宮，故有簡宗廟之戒也。此專主立武宮示異，與董、劉、何皆殊。《通義》云：「時謀立毀廟，故有簡宗廟之戒。魯人不悟，卒蹈失禮也。」按：作丘甲，見上《元年》。鞌之戰，見上《二年》。圍棘，見上《三年》。城鄆，見上《四年》。按：但謀立武宮，天即示以大水傷害稼，天心仁愛，恐不如是。設謀而不立，此異將何屬？當以董、劉、何三家爲正。

冬，十有一月己酉，天王崩。 注 定王。 疏 包氏慎言云：「冬十一月書己酉，月之十五日。」○注：「定王。」○《周本紀》：「定王二十一年崩，子簡王夷立。」不書葬，故注明之。

十有二月己丑，公會晉侯、齊侯、宋公、衛侯、鄭伯、曹伯、邾婁子、杞伯，同盟于蟲牢。 注 約備彊楚。 疏 包氏慎言云：「十二月書己丑，月之二十六日。」杜云：「蟲牢，鄭地。陳留封丘縣北有桐牢。」《大事表》云：「今桐牢亭在開封府封丘縣北三里。」《續漢志》：「封丘有桐牢亭，或曰古蟲牢。」《寰宇記》：「桐牢亭在開封府封丘縣北二里。」《一統志》：「今俗謂之桐渦。」○注「約備彊楚」。○《左傳》云：「同盟於蟲牢，鄭服也。」蓋服鄭兼以備楚，故《繁露·竹林》云：「鄭乃恐懼而成蟲牢之盟。」兼《左氏》義也。董生所据《公羊》或作「蟲牢」。時晉、楚方爭鄭，鄭自宣十二年後，此始與中國盟，故約以備楚也。

六年春，王正月，公至自會。 注 月者，前魯大夫獲齊侯，今親相見，故危之。 疏 注「月者」至「危之」。○舊疏云：「致例時。《桓二年》『冬，公至自唐』、《僖二十六年》『冬，公至自伐齊』、《哀十三年》『秋，公至自會』是也。今此書月，故解之。前魯大夫獲齊侯者，即上二年鞌戰時也。言今親相見者，即上五年『冬，公會晉侯、齊侯以下蟲牢』是也。」

二月辛巳，立武宮。 疏 包氏慎言云：「二月經書辛巳，月之十八日。」

武宮者何？武公之宮也。 注 在《春秋》前。 疏 注「在春秋前」。○《禮記疏》引《世本》云：「伯禽生煬公熙，熙生弗，弗生獻公具，具生武公敖。」按：《魯世家》：「伯禽卒，子考公酉立。卒，立弟熙，是

爲煬公。卒，子幽公宰立。幽公弟濆殺幽公而自立，是爲魏公。卒，厲公擢立。卒，立其弟具，是爲獻公。卒，子真公濞立。卒，弟敖立，❶是爲武公。」蓋《世本》引不具也。是在《春秋》前也。沈氏欽韓云：「以《明堂位》證之，武宮或是武公之廟。《明堂位》武世室也，《文十三年》傳：❷『世室，言世世不毁也。』」立者何？

不宜立也。**疏** 舊疏云：「亦有直云：『不宜立』，無在上『立者』二字也。」立武宮，非禮也。**注** 禮，天子諸侯立五廟。受命始封之君立一廟，至於子孫，過高祖，不得復立廟。周家祖有功，尊有德，立后稷、文、武廟，至於子孫，自高祖已下而七廟。天子卿大夫三廟，元士二廟。諸侯之卿大夫比元士，二廟。諸侯之士一廟。立武宮者，蓋時衰多廢人事而好求福於鬼神，故重而書之。臧孫許伐齊有功，故立武宮。**疏** 注「天子」至「七廟」。○《禮記·喪服小記》云：「王者禘其祖之所自出，以其祖配之，而立四廟。」注：「高祖以下與始祖而五。」又《王制》：「天子七廟。三昭三穆，與太祖之廟而七。」注：「此周制。七者，太祖及文王、武王之祧與親廟四。大祖后稷。❸殷則六廟，契及湯與二昭二穆。夏則五廟，無太祖，禹與二昭二穆而已。」《正義》：「按：《禮緯稽命徵》云：❹『唐、虞五廟，親廟四，始祖廟一。夏四廟，至子孫五。殷五廟，至子孫六。』《鉤命決》云：『唐堯五廟，親廟四與始祖五。禹四廟，至子孫五。殷五廟，至子孫六。周六廟，至子孫七。』鄭据此爲説，故謂七廟周制也。周所以七者，以文王、武王受命，其廟不毁，以爲二祧，并始祖后稷，及高祖以下親廟四，故爲七也。」《獨斷》云：「天子七廟，三昭三穆與太祖之廟七。諸侯二昭二穆，與太祖而五。」未分別二祧在内與否。《漢書·韋玄成傳》：「玄成等四十四人議奏曰：❺『禮，王者始受命，諸侯始封之君，

❶「弟」，原作「子」，據《史記》改。
❷「三」、「傳」，原作「五」、「注」，據《春秋公羊傳注疏》改。
❸「大」，原作「入」，據《禮記注疏》改。
❹「徵」，原作「嘉」，據《禮記注疏》改。
❺下「四」字，原作「八」，據《漢書》改。

皆爲太祖，以下五廟而迭毀。毀廟之主，藏於太祖。《祭義》曰：「王者禘其祖自出，以其祖配之，而立四廟。」言始受命而王，祭天以其祖配，而不爲立廟，親盡也。立親廟四，親親也。親盡而迭毀，親疏之殺，示有終也。周之所以七廟者，以后稷始封，文王、武王受命而王，是以三廟不毀，與親廟四而七。非有后稷始封，文、武受命之功者，皆當親盡而毀。成王成二聖之功業，制禮作樂，功德茂盛，猶不世，以行爲謚而已。」是鄭、何與韋玄成同也。按：玄成謂始祖不爲立廟，蓋指夏殷禮，與鄭小異。《王制》疏引《聖證論》王肅難鄭云：「周之文、武，受命之王，不遷之廟，權禮所施，非常廟之數。殷之三宗，宗其德而存其廟，亦不以爲數。凡七廟者，皆不稱周室。《禮器》云：『有以多爲貴者，天子七廟。』孫卿云：『有天下者事七世。』又云：『自上以下，降殺以兩。』今使天子諸侯立廟，並親廟四而止，❶則君臣同制，尊卑不別。禮，名位不同，禮亦異數，況其君臣乎？又《祭法》云『王下祭殤五』，及五世來孫。則下及無親之孫，而祭上不及無親之祖，不亦詭哉？《穀梁傳》曰：『天子七廟，諸侯五。』《家語》云：子羔問尊卑立廟制，孔子云：『禮，天子立七廟，諸侯立五廟，大夫立三廟。』又云：『遠廟爲祧，有二祧焉。』又儒者難鄭云：『《祭法》：遠廟爲祧。鄭注《周禮》云：遷主所藏曰祧。違經正文。』鄭又云：『先公之主藏於后稷之廟，先王之主藏於文、武之廟。』便有三祧，何得《祭法》云有二祧。」馬昭難王云：「按：《喪服小記》王者立四廟。又引《禮緯》『夏無太祖，宗禹而已』，則五廟。殷人祖契而宗湯，則六廟。周尊后稷，宗文王、武王，則七廟。自夏及周，少不減五，多不過七。《禮器》云：『周旅酬六尸』，一人發爵，則周七尸，七廟明矣。今使文、武不在七數，既不同祭，又不享嘗，豈禮也哉。故漢侍中盧植説云：『二祧，謂文武。』《曾子問》：『當七廟無虛主。』《禮器》『天子七廟』，堂九尺。《王制》：『七廟。』盧植云：『皆據周言也。』《穀梁傳》：『天子七廟。』尹更始説天子七廟，據周也。《漢書》韋玄成等云：『周以后稷始封，文王受命。』《石渠論》、《白虎通》云：『周以后稷、文、武特七廟。』張融謹按：《周禮・守祧職》，奄八人。❷女祧每廟二人。自太廟以下與文、武及親廟四，

❶「並」，原作「蓋」，據《禮記注疏》改。

❷「八」字，原脱，據《周禮注疏》補。

用七人，姜嫄廟用一人，適盡。若除文、武，則奄少二人。《曾子問》孔子説周事而云：『七廟無虚主。』若王肅數高祖之父、高祖之祖廟，與文、武而九，主當有九，孔子何云『七廟無虚主』乎？故云以《周禮》孔子之言爲本，《穀梁》説及《小記》爲枝葉，韋玄成《石渠論》、《白虎通》爲證驗，七廟之説爲長。且天子七廟者，有其人則七，無其人則五。若諸侯廟制，雖有其人，不得過五。則此天子、諸侯七五之異也。王肅云『尊卑同制，君臣不别』，其義非也。『王下祭殤五』者，非是别立殤廟。七廟外親盡之祖，禘祫猶當祀之，而王肅云『下祭無親之孫，❶上不及無親之祖』，又非通論。且《家語》，先儒以爲肅之所作，未足可依。《禮疏》又云：『周禮惟存后稷之廟不毁。』《昭七年》傳云：『余敢忘高圉、亞圉』，注云：『周人不毁其廟，報祭之。』似高圉、亞圉亦不毁者。此其不合鄭説，故馬融説云：『周人所報而不立廟。』」此馬昭、張融、孔穎達申鄭難之説也。按：匡衡《告謝毁廟》曰：「天序五行，人親五屬。天子奉天，率其意而尊其制。是以禘嘗之序，靡有過五。受命之主，躬接於天，萬世不墮。繼烈以下，五廟而遷。」師古曰：「五屬，謂同族之五服：斬衰、齊衰、大功、小功、緦麻也。」据衡之言，則廟制緣於服制。聖人不爲無服之人制制，亦不爲無服之人立廟，有斷然者。匡衡、韋玄成皆在緯學未興之先，則孔氏引緯文釋鄭注，猶未當也。尹更始、盧植等皆以七廟專爲周制，而王肅之徒又以殷周同七廟，据僞古文《咸有一德》「七世之廟，可以觀德」爲證。《吕氏春秋》引《商書》曰：「五世之廟，可以觀怪。」此秦火以前之書也，則殷不七廟明矣。哀帝時，劉歆議孝文、孝武皆有功德於世，當如《周禮》立七廟，其議曰：「高帝建大業，爲太祖。孝文皇帝德至厚也，爲文太宗。孝武皇帝功至著也，爲武世宗。《禮記·王制》及《春秋穀梁傳》：『天子七廟，諸侯五，大夫三，士二。天子七日而殯，七月而葬。諸侯五日而殯，五月而葬。』此喪事尊卑之序也，於廟數相應，其文曰：『天子三昭三穆，與太祖之廟而七。諸侯二昭二穆，與太祖之廟而五。』故德厚者流光，德薄者流卑。《春秋左氏傳》曰：『名位不同，禮亦異數。』自上以下，降殺以兩。』禮也。七者，其正法數，可常數者也。宗不在此數中。宗，變也。苟有功德則宗之，不可預爲設數。以七廟言之，孝武皇帝未

❶「下」，原作「上」，據《禮記注疏》改。

宜毁；以所宗言之，則不可謂無功德。凡在異姓，猶將特祀之，況於先祖。或説天子五廟無見文，又説中宗、高宗者，宗其道而毁其廟，名與實異，非尊德貴功之意也。迭毁之禮，自有常法。祖宗之序，多少之數，經傳無明文。至尊至重，難以疑文虚説定也。」是歆以殯葬日月之數爲七廟之制，與五廟五屬之説異。此王肅所本。其實劉歆所据「天子七日而殯，七月而葬」及「降殺以兩」，皆《左氏》説，周制也。云「天子五廟，無見文」。又曰「祖宗之序，多少之數，經傳無明文」。是歆以五廟之説無明文，因定用五廟之制，亦未以五廟爲非也。且劉亦不以周以前皆七廟也。蓋降殺以兩，等威之别，至周始嚴。周有七廟，若遂定爲歷代定制，豈其然乎？九廟之説，新莽亂制，王肅據以與鄭立異，忘其爲聖門之亂臣賊子矣。即如諸侯五廟，魯以伯禽爲始祖，而有周公之廟，得謂諸侯皆六廟乎？鄭有厲王之廟，得謂諸侯皆立其所自出之廟乎？○注「天子」至「二廟」。○《王制》云：「大夫三廟，一昭一穆，與太祖之廟而三。」注：「太祖，别子始爵者。《大傳》曰『别子爲祖』，謂此。雖非别子，始爵者亦然。」《正義》曰：「非别子始爵者，有數條。一是别子初雖身爲大夫，中間廢退，至其遠世子孫始得爵命者，則以爲太祖。别子不得爲太祖也。二是别子及子孫不得爵命者，後世始得爵命，自得爲太祖。三是全非諸侯子孫，異姓爲大夫者，及它國之臣，初來任爲大夫者，亦得爲太祖。」然則《王制》以太祖與一昭一穆爲三，而《祭法》云：「大夫立三廟，曰考廟，曰王考廟，曰皇考廟。」注：「非别子，故知祖考無廟。」與《王制》不同者，《禮記疏》引《鄭志》答趙商云：「《祭法》、《周禮》、《王制》之云，或以夏殷雜，不合周制。」然則鄭以《王制》爲殷制，故云「雖非别子，亦得立太祖廟」。若周制，則别子始爵，其後得立别子爲太祖。若非别子之後，雖爲大夫，但立曾、祖、父三廟而已，隨時而遷，無太祖也。《王制》疏云：「鄭必知周制别子之後得立别子爲太祖者，以《大傳》云：『别子爲祖，繫之以姓而弗别，綴之以食而弗殊，雖百世而昏姻不通者，周道然也。』故知别子爲百世不遷爲太祖也。」❶周道如此，明殷道不然。《春秋》譏世卿，又從殷之質，何意當以爲大夫者，得立其父、祖、曾三世之廟而已。孔疏又云：「此大夫三廟者，天子諸侯之大夫皆同。知者，以

❶「爲太祖也」，原作「之宗矣」，據《禮記注疏》改。

此及《祭法》歷陳天子諸侯，即云大夫，更不別云諸侯之大夫。」按：諸侯之卿，尊者不過三命，似不得與天子大夫同制。禮不言者，偶不具爾。不得遽以爲天子、諸侯之大夫同制也。元士二廟，即《祭法》之「適士二廟」也。鄭云「上士」，蓋据諸侯之士言之，故以官師爲中士、下士也。如何意，則天子之士二廟，諸侯之士同官師也。獨斷云：「大夫一昭一穆，與太祖之廟三。」本《王制》爲説爾。《魏書・禮志》引《稽命徵》云：「天子之元士二廟。」《禮記・大傳》云：「大夫士有省於君，干祫及其高祖。」疑指天子大夫得及曾祖，有省者得及高祖也。又《喪服小記》云：「大夫士之妾祔於妾祖姑，亡則中一以上而祔。」中一以上，則高祖妾姑矣。蓋大夫士雖有親廟，亦別有祧廟，以祔祧主也。〇注「諸侯」至「一廟」。〇舊疏云：「諸侯之士一廟，《禮説》文。」《魏書・禮志》引《稽命徵》云：「諸侯之上士亦二廟。中下士一廟。一廟者，祖禰共廟。」按：此與鄭注同。鄭注《王制》云：「士一廟者，謂諸侯之中士、下士名曰官師者。上士二廟。」是也。《祭法》云：「適士二廟。」注：「適士，上士也。」亦指諸侯之士。又云：「官師一廟。」注：「官師，中士、下士也。」此注云：「諸侯之士一廟」，則無分上中下士矣。然諸侯之卿大夫，比天子元士，則諸侯之士亦宜降等。命數既殊，廟制應異。緯書與鄭君之義似不及何注也。《禮記・曲禮》云：「不逮事父母，則不諱王父母。」注：「適士以上廟事祖，雖不逮事父母，猶諱祖。」疏云：「《祭法》云『適士二廟』，祖之與禰各一廟。其中下士，亦廟事祖，但祖禰共廟。則《既夕禮》一廟是也。熊氏云：『此適士者，包中下士，對庶人府史亦稱適也。』」仍本鄭義也。《獨斷》云：「士一廟，降大夫二。」謂諸侯士。又云：「士二廟」，即元士也。與何義合。又云：「府史以下，未有爵命，號爲庶人，皆無廟，四時祭於寢也。」《禮記・大傳》云：「諸侯及其太祖。大夫士有大事，省於其君，干祫及其高祖。」注：「干，猶空也。空祫，謂無廟，祫祭之於壇墠。」《正義》：「此言支庶爲大夫士者耳。若適爲大夫，❶亦有太祖。《王制》『大夫三廟，一昭一穆，❷與太祖之廟而三』是也。師説云：『大夫士有始祖者，鬼其百世。容有善於其君，得祫於太祖廟中，徧祫太祖以下也。』」此仍据周

❶ 「適」，原作「通」，據《禮記注疏》改。
❷ 兩「一」字，原作「二」，據《禮記注疏》改。

制言，大夫得有太祖也。干祫及其高祖者，高祖於玄孫有服，故省於其君者，得從權上祫，於廟制無與也。○注「立武」至「書之」。○《鹽鐵論・散不足》云：「古者，德行求福，故祭祀而寬。仁義求吉，故卜筮而希。今世俗寬於行而求於鬼，❶怠於禮而篤於祭。」是即譏立武宮義也。《明堂位》曰：「武公之廟，武世室也。」此傳譏其不宜立者，記人所言多夸大之詞，未可據以爲實也。故彼《正義》云：「武公之廟，立在武公卒後。其廟不毁，在成公之世。此記所云，美成王褒崇魯公而已。云『武公之廟，武世室』者，作記之人，因成王褒魯，遂盛美魯家之事。因武公其廟不毁，遂連文而美之，非實詞也」是也。《通義》云：「世室屋壞云世室，此何以不云武世室，❷立毁廟猶可言也，擬天子不可言也。《春秋》以其可辭書之。」義或然也。○注「臧孫」至「武宮」。○《左傳》：「季文子以鞌之功立武宮，非禮也。」疏引服虔云：「鞌之戰，禱武公以求勝，故立其宮。」按：上《元年》：「夏，臧孫許及晉侯盟于曲棘。」注：「時者，謀結鞌之戰，不相負也。」又《二年》傳云：「前此者，晉郤克與臧孫許同時而聘於齊。二大夫出，相與踦閭而語。」則伐齊之役，實起於許，故注本而言之。《左傳》謂季文子者，時文子執政，爲魯上卿故也。因人之力立廟自夸，不徒立毁廟爲非禮也。

取鄟。

鄟者何？邾婁之邑也。疏杜以爲附庸國。《大事表》云：「在沂州府郯城縣東北。」《穀梁》亦云：「鄟，國也。」杜所本。曷爲不繫於邾婁？諱亟也。注諱魯背信亟也。屬相與爲蟲牢之盟，旋取其邑，故使若非蟲牢人矣。疏《僖三十三年》「公伐邾婁，取叢」，《僖二十二年》「公伐邾婁，取須朐」之屬，皆繫邾婁，故問而解之。○注「諱魯」至「人矣」。○即上《五年》「冬，公會晉侯、齊侯、宋公、衛侯、鄭伯、曹伯、邾婁子、杞伯同盟于蟲牢」，是魯與邾同盟也，旋盟而旋取其邑，背盟失信過亟，故諱而不繫邾婁，使若所取之邑非同盟之國邑然矣。

衛孫良夫率師侵宋。

夏六月，邾婁子來朝。

❶「寬」，原作「薄」，據《鹽鐵論》改。

❷「武」，原作「立」，據《通義》改。

公孫嬰齊如晉。

壬申，鄭伯費卒。**注**不書葬者，爲中國諱。蟲牢之盟，約備彊楚。楚伐鄭喪，不能救，晉又侵之，故去葬，使若非伐喪。**疏**包氏慎言云：「六月書壬申，月之十一日。」○注「楚伐」至「侵之」。○即下「秋，楚公子嬰齊帥師伐鄭」，無中國救鄭文。下又云「晉欒書帥師侵鄭」，是「又侵之」也。○注「故去」至「伐喪」。○《繁露·竹林》云：「死不得書葬，見其罪也。」與何氏異。《通義》云：「悼公在喪，未踰年而親伐許，不子之甚，故去葬，奪臣子恩也。」用董氏義。

秋，仲孫蔑、叔孫僑如率師侵宋。**疏**《校勘記》云：「《唐石經》、鄂本、閩、監本同，毛本脱『率師』二字。」

楚公子嬰齊率師伐鄭。

冬，季孫行父如晉。

晉欒書率師侵鄭。**疏**《校勘記》云：「《唐石經》、諸本同。按：《左氏》、《穀梁》皆作『救鄭』。上書『楚公子嬰齊率師伐鄭』，故晉欒書率師救之也。『侵』字誤。嚴杰曰：上文『鄭伯費卒』，注云：『楚伐鄭喪，不能救，晉又侵之。』然則《公羊》作『侵鄭』，與《左》、《穀》本異也。」

七年春，王正月。鼷鼠食郊牛角，改卜牛。

鼷鼠又食其角，乃免牛。**注**鼷鼠者，鼠中之微者。角生上指，逆之象。《易京房傳》曰：「祭天不慎，鼷鼠食郊牛角。」書「又食」者，重録魯不覺寤，重有災也。不重言牛，獨重言鼠者，言角，牛可知。食牛者，未必故鼠，故重言鼠。**疏**《穀梁傳》：「免牲者，爲之緇衣纁裳。有司玄端，奉送至於南郊。免牛亦然。」○注「鼷鼠」至「微者」。○《説文·鼠部》：「鼷，小鼠也。」《玉篇》：「鼷鼠，小鼠也。螫毒食人及鳥獸，皆不痛。今之甘口鼠也。」❶《釋文》引《博物志》云：「鼠之最小者，或以爲耳鼠。」《爾雅·釋獸》云「鼷鼠」，郭注：「有螫毒者。」《左疏》引李巡云：「鼷鼠，

❶「口」字，原脱，據《玉篇》補。

一名鼷鼠。孫炎云：『有螫毒者。』蓋如今鼠狼。」邵氏晉涵《爾雅正義》云：「按：今俗傳鼷鼠能入人耳，甘而不知痛。其爲螫毒，不特牛有害矣。《莊子・應帝王》云：『鼷鼠深穴乎神丘之下，以避熏鑿之患。』《漢書》所謂『社鼷不灌，屋鼠不熏』也。《淮南・人間訓》云：『塘漏若鼷穴，非一墣之所能塞也。』蓋鼷鼠本小，其穴自小矣。」《公羊問答》曰：「《説文》：『鼷，小鼠也。』《博物志》、《春秋》書『鼷鼠食牛，牛死』。鼠之類最小者，食物當時不覺痛。世傳云：亦食人項肥厚皮處，亦不覺。或名甘鼠。俗人諱此所嚙，❶衰病之徵。」是鼠中之最微者也。○注「角生」至「之象」。○舊疏云：「言角在牲體之上，指於天，亦是上逆之象。」○注「易京」至「牛角」。○《五行志中之上》：「成公七年正月，鼷鼠食郊牛角。改卜牛，又食其角。劉向以爲近青祥，亦牛禍也，不敬而傋霿之所致也。昔周公制禮樂，成周道，故成王命魯郊祀天地以尊周公。至成公時，三家始顓政，魯將從此衰。天愍周公之德，痛其將有敗亡之旤，故於郊祭而見戒云。鼠，小蟲，性盜竊，鼷又其小者也。牛，大畜，祭天尊物也。角，兵象，在上，君威也。小小鼷鼠食至尊之牛角，象季氏乃陪臣盜竊之人，將執國命，以傷君威而害周公之祀也。改卜牛，鼷鼠又食其角。天重語之也。成公怠慢昏亂，遂君臣更執於晉。至於襄公，晉爲湨梁之會，天下大夫皆奪君政。其後三家逐昭公，卒死於外，幾絶周公之祀。董仲舒以爲，鼷鼠食郊牛，皆養牲不謹也。《京房易傳》曰：『祭天不慎，厥妖鼷鼠齧郊牛角。』」何氏即本董義。《繁露・順命》云：「至於祭天不享，其卜不從，使其牛口傷，❷鼷鼠食其角。或言食牛，或言食而死，或食而生，或不食而自死，或改卜而牛死，或卜而食其角，過有淺深薄厚，❸而災有簡甚，不可不察也。」○注「書又」至「災也」。○舊疏云：「重讀如煩重之重也。」❹按：讀如字亦通。又引《異義》：「《公羊説》云：『鼷鼠初食牛角，咎在有司。又食，咎在人君。取已有災而不改更者，義通於此。』」按：《穀梁傳》：「過有司也。郊牛，日展觓角而知傷，展道盡矣，其所以備災之道不盡也。」又曰：「又，有繼

❶「人」，原作「此」，據國學本及《春秋公羊問答》改。
❷「口」，原作「自」，據《春秋繁露》改。
❸「薄厚」，原作「厚薄」，據《春秋繁露》改。
❹「重讀」，原作「至讀」，據國學本改。

之辭也。其，緩辭也。曰：亡乎人矣，非人之所能也，所以免有司之過也。」注：「至此復食，乃知國無賢君，天災之爾，非有司之過也。故言『其』以赦之。」《經義雜記》云：「据徐疏引《異義》公羊說，知《公羊》無傳，説者本《穀梁》言之。劉子政之義，尤爲深切著明。」惠氏士奇《春秋説》云：「《宣三年》書『郊牛之口傷』，《成七年》書『鼷鼠食郊牛角』，何也？《周禮》封人飾牛，牛牲而設楅於角，設衡於鼻，又以緣牽牲入廟而歌舞之。牧人共牲，以授充人繫之，牲必用牷物。牛人以授職人而芻之。充人則繫於牢，芻之三月。展牲則告牷，牷碩則贊。肆師展犧牲，頒於職人。然則肆師展於祭初，充人展於將祭。《穀梁》所謂『日展觓角而知傷也』。古者諸侯必有養獸之官，及歲時齊戒沐浴而躬朝之。朔月月舉，君巡牲。不獨有司展之，君又朝而巡之，所以致力而盡其敬者如此。牷者，全也，備也。口傷角食，其體弗全弗備，不敬莫大焉。豈徒肆師、充人失其官，人君朝巡之禮亦廢久矣。故《春秋》謹而書之。」○注「不重」至「言鼠」。○《左傳》疏引此注「食牛」上有「後」字，當据補。《通義》：「許翰曰：『小害大，下賊上，食而又食，三桓子孫相繼之象。宣公有虞三桓之志，成始弗戒矣。」

吴伐郯。注吴國見者，罕與中國交，至升平乃見，故因始見以漸進。疏《水經注·沂水》篇：「又東過襄賁縣東，屈從縣西南流，又屈南過郯縣西。郯，故國也，少昊之後。《春秋》昭十七年『郯子朝魯』者也。《竹書紀年》：『晉烈公五年，越子朱勾伐郯，以郯子鴣歸。』縣，故舊魯也，東海郡治。」《地理志》東海郡郯下云：「故國，少昊後，盈姓。」《吴世家》云：「壽夢立而吴始益大，稱王。自太伯作吴，五世而武王克殷，封其後爲二：其一虞，在中國。其一吴，在夷蠻。十二世而晉滅中國之虞。中國之虞滅二世，而夷蠻之吴興。大凡從太伯至壽夢十九世。」《正義》：「吴，國號也。太伯居梅里，在常州無錫去東南六十里。至十九世孫壽夢居之，號句吴。壽夢卒，諸樊南徙吴。至二十一代孫光，使子胥築闔閭城，❶都之，今蘇州也。」○注「吴國」至「漸進」。○毛本「因」誤「言」。鄂本、閩、監本同，不誤。舊疏云：「《莊十年》：『荊敗蔡師于莘。』傳：『荊者

❶「胥」，原作「齊」，據《史記》改。

何？州名也。州不若國，國不若氏』云云。何注不言楚言荆者，楚强而近中國，卒暴責之，則恐爲害深，故進之以漸。」然則吴、楚相敵，亦宜言「揚」，而經言「吴」者，正以罕與中國交，至今升平之世，乃始見經，故因其始見於升平，故經直以漸進之。《通義》：「胡康侯曰：『稱國以伐，狄之也。吴本太伯之後，以族屬言之，則周之伯父也。何以狄之？爲其僭天子之大號也。』《國語》曰：『命圭有命，固曰吴伯，不曰吴王。』然則吴本伯爵也。後雖益熾，浸與中國會盟，進而書爵，不過曰子，亦不以本爵與之，故記於《禮》書曰：『四夷雖大，皆曰子。』此《春秋》之法，仲尼之制，而以爲不取擅進退諸侯，亂名實者，誤矣。」按：《世家》：「王壽夢二年，申公巫臣犇晉，自晉使吴，教吴用兵乘車，令其子爲吴行人，吴於是始通中國。」壽夢二年，當成公七年，始與中國通。適有伐郯事，在升平之世，《春秋》因以張法也。《吴越春秋·吴王壽夢傳》：「吴壽夢元年，朝周，適楚，觀諸侯禮樂。魯成公會於鍾離，深問周公之禮樂，成公悉爲陳前王之禮樂，因爲詠歌三代之風。壽夢曰：『孤在蠻夷，徒以椎髻爲俗，豈有斯之服哉。』因歎而去，曰：『大哉，禮乎。』」此升平之世，已入内諸夏外四夷之限，故吴得以國見經，與楚之稱荆自殊，亦非如胡氏所云「狄之」也。

夏五月，曹伯來朝。疏《通義》云：「月者，爲下望出。」

不郊，猶三望。疏《通義》云：「他言免牲者，則不言『不郊』。此間有異事，猶文無所成，故復舉『不郊』也。」❶

秋，楚公子嬰齊帥師伐鄭。

公會晉侯、齊侯、宋公、衛侯、曹伯、莒子、邾婁子、杞伯救鄭。疏《差繆略》云：「《左氏》『晉侯』以下有『齊侯』。」按：唐石經《公羊》泐數字，以字數計之，有「齊侯」。石經《穀梁》有「齊侯」。

八月戊辰，同盟于馬陵。疏包氏慎言云：「八月書戊辰，八月無戊辰，九月之四日，七月之三日也。」杜云：「馬陵，衛地，陽平元城縣東南有地名馬陵。」《大事表》云：「戰國時，孫臏殺龐涓處，今大名府治東南十五

❶「復」，原作「不」，據《春秋公羊通義》改。

里有馬陵道，又有馬陵城。」《續漢・郡國志》「河東平陽」，劉昭注引杜云：「馬陵，衛地，平陽東南地名馬陵。又説在魏郡元城。」按：衛地不至河東。劉昭一地兩位，非也。杜亦無平陽之説。《一統志》：「馬陵故城在大名府元城縣東南，隋開皇六年置馬陵縣。」《通義》云：「不重言諸侯者，間無異事，文省。」

公至自會。**疏**《通義》云：「《左傳》曰：『諸侯救鄭。鄭共仲、侯羽軍楚師，囚鄖公鍾儀，獻諸晉。』故以得意致會也。」

吴入州來。**疏**杜云：「州來，楚邑，淮南下蔡是也。」《爾雅・釋丘》：「淮南有州黎。」郭注：「今在壽春。」古來、黎同音，州黎即州來也。《大事表》云：「今爲江南鳳陽府壽州，即壽春也。自《成七年》『吴入州來』，至《昭二十三年》雞父之戰，楚師大敗，州來遂入吴。自是入郢之禍兆矣。吴蓋争之七十餘年而後得，哀二年吴遷蔡於州來，謂之下蔡山。是壽春城在淮之南，下蔡城在淮之北，相去三十里，夾淮爲固。歷東漢至六朝，當爲重鎮。今壽州治即古壽春縣城，爲楚考烈王所築。州北三十里有蔡國城，即下蔡矣。」《方輿紀要》：「下蔡城在壽州北三十里，古州來也。」李氏兆洛《鳳臺縣志》：「州來，即今下蔡鎮。」《差繆略》云：「《公》、《穀》作州萊。」按：於他書均未之見。

冬，大雩。**注**先是，公會諸侯救鄭，承前不恤民之所致。**疏**注「先是」至「所致」。○「公會諸侯救鄭」，見上秋。云「承前不恤民之所致」者，承上三年「大雩」爲説也。彼注云「成公幼少，大臣秉政。先是作丘甲，爲鞌之戰，伐鄭圍棘，不恤民之所生也」是也。

衛孫林父出奔晉。

公羊義疏五十二

句容陳立卓人著

成八年盡九年。

八年春，晉侯使韓穿來言汶陽之田，歸之于齊。

來言者何？內辭也，脅我使我歸之也。 **注** 以此經加「之」，知見使即聞晉語。自歸之，但當言「歸」。**疏** 注「以此」至「言歸」。○舊疏云：「其自歸言『歸』者，《哀八年》『夏，歸邾婁子益于邾婁』，注：『善魯能悔過歸之。』然則若自歸，當言『歸汶陽之田于齊』。今乃如此作文，而又言『之』，則知被晉使之，非其本情。」《通義》云：「來言者，商量之意，不使晉命制乎我也。本非齊地而言『歸之于』者，順韓穿來言辭。」按：此實晉使歸而曰「來言」，故爲內辭也。《穀梁傳》曰：「于齊，緩辭也，不使盡我也。」❶注：「若曰：爲之請歸，不使晉命制于我。」與《公羊》義同。**曷爲使我歸之？** **注** 据本魯邑。**疏** 注「据本魯邑」。○舊疏云：「莊十三年曹子劫齊侯，反其所取侵地之時。管子曰：『然則君何求？』曹子曰：願請汶陽之田。』又上《二年》傳曰『反魯衛之侵地』下，其經曰『取汶陽田』。以此言之，汶陽之田本是魯物明矣。」**鞌之戰，齊師大敗。齊侯歸，弔死視疾，七年不飲酒、不食肉。晉侯聞之，曰：「嘻！奈何使人之君七年不飲酒、不食肉，請反其所取侵地。」** **注** 晉侯聞齊侯悔過自責，高其義，畏其德，使諸侯還鞌之所喪邑。魯見使卑，有恥，故諱。不言使者，因兩爲其義：諸侯不得相奪土地，晉適可來議語之；魯宜聞義自歸之爾，不得使也。主書者，善晉之義齊。**疏** 《說苑·敬慎》云：

❶「使盡」，原倒，據《穀梁傳注疏》改。

「齊頃公賴逢丑父之欺，奔逃得歸。弔死問疾，七年不飲酒、不食肉，外金石絲竹之聲，遠婦女之色，出會與盟，卑下諸侯。國家内得行義，聲聞震於諸侯。所亡之地，弗求而自爲來，尊寵不武而得之，可謂能詘免變化以致之。故福生於隱約，而禍生于得意。此得失之效也。」《齊世家》云：「歸而頃公弛苑囿，薄賦斂，振孤問疾，虚積聚以救民，民亦大悦。厚禮諸侯。竟頃公卒，百姓附，諸侯不犯。」《繁露・竹林》云：「自是後，頃公恐懼，不聽聲樂，不飲酒食肉。内愛百姓，問疾弔喪。外敬諸侯，從會與盟。卒終其身，家國安甯。是福之本生於憂，而禍起於喜也。物之所由然，其於人切近，可不省耶？」又《王道》云：「齊頃公弔死視疾。」是其事也。○注「晉侯」至「喪邑」。○《通義》云：「弔死視疾，勸死士也。不飲酒、不食肉，志復仇也。」故晉侯高其義，畏其德。○注「魯見」至「故諱」。○明經書「來言」義也。即《穀梁》「不使盡我」之意也。❶○注「不言」至「使也」。○《禮記・玉藻》云：「大夫私事使，私人擯則稱名。」注：「私事使，謂以君命私行，非聘也。」若魯成公時，『晉侯使韓穿來言汶陽之田，歸之于齊』之類。」然則與《莊二十七年》傳「通乎季子之私行也」者别，亦以君命行，惟對聘問爲私耳。按：上《二年》經「取汶陽田」與《僖三十年》「取濟西田」同文，皆當坐取邑，則「歸之」爲善辭矣。《春秋》爲魯諱，爲晉使之恥，復作「聞義自歸」善辭，故言「歸之于」也。所以爲「兩爲其義」也。

晉欒書帥師侵蔡。

公孫嬰齊如莒。

宋公使華元來聘。疏《左傳》「宋華元來聘，聘共姬也」。按：以《士昏禮》準之，《昏禮》首云：「下達。」鄭注：「達，通也。將欲與彼合昏姻，必先使媒氏通其言。女氏許之，乃後使人納其采擇之禮。」則此聘，蓋即「下達」也。士禮使媒，諸侯不必求媒，故使臣下也。

夏，宋公使公孫壽來納幣。疏《左疏》引服虔云：「不稱主人，母命不通，❷故稱使，婦人無外事。」按：《隱二年》傳：「昏禮不稱主人。」然則曷稱？稱諸父兄師友。宋公使公孫壽來納幣，則其稱主人何？辭窮也。辭窮者何？無母也。」注：「禮，有母，母當命諸

❶「我」，原作「職」，據《春秋穀梁傳注疏》改。
❷「命」下，原奪「不」字，據國學本補。

父兄師友，稱諸父兄師友以行。宋公無母，莫使命之，辭窮，故自命之。」然則何氏以宋公無母，與服云「母命不通」者異。

納幣不書，此何以書？ 注据「紀履繻來逆女」不書納幣。疏注「据紀」至「納幣」。○《隱二年》「紀履繻來逆女」是也。**録伯姬也。** 注伯姬守節，逮火而死。賢，故詳録其禮，所以殊於衆女。疏注「伯姬」至「衆女」。○《襄三十年》傳：「外夫人不書葬，此何以書？隱之也。宋災，伯姬卒焉。其稱謚何？賢也。何賢爾？宋災，伯姬存焉。❶有司復曰：『火至矣，請出。』伯姬曰：『不可。吾聞之也，婦人夜出，不見傅母不下堂。傅至矣，母未至也。』逮乎火而死。」是也。下「衛人來媵」，傳云：「媵不書，此何以書？録伯姬也。」《九年》「夏，季孫行父如宋致女」，傳：「此其言致女何？録伯姬也。」又「晉人來媵」，傳：「此何以書？録伯姬也。」又「齊人來媵」，傳：「此何以書？録伯姬也。」皆以賢，故詳録之也。

晉殺其大夫趙同、趙括。 疏《晉世家》云：「景公十七年，誅趙同、趙括，族滅之。」《左傳》：「晉趙莊姬爲趙嬰之亡故，❷譖之於晉侯，曰：『原、屏將爲亂，欒、郤爲徵。』六月，晉討趙同、趙括。」《趙世家》云：「屠岸賈者，始寵于靈公，及至于景公而賈爲司寇，將作難，乃治靈公之賊以致趙盾。徧告諸將曰：『盾雖不知，猶爲賊首。以臣弑君，子孫在朝，何以懲辠？請誅之。』擅與諸將攻趙氏於下宫，殺趙朔、趙同、趙括、趙嬰齊，皆滅其族。」與《左氏傳》異。

秋七月，天子使召伯來錫公命。 疏《左傳》「錫」作「賜」。《易·師》九二：「王三錫命。」《釋文》：「鄭本作賜。」《書·禹貢》：「九江納錫大龜。」《史記·夏本紀》作「九江入賜大龜」。《禮·覲禮》云「天子賜舍」，注：「今文賜皆爲錫。」蓋《左氏》多古文，故作賜。《公》、《穀》皆今文，改作錫也。《差繆略》云：「賜，《公羊》作錫。」趙氏坦《異文箋》云：「石經《公羊》作錫，石經《穀梁》泐，《注疏》本作錫。」按：《曲禮》正義引《左傳》亦作「來錫公命」。

❶「伯姬」，原重，據《春秋公羊傳注疏》刪。
❷「莊」，原奪，「故」訛作「均」，據《春秋左傳注疏》補改。

其稱天子何？**注** 据天王使毛伯來錫文公命不稱天子。**疏** 注「据天」至「天子」。○即《文元年》「天王使毛伯來錫公命」是也。元年春，王正月，正也。**注** 正者，文不變也。**疏** 注「正者，文不變也」。○毛本「正」誤「王」。舊疏云：「据始言之，其實二年、三年以下之經皆如是。」《説苑・君道》云：「孔子曰：『文王似元年，武王似春王，周公似正月。文王以王季爲父，以太任爲母，以太姒爲妃，以武王、周公爲子，以泰顛、閎夭爲臣，其本美矣。武王正其身以正其國，正其國以正天下。伐無道，刑有罪，一動天下正，其事正矣。春致其時，萬物皆及生。君致其道，萬人皆及治。❶周公載己而天下順之，其誠至矣。』」武王似春王，《春秋》稱王，不變也。其餘皆通矣。**注** 其餘謂不繫於元年者。或言王，或言天王，或言天子，皆相通矣，以見刺譏是非也。王者，號也。德合元者稱皇。孔子曰：「皇象元，逍遥術，無文字，德明謚。」德合天者稱帝，河洛受瑞可放，仁義合者稱王，符瑞應，天下歸往。天子者，爵稱也。聖人受命，皆天所生，故謂之天子。此錫命稱天子者，爲王者長愛幼少之義。欲進勉幼君，當勞來，與賢師良傅如父教子，不當賜也。月者，例也，爲魯喜録之。**疏** 杜云：「天子、天王，王者之通稱。」孔疏：「天子之見經者，三十有二。稱天王者二十五。稱王者六。稱天子者一。即此事是也。三稱並行，傳無異説，故知天子、天王，王者之通稱也。其不同者，史異辭耳。」引《公羊》此傳云云，杜用彼説也。按：何云「皆相通矣」者，「以見刺譏是非」，則與杜義殊。《穀梁傳》：「曰天子，何也？曰：見一稱也。」范注：「天子、天王，王者之通稱。自此以上，未有言天子者。今言天子，是更見一稱。」其義以稱天子與稱天王、王者同，亦不以爲褒貶所係也。《左疏》引賈逵云：「諸夏稱天王，畿内曰王，夷狄曰天子。王使榮叔歸含且賵，以恩深加

❶「人」，原作「物」，據《説苑》改。

禮妾母，恩同畿内，故稱王。成公八年乃得賜命，與夷狄同，故稱天子。」與《公羊》義不合。○注「其餘」至「非也」。○舊疏云：「何氏亦順傳文，是以獨言元年矣。」按：「其餘」即謂不繫乎歲首者，皆刺譏所繫，與稱天王、天子同也。「或稱王」者，《莊元年》「王使榮叔來錫桓公命」，《文五年》「王使榮叔歸含且賵」，又「王使召伯來會葬」之屬是也。「或言天王」者，《隱元年》「天王使宰咺來歸惠公仲子之賵」，《八年》「天王使南季來聘」之屬是也。「或言天子」，此文是也。《通義》云：「皆通者，明非刺譏所繫。或言天王，或言天子，並是至尊之稱，猶《覲禮》曰『王使人皮弁用璧勞』，又曰『天子賜含』，臨文隨稱，無有意義。」按：孔義與何義乖，猶杜云「史異辭」之謬説也。《莊元年》「榮叔」之下注云：「不言天王者，桓行實惡，而乃追錫之，尤悖天道，故云爾。」又《文五年》「王使榮叔」，注云：「去天者，含者，臣子職。以至尊行至卑事，失尊之義也。」又「王使召伯」，注云：「去天者，不及事，刺比失喪禮也。」又《隱元年》「天王使宰咺」，注云：「言天王者，時吴楚上僭稱王，王者不能正而上自繫於天也。《春秋》不正者，因以廣是非。」是則天王者正稱，其稱王者，皆有所譏刺，與稱天子同。唯「春」下之「王」正而不變，非刺譏所繫也。《禮記疏》引《三禮義宗》云：「夷狄不識王化，無有歸往之義，故不稱王臨之也。不云「皇」者，戎狄不識尊極之理，皇號尊大也，夷狄唯知畏天，故舉天子威之也。」又引《異義》「許慎謹案：《春秋左氏》云：『施於夷狄稱天子，施於京師稱王。』」許所引之《左氏》説，蓋即本之賈侍中，其説不可通也。《禮記・曲禮》云：「君天下曰天子。」是即君臨天下之義。鄭注「天下謂外及四海也。今漢於蠻夷稱天子，於王侯稱皇帝」，則猶泥於《左氏》家説。《禮記疏》又引許慎、❶服虔説「依京師曰王」、「夷狄曰天子」，亦即《左氏》説。《獨斷》：「王，圻内之所稱，王有天下，故稱王。天王者，夏之所稱，天下之所歸往，故稱天王。天子，夷狄之所稱，父天母地，故稱天子。」皆不可以説《春秋》。○注「王者，號也」。○舊疏云：「言正是當時天子之號也。」《白虎通・號》篇云：「帝王者何？號也。號者，功之表也。所以表功明德，號令臣下也。德合天地者稱帝，仁義合者稱王，別優劣也。」王者，當土之號，三統通稱。三王之前曰五帝。

❶「許」，原作「徐」，據《禮記注疏》改。

《繁露·三代改制》云：「聖王生則稱天子，崩遷則存爲三王，絀滅則爲五帝，下至附庸，絀爲九皇。」是也。○注「德合元者稱皇」。○《文選注》引《鉤命決》云：「道機合者稱皇。」《初學記》引《七經義綱》曰：「以化合神者曰皇。」《三國志注》引孫盛《評》：「化合神者曰皇。」《詩疏》引《中候勅省圖》鄭注「德合北辰者皆稱皇」。元即《春秋》元年之元。《隱元年》注云：「元者，氣也。無形以起，有形以分，造起天地，天地之始也。」是也。舊疏云：「謂元氣是總三氣之名，是故其德與之相合者，謂之皇。皇者，美大之名。」《繁露·王道》篇所記五帝三皇之治天下是也。○注「孔子」至「明謚」。○舊疏云：「《春秋說》文。宋氏云：『言皇之德象合元矣。道遥猶勤動，行其德術，未有文字之教，其德盛明者，爲其謚矣。』」《風俗通》引《運斗樞》云：「皇者天。天不言，四時行焉，百物生焉。三皇垂拱無爲，設言而民不違，道德玄泊，有似皇天，故稱曰皇。含弘履中，開陰陽，布綱上，含皇極，其施光明，指天畫地，神化潛通，煌煌盛美，不可勝量。」《道德經》：「上德不德，下德不失德。」《禮記疏》引河上公注云：「下德，謂號謚之君。」則五帝所行也。知上德爲三皇之世，即此「象元」義，蓋即以德明爲謚矣。故《繁露·三代改制》云：「黄帝之先謚，四帝之後謚，何也？」亦不及三皇。○注「德合」至「可放」。○《獨斷》云：「帝者，諦也。象能行天道，事天審諦。」《風俗通》引《書大傳》云：「帝者任德設刑，以則象之。言其能行天道，舉錯審諦。」《初學記》引《義綱》云：「德合天者稱帝。」《三國志注》引孫盛《評》同。《離騷經》「帝高陽之苗裔兮」，王注：「德合天地者稱帝。」蓋皆取德合天地爲義，文有詳略也。《易是類謀》云：「河龍圖，洛龜書，聖人受道真圖。」《易繫辭上傳》「河出圖，洛出書，聖人則之」是也。○注「仁義」至「歸往」。○《白虎通·號》篇云：「仁義合者稱王。」《初學記》引《義綱》云：「德合仁義者稱王。」《白虎通》引《禮·謚法記》：「仁義所生稱王。」《周書·謚法解》：「仁義所在曰王。」《文選注》引《稽耀嘉》：「仁義所在爲王。」《韓詩外傳》：「王者，往也，天下往之謂之王。」《風俗通》引《書大傳》：「王者，往也，爲天下所歸往也。」《白虎通·號》篇亦有是語。《吕覽·下賢》云：「王也者，天下之往也。」《繁露·滅國》云：「王者，民之所往也。」是也。○注「天子者，爵稱也」。○《禮記疏》引《異義》：『天子有爵否？《易》孟、京説，《易》有君人五號：帝，天

稱，一也。王，美稱，二也。天子，爵號，三也。大君，興盛行異，四也。大人者，聖人德備，五也。是天子有爵。古《周禮》説，天子無爵，同號於天，何爵之有。謹按：《春秋左氏》云：「施於夷狄稱天子，施於諸夏稱天王，施於京師稱王。」知天子非爵稱。同古《周禮》義。」❶鄭駮之：『按：《士冠禮》云：「古者生無爵，死無謚。」自周及漢，天子有謚，此有爵甚明，云無爵，失之矣。』」則此與《易》孟、京説同也。《易乾鑿度》云：「孔子曰：『《易》有君人五號也：帝者，天稱也。王者，美行也。天子者，爵稱也。大君者，與上行異也。大人者，聖明德備也。變文以著名，題德以别操。』」鄭注云：「《臨》之九二，有中和美異之行，應於九五，故百姓欲其與上爲大君也。」此《易》孟、京與何氏所本也。《白虎通·爵》篇云：「天子者，爵稱也。爵所以稱天子者，王者父天母地，爲天之子也。故《援神契》曰：『天覆地載，謂之天子，上法斗極。』《鉤命決》云：『天子，爵稱也。』帝王之德有優劣，所以俱稱天子者何？以其俱命於天，而王治五千里内也。《尚書》曰：『天子作民父母，以爲天下王。』《書·亡佚》篇曰：『厥兆天子爵。』」又《號》篇云：「或稱天子，或稱帝王何？以爲接上稱天子者，明以爵事天也。」是天子爲爵稱明矣。《繁露·順命》云：「故德侔天地者，皇天佑而子之，號稱天子。其次有五等之爵以尊之。」則亦以天子爲爵矣。舊疏引《辨名記》云：「天子無爵，非《公羊》義。」又引《郊特牲》云：「古者生無爵，死無謚。天子有謚，則有爵明矣。」其説是也。○注「聖人」至「天子」。○《詩疏》引《異義》：「《詩》齊、魯、韓，《春秋公羊》説，聖人皆無父，感天而生。《左氏》説，聖人皆有父。謹案：《堯典》『以親九族』，即堯母慶都感赤龍而生堯，堯安得九族而親之。《禮讖》云『唐五廟』，知不感天而生。」「駮曰：玄之聞也，諸言感生得無父，有父則不感生，此皆偏見之説也。《商頌》曰：『天命玄鳥，降而生商。』謂娀簡吞鳦子生契，是聖人感生見於經之明文。劉媪是太上皇之妻，感赤龍而生高祖，是非有父感神而生者邪。且夫蒲盧之氣，嫗煦桑蟲，成爲己子，況乎天氣因人之精，就而神之，反不使子賢聖乎？是則然矣，又何多怪。」《初學記》引《演孔圖》云：「天子皆五氣之精寶，各有題序，以次運相據起，必有神靈符紀，諸神扶助，使開階立遂。

❶「同」，原作「從」，「義」原作「説」，據《禮記注疏》改。

是以王者常置圖籙坐旁，以自正也。」《御覽》引《保乾圖》云：「天子至尊也，神精與天地通，血氣含五帝精，天愛之子之也。」《史記・三代世表》褚先生引《詩傳》曰：「湯之先爲契，契無父而生。契母與姊妹浴于玄丘水，有燕啣卵墮之，契母得，故含之，誤吞之，即生契。契生而賢，堯立爲司徒，姓之曰子氏。子者兹，兹，益大也。詩人美而頌之曰：『殷社芒芒，天命玄鳥，降而生商。』商者質，號也。文王之先爲后稷，后稷亦無父而生。后稷母爲姜嫄，出見大人迹而履踐之，知於身，則生后稷。姜嫄以爲無父，賤而棄之道中，牛羊避不踐也。抱之山中，山者養之。又捐之大澤，鳥覆席食之。姜嫄怪之，於是知其天子，乃取長之。堯知其賢才，立以爲大農，姓之曰姬氏。姬者，本也。詩人美而頌之曰『厥初生民』，深修益成，而道后稷之始也。」《詩・周頌・時邁》曰：「昊天其子之。」箋云：「天其子愛之。」《周禮疏》引《易緯》云：「三王之郊，一用夏正。」謂各郊其所生之帝，如周則靈威仰，殷則汁光紀也。○注「此錫」至「賜也」。○舊疏云：「決《文元年》『天王使毛伯來錫公命』，言天王矣。彼注云：『主書者惡天子也。古者三載考績，三考黜陟幽明。文公新即位，功未足施而錫之，非也。』然則文公初受命，而未有功，王賜之，故見非。但文公年長，故稱天王。今成公幼少，當如父教子，未當錫，是以爲之張義，言天子矣。」按：《白虎通・爵》篇引《韓詩内傳》：「諸侯世子三年喪畢，上受爵命於天子。」乃歸即位。明爵天子有也，臣無自爵之義。童子亦當受爵命，使大夫就其國命之，不與童子爲禮也。彼自謂諸侯三年喪畢，受爵之命。此蓋天子特命，與彼不同也。而《曲禮》有「諸侯既葬，見天子，曰類見」之禮者，❶彼鄭注云：「代父受國。類猶象也，執皮帛象諸侯之禮見也。其禮亡。」蓋天子或巡守至竟，故得見天子。若未葬，則未正君臣，雖天子巡守，亦不見也。○注「月者」至「録之」。○舊疏云：「正以此經書月，故知例月。然外來朝聘，例書時。天子錫命則書月。魯人喜得王命，故詳録之也。」

冬，十月癸卯，杞叔姬卒。 注 棄而曰卒者，爲下脅杞歸其喪張本。文使若尚爲杞夫人。疏 包氏慎言云：「十月書癸卯，月之二十五日。」

❶「類」下，原脱「見」，據《禮記注疏》補。

○注「棄而」至「夫人」。○舊疏云：「外夫人卒，例日，即《襄三十年》『夏，五月甲午，宋災，伯姬卒』，何氏云『外災例時，此日者，爲伯姬卒日』是也。今此已棄而書日，故解之。其棄者，即上《五年》『春，王正月，杞叔姬來歸』是也。『爲下脅杞歸其喪』者，即下《九年》『春，杞伯來逆叔姬之喪以歸』傳曰『脅而歸之』是也。」按：此亦如大夫見黜，例不書卒。此杞叔姬被出，亦不合書卒。此書爲下「歸喪于杞」書。亦如公孫敖出奔宜絶，因爲齊人脅歸其喪，故仍書卒。皆以殺恥也。然内女既爲諸侯夫人，雖見棄來歸，未經改適，當有恩禮，服如姑姊妹女子子之嫁于國君者也。

晉侯使士燮來聘。

叔孫僑如會晉士燮、齊人、邾婁人伐郯。

衛人來媵。

媵不書，此何以書？**注**据「逆女」不書媵也。言「來媵」者，禮，君不求媵，諸侯自媵夫人。**疏**注「据逆」至「媵也」。○舊疏云：「蓋通内外言之。何者？《隱二年》『紀履緰來逆女』、《桓三年》『公子翬如齊逆女』之屬皆不書媵也。」○注「言來」至「夫人」。○《白虎通·嫁娶》篇：「所以不聘妾何？人有子孫，欲尊之，義不可求人爲賤也。《春秋傳》曰『二國來媵』，可求人爲士，不可求人爲妾何？士即尊之漸，賢不止於士。妾雖賢，不得爲嫡。」《莊十九年》注云：「言往媵者，禮，君不求媵，二國自往媵夫人，所以一夫人之尊也。」

録伯姬也。**注**伯姬以賢聞，諸侯争欲媵之，故善而詳録之。媵例時。

疏《左氏傳》云：「凡諸侯嫁女，同姓媵之，異姓則否。」彼疏引何氏《膏肓》云：「『媵不必同姓，所以博異氣。今《左傳》云：「異姓則否。」』《十年》『春，齊人來媵』，何以無貶刺之文。《左氏》爲短。」鄭《箴》云：「『禮，❶稱納女于天子曰備百姓，博異氣。於國君直曰備酒漿，不得云百姓，是不博異氣也。何得有異姓在其中。齊是大國，今來媵我，得之爲榮，不得貶也。』」劉氏逢禄《評》曰：「齊人來媵無貶文者，以宋王者之後，託共姬之賢，爲王后法也。諸侯不得博異氣，《左氏》之説然矣。鄭又以非禮爲榮，則不得貶。所謂説之不以其道説也，豈

❶「禮」上，原衍「曰」，據《春秋左傳注疏》删。

《春秋》之禮乎！」按：劉氏之説亦非《公羊》義。《公羊》「新周，故宋」，無託宋見王之義。諸侯不得博異氣，亦鄭氏就《曲禮》强爲之解耳。○注「伯姬」至「録之」。○《通義》云：「隱伯姬賢而不得其所，故自納幣迄於致女，事事詳録之。」○注「媵例時」。○《莊十九年》「秋，公子結媵陳人之婦」及下《九年》「夏，晉人來媵」是也。

九年春，王正月，杞伯來逆叔姬之喪以歸。

杞伯曷爲來逆叔姬之喪以歸？注据已棄也。内辭也，脅而歸之也。注言以歸者，與忿怒執人同辭，而不得專其本意，知其爲脅也。已棄而脅歸其喪，悖義。恥深惡重，故使若杞伯自來逆之。疏注「言以」至「脅也」。○舊疏云：「爲，讀如『子爲衛君乎』之『爲』也。『與忿怒執人同辭』者，即《襄十六年》『春，晉人執莒子、邾婁子以歸』、《昭十三年》『秋，晉人執季孫隱如以歸』是也。『不得專其本意』者，正以『以者，行其意』之辭故也。是以《桓十四年》『冬，宋人以齊人、衛人、蔡人、陳人伐鄭』，傳『以者何？行其意也』，注：『以己從人曰行，言四國行宋意。』今叔姬之喪言『以歸』，不得專其本意明，知杞伯有忿怒，是以知其被脅耳。」按：《左傳》「杞桓公來逆叔姬之喪，請之也」，注「叔姬已絶於杞，魯復强請杞使還取葬」，與《公羊》合。○注「已棄」至「逆之」。○《禮・喪服》云：「子嫁反在父之室，爲父三年。」注：「謂遭喪後而出者。」蓋婦人被出，則與夫家義絶，故仍如在室服三年，以無受我而厚之者也。今伯姬既出，仍脅夫家歸其喪，是爲恥深惡重，故以杞伯自逆爲文，爲内諱也。《穀梁傳》曰：「夫無逆出妻之喪而爲之也。」彼疏引徐邈云：「爲猶葬也。言夫無逆出妻之喪而葬。」蓋交譏之矣。

公會晉侯、齊侯、宋公、衛侯、鄭伯、曹伯、莒子、杞伯同盟于蒲。注不日者，已得鄭盟，當以備楚而不以罪執之。旋使離叛，楚緣隙潰莒，不能救，禍由中國無信，故諱爲信辭，使若莒潰，非盟失信。所以甚中國，因與不潰日相起。疏杜云：「蒲，衛地，在長垣縣西南。」○注「不日」至「信辭」。○《春秋》之例，不信者日。今雖得鄭盟，旋即執不以罪，即下「晉人執鄭伯」，《僖四年》傳「稱人而執者，非伯討也」是也。

又下「楚公子嬰齊伐莒，莒潰」，亦無中國救莒文，其不信已明，理合書日。今不日，故解之。○注「使若」至「中國」。○舊疏云：「謂其作信辭也，所以甚惡中國之無信矣。」○注「因與」至「相起」。○舊疏云：「其言因非正爲之辭矣。言此盟不日，非直甚中國之無信，亦因欲起其下潰書日者，乃是中國無信，同盟不相救，至爲夷狄所潰矣。言『相』者，兩事相共之辭，則下潰書日，亦起此盟之不信矣。」《通義》云：「下旋執鄭伯，不日者，嫌罪鄭不信，故從小信辭。明鄭伯實不背盟，晉執之，非，乃與下稱人以執意相發也。」然同盟國多矣，即爲小信辭，無以別其爲鄭不背盟。中國之失，自在稱人以執見之也。

公至自會。

二月，伯姬歸于宋。**疏**《通義》云：「録伯姬詳矣，獨不書逆人者，宋公不親迎失禮，不足爲伯姬榮，故自從『外逆女不書』常例也。」

夏，季孫行父如宋致女。

未有言致女者，此其言致女何？録伯姬也。**注**古者，婦人三月而後廟見稱婦。擇日而祭于禰，成婦之義也。父母使大夫操禮而致之。必三月者，取一時足以別貞信。貞信著，然後成婦禮。書者，與上「納幣」同義，所以彰其絜，且爲父母安榮之。言「女」者，謙不敢自成。禮，婦人未廟見而死，歸葬於女氏之黨。**疏**舊疏云：「未有言致女者，謂《春秋》無此經也。」○注「古者」至「義也」。○《禮記·曾子問》云：「三月而廟見，稱來婦也。擇日而祭于禰，成婦之義也。」注：「舅姑没者也。必祭成婦義者，婦有共養之禮，猶舅姑存時，盥饋特豚于室。」故《詩疏》引《易·歸妹》鄭注及《箴膏肓》皆引《士昏禮》「婦入三月而後祭行」，❶則雖見舅姑，尚未祭行，猶未成婦也。其成婦，雖待三月，其昏則當夕成矣。故《士昏禮》：「其夕，衽席於奥，良席在東，皆有枕，北趾。主人入，親脱婦纓，燭出。」注：「昏禮畢，將卧息。」又《詩疏》引《駁異義》云：「昏禮之莫，枕席相連

❶「入」，原作「人」，據《儀禮注疏》改。

也。」此鄭氏之義。若賈、服之義，則隱八年《左傳》：「先配而後祖。」疏引賈云：「配，成夫婦也。禮，齊而未配，三月廟見，然後配。」《曾子問》正義云：「若賈、服之義，大夫以上，無問舅姑在否，皆三月廟見，乃始成昏，故譏公子忽先爲配匹，乃見祖廟。」又引此「如宋致女」下服注云：「謂成昏。」按：何氏之義，亦與賈、服同。故《白虎通·嫁娶》篇：「娶妻不先告廟者，示不必安也。昏禮請期，不敢必也。婦入三月，然後祭行。舅姑既没，亦婦入三月，奠采于廟。三月一時，物有成者。人之善惡，可得知也。然後可得事宗廟之禮。曾子曰：❶『女未廟見而死，歸葬於女氏之黨，示未成婦也。』」《列女傳·貞順》篇：「宋恭伯姬，魯宣公之女，成公之妹也。其母曰繆姜，嫁伯姬於宋恭公。恭公不親迎，伯姬迫於父母之命而行。既入宋，三月廟見，當行夫婦之道。伯姬以恭公不親迎，故不肯聽命。宋人告，魯使大夫季文子如宋致命於伯姬。」明古皆三月廟見，乃成夫婦也。故《列女傳·貞順》篇又云：「齊孝孟姬，華氏之長女，齊孝公之夫人也。好禮貞壹，齊中求之，禮不備，終不往，齊國稱其貞。孝公聞之，乃修禮親迎于華氏之室，遂納於宮，三月廟見，而後行夫婦之道。」是也。○注「父母」至「致之」。○《禮記·坊記》云：「子云：『昏禮，壻親迎，見于舅姑。舅姑承子以授壻，恐事之違也。以此坊民，婦猶有不至者。』」鄭注：「父戒女曰：『夙夜無違命。』母戒女曰：『無違宮事。』」「不至」，不親夫以孝舅姑也。《春秋》成公九年『春二月，❷伯姬歸于宋。夏五月，季孫行父如宋致女』。是時宋共公不親迎，❸恐其有違而致之也。」其云「宋共不親迎」，本之《列女傳》。以「不親」釋「不至」，亦即不肯聽命之意。似鄭氏此解，亦以「致女」爲成昏。然何氏之意，則以大夫致女是常禮。如《列女傳》義，則似因共公不親迎，特使大夫致之，令其無違，則又少殊也。故《曲禮》鄭注云：「壻不親迎，則女之家遣人致之。」《正義》云：「壻不親迎，則女之家三月廟見，使人致之。以成九年二月伯姬歸于宋時，宋公不親迎，故魯季孫行父如宋致女是也。」按：《曲禮》云：「納女於天子，曰備百姓。於國君，曰備酒漿。於大夫，曰備埽灑。」注「納女，猶致女

❶「曰」上，原有「問」字，據《白虎通》改。
❷「成公」下，原脱「九年」，據《春秋公羊傳注疏》補。
❸「宋」字，原脱，據《禮記注疏》補。

也。此其辭也」是也。然鄭氏以此專指不親迎者言，似未達。《穀梁傳》曰：「婦人在家制于父，既嫁制于夫。如宋致女，是以我盡之也。」范云：「刺已嫁而猶以父制盡之。」又曰：「不正，故不與內稱也。」范云：「內稱，謂稱使。」彼疏引徐邈云：「宋公不親迎，故伯姬未順爲夫婦，故父母使卿致伯姬，使成夫婦之禮。以其責小禮，違大節，故傳曰『不與內稱』，謂不稱夫人而稱女。」是宋公不親迎者，《穀梁》家說。子政習《穀梁》，故《列女傳》本之。徐氏責伯姬之解，過矣。○注「必三」至「婦禮」。○《禮・昏禮》云：「若舅姑既没，則婦入三月，乃奠菜。」疏：❶「必三月者，三月一時，天氣變，婦道可以成之故也。」亦即《白虎通》「三月一時，物有成者，人之善惡，可得而知」義也。此言舅姑俱没者。若舅没姑存，則當時見姑，三月亦廟見舅。若舅存姑没，婦人無廟可見，或更有繼姑，自如常禮。賈疏謂「姑没舅存，則不行奠菜之禮也」。褚氏寅亮云：「庚氏蔚之謂舅姑偏有没者，見其存者，不須見亡者。」豈禰廟可以不見乎？崔氏靈恩謂「盥饋於存者，廟見於亡者」。當舅見在，姑未有專廟，又何由而見乎？皆屬一偏之見。疏謂婦人無廟，以舅尚在，則權附於皇祖姑之廟耳。既入皇祖姑之廟矣，乃竟專見姑乎？事有難處，故姑没舅存，斷以不見爲正。「三月祭行」，達禮也。「三月祭菜」，變禮也。不可混而爲一。孔穎達謂「奠菜之禮，適婦乃得行之，庶婦則否矣」。按：《曾子問》疏云：「此盥饋廟見，皆謂適婦。其庶婦，按《士昏禮》『庶婦則使人醮之，婦不饋』，注云：『使人醮之，不饗也。不饋者，共養統於適也。』是庶婦不饋，亦不廟見也。《昏禮》唯云『不饋』，不云『不見』，則庶婦亦當以棗栗腶修見舅姑也。」雖厥明見舅姑，仍三月見祖廟，所以示成婦也。故《詩・魏風・葛屨》云：「摻摻女手，可以縫裳。」傳：「婦人三月廟見，然後執婦功。」箋云「言女手者，未三月，未成爲婦」是也。劉氏毓崧《大夫以上先廟見後成昏説》云：「《郊特牲》云：『無大夫冠禮，而有其昏禮。』鄭氏据此謂天子、諸侯、大夫昏禮與士昏禮不同。賈、服釋《左氏》以大夫以上無問舅姑在否，皆三月見祖廟之後，乃始成昏。今按：見於《列女傳》者，莫著於宋恭姬。三傳舊注，皆主此義。次之者，則有齊孝孟姬，其位皆諸侯夫人，則賈、服所謂大夫以上先廟見，後成昏者，信有

❶「疏」，原作「注」，據《禮記注疏》改。

徵矣。鄭婦嬀所配者公子忽，位在諸侯夫人下，卿大夫內子命婦上，所行若彼，則鍼子所以譏先配後祖矣。《文四年》『逆婦姜于齊』，《穀梁》責其成禮于齊，較諸公子忽更爲非禮。然則觀於《春秋》褒伯姬，《穀梁》貶婦姜，《左傳》譏鄭嬀，《列女傳》嘉孟姬，可知大夫以上之昏禮不同於士之昏禮矣。士以下無致女之儀，大夫以上有之，其辭載於《曲禮》。天子、諸侯、大夫，三月廟見，然後成昏。士庶人當夕成昏，故有致、不致之殊，非第以位尊卑之別也。士以下無反馬，大夫以上有之，見於《左傳》，象著於《易》爻。致女者，婦家之禮。不親迎，則必致女。親迎，則不致女。反馬者，夫家之禮。不親迎，固當反馬。親迎，亦當反馬。然則大夫以上，先廟見後成昏者，致女之禮或不盡行，而反馬之禮未有不行。蓋婦入三月，然後祭行。祭行然後成昏。成昏然後反馬。故無論舅姑在否，皆有反馬之儀。反馬與留車相對。鄭《箴膏肓》云：『留車，妻之道也。反馬，壻之義也。留車者，備其大歸。反馬者，示其偕老。』必俟反馬以後乃婦道克成，當其反馬以前，猶慮夫家見棄。夫婦之禮，夫得去婦，婦不得去夫。故聘幣既行，雖未娶，而夫名已定。祖廟待見，雖已嫁而婦道未成。蓋一以輔教女之禮也。古者女子皆有姆教，既教於未嫁之先，復教於既嫁之後。而寒素者多歛抑，富貴者每驕矜，故士之女易於信從，大夫以上難於聽受。是以先嫁三月，教於公宮宗室。此士以下所共也。初嫁三月，教以待見祖廟，此大夫以上所特也。三月成婦，與三月教成，皆取一時可以有成之義，一以慎擇婦之禮也。古者爲子擇婦，將聘必審其家世。既娶，必察其性情。惟是士以下之擇婦，止繫乎閨門，故先成昏而後廟見。大夫以上之擇婦，有關乎家國，故先廟見而後成昏。《昏義》云：『質明，贊見婦于舅姑。』成婦禮也。此士以下之昏禮，蓋當夕成昏，次日即成婦也。《曾子問》曰『三月而廟見』云云，大夫以上昏禮，蓋廟見始成昏，故三月乃成婦也。必至三月者，經歷一時之久，知其性情之賢，然後妻可以事夫，媵可以事君子，婦可以奉宗廟，壻可以見外舅姑，而擇婦之禮成。一以全出妻之禮也。《禮》有七出之文。顧士以下，其勢易行；大夫以上，閥閱多崇，其情難處。先王於易於出者，使之先成昏後廟見。難於出者，使之先廟見後成昏，仍得以處子改適，於嚴峻之中，寓忠厚之意。傳所謂『棄妻令可嫁者，施

諸尚未成昏者』。尤見確切。要之，士以下無世禄，居必狹隘，罕有異宫。大夫以上有世禄，居必寬宏，且多别館。無異宫者，成昏必在當夕。有别館者，成昏可俟異時。士庶嫁娶多遲，成昏於旦夕，無遲莫之憂。天子、諸侯、大夫嫁娶較早，成昏於異時，則無太早之慮。此大夫以上昏禮所以與士不同，揆之人情，固非窒礙難用也。」凡上中下三篇，極爲詳晰，擇其要者，惟以親迎則不致女非《公羊》義。○注「書者」至「同義」。○上《八年》：「宋公使公孫壽來納幣。」傳：「納幣不書，此何以書？録伯姬也。」注：「伯姬守節，逮火而死。賢，故詳録其禮，所以殊於衆女。」今此書「致女」，亦詳録義也。《列女傳》云：「《春秋》詳録其事，爲賢伯姬。」用《公羊》義也。○注「所以」至「榮之」。○何校本「潔」作「絜」。按：「潔」乃俗字，紹熙本正作「絜」。舊疏云：「重得父母之命，乃行婦道，故曰『所以彰其絜』也。其女當夫，非禮不動，光照九族，父母得安，故曰『榮之』。」《毛詩·周南·葛覃序》云：「后妃在父母家，則志在於女功之事。躬儉節用，服澣濯之衣，尊敬師傅，則可以歸安父母。」亦其義也。据舊疏義，明亦三月後致女後，始成昏矣。共姬以未親迎，不肯聽命，故必得父母之命也。○注「言女」至「之黨」。○《禮記·曾子問》云：「女未廟見而死，則如之何？孔子曰：『不遷于祖，不祔于皇姑。壻不杖、不菲、不次，歸葬于女氏之黨，示未成婦也。』」鄭注：「遷，朝廟也。壻雖不備喪禮，猶爲之服齊衰也。」疏：「其女之父母，則爲之降服大功，以其非在家。壻爲之服齊衰期，非無主也。」又《雜記》云：「女子附於王母，則不配。」注：「配，謂并祭也。王母不配則不祭王父也。女子謂未嫁者也，嫁未三月而死，❶猶歸葬於女氏之黨。」按：此之廟見，即上文之「三月而廟見」也。廟見即祭禰也，即昏禮之奠菜也，與《昏禮·記》之「祭行」别。彼云「然後」，則不必適三月。若廟見，則必三月行之。廟見之後，無論何時，適遇祭事，即得助祭。韋氏協夢《儀禮集解》云：「祭謂四時常祭。祭行謂至是遇有祭祀，婦乃行也。」程氏瑶田《通藝録》云：「助祭兼適婦庶婦言。賈疏惟指適婦，未備。若三月廟見，則惟適婦以廟見奠菜，象盥饋。庶婦不饋，則亦不奠菜也。」然則三月之前，雖有祭事，婦亦不行。不行者，未成婦也。萬氏斯大《禮記偶箋》云：「三月廟

❶「而死」二字，原脱，據《禮記注疏》補。

見，即《士昏禮》所謂『婦入三月，然後祭行』也。謂祭於高、曾、祖、禰。此指舅姑在者言。擇日而祭于禰，即《士昏禮》所謂『舅姑既没，則婦入三月，乃奠菜』也。孔氏謂廟見、祭禰只是一事。然則舅姑在者，高、曾、祖之廟，婦可以不見乎？」按：萬氏以廟見與祭禰分别舅姑存没，可也。謂廟見即祭行，則謬。胡氏培翬《儀禮正義》云：「《曾子問》所云廟見，是專指舅姑在者。其所云祭禰，即此經之奠菜，指舅姑没者。非謂舅姑没者止行祭禰而别無廟見，又非即祭禰爲廟見，如注疏家之説。」與萬氏大同。按：《曾子問》廟見、祭禰當是一事，謂舅姑没者，其高、曾、祖廟自當於祭行時及之。蓋廟見止如舅姑在時之厥明之見舅姑也，故亦止于禰耳。擇日者，雖在三月之限，必擇吉日，敬之至也。劉氏毓崧謂大夫以上贊醴婦、婦盥饋、餕餘及舅姑饗婦之禮，今無明文可證。然《昏義》謂贊醴婦爲成婦禮，婦以特豚饋爲明婦順，舅姑饗婦，婦降自阼階，爲著代，皆係成婦之禮。士以下次日已成婦，其禮自當行於廟見之前。大夫以上三月乃成婦，其禮似當行於廟見之後。按：三月不成昏可也。未及三月并舅姑亦不見，揆諸人情，恐未盡洽。蓋婦者，對舅姑之稱，亦係已昏未昏之别。《昏義》所謂婦禮、婦義，就《士昏禮》釋之，無婦字則不辭，不必爲此正名之稱。則大夫以上，舅姑若在，即預行盥饋諸禮，亦無不可，似未必見舅姑後即「婦」而不「女」也。

晉人來媵。

媵不書，此何以書？録伯姬也。**注** 義與上同。復發傳者，樂道人之善。**疏** 注「義與上同」，謂亦如上書「致女」，皆與書「納幣」同矣。

秋，七月丙子，齊侯無野卒。**疏** 包氏慎言云：「七月書丙子，月之三日。」

晉人執鄭伯。**疏** 《僖四年》傳例曰：「稱人而執者，非伯討也。」《左傳》曰：「鄭伯如晉，晉人討其貳於楚也，執諸銅鞮。欒書伐鄭，鄭人使伯蠲行成，晉人殺之。」明執不以罪矣。

晉欒書帥師伐鄭。

冬，十有一月，葬齊頃公。

楚公子嬰齊帥師伐莒，庚申，莒潰。**注** 日者，録責中國無信，同盟不能相救，至爲夷狄

所潰。疏十一月無庚申。杜氏《長曆》謂是年閏十一月也。○注「日者」至「所潰」。○舊疏云：「凡潰例月，即《僖四年》『春，王正月，蔡潰』，《文三年》『春，王正月，沈潰』之屬是也。今而書日，故解之。」義具上「公會晉侯以下同盟于蒲」注。《通義》云：「潰日者，惡楚比克莒二都，暴中國之甚，故伐莒録名氏，入運稱人，示貶也。」義亦可通。

楚人入運。疏《通義》云：「《文十二年》『行父城運』，則運本内邑，是時蓋已叛屬莒。内邑不言叛，故經無明文。」《郡國志》琅邪「東莞有鄆亭」，所謂東鄆也。

秦人、白狄伐晉。

鄭人圍許。

城中城。疏杜云：「魯邑也，在東海廩丘縣西南。」《大事表》云：「經於《成九年》、《定六年》俱書『城中城』，國都之内城也。杜謂在廩丘者，非是。《定六年》，高氏閌曰：『時公之所有中城而已。』汪氏克寬曰：『定公豈能役衆修城，蓋陽虎欲去三家，將挾公以自固耳。』」按：高、汪説亦無据。《一統志》：「中城在海州沭陽縣西。」按：厚丘城在沭陽縣北四十六里。《續志》東海厚丘縣下，劉昭引杜預注，今刊本訛爲廩丘。《一統志》於曹州古蹟亦引中城，在范縣東南，即承此注廩丘之譌。

公羊義疏五十三

句容陳立卓人著

成十年盡十四年。

十年春，衛侯之弟黑背率師侵鄭。

夏四月，五卜郊，不從，乃不郊。

其言「乃不郊」何？**注** 据上「不郊」不言「乃」。僖公不從，言「免牲」也。**疏** 注「据上」至「牲也」。○上《七年》「夏，不郊，猶三望」，是「不郊」不言「乃」也。《僖三十一年》「夏，四卜郊，不從，乃免牲，猶三望」，是其不從，言「免牲」也。不免牲，故言「乃不郊」也。**注** 不免牲，當坐盜天牲，失事天之道，故諱使若重難不得郊。

疏 注「不免」至「得郊」。○《穀梁》上七年傳曰：「免牲者，爲之緇衣纁裳，有司玄端，奉送至于南郊。」所以重天牲也。此不言「免」，故爲失事天道，坐盜天牲也。《公羊問答》云：「問：當坐盜天牲，何也？曰：此漢律也。《書·微子》：『殷民乃攘竊神祇之犧牷牲，用以容，將食無災。』傳：『竊天地宗廟牲，用相容，行食之無災，罪之者，言政亂。』疏：『漢魏以來著律，皆云敢盜郊祀宗廟之物，❶無多少皆死，爲特重故也。』据此，知何氏以漢法況之。」《通義》云：「不免牲，失禮，故譏之也。言免牲，則不郊可知。言不郊而不言免牲，則不免牲亦可知。」云「諱使若重難」者，《宣八年》傳：「而者何？難也。乃者何？難也。曷爲或言『而』或言『乃』，『乃』難乎『而』也。」故「乃」爲重難詞也。《穀梁傳》：「五卜，强也。乃者，亡乎人之辭也。」《通義》又云：「五卜非禮，不發傳者，四卜猶瀆，過此可知矣。」一發傳，一不發傳，其義同也。

五月，公會晉侯、齊侯、宋公、衛侯、曹伯伐鄭。**注** 不致者，成公數卜郊不從，怨懟，故不免牲。不但不免牲而已，故奪臣子

❶「敢」字，原脱，據《尚書正義》補。

辭以起之。疏《校勘記》云：「諸本同，《唐石經》缺。解云『此經公會晉侯、宋公以下伐鄭』，與今本異。」○注「不致」至「免牲」。○《莊六年》傳云：「得意致會，不得意致伐。」注：「此謂公與二國以上也。」此皆不致，故如此解。成公數卜郊不從，即此上文「五卜郊不從」是也。五卜郊，故云「數」。○注「不但」至「而已」。○舊疏云：「謂成公意卒竟而不復郊。知如此者，正以不免牲上文已有說，今此仍不致，故知更有罪也。」○注「故奪」至「起之」。○《桓二年》注：「凡致者，臣子喜其君父脱危而至。」今不致，故爲奪臣子辭。舊疏云：「《桓元年》注云：『不致之者，至，故復奪臣子辭，❶成誅文也。』義亦通於此。」

齊人來媵。

媵不書，此何以書？録伯姬也。疏《穀梁傳》於九年「晉人來媵」云：「媵，淺事也，不志，此其志何也？以伯姬之不得其所，故盡其事也。」《八年》「衛人來媵」傳同。此不發傳，義亦宜同，皆與《公羊》合。

三國來媵，非禮也。曷爲皆以「録伯姬」之辭言之？婦人以衆多爲侈也。注侈，大也。朝廷侈於妬上，婦人侈於妒下。伯姬以至賢爲三國所争媵，故侈大其能容之。唯天子娶十二女。疏注「侈大」至「容之」。○《校勘記》出「故侈大其能容之」，云：「解云：考諸舊本，『大』上無『侈』字。按：上云：『侈，大也。』故此云『大其能容之』。舊本是，今衍。」《公羊問答》云：「問：何爲婦人以衆多爲侈也？曰：此如《詩》：『維鵲有巢，維鳩盈之。』傳：『盈，滿也。』箋云：『滿者，言衆媵姪娣之多。』是婦人以多爲侈之證。」惠氏士奇《春秋説》云：「内女嫁於諸侯，惟紀叔姬、宋共姬書之最詳，故媵不稱婦而叔姬書婦，以其節婦不書媵。而共姬之婦，書三國來媵，以其賢。《公》、《穀》二傳皆以爲詳其事而重録之，實得《春秋》之義。俗儒謂三國來媵爲非禮，如其然，則内女嫁於諸侯，豈皆無媵？其來媵也，豈盡合禮？曷不皆書，獨此賢女共姬之婦而備書之，以示譏哉！且書來聘、書納幣、書致女，此獨屢書其未歸也。衛人來媵，其既歸也。齊、晉大國，亦來媵，

❶「奪」上，原衍「脱」，據《春秋公羊傳注疏》删。

未聞内女之嫁若是者。《公羊》所謂婦人以衆多爲侈者，不其然乎。」「朝廷侈於妬上」二語，疑有成文。舊疏云：「妬其有賢才而居於己上位者，是朝廷侈之妬也。不能容衆妾而妬惡之者，是婦人妬也。」○注「唯天」至「二一女」。○《校勘記》云：「鄂本同。閩、監、毛本『娶』作『取』。按：《釋文》作『取』云：『七住反，本或作娶。』疏本標注作娶。」舊疏云：「《保乾圖》文。孔子爲後王立制，非古禮也。」《白虎通·嫁娶》篇：「或曰：天子娶十二女，法天有十二月，萬物必生也。」《後漢·荀爽傳》：「衆禮之中，昏禮爲首。故天子娶十二，天之數也。諸侯以下，各有等差，事之降也。陽性純而能施，陰體順而能化。以禮濟樂，節宣其氣，故能豐子孫之祥，致老壽之福。」蓋亦本此爲説。《獨斷》云：「帝嚳有四妃，以象后妃四星。其一明者爲正妃，三者爲次妃也。九嬪，夏后氏增以三，三而九，合十二人。《春秋》天子一娶十二，夏制也。」《檀弓》注云：「帝嚳而立四妃矣，象后妃四星。其一明者爲正妃，餘三小者爲次妃。帝堯因焉，至舜不告而娶，不立正妃，但三妃而已，謂之三夫人。夏后氏增以三，三而九，合十二人。《春秋説》云：『天子娶十二』，即夏制也。以虞夏及周制差之，則殷人又增以三九二十七，合三十九人。周人上法帝嚳立正妃，又三二十七，爲八十一人。以增之，合百二十一人。」然則娶十二者，《春秋》監前代，以爲後王法與？

丙午，晉侯獳卒。**注**不書葬者，殺大夫趙同等。**疏**包氏慎言云：「五月書丙午，五月無丙午，四月之七日也。」○注「不書」至「同等」。○「殺大夫趙同等」，見上八年。舊疏云：「《春秋》之義，君殺無罪大夫，例不書其葬，見其合絶之。是以僖九年晉侯詭諸卒，何氏云『不書葬者，殺世子也』是也。」《左傳》：「晉侯夢大厲，被髮及地，搏膺而踊曰：『殺余孫不義。』」注：「厲，鬼也。趙氏之先祖也。八年晉侯殺趙同、趙括，故怒。」蓋趙同等無罪被殺，故或致妖厲爲祟與？

秋七月。

公如晉。**注**如晉者，冬也。去「冬」者，惡成公。前既怨懟，不免牲，今復如晉，過郊乃反，遂怨懟，無事天之意，當絶之。**疏**注「如晉」至「絶之」。○鄂本作「當詔之」，誤。舊疏云：「謂明年三月，公至自晉，是過郊乃反，是無事天之意。」包氏慎言云：「七年春，王正月，鼷鼠食郊牛角，改卜

牛，鼷鼠又食其角。注引《京房易傳》曰：『祭天不慎，鼷鼠食郊牛角。』書又食者，重魯不覺悟，重有災也。《異義》：『《公羊》説，鼷鼠初食牛角，咎在有司。又食，咎在人君。』成公七年郊，因鼷鼠食牛角而不郊。至十年卜郊不從，不知罪己，思改更以奉天，以卜不從而不郊，又不免牲，何注『坐以盜天牲』。五月公會晉侯、衛侯等伐鄭，不書致伐，奪臣子喜君脱危而至之辭，則盜天牲者，宜坐誅責之罪。冬，公如晉，過郊時乃反，則怨懟，無事天之意，故絶之，以爲君天下而不謹於奉天者戒。記曰：逆天地者罪及五世。言禍至之無止時也。立君以奉祀，曠於祀事，即當從廢疾例黜退，重祭主也。」

冬十月。**疏**《校勘記》云：「此本、鄂本、閩、監、毛本皆脱，唯《唐石經》有之。嚴杰曰：『《左》《穀》皆有此三字，與《公羊》經異。』錢大昕云：『何注云：去冬者，惡成公。然則《石經》有此三字。』非何義也。故知《唐石經》未必是，歷來版本未必非也。」按：無者是也。紹熙本亦無此三字。唐陸淳《春秋集傳纂例》亦云：「無此三字。」孫氏志祖《讀書脞録續編》云：「《公羊》成十年經『公如晉』，何休注云：『如晉者冬也，去冬者，惡成公』云云。按：『公如晉』與『秋七月』連文，蓋公以秋七月如晉也。《左傳》『秋，公如晉』可證。《左》、《穀》經文，於此年末有『冬十月』三字。《公羊》經文偶脱爾。而何氏乃妄造爲『去冬』之説，以如晉爲冬時，惡成公而不書冬，謬戾甚矣。且謂成公以卜郊不從，遂怨懟而如晉，亦非理也。」按：《左氏》不可説《公羊》，孫氏膚淺之徒，無足辨也。浦鏜云：「《中庸》疏云『成十年不書冬十月』，《公羊》無此三字，今有者，後人妄增，當爲衍文。」是也。段氏玉裁《經韵樓集》：「今本《左氏春秋》經，《成公十年》有『冬十月』，自《唐石經》已然。《公羊唐石經》經亦有之。《穀梁》唐石經已泐，不可知。今按：凡有者，皆謬也。《禮記·中庸》注曰：『述天時，謂編年四時具也。』《正義》言『《春秋》四時皆具。桓四年、七年不書秋七月，冬十月。成十年不書冬十月。桓十七年直云五月，不云夏。昭十年直云十二月，不云冬。如此不具者，賈、服之義：若登臺而不視朔，則書時，不書月；若視朔而不登臺，則書月不書時；若雖無事視朔登臺，則空書時月。若杜元凱之意，❶凡時月不

❶「意」原作「義」，據《經韻樓集》改。

具者，皆史闕文。據《正義》，則《成十年》經，《左氏》無『冬十月』矣。孔沖遠所見如此，《唐石經》乃妄增三字，不可從。今一切宋元以下本皆誤，其《公羊》唐石經亦誤增三字，而宋槧官本及明時《注疏》刊本皆無，此古本之流傳未泯者也。考是年經云：『秋七月，公如晉。』何休云：『如晉者冬也，去冬者，惡成公，當絶之。』何氏以下文無『冬十月』，故知公如晉在冬，而經去冬以惡之。秋七月爲無事，首時過則書之例。假令下有『冬十月』，則何豈得云爾。其不云『去冬十月』者，知公如晉在冬，而不定在何月也。若《穀梁》經今本皆有『冬十月』，亦必後人所增。倘《穀梁》有而《左氏》、《公羊》無之，陸氏《釋文》必注之曰：『《左》、《公羊》二傳無。』於其無此注，知《穀梁》亦決無此三字也。陸氏作《釋文》時，三經皆無此三字，故此三字之有無，不能證之於《音義》。桓四年、七年無秋冬，成十年無冬十月，桓十七年五月無夏，昭十年十二月無冬，皆見《中庸》正義。又《正義》失引者，《定十四年》『城莒父及霄』之上無『冬』字。凡此，皆三經所同。何以爲貶絶，范則云未詳，杜則謂闕文。若賈、服之説，則又與三家異。但《中庸》疏所引賈、服説，似未全。當有『雖無事既不視朔，❶又不登臺，則不書時月』十六字，乃爲桓、成不書『秋七月』、『冬十月』發例。」

十有一年春，王三月，公至自晉。

晉侯使郤州來聘。己丑，及郤州盟。疏《釋文》：「郤州，本亦作犨。」《九經古義》云：「《世本》『郤豹生義，義生步揚，步揚生州。州即犨也』，與《公羊》合。《左氏傳》魏武子犨，《世本》亦作『州』。司馬貞云：州、犨聲相近，字異耳。」按：惠氏所引《世本》見《左傳正義》。又閔元年《左傳》：「畢萬爲右。」注：「畢萬，魏犨祖父。」《正義》引《世本》「畢萬生芒季，季生武仲州，州即犨也」是也。司馬貞説見《魏世家》索隱。《左疏》引服虔云：「郤犨，郤克從祖昆弟。」按：《左傳疏》引《世本》又云：「郤豹生郤芮，芮生缺，缺生克。」克與州皆豹之曾孫也，故爲從祖昆弟。包氏慎言云：「三月書己丑，月之二十五日也。」聘盟兼書者，舊疏云：「上《三年》：『冬，晉侯使荀庚來聘。丙午，及荀庚盟。』傳云：『此聘也，其言盟何？聘而言盟者，尋舊盟也。』

❶「事」，原作「有」，據《經韻樓集》改。

注云：『以不舉重，連聘而言之，知尋繹舊故約誓也。書者，惡之。二國既修禮相聘，不能相親信，反復相疑，故舉聘以非之。』今此亦然，而無傳注者，從彼可知，故省文。又《春秋》王魯，故《桓十四年》「夏，鄭伯使其弟語來盟」，注：「時者，從内爲王義，明王者當以至信先天下。」故莅盟、來盟悉書時，此經及上三年荀庚盟之屬悉書日，皆不與信辭也。

夏，季孫行父如晉。

秋，叔孫僑如如齊。

冬十月。

十有二年，春，周公出奔晉。疏杜注《左傳》云：「周，采地。扶風雍縣東北有周城。」按：周自平王東遷，西都久爲秦有。周之采地，不應仍存，當亦在東圻矣。《魯世家》索隱云：「周公次子留，相王室，世爲周公。」《汲郡古文》云：「成王十一年，王命周平公治東都。」沈約案：周平公即君陳，周公之子，伯禽之弟。《坊記》注：「君陳，蓋周公之子。」然則此及僖九年之宰周公，其皆君陳後與？

周公者何？天子之三公也。王者無外，此其言出何？自其私土而出也。注私土者，謂其國也。此起諸侯入爲天子三公也。周公驕蹇，不事天子，出居私土，不聽京師之政，天子召之而出走，明當并絶其國，故以出國録也。不月者，小國也。疏《左傳》曰：「凡自周無出，周公自出也。」與此少異。《左傳疏》引鄭荅孫皓曰：「凡自周無出者，周無放臣之法。罪大者，刑之。小，則宥之。」《白虎通·諫諍》篇：「或曰：天子之臣，不得言放。天子以天下爲家也。」無可放，故不言出。故《襄三十年》「王子瑕奔晉」，不言出也。○注「私土」至「公也」。○正以書「出」，故知自其私土出也。周公本西周圻内國，東遷後不知在何地也。諸侯入爲三公者，《詩·衛風·淇奧》美武公，云：「故能入相于周。」《衛世家》云：「武公將兵佐周平戎，甚有功，平王命爲公。」又《鄭風·緇衣序》云：「美武公也。父子並爲周司徒，善於其職，國人宜之。」是皆入爲王朝之臣者也。以稱公，故知爲三公，其實亦即卿士。卿爲典事，公其兼官。《詩疏》引《顧命》鄭注云：「公，兼官，以六卿爲正次。」是其義也。○注

「周公」至「録也」。○《左傳》上十一年云：「周公楚惡惠、襄之偪也，且與伯與争政，不勝，怒而出。及陽樊，王使劉子復之，盟于鄄而入。三日，復出奔晉。」其驕蹇明矣。何氏義與《左傳》大同。杜云：「王既復之而復出，所以自絶于周。」驕蹇不奉王命，不臣，故當并絶其國書出也。《通義》云：「自其都邑而出，故使與外諸侯同文，因爲天子諱三公乖離出奔也。」○注「不月者，小國也」。○《春秋》之例，大國奔例月。《桓十六年》「十有一月，衛侯朔出奔齊」是也。小國時，《昭三年》「北燕伯欵出奔齊」是也。此書時，明小國入爲三公者，自其私土而出，故從小國例。舊疏云：「天子三公之田，視公侯。既視公侯，何言小國？小國者，據其私土之言也。周公本小國諸侯，於王圻之内雖有采地，但從私土而去，故從小國例。」

夏，公會晉侯、衛侯于沙澤。疏《左氏》、《穀梁》作「瑣澤」。《定七年》同。沙，古音莎，與瑣同部字。《左氏》定七年經：「齊侯、衛侯盟于沙。」《釋文》：「沙，如字，又星和反。」傳曰：「乃盟于瑣。」注「瑣即沙也」，可證。杜云：「瑣澤，地闕。」《方輿紀要》：「瑣侯亭在開封府新鄭縣宛陵城西，亦曰瑣澤。」

秋，晉人敗狄于交剛。疏杜云：「交剛，地闕。」《大事表》云：「按：是時赤狄之種盡絶，故中國直名白狄爲狄，不復别之，如赤狄之在閔、僖之世也。」又云：「或云交剛在今隰州境。」《穀梁傳》：「中國與夷狄不言戰，皆曰敗之。」注「不使夷狄敵中國」是也。

冬十月。

十有三年，春，晉侯使郤錡來乞師。疏《穀梁傳》：「乞，重辭也。」古之人重師，故以乞言之也。

三月，公如京師。注月者，善公尊天子。疏注「月者」至「天子」。○舊疏云：「正以朝聘時故也。」《通義》云：「趙汸曰：『如京師，特書月，明朝王爲正。』與他『如』不同。」

夏五月，公自京師。疏舊疏云：「『公』下『自』上有『至』字者，衍文也。」《穀梁》石經「公」下有「至」字，「晉侯」下有「齊侯」二字。彼《校勘記》云：「余本無『至』字，有『齊侯』二字。何煌云：『考《石經》三傳，《左氏》有至字，《公羊》無。』疏云：『公下自上有至字者，衍文也。』《穀梁》石經此係宋人補刻，疑『至』字或亦出肊增也。按：是年《石經》實非補刻，何蓋偶誤。《公羊疏》

以『至』字爲衍文者，指《公羊傳》而言。《穀梁》自與《公羊》不同。何据彼疏疑此經，❶非是。又補刻《石經》係朱梁，謂宋人補刻，亦非是。」按：《左傳》亦無「至」字，彼《校勘記》云：「《石經》『公』下有『至』字，衍文也。」

遂會晉侯、齊侯、宋公、衛侯、鄭伯、曹伯、邾婁人、滕人伐秦。**疏**《穀梁》閩、監、毛本、宋本《穀梁傳》無「齊侯」二字。

其言自京師何？**注**据《僖公二十八年》「諸侯遂圍許」，不言自王所。**疏**注「据僖」至「王所」。○《僖二十八年》「冬，公會晉侯以下于溫。天王狩于河陽。壬申，公朝于王所。諸侯遂圍許」是也。舊疏云：「彼亦朝天子而往圍許，不言自王所，與此異，故難之。」《通義》云：「難何以不承『公如京師』，就言遂會伐秦意？」公鑿行也。**注**以起公鑿行也。鑿，猶更造之意。**疏**注「鑿猶」至「之意」。○《公羊問答》云：「問：注『鑿，猶更造之意』，其義未詳。曰：此如《漢書·張騫傳》之『鑿，空也』。師古注『空，孔也。猶言始鑿其孔穴也』。《西南夷傳》：『騫因盛言大夏在漢西南，慕中國，患匈奴隔其道，誠通蜀身毒國，❷道便近，又無害。』是『鑿空』之事也。空，孔也，穴隙也，趁此空隙而行他事，故曰鑿行。」按：《史記·大宛列傳》：「張騫鑿空。」《集解》引蘇林云：「鑿空，開道也。」《説文·金部》：「鑿，穿木也。」《釋名·釋用器》：「鑿，有所穿也。」《廣雅·釋詁》：「鑿，穿也。」又《淮南·氾論》：「喉中有病，無害於息，不可鑿也。」注：「鑿，穿也。」凡有所穿鑿，皆更造之象也。漢《司隸楊厥碑》「⿺辶業通石門」，「⿺辶業」即「鑿」也，亦或作「⿺辶丵」，省體也。

公鑿行奈何？不敢過天子也。**注**時本欲直伐秦，塗過京師，不敢過天子而不朝。復生事修朝禮而後行，故起時善而褒成其意，使若故朝然，後生事也。閒無事，復出公者，善公鑿行。**疏**注「時本」至「事也」。○舊疏標注作「生事，修朝禮而行」，解云：「『生事』之上亦有『復』字者，衍文。」則舊疏本無「復」字。杜云：「伐秦，道過京師，因朝王。」劉炫《述義》云：「魯朝

❶「疑」，原作「引」，據《十三經注疏校勘記》改。
❷「蜀」，原作「屬」，據《漢書》改。

聘皆言『如』。書其始發言往，而言公朝王所者，發國不爲朝王，至彼遇王朝之，朝訖乃書，故稱朝也。此過京師，亦宜稱朝，言『如』者，發雖主爲伐秦，即其朝王之意，書其初發，故言『如』也。」按：如何意，公本無朝王意，然猶有尊畏之心，不敢過京師而不朝。善善從長，即而褒成之，使若故朝然，後生事也。《穀梁傳》：「非『如』而曰『如』，❶不叛京師也。」注：「因其過朝，故正其文，若使本自往。」是其義也。○注「間無」至「鑿行」。○《昭十三年》：「秋，公會劉子、晉侯以下于平丘。八月甲戌，同盟于平丘。」注：「不言劉子及諸侯者，間無異事可知矣。」彼以「間無異事」，故不復舉劉子及諸侯，此亦「間無事」，亦但書「自京師」，遂會晉侯伐秦矣。今復舉「公」，故解之，明其善也。

曹伯廬卒于師。 **疏**《釋文》：「廬，本亦作盧。」古廬、盧字多通用。《左氏・桓十三年》傳：❷「羅與盧戎兩軍之。」《釋文》本作「廬戎」，云：「本亦作盧。」《昭十三年》經「蔡侯廬歸于蔡」，二十年書「蔡侯盧卒」作「盧」。《史記・吴世家》：「餘橋夷吾卒，子柯盧立。」《吴越春秋》作「柯廬」。《荀子・富國篇》「君盧屋妾」，注：「盧，當爲廬。」《莊子・讓王》篇：「乃負石而自沈于廬水。」《釋文》云「司馬本作盧水」是也。《穀梁傳》曰：「閔之也。公大夫在師曰師，在會曰會。」

秋七月，公至自伐秦。 **注**月者，危公幼而遠用兵。**疏**注「月者」至「用兵」。○舊疏云：「正以致例時故也。」《通義》云：「月致者，春出秋返，久也。」亦通。

冬，葬曹宣公。 **疏**小國君卒月葬時，故《穀梁傳》：「葬時，正也。」

十有四年春，王正月，莒子朱卒。 **注**莒大於邾婁，至此乃卒者，庶其見殺，不得卒。至此始卒，又不得日。**疏**注「莒大」至「得卒」。○《莊十六年》書「邾婁子克卒」，是邾婁卒於所傳聞世。《春秋》序莒常在邾婁上，明莒大於邾婁，而不得書卒，故解之。按：彼注云：「小國未當卒而卒，爲慕伯者，尊天子，行進也。」則書邾婁子卒，非常例矣。所聞世合卒，又以庶其被弒，故不得書卒也。庶其事在文十八

❶「而」字原脱，據《穀梁疏》補。
❷「三」，原作「二」，據《春秋左傳注疏》改。

年。○注「至此」至「得日」。○此決《莊二十八年》「夏，四月丁未，邾婁子瑣卒」，書日故也。彼注云：「日者，附從伯者，朝天子，行進。」此莒始書卒，無進行，故略不日也。舊疏云：「所以書日者，非直行進。其邾子克往前已卒，是以《春秋》得詳録之也。」曹亦小國，《桓十年》「春，正月庚申，曹伯終生卒」，書日者，彼注云「始卒，與大國同例者，《春秋》敬老重恩也，故爲魯恩録之」是也。《通義》引楊士勛曰：「莒子朱者，莒渠丘公。不書葬者，莒行夷禮，則是失德。又葬須稱謚，莒無謚，故不書葬也。」

夏，衛孫林父自晉歸于衛。 **疏**《通義》云：「《左傳》曰：『衛侯如晉。晉侯强見孫林父焉，定公不可。夏，衛侯既歸，晉侯使郤犫送孫林父而見之。』故經加『自晉』，晉有力文也。」❶

秋，叔孫僑如如齊逆女。 **注**凡娶，早晚皆不譏者，從紀履緰一譏而已。**疏**舊疏云：「《隱二年》注云：『不親迎，例月，重録之。』今此不月者，蓋以成公即位十有四年始娶元妃，非重繼嗣之義，故略之。」《通義》云：「至是始娶者，公即位幼也。《左傳》曰：『國君十五而生子。』」按：孔説非是。成公二年，已會楚嬰齊于蜀，則即位雖幼，必非襁褓，至小亦宜七八齡矣。即位至此年，計已逾冠，故舊疏謂其「即位十四年始娶元妃，非重繼嗣之義」也。孔疏引《左傳》「國君十五生子」之文，甯成公時始十五六耶？○注「凡娶」至「而已」。○《校勘記》出「凡娶」，云：「鄂本同，此本疏標起訖亦作『娶』。閩、監、毛本改『取』，非。《釋文》作『凡取』，云『又作娶』，閩、監、毛本蓋据此。」紹熙本亦作「娶」。紀履緰事見《隱二年》，彼傳云：「外逆女不書，此何以書？譏。何譏爾？譏始不親迎也。」然則《春秋》於公不親迎不譏，從可知例也。舊疏云：「《宣元年》『春，公子遂如齊逆女』，喪服未除，是其太早也。成十四年秋，始使僑如如齊逆女，非重繼嗣，是其太晚也。但略舉一二人，則桓三年娶于齊，文四年娶于齊，合在其間矣。」又引舊解云：「《隱二年》『履緰』之下注云：『内逆女常書，外逆女但疾始，不常書，明當先自詳正，躬自厚而薄責於人，故略外也。』然則外之娶妻，莫問早晚，其不親迎，皆不復書而譏之者，悉從履緰之

❶「也」，原作「焉」，據《通義》改。

例，一譏而已。所以此處注之者，正以內逆女常書之末，是以於此決之。」按：此注意謂皆不譏者，疑即指親迎言，非謂不譏其早晚也。文公娶太早，經書「公子遂納幣」譏之。成公娶晚，經不月以起之也。

鄭公子喜率師伐許。疏 毛本「率」改「帥」。

九月，僑如以夫人婦姜氏至自齊。疏《左傳》：「舍族，尊夫人也。」彼疏引何氏《膏肓》云：「叔孫僑如舍族爲尊夫人。按：《襄二十七年》『豹及諸侯之大夫盟』，復何所尊而亦舍族？《春秋》之例，一事再見者，亦以省文耳。」鄭箴之曰：「《左氏》以豹違命，故貶之而去族。今僑如無罪而亦去族，故以爲尊夫人也。《春秋》有事異文同者，則此類也。」劉氏逢祿《評》曰：「一事再見不加氏者，見終奉君命。」按：此與《宣元年》「公子遂如齊逆女。三月，遂以夫人婦姜至自齊」，同一文法。從彼傳一事而再見者，卒名，可知例也。

冬，十月庚寅，衛侯臧卒。疏 包氏慎言云：「十月書庚寅，月之十七日。」

秦伯卒。

公羊義疏五十四

句容陳立卓人著

成十五年盡十六年。

十有五年春，王二月，葬衛定公。

三月乙巳，仲嬰齊卒。**疏**包氏慎言云：「三月書乙巳，月之四日。」

仲嬰齊者何？**注**疑仲遂後，故問之。**疏**注「疑仲」至「問之」。○舊疏：「何氏欲解弟子問所不知之意。何者？欲言仲遂之子，宜稱公孫。今經稱仲，故執不知問。」公孫嬰齊也。**注**未見於經，爲公孫嬰齊。今爲大夫死，見於經，爲仲嬰齊。**疏**注「未見」至「嬰齊」。○舊疏云：「未見於經，謂未作大夫，不得見於經。當爾之時，猶爲公子之子，故爲公孫嬰齊矣。今爲大夫而死，得見于經，更爲公子之孫，孫以王父字爲氏，故爲仲嬰齊矣。」顧氏炎武《日知録》云：「魯有二嬰齊，皆公孫也。仲嬰齊卒，其爲仲遂後者也。《成十七年》『公孫嬰齊卒于貍軫』，❶則子叔聲伯也。此言仲嬰齊，❷亦是公孫嬰齊，非謂子叔聲伯，故注云：『未見於經，爲公孫嬰齊。』此漢人解經之善。若子叔聲伯，則戰鞌、如晉、如莒，已屢見於經矣。」蓋歸父奔後，魯人尚未立後。傳故云「徐傷歸父無後」也。爲大夫未久，即卒，又未有事，故不見經。公孫嬰齊，則曷爲謂之仲嬰齊？爲兄後也。爲兄後，則曷爲謂之仲嬰齊？**注**据本公孫。**疏**注「据本公孫」。○舊疏云：「言其本公孫，昭穆須正。雖代兄爲大夫，甯得更爲公孫之子乎？故難之。」爲人後者爲之子也。**注**更爲公孫之子，故不得復氏公孫。**疏**《後漢書·安帝紀》云：「禮，昆弟之子猶己子。《春秋》之義，爲人後者爲之子。」章懷注：「爲人後者，謂出繼於人也。」段氏玉

❶「成」字，原脱，據《日知録》補。
❷「言」，原作「文」，據《日知録》改。

裁《經韵樓集》云：「此謂嬰齊爲歸父後，即爲歸父之子。爲歸父之子，故以歸父父字仲爲氏，是爲以王父字爲氏。以王父字爲氏，真子之禮如此，爲人後之禮亦如此。傳言『爲人後者爲之子』，非以『爲之子』釋『爲人後』，乃以明爲人後者之禮，一切必同於真子。《喪服傳》曰：『何以三年也？受重者必以尊服服之。』此之謂『爲之子』也。傳又曰：『爲所後者之祖父母、妻，妻之父母，昆弟，昆弟之子若子。』此之謂爲之子也。喪服親疏遠近，一如真子，然則爲之子信矣。爲人後之禮必如是，天子、諸侯、卿大夫之爲後者，皆如是。」○注「更爲」至「公孫」。○正以嬰齊實公孫，今爲公孫歸父後，故去其公孫之氏，同諸歸父子也。

爲人後者爲其子，則其稱仲何？ **注** 据氏非一。 **孫以王父字爲氏也。** **注** 謂諸侯子也。 **顧興滅繼絶，故紀族，明所出。** **疏** 注「謂諸」至「所出」。○《禮·喪服傳》曰：「諸侯之子稱公子，公子不得禰先君。公子之子稱公孫，❶公孫不得祖諸侯。」孫以王父字爲氏，故王父即謂諸侯子也。《白虎通·姓名》云：「或氏王父字者何？所以别諸侯之後，爲興滅國，繼絶世也。王者之子稱王子，王者之孫稱王孫。諸侯之子稱公子，公子之子稱公孫，公孫之子各以其王父字爲氏。故《春秋》有王子瑕，《論語》有王孫賈，又有衛公子荆、公孫朝；魯有仲孫、叔孫、季孫，楚有昭、屈、景，齊有高、國、崔，以知其爲子孫也。」隱八年《左傳》曰：「天子建德，❷因生以賜姓，胙之土而命之氏。諸侯以字爲謚，❸因以爲族。」《禮記·大傳》疏引鄭《駁異義》云：「『炎帝姓姜，太昊之所賜也。黄帝姓姬，炎帝之所賜也。故堯賜伯夷姓曰姜，賜禹姓曰姒，賜契姓曰子，賜稷姓曰姬，著在《書傳》』，是天子賜姓也。諸侯賜卿大夫以氏。若同姓，公之子曰公子，公子之子曰公孫，公孫之子其親已遠，不得上連于公，故以王父字爲氏。若適夫人之子，則以五十字伯仲爲氏，若魯之仲孫、叔孫、季孫是也。若庶子、妾子，則以二十字爲氏，則展氏、臧氏是也。若異姓，則以父祖官及所食之邑爲氏。以官爲氏者，司馬、司城是也。以邑爲氏者，韓、魏、趙是

❶「稱」，原作「禰」，據《儀禮注疏》改。
❷「德」原作「國」，據《左傳》改。
❸「謚」原作「氏」，據《左傳》改。

也。」然則孫以王父字爲氏，專斥天子、諸侯子孫言，而猶必賜之於君也。《大傳》疏又云：「若子孫其君不賜族，子孫自以王父字爲族也。」亦所以明所自出故也。

然則嬰齊孰後？後歸父也。**疏**《唐石經》、鄂本、監、毛本同。此本、閩本脱一「後」字，今訂正。按：紹熙本亦疊「後」字。

歸父使于晉而未反，**注**宣公十八年自晉至檉奔齊，訖今未還。**疏**注「訖今未還」。○《爾雅・釋詁》：「訖，至也。」至今未還也。與《漢書》成帝詔「訖今不改」之「訖」同。

何以後之？**注**据已絶也。

叔仲惠伯，傳子赤者也。**注**叔仲者，叔彭生氏也。文家字積於叔。叔仲有長幼，故連氏之。經云仲者，明《春秋》質家當積於仲。惠，謚也。**疏**注「叔仲」至「氏也」。○舊疏云：「即文十一年叔彭生之氏族也。」○注「文家」至「氏之」。○《白虎通・姓名》云：「質家所以積于仲何？質者親親，故積於仲。文家尊尊，故積於叔。」《廣川書跋》引《含文嘉》云：「文家稱叔，質家稱仲。」《白虎通》又云：「即如是，《論語》曰：『周有八士，伯達、伯适，仲突、仲忽，叔夜、叔夏，季隨、季騧。』不積於叔何？蓋以兩兩俱生故也。❶不積於伯、季，❷明其無二也。」按：《史記・管蔡世家》：武王同母兄弟十人。其長子曰伯邑考，其次即武王，次管叔鮮，次周公，又其次爲蔡叔度、曹叔振鐸、郕叔武、霍叔處、康叔封，末爲冉季載。是文家積于叔之證也。質家積于仲，古籍散亡，無可驗也。舊疏云：「經言文家字積于叔，欲道彭生之經所以不連『仲』之意也。言『叔仲有長幼』者，欲道彭生之傳所以連叔仲之意也。何者？彭生之祖生於叔氏，其父武仲又長幼當仲，是以彭生遠而言之，雖非正禮，要是當時之事。是以傳家述其私稱，連言仲矣。」按：叔仲云者，猶言叔氏之仲也。○注「經云」至「於仲」。○舊疏云：「注言此者，欲道嬰齊此經何故不連其父歸父之字而單言仲者，欲明《春秋》當質，正得積於仲，是以不得更以佗字連之。」○注「惠，謚也」。○《周書・謚法解》「愛人好與曰惠，又柔質慈民曰惠」是也。

文公死，子幼。

❶「以」下原有「爲」字，據《白虎通》删。
❷「季」原作「仲」，據《白虎通》改。

注子赤幼也。公子遂謂叔仲惠伯曰：「君幼，如之何？願與子慮之。」叔仲惠伯曰：「吾子相之，老夫抱之，注禮，大夫七十而致事。若不得謝，則必賜之几杖，行役以婦人從。適四方，乘安車。自稱曰「老夫」。疏注「禮」至「老夫」。○《禮記·曲禮》文，彼無「從」字，此較詳備。《通義》云：「禮，大夫七十已上稱於異邦曰『老夫』，若衛石碏使告于陳曰『老夫耄矣』是也。於其國猶當稱名。今惠伯自稱曰『老夫』，蓋藐慢遂之辭。」鄭注：「老夫，老人稱也，亦明君貪賢。」亦引《春秋傳》曰「老夫耄矣」是也。意老夫亦非卿大夫正稱。何幼君之有！」公子遂知其不可與謀，退而殺叔仲惠伯，弑子赤，而立宣公。注殺叔仲惠伯不書者，舉弑君爲重。叔仲惠伯事與荀息相類。不得爲累者，有異也。叔仲惠伯直先見殺爾，不如荀息死之。疏《釋文》：「弑亦作殺，音試。」文十八年《左傳》：「仲殺惡及視而立宣公。仲以君命召惠伯，其宰公冉務人止之，曰：『入必死。』叔仲曰：『死君命，可也。』公冉務人曰：『若君命可死，非君命何聽。』弗聽，乃入，殺而埋之馬矢之中。」與此敘少有先後耳。○注「殺叔」至「爲重」。○《通義》云：「殺叔仲惠伯不書者，書殺，則內大夫相殺，大惡當諱。書卒，則與公子牙美惡相嫌，故不卒以起諱意也。」惠氏士奇《春秋説》云：「宋兩弑君，晉一弑君，凡三書『及』，所以旌死難之臣也。魯弑子赤，曷爲叔仲惠伯不書於《春秋》？《春秋》尊宗國，君弑則隱而不書，故叔仲惠伯亦不得牽連而書。説者謂死無補於君，故不書，則孔父、仇牧、荀息有何補於君而書于册哉？然則曷爲不書卒？書卒，則無以表其節也。且書卒則嫌與公子牙同，故不書。然則曷爲不書刺？刺者有罪乃刺之，雖無罪必有説，則又何説而刺叔仲惠伯乎？此叔彭生死難之節，所以不著於《春秋》。」按：《春秋》不書殺叔仲惠伯，自爲舉重略輕，蓋亦内辭也。若欲書之，聖人自有書法以張義，不必如舊疏所云「宜言冬十月，子赤及叔仲彭生卒」。夫游、夏之徒且不能贊一辭，後人何必强作解事乎。○注「叔仲」至「死之」。○《僖十年》「晉里克弑其君卓及其大夫荀息」，傳：「及者何？累也。」又云：「驪姬者，

國色也。獻公愛之甚，欲立其子，於是殺世子申生。獻公病將死，謂荀息曰：『士何如，則可謂之信矣。』荀息對曰：『使死者反生，生者不愧乎其言，則可謂信矣。』獻公死，奚齊立。里克謂荀息曰：『君殺正而立不正，廢長而立幼，如之何？願與子慮之。』荀息曰：『君嘗訊臣矣，臣對曰：使死者反生，生者不愧乎其言。』里克知不可與謀，退，弒奚齊。荀息立卓子，里克弒卓子，荀息死之。」此叔仲惠伯亦曰「吾子相之，老夫抱之」，以卻仲遂，遂因殺叔仲惠伯，弒子赤，是與荀息事相類也。《桓二年》、《莊十二年》、《僖十年》皆有「舍此無累者乎？曰有」，均指叔仲惠伯。下皆云「有，則此何以書？賢也」云云。然則叔仲惠伯甯有不賢，而彼傳皆如此發。何邵公雖云「叔仲惠伯直，雖見殺，不如荀息死之」，義亦未洽。何者？仲遂欲廢嫡立庶，先與惠伯謀，其必嚴憚惠伯，與孔父義形於色無所區別，故仲遂退而先殺惠伯，次弒子赤。《左傳》謂以君命召惠伯，應是殺惡及視先事。不然遂重在弒君，子赤已死，則惠伯存否聽之可矣，何必矯命爲耶。當時所以不與三人並見累者，或仍爲內諱故與？ **宣公死，成公幼，臧宣叔者相也。** **注** 臧孫許。宣，謚。 **疏** 《校勘記》出「臧宣公」，云：「閩、監、毛本同，誤也。鄂本作『臧宣叔』。《宣十八年》疏引此傳同，當据正。《唐石經》缺。」按：紹熙本作「臧宣叔」。周氏柄中《四書辨正》云：「《春秋》之例，大夫名見於經者，皆卿也。魯臧宣叔爲司寇，而經書『臧孫許及晉侯盟』，又書『臧孫許帥師』，其卒也，書『臧孫許卒』，則儼然卿矣。卿則非少司寇之謂。至於相，則當國執政之稱，執政必上卿，而孔子以司寇當國，故謂之攝。如齊有命卿國、高，而管仲以下卿執政。鄭有上卿子皮，而子産以介卿聽政是也。宣叔爲司寇，謂之爲相，此孔子攝行相事之證。」按：孔子之攝相，自謂攝政。夾谷相禮之事，非執政之相，與此不同。臧孫之相，自謂當國者。蓋魯命卿不一，諸卿中又一執政者，如晉六卿，而別一有執政者也。周氏引管仲、子産事爲證，是也。然晉執政者，常將中軍。宋執政者，常爲右師。魯叔孫穆子嘗執政，而於卿位居二，則又各國之殊也。〇注「臧孫許。宣，謚」。〇《左傳》宣十八年云：「季文子言於朝曰：『使我殺適立庶，以失大援者，仲也夫。』臧宣叔怒曰：『當其時，不能治也，後之人何罪？子欲去之，許請去之。』」注「宣

叔，文仲子，武仲父。許，其名也。時爲司寇，主行刑」是也。「宣，謚」者，《謚法解》：「聖善周聞曰宣。」君死不哭，聚諸大夫而問焉，曰：「昔者，叔仲惠伯之事，孰爲之？」諸大夫皆雜然曰：**疏**《校勘記》云：「《唐石經》、諸本同。《宣十八年》疏引作『雜言曰』。」「仲氏也，其然乎！」**疏**《校勘記》云：「鄂本『氏』誤『如』。」於是遣歸父之家，**注**時見君幼，欲以防示諸大夫。**疏**《左傳》又云：「遂逐東門氏。」逐與遣同。《左傳》僖二十三年：「姜氏與子犯謀，醉而遣之。」亦謂逐之也。《漢書・孔光傳》「遣婦故郡」，即逐婦故郡也。歸父在外，故先逐其家也。○注「時見」至「大夫」。○舊疏云：「時見君幼少，恐有禍變，欲以有防衛之義示其諸大夫。」然後哭君。歸父使乎晉，還自晉，至檉，聞君薨家遣，墠帷，哭君成踊，反命于介。自是走之齊。**疏**自「歸父使於晉」下，又見《宣十八年》。魯人徐傷歸父之無後也，**注**徐者，皆共之辭也，關東語。傷其先人爲惡，身見逐絶，不忿懟也。**疏**注「徐者」至「東語」。○《説文・彳部》：「徐，安行也。」《廣雅・釋詁》：「徐，遲也。」《國策・宋策》：「臣請受邊城，徐其政而留其日。」注：「徐，緩也。」蓋魯人乍聽臧孫許言，皆知仲遂當絶。繼見歸父無罪見逐，不忿懟，故共傷歸父無後也。何氏以徐爲「皆共」者，《廣雅・釋詁》：「餘，皆也。」《吕覽・辨土》：❶「亦無使有餘。」注「餘，猶多也」。餘、徐皆从余聲。徐，其「餘」之借與？○注「傷其」至「懟也」。○即謂其「聞君薨家遣，哭君成踊，反命乎介」事。《宣十八年》注亦云：「主書者善其不以家見逐怨懟，成踊哭君，終臣子之道，起時莫能然也。」於是，使嬰齊後之也。**注**弟無後兄之義，爲亂昭穆之序，失父子之親，故不言「仲孫」，明不與子爲父孫。**疏**《通義》云：「久而更傷歸父無罪逐絶，不廢臣禮，故爲立後。言仲遂大惡當絶，直以賢歸父故，存其世爾。」是也。○注「弟無」至「父孫」。○徐氏乾學《讀禮通考》云：「按禮，卿大夫以

❶「土」，原作「上」，據《吕覽》改。

下繼世，與天子不同。天下不可一日無天子，國不可一日無君，是故繼世不立，則取於旁支。以弟後兄可也，以兄後弟可也，甚至以叔後姪，古亦爲之。君之生存，既已盡臣其諸父昆弟，身歿而旁支入繼，必爲之服斬衰。既爲之服斬衰，即立祖禰事之可也。大夫則不然，以別子爲祖，亦不能臣其宗族，繼世相傳，以宗法齊之而已。《春秋》之法，大夫以罪廢逐，不得入宗廟，即思其先世而爲之立後，亦直以廢逐者之兄弟代主大宗之祀。世及相傳，而不及於廢逐者之子姪，正所以嚴昭穆之序也。魯於叔孫氏，嘗逐僑如而立其弟豹矣。於臧氏，嘗逐紇而立其兄爲矣。於東門氏，則逐歸父而立嬰齊。其事正同。不聞豹禰僑如，爲禰紇，而必以嬰齊禰歸父，此魯人之刱舉也。其意若謂：吾逐歸父以其父故，父之罪大，不可以後，甯後其子爾。乃不知其已悖典禮矣。」段氏玉裁《經韵樓集》云：「此千古爲後之禮經也。❶何邵公注亦甚明，❷而誤者失之，崑山徐氏爲尤甚。公子遂以『仲遂』書於經矣，『仲』其字也，故其孫曰『仲嬰齊』。嬰齊，實遂子也，而後歸父，則遂孫矣。遂孫則可以稱『仲孫』，而仲之不孫之者，仲實非孫也。實非孫，則何以可後歸父也？凡古云『後』者，受其爵邑之重之謂。爵邑必有所託，受之是曰『後』。後不必倫序相當也。然則《公羊》曰『爲人後者爲之子』，何也？爵邑受諸某，則於某之喪祭一如真子之禮，不必倫序相當也。然則立嬰齊者何？不使後遂也？曰：此爵邑受諸歸父，不可以中斬也。然則何以不立歸父之子？遂實有罪而廢其嫡；歸父實無罪而綿其爵邑。以嬰齊後歸父，可以明歸父之無罪；立歸父之子，則不可以明遂之有罪。然則書『仲』者，仲其氏也。氏者，爵邑所在也。不言孫者，不歿其實也，明其爲遂子也。」《通義》云：「禮，大夫世，則有族。魯人立歸父之後，使世其位，故命之氏。氏姓自廟別者也。嬰齊既後歸父，則當祀歸父于禰，祀仲遂於祖，故得比孫以王父字爲氏之法而氏之云爾。❸爲人後者爲之子，謂事其廟如禰廟，服其服如喪父者之服，持重於大宗，有子道焉，非實謂他人父也。何氏乃訾其亂昭穆之序，失父子之親。夫禮不有爲殤後者乎？爲祖母後者乎？爲祖庶母後

❶「千」，原作「干」，據《經韵樓集》改。
❷「亦」字原脱，據《經韻樓集》補。
❸「之法」、「云」三字原脱，據《通義》補。

者乎？而謂皆父母稱之乎？可乎？《楚世家》曰：『帝嚳誅重黎，而以其弟吴回爲重黎後。』則弟兄之相後，由來舊矣。」按：孔氏直混天子、諸侯與卿大夫爲一，故如此解。爲殤後之後，謂宗子爲殤死，族人承其宗者，與此後字别。爲祖母後，爲祖庶母後，皆論服制，本不必皆以父母稱之也。《禮·喪服》「不杖期章」：「爲君之父母、妻、長子、祖父母。」傳：「父卒，然後爲祖後者服斬。」注：「此爲君矣，而有父若祖之喪者，謂始封之君也。若是繼體，則其父若祖有廢疾不立，父卒者，父爲君之孫，宜嗣位而早卒，今君受國於曾祖。」是爲諸侯有爲祖後者，有爲曾祖後者，皆服斬，亦不必以父母稱之也。重黎之事，亦不例諸大夫士，孔氏未免好辨矣。劉氏逢禄《解詁箋》云：「書仲孫，則嫌於仲孫氏。書公孫仲嬰齊，則嫌於嬰齊别有賢行，且嫌於僅以别嫌於貍軫之公孫嬰齊，爲人後之義不著。夫子既順魯人之公義，弟爲兄後，亦合質家之法，故無異文也。」然考舊疏引《異義》公羊説云「質家立世子弟。文家立世子子。而《春秋》從質，故得立其弟」，自謂天子諸侯之制，非謂大夫士亦得立其弟爲後也。劉説援据亦非。總之，諸侯奪宗，大夫不奪宗。奪宗，故得以弟爲兄後，叔爲姪後，兄爲弟後，俱無不可。不奪宗，則必取諸昭穆相當者爲後，不得混施。不明乎此，宜乎宗法廟制俱轇轕不通矣。歸父無罪被逐，魯人傷其無後，欲爲立後，此國人清議也。季文子等於遂之弑君，并不以爲可仇。唯歸父欲去三桓，故疾之尤甚，因坐以其父弑君之罪，其意仍在歸父，并非罪遂，而又迫於國人之言，不得不爲歸父立後，乃不立歸父之子，而立歸父之弟。名爲後歸父，仍是絶歸父以後遂，此季、臧之奸巧也。所謂「亂昭穆之序，失父子之親」者，此也。聖人書之以「仲」，不言「仲孫」，正不與其子爲父孫，并所以絶遂，不與其有孫也。

癸丑，公會晉侯、衛侯、鄭伯、曹伯、宋世子成、齊國佐、邾婁人同盟于戚。疏《校勘記》出「宋世子成」，云：「鄂本、元本同。《唐石經》、閩、監、毛本『成』作『戌』。《釋文》：『世子戌，音恤，本或作成。』」蓋唐初本已有作「成」者矣。《左氏》、《穀梁》俱作「戌」。按：《昭十年》：「十有二月甲子，宋公戌卒。」亦作「戌」。二傳作「成」，彼《釋文》云：「宋戌。」讀《左傳》者音成。何云：「向戌與君同名，則宜音恤。」宋王復齋

《鐘鼎款識・宋平公鐘銘》：「宋公戌之誙鐘。」吴東發跋云：「《左・昭十年》傳『宋公成』，《公羊》作『戌』，《史記》亦作『成』。今觀是銘，當以《公羊》爲正，是平公器也。《頌壺銘》『甲戌』，《豐姑敦》『丙戌』，文皆作『成』，與此同。又按：《左・昭二十年》傳『公子城』，杜云：『平公子。』成與城音同，若平公名成，其子不得名城也。」包氏慎言云：「三月書癸丑，月之十二日。」

晉侯執曹伯，歸之于京師。注爲篡喜時。

疏《校勘記》云：「《唐石經》、諸本同。《僖二十八年》注作『歸于京師』，無『之』字。傳文方辨別『歸之于、歸于』二者之不同，然則《石經》此處有『之』字，其誤甚矣。《左氏》、《穀梁》亦無『之』。」《通義》云：「《僖二十八年》傳曰：『歸于者，非執之於天子之側者也。』特爲此經發傳。而今板本『于』上仍有『之』字者，誤。」按：彼云：「罪未定，則何以得爲伯討？」注云：「此難《成十五年》『晉侯執曹伯歸于京師』。」据彼及注，則此經不得有『之』字矣，有者衍文。○注「爲篡喜時」。○事具《昭二十年》傳。《通義》云：「曹伯名負芻，宣公之庶子，殺世子而自立，故晉執之爲伯討也。」按：《左傳》：「會于戚，討曹成公也，執而歸諸京師。」又《十三年》彼傳云：「曹人使公子負芻守，使公子欣時逆曹伯之喪。秋，負芻殺其太子而自立也。諸侯乃請討之。」又曰：「既葬，子臧將亡，國人皆將從之。成公乃懼，告罪，且請焉，乃反而致其邑。」是年彼傳云：「諸侯將見子臧於王而立之，子臧辭，遂逃奔宋。」子臧即此之喜時，係讓國而非負芻所篡，與《公羊》異。孔氏乃取《左氏》爲説，何耶？

公至自會。

夏六月，宋公固卒。注不日者，多取三國媵，非禮，故略之。疏注「不日」至「略之」。○正以大國君卒日葬月，此不日，故解之。「多取三國媵」者，即上《九年》「伯姬歸于宋」，有衛人來媵，晉人來媵，齊人來媵。傳云「三國來媵，非禮也」是也。舊疏云：「雖於伯姬爲榮，而宋公有失，故死略之。」

楚子伐鄭。

秋，八月庚辰，葬宋共公。疏包氏慎言云：「八月書庚辰，月之十一日。」《通義》云：「卒不日者，失德也。葬日者，爲國亂，渴葬例也。葬卜柔日而今用庚辰，亦渴之驗。」

宋華元出奔晉。**疏**鄂本「奔」作「犇」。

宋華元自晉歸于宋。**注**不省文，復出「宋華元」者，宋公卒，子幼，華元以憂國，爲大夫山所譖，出奔晉。晉人理其罪，宋人反華元誅山，故繁文大之也。言歸者，明出入無惡。**疏**注「不省」至「之也」。○舊疏云：「《襄三十年》『秋，鄭良霄出奔許，自許入于鄭』，彼則省文，不言鄭良霄自許入于鄭。今則不省文，故決之。必知不省文是大之者，正以孔子曰：『書之重辭之複，嗚呼！其中必有美者焉，不可不察。』故知也。」《通義》云：「一事再見，不卒名者，善其出奔非畏難遠害，能假晉力以威蕩氏，卒拔强族，輯公室。智足以奠亂，功足以安國，故繁辭大之也。」言華元以憂國爲大夫山所譖。出奔晉者，舊疏以爲《春秋説》文。《左傳》云：「蕩澤弱公室，殺公子肥。華元曰：『我爲右師，君臣之訓，師所司也。今公室卑而不能正，吾罪大也。不能治官，敢賴寵乎。』乃出奔晉。」是亦以華元爲憂國出奔，但不以爲山所譖耳。《宋世家》謂「司馬唐山攻殺太子肥，欲殺華元，華元犇晉」，又異。○注「言歸」至「無惡」。○舊疏云：「即《桓十五年》傳例云『復歸者，出惡歸無惡。復入者，出無惡入有惡。入者，出入惡。歸者，出入無惡』是也。」按：《僖二十八年》傳：「自者何？有力焉者也。」明晉人理其罪，宋人乃反華元誅山也。《史記》、《左傳》皆言魚石止華元，至河乃還，誅山。然設非晉力，桓氏未必反順華元若是也。

宋殺其大夫山。**注**不氏者，見殺在華元歸後，嫌直自見殺者，故貶之，明以譖華元故。**疏**《通義》云：「蕩山也。去氏者，爲其擅權，弱公室，貶罪之。」本《左氏》「言背其族也」之義。○注「不氏」至「元故」。❶ ○舊疏云：「《襄二十三年》『陳殺其大夫慶虎及慶寅，陳侯之弟光自楚歸于陳』，注云：『宋大夫山譖華元，貶。此不貶者，殺二慶而光歸，譖光可知。』然則此華元歸後，山見殺，故須貶山以見其義。」《左傳》「華元反，使華喜、公孫師帥國人攻蕩氏，殺子山。」是山殺在華元歸後也。

宋魚石出奔楚。**注**與山有親，恐見及也。

---

❶「不」，原作「去」，據注文改。

後得言復入者，出無惡，知非君漏言，魚石不殺山。**疏** 注「與山」至「及也」。○杜云：「公子目夷之曾孫。」《左傳》：「六官者，皆桓族也。」注：「魚石、蕩澤、向爲人、鱗朱、向帶、魚府，皆出桓公。」是與山有親也。舊疏以注有「山者，魚石之親」語，因云「若其不貶，宜言魚山矣」，疑山亦魚氏，非也。山即蕩澤，故《世家》作「唐山」。「唐」即《左氏》之「蕩」也。○注「後得」至「殺山」。○正以「復入」爲「出無惡入有惡」文也。魚石復入，見下十八年。云「知非君漏言，魚石不殺山」者，《文六年》：「晉殺其大夫陽處父，晉狐射姑出奔狄。」傳：「晉殺其大夫陽處父，則狐射姑曷爲出奔？射姑殺也。射姑殺，則其稱國以殺何？君漏言也。」然則彼爲君漏言，致射姑殺處父，故坐君殺。君書國，兼惡射姑可知。此文與彼同，亦似君漏言，致魚石殺山。然惟下有「復入」文，則魚石無惡，其非魚石殺山可知。

冬十有一月，叔孫僑如會晉士燮、齊高無咎、宋華元、衛孫林父、鄭公子鰌、邾婁人會吴于鍾離。**疏** 杜云：「鍾離，楚邑，淮南縣。」《大事表》云：「《昭四年》『楚箴尹宜咎城鍾離』，以備吴。《二十四年》『楚子爲舟師，❶以略吴疆。師還，吴踵楚，遂滅巢及鍾離』。南北朝時爲重鎮，今江南鳳陽府鳳陽縣東四里有鍾離舊城。」《水經注・淮水》篇：「又東過鍾離縣北。《世本》曰：『鍾離，嬴姓也。』應劭曰『縣，故鍾離，子國也，楚滅之以爲縣。《春秋左傳》吴公子光伐楚，拔鍾離』者也。」《一統志》：「故城在鳳陽府鳳陽縣東，舊有東西二城，濠水流於其中。」按：是時鍾離應尚爲國，若已屬楚，不得會其地矣。

曷爲殊會吴？**注** 据楚不殊。**疏** 注「据楚不殊」。○即《僖二十一年》「宋公、楚子、陳侯、蔡侯、鄭伯、許男、曹伯會于霍」是也。外吴也。**疏**《繁露・觀德》云：「是故吴魯同姓也，鍾離之會不得序而稱君，殊魯而會之，謂其有夷狄之行也。」《穀梁傳》曰：「會又會，外之也。」《通義》云：「世子殊會，吴亦殊會，貴賤不嫌辭可同也。然同之中有異焉。鄭玉曰：『首戴之會，書及書會，見公及諸侯同往會之，如臣朝君，使諸侯不

❶「舟」，原作「吴」，據《春秋左傳正義》改。

得以干世子。鍾離之會，書會又書會，若諸侯外吴不與同會，使夷狄不得以亂中國。此則聖人微意，不可不察。」曷爲外也？**注**据《襄五年》不外之。

疏注「据襄」至「外之」。○《襄五年》「公會晉侯、宋公、陳侯、衛侯、鄭伯、曹伯、莒子、邾婁子、滕子、薛伯、齊世子光、吴人、鄫人于戚」是也。

春秋内其國而外諸夏，内諸夏而外夷狄。**注**内其國者，假魯以爲京師也。諸夏，外土諸侯也。謂之夏者，大總下土言之辭也。不殊楚者，楚始見所傳聞世，尚外諸夏，未得殊也。至於所聞世，可得殊，又卓然有君子之行。吴似夷狄差醇，而適見於可殊之時，故獨殊吴。**疏**舊疏云：「《春秋》内其國而外諸夏，即經云『叔孫僑如會晉士燮、齊高無咎以下』是也。云『内諸夏而外夷狄』，即經序諸大夫訖，乃言『會吴于鍾離』是也。」按：舊疏第就此經言之，其實傳凡言《春秋》，皆謂《春秋》通例也。内其國而外諸夏，所傳聞世也。内諸夏而外夷狄，謂所聞世也。至所見世，則著治太平，夷狄進至于爵，天下遠近大小若一矣。《繁露・竹林》云：「故《春秋》之於偏戰也，猶其於諸夏也。引之魯，則謂之外。引之夷狄，則謂之内」是也。《漢書・匈奴傳論》：「是以《春秋》内諸夏而外夷狄。」明皆道《春秋》之法，非當時果外吴外楚也。○注「内其」至「師也」。○即《隱元年》注云「《春秋》託新王受命于魯」，故即假魯以爲京師也。是以儀父來盟則褒，滕、薛來朝則褒。外來盟者稱來，我往彼盟稱莅。齊侯獻捷亦稱來，見王義。尊内言如，不言朝聘，皆京師魯之義。故《僖三年》注：「《春秋》王魯，故言莅，以見王義，使若王者遣使臨諸侯盟，飭以法度。言來盟，亦因魯都以見王義，使若來之京師，白事於王。」是也。○注「諸夏」至「侯也」。○《校勘記》云：「此本、閩、監本『土』誤『士』。鄂本、毛本不誤，今訂正。」魯亦諸夏，假魯爲京師，故以諸夏爲外土諸侯也。《論語・八佾》：「不如諸夏之亡也。」注：「包曰：諸夏，中國。」○注「謂之」至「辭也」。○《校勘記》出「大總下上言之辭」，云：「閩、監、毛本同，誤也。鄂本『上』作『土』，當据正。」按：紹熙本亦作「下土」。夏者，大也。《書・康誥》：「用肇造我區夏。」《孟子・滕文公》：「吾聞用夏

變夷者。」閔元年《左傳》：「諸夏親暱。」襄四年《左傳》：「諸夷必叛華夏。」皆總下土言之。謂之大者，言有禮儀之大也。○注「不殊」至「殊也」。○即《僖二十一年》「宋公、楚子以下會于霍」之屬，是不殊也。《通義》云：「楚亦夷狄，未嘗殊者，始見稱州，已外之矣。攢函亦殊會，始發傳於此者，因此會諸夏、夷狄悉在，内外之文最明。」○注「至於」至「之行」。○《宣十一年》「夏，楚子、陳侯、鄭伯盟于辰陵。」注：「不日月者，莊王行伯，約諸侯，明王法，討徵舒，善其憂中國，故爲信辭也。」是「卓然有君子之行」，故又不得殊也。○注「吴似」至「殊吴」。○《史記·吴世家》太史公曰：「孔子言『太伯可謂至德矣，三以天下讓，民無得而稱焉』。余讀《春秋》古文，乃知中國之虞與荆蠻句吴兄弟也。延陵季子之仁心，慕義無窮，見微而知清濁。嗚乎，又何其閎覽博物君子也！」所謂「似夷狄差醇」也，而適見於可殊之時，決楚之始見時，尚未合殊故也。

王者欲一乎天下，曷爲以外内之辭言之？ **注** 据大一統。

疏 注「据大一統」。○即《隱元年》傳云：「何言乎王正月？大一統也。」舊疏云「王者施政，欲其遠近徧及，海内如一，而殊外内，故難之」是也。

言自近者始也。 **注** 明當先正京師，乃正諸夏，諸夏正，乃正夷狄，以漸治之。葉公問政於孔子，孔子曰：「近者説，遠者來。」季康子問政於孔子，孔子曰「政者，正也。子帥以正，孰敢不正」是也。月者，危録之。諸侯既委任大夫，復命交接夷狄。

疏 注「明當」至「治之」。○《襄二十三年》「邾婁鼻我來奔」，注云：「所傳聞世，見治始起，外諸夏，録大略小。大國有大夫，小國略稱人。所聞之世，内諸夏，治小如大。廩廩近升平，故小國有大夫，治之漸也。」《隱元年》注：「於所傳聞世，見治起於衰亂之中，先詳内而後治外。内小惡書，外小惡不書。内離會書，外離會不書。是也。於所聞之世，❶見治升平，書外離會。至所見世，用心尤深而詳。」明先正京師，乃正諸夏，乃正夷狄，以漸治之也。故《隱二年》「會戎于潛」，書内離會，以正

❶「之」，原脱，據《公羊傳注疏》補。

內。《僖二十六年》「楚人滅隗，以隗子歸」，不名，見責小國略。《宣十一年》「晉侯會狄于攢函」，所聞世，內諸夏而詳録之。《昭三年》「北燕伯欵出奔齊」，名者，所見世，責小國詳。《三十年》「吴滅徐，徐子章禹奔楚」，注「至此乃月者，所見世始録夷狄滅小國也」是也。《説苑・指武》篇云：「内治未得，不可以正外。本惠未襲，不可以制末。是以《春秋》先京師而後諸夏，先諸華而後夷狄。」❶《繁露・王道》云：「親近以來遠，故未有不先近而致遠者也。故内其國而外諸夏，内諸夏而外夷狄，言自近者始也。」《通義》云：「此《春秋》爲後王大法，建首善，自京師始，而四海之内莫敢不正。若乃殊方別俗，被之聲教，羈縻弗絶而已。故所聞之世，始内諸夏。所見之世，始治夷狄。操之有本，推之有序。《大學》所謂『家齊而後國治，國治而後天下平』。其義然也。」《繁露・天地陰陽》云：「近者詳，遠者略。」亦謂先近而後遠也。○注「葉公」至「者來」。○見《論語・子路》篇。今本無「于孔子」，蓋以意足之也。《韓非子・難》篇：「葉公子高問政于仲尼，仲尼曰：『政在悦近而來遠。』」《孔子世家》：「孔子曰：『政在來遠附邇。』」《書傳略説》：「葉公問政於夫子，子曰：『政在附近而來遠。』」皆以意增損，非有異文也。○注「季康」至「是也」。❷○見《論語・顔淵》篇。舊疏云：「帥，長也。言子爲諸侯之長而爲正，誰敢不爲正乎。亦是先正於近，乃始及遠之義，故引之。」按：《大戴禮・哀公問》篇：「政者，正也。君爲正，則百姓從政矣。」《史記・平津侯主父列傳贊》：「夫三公者，百寮之率，萬民之表也。孔子不云乎，『子率而正，孰敢不正』。」皆謂正己以正物，即由近而及遠也。○注「月者」至「夷狄」。○《通義》云：❸「會例時，此吴會中國之始，特危月之。」

許遷于葉。 **疏** 杜云：「許畏鄭而南依楚，故以自遷爲文。葉，今南陽葉縣是也。」《大事表》云：「許畏鄭，請遷于楚，楚遷許于葉，而許之舊都盡歸于鄭。鄭人謂之舊許。《襄十一年》傳『諸侯伐鄭，東侵舊許』是也。」❹又云：「王子勝曰：『葉在楚方城外之蔽也。』楚子遷許

---

❶「華」，原作「夏」，據《説苑》改。

❷「康」，原作「孫」，據上注文改。

❸「○」，原無，據本書體例補。

❹「侵」原作「遷」，據《左傳正義》改。

于析，而更以葉封沈諸梁，號曰葉公。今河南南陽府葉縣南三十里有古葉城。」《一統志》：「故城在南陽府葉縣南三十里，舊縣鎮。」

十有六年春，王正月，雨木冰。

雨木冰者何？雨而木冰也。何以書？記異也。【注】木者，少陽，幼君大臣之象。冰者，凝陰，兵之類也。冰脅木者，君臣將執於兵之徵也。【疏】《穀梁傳》：「雨而木冰也，志異也。」傳曰：「根枝折。」范云：「雨著木成冰。」杜云：「冰封著樹。」《漢書·劉向傳》：「晝冥晦，雨木冰。」師古曰：「雨木冰者，氣著樹木，結爲冰也，今俗呼爲間樹雨，音于具反。」按：今時間有之，所謂「樹稼」是也，皆盛寒所致。《舊唐書·讓皇帝憲傳》：「開元二十九年冬，京城寒甚，凝霜封樹。時學者以爲《春秋》雨木冰即此。是亦名樹介，言其象介冑也。憲見而歎曰：『此所謂樹稼也。諺曰：樹稼，達官怕，必有大臣當之。』」是也。○注「木者」至「徵也」。○《五行志上》：「雨木冰。劉歆以爲上陽施不下通，下陰施不上達，故雨而木爲之冰。雰氣寒，❶木不曲直也。❷劉向以爲，冰者，陰之盛而水滯者也。木者少陽，貴臣卿大夫之象也。此人將有害，則陰氣脅木，木先寒，故得雨而冰也。是時叔孫僑如出奔，公子偃誅死。一曰：時晉執季孫行父，又執公，此執辱之異。或曰：今之長老名木冰爲木介，介者甲。甲，兵象也。是歲晉有鄢陵之戰，楚王傷目而敗，屬常雨也。」《經義雜記》云：「『雨木冰』杜注：『記寒過節，冰封著樹。』何注：『冰脅木者，君臣將執于兵之徵。』《穀梁傳》：『雨而木冰也。』范解：『雨木冰者，木介甲冑，兵之象。』雨著木成冰，疏引徐邈云：『五行以木爲介。介，甲也。木者，少陽之精，幼君大臣之象。冰者，兵之象。今冰脅木，君臣將見執之異。根枝折者，象禍害速至也。』與何邵公義同。《五行志》載劉歆、劉向及各説，按《左氏》無傳，當從劉子政説。❸《説文·气部》：『氛，气也，❹从气分聲。雰、氛或从雨。』則氛、雰爲一字。《釋名·釋天》：『氛，粉也。潤氣著

❶「寒」下，原有「冰」字，據《漢書》刪。
❷「木」字，原脱，據《漢書》補。
❸「政」，原作「駿」，今據《經義雜記》改。
❹「气」上，《經義雜記》及《説文》有「祥」字。

草木，因寒凍凝，色白若粉之形也。』劉説與《釋名》合。氛、霧字異也。《穀梁》當从劉子政説，言人將有害，則陰氣脅木，得雨而冰。是不必以冰爲木介，取象於甲兵矣。何注《公羊》，徐注《穀梁》皆本劉子政義，范則專取甲兵之説，不知《穀梁》引傳曰『根枝折』，正與『陰氣脅木』之義合，明非取象於甲兵也。」《古微書·考異郵》云：「天雨木冰，貴臣將死也。」專主大臣言。蓋《震》爲木，《震》爲長子，大臣之象。陰氣脅木，木先寒，故得雨而冰，亦爲叔孫僑如出奔，刺公子偃之兆。而少陽象幼君，冰脅木，象公爲晉所恥，行父被執，取應亦切。

夏，四月辛未，滕子卒。 **注** 滕始「卒」於宣公，「日」於成公，不名。郳婁始「卒」於文公，「日」於襄公，名。俱葬於昭公，是以知滕小。**疏** 包氏慎言云：「四月書辛未，月之六日。」《通義》云：「滕文公也。」○注「滕始」至「不名」。○《宣九年》秋八月，是始卒於宣公也。此經書「辛未，滕子卒」。是日於成公也。二者皆不名，故云「不名」。若然《隱七年》書「滕侯卒」，彼注云「所傳聞之世，❶未可卒，所以稱侯而卒者，《春秋》王魯，託隱公以爲始受命王。滕子先朝隱公，《春秋》褒之以禮，嗣子得以其禮祭，故稱侯，見其義」故也。○注「郳婁」至「公名」。○《文十三年》「郳婁子籧篨卒」，是卒於文公也。《襄十七年》「春，王二月庚午，郳婁子瞷卒」，是日於襄公也。籧篨、瞷，皆名，故曰「名」也。若然，《莊十六年》書「郳婁子克卒」，《莊二十八年》夏四月丁未書「郳婁子瑣卒」，已見於所傳聞世，而云「始卒於文公，日於襄公」者，《莊十六年》注云：「小國未嘗卒而卒者，爲慕伯者，有尊天子之心，行進也。」《莊二十八年》注云：「日者，附從伯者，朝天子，行進。」明皆以行進，與《隱七年》之書「滕侯卒」，皆非常例也。○注「俱葬於昭公」。○《昭三年》「滕子泉卒」，又云「葬滕成公」。《昭元年》「郳婁子華卒」，下云「葬郳婁悼公」，是「俱葬於昭公」也。○注「是以知滕小」。○舊疏云：「《春秋》於所聞之世，始録微國之卒，書日書名，明其大小。滕子卒葬皆在郳婁之後。郳婁之君名於所聞之世，於滕則未，是以知其小于郳婁也。何氏所以不於會序比之，而据其卒葬者，會是主會次之，其大小仍自難明，故如此解。」

❶「之」字，原脱，據《公羊傳注疏》補。

鄭公子喜帥師侵宋。

六月丙寅朔，日有食之。**注**是後楚滅舒庸，晉厲公見餓殺尤重，故十七年復食。**疏**注「是後」至「尤重」。○《校勘記》出「晉厲公見餓殺尤重」，云：「閩、監、毛本『尤』誤『猶』。鄂本『餓』作『殺』，誤。尤字與此本同。」按：紹熙本不誤。楚滅舒庸，見下十七年。「晉厲公見餓殺」者，下《十八年》「晉弑其君州蒲」。舊疏引《春秋説》以爲「厲公猥殺四大夫，臣下人人恐見及。正月幽之，❶二月而死」，故此注云：「見餓殺」也。《五行志下之下》：「成公十六年六月丙寅朔，日有食之。董仲舒、劉向以爲，後晉敗楚、鄭于鄢陵，執魯侯。」與何氏義異。「劉歆以爲四月二日，魯衛分」。包氏慎言云：「六月書丙寅，劉歆以爲四月二日，是也。」○注「故十七年復食」。○即下《十七年》書「十有二月丁巳朔，日有食之」是也。

晉侯使欒黶來乞師。

甲午晦。

晦者何？冥也。何以書？記異也。**注**此王公失道，臣代其治，故陰代陽。**疏**包氏慎言云：「六月又書甲午，甲午本六月之晦日。《春秋》不記晦，故特言記異以别之。」按：《繁露・王道》述災異有「晝晦」，謂此。

晉侯及楚子、鄭伯戰于鄢陵。**疏**杜云：「鄢陵，鄭地，今屬潁川郡。」《水經注・洧水》篇：「沙水南與蔡澤陂水合，水出鄢陵城西北，《春秋》成公十六年晉楚相遇于鄢陵處也。」《史記注》引服虔云：「鄢陵，鄭之東南地也。」《紀要》：「鄢陵舊城在開封府鄢陵縣西北四十里。」《漢書・地理志》「潁川郡傿陵」，即杜所故。《續志》作「隔」。李奇曰：「六國曰安陵。」然《地志》陳留郡有傿，應劭曰：「鄭伯克段于傿是也。」則克段之傿與潁川之傿陵有别。楚子、鄭師敗績。

敗者稱師，楚何以不稱師？**注**据宋公戰于泓，敗績稱師。**疏**注「据宋」至「稱師」。○《僖二十二年》「宋公及楚人戰于泓，宋師敗績」是也。《通義》云：「此晉侯伐鄭，楚子救之。鄭爲主人，而戰言晉

❶「幽」，原作「出」，據《春秋公羊傳注疏》改。

侯『及』者，蓋以楚數陵諸夏，鄭附從僭夷，善晉之能敗之，故與使爲主，與鄢同義。」王痍也。王痍者何？傷乎矢也。注時爲飛矢所中。疏《廣雅·釋詁》：「痍，傷也。」《一切經音義》引《通俗文》云：「體創曰痍。」《釋名·釋疾病》：「痍，侈也，侈開皮膚爲創也。」《説文·疒部》：「痍，傷也。」成十三年《左傳》：「芟痍我農功。」《釋文》：「痍，本作夷。」故《左傳》云：「子反命軍吏察夷傷。」注：「夷，亦傷也。」疏引服注云「金創爲夷」是也。《説文·刃部》：「刃，傷也，从刃从一。」又創云：「办或從倉。」《繫傳》云：「按史，此正刀創字也。」金創爲痍，即《通俗文》之體創爲痍。是金創矣，故注云「爲飛矢所中」。《左傳》：「史曰：南國蹙，射其元王，中厥目。國蹙王傷，不敗何待。及戰，射共王中目。」《楚世家》：「共王救鄭，與晉兵戰鄢陵。晉敗楚，射中共王目。」是其事也。然則何以不言師敗績？注据王痍。末言爾。注末，無也，無所取於言師敗績也。凡舉師敗績，爲重衆。今親傷人君，當舉傷君爲重。以言戰，又言敗績，知非詐，當蒙上日也。疏注「末，無也」。○《吕覽·開春》云：「吾末有以言之。」注：「末，猶無也。」《禮記·檀弓》云：「末吾禁也。」注：「末，無也。」○注「凡舉」至「爲重」。❶ ○《桓十三年》注云：「燕戰稱人，敗績稱師者，重敗也。」又《隱二年》注「外内淺深皆舉之者，❷因重兵害衆」，故敗績舉師也。《穀梁傳》曰：「楚不言師，君重於師也。」《繁露·對膠西王》篇：「王痍君獲，不言師敗，重傷君也。」○注「以言」至「日也」。○舊疏云：「《春秋》之義，偏戰者日，詐戰月。令狐、鄢陵之經言戰言敗績，知非詐，故當蒙上日甲午矣。」謂結日偏戰故也。

楚殺其大夫公子側。

秋，公會晉侯、衛侯、宋華元、邾婁人于沙隨。疏杜云：「沙隨，宋地。梁國甯陵縣北有沙隨亭。」《大事表》云：「今沙隨城在歸德府甯陵縣西六里。」《水經注·汳水》篇：「汳水又東逕甯陵縣之沙陽

❶「爲重」，據注應標爲「重衆」。
❷「外内」，原作「内外」，據《公羊傳注疏》改。

亭北，故沙隨國矣。《春秋》成十六年：『會于沙隨，謀伐鄭也。』杜預《釋地》曰：❶『在甯陵縣北沙陽亭，世以爲堂城，非也。』不見公。公至自會。不見公者何？公不見見也。**注**不見見者，恚乞師不得，欲執之。**疏**《通義》云：「不得爲晉侯所見。」○注「不見」至「執之」。○下傳云：「前此者，晉人來乞師而不與。公會晉侯，將執公。」公不見見，大夫執，何以致會。**注**据「不得意」。扈之會，公失序，不致。**疏**注「据不得意」。○舊疏云：「《莊六年》傳云：『得意致會，不得意致伐。』注：『此謂公與二國以上也。公與二國以上出會盟，得意致會。』今會不得意而致會，故据以難。」○注「扈之」至「不致」。○即《文七年》：「公會諸侯、晉大夫盟于扈。」傳：「諸侯何以不序？大夫何以不名？公失序也。公失序奈何？諸侯不可使與公盟。昳晉大夫與公盟也。」彼公不得意不書致，故据以難。《通義》云：「此兼問兩『公至自會』，公不見見者，是會也，大夫執者，謂下伐鄭之會也。何氏因誤以爲行父再執，與經不合。」不恥也。曷爲不恥？**注**据扈之會，公失序恥。**疏**注「据扈」至「序恥」。○《文七年》注云「文公爲諸侯所薄賤，不見序，故深諱爲不可知之辭。」明恥，故諱也，故彼不曰「順諱爲善文」也。此反爲得意辭，故据以難。公幼也。**注**因公幼殺恥，爲諱辭。不書行父執者，公不見見已重矣。**疏**注「因公」至「諱辭」。○舊疏云：「實不見，今而致會，若得意然，故言爲諱辭耳。」《白虎通·爵》篇：「童子當受爵命者，使大夫就其國命之。明王者不與童子禮也。以《春秋》魯成公幼少，與諸侯會，不見公，經不以爲魯恥，明不與童子爲禮也。」是也。《通義》云：「公不見見，實以叔孫僑如淫通繆姜而譖公于晉之故。時公尚幼，未能親政。凡有咎辱，責在大臣。故不以病公也。」按：孔氏牽涉《左氏》之說。果爾，則晉人信譖，何反責魯大臣，而爲公幼殺恥也？且《左氏》家以公衡爲成公子，則亦無公幼之說。《白虎通》正先師舊義，與何氏說合。○注「不書」至「重矣」。○舊疏云：「是時累代公

❶「地」，原作「注」，據《水經注》改。

執，而下經但舉其一。故此注不書行父執者，公不見見已重矣。」按：經書行父之執，在伐鄭後，與此致會無涉。傳何爲逆据以問，明沙隨已有執季孫事。孔氏謂行父止一執，蓋仍爲《左傳》所泥。

公會尹子、晉侯、齊國佐、邾婁人伐鄭。**疏**《通義》云：「王之上大夫稱子。」杜云：「尹子，王卿士，子爵。」沈氏欽韓云：「圻內國，有封爵，如蘇子稱子者。若公卿大夫，但有八命、六命、四命之差，而無公、侯、伯、子、男之次。且尹子爲卿士，若其出封，當加一等爲侯伯，不當爲子男也。蓋京師之王官，尊之則曰公，通稱則曰子，若單、劉者亦曰子，不曰公，不獨尹子爲然。」

曹伯歸自京師。

執而歸者名，曹伯何以不名，而不言復歸于曹何？**注**据「曹伯襄復歸于曹」。**疏**注「据曹」至「于曹」。○見《僖二十八年》。易也。**注**易，故末言之，不復舉國名。**疏**注「易故」至「國名」。○毛本「末」作「未」，誤。按何意亦「末，無也」，無所取於舉國名也。其易柰何？公子喜時在內也。公子喜時在內，則何以易？**注**据本篡喜時也。**疏**《釋文》：「喜時，《左傳》作欣時。」○注「据本篡喜時」。○上《十五年》「晉侯執曹伯歸之于京師」，注：「爲篡喜時。」故据以難。公子喜時者，仁人也，內平其國而待之。**注**和平其臣民，令專心于負芻。**疏**《通義》云：「此釋不名之意。諸侯失地則名。❶喜時內平其國，以待君歸。若與未失國者同，故不名以起之。」外治諸京師而免之。**注**訟治于京師，解免使來歸。**疏**《通義》云：「此釋不言復之意。復歸者，出有惡。喜時治免其罪，若與無惡者同，故緣賢者之心而爲其君諱。不嫌實無惡者，前稱侯以執，罪已明矣。」是也。○注「訟治于京師」。○鄂本「訟」作「説」，誤。《僖二十八年》傳：「治反衞侯。」注亦云：「叔武訟治于晉文公。」其言自京師何？**注**据《僖二十八年》「晉人執衞侯，歸之于京師」。後復歸于衞。

❶「則」字，原脱，據《通義》補。

俱天子所歸，不言「自京師」。不連「歸」問者，嫌「自京師」，天子有力文。言甚易，欲并問力文，與上説喜時錯。**疏**注「据僖」至「京師」。○即《僖二十八年》「冬，晉人執衛侯，歸之于京師」、《三十年》「秋，衛侯鄭歸于衛」是也。○注「不連」至「時錯」。○《僖二十八年》：「衛元咺自晉復歸于衛。」傳：「自者何？有力焉者也。」此若連「歸」問云「其言歸自京師何」？即嫌天子有力，與上説喜時之内平其國、外治諸京師爲喜時之力意違，故但問「自京師」，與衛侯鄭不同之故也。舊疏云：「問者之意，欲道僖三十年衛侯鄭歸于衛，亦是天子所歸，不言自京師。今曹伯亦爲天子所歸，❶獨言自京師，文相違背也。上説言其所以易，正猶公子喜時之力。若此處并問天子有力之文，即與上説喜時之力自相違也。」言甚易也，舍是無難矣。**注**言歸自京師者，與内据臣子致公同文，欲言甚易也。舍此所從還，無危難矣。主所以見曹伯歸，本据喜時平國反之書，非録京師有力也。執歸書者，賢喜時爲兄所篡，終無怨心，而復深推精誠，憂免其難。非至仁莫能行之，故書，起其功也。**疏**注「言歸」至「同文」。○舊疏云：「與上《十三年》『公至自京師』相似。」○注「欲言」至「難矣」。○《通義》云：「天子有命歸之，則諸侯不得治其咎，國人不得易其位，故無難矣。因明喜時能知尊王請命，《春秋》乃以王命除負芻之罪也。」○注「主所」至「力也」。○《通義》云：「倒歸文在上者，若言自京師歸於曹，則嫌自者，京師有力辭，與歸功喜時意錯。」○注「執歸」至「功也」。○舊疏云：「以《僖十九年》『宋人執滕子嬰齊』、《二十一年》『執宋公』之屬，皆不書其歸也。若然，《僖二十八年》『晉侯執曹伯』，又云『晉人執衛侯』，下云『曹伯襄復歸于曹』，《三十年》『衛侯鄭歸于衛』，❷皆是被執而書之者。曹伯下注云：『執歸不書，書者名惡當見。』衛侯下注云：『執歸不書，主書者，名惡當見。』是也。」

❶ 「爲」字，原脱，據《公羊傳注疏》補。
❷ 「歸」上原衍「復」字，據《公羊疏》删。

九月，晉人執季孫行父，舍之于招丘。疏《左氏》、《穀梁》作「苕丘」。《史記・管蔡世家》云：「陳司徒招」，《索隱》：「招或作苕。」又《陳杞世家》：「乃殺陳使者。」《索隱》曰：「即陳司徒招，又名苕。」招、苕皆从召得聲，得通也。《詩・小雅・苕之華》釋文：「苕，徐音韶。」《左氏・襄二十九年》傳：「見舞《韶》、《濩》者。」《釋文》：「韶，本或作招。」《獨斷》「舜曰大韶，一曰大招」是也。杜云：「苕丘，晉地。」

執未有言舍之者，此其言舍之何？仁之也。疏《禮記・表記》云：「仁者，人也。」注：「人也，謂施以人恩也。」引此傳曰：「執未有言舍之者，此其言舍之何？人也。」則鄭所見《公羊》本作「人也」。《正義》云：「施人以恩，謂意相愛偶人也。傳稱欲人愛此行人，故特言舍之。引之者，證人偶相存愛之義也。」又《中庸》云：「仁者，人也。」注：「人也，讀如『相人偶』之『人』，以意相存問之言。」《穀梁・莊元年》傳：「接練時，録母之變，始人之也。」❶即仁之也。古「人」與「仁」通。《繫辭傳》：「何以守位，曰人。」王肅本作「仁」。《大戴禮・曾子立事》篇：「觀其所愛親，可以知其人矣。」謂知其仁也。《墨子・非命》篇：「命者，非人者之言也。」謂非仁者之言也。《吕覽・論人》篇：「哀之以驗其人。」《韓勑造孔子廟碑》「四方士仁」，謂士人也。「驗其人」，謂驗其仁也。是也。《九經古義》：「按：《公食大夫禮》：『賓入三揖。』注『每曲揖及當碑揖，相人偶』。蓋賓主揖讓，互相親偶。親親之意，亦如之也。老子《道德經》曰：『如嬰兒之未孩。』河上公注：『如小兒未能答偶人時。』《御覽》引《元命包》云：『仁者，情志好生愛人，故其爲人以仁，其立字二人爲仁。』注：『二人，言不專於己，念施與也。』是則仁之義也。」**曰：在招丘悕矣。**注悕，悲也。仁之者若曰「在招丘可悲矣」。閔録之辭。疏注「悕，悲也」。○《昭九年》傳：「存陳悕矣。」《釋文》：「悕，悲也。」本此注爲義。《説文》無悕字。《欠部》云：「欷，歔也。」《文選注》引《蒼頡篇》：「欷歔，泣餘聲也。」亦作唏，《史記・十二諸侯年表》：「紂爲象箸而箕子唏。」《索隱》：「唏，歎聲。」蓋皆欷之借也。《廣雅・釋詁》亦云：「欷，

❶「人」，原作「仁」，據《春秋穀梁傳注疏》改。

悲也。」《楚辭・九辯》「憯悽增欷」，《離騷》「曾歔欷余鬱邑兮」是也。《方言》：「唏，痛也。凡哀而不泣曰唏。」《淮南・説山訓》：「紂爲象箸而箕子唏。」欷，明通用也。

執未有言仁之者，此其言人之何？

疏《校勘記》云：「《唐石經》、諸本作『仁之何』，此與《表記》注合。按：此誤字而有合於古者也。《公羊》本三云『人之』，後來皆改作『仁之』，則此作『人之』爲誤字矣。」今按：紹熙本亦作『仁之何』，皆當如《表記》注所引作「人」字爲是。十行本不誤也。而「人」字又以作「儿」爲正。《説文》人下云：「天地之性最貴者也。」又儿云：「仁人也。古文奇字人也。」《説文》仁訓親愛人，謂此儿字是親愛人也。凡《禮記・中庸》之「仁者，人也」，《表記》之「仁者，人也」，此「人也」之人字，皆《説文》儿字，非人字也。《詩・衛風・淇奥》箋云「謂仁於施舍」，亦當作「儿於施舍」。彼俗本作「人」，較勝於元本也。

代公執也。疏《通義》云：「善其以身衛君，故仁録之。」

其代公執奈何？前此者，晉人來乞師而不與。注不書者，不與無惡。疏即上「夏六月，晉侯使欒黶來乞師」，下云：「晉侯及楚子、鄭伯戰于鄢陵，楚子、鄭師敗績。」不見内君大夫會，知其不與也。○注「不書」至「無惡」。○《僖二十六年》：「公子遂如楚乞師。」傳：「乞者何，卑辭也。曷爲以外内同若辭？重師也。曷爲重師？師出不正反，戰不正勝也。」注：「兵，凶器。戰，危事。不得已而用之爾，乃以假人，故重而不暇別外内也。」❶故不與無惡也。按：《左傳》云：「戰之日，齊國佐、高无咎至于師。衛侯出于衛，公出于壞隤。」注：「壞隤，魯邑。」是魯師未出竟，故僑如告郤犨有「魯侯待于壞隤，以待勝者」之語也。即上文孟獻子亦但曰「有勝矣」，亦不見有出師之文。

公會晉侯，注會沙隨也。疏注「會沙隨也」。○即上「秋，公會晉侯、齊侯、衛侯、宋華元、邾婁人于沙隨」是也。

將執公。季孫行父曰：「此臣之罪也。」於是執季孫行父。疏据何氏義，此執季孫，爲會沙隨時事。

成公將會晉厲公，注謂上伐鄭。言謚者，别嬰齊所請也。明言公會晉侯者，嬰齊所請事也，故

❶「暇」字，原脱，據《公羊疏》補。

下與嬰齊傳合同。**疏**《校勘記》出「成公將會厲公」，云：「《唐石經》作『晉厲公』，此脱『晉』字。」按：紹熙本有「晉」字。《襄三年》疏引此文亦有「晉」字。○注「謂上伐鄭」。○鄂本下有「也」字。紹熙本亦有。別於沙隨之會，即上「公會尹子、晉侯、齊國佐、邾婁人伐鄭」是也。○注「言謚」至「合同」。○謂此傳稱「成公將會厲公」，與上「公會晉侯」僅稱公殊也。嬰齊所請者，下《十七年》：「公孫嬰齊卒于貍軫。」傳云：「前此者，嬰齊走之晉。公會晉侯，將執公。嬰齊爲公請，公許之反爲大夫。」是上言「公會晉侯，將執公」，是上經沙隨之事，嬰齊爲公請者也。然則沙隨之會，行父與嬰齊並請也。《左傳》亦有「子叔聲伯請季孫于晉」事，惟彼傳無嬰齊出奔事，又以執季孫止此苕丘一次也。《通義》云：「此一事而再言之者，先凡而後目也。『前此者』以下，釋代公執之意。自『成公將會晉厲公』以下，乃申其事而詳敘之。蓋晉人緣乞師不與恚公，而以會不當期爲罪名耳。傳本釋經，經唯一書執季孫行父，而邵公言再執，是不善讀傳矣。」按：孔氏以行父止執苕丘一次，仍本《左氏》立說。詳繹傳文，似是兩事。「公會晉侯」以下，一事也。「成公將會晉厲公」，又一事也。序事甚晰。

會不當期，將執公。季孫行父曰：「臣有罪，執其君。子有罪，執其父。此聽失之大者也。**疏**舊疏云：「言聽獄者，失之大者矣。」《鹽鐵論·周秦》云：「《春秋》曰：『子有罪，執其父。臣有罪，執其君。聽失之大者也。』今以子誅父，以弟誅兄，親戚相坐，什伍相連，若引根本之及華葉，傷小指之累四體也。如此，則以有罪誅及無罪，無罪者寡矣。」今此臣之罪也。舍臣之身而執臣之君，吾恐聽失之，爲宗廟羞也。」於是執季孫行父。**注**善其過則稱己，善則稱君。累代公執，在危殆之地，故地言舍而月之者，痛傷忠臣不得其所。爲代公執，不稱行人者，在君側，非出使。**疏**注「善其」至「稱君」。○《説苑·臣術》云：「功成事立，❶歸善于君，不敢獨伐其勞，如此者，良臣也。」《禮記·坊記》云：「子云：『善則稱君，過則稱己，則民作忠。』」《襄十九年》

❶「成」，原作「臣」，據《説苑》改。

「君不尸小事，臣不專大名。❶善則稱君，過則稱己，則民作讓矣。」○注「累代」至「其所」。○正以沙隨之會，代公執。伐鄭，會不當期，又代公執。是累代公執在危殆地也。《左傳疏》引賈云：「書執行父，舍于苕丘，言失其所。不書至者，刺晉聽讒執之，示己無罪也。」《公羊禮説》云：「問者曰：『必痛之何？』曰：『《雜記》曰：内亂不與焉，外患弗辟焉，其行合禮焉，其志可哀也。』」言月爲傷痛文者，舊疏云：「正以凡執例時故也。即《僖四年》『夏，齊人執陳袁濤塗』、《五年》『冬，晉人執虞公』之屬是也。」《通義》云：「内大夫無罪被執例月。」義亦通。○注「爲代」至「出使」。○《文十四年》：「冬，齊人執單伯。」傳：「執者，曷爲或稱行人，或不稱行人？」傳曰：「稱行人而執者，以其事執也。」注：「以其所銜奉國事執之，『晉人執我行人叔孫舍』是也。」傳又曰：「不稱行人而執者，以己執也。」注：「己者，己大夫，自以大夫之罪執之。分別之者，罪惡各當歸其本。」此行父既非事執，亦非以己執，故解之。

冬，十月乙亥，叔孫僑如出奔齊。**疏**包氏慎言云：「十月乙亥，月之十三日。」

十有二月乙丑，季孫行父及晉郤州盟于扈。**注**行父執釋不致者，舉公至爲重。**疏**注「行父」至「爲重」。○《昭十三年》「晉人執季孫隱如以歸」，《十四年》書「隱如至自晉」，又《二十三年》「晉人執我行人叔孫舍」，《二十四年》書「舍至自晉」，皆書其至，此不致，故解之。正以書「公至自會」，故行父致從省也。

公至自會。

乙酉，刺公子偃。**疏**舊疏云：「考諸舊本，此經之下，悉皆無注。若有注者，衍字耳。」又云：「《僖二十八年》注『内殺大夫例，有罪不日，無罪日』者，正謂此也。」《穀梁傳》：「先刺後名，殺無罪也。」

❶「專」，原作「尸」，「名」原作「事」，據《穀梁傳注疏》改。

公羊義疏五十五

句容陳立卓人著

成十七年盡十八年。

十有七年春，衛北宮結率師侵鄭。**疏**《左氏》、《穀梁》作「北宮括」。杜云：「括，成公曾孫。」

夏，公會尹子、單子、晉侯、齊侯、宋公、衛侯、曹伯、邾婁人伐鄭。

六月乙酉，同盟于柯陵。**疏**包氏慎言云：「積閏分，六月後已盈，宜置閏，而經書六月柯陵之盟，日乙酉，月之二十七日。九月書用郊之日爲辛，若六月有閏，則辛丑爲八月之十四日，非九月日也。」杜云：「柯陵，鄭西地。」《風俗通》云：「《國語·周語》『周單子會晉厲公于加陵』，引《爾雅》曰『陵莫大於加陵』，言其獨高厲也。」則柯陵即加陵，古柯、加同韻。按：《爾雅·釋地》云：「陵莫大於加陵。」郭注：「今所在未聞。」韋昭注《周語》亦云：「柯陵，鄭西地名也。盟于柯陵，在成十七年。」與杜説合。《淮南·人間訓》：「晉厲公合諸侯于嘉陵。」加、嘉同也。《方輿紀要》：「柯城在大名府内黄縣東北。」《通義》云：「不復言諸侯者，尹、單同盟，與葵丘異。」《穀梁傳》：「柯陵之盟，同謀伐鄭也。」

秋，公至自會。

齊高無咎出奔莒。

九月辛丑，用郊。**疏**包氏慎言云：「九月書辛丑，用郊之日爲辛丑。若六月有閏，則辛丑爲八月之十四日，非九月日也。」

用者何？用者不宜用也。九月非所用郊也。**注**周之九月，夏之七月。天氣上升，地氣下降，又非郊時，故加用之。**疏**《左傳疏》引賈逵云：「諸言用者，皆不宜用，反於禮者也。」按：《莊二十四年》「用幣」，《左傳》曰：「非禮。」又《二十五年》「鼓用牲于社」，又「鼓用牲于社于門」，《僖十九年》「邾婁人執鄫子用之」，皆不宜用者也。○注「周之」至「用之」。○《禮記·月令》：「孟冬之月，命有司曰：『天氣上騰，地氣下降。』」此於七月已然者，彼

《正義》云：「若以爻象言之，七月三陽在上，三陰在下，則天氣上騰，地氣下降。若氣應言之，則從五月地氣上騰，至十月六陰俱升，六陽並謝，天體在上，陽歸于虚無，故云上騰。地氣六陰用事，地體在下，陰氣下連于地，故云下降。」是則陰生于午，故於爻象爲《姤》。極於亥，於象爲《坤》。七月爲《否》，天上地下閉塞不交之始，故注据以言也。又「非郊時」者，《穀梁傳》曰：「夏之始，可以承春。以秋之末承春之始，蓋不可矣。九月用郊，用者，不宜用也。宫室不設，不可以祭。衣服不脩，不可以祭。車馬器械不備，不可以祭。有司一人不備其職，不可以祭。祭者，薦其時也，薦其敬也，薦其美也，非享味也。」**然則郊曷用？郊用正月上辛。**

注 魯郊，博卜春三月。言正月者，因見百王正所當用也。三王之郊，一用夏正。言正月者，《春秋》之制也。正月者，歲首，上辛，猶始新，皆取其首先之意。日者，明用辛例。不郊，則不日。

疏 《禮記·郊特牲》云「郊之用辛也」，鄭注：「用辛日者，凡爲人君當齋戒自新耳。」○注「魯郊」至「用也」。○《校勘記》出「魯郊博卜春三月」，云：「鄂本、閩、監本同，此本疏標起訖亦作『博』，毛本誤作『傅』，疏同。按：博卜者，廣博卜三月也。浦校本作『轉卜』，非。」《僖三十一年》傳：「魯郊，非禮也。」注：「以魯郊非禮，故卜爾。昔武王既没，成王幼少。周公居攝行事，制禮作樂，致太平，有王功。周公薨，成王以王禮葬之，命魯使郊，以彰周公之德。非正，故卜。三卜吉，則用之。不吉，則免牲。」是魯郊博卜春三月事也。《御覽》引《異義》曰：「《春秋公羊》説：禮，郊及日皆不卜，常以正月上辛也。魯與天子並事，變禮。今成王命魯使卜從郊，不從即止，以下天子也。魯以上辛郊，不敢與天子同也。」舊疏云：「此傳止言正月者，因見其自今后，百代之王正所當用之月也。」然則《公羊》家以正月上辛者，魯制如是，異天子也。○注「三王」至「夏正」。○舊疏云：「《易説》文也。」按：《郊特牲》注亦云「三王之郊，一用夏正。」《類聚》引《白虎通》云：「五帝三王祭天，一用夏正何？夏正得天之數也。天地交，萬物通，始終之正。故《易乾鑿度》云『三王之郊，一用夏正』也。」《郊特牲》云：「郊之祭也，迎長日之至也。」注：「《易説》曰：『三王之郊，一用夏正。』夏正，建寅之月也。此言迎長日

者，建卯而晝夜分而日長也。」○注「言正」至「制也」。○舊疏云：「既用夏正，而此傳特言用正月上辛者，但《春秋》之制也。《春秋》因魯以制法，令自今以後之郊，皆用周之正月故也。」按：《郊特牲》云：「周之始郊日以至。」鄭云：「言日，以周郊天之月而至，陽氣新用事，順之而用辛日。此説非也。郊天之月而日至，魯禮也。魯以無冬至祭天於圜丘之事，是以建子之月郊天，示先有事也。周衰禮廢，儒者見周禮盡在魯，因推魯禮以言周事。」《正義》云：「王肅用董仲舒、劉向之説，以此爲周郊。上文云：『郊之祭也，迎長日之至。』謂周之郊祭於建子之月而迎此冬至長日之至也。而用辛者，以冬至陽氣新用事，故用辛也。『周之始郊日以至』者，對建寅之月又祈穀郊祭。此言始者，對建寅爲始也。」然則鄭注所駁，蓋即董仲舒、劉向之説也。《郊特牲》疏又云：「鄭康成則異於王肅。上文云『迎長日之至』，自据周郊。此云『郊之用辛』，據魯禮也。郊用辛日者，取齋戒自新。『周之始郊，日以至』者，謂魯之始郊，日以冬至之月。云始者，對建寅之月天子郊祭。魯於冬至之月，初始郊祭，示先有事也，故云始也。」按：何氏義與鄭同，皆以三王之郊用建寅之月，魯郊用正月。「博卜三正」者，以十二月下辛卜正月上辛；不從，則以正月下辛卜二月上辛；不從，則以二月下辛卜三月上辛。若不從則止。是亦不定在子月。此傳特言正月，故何氏以爲《春秋》制也，則又異乎周、魯也。《明堂位》曰：「魯君，孟春乘大路，載弧韣，旂十有二旒，日月之章，祀帝于郊。」又《雜記》云：「正月日至，可以有事於上帝。」皆魯於子月郊天之据。二《記》述其常，故只言子月，其實魯郊卜不定子、丑、寅三月也。《郊特牲》疏又引崔氏、皇氏用王肅之説，以魯冬至郊天，至建寅之月又郊以祈穀，故《左傳》曰：「啟蟄而郊。」❶又云：「郊祀后稷以祈農事。」是二郊也。若依鄭説，魯唯一郊，不與天子郊天同月，轉卜三正，故《聖證論》馬昭引《穀梁》「魯以十二月下辛，卜正月上辛」云云之説，以答王肅之難。是魯一郊則止，或用建子之月郊。則此云「日以至」及《宣三年》「正月郊牛之口傷」是也。或用建寅之月，則《左傳》云「郊祀后稷以祈農事」是也。但《春秋》魯禮無建丑之月耳。若杜預不信《禮記》及《公羊》、《穀梁》魯唯有建寅郊天及龍見而雩，則是周、魯不別矣。魯若

❶「啟」，原作「祈」，據《左傳正義》改。

子、寅兩月並郊，則天子止一郊，魯反兩郊，理尤不通者也。魯轉卜三正，得一則止，則丑月郊，容或有之，特經傳偶未及耳。其《左傳》之「啟蟄而郊」及「郊祀后稷以祈農事」，❶自指天子之禮，据郊之常月言也。《郊特牲》疏又云：「《聖證論》：王肅與馬昭之徒，或云祭天用冬至之日，或云用冬至之月。据《周禮》似用冬至之日，据《禮記》郊日用辛，則冬至不恒在辛，❷似用冬至之月。」按：冬至日，係圜丘之祭。郊日宜用辛，止用冬至之月耳，各不相蒙。《郊特牲》疏又云：「張融謹案：郊與圜丘是一。又引《韓詩説》三王各正其郊，與王肅同。又魯以轉卜三正，與鄭玄同。於禮，圜丘服大裘，此及《家語》服衮冕。《家語》又云：『臨燔柴，脱衮冕，著大裘，象天。臨燔柴，輟祭，著大裘，象天恭敬之義。』既自不同，是張融以《家語》及此經郊祭並爲魯禮，與鄭玄同。」按：郊祭感生帝，配以后稷。圜丘祭皇天，配以帝嚳。《周禮》「大裘而冕」，圜丘之祭也。被衮以象天，郊祭之禮也。魯不得用大裘而冕，明圜丘與郊是二祭。周既祭圜丘，又郊，魯止一郊也。張融之説，名爲申鄭，反與鄭謬矣。《家語》，王肅僞書，不必引以相混也。○注「正月」至「之意」。○《校勘記》出「上辛，尤始新」，云：「閩、監、毛本同。鄂本作『猶』，是也。」《繁露·郊義》云：「《春秋》之法，王者歲一祭天於郊，四祭於宗廟。宗廟因於四時之易，郊因於新歲之初，聖人有以起之，其以祭不可不親也。天者，百神之君也，王者之所最尊也。以最尊天之故，故易時歲更紀，即以其初郊。郊必以正月上辛者，言以其所最尊，首一歲之事。每更紀者以郊，❸郊祭首之，先貴之義，尊天之道也。」又《郊祭》云：「是故天子每至歲首，必先郊祭以亯天，乃敢爲地，行子禮也。」又《郊事對》云：「古者天子之禮，莫重於郊。郊常以正月上辛者，所以先百神而最居前。」是亦以天子唯一郊，常於歲首。又曰「《春秋》之法」，則《春秋》之制，定在周正正月。蓋何氏亦本之《公羊》先師也。○注「日者，明用辛例」。○正以經云「辛丑，用郊」，故書日以明用辛爲正也。○注「不郊，則不日」。○即《僖三十一年》「夏四月，四卜郊，不從，猶三望」、《七年》「春，王正月，鼷鼠食郊牛角，改卜牛。夏五月，

❶「啟」，原作「祈」，據《左傳正義》改。
❷「在」，原作「用」，據《禮記正義》改。
❸「每」字，原脱，據《春秋繁露》補。

不郊，猶三望」之屬，是不郊，故不日也。或曰：「用，然後郊。」**注**或曰：用者，先有事，存后稷神名也。晉人將有事於河，必先有事於惡池。齊人將有事於泰山，必先有事於蜚林。魯人將有事於天，必先有事於泮宫。九月郊，尤悖禮，故言「用」，小大盡譏之。以不郊，乃譏三望，知郊不得譏小也。又夕牲告牷后稷，當在日上，不當在日下。**疏**《通義》云：「或意未明。舊説以爲用事于頖宫，然後郊，要本非傳所取，闕疑殆焉。」《讀書叢録》云：「按：『用』當作『卜』。《説文》『用，从卜，从中』。字形相似，又涉上文而譌爲『用』字。《僖三十一年》傳：『卜郊，非禮也。』何注：『天子不卜郊。』疏：『欲道天子之郊，以其常事，故不須卜。魯郊非禮，是以卜之。』用郊者，不卜郊也，故傳以爲不宜用。或曰：卜然後郊，是据魯禮以正之者也。」按：洪義亦迂曲。俞氏《群經平議》云：「如此説，則分『用』與『郊』爲二事，義不可通。且有事泮宫，豈可但謂之『用』乎？何氏殆未得其解也。此承上文『郊用正月上辛』而言。蓋郊之必用正月上辛，固其正也。然哀元年《穀梁傳》曰：『郊三卜，禮也。』又曰：『郊自正月至于三月，郊之時也。我以十二月下辛卜正月上辛。如不從，則以正月下辛卜二月上辛。如不從，則以二月下辛卜三月上辛。如不從，則不郊矣。』此傳所載或説，蓋即穀梁子之説。用而後郊，謂卜中而後郊也。《説文·用部》：『用，可施行也。从卜中。』會意，故其義即爲卜中。卜中而後郊，是不必正月上辛矣。故附載其説，以廣異義也。此年書九月辛丑用郊者，疑魯人於春三月卜之，不吉，又改於秋三月卜之，至九月上辛而吉，遂用以郊，故《春秋》即如其實書之，以示譏耳。《定十五年》：『夏，五月辛亥郊。』傳曰：『曷爲以夏五月郊？三卜之運也。』《解詁》：『運，轉也。已卜春三正，不吉，復轉卜夏三月、周五月，得二吉，故五月郊也。』此年以九月郊，與彼年以五月郊，其事正同。此書『用』而彼不書『用』者，於此一譏已足見義，其餘不悉譏也。《莊四年》傳曰：『不可勝譏，故將壹譏而已，其餘從同同。』」○注「或曰」至「名也」。○《校勘記》：「浦鏜云：『名，衍字，從《續通解》校。』」按：何意以「或曰用者」爲將郊先有事於后稷，存

其神之祭名，則有「名」字是也。《郊特牲》曰：「存室神也。」注：「神依人也。」《正義》：「存安廟室之神。」此「存」義也。○注「晉人」至「泮宮」。○並《禮器》文。《禮器》「蜚林」作「配林」，「天」作「上帝」，「泮」作「頖」。「魯人」在首句。彼鄭注云：「惡當爲呼，聲之誤也。呼池，漚夷，并州川。」《正義》：「有事於河，謂祭河也。必先告惡池小川，從小而祭也。先告從祀者，然後祭河也。」鄭又云：「配林，林名。」《公羊禮疏》引：「盧植注云：『配林，小山，林麓配泰山者也。』謂諸侯不郊天，泰山，巡省所考，五岳之宗，故有事將祀之先。即其漸，天子則否矣。」《釋文》：「蜚，芳尾反，又音配。」惠棟曰：「古配字讀爲妃，故配林一作蜚林，音相近。」《禮正義》：「配林是泰山之從祀者也，故先告從祀，然後祭泰山，此皆積漸從小至大之義也。」鄭又云：「上帝，周所郊祀之帝，謂蒼帝靈威仰也。魯以周公之故，得郊祀上帝，與周同。『先有事於頖宮』，告后稷也。告之者，將以配天，先仁也。頖宮，郊之學也。《詩》所謂『頖宮』也。字或爲郊宮。」《經義述聞》云：「鄭注引《詩》所謂頖宮也，則正文必不作『頖宮』而作『郊宮』。注内『先有事於頖宮，告后稷也』，頖字亦當作郊。蓋經言郊宮，即《魯頌》之頖宮，故曰『郊宮，郊之學也，《詩》所謂頖宮也』，正釋『郊宮』二字。『字或爲郊宮』，當作『字或爲頖宮』。蓋郊宮即頖宮，故本亦有作『頖宮』者，後人多聞『頖宮』，罕聞『郊宮』，故改正文之郊爲頖，❶又改注以從之，而《詩》所謂『頖宮』一語，遂以頖宮釋頖宮，重複而不可通矣。《釋文》、《正義》所見經注文已經改竄。《公羊傳疏》所引亦與今本同，其誤久矣。」按：《禮記》之誤，或如王氏所説，而《公羊》注之作「泮宮」，安見非即王氏所改注中之「或作頖宮」之本與？《禮器》疏云：「魯人無后稷廟，今將祭天，而於頖宮告后稷也。」義或然也。按《王制》云：「小學在公宮南之左，大學在郊。」爲鄭學者，謂爲殷制。周人質文相變，則周人立太學於國，小學在郊，頖宮宜在郊，蓋皆小學也。○注「九月」至「小也」。○《僖三十一年》：「夏四月，四卜郊，不從，乃免牲，猶三望。」傳云：「猶者何？通可以已也。」譏不郊而望祭也。」注：「譏尊者不食而卑者獨食也。」彼以不郊而望，故譏其望，明郊則不譏。此九月郊，据或云，失禮尤者，故大小皆譏也。「尤悖禮」者，蓋對《定

❶「之」，原作「云」，據《經義述聞》改。

十五年》之「夏五月郊」言也。○注「又夕」至「日下」。○舊疏云：「言古禮，郊之前日午后，陳其牲物，告牲之牷于后稷。則知此經宜云『九月用辛丑郊』矣。」按：《周禮・充人》：「展牲則告牷。」注：「鄭司農云：『展，具也。具牲若今時選牲也。充人主以牲牷告展牲者也。玄謂：展牲若今夕牲也。《特牲饋食》之禮曰：❶『宗人視牲告充，舉獸尾告備。』近之。」《續漢志》注引干寶云：「展牲，若今夕牲。」《魏書・禮志》：「帝曰：『夕牲之禮，無可依準。近在代都，已立其議。殺牲祼神，誠是一日之事，終無夕而殺牲，待明而祭。』劉芳對曰：『臣謹按：《周禮・牧人職》止有夕展牲之禮，實無殺牲之事。』李彪曰：『夕不殺牲，誠如聖旨，未審告廟以否。臣聞魯人將有事於上帝，必先有事於頖宮。注曰「先人」，以此推之，應有告廟。』帝曰：『卿言有禮。但朕先以郊配，意欲廢告，而卿引證有据，當從卿議。』」《公羊禮説》云：「夕牲之禮，不獨郊有之，宗廟亦有之。郊之夕牲，在郊，不在廟。何注告牷后稷，是祭后稷而告牷，非郊天而告牷于后稷之廟也。徐疏以爲，古禮郊之前日，陳其牲物，告牷於后稷，此臆説也。傳曰：『用，然後郊。』注：『用者，先有事，存后稷神也。』按：《禮器》注：『魯以周公之故，得郊上帝，與周同。先有事於頖宮，告后稷也。告之者，將以配天，先仁也。』《喪服小記》注：『祭天則以祖配之，自外至者無主不止。』据此，則知告后稷以配天，不聞郊前一日告牷於后稷也。《郊特牲》：『卜郊，受命於祖廟，作龜於禰宮，尊祖親考之義也。』注云：『受命，謂告之，退而卜。』此告卜郊于祖，亦不聞告牷也。孔、賈疏皆云：『卜在祭前十日。』据此，卜日告廟，夕牲又告廟，十日告廟二次，祭不欲數之謂何也？若云即以卜日之時告牷，則告牷當在祭前十日，不得謂郊之前一日也。《周禮・牛人》：『凡祭祀，共其享牛、求牛。』鄭司農云：『享牛，前祭一日之牛也。』疏以此爲祭前一日夕牲時而言。据此言，凡祭祀，則享牛不獨郊有之，宗廟亦有之矣。然則夕牲告牷，何以不指頖宮之祭，而必欲以爲郊天之牛、夕牲告牷于后稷乎？《特牲饋食》是士祭宗廟，何嘗不告牲，祭后稷而反不告牷耶？《説文》：『牷，牛純色也。』《郊特牲》：『毛血，告幽全之物也。告幽全之物者，貴純之道也。』則正是灌而迎牲告牷，又安有告牷后稷之事。《充

❶「之禮」，原作「禮之」，據上下文例乙正。

人》疏言漢法以況，則古禮已亡，故舉漢法以況也。漢法：郊祭之夕牲，告牷于壇，不於廟，尤其明證也。《續漢志》：『正月天郊夕牲。』注引干寶曰：『若今夕牲。』又《郊儀》：『先郊日未晡夕牲。公卿、京尹、衆官悉至壇東，大祝吏牽牲入，跪曰：請省牲。太史令酌毛血，一奠天神座前，一奠太祖座前。』亦何嘗有郊牲必告廟之事。又《晉書・禮志》：『武帝將親祠，車駕夕牲，儀注不拜。』帝曰：『非致敬宗廟之禮也。』此則宗廟夕牲之證也。《魏書・禮志》帝曰：『朕先以郊配，意欲廢告。』則郊是一事，告廟一事。設使郊特牲必告廟，魏主安得欲廢之耶？又此處『用』字，當指用九月，不當指用后稷以配天。九月用郊，失禮之大。郊既不可，祭后稷失禮之小者，故云『小大盡譏之』。僖不郊而望，故但譏其小。此已郊，知不獨譏小也。若以『用』爲告后稷，則經不當云『辛丑，用郊』。蓋告后稷在祭前十日，夕牲告牷又在祭前一日，與郊不同日，故云『當在日上，不當在日下』。凡辛丑以前，皆得謂之日上，而徐疏遂舉郊前日午後以實之，近於鑿矣。何、鄭同時，鄭舉漢法曰『若今夕牲』，則何之云『夕牲』，亦漢法可知矣。」今按：何義以用郊者，謂不宜用九月爲正解。自「或曰用者」以下，皆申明「或曰用」然後郊之説。「以不郊」下，則何氏駁或説也。或曰以「九月郊尤悖禮」，故言「用」，小大盡譏。蓋讀「用郊」二字並列，以「用」亦祭名，謂辛丑日先「用」後郊，並行二禮也。何氏据僖公事駁之，謂不郊，始譏望之小祭。此已郊矣，無爲譏「用」，明「用」亦小祭也。又夕牲告牷，不與郊同日，不得在辛丑下也。舊疏殊未了，且告牷自與告殺異也。

晉侯使荀罃來乞師。 **疏**《差繆略》云：「罃，《公羊》作嬰。唐石經《公羊》泐，今《注疏》本作罃。」

冬，公會單子、晉侯、宋公、衛侯、曹伯、齊人、邾婁人伐鄭。

十有一月，公至自伐鄭。 **注**月者，方正下壬申，故月之。**疏**注「月者」至「月之」。○舊疏云：「正以凡致例時，故此解之。言『正下壬申』者，欲正壬申爲十月之日，是以不得不言十一月以來之。」

壬申，公孫嬰齊卒于貍軫。 **疏**杜云：「貍軫，地闕。」彼疏引杜，又稱舊説曰：「壬申，十月十五日。貍脤，魯地也。傳曰『十月庚午圍鄭』，則二日未得及魯竟也。《釋例》又曰：『魯大夫卒其竟內，則不書地。』傳稱

『季平子行東野，❶卒于房』是也。以此益明貍軫非魯地矣。」舊疏云：「正本作『貍辰』字。」《左傳》作「貍脤」，《穀梁》作「貍蜃」。脤、蜃、軫、辰，音並相近，得通。《釋文》「軫，之忍反」是也。《水經注》、范解皆以爲魯地。**非此月日也，❷曷爲以此月日卒之？** **注** 据下丁巳朔，知壬申在十月。**疏** 注「据下」至「十月」。○舊疏云：「即下『十有二月丁巳朔，日有食之』是也。十二月丁巳朔，逆而推之，則丁亥爲十一月朔日。又逆而推之，即丁卯爲十月十一日矣。即從丁卯數之，戊辰、己巳、庚午、辛未，壬申爲十月十六日。」《左疏》引《長曆》云：「《公羊》、《穀梁傳》及諸儒皆以爲十月十五日。十月庚午圍鄭，十三日也。推至壬申，誠在十五日。然據傳曰：『十一月諸侯還自鄭，壬申至于貍脤而卒。』此非十月，分明誤在日也。」蓋《左氏》不信「待公至，然後卒大夫」之説，故杜以爲日誤。包氏慎言云：「十一月經書壬申，壬申爲十月之十六日。《穀梁》亦云：『十一月無壬申，❸壬申乃十月也。』致公而後録臣子之義也。六月有閏，則壬申又爲九月日矣。」**待君命，然後卒大夫。** **疏** 《禮記·王制》云：「大夫廢其事，終身不仕，死以士禮葬之。」又《雜記》云：「大夫士死於道，則升其乘車之左轂，以其綏復。如於館死，則其復如於家。大夫以布爲輤而行，至於家而説輤。載以輲車，入自門，至於阼階下而説車。舉自阼階，升適所殯。士輤，❹葦席以爲屋，蒲席以爲裳帷。」按：嬰齊以罪出，宜如士禮，書《春秋》則大夫矣，故必待君命，乃可以大夫書卒。**曷爲待君命，然後卒大夫？** **注** 据昭公出奔，卒叔孫舍 **疏** 「据昭」至「孫舍」。○即《昭二十五年》「九月己亥，公孫于齊。冬，十月戊辰，叔孫舍卒」是也。**前此者，嬰齊走之晉。** **注** 不書者，以爲公請，除出奔之罪也。**疏** 注「不書」至「罪也」。○大夫出奔當絶，嬰齊有爲公請之功，功罪得以相除，故不書也。舊疏云：「其請公者，謂上沙隨時也。」與季文子之請同時。**公**

❶「野」，原作「歸」，據《春秋左傳注疏》改。
❷「月日」，原作「日月」，據《春秋公羊傳注疏》乙正。
❸「十」下，原脱「一」字，據《春秋穀梁傳注疏》補。
❹「士輤」下，原衍「車」字，據《禮記正義》刪。

會，晉侯將執公，嬰齊爲公請，**疏**《通義》云：「上年行父代執，晉憾未平，故今因其來會伐鄭，復欲執之。」按：孔氏以行父止一執，故以嬰齊之請爲伐鄭時事。然行父如執于沙隨之會，後未再執，經何爲退書招丘之文在伐鄭後，明沙隨之執不書，所書者伐鄭後一執也。孔以行父之代執在沙隨，故以嬰齊之請，分屬伐鄭之會。意以後此之將執公而未執，别無爲請者，宜由於嬰齊。公許之反爲大夫，歸至于貍軫而卒。**注**十月壬申日。貍軫，魯地。**疏**注「十月壬申日」。○《穀梁傳》：「十一月無壬申，壬申乃十月也。」○注「貍軫魯地」。○《穀梁傳》：「其地未踰竟也。」無君命，不敢卒大夫。**注**國人未被君命，不敢使從大夫禮。**疏**《穀梁傳》：「致公而後録，臣子之義也。」注：「嬰齊實以十月壬申日卒，而公以十一月還。先致公而後録其卒，故壬申在十一月下也。嬰齊從公伐鄭，致公，然後伐鄭之事畢。須公事畢，然後書臣卒，先君後臣之義也。」《穀梁》之意，以爲致公而後録其卒，與《公羊》義異。然則昭公孫齊，何爲書叔孫舍卒乎？○注「國人」至「夫禮」。○正以臣無自爵之義，大夫者，君之所命。公尚未反，故國人無君命，不敢以大夫禮待也。公至，**注**十一月至，是也。**疏**注「十一月至，是也」。○即上「十有一月，公至自伐鄭」是也。舊疏云：「若以上傳言之，則嬰齊之請，魯侯許之，皆是沙隨時也。若在沙隨會時，即在伐鄭之上，何故待公伐鄭之還，乃始卒之。正以成公許之，實在沙隨，但嬰齊未還，公又伐鄭，伐鄭未歸，嬰齊已卒。國人不聞公命，未敢卒之。」按：沙隨會與伐鄭，皆在秋，爲時必促，故得嬰齊未還，公又伐鄭也。曰：「吾固許之，反爲大夫。」**注**許反爲大夫，即受命矣。然後卒之。**注**善其不敢自專，故引其死日，下就公至月卒之。起其事，所以激當世之驕臣。

十有二月丁巳朔，日有食之。**疏**包氏慎言云：「十二月書丁巳朔，是時曆於歲終乃置閏也。《元志》姜岌云：『十二月戊子朔，無丁巳，似失閏。』《大衍》於十一月丁巳朔，交分入食限。」沈氏欽韓以今曆推之，是歲十一月丁巳朔，加時在晝，交分十四日二千八百九十七

分入食限，與《大衍》同。《五行志下之下》：「十七年十二月丁巳朔，日有食之。董仲舒、劉向以爲，楚滅舒庸，晉弒其君，宋魚石因楚奪君邑，莒滅鄫，齊滅萊，鄭伯弒死。劉歆以爲，九月周楚分。」臧氏壽恭云：「合辰在翼十二度，距張十一度。張爲周之分星，翼爲楚之分星，故曰周楚分。」又云：「劉歆以爲九月朔，則上壬申劉歆以爲七月十五日也。是年入甲申統一千六十九年，積月一萬三千二百二十一，閏餘十六，閏在六月前，積日三十九萬四百二十七，小餘四十五，大餘七。正月辛卯朔，大，小餘七。二月辛酉朔，小，小餘五十。三月庚寅朔，大，小餘十二。四月庚申朔，小，小餘五十五。五月己丑朔，大，小餘十七。閏月己未朔，小，小餘六十。六月戊子朔，大，小餘二十二。七月戊午朔，十五日壬申，是月小，小餘六十五。八月丁亥朔，大，小餘二十七。九月丁巳朔。説《左氏》者，以壬申爲十月十五。据魯曆言之也。」又云：「《左氏》先儒蓋兼取二傳。然二傳但言壬申在十月，不定爲十五日。定爲十五日者，《左氏》説也。《長曆》謂《公羊》、《穀梁》及諸儒皆以爲十月十五日者，亦未允。」

邾婁子玃且卒。 疏《通義》云：「蒙上日也。同日二事，日食在上者，先天道，次人事，與鄢陵同義。」

晉殺其大夫郤錡、郤州、郤至。 疏《穀梁傳》曰：「自禍於是起矣。」注云：「厲公見殺之禍。」下《十八年》❶疏引《春秋説》云：「厲公猥殺四大夫，臣下人人恐見及。正月幽之，二月而死。」《左傳》：「欒書、中行偃遂執公焉。」亦以殺三郤故，蓋三傳義大同。

楚人滅舒庸。 注舒庸，東夷，道吴圍巢。疏注「舒庸」至「圍巢」。○《左傳》：「舒庸人以楚師之敗也，道吴人圍巢。伐駕，圍釐、虺，遂恃吴而不設備。楚公子橐師襲舒庸，滅之。」按：舊疏云「出《左氏》」，此也。又云：「考諸舊本，亦有無此注者。」按：舊本是也。何邵公向不用《左傳》説《公羊》，雖亦間有隱合，必係《公羊》舊傳，不得顯與《左氏》絶無殊間也。且舒庸，當亦群舒之一，當近今湖北鄖陽府地。

十有八年春，王正月，晉殺其大夫胥童。

庚申，晉弒其君州蒲。 注日者，二月庚申日。上繫於正月者，起正月見幽，二月庚

❶「下」，原作「上」，據《春秋公羊傳注疏》改。

申日死也。厲公猥殺四大夫，臣下人人恐見及，以致此禍，故曰。起其事，深爲有國者戒也。**疏**《左傳疏》引應劭作《舊名諱議》云：「昔者，周穆王名滿，晉厲公名州滿，又有王孫滿，是同名不諱。」則晉厲名州滿矣。《左傳》十年定本「蒲」作「滿」。彼《釋文》云：「『州蒲』本或作『州滿』。」《史記・十二諸侯年表》作「壽曼」。❶壽、州，曼、滿聲相通，當如《正義》説作「滿」。劉知幾《史通・雜駮》篇亦以「蒲」爲誤。二傳《釋文》皆無説，知《左氏》之誤「蒲」久矣。○注「日者」至「申日」。○包氏慎言云：「正月書庚申，月之五日。」包氏以上年歲終宜置閏故也，與何氏義不合。舊疏云：「正以《文十八年》『冬，莒弑其君庶其』，傳曰：『稱國以弑者，衆弑君之辭。』注云：『一人弑君，國中人人盡喜，故舉國以明失衆，當坐絶也。例皆時者，略之也。』然則稱國以弑者，例皆時，而此書日，故解之。而《昭二十七年》：『夏四月，吴弑其君僚。』彼注云：『月者，非失衆見弑，故不略也。』」其不略之故，具於彼注。又云：「知庚申二月日者，亦以上十二月丁巳朔言之也。去年十二月丁巳朔，知今年二月丙辰朔也。何者，以《長曆》推之，今年正月小故也。二月丙辰朔，數丁巳、戊午、己未、庚申，爲五日也。」○注「上繫」至「死也」。○舊疏引《春秋説》云：「厲公猥殺四大夫，臣下人人恐見及，正月幽之，二月而死。」是也。○注「厲公」至「戒也」。○厲公猥殺四大夫者，即去年殺三郤，今年殺胥童是也。《左傳》以胥童嬖於厲公，與夷羊五帥甲八百攻郤氏，後欒書、中行偃殺胥童，與緯説殊。按：如彼，則大夫相殺，不得稱國以殺也。《穀梁傳》曰：「稱國以弑其君，君惡甚矣。」疏：「於此發傳者，以州蒲二年之間殺四大夫，故於此發惡例也。」《新語・至德》云：「昔晉厲、齊莊、楚靈、宋襄，秉大國之權，杖衆民之威，軍師横出，陵轢諸侯，外驕敵國，内克百姓。鄰國之仇結於外，臣下之怨積於内，而欲建金石之功，終傳不絶之世，豈不難哉。」《繁露・王道》云：「晉厲公行暴道，殺無罪人，一朝而殺大臣三人。明年，臣下畏恐，晉國殺之。」又云：「觀乎晉厲之妄殺無罪，知行暴之報。」又《服制》云：「晉厲之强，❷中國以寢尸

❶「十二諸侯」，原倒爲「諸侯十二」，據《史記》改。

❷「厲」下，原衍「公」字，據《春秋繁露》删。

流血不已。」中國即國中也，即謂殺四大夫事也。又《俞序》云：「故言楚靈王、晉厲公，生弑於位，不仁之所致也。」《淮南・人間訓》：「晉厲公南伐楚，東伐齊，西伐秦，北伐燕，兵横行天下而無所綣，威服四方而無所絀，❶遂合諸侯於嘉陵。氣充志驕，淫侈無度，暴虐萬民。内無輔拂之臣，外無諸侯之助，戮殺大臣，親近導諛。明年，出遊匠麗氏，欒書、中行偃劫而幽之。諸侯莫之救，百姓莫之哀，三月而死。」惠氏士奇《春秋説》云：「《春秋》數稱晉欒書一救鄭，一侵蔡，一伐鄭，明專國也。及厲公死而書，乃弑君之賊，其名絶不復見矣。」《通義》云：「實欒書弑，稱國者，罪厲公也。不去日者，舉衆弑詞，則失德已明。」

齊殺其大夫國佐。

公如晉。

夏，楚子、鄭伯伐宋。

宋魚石復入于彭城。**注**不書叛者，楚爲魚石伐取彭城以封之。本受于楚，非得于宋，故舉伐于上，起其意也。楚以封魚石，復本繫于宋。言復入者，不與楚專封，故從犯君録之。主書者，其專封。**疏**杜云：「彭城，宋邑，今彭城縣。」《大事表》云：「舊爲大彭氏國。春秋時爲宋邑。今爲江南徐州府治銅山縣。項羽都此，爲西楚伯王。時號江陵爲南楚，陳爲東楚，彭城爲西楚。」《水經注・泲水》篇：「又東至彭城縣北，城即殷大夫彭祖國也。於春秋爲宋地。楚伐宋，并之，以封魚石。崔季珪《述初賦》曰『想黄公於邳地，勤魚石於彭城』是也。孟康曰：『舊名江陵爲南楚，陳爲東楚，彭城爲西楚。』文穎曰：『彭城，故東楚也。』」○注「不書」至「意也」。○《校勘記》出「楚爲魚石伐」，云：「鄂本下有『宋』字，此脱。」按：紹熙本有『宋』字。舊疏云：「如上注者，決《昭二十一年》『宋華亥、向甯、華定自陳入于宋南里以畔』之文故也。」按：《左傳》：「楚伐彭城，納宋魚石、向爲人、鱗朱、向帶、魚府焉，以三百乘戍之而還。西鉏吾曰：『今將崇諸侯之姦而披其地以塞夷庚。逞姦而攜服，毒諸侯而懼吴、晉，吾庸多矣，非

❶「服」，原作「行」，據《淮南子》改。

吾憂也。』」是也。○注「楚以」至「録之」。○舊疏云：「《桓十五年》傳云：『復入者，出無惡入有惡。』魚石出時，直爲與山有親，更無實罪，故曰出無惡也。今犯君而入，故爲入惡，從犯君録之。」按：《僖元年》傳「君則其稱師何？不與諸侯專封」。又曰：「諸侯之義，不得專封。」故仍繫之宋，以示不與楚封魚石也。○注「主書」至「專封」。○《校勘記》出「主書者」，云：「鄂本『者』下有『起』，此脱。解云：起其專封之義。」按：紹熙本「者」下有「起」字。舊疏云：「必起其專封者，正欲責之故也。」上言楚子伐宋，下即言宋魚石復入于彭城，是專封明矣。

公至自晉。

晉侯使士匄來聘。

秋，杞伯來朝。

八月，邾婁子來朝。

築鹿囿。**疏**范云：「築墻爲鹿地之苑。」彼疏引徐邈、何休皆云：「地名。」今《公羊》無此注。疏又云：「范知非爲鹿築囿而以鹿爲地名，郎囿既是地名，則此鹿亦當是地名。」❶

何以書？譏。何譏爾？有囿矣，又爲也。**注**刺奢泰妨民。天子囿方百里，公侯十里，伯七里，子男五里，取一也。**疏**楊疏引徐、何説又云：「魯先有囿，今復築之，故書以示譏。則郎及蛇泉，亦是譏也。」今何氏亦無此語。○注「刺奢泰妨民」。○《穀梁傳》：「築不志，此其志何也？山林藪澤之利，所以與民共也。虞之，非正也。」○注「天子」至「一也」。○舊疏云：「《孟子》文，《司馬法》亦云也。」今《孟子》無此語。《詩·大雅·靈臺》云：「王在靈囿。」《毛傳》：「囿，天子百里，諸侯四十里。」《正義》云：「天子百里，諸侯四十里，解正禮耳。其文王之囿，則七十里，故《孟子》云：『齊宣王問於孟子曰：「文王之囿方七十里，有諸？」孟子曰：「書傳有之。」曰：「若是其大乎？」「民猶以爲小也。」曰：「寡人之囿方四十里，民猶以爲大，何也？」』是宣王自以爲諸侯而問，故云『諸侯四十里』。以宣王不舉天子而問及文王之七十里，則以爲文王非天子之制，明天子不止七十里，故

❶「亦」字，原脱，據《穀梁傳注疏》補。

宜爲百里也。」按：《穀梁傳疏》引《毛詩傳》作「三十里」，蓋誤字。《穀梁疏》引徐邈説與何同，而今本《穀梁疏》引作「天子囿方十里，伯方七里，子男方五里」，與何注不合，係刻本之誤，非楊氏所据有異本，故浦氏鏜《公羊注》校改也。《經義雜記》云：「《穀梁》成十八年疏云：『《毛詩傳》云：「囿者，天子百里，諸侯三十里。」《詩傳》蓋据《孟子》稱「文王囿七十里，寡人囿三十里」，故約之爲天子百里，諸侯三十里耳。』琳案：袁、范、《漢書》皆言文王囿百里，宣王十里。楊疏引《毛詩傳》『諸侯三十里』，三即五字之譌。古本《孟子》蓋作『文王之囿方百里，寡人之囿方五十里』。故毛公据之以分天子、諸侯之制。」按：《周禮·閽人》疏引《白虎通》云：「天子百里，大國四十里，次國三十里，小國二十里。」成公十八年《公羊》注云：「天子囿方百里，公侯十里，伯七里，子男五里，皆取一也。」意者，《公羊傳》所指爲離宮，《毛詩傳》、《白虎通》所指爲御苑與？凡天子則皆云百里，而《白虎通》自四十里以下析言之，無五十里者，則樂松五十里之説，未足爲三十里之證。《公羊傳疏》以天子囿方百里，爲《孟子》、《司馬法》文。今《孟子》固無此文也。是則臧氏亦未能自持其説。宣王之囿無論三十里、四十里、五十里，皆非諸侯正禮，不足爲訓。小國地方僅五十里，安得容此五十里之囿乎？當以此注爲正。皆取一者，據《孟子》、《王制》「天子地方千里，大國百里，次國七十里，小國五十里」言也。

己丑，公薨于路寢。 疏 包氏慎言云：「八月書己丑，月之八日。」《穀梁傳》：「路寢，正也。男子不絶婦人之手，以齊終也。」

冬，楚人、鄭人侵宋。

晉侯使士彭來乞師。 疏 《左氏》、《穀梁》作「士魴」。《襄十二年》經同。《九經古義》云：「古彭、旁通用。旁與魴同音，故亦作彭，聲之誤也。按：《襄十二年》疏：『考諸舊本，皆作士魴字，若作士彭者，誤也。』」按：古音彭與魴同部，得叚借也。

十有二月，仲孫蔑會晉侯、宋公、衛侯、邾婁子、齊崔杼同盟于虚朾。 注 不日者，時欲行義，爲宋誅魚石，故善而爲信辭。或喪盟略。疏 杜云：「虚朾，地闕。」或云即宋之虚也。《元和郡縣志》「兗州泗水縣得卞縣之地，即《春秋》之虚

杅也。」《一統志》云：「今泗水縣治也。」○注「不日」至「信辭」。○正以小信月故也。○注「或喪盟略」。○謂我有喪也，從略不日。

丁未，葬我君成公。疏包氏慎言云：「十二月書丁未，月之二十八日。」

公羊義疏五十六

句容陳立卓人著

襄元年盡六年。

《春秋公羊經傳解詁》襄公第八。疏《校勘記》云：「《唐石經》襄公第九卷八。」《左傳釋文》：「襄公名午，成公子，母定姒。《謚法》：因事有功曰襄，辟土有德曰襄。」《魯世家》：「成公卒，子午立，是爲襄公。是時襄公三歲也。」杜云：「於是公年四歲。」《左傳·襄九年》傳曰：「會于沙隨之歲，寡君以生。晉侯曰：『十二年矣。』」則即位時三歲，元年四歲也。

元年春，王正月，公即位。疏《穀梁傳》：「繼正，即位正也。」

仲孫蔑會晉欒黶、宋華元、衛甯殖、曹人、莒人、邾婁人、滕人、薛人圍宋彭城。

宋華元曷爲與諸侯圍宋彭城？注据晉趙鞅以地正國加叛文，今此無加叛文，故問之。疏注「据晉」至「問之」。○即《定十三年》：「秋，晉趙鞅入于晉陽以叛。冬，晉荀寅、士吉射入于朝歌以叛。晉趙鞅歸于晉。」傳云：「此叛也，其言歸何？以地正國也。其以地正國奈何？晉趙鞅取晉陽之甲以逐荀寅與士吉射。荀寅與士吉射曷爲者也？君側之惡人也。此逐君側之惡人，曷爲以叛言之？無君命也。」注：「無君命者，操兵鄉國，故初謂之叛。後知其意欲逐君側之惡人，故録其釋兵，書歸赦之。」按：《左傳》華元自晉反國，即使華喜、公孫師帥國人攻蕩氏。此又合諸侯圍彭城，與操兵鄉國相似，不加叛文，故据以難也。舊疏云：「宋華元曷爲與諸侯圍宋彭城而不加叛文，與趙鞅異乎？然則趙鞅以采地之兵逐君側之惡人，以正其國，其意實善，而《春秋》必加叛文者，正以人臣之義，本無自專之道。若其許之，恐惡逆之臣，外託興義之兵，内有覬覦之意，是以雖爲善，不得與之。」

爲宋誅也。注故華元無惡文。疏注「故華」至「惡文」。○正以華元有君命誅叛人，故不加華元叛辭也，與趙鞅未稟君命異。人臣無自專之義，其意雖

善，其事不醇，故《春秋》責之也。《左傳》：「於是爲宋討魚石，故稱宋，且不登叛人也。」舊疏云：「雖云操兵鄉國，但稟宋公之命，與諸侯之師，逐去叛人，以衛社稷。《春秋》善之，故無惡文也。」其爲宋誅奈何？

魚石走之楚，楚爲之伐宋，取彭城以封魚石。疏《成十五年》「宋魚石出奔楚」，《十八年》「楚子、鄭伯伐宋。宋魚石復入于彭城」是也。成十八年《左傳》云：「楚子辛、鄭皇辰侵城郜，取幽丘，同伐彭城，納宋魚石等焉。十一月，楚子重救彭城，伐宋。」魚石之罪奈何？以入是爲罪也。注說在《成十八年》。書者，善諸侯爲宋誅，雖不能誅，猶有屈彊臣之助。疏注「說在」至「八年」。○即謂《成十八年》書「宋魚石復入于彭城」事也。「復入」者，出無惡，入有惡。其初出時，直與山有親，辟而去。其入彭城，則外託强楚，伐君取邑，失人臣之義，故書「復入」以罪之。《通義》云：「追釋書『復入于彭城』之意，就以其假大國之勢，犯君竊邑，故出無惡，入有惡也。」包氏慎言曰：「既出復入，居國邑，以犯君論。《十八年》注不書叛者，楚爲魚石伐宋，取彭城以封之，本受於楚，非得于宋，故舉伐於上，起其意。楚以封魚石，復本繫於宋。言復入者，不與楚專封，故從犯君録之。」案：魚石出奔大國，結大國以取本國之邑，以受其封，是挾楚以脅宋。既六國大夫合圍，爲宋誅魚石，而不著魚石出奔文，又不著殺文，則諸侯未能取彭城也。傳云「以入爲罪」，則規圖彭城，非石之意。楚人乘閒，所以封魚石，借以閒宋。明魚石之罪，罪在不當受楚封而入居之。原情不加以脅國之罪，故以犯君論誅。○注「書者」至「之助」。○《校勘記》出「猶有屈彊臣之助」，云：「閩、監、毛本同，誤也。鄂本『助』作『功』。解亦云：『雖不能誅，猶有屈魚石之功。』當據以訂正。」舊疏云：「傳云『爲宋誅』而知不能誅者，正以助其君討叛臣，義之高者。若能誅之，理應有見，似若《昭四年》經書『執慶封，殺之』，今但言圍而無殺文，故知不能誅。雖不能誅，猶有功，是以《春秋》書之，善其爲宋誅矣。」

楚已取之矣，曷爲繫之宋？注据莒人伐杞，取牟婁，後莒牟夷以牟婁來奔，不繫杞。疏注「据莒」至「繫杞」。○「取牟婁」事，見《隱二

年》。「以牟婁來奔」，見《昭五年》。《校勘記》出「后莒牟夷」，云：「閩、監、毛本同。鄂本『后』作『後』，當据正。下注同，疏中亦誤作『后』。」按：紹熙本作「後」。《桓二年》傳云：「器從名，地從主人。」注：「從後所屬主人。」楚已取彭城，宜屬之楚矣，故難之。**不與諸侯專封也。**

注　故奪繫於宋，使若宋邑者。楚救不書者，從封内兵也。

疏　注「故奪」至「邑者」。○《通義》云：「欲言楚彭城，則本非楚自取。直言彭城，嫌與通濫文同，故還繫之宋，奪正其義，明楚不得專以地封叛人，魚石不得專受封於楚。邑而言圍者，起實封也。」舊疏云：「《僖二年》：『城楚丘。』傳云：『不與諸侯專封也。』然則不與諸侯專封，取事一也。所以或繫於宋，或不繫於衛者，彼以衛國已滅，故無所繫。不言桓公城之者，不與諸侯專封故也。今此魚石受楚之封，入邑而叛，是以奪而繫國，以示不成。然則『不與』之言雖同，其不與之理實異。是以齊侯封衛，《春秋》實與。楚封魚石，繫宋以抑之。」《左傳》亦云：「非宋地，追書也。」杜云：「成十八年楚取彭城，以封魚石。故曰非宋地。夫子治《春秋》，追書繫之宋。」又曰：「且不登叛人也。」杜云：「登，成也。不與其專邑叛君，故使彭城還繫宋。」彼疏引《釋例》云：「『楚人棄君助臣，取宋彭城以封叛者，削正興僞，雖非復宋地，故追書繫宋，不與楚之所得』，❶是其義也。」《左氏疏》云：「既列爲國，非復宋地。傳言追書，是仲尼新意，故云『夫子治《春秋》，追書繫之宋』也。不與其專邑叛君，不與楚得取邑封人，故使封城還繫於宋也。」是亦「奪繫於宋，使若宋邑」之義也。○注「楚救」至「兵也」。○舊疏云：「經傳無文。知楚救者，正以楚人封之故也。楚人并兵於魚石，魚石之叛，抑而不成。今華元討之，即宋國封内之兵。封内之兵，例所不録，是以楚救不書也。」按：舊説非是。何意以彭城已爲楚所取，以封魚石，故從封内兵，不書楚救也。《春秋》繫之宋者，所以抑楚，不與其專封。不書楚救者，起其實爲楚所取故也。舊疏又云：「封内之兵例所不録者，正以《定八年》傳云『公斂處父帥師而至』經不書之是也。《哀三年》『衛石曼姑帥師圍戚』，亦是封内之兵而得書者，彼以國夏爲伯討，是以得書。然則《春秋》不與蒯聵之直，故令國夏得討之。

❶「得」下，《釋例》有「入也」二字。

國夏得討之，則非封内之兵也。今此魚石不成叛，是以與彼異也。」

夏，晉韓屈帥師伐鄭。疏《左氏》、《穀梁》「屈」作「厥」。《校勘記》云：「《唐石經》、諸本同。」古屈、厥同部，得相叚借。

仲孫蔑會齊崔杼、曹人、邾婁人、杞人次于合。注刺欲救宋而後不能也。知不救鄭者，時鄭背中國，不能救，不得刺。疏《左氏》、《穀梁》「合」作「鄫」。杜云：「鄫，鄭地，在陳留襄邑縣東南。」《續漢志》注引作「縣東南有鄫城」。范云：「鄫，鄭地。鄫或爲合。」趙氏坦《異文箋》云：「鄫，古或省作曾。曾、合篆文相近，遂譌作合。《攈古遺文》曾作[illegible]、合作[illegible]是也。」《大事表》云：「襄邑，今爲歸德府睢州。」《水經注·淮水》篇：「渙水又東經鄫城北，《春秋·襄元年》書『晉韓厥伐鄭，仲孫蔑會齊、曹、邾、杞次于鄫』，杜預曰：『陳留襄邑縣東南有鄫城。』」《一統志》：「鄫城在歸德府柘城北。」《紀要》：「睢州東南。」皆本杜注。《差繆略》云：「《穀梁》亦作合。又，邾人在杞人下。」按：今《注疏》本及三傳《石經》皆杞在邾下。○注「刺欲」至「能也」。○《莊三年》：「公次于郎。」傳：「其言次于郎何？刺欲救紀而不能也。」此文與彼同，故如彼解之。○注「知不」至「得刺」。○正以上文有「仲孫蔑會晉欒黶、宋華元以下圍宋彭城」，爲宋討魚石等，内無鄭人，下有「楚公子壬夫侵宋」。又《成十八年》有「楚子、鄭伯伐宋」，明魯爲晉與國，鄭爲楚與國。鄭背諸夏即蠻夷，晉韓屈伐之，魯必不救。果即救而不能，《春秋》決無刺文也。

秋，楚公子壬夫帥師侵宋。疏《唐石經》「公子壬夫」磨改。《匡謬正俗》云：「楚公子王夫，字子辛。今之學者以其字子辛，遂改『王夫』爲『壬夫』，同是日辰，名字相配也。故楚有公子午，字子庚。庚是十幹，午是十二支，法有相配。辛、壬同在十干，此與庚午不相類，固當依本字讀爲王夫，不宜穿鑿改爲壬。」《左傳校勘記》云：「顔説非也。《石經》以下，皆作壬。《漢書·古今人表》亦作『公子壬夫』。陸氏《穀梁音義》『壬音而林反』。」

九月辛酉，天王崩。疏包氏慎言云：「九月書辛丑，月之十六日。」

邾婁子來朝。

冬，衛侯使公孫剽來聘。

晉侯使荀罃來聘。**疏**舊疏云：「諸侯爲天子服斬衰三年，是以《曾子問》云：『諸侯相見，揖讓而入門，不得終禮，廢者幾？ 孔子曰：六。 請問之，曰：天子崩，大廟火，日食，后、夫人之喪，雨霑服失容，則廢。』然則天王九月崩，而四國得行朝聘禮者，杜氏云：『辛酉，九月十五。 冬者，十月初也。 天王崩，赴未至，皆未聞喪，故各得行朝聘之禮。』是也。」按：舊説是也。 惟又云：「四國行朝聘之時，王之赴告未至於魯，經書『天王崩』，得在朝聘之上者，《公羊》之義据百二十國寶書，案而爲經，雖四國未知，何妨先書。」此義近贅。 孔子作《春秋》，本不据赴告之文，乃《左氏》有此説，不必牽涉説《公羊》也。 既云据百二十國寶書矣，何爲又設此一難乎？

二年春，王正月，葬簡王。**疏**《隱三年》傳云：「天子記崩不記葬，必其時也。」又《文九年》傳：「不及時書，過時書，我有往者則書。」此簡王於去年九月崩，今年正月即葬，始五月，不及時也。

鄭師伐宋。

夏，五月庚寅，夫人姜氏薨。**疏**包氏慎言云：「五月書庚寅，月之十九日。」

六月庚辰，鄭伯睔卒。**注**不書葬者，諱伐喪。**疏**包氏慎言云：「六月無庚辰，五月之九日，七月之十日也。」《九經古義》云：「《釋文》：『睔，古困反。』《古今人表》：『鄭成公綸。』師古曰：『綸音工頑反。《左傳》作睔。』按：《古今人表》又有泠淪氏，服虔曰：『淪，音鰥。』鰥與昆同音。 古昆字作罤，故《毛詩·敝笱》云：『其魚魴鰥。』鄭箋云：『鰥，魚子也。』《魯語》云：『魚禁鯤鮞。』《爾雅》云：『鯤，魚子。』孔穎達云：『鯤、鰥字異，蓋古字通用。』是鰥本音古魂反，故泠淪、綸巾諸字，皆讀鰥。 師古以鰥有關音，遂釋綸爲工頑反。❶今人讀綸巾字爲關音，自謂合古音，失之甚者。」○注「不書」至「伐喪」。 ○下「冬，仲孫蔑會晉荀罃、齊崔杼、宋華元、衛孫林父、曹人、邾婁人、滕人、薛人、小邾婁人于戚，遂城虎牢」，傳：「虎牢者何？ 鄭之邑也。 其言城之何？ 取之也。 取之則曷爲不言取之？ 爲中

❶「反」下，《九經古義》有「非也」二字。

國諱也。曷爲爲中國諱？諱伐喪也。」此不書葬，故據下事解之。舊疏云：「《春秋》之内諸侯之卒，不書其葬，非止一義而已。或諱背殯用兵，或譏其篡，或刺不討賊，或枉殺大夫。此鄭伯，襄公之子，繼體爲君，復非篡立，從成十五年即位以來，未有罪惡之事，明其不書葬者，不惟上事明也。而下又有『諱伐喪』之文，則知不書葬者，正爲諸侯諱其伐喪故也。」按：《繁露·竹林》云「《春秋》之書戰伐也，有惡有善也。惡詐擊而善偏戰，恥伐喪而榮復仇」是也。恥之甚，是以諱之深也。《通義》云：「不葬者，棄夏附楚，與接同罪。」亦通。

晉師、宋師、衛甯殖侵鄭。疏《通義》云：「晉、宋將卑師衆，衛將尊師少，故分別書之。」

秋七月，仲孫蔑會晉荀罃、宋華元、衛孫林父、曹人、邾婁人于戚。疏《左傳》：「謀鄭故也。」

己丑，葬我小君齊姜。

齊姜者何？齊姜與繆姜，則未知其爲宣夫人與？成夫人與？注齊姜者，宣公夫人。《九年》繆姜者，成公夫人也。傳家依違者，襄公服繆姜喪，未踰年，親自伐鄭，有惡，故傳從内義，不正言也。疏包氏慎言云：「七月書己丑，月之十九日。」范云：「齊，謚。」按：《謚法》：「執心克莊曰齊。」《穀梁釋文》：「齊如字，一音側皆反。」〇注「齊姜」至「人也」。〇舊疏云：「《左氏》以齊姜成公夫人，繆姜宣公夫人。」《通典》引劉智《喪服釋疑答問》云：「高、曾祖母與祖母俱存，❶其卑者先亡，則當厭屈否？昔魯穆姜在，而成公夫人薨，《春秋》書曰：『葬我小君齊姜。』舊説云：『妻隨夫而成尊，姑不厭婦，婦人不主祭，己承先君之正體，無疑於服重也。』」劉氏用《左氏》義。舊疏云：「何氏不然者，正以齊姜先薨，多是姑。繆姜後卒，理宜爲婦。實無文据，以順言之也。且九年襄公伐鄭，不書其至，若非親母，不應貶之至此。即下《九年》『五月，夫人姜氏薨。八月，葬我小君繆姜。冬，公會晉侯以下伐鄭』是也。」按：《喪服小記》云：「祖父卒而后爲祖母後者三年。」《正義》：「若祖卒時父在，己雖爲祖期。今父殁

❶「與祖母」，原脱，據《通典》補。

祖母亡時，己亦爲祖母三年也。」宣公之薨，襄公未生，不及爲服。齊姜薨時，成公已殁，襄宜爲之重服三年也。而後代有疑孫非承重於祖者，父卒後，祖母殁，不服重者，殊謬。《通典·爲高、曾祖母及祖母持重服議》：「後漢荆州牧劉表云：『父亡在祖後，則不得爲祖母三年，以爲婦人之服，不可踰夫。孫爲祖服周，父亡之後，爲祖母不得踰祖也。』晉或問曰：『若祖父先卒，父自爲之三年，己爲之服周矣。而父卒，祖母後卒，當服三年否乎？』劉智答云：『適孫服祖三年，誠以父卒，則己不敢不以子道盡孝於祖，爲是服三年也。謂之受重於祖者，父卒，則祖當爲己服周，此則受重也。己雖不得受重於祖，然祖母今當服己周，己不得不爲祖母三年也。』《小記》曰『祖父卒，而後爲祖母後三年』，特爲此發也。侍中成粲云：『禮，有適子，則無適孫，❶然則己受重於父，不受重於祖，不得爲祖母三年。禮，舅没則姑老，爲傳家事於長婦也。亦爲祖没則己父受重於祖父，己不受之於祖父母，故無祖父母三年之禮也。』賀循又引《小記》自釋，『爲祖母後者，服之如母。不爲祖父母後，不得爲祖母三年。未見其驗，但以父在無二適，父没祖存，己位則正，不得爲祖父後，乃爲祖母適也』。宋崔凱云：『時人或有祖父亡，而後祖母亡。孫奉養祖母，祖母卒，則爲之齊衰三年者。凱以爲，祖母三年，自謂己父母早亡，受重於祖，故爲祖斬衰三年，祖母齊衰三年。今己父後亡，則受重於父，不受重於祖。孫雖奉養祖母，固自當如禮齊衰周爾。』此皆謂不宜持重者也。庾蔚之謂：劉景升以婦人不可踰夫，既已乖矣。成粲云己自受重於父，不受重於祖，爲祖母不應三年，可謂殊塗而同繆者矣。」又吴商駁之云：「嘗見表所作《喪服後》，定變除爲婦人之服，不踰男子。孫爲祖父服周，父亡之後，爲祖母服周，云『不得踰祖也』。又見成侍中云：『以爲己自受重於祖，祖母服不應三年。』商按：假使子爲人後，爲本父服周，而所後者更自有子，己則還家，而母後亡，當可以不得踰父，不三年乎？又從祖父先亡，己爲小功五月而已。後爲從父後，從父又先亡，❷祖母後卒，可復以己先爲祖父小功，今爲祖母不踰祖父，復服五月乎？諸如此，比婦服重於夫甚衆，不得踰夫之説，經傳無據；適行庶服，義又不通。粲又

❶「則」，原作「間」，據《通典》改。
❷「從父」，原脱，據《通典》補。

云：『己自受重於父，不受重於祖，今服祖母，❶亦當周。』又『齊衰章』：『臣爲君之父母、祖父母周。』凡臣從君所服而降一等。臣從服周，則君爲三年也。据爲國君而有父若祖之喪者，謂始封君也。其繼體，則父與祖並有廢疾不立者也。有廢疾不立，則君受國於曾祖，不受國於祖也。不受國於祖，猶爲服三年，此則經之明例，非從傳記之説也。其義如此，則凡爲後者，皆應三年，何必受重然後服斬。」❷按：吴氏之駮，極爲明晰。○注「傳家」至「言也」。○下《九年》：「五月，夫人姜氏薨。冬，公會晉侯以下伐鄭。十有二月己亥，同盟于戲。」注：「事連上伐，不致者，惡公服繆姜喪，未踰年而親伐鄭，故奪臣子辭。」是服繆姜喪，未踰年伐鄭，不書致，明有惡也。舊疏云：「襄公母死未期，已爲兵首，無恩之甚，是故爲諱。若爲祖，差輕，可言也。」又引舊云：「傳言惡襄公喪服用師，故以祖爲親母，所以甚責内，是以何氏順傳文也者，非也。」云「傳家依違者」，舊疏云：「《公羊》口授相傳，五世後方著竹帛，是以傳家數云『無聞焉爾』。❸以此言之，容或未察，而傳序經意依違之者，正以文與《桓九年》曹世子射姑同故也。彼傳云：『《春秋》有譏父老子代從政者，則未知其在齊與？在曹與？』注：『在齊者，齊世子光也。時曹伯年老有疾，使世子行聘禮恐卑，故使自代朝。雖非禮，有尊厚魯之心。傳見下卒葬詳録，故敘經意依違之也。』然則彼刺曹世子，而傳序經意，不正言之。此文與彼同，故知亦依違言之也。」

叔孫豹如宋。

冬，仲孫蔑會晉荀罃、齊崔杼、宋華元、衛孫林父、曹人、邾婁人、滕人、薛人、小邾婁人于戚，遂城虎牢。

虎牢者何？鄭之邑也。注 以下戍繫鄭。

疏《大事表》云：「虎牢在今河南開封府汜水縣南二里，本鄭地，後入晉。莊二十一年《左傳》『惠王與鄭以虎牢』，❹注云『虎牢，河南成皋縣』是也。」《水經注·河水》篇：「成皋縣之故城在伾上，縈帶坯阜，絶岸峻周，

❶「今服祖」，原脱，據《通典》補。
❷「服」字，原脱，據《通典》補。
❸「聞」，原作「閒」，據《春秋公羊傳注疏》改。
❹「一」，原脱，據《春秋左傳注疏》補。

高四十許丈，張翕險崎而不平。《春秋傳》曰：『制，巖邑也，虢叔死焉。』即東虢也。魯襄公二年七月，晉成公與諸侯會于戚，遂城虎牢以逼鄭，求平也。蓋修故耳。」《穆天子傳》曰：「天子射鳥獵獸於鄭圃，命虞人掠林，有虎在於葭中。天子將至，七萃之士高奔、戎生捕虎而獻之，天子命之爲柙，畜之東虞，❶是曰虎牢矣。」秦以爲關，漢乃縣之。西北隅有小城，周三里，北面列觀臨河，岧岧孤上。○注「以下戍繫鄭」。○即下《十年》「冬，戍鄭虎牢」，傳：「諸侯莫之主有，故反繫之鄭」是也。

其言城之何？注据外城邑不書。疏注「据外」至「不書」。○《僖元年》「城邢」，又《二年》「城楚丘」，又《十四年》「諸侯城緣陵」，《昭三十二年》「城成周」，是外城國都有之，故注專据外城邑不書難之也。舊疏云：「正以《春秋》上下無外城邑之經故也。」

取之也。疏《通義》云：「取其邑而城之，爲守固也。」

取之則曷爲不言取之？注据取牟婁。疏注「据取牟婁」。○即《隱四年》「二月，莒人伐杞，取牟婁」是也。

爲中國諱也。疏《校勘記》云：「疏中標注有『諱伐喪也』四字。解云：『考諸古本，皆無此注，且與下傳文煩重。若有注者，是衍字。』按：今本無此注，是也。」

曷爲爲中國諱？注据莒伐杞取牟婁不爲中國諱。疏「据莒」至「國諱」。○《校勘記》云：「按：此注當衍。《釋文》本有此，疏本無之，是也。《釋文》音傳『爲中』云：『于僞反，下及注并下文「鄭爲」皆同。』此陸本有注之證。解云：『正据莒人取牟婁不爲中國諱矣，而何氏不注之者，以上文已据取牟婁，是以不能重出。』此疏本無注之證，淺人襲疏語爲之，而未覺其與上複也。」

諱伐喪也。曷爲不繫乎鄭？爲中國諱也。疏《通義》云：「晉霸自文公以後，唯悼公足稱焉，故復諱其惡。不言爲晉諱者，❷鄭背中國，甘心於楚，今方與楚爭鄭，而犯禮伐喪，所爲與夷狄無異，故傳順經意，深責之，言中國也。」舊疏云：「曷爲不繫乎鄭者，正据下十年冬戍之時繫鄭也。若繫乎鄭，還有伐喪之義，故云『爲中國諱也』。」

大夫無遂事，此其言遂何？歸惡乎大夫

❶「虞」，據《水經注》，當作「虢」。

❷「者」，原作「也」，據《公羊春秋經傳通義》改。

也。**注**使若大夫自生事取之者，即實遂，但當言取之。**疏**注「使若」至「之者」。○《通義》引《左傳》曰：「『秋七月，會于戚，謀鄭故也。孟獻子曰：「請城虎牢以偪鄭。」知武子曰：「善。」冬，復會于戚，遂城虎牢。鄭人乃成。』若然，取虎牢之事，本發于仲孫蔑，成于荀罃，故歸惡大夫，而以遂事責之也。」按：何氏不信《左傳》意，以取虎牢之謀發於諸侯。此歸惡乎大夫言「遂」爾。何者，若實大夫自生事取之，無勞爲諸侯諱取矣。故注又云「即實遂，但當言取之」也。

楚殺其大夫公子申。

三年春，楚公子嬰齊帥師伐吴。

公如晉。

夏，四月壬戌，公及晉侯盟于長樗。**注**盟地者，不于都也。**疏**包氏慎言云：「四月書壬戌，月之二十七日。」○注「盟地」至「都也」。○杜云：「晉侯出其國都與公盟于外。」《正義》云：「此時晉侯出其國都，與公盟于長樗，蓋近城之地，盟訖，還入于晉，故公歸書至自晉也。文三年盟於晉都，此盟出城外者，悼公謙以待人，不敢使中國就己。出盟於外，若似相就然。」范云：「晉侯出其國都，與公盟于外地。」舊疏云：「《文三年》：『冬，公如晉。十有二月己巳，公及晉侯盟。』彼不舉地者，以其在國都故也。今此舉長樗，故言不于都矣。」三傳之説，皆無大異也。

公至自晉。**注**盟地者，不于都也。以晉致者，上盟不于都，嫌如晉不得入，故以晉致起之。不別盟得意者，成公比失意如晉，公獨得容盟，得意亦可知。**疏**鄂本與上「長樗」合爲一節。按：紹熙本同。監、毛本皆以上注「盟地者，不于都也」系之此經下，蓋諸本皆合一節也。○注「以晉」至「起之」。○舊疏云：「《昭二十八年》『春，王三月，公如晉，次于乾侯』，《二十九年》『公至自乾侯居于運』，何氏云：『不致以晉者，不見容于晉，未至晉。』然此經上言盟于長樗，今若又言至自長樗，即嫌似次于乾侯然，亦不得入晉都，故以晉致起其文也。」○注「不別」至「可知」。○《校勘記》出「失意如晉」，云：「鄂本『如』作『于』，此誤。疏云：『言成公比失意于晉』者，『于』作『於』爲是，當據正。」按：紹熙本「如」亦作

「于」。《莊六年》注云：「公與一國出會盟，得意至地，不得意不至。」今此但書「至自晉」，本上「如晉」言之，是不別盟得意也，故解之。言「成公比失意于晉」者，即《成十六年》：「公會晉侯以下于沙隨，不見公。」傳云：「公會，晉侯將執公。」又：「公會尹子、晉侯以下伐鄭。」傳：「成公將會晉厲公，不當期，將執公。」是成公比失意不容于晉事也。今此襄公如晉即見與盟，是得容盟，其得意可知，不必更書盟地起之也。

六月，公會單子、晉侯、宋公、衛侯、鄭伯、莒子、邾婁子、齊世子光。己未，同盟于雞澤。注 盟下日者，信在世子光也。疏 包氏慎言云：「己未，月之二十五日。」杜云：「雞澤在廣平曲梁縣西南。」《大事表》云：「今曲梁故城在今直隸廣平府治永年縣東北，即《國語》所謂雞丘。若今雞澤縣，乃隋析廣平縣所置，非春秋時雞澤也。」《穀梁傳》：「同者，有同也，同外楚也。」〇注「盟下」至「光也」。〇上二年《左傳》云：「孟獻子曰：『請城虎牢以偪鄭。』知武子曰：『善。鄫之會，吾子聞崔子之言，今不來矣。滕、薛、小邾之不至，皆齊故也。寡君之憂不唯鄭，罃將復於寡君而請於齊，得請而告，吾子之功也。❶若不得請，事將在齊。』冬，復會于戚。齊崔武子及滕、薛、小邾之大夫皆會，知武子之言故也。」❷知當時之不服命者唯齊。上于戚有會無盟，此特盟于雞澤，故云「信在世子光也」。舊疏云「言信任在於世子光。若如盟日定否，世子光制之然。是以下日以近之也」是也。《文十四年》「六月，公會宋公、陳侯、衛侯、鄭伯、許男、曹伯、晉趙盾，癸酉，同盟于新城」，注云：「盟下日者，刺諸侯微弱，信在趙盾。」此與彼同，故注亦云：「信在世子光也。」而《通義》云：「日在下者，齊侯始使世子光亢諸侯之禮，❸《春秋》惡而責之，故獨以不信辭屬光也。」則新城之日，又何説乎？舊疏云：「何氏何以數言『信在』，正以下《十六年》傳云：『諸侯皆在是，其言大夫盟何？信在大夫也。』舊解云：『齊光亢諸侯之禮，晉侯貴致大國，衆人畏之，故卻日以待之。』非也。」

陳侯使袁僑如會。

❶「功」，原作「力」，據《左傳正義》改。
❷「言故」原作「力」，據《左傳正義》改。
❸「始」字原脱，據《通義》補。

其言如會何？注据曹伯襄言會諸侯，鄫子言會盟。疏注「据曹」至「諸侯」。○《僖二十八年》「冬，曹伯襄復歸于曹，遂會諸侯圍許」是也。○注「鄫子」至「會盟」。○《僖十九年》「鄫子會于邾婁」是也。❶後會也。注不直言會盟者，時諸侯不親與袁僑盟，又下方殊「及」之。疏《穀梁傳》：「如會，外乎會也。於會，受命也。」○注「不直」至「僑盟」。○舊疏云：「若其諸侯親與之盟，宜云『公會單子、晉侯以下盟于雞澤，陳侯使袁僑來會盟』。正由諸侯不親與之盟，故止得言『如會』矣。」按：下云「叔孫及諸侯大夫及陳袁僑盟」，明諸侯不親與矣。○注「又下」至「及之」。○即下文「及陳袁僑盟」，言「及」是也。舊疏云：「言下方殊文道及袁僑盟，故此處未勞道會盟。」

戊寅，叔孫豹及諸侯之大夫及陳袁僑盟。疏包氏慎言云：「六月下又有戊寅，七月之十四日也。」

曷爲殊「及」陳袁僑？注据俱諸侯之大夫也。言「之大夫」者，辟諸侯與大夫皆盟。疏注「据俱」至「皆盟」。○正以袁僑亦諸侯之大夫，故据以難。經若言「諸侯大夫」，嫌諸侯、大夫皆在盟，故言「之」以絶之。《穀梁傳》：「諸侯以爲可與則與之，不可與則釋之。諸侯盟，又大夫相與私盟，是大夫張也。」亦以諸侯不與盟。爲其與袁僑盟也。注陳、鄭，楚之與國。陳侯有慕中國之心，有疾，使大夫會諸侯，欲附疏，不復備責，遂與之盟，共結和親，故殊之，起主爲與袁僑盟也。復出陳者，喜得陳國也。不重出地，有諸侯在，臣繫君，故因上地。疏注「陳、鄭，楚之與國」。○舊疏云：「即《宣十一年》『楚子、陳侯、鄭伯盟于辰陵』是也。」按：陳自晉文卒後，鮮與中國通矣。○注「陳侯」至「盟也」。○《僖八年》「鄭伯乞盟」，注云：「時鄭伯欲與楚，不肯自來盟，處其國，遣使挹取其血而請與之約束，無汲汲慕中國之

❶「會」下原衍，「盟」字，據《公羊傳注疏》刪。

心，故抑之，使若叩頭乞盟者也。不録使者，方抑鄭伯，使若自來也。」是則鄭無慕中國之心，故絶其使，書乞以惡之，與此袁僑書如會異，知此「及袁僑」以殊之，爲善辭也。陳侯亦使大夫，不親來而有善辭者，正以下《四年》「陳侯午卒」，明有疾，不得自來，與鄭伯不肯殊。《春秋》原情不責也。「起主爲與袁僑盟」者，❶杜云：「殊袁僑者，明諸侯大夫所以盟，盟袁僑也。」《穀梁》以爲「及，以及與之也」。與《公羊》異。禮，君不敵臣，使大夫與袁僑盟，正是得正，何爲反抑諸侯失正而專與袁僑異之，此違義之大者也。○注「復出」至「國也」。○舊疏云：「欲決《成二年》『及國佐盟于袁婁』之經不重出齊也。是以《僖四年》傳：『曷爲再言盟，喜服楚也。』《春秋》意必如此者，正以楚人强盛，諸夏微弱，陳侯背楚，故喜得之。所以奪夷狄之勢，益諸夏之榮也。」蓋《春秋》繁而不殺者，正也。所謂「書之重辭之複，其中必有美者焉，不可不察也」，職是故也。○注「不重」至「上地」。○舊疏云：「正以決《襄二十七年》『夏，叔孫豹會晉趙武、楚屈建以下于宋。秋，七月辛巳，豹及諸侯之大夫盟于宋』。彼所以再出地者，正以上無君故也。今諸侯在，臣繫於君，故因上地矣。下《十六年》『公會晉侯以下于溴梁。戊寅，大夫盟』之下不重出地者，亦以諸侯在，臣繫於君，得因上地。」與此同也。《通義》云：「會盟同地例：諸侯盟，雖閒無事，必再舉地，首戴、葵丘、平丘是也。大夫盟，閒有事，乃再地，于宋是也。若此及溴梁之盟，則不再地。君文繁，臣文殺，《春秋》之稱言，無非教也。」按：孔氏謂君繁臣殺，是也。然此及溴梁之盟，實皆臣統於君，故與宋異，非因其閒有事無事殊也。

秋，公至自會。疏《莊六年》注所謂「公與二國以上出會盟，得意致會」是也。此會雞澤，得陳侯慕義，使人如會，强夏弱夷，得意明矣。

冬，晉荀罃帥師伐許。

四年春，王三月己酉，陳侯午卒。疏包氏慎言云：「三月書己酉，三月無己酉，二月之十七日也。」《通義》云：「胡康侯曰：『午者，襄公名也。孔子作《春秋》，何不諱乎？❷古者死而無謚，不以名爲諱。周人

❶「與」字，原脱，據《公羊疏》補。

❷「何」下，原衍「以」字，據《通義》及《春秋胡傳》删。

以謚易名，於是乎有諱禮。夫子兼帝王之道，❶參文質之中而作《春秋》，以法萬世。如公薨不地，滅國書取，出奔書孫之類，所以放其文也。莊公名同而書同盟，僖公名申而書戊申，定公名宋而書宋人之類，所以從其質也。後世不明此義，則有以諱易人之名者，又有以諱易人之姓者，忌諱繁，名實亂，而《春秋》之法不行矣。」」

夏，叔孫豹如晉。

秋，七月戊子，夫人弋氏薨。**疏**《左氏》、《穀梁》作「姒氏」，下「定弋」同。杜云：「姒，杞姓。」范與杜同。《釋文》云：「莒女也。」用何注。按：姒、弋一聲之轉。顧氏炎武《唐韻正》云：「弋，與職切，上聲。則音以。《春秋》襄四年『姒氏』，《公羊》作『弋』；『定姒』，《公羊》作『定弋』。《定十五年》『姒氏』，《穀梁》作『弋氏』；『葬定姒』，《穀梁》作『定弋』。《禮記·月令》『田獵罝罘、羅網、畢翳、餧獸之藥』，注：『今《月令》翳爲弋。』」按：姒从以聲，以、弋同音也。包氏慎言云：「七月書戊子，月之三十日。」

葬陳成公。

八月辛亥，葬我小君定弋。**疏**包氏慎言云：「八月書辛亥，月之二十三日。」

定弋者，襄公之母也。**注**定弋，莒女也。

襄公者，成公之妾子。**疏**注「定弋」至「妾子」。

○《通義》云：「謹按：弋氏，《左氏》經爲『姒氏』。姒姓之字或作弋，《詩》所稱『孟弋』是也。魯有兩定姒，《公羊春秋》一書弋，一書姒，蓋特別之。《國語》曰：『杞、鄫由太姒。』《左傳》：『衛成公欲祀夏后相，甯武子曰：杞、鄫何事。』是鄫本夏後，故《史記》及《潛夫·五德志》並以鄫爲姒姓，襄公之母其鄫女與？」劉氏逢禄《解詁箋》云：「此弋氏，《左》、❷《穀》皆作姒氏。定十五年定姒，《穀梁》作弋氏。疏：『弋、姒聲勢相同。』《國語》：『杞、鄫由太姒。』《夏本紀》『禹爲姒姓，其後分封用國爲姓，有褒氏、杞氏、鄫氏』，褒、杞、鄫皆姒姓也。《詩》孟弋即姒氏也。莒爲己姓。《左氏》、《世本》甚明。定弋非莒女，蓋鄫世子巫之姊妹也。」錢氏大昕《養新録》云：「古人讀似、姒二字皆如巳。《詩》『於穆不巳』，孟

❶「兼」，原作「益」，據《通義》及《春秋胡傳》改。
❷「左」，原作「公」，據《公羊春秋何氏解詁箋》改。

仲子作『於穆不似』。❶是巳、似同音也。禹母呑薏苡而生，因姓姒氏。賈侍中説『巳，意巳實也』。意巳即薏苢，是巳、姒同音也。《春秋》『葬我小君定姒』，《公羊》作『弋』。弋、姒聲相近，由於姒有以音，《詩》『美孟弋矣』，弋即姒。」按：文七年《左傳》：「穆伯娶于莒，曰戴己。」《釋文》「己，音紀，一音祀」。祀音从巳，巳音以，則莒姓蓋音「以」之「巳」，非音「紀」之「己」。以、姒同音，故何氏以爲莒女也。《國語》又以莒曹姓，又或以莒嬴姓，出自少昊氏之後，武王封兹輿期於莒，則不定莒何姓矣。云「成公妾子」者，或《十四年》「叔孫僑如如齊逆女」，是爲適夫人，則定姒蓋二媵矣。范云「成公夫人」者，非。楊疏亦知非適，故仍引妾子爲君禮律之也。

冬，公如晉。

陳人圍頓。

五年春，公至自晉。

夏，鄭伯使公子發來聘。

叔孫豹、鄫世子巫如晉。

外相如不書，此何以書？**注**据晉郤克與臧孫許同時而聘于齊不書。**疏**注「据晉」至「不書」。○《校勘記》出「莊孫許」，云：「閩、監、毛本同，誤也。鄂本『莊』作『臧』，當據正。疏中作『臧孫許』，不誤。」按：紹熙本亦作「臧」，不誤。事見《成二年》傳，彼注云：「不書，恥之。」自謂不書臧孫許如齊也。其晉郤克不書，自從外大夫相如不書之恒例也。舊疏云：「《桓五年》：『夏，齊侯、鄭伯如紀。』傳云：『外相如不書，此何以書？』何氏云：『据蔡侯東國卒于楚，不言如也。』何氏彼据蔡侯，此据郤克者，欲逐其相類故也。彼齊侯、鄭伯是君，事不干魯，故据蔡侯卒于楚不言如矣。此鄫世子巫事，非君，且叔孫豹率之，故据晉大夫與臧孫許俱行者，所引譬類得其象也。」義或然也。

爲叔孫豹率而與之俱也。**注**以不殊鄫世子，俱言如也。**疏**注「以不」至「如也」。○舊疏云：「鄭以不言及鄫世子，與叔孫豹共作一文，知叔孫率之矣。」然則臧孫許與郤克聘齊，蓋意起于晉，魯往隨之。此蓋鄫世子有求於晉，恐不能達，故使魯帥而往

❶「似」，原作「姒」，今據《養新録》卷十二改。

與？叔孫豹則曷爲率而與之俱？**注**据非内大夫。蓋舅出也。**注**巫者，鄫前夫人、襄公母姊妹之子也，俱莒外孫，故曰「舅出」。**疏**舊疏云：「言『蓋』者，公羊子不受于師，故疑。若下傳『蓋欲立其出也』之類。或言此『蓋』宜訓爲『皆』，若《隱三年》傳云『蓋通于下』，似『蓋云歸哉』之類。言襄公與巫，皆是一舅姊妹之子也。」○注「巫者」至「舅出」。○舊疏云：「謂巫是襄公舅氏之所出，姊妹之子謂之『出』也。」《通義》云：「定弋，鄫女，蓋即世子巫之姊妹，故巫於襄公爲舅，襄公於巫爲出也。《爾雅》曰：『男子謂姊妹之子爲出。』」《經義述聞》云：「孔解舅出，長於舊注，而以襄公與巫爲舅出則非也。襄公若爲巫之甥，❶則傳當實之曰『蓋公與巫舅出也』，文義始明。今傳無一語及襄公，則所謂舅出者，非公與巫也。詳繹傳文『蓋舅出也』之語，上承『叔孫豹率而與之俱』，則豹之與巫，一爲舅，一爲出矣。言豹所以與巫俱如者，蓋與巫爲舅出故也。《春秋》之大夫，交政與中國，故與鄰國之君論婚媾。哀二十三年《左傳》『宋景曹卒，❷季康子使冉有弔，且送葬，曰：以肥之得備彌甥也，有不腆先人之産馬，使求薦諸夫人之宰。』杜注：『景曹，宋元公夫人，桓子外祖母也。』宋、魯匹敵之國而猶如是，❸況小國乎。」《解詁箋》云：「《爾雅》：『男子謂姊妹之子爲出。』巫者，襄公之舅也。何云『俱莒外孫，故曰舅出』，徐解謂『襄公與巫皆是一舅姊妹之子』，皆誤。《左氏》：『晉悼又新昏於杞，杞、鄫同姓，故相與往殆于晉。』情事相合。」按：《爾雅·釋親》云：「男子謂姊妹之子爲出。」郭引此傳語，不别舅出何人。如何義，則鄫前後夫人皆莒女，蓋其姪娣也。世子巫前夫人所生。鄫子欲立爲後者，後夫人所生女之子。襄公與巫爲從母昆弟也，同一舅之所出。《釋名·釋親屬》云：「姊妹之子曰出，出嫁於異姓而生之也。」孔、王、劉義甚新，亦未有的據，仍舊説亦無不可通。莒將滅之，故相與往殆乎晉也。**注**殆，疑。凝讞于晉，齊人語。**疏**注「殆疑」至「人語」。○《校勘

❶「甥」原作「外孫」，據《經義述聞》改。
❷「二」，原脱，據《春秋左傳注疏》補。
❸「四」，原作「世」，據《經義述聞》改。

記》云：「閩、監、毛本『凝』作『疑』，此誤。按：《釋文》：『疑，魚竭反。』如作凝，不得音魚竭反矣。此本載《音義》亦誤凝。」按：紹熙本注及《音義》皆作「疑」，不誤。《通義》云：「殆，危也，告危于晉也。」《經義述聞》云：「何訓殆爲疑，往疑于晉，則爲不辭，故加『讞』字以增成其義。然殆可訓爲疑，不可訓爲讞也。孔訓殆爲危，往危於晉，則尤爲不詞，故加『告』字以增成其義。然傳言『殆乎晉』，不言『告殆於晉』也。今案：殆，讀爲治。殆、治古音相近，故字亦相通。《荀子·彊國篇》：『彊殆中國。』楊倞注：『殆或爲治。』治，訟理也。以鄫子欲立異姓爲後，故相與往訟理於晉也。僖二十八年《公羊》：❶『叔武爲踐土之會，治反衛侯。』注曰：『叔武訟治于晉，文公令白王者反衛侯，❷使還國也。』《成十六年》傳：『公子喜時外治諸京師而免之。』注曰：『訟治于京師，解免使來歸。』皆與此傳往治于晉同義。古謂訟理爲治訟，或曰辭訟。《周官·小宰》曰『聽其治訟』，《小司徒》曰『聽其辭訟』，《司市》曰『聽大治大訟，小治小訟』，皆是也。《大司徒》曰：『凡萬民之有訟獄者，與有地治者，聽而斷之。』有地治者，謂爭地而訟理者也。《訝士》曰：『凡四方有治於士者，造焉。』亦謂有訟理於士者也。」按：王義明爽。何氏以殆訓疑，以疑讞申成其義，蓋當時方言有此語。「往殆晉」猶言「往讞于晉」，與王氏「治」字義亦合。❸故《經義述聞》又云：「何云：『殆，疑也。』《論語》『學而不思則罔，思而不學則殆。』謂思而不學則事無徵驗，疑不能定也。又曰：『多聞闕疑，多見闕殆。』殆猶疑也，謂所見之事若可疑，則闕而不敢行也。《史記·倉公傳》：『良工取之，❹拙者疑殆。』殆猶疑也，古人自有複語耳。字亦作怠。《莊子·山木》篇：『侗乎其無識，儻乎其怠疑。』怠疑即疑殆也。文十二年《公羊傳》：『俾君子易怠。』怠，疑惑也，言使君子易爲其所疑惑也。後人但知殆訓爲危爲近，而不知又訓爲疑。蓋古義之失傳久矣。按：《吕氏春秋·去尤》云：『以黄金投者殆。』《莊子·達生》篇作

❶「公羊」，原作「左傳」，據《春秋公羊傳注疏》改。
❷「令」，原作「會」，據《春秋公羊傳注疏》改。
❸「與」下，原衍「義」，據國學本删。
❹「工」，原作「公」，據《述聞》及《史記》改。

『以金注者殙』。殙者，迷也。疑殆之殆，亦迷惑意也。」❶**莒將滅之，則曷爲相與往殆乎晉？**注据當以兵救之。**取後乎莒也。其取後乎莒奈何？莒女有爲鄫夫人者，蓋欲立其出也。**注時莒女嫁爲鄫後夫人，夫人無男有女，還嫁之于莒，有外孫。鄫子愛後夫人而無子，欲立其外孫。主者善之，得爲善者，雖揚父之惡，救國之滅者，可也。疏注「時莒」至「外孫」。○《爾雅·釋親》云：「女子子之子爲外孫。」《經義述聞》云：「依傳，莒女爲鄫夫人，而欲立其出，則似所立者鄫夫人之子，而莒之外孫。如此，❷則與『取後乎莒』之文不合。故注曲爲之説曰：『夫人無男有女，還嫁之於莒，有外孫。鄫子愛後夫人而無子，欲立其外孫。』然『無男有女，還嫁之于莒』，皆傳文所無。蓋當時解傳者增益其説，不足据也。尋繹傳文，當作『鄫女有爲莒夫人者』，寫者上下互譌耳。❸鄫女爲莒夫人，則莒夫人之子，鄫之外孫也。鄫子舍世子巫而欲立其外孫，故曰『欲立其出』，又曰『取後于莒也』。何所見本已譌，故其説迂曲而難通。」《解詁箋》云：「傳文莒、鄫二字互錯。《穀梁傳》滅鄫義曰：『立異姓以莅祭祀，滅亡之道也。』莒公子，鄫出也，鄫子黜巫而立之。巫來訴於魯，爲會于戚，卒不得反正。知非莒脅立者，戚之會，貶鄫人于吴人下，而莒子無貶文也。傳兩言『出，姊妹之子』，何云『外孫』皆誤。」下「滅鄫」，《解詁》同。《通義》又云：「主書者，罪鄫子也。」俞氏樾云：「謹按：傳文但曰『莒女有爲鄫夫人者』，不言夫人有女還嫁莒也。且古謂姊妹之子爲『出』，不謂外孫爲『出』。鄫子欲立外孫而曰『欲立其出』，❹更爲失之。今按：《爾雅·釋親》：『男子謂姊妹之子爲出。』而《釋名·釋親屬》但曰：『姊妹之子曰出。』是男女得通稱之。凡女子謂姊妹之子亦曰出矣。莒女爲鄫夫人，而欲立其出。蓋莒女無子，而其姊妹適

❶ 案：自「吕氏春秋·去尤」至此，原作小字注，在「古人自有複語耳」後。
❷ 「如」上原衍「無」，據《經義述聞》删。
❸ 「互譌」，原作「有誤」，據《經義述聞》改。
❹ 「外孫」二字，原脱，據《群經平議》補。

莒大夫者有子，因欲立爲鄫子之後也。傳不曰『鄫子欲立其出』，則所謂其出者，❶從夫人言也。」❷○注「主者」至「可也」。○《校勘記》云：「主者善之，監、毛本同，閩本作『書者善之』，鄂本作『主書者善之』，閩、監、毛本互脱一字。」按：紹熙本與鄂本同。舊疏云：「六年秋，莒人滅鄫。然則不能救滅而得善之者，雖不救，有言之功故也。」

仲孫蔑、衛孫林父會吴于善稻。 **注** 不殊衛者，晉侯欲會吴于戚，使魯、衛先通好，見使畀，故不殊，蓋起所恥。**疏**《左傳》作「善道」，古道、稻同音叚借字。《穀梁傳》：「吴謂善伊，謂稻緩。號從中國，名從主人。」范云：「善稻，吴地，夷狄所號。地形及物類，當從中國言之，以教殊俗，故不言伊緩而言善稻，人名當從其本俗言。」《讀書蕞録》云：「伊、緩乃吴語，『善』字之雙聲。子張姓申，《史記》云姓顓孫。吴子名乘，《左氏》云壽夢。皆雙聲字。」趙氏坦《異文箋》云：「《九經字樣》：『郎邪，郡名。郎，良也。邪，道也。以地居鄒、魯，人有善道，故爲郡名。』按：善道之得名，或取此義。杜云：「善道，地闕。」《大事表》云：「阮勝之《南兖州記》曰：『盱眙，本吴善道地。秦置盱眙縣。項羽尊楚懷王爲義帝，都盱眙。』許慎曰：『張目爲盱，舉目爲眙。』城居山上，可以矚遠，故曰盱眙。今屬江南泗州。」按：《御覽》引《南兖州記》：「盱眙本春秋時善道。」○注「不殊」至「所恥」。○《繁露·觀德》云「衛俱諸夏也。❸善稻之會，獨先内之，❹爲其與我同姓也。」意謂殊吴不殊衛，是獨見内也，與何氏義異。按：所聞世，内諸夏，董義勝也。「見使畀，故不殊」，疑「畀」當作「卑」。《通義》云：「不殊孫林父，時晉侯將會吴于戚，使魯、衛先通好。言及衛孫林父，則非我欲之。言會衛孫林父，則非衛尸其事，又不可施，故不殊衛以起晉志也。」《解詁箋》云：「何君約《左氏》文解之，非也。魯臣見使於大國，未足爲恥。此所聞世，内諸夏之明文。董子曰：『衛，諸夏也。善稻之會，獨

❶「其」字，原脱，據《群經平議》補。
❷「言也」，《群經平議》作「而言之明矣」。
❸「繁」，原作「案」，據國學本改。
❹「先」，原作「見」，據《春秋繁露》改。

見内之。』❶得之。從會吴上見義者，明諸夏化則吴可漸化，故所見世不復著魯、衛、晉、吴同會文也。」按：於吴見義者，《繁露》又云：「吴俱夷狄也，獨先外之，爲其與我同姓也。」所聞世始外夷狄，故吴見於經，殊之以張義。則荆楚之見於所傳聞世者，尚不合外，非義所著也。

秋，大雩。 **注** 先是，襄公數用兵，圍彭城，城虎牢；《三年》再會，《四年》如晉，踰年乃反；又賦斂重，恩澤不施之所致。**疏** 注「先是」至「所致」。❷○《校勘記》出「不施所致」云：「鄂本施下有『之』，此脱。」舊疏云：「圍彭城在《元年》，即經云『仲孫蔑會晉欒黶以下圍彭城』是也。其城虎牢，在上《二年》『冬，遂城虎牢』是也。《三年》再會者，蓋謂《三年》『六月，公會單子、晉侯以下同盟于雞澤』，下云『戊寅，叔孫豹及諸侯之大夫及陳袁僑盟』是也。雖是一出行，頻有二事，停軍費重而致旱，緣是之故得作然解。云『四年如晉，踰年乃反』者，即上《四年》『冬，公如晉』，《五年》『春，公至自晉』是也。其《元年》『仲孫蔑會齊崔杼以下次于合』，《二年》『秋，叔孫豹如宋。冬，仲孫蔑會晉荀罃以下于戚』，於此諸事，豈不爲費，而注不言之者，正以元年舉圍彭城，二年舉城虎牢，三年舉再會，四年舉如晉，年舉一事，惝而言之，見其致旱而已。其餘不足舉者，文略不悉耳。」❸《五行志中之上》：「庶徵之恒暘，劉向以爲，春秋大旱也。其夏旱雩祀，謂之大雩。不傷二穀，謂之不雨。《京房易傳》曰：『欲德不用，茲謂張，厥災荒。荒，旱也。其旱陰雲不雨，變而赤，❹因而除。師出過時，茲謂廣，其旱不生。上下皆蔽，茲謂隔，其旱天赤三月，時有雹，殺飛禽。上緣求妃，茲謂僭，其旱三月，大温亡雲。居高臺府，茲謂犯，陰侵陽，其旱萬物根死，數有火災。庶位踰節，茲謂僭，其旱澤物枯，爲火所傷。』襄公五年，秋，大雩。先是，宋魚石犇楚，楚伐宋，圍彭城，以封魚石。鄭畔於中國而附楚，襄與諸侯共圍彭城，城鄭虎牢，以禦楚。是歲鄭伯使公子發來聘，使大夫會吴于善道，外結二國，内得

❶「見」，原作「元」，據國學本改。
❷「是」，原作「君」，據前注文改。
❸「文」，原作「又」，據《國學》本及《春秋公羊傳注疏》改。
❹「而」，原作「爲」，據《漢書》改。

鄭聘，有炕陽動衆之應。」蓋劉歆説與何氏大同。

楚殺其大夫公子壬夫。**疏** 舊疏云：「《春秋》之內，君殺大夫，皆至葬時別有罪無罪。今吴、楚之君，例不書葬，不作他文以別之者，蓋以略夷狄之故也。」

公會晉侯、宋公、陳侯、衛侯、鄭伯、曹伯、莒子、邾婁子、滕子、薛伯、齊世子光、吴人、鄫人于戚。❶

吴何以稱人？**注** 据上善稻之會不稱人。**疏** 注「据上」至「稱人」。○即上「仲孫蔑、衛孫林父會吴于善稻」是也。「吴、鄫人」云，則不辭。**注** 孔子曰：「言不順，則事不成。」方以吴抑鄫，國列在稱人上，不以順辭，故進吴稱人，所以抑鄫者。經書莒人滅鄫，文與巫訴。巫當存，惡鄫文不見。見惡必以吴者，夷狄尚知父死子繼，故以甚鄫也。等不使鄫稱國者，鄫不如夷狄，故不得與夷狄同文。**疏**《通義》云：「不得先言鄫人而後殊會吴者，其序自主會者爲之也。若言『吴、鄫人』，則不成文，故使吴亦相隨稱人。不嫌進吴者，後會于柤，仍殊之，自明矣。鄫敘于會者，刺晉將平莒、鄫之難，卒弗能正也。」按：刺晉之文不見，鄫抑吴下，當仍何注爲長。鄫與會，自必書，無緣爲刺晉起也。○注「孔子」至「稱人」。○所引「孔子曰」，《論語・子路》篇文。下又云：「言之必可行也。」注：「王曰：所言之事，必可得而遵行。」是其義也。方欲抑鄫在吴下，若吴仍常例稱國，則必書「吴、鄫人」，是辭不順也，故亦使吴稱人，非進吴也。○注「所以」至「不見」。○《校勘記》：「文與巫訴，鄂本同，閩、監、毛本『文』誤『又』，疏同。」按：紹熙本亦作「又」，亦無不可通。下《六年》「莒人滅鄫」，注：「莒稱人者，從莒無大夫也。言滅者，以異姓爲後，莒人當滅也。」是文爲惡莒也。上「叔孫豹、鄫世子巫如晉」，注：「主書者善之。得爲善者，雖揚父之惡，救國之滅可也。」是文爲善巫，則巫當存也。是二經皆無惡鄫文也。○注「見惡」至「鄫也」。○《論語・八佾》篇：「夷狄之有君，不如諸夏之亡也。」即此義。○注「等不」至

❶「鄫」，原作「鄶」，據《春秋公羊傳注疏》改。

「同文」。○解鄫不等吴稱國義也。范注云「鄫以外甥爲子，曾夷狄之不若，故序吴下」是也。鄫不得稱國，所以深抑之也。

公至自會。

冬，戍陳。

孰戍之？諸侯戍之。曷爲不言諸侯戍之？**注** 据下救陳言諸侯。**疏** 注「据下」至「諸侯」。○即下云：「公會晉侯、宋公、衛侯、鄭伯、曹伯、莒子、邾婁子、滕子、薛伯、齊世子光救陳。」歷敘諸侯也。離至，不可得而序，**注** 離至，離别前後至也。陳坐欲與中國，被强楚之害。中國宜雜然同心救之，乃解怠前後至，故不序，以刺中國之無信。**疏** 注「離至」至「至也」。○《廣雅·釋詁》：「離，分也。」又云：「散也。」《吕覽·大樂》云：「離則復合。」注：「離，散也。」各諸侯分散前後沓至，故曰「離至」也。○注「陳坐」至「無信」。○舊疏云：「其與中國者，謂欲得與中國，即上《三年》『陳侯使袁僑如會』是也。其被强楚之害者，正見中國戍之故也。」按：下云「楚公子貞帥師伐陳」，是陳被楚害事。《左傳》：「楚子囊爲令尹。范宣子曰：『我喪陳矣。楚人討貳而立子囊，必改行而疾討陳。陳近于楚，民朝夕急，能無往乎？有陳，非吾事也。無之而後可。』冬，諸侯戍陳。」是救陳不急，起自晉，故諸侯亦前後至，不同心也，故書以刺中國無信。《鹽鐵論·備胡》云：「《春秋》刺諸侯之後。」謂此。故言我也。**注** 言我者，以魯至時書，與魯微者同文。微者同文者，使若城楚丘，辟魯獨戍之。戍例時。**疏** 下《十年》：「戍鄭虎牢。」傳云：「孰戍之？諸侯戍之。曷爲不言諸侯戍之？離至不可得而序，故言我也。」與此同。蓋皆「以魯至時書」也。❶ ○注「與魯微者同文」。○舊疏云：「以不載名氏及國，直言其事者，若《莊公二十八年》『冬，築微』之文，故云『與魯微者同文』矣」是也。○《僖二年》：「城楚丘。」傳：「孰城？城衛也。」舊疏云：「彼亦直言城楚丘，作魯微者之文。魯之微者焉能獨城，明

❶「至」，原作「巫」，據前注文改。

其更有餘國，故書月以見非内城。今此戍陳，亦作魯微者之文。魯之微者焉能獨戍，明更有餘國矣。故曰『使若城楚丘，辟魯獨戍之』。」○注「戍例時」。○正以此傳書「冬，戍陳」及下《十年》書「冬，戍鄭虎牢」故也。

楚公子貞帥師伐陳。

公會晉侯、宋公、衛侯、鄭伯、曹伯、莒子、邾婁子、滕子、薛伯、齊世子光救陳。**疏**《穀梁》同，無「婁」字。《左氏》經無莒子、邾婁子、滕子、薛伯，蓋脱也。襄二年《左傳》：「知武子曰：『鄫之會，吾子聞崔子之言，今不來矣。滕、薛、小邾之不至，皆齊故也。』」蓋東諸侯皆唯齊是視。今齊世子光與會，知莒、邾、滕、薛無緣不來也。《左傳》：「會于城棣以救之。」❶《穀梁傳》「善救陳也」是也。

十有二月，公至自救陳。**疏**《莊六年》傳「不得意致伐」，此書「至自救」，亦不得意文。以下《七年》「會于鄬，陳侯逃歸」，明不能終救事也。救例時，月者，舊疏云「月爲下年起其義也」是也。❷

辛未，季孫行父卒。

六年春，王三月壬午，杞伯姑容卒。**注**始卒更名、日，書葬者，新黜未忍便略也。**疏**包氏慎言云：「三月書壬午，月之三日。」○注「始卒」至「略也」。○鄂本「更」作「便」。按：紹熙本亦作「便」，是也。所聞之世，小國始卒，故《文十三年》「夏五月，邾婁子籧篨卒」、《宣九年》「秋八月，滕子卒」，其名、日與葬皆未備書，今此詳録，故解之也。「新黜未忍便略」者，《莊二十七年》「冬，杞伯來朝」，注「杞，夏後。不稱公者，《春秋》黜杞新周而故宋，以《春秋》當新王」是也。若然，《僖二十三年》已書「杞子卒」，而此云「始卒」者，彼注云：「卒者，桓公存王者後，功尤美，故爲表異卒録之。」則傳聞之世，小國本不合卒，其書卒者，皆非《春秋》常例。亦如莊公之世，書「邾婁子克卒」、書「邾婁子瑣卒」之屬也。

夏，宋華弱來奔。**疏**《差繆略》云：「弱，《公羊》作溺。」❸按：弱、溺通。《禹貢》「弱水」，《説文·水部》作「溺」是也。今《注疏》各本及《唐石經》俱作「弱」。

❶「棣」，原作「隷」，今據《春秋左氏傳正義》改。
❷「年」，據《春秋公羊傳注疏》，當作「卒」。
❸「作」，原作「生」，據國學本改。

秋，葬杞桓公。 疏《桓十年》注：「小國始卒，當卒月葬時。」《哀三年》注：「小國卒葬極於哀公，皆卒日葬月。」是所聞世當葬時，上卒雖書日示詳，此仍依常也。

滕子來朝。

莒人滅鄫。 注 莒稱人者，莒公子鄫外孫。稱人者，從莒無大夫也。言滅者，以異姓爲後，莒人當坐滅也。不月者，取後于莒，非兵滅。疏注「莒稱」至「夫也」。○《莊二十七年》「莒慶來逆叔姬」，傳：「莒無大夫，此何以書？」故莒公子稱人，爲從莒無大夫之常例也。○注「言滅」至「滅也」。○《繁露·玉英》云：「至於鄫取乎莒之以之爲同居，目曰：❶『莒人滅鄫。』」按：《繁露》「莒」下「之」字衍。同居者，《喪服小記》云「同財而祭其祖禰爲同居」是也。彼謂繼父皆無主後，明以之爲主後矣。故此鄫取莒公子爲主後，故曰同居也。《通典·禮二十九》云：「後漢吴商《異姓爲後議》曰：『或問：以異姓爲後，然當還服本親，及其子當又從其父而服耶？將以異姓而不服也？答曰：神不歆非族，明非異姓所應祭也。雖世人無後，並取異姓以自繼，然本親之服，骨血之恩，❷無絶道也。異姓之義，可同於女子出適，還服本親，皆降一等。至於其子，應從服者，亦當同於女子之子從於母而服其外親。❸今出爲異姓作後之子，其子亦當從於父母而服之也。父爲所生父母周，子宜如外祖父母之加也。其昆弟之子，父雖服之大功，於子尤無尊可加。及其姊妹，爲父小功，則子皆宜降於異姓之服，❹不得過緦麻也。』范甯《與謝安書》稱：❺『無子而養人子者，自謂同族之親，豈施於異姓。今世行之甚衆，是謂逆人倫昭穆之序，❻違經典紹繼之義也。』」❼《晉書·賈充傳》：「及薨，槐輒以外孫韓謐爲黎氏子，奉充後。郎中韓咸、中尉曹軫諫槐曰：『禮，大宗無後，以小宗支子後之，無異姓爲後之文。無令先公懷腆后土，良史書過，豈不痛心。』槐不從。」又《秦秀傳》：「充

❶「曰」上，原脱「目」字，據《春秋繁露》補。
❷「血」，原作「肉」，據《通典》改。
❸「之」字，原脱，據《通典》補。
❹「降」，原作「從」，據《通典》改。
❺「稱」，原作「曰」，據《通典》改。
❻「昭」上，原衍「亂」字，據《通典》删。
❼「義」，原作「文」，據《通典》改。

薨。秀議曰：『充舍宗族弗授，而以異姓爲後。悖禮溺情，以亂大倫。昔鄫養外孫莒公子爲後，《春秋》書「莒人滅鄫」。聖人豈不知外孫親耶，但以義推之，則無父子耳。』」《通義》云：「謹按：《五年》傳曰『莒將滅之』，則立外孫者，實莒脅鄫人使然，故《春秋》不言鄫亡，而歸惡於莒人滅鄫也。己姓之子，以代弋姓，宗廟鬼神非族不享，不謂之滅，得乎？《穀梁傳》曰：『家有既亡，國有既滅。滅而不自知，由别之而不别也。莒人滅鄫，非滅也，立異姓以莅祭祀，❶滅亡之道也。』董仲舒曰：『諸侯父子兄弟不宜立而立者，《春秋》視其國與宜立之君無以異也，此皆在可以然之域也。至於鄫取後于莒，以之爲同居，目曰「莒人滅鄫」，此不在可以然之域也。』」盧氏文弨《龍城札記》云：「莒人滅鄫，鄫以外孫莒公子異姓爲後。何休云：『莒人當坐滅。』陸淳云：『鄫以莒公子爲後，罪在鄫子，不在莒人。《春秋》應以梁亡之例書鄫亡，不當但責莒人。』劉敞《權衡》深取陸説。文弨案：莒人苟無因以爲利之意，何不以大意辭之，令其自擇宗姓爲後，於王者興滅繼絶之道，豈不有合，而乃貪其土地，甘棄其子於異姓，罪安可赦。夫與爲人後，與賁軍之將、亡國之大夫一例，爲聖門所擯，則何氏謂『莒人當坐滅』，此語正得書法本指。陸、劉之説，吾所不取。」汪氏琬《爲外祖後辨》云：「廣之之嗣於毛也，殆與《春秋》莒人滅鄫類與？予則曰：『不類。』鄫人無後，故以莒公子爲後。今毛氏既後兄弟之子矣，而復後外孫，是亦不可以已乎？爲人後者爲之子，莒公子之後鄫也，爲之子者也。今毛氏獨撫廣之爲孫，使廣之無所後之禰而有所後之祖，殆再亂其系也，是不可以已乎？吾故曰：『非莒鄫類也。』」徐氏乾學《讀禮通考》：「按：汪氏云：鄫無後，而以莒之子爲後。鄫未嘗無後也，《公羊傳》明言鄫世子巫是鄫之前夫人莒女所生。鄫更娶後夫人于莒而無子有女，還于莒爲夫人，生公子。鄫子愛後夫人，故立其外孫。据此，則鄫已先立世子巫，後舍巫而立外孫也。知其先立巫者，《襄五年》經文稱『鄫世子巫』，而《左氏》謂之大子巫，是以知其立巫爲後，必告於大國者也。舍衆著之適長，而暱於牀第之情，迎異姓以爲後，其事蓋自古未聞。考之三傳注疏，略有同異。意者，其别有故而傳之或譌與？今但以《公》、《穀》之辭推之，其罪實浮於賈充輩遠矣。先王

❶「祭」原作「宗」，據《穀梁疏》改。

之制禮也，宗無後者，爲之置後。今鄫本有後也，而反立異姓以爲後，何爲而不滅亡與？案律，乞養異姓義子以亂宗族者，杖六十。若以子與異姓人爲嗣者，罪同，其子歸宗。此乞養異姓子，亦言無後者耳。若鄫、莒之事，又律文所不載，當從重科者也。」按：陸、劉之説，不識《春秋》抑鄫吳下之義，故如彼解。○注「不月」至「兵滅」。○《莊十年》「冬十月，齊師滅譚」，又《十三年》「夏六月，齊人滅遂」，皆月。此不月，故解之。舊疏云：「以此言之，即知《僖二年》『晉滅下陽』，《僖十年》『狄滅温』之屬，皆蒙上月矣。《僖十七年》『夏，滅項』，彼注云：『不月者，桓公不坐滅，略小國。』《僖二十六年》『秋，楚人滅夔』，何氏云：『不月者，略夷狄滅微國也。』以此言之，則知《僖十二年》『夏，楚人滅黄』、《文五年》『秋，楚人滅六』之屬，亦是略之故也。其衛侯燬滅邢、楚子滅蕭、蔡，歸姓滅沈之屬，皆當文自釋，不勞備説。」按：《穀梁傳》亦曰：「非滅也。」注：「非以兵滅。」又曰：「莒人滅鄫，非滅也。立異姓以莅祭祀，滅亡之道也。」與此同。

冬，叔孫豹如邾婁。

季孫宿如晉。**疏**《通義》云：「宿，行父之子也。喪父未練而有位於朝，奉使於國，衰世之事，不可勝譏，故從武氏子一見法而已。」《國語》作「夙」。鄭氏《檀弓》注引《世本》云：「行父生夙。」宿，古文夙字。

十有二月，齊侯滅萊。**疏**杜云：「萊國，東萊黄縣。」《大事表》云：「今登州府黄縣東南二十里有萊子城。」《元和郡縣志》：「故黄城在登州黄縣東南二十五里，古萊子國。」《史記・封禪書》：「齊之八祠，六曰月主，祠之萊山。❶此萊國之所都也。」

曷爲不言萊君出奔？**注**据譚子言奔。**疏**注「据譚子言奔」。○即《莊十年》「齊師滅譚，譚子奔莒」是也。《通義》云：「諸言『奔』者，皆責以不死位可知矣。《曲禮》曰：『國君死社稷，大夫死衆，士死制。』」按：凡書「以歸殺之」或書「以歸」從可知也。國滅君死之，正也。**注**明國當存，不書殺萊君者，舉滅國爲重。**疏**《禮記・曲禮》云：「國君死

❶「之」字，原脱，據《史記》補。

社稷。」注：「死其所受於天子也，謂見侵伐也。《春秋傳》曰：『國滅君死之，正也。』」《正義》引《異義》：「《公羊》説：『國滅君死，正也』。故《禮運》曰：『君死社稷，無去國之義。』《左氏》説：『昔太王居邠，狄人攻之，乃踰梁山，邑於岐山，故知是有去國之義也。』許慎謹案：《易》曰：『係遯有疾厲，畜臣妾，吉。』知諸侯無去國之義。鄭不駁之，明從許君用《公羊》義也。」《繁露・竹林》云：「夫冒大辱以生，其情無樂，故賢人不爲也，而衆人疑焉。《春秋》以爲人之不知義而疑也，❶故示之以義，曰：『國滅君死之，正也。』正也者，正於天之爲人性命也。天之爲人性命，使行仁義而羞可恥，非若鳥獸然，❷苟爲生、苟爲利而已。」按：《孟子・梁惠王下》：「孟子告滕文公曰：『鑿斯池焉，築斯城焉，與民守之，效死而民弗去。』」又云：「或曰：『世守也，非身之所能爲也。效死勿去。』」注：「土地乃先人之所受也，世世守之，非己所能專爲，至死不可去也。」《章指》言：「大王去邠，權也。效死而守業，義也。義權不並，故曰『擇而去之也』。」則《公羊》之説正，《左氏》之説「權也」。《禮記・禮運》云：「故國有患，君死社稷，謂之義。大夫死宗廟，謂之變。」注：「變當爲辯。辯，正也。君守社稷，臣衛君宗廟者，患謂見圍入。」故《詩・緜》正義云：❸「《曲禮下》云：『國君死社稷。』《公羊傳》曰：『國滅君死之，正也。』則諸侯爲人侵伐，當以死守之。而公劉、大王皆避難遷徙者，禮之所言，爲國正法。公劉、太王則權時之宜。《論語》曰：『可與適道，未可與權。』《公羊傳》曰：『權者，反經合義。權者，稱也，稱其輕重，度其利害而爲之。』公劉遭夏人之亂而被迫逐，若顧戀疆宇，或至滅亡，所以避諸夏而入戎狄也。大王爲狄所攻，必求土地，不得其地則攻將不止；戰以求勝，則人多殺傷，故又棄戎狄而適岐陽。所以成三分之業，建七百之基。雖於禮爲非，而其義則是。❹此乃賢者達節，不可以常禮格之。」按：春秋時，國滅君逃，不可以公劉、太王律。公劉、太王居岐、居邠，雖云播遷，宗社仍存，是亡猶不亡也。春秋國既滅亡，宗祀即斬，徒爲寓公，全生忍辱，故示之以正曰：「國滅君死也。」舍此

❶「之」，原在「疑」下，據《春秋繁露》改。
❷「然」字，原脱，據《春秋繁露》補。
❸「緜」，原作「大明」，據《毛詩注疏》改。
❹「義」，原作「實」，據《毛詩正義》改。

無他義也，亦無所爲權也。孟子告滕文公，以事齊事楚章語爲正，其引太王事不過廣爲譬説，而終歸於效死勿去爾。戰國擾攘，滕文更向何處遷徙哉？〇注「明國當存」。〇正以滅者，亡國之善辭也。新王興滅國，故當存也。〇注「不書」至「爲重」。〇《孟子·盡心下》：「民爲貴，社稷次之，君爲輕。」故以滅國爲重也。舊疏云：「欲決《定四年》『蔡公孫歸姓帥師滅沈，以沈子嘉歸，殺之』文也。彼注云『舉國滅爲重，書以歸殺之者，責不死位也』是也。」

公羊義疏五十七

句容陳立卓人著

襄七年盡十二年。

七年春，郯子來朝。

夏四月，三卜郊，不從，乃免牲。

小邾婁子來朝。

城費。**疏**《水經注·沂水》篇：「沂水又東南流逕費縣故城南。《地理志》：『東海之屬縣也，爲魯季孫之邑。』」按：《漢書·地理志》東海費下云：「故魯季氏邑。」

秋，季孫宿如衛。

八月，蟓。**注**先是，郯、小邾婁子來朝，有賓主之賦，加以城費，季孫宿如衛，煩擾之應。**疏**注「先是」至「之應」。○並見上。「賓主之賦」者，《禮·聘禮》、《周禮·掌客職》、《禮記·聘義》所載禾米、芻薪、牢餼之屬是也。《五行志中之下》「襄公七年八月，螽。劉向以爲，先是襄興師救陳，滕子、郯子、小邾子皆來朝。夏，城費。」

冬十月，衛侯使孫林父來聘。壬戌，及孫林父盟。**疏**包氏慎言云：「九年閏七月，後已盈，然經書冬十月壬戌，爲十月之廿二日。前有閏則此爲九月日，非十月日也。」

楚公子貞帥師圍陳。

十有二月，公會晉侯、宋公、陳侯、衛侯、曹伯、莒子、邾婁子于鄬。**疏**《釋文》：「鄬，《字林》九吹反。」《説文·自部》：「䧦，鄭地阪。」引《春秋傳》曰：「將會鄭伯于䧦。」

鄭伯髡原如會，**疏**《唐石經》作「髡原」。《釋文》：「髡原，《左氏》作髡頑。」舊疏本作「髡頑」。解云：「正本作頑字，一本作原，非也。」《校勘記》云：「疏文所據之本，較之《釋文》多得其正。」按：頑从元聲，與原同部叚借字。《讀書叢録》：「《史記·鄭世家》索隱引《左傳》作髡原，是《左氏》作髡原。此傳作髡頑，故疏云：『一本

作原字，非也。』今本是後人据《釋文》改之，然則一本蓋据《左氏》以改《公羊》也。」未見諸侯，丙戌，卒于操。**疏**包氏慎言云：「十二月有丙戌，月之十七日。」時蓋閏十月，故十二月有丙戌也。《釋文》云：「《左氏》作鄵。」按：《説文》無鄵字，古祇借用操字。後世去手加邑，此與《穀梁》作操，猶是古字也。《釋文》：「操，一音七南反。」盧云：「古『喿』與『參』，往往易混。此音七南，必本有作摻字者。」

操者何？鄭之邑也。**疏**杜云：「鄵，鄭地。」《穀梁傳》：「其地，於外也。其日，未踰竟也。」亦以操爲鄭地。《路史·國名紀》引《盟會圖疏》云：「鄵，侯國，在慈州，鄭伯卒處。」按：慈州，今山西吉州，疑迂遠。諸侯卒其封内不地，此何以地？**注**据陳侯鮑卒不地。**疏**注「据陳」至「不地」。○即《桓五年》「正月甲戌，己丑，陳侯鮑卒」是也。彼傳云：「曷爲以二日卒之，怴也。甲戌之日亡，❶己丑之日死而得。君子疑焉，故以二日卒之。」明卒於封内也。彼不地，故据以難。《宣九年》：「晉侯黑臀卒于扈。」傳亦云：「諸侯卒其封内不地。」彼以卒于會，故地，與此殊。隱之也。何隱爾？弑也。**疏**《通義》云：「隱公以不地見隱，此以地見隱者，内薨常地，則不地爲變。外諸侯卒常不地，則録地爲變，各從變例，以起問發微，不拘一轍也。」《釋文》作「殺也」，音試。孰弑之？其大夫弑之。**疏**《左傳》云：「子駟使賊夜弑僖公，而以瘧疾赴于諸侯。」《鄭世家》云：「子駟使厨人藥殺釐公。」曷爲不言其大夫弑之？**注**据鄭公子歸生弑其君夷書。**疏**注「据鄭」至「夷書」。○見《宣四年》。爲中國諱也。**疏**《繁露·王道》云：「鄭伯髡原卒于會，諱弑，痛强臣專君，君不得爲善也。」不書弑，蓋兼二義：一爲中國諱，一爲鄭伯棄蠻夷即中國而見弑，故深隱之也。曷爲爲中國諱？**注**据歸生弑君不爲中國諱。**疏**注「据歸」至「國諱」。○仍本上据以難。鄭伯將會諸侯于鄬，其大夫諫曰：「中國不足歸也，則不若與楚。」鄭伯曰：「不可。」**疏**《唐石

❶「戌」，原作「戍」，據《春秋公羊傳注疏》改。

經》、諸本同。《昭十二年》疏引作「鄭伯不可」，無「曰」字。其大夫曰：「以中國爲義，則伐我喪；注据城虎牢事。疏《昭十二年》疏引此傳作「即伐我喪」。○注「据城虎牢事」。○上《二年》：「遂城虎牢。」傳云「其言城之何？取之也。曷爲不言取之？爲中國諱也。曷爲爲中國諱？諱伐喪也」是也。彼以《二年》「六月，鄭伯睔卒」，冬，即仲孫蔑會諸侯之大夫取虎牢，伐喪明矣。以中國爲彊，則不若楚。」注言楚屬圍陳，不能救。疏注「言楚」至「能救」。○即上楚公子貞帥師圍陳，不見諸侯救文是也。於是弑之。注禍由中國無義，故深諱，使若自卒。疏《穀梁傳》：「鄭伯將會中國，其臣欲從楚，不勝其臣，弑而死。」《説苑·尊賢》云：「鄭僖公富有千乘之國，貴爲諸侯，治義不順人心，而取弑于臣者，不先得賢也。」與《公》、《穀》義皆異。

鄭伯髡原何以名？注据陳侯如會不名。疏注「据陳」至「不名」。○即《僖二十八年》「公會晉侯以下于踐土，陳侯如會」是也。傷而反，未至乎舍而卒也。注舍，昨日所舍止處也。以操定邑，知傷而反也。未見諸侯，尚往辭，知未至舍也。云爾者，古者保辜，諸侯卒名，故於如會名之，明如會時爲大夫所傷，以傷辜死也。君親無將，見辜者，辜内當以弑君論之，辜外當以傷君論之。疏《穀梁傳》：「禮，諸侯不生名，此其生名何也？卒之名也。」是因卒故名，與陳侯異也。○注「舍昨」至「處也」。○正以傳云「傷而反」，故知昨日所舍止處也。《通義》云：「必知未至乎舍者，傳窮經意，名鄭伯于上，書卒于下，文連而辭急，明是尚在道辭。若至舍乃卒，辭閒既緩，即不得預名也。」○注「以操」至「反也」。○《校勘記》云：「鄂本『定』作『鄭』，此誤。」按：紹熙本亦作「鄭」。未出竟，故知傷而反也。○注「未見」至「舍也」。○《穀梁傳》：「未見諸侯，其曰如會，致其志也。」故未見爲往辭。舊疏云：「凡言未見者，有欲見之理，知當往辭。若其迴還至舍，便絶未見之意，經不應得言未見，故如此解。」○注「古者保辜」。○《九經古義》

云：「史游《急就章》：『疻痏保辜，詬呼號。』師古曰：『保辜者，各隨其狀輕重，令毆者以日數保之。限内致，則坐重辜也。』《漢書·功臣表》云：『昌武侯單德，元朔三年，坐傷人，二旬内死，棄市。』然則保辜以二旬爲限歟？以平人言之，限内當以殺人論之。漢律所云『殺人者刑』是也。限外當以傷人論之，漢律所云『傷人抵罪』是也。服虔曰：『抵罪者，隨輕重制法。』李奇曰：『傷人有曲直，罪名不可豫定，故漢律又云：「鬭以刃傷人，完爲城旦。其賊，加罪一等。與謀者同罪。」』是輕重制刑之義也。」按：《唐律·鬭訟篇》：「諸保辜者，手足毆傷人，限十日。以他物傷人者，二十日。以刃及湯火傷人者，三十日。折跌支體及破骨者，五十日。」今律唯手足傷，亦二十日爲異。○注「諸侯」至「死也」。○《穀梁傳》：「禮，諸侯不生名，此其生名何也？卒之名也。卒之名，則何爲加之『如會』之上，見其以如會卒也。」是其義也。○注「君親」至「論之」。○《莊三十二年》傳云：「君親無將，將而誅焉。」故据以難。舊疏云：「其弒君論之者，其身梟首，其家執之。其傷君論之，其身斬首而已，罪不累家。漢律有其事。然則知古者保辜者，亦依漢律，律文多依古事，故知然也。」《解詁箋》云：「保辜不得施于君親，傷君弒君誅，無輕重。穀梁子曰：『取卒之名，加之「如會」之上，見以「如會」卒也。』得之。」按：劉氏之説甚正。然古今律各少殊。唐律有毆詈祖父母、父母條，毆者斬，傷者徒，無謀殺文。蓋謀亦止斬矣。今律謀殺祖父母、父母已行者，斬決，不問傷否；已殺者淩遲。皆無弒君傷君律，應具於謀反大逆中矣。唐律謀反及大逆皆斬；父子年十六以下，皆絞；十五以及母女妻妾祖孫兄弟姊妹若部曲，資財田宅並没官；伯叔父兄弟之子，皆流三千里。蓋即何氏所謂其身梟首，其家被執也。無傷律，蓋傷亦同罪。此與漢律殊者也。《疏議》：「人君者，與天地合德，與日月齊明。上祇寶命，下臨率土，而有狡豎凶徒，謀危社稷，始興狂計，其事未行，將而必誅。即同真反。」是也。何氏分别辜内外殺傷者，唐律云：「限内死者，各依殺人論。其在限外及雖在限内以他故死者，各依本毆傷法。」後世保辜律，止用於鬭殺。雖凡人謀，故亦不用此律，與唐律注餘條「毆傷及殺傷各準此」又不同矣。

未見諸侯，其言如會何？致其意也。

注 鄭伯欲與中國，意未達而見弒，故

養遂而致之，所以達賢者之心。疏舊疏云：「上陳侯如會、袁僑如會之輩，皆是至會。今鄭伯既言未見諸侯而言如會，故据未見而難之。」○注「鄭伯」至「之心」。○《校勘記》出「故養逐而致之」，云：「監、毛本同，誤也。鄂本、閩本『逐』作『遂』，當据正。」按：紹熙本亦作「養遂」。《繁露・觀德》云：「鄭僖公方來會我而道殺，《春秋》致其意，謂之如會。」《穀梁傳》曰：「未見諸侯，其曰如會何也？致其志也。」又曰：「鄭伯將會中國，其臣欲從楚。不勝其臣，弒而死，其不言弒何也？不使夷狄之民加乎中國之君也。」注引邵曰「以其臣欲從楚，故謂夷狄之民，不欲使夷狄之臣得弒中國之君，故去弒而言卒，使若正卒然」是也。是即所以達賢者之心也，即不使小人加乎君子之義。

陳侯逃歸。注起鄭伯欲與中國，卒逢其禍。諸侯莫有恩痛自疾之心，於是懼，然後逃歸，故書以刺中國之無義。加逃者，抑陳侯也。孔子曰：「夷狄之有君，不如諸夏之亡。」不當背也。疏注「起鄭」至「無義」。❶○《穀梁》注云：「鄭伯欲從中國而罹其凶禍，諸侯莫有討心，於是懼而去之。」蓋用何義。「刺中國無義」者，上傳云：「曷爲不言其大夫弒之？爲中國諱也。」注「旣由中國無義，故深諱」是也。蓋與上五年書戍陳義同。○注「加逃」至「背也」。○《繁露・觀德》云：「操之會，陳去我，謂之逃歸。」按：「操」當作「鄬」。《穀梁傳》曰：「以其去諸侯，❷故逃之也。」注：「背華即夷，故書逃以抑之。」「孔子曰」見《論語・八佾》篇，今本有「也」字。《論衡・問孔篇》、劉逵《三都賦》注、《詩・苕之華》疏引《論語》皆無「也」字，與此同。《論衡》云：「夫中國且不行，安能行於夷狄？『夷狄之有君，不如諸夏之無』，言夷狄之難，諸夏之易也。」其説《論語》義，與何同。《論語》包注：「諸夏，中國。亡，無也。」亦言夷狄雖有君長而無禮義，不若中國雖偶無君而禮義不廢也，故抑陳，棄華即夷也。

八年春，王正月，公如晉。注月者，起鄬之會，鄭伯以弒，陳侯逃歸，公獨脩禮於大

❶「至」，原作「伯」，據全書注例改。
❷「去」，原作「言」，據《春秋穀梁傳注疏》改。

國，得自安之道，故善録之。**疏**注「月者」至「録之」。○正以朝例時故也。《釋文》「弑」作「殺」，音試。《通義》云：「月者，正月也。上鄬之會不致，疑公未返國，遂自役如晉與？」按：公修禮大國，書月善之，與《僖十年》、《十五年》兩書「公如齊」之屬同。

夏，葬鄭僖公。

賊未討，何以書葬？**疏**《隱十一年》「《春秋》君弑賊不討，不書葬，以爲不繫乎臣子也。」❶故据難之。爲中國諱也。**注**探順事上，使若無賊然。不月者，本實當去葬，責臣子，故不足也。**疏**注「探順」至「賊然」。○《校勘記》云：「『探順事上』，鄂本作『上事』。」按：紹熙本作「上事」，仍順不書大夫弑之義，故若無賊然也。《通義》云：「黄道周曰『鄭成公不葬，猶之蔡繆公也。蔡侯肸、鄭伯睔皆以從楚不葬。鄭僖公之卒，弑也，子駟未討而書葬，何也？志正也。書弑而又不討賊，則不得書葬。書卒而又不書葬，則無以異于鄭成公。父子異志，而《春秋》異義，故《春秋》，權也，量物之輕重而爲之衡者』」是也。○注「不月」至「足也」。○舊疏云：「正以卒日葬月，大國之例。今鄭爲大國不月，故如此解。」本爲中國諱，故書葬。非正例也，故仍去月以起之。

鄭人侵蔡，獲蔡公子燮。**疏**舊疏云：「《穀梁》作公子濕。」毛本「濕」作「溼」，彼《釋文》云：「公子濕，本又作隰，又音燮。」按：古燮、濕、溼音義通。❷

此侵也，其言獲何？**注**据宋師敗績，獲宋華元，戰乃言獲也。**疏**注「据宋」至「獲也」。○《宣二年》「宋華元帥師及鄭公子歸生帥師，戰于大棘。宋師敗績，獲宋華元」是也。舊疏云：「《公羊》之義以爲，觕者曰侵，故如此解。」侵而言獲者，適得之也。**注**時適遇，值其不備，獲得之易。不言取之者，封内兵不書，嫌如子糾取一人，故言「獲」，起有兵也。又將兵禦難，不明候伺，雖不戰鬭，當坐獲。**疏**《穀梁

❶「不繫乎」，原作「無」，據《公羊傳注疏》改。
❷「通」，原作「適」，據國學本改。

傳》：「人，微者也。❶侵，淺事也，而獲公子，公子病矣。」疏引徐邈云：「公子病，不任爲將帥，故獲之。」與《公羊》義近，蓋因病，故適得之也。○注「時適」至「之易」。○舊疏云：「《春秋》之義，取爲易辭，故《隱十年》：『鄭伯伐取之。』傳云『其言伐取之何？易也』者，是此傳言『適得之』，即是易之甚者。○注「不言」至「兵也」。○舊疏云：「所以不言取之者，其人是時將兵拒鄭，但未至鬭戰，封内之兵例所不書，既不得書『有蔡師』，若言『鄭人侵蔡，取公子燮』，則嫌如《莊九年》『齊人取子糾殺之』，然但取一人而已，故言獲，起其文，是時亦將兵來也。」其「封内兵不書」，《定八年》傳「公斂處父帥師而至」，經不書之，是也。齊人取子糾事，見《莊九年》。《校勘記》云：「糾，鄂本同，閩、監、毛本糾作糺。」按：紹熙本亦作「糺」。○注「又將」至「坐獲」。○《校勘記》云：「不明伺候，閩、監、毛本作『候伺』。注及《釋文》同。」《僖三年》「徐人取舒」，注：「取者，猶無守禦之備。」明公子燮之獲，實取也。《昭二十三年》「獲陳夏齧」，傳：「大夫生死皆曰獲。」《宣二年》「獲宋華元」，注：「復出宋者，非獨惡華元，明恥辱及宋國。」今蔡公子燮不明伺候，致令見獲，故書獲以坐罪，明守禦不足，恥及乎國。《禮記·射義》所謂「賁軍之將」，又《檀弓》所謂「謀人之軍，師敗則死之」是也。

季孫宿會晉侯、鄭伯、齊人、宋人、衛人、邾婁人于邢丘。疏《穀梁傳》：「見魯之失正也，公在而大夫會也。」時公在晉故。

公至自晉。

莒人伐我東鄙。

秋九月，大雩。注由城費，公比出會，如晉，莒人伐我，動擾不恤民之應。疏注「由城」至「之應」。○「城費」，見上《七年》。「公比出會」，謂《五年》「冬，公會晉侯以下救陳」、《七年》「冬十二月，公會晉侯以下于鄬」是也。「如晉」者，即上「正月，公如晉」。「莒人伐我」，即上「莒人伐我東鄙」是也。《五行志中之上》：「八年九月大雩，時作三軍，季氏盛。」蓋劉歆説。

冬，楚公子貞帥師伐鄭。

晉侯使士匄來聘。

❶「微」，原作「敬」，據《春秋穀梁傳注疏》改。

九年春，宋火。疏《釋文》：「二傳作災。」

曷爲或言災，或言火？疏《襄三十年》「宋災」之屬是「或言災」也。「或曰火」者，此經是也。舊疏數《莊二十年》「齊大災」。按：彼傳云：「大災者，大瘠也。」非火災也。

大者曰災，小者曰火。注大者，謂正寢、社稷、宗廟、朝廷也。下此則小矣。

災者，離本辭，故可以見火。疏《左氏》宣十六年傳以爲「人火曰火，天火曰災」。何意以《春秋》之義，不記人火，火者皆是天害。但害及於大，則爲災。害及於小，則言火。以《春秋》重於天道，略於人事。人火之難，無足記也，所謂「畏天命」是也。○注「大者」至「小矣」。○正以正寢者，路寢，夫人正寢皆是。故宋災，伯姬迨火死，書災也。社稷、宗廟者，《宣十六年》「成周宣謝災」，《成三年》「新宮災」，《哀三年》「桓宮、僖宮災」，又《四年》「蒲社災」是也。朝廷者，天子、諸侯皆三朝：在庫門外者爲外朝，在雉門内者曰治朝，在路門内曰燕朝。《釋名·釋宮室》云：「廷，停也，人所廷集之處。」《説文·廴部》：「廷，朝中也。」《春秋》不見朝廷災事，因亦物之大者，連述之耳。蓋非此者，皆小矣。○注「災者」至「見火」。○《校勘記》出「故可以見火」，云：「諸本同。浦鏜云：『大誤火。』按：解云『災者，害物之名，故可以見其大於火也。』浦校是。」按：盧校本亦作「大」。舊疏云：「本實是火，而謂之災。離其本體，故曰『離本辭』。」

然則内何以不言火？注据西宮災，不言火。疏注「据西」至「言火」。○《僖二十年》書「西宮災」是也。彼傳云：「西宮者何？小寢也。」彼注云：「西宮者，小寢内室，楚女所居也。」以其非正寢、社稷、宗廟、朝廷，故謂之小。而彼言災，故据以難。舊疏云：「《桓十四年》『御廩災』，亦應是小，所以不据之者，以其御用於宗廟之物，於小義不强，豈似西宮爲小寢内室乎？」是也。

内不言火者，甚之也。注《春秋》以内爲天下法，動作當先自克責，故小有火，如大有災。疏《通義》云：「甚痛内有災變，雖小有火，如大災也。《檀弓》稱『新宮火，三日哭』，蓋不脩《春秋》文如是。今經云『新宮災』，足知内不言火者，君子之新意矣。」○注「春秋」至「有災」。○何義以甚之者，先自克責，較孔義爲長，亦先正己後正人之義。《論語》所謂

「躬自厚而薄責於人」是也。何以書？記災也。

疏《五行志》：「襄公九年春，宋災。劉向以爲，先是宋公聽讒，逐其大夫，華弱出奔魯。《左氏傳》曰：『宋災，樂喜爲司城，先使火所未至，徹小屋，塗大屋，陳畚輂，具綆缶，備水器，畜水潦，積土塗，繕守備，表火道，儲正徒。郊保之民使奔火所，又飭衆官各慎其職。晉侯聞之，問士弱曰：「宋災，於是乎知有天道，何故？」對曰：「古之火正，或食於心，或食於咮，以出入火，是故咮爲鶉火，心爲大火。陶唐氏之火正閼伯，居商丘，祀大火而火紀時焉。相土因之，故商主大火。商人閱其旤敗之舋，必始於火，是以知有天道。」公曰：「可必乎？」對曰：「在道。國亂亡象，不可知也。」』説曰：古之火正，謂火官也，掌祭火星，行火政。季春，昏心星出東方，而咮七星鳥首，正在南方，則用火。季秋，星入則止火，以順天時，救民疾。帝嚳則有祝融，堯時有閼伯，民賴其德，死則以爲火祖，配祭火星，故曰「或食於心，或食於咮」也。相土，商祖契之曾孫，代閼伯後，主火星，宋其後也。世司其占，故先知火災。賢君見變，能修道以除凶亂。君亡象，天不譴告，故不可必也。」《經義雜記》云：「《漢志》所引『説曰』，蓋秦漢相傳《左氏》舊義，可以補正後儒之説，學者寶之。」外災不書，此何以書？爲王者之後記災也。**注**是時周樂已毀，先聖法度浸疏遠不用之應。

疏《莊十一年》：❶「秋，宋大水。」傳云：「外災不書，此何以書？」注：「据漷移不書。」此與後同。舊疏又云：「《春秋》之義，詳内而略外。是以外災例不録，而書者皆善文，又皆有傳釋，不勞備載也。」按：《穀梁傳》：「外災不志，此其志何也？故宋也。」疏引徐邈説云：「《春秋》王魯，以周公爲後王，以宋爲故，是亦以爲王者之後記災也。」《經義雜記》云：「《公》、《穀》以宋爲王者後，故志之。《穀梁傳》『故宋也』，謂以宋故志之也。即《莊十一年》：『秋，宋大水。』傳曰：『此何以書？王者之後也』之例，以其爲聖人之後，先世嘗有天下，故特詳之，不與他國同。而范氏謂孔子之先宋人，故志之，是《春秋》之書，孔子爲一己作矣。徐仙民謂《春秋》王魯，故以宋爲故，此用何邵公舊説，皆非本傳旨也。」按：臧

❶「一」，原作「二」，據《春秋公羊傳注疏》改。

氏説《穀梁》故宋爲以宋故志之，亦未見然。《穀梁》三統之義，亦僅見此傳注。○注「是時」至「之應」。○《宣十六年》「成周宣榭災，樂器藏焉爾」，注「宣王中興所作樂器，天災中興之樂器，示周不復興」是也。是周樂已毁也。此宋復災，故爲先聖法度寖遠不用之應。

夏，季孫宿如晉。

五月辛酉，夫人姜氏薨。**疏**包氏慎言云：「五月書辛酉，月之三十日。」

秋，八月癸未，葬我小君繆姜。**疏**包氏慎言云：「八月書癸未，月之二十三日。」《左氏》《穀梁》「繆」作「穆」，音義同。

冬，公會晉侯、宋公、衛侯、曹伯、莒子、邾婁子、滕子、薛伯、杞伯、小邾婁子、齊世子光伐鄭。十有二月己亥，同盟于戲。**注**事連上伐。不致者，惡公服繆姜喪未踰年而親伐鄭，故奪臣子辭。**疏**包氏慎言云：「十二月書己亥，十二月無己亥，十一月之十一日。」《通義》云：「伐而言同盟者，著鄭與盟也。同盟日者，著鄭叛盟。」杜云：「戲，鄭地。」范同。○注「事連」至「子辭」。○《莊六年》傳：「得意致會，不得意致伐。」此若止盟戲，可不致。既連伐言，無論得意與否，皆須致。此不致，故解之。然此書致者，皆臣子喜其君父脱危而至。今公母喪未除期，親自用兵，故不與臣子喜辭也。《公羊》以繆姜爲成公夫人，於襄公爲適母，服尤重。今背喪用兵，責之尤重，故奪臣子辭也。

楚子伐鄭。

十年春，公會晉侯、宋公、衛侯、曹伯、莒子、邾婁子、滕子、薛伯、杞伯、小邾婁子、齊世子光，會吴于柤。**疏**杜云：「柤，楚地。」《左傳校勘記》：「惠棟云：『柤是宋地，非楚地也。晉楚方爭而與諸侯會於其地，必無是理也。』按：京相璠云：『柤，宋地。今彭城偪陽縣西北有柤水溝，去偪陽八十里，東南流逕偪陽故城東北，又南亂於沂而注於沭，謂之柤口城。』此云楚地，乃轉寫之誤。或以《昭六年》注『柤，鄭地』當之，其説更非。」齊氏召南云：「此時楚地恐尚不及淮北，若果係楚地，晉宋諸國安得會于此？杜云楚地，由後溯前之稱也。《後漢·郡國志》：『彭城

國傳陽有柤水』，即此柤也。《前志》：『楚國傅陽，故偪陽國。』是柤即近偪陽之地，既會于柤，即滅偪陽耳。偪陽故城，今在嶧縣南，柤即嶧縣泇口也。」《大事表》云：「今山東兖州府嶧縣東南有渣口戍，❶即今泇河入承水之泇口。」又汪氏克寬曰：『偪陽國及柤地，皆在沛縣。』蓋地相接云。」《水經注・沭水》篇：「沭水故瀆自下堰東南逕司吾城東，又東南歷柤口城中。柤水出於楚之柤也。《春秋》公與晉及諸侯會吴于柤。京相璠曰：『宋地，今彭城偪陽縣西北有柤水溝，去偪陽八十里，東南流逕偪陽故城東北。』《郡國志》曰『偪陽有柤水，柤水西南流於沂而注於沭，謂之柤口城』，得其名矣。」又《淮水》篇：「漁水又東逕酇縣故城南，《春秋》襄十年公會諸侯及齊世子光于䣜，今其地䣜聚是也。王莽之酇治矣。」按：古文「柤」作「䣜」，應劭讀作嵯。《漢・地志》「沛郡酇縣」注：「酇，本作䣜也。」《釋例》云：「柤，地闕。或曰彭城傅陽縣西北有柤水溝，魯國薛縣西南有柤亭，譙國酇縣治戲鄉，皆去鍾離五百餘里，非諸侯六日載會所至也。或曰：汝南安城縣西南有鍾離亭，西北縣北有柤亭，去偪陽近千里，又非自會九日之所能滅國，皆非也。』酈元曰：『沭水又東南歷柤口城中，柤水出於楚之柤地，東南流逕傅陽縣故城東北。』《地理志》曰：『故偪陽國也。』」按：《釋例》「或曰」，即京相璠《土地名》説也。《繁露・觀德》云：「吴俱夷狄也。柤之會，獨先内之，爲其與我同姓也。」按：此書法與鍾離同，彼爲殊吴，此爲「内之」，未詳董君何義。

夏，五月甲午，遂滅偪陽。 **疏** 包氏慎言云：「五月書甲午，月之九日，時於五月後方置閏也。」舊疏云：「《左氏》經作『偪』字，音夫目反，一音『逼近』之逼。而南州人云：道仍有偪陽之類，如逼近之逼矣。」《左氏音義》：「偪陽，徐甫目反，又彼力反。本或作逼。」《校勘記》云：「《唐石經》、諸本同。按：《左氏》經當本作『福陽』，《穀梁》作『傅陽』。」按：此《釋文》偪音福，福、傅一音之轉。《九經古義》云：「《古今人表》作『福陽』，知古音福，从彼力反者，非也。原注、《漢書・地理志》及《續漢志》皆作『傅陽』。棟按：古『福』字亦讀作『副』。《豫州從事尹宙碑》云『位不福德』是也。傅，古本敷字，今亦讀作副。又《地理志下》『楚國傅陽』，『故偪陽國。莽

❶「戍」，原作「城」，據《春秋大事表》改。

曰輔陽』，師古曰：『偪音福，《左氏》所云偪陽，妘姓者也。』」《後漢書・陶謙傳》：「曹操擊謙，破彭城傅陽。」注：「縣名，屬彭城國，本《春秋》時偪陽也。楚宣王滅宋，改曰傅陽。」《續漢書・郡國志》：「彭城國傅陽有相水。」注：「《左傳》襄十年『滅福陽』。杜預曰：『即此縣也。』」《水經注・沭水》篇引作「偪陽」，又作「傅陽」。《左傳校勘記》：「徐仙民音甫目反，惠云：『徐音是也。』《古今人表》有福陽子。按：注云：『妘姓。』師古曰：『即偪陽也。』《郡國志》注引經文亦作福，並音之轉。」《大事表》云：「杜注彭城傅陽，今江南徐州府沛縣北，山東兖州府嶧縣南五十里，吴晉往來之要道也。」《水經注・沭水》篇：「相水逕偪陽故城東北。《地理志》曰：『故偪陽國也。』《春秋》襄十年會于相，晉荀偃、士匄請伐偪陽，滅之。偪陽，妘姓也。漢以爲縣。」《方輿紀要》：「偪陽城在兖州府嶧縣南五十里，城西有相水。渣口戍在縣東南。相、渣同音側加反，蓋即今之泇口。」

公至自會。 **注** 滅日者，甚惡諸侯不崇禮義以相安，反遂爲不仁，開道彊夷滅中國，中國之禍連蔓日及，故疾録之。滅比于取邑例，不當書致。書致者，深諱，若公與上會，不與下滅。**疏** 注「滅日」至「録之」。○正以滅例月。《莊十年》「冬十月，齊師滅譚」、《十三年》「夏六月，齊人滅遂」之屬是也。今書日，故解之。「開道强夷滅中國」者，舊疏以爲《昭八年》「楚師滅陳」、《十一年》「楚師滅蔡」、《三十年》「吴滅徐」、《定十四年》「楚公子結帥師滅頓」、《十五年》「楚子滅胡」之屬，皆是强夷迭害諸夏，故言「連蔓日及」。是以變例書日，疾而録之。按：楚滅中國已久，不必至此始禍，似當斥吴言也。《通義》云「晉悼圖復文、襄之業而不義，滅小國，故疾録之」是也。○注「滅比」至「書致」。❶ ○《校勘記》出「不當書晉」，云：「鄂本『晉』作『致』，此誤。」《僖三十三年》「公伐邾婁，取叢」，注：「取邑不致者，得意可知。」正以主書致者，別其得意與否。《莊六年》傳「得意致會，不得意致伐」是也。若取邑皆得意，無爲書致。滅國得意可知，亦不當書致矣。○注「書致」至「下滅」。

❶「比」，原作「者」，據前注文改。

○《校勘記》云：「鄂本『深諱』下有『使』字，此脱。按：《正義》本有『使』字。」按：紹熙本亦有。正以致以會書，所以深諱公之與滅也。《穀梁傳》曰：「無善事，則異之，存之也。」何意爲内諱，即此義也。

楚公子貞、鄭公孫輒帥師伐宋。

晉師伐秦。

秋，莒人伐我東鄙。

公會晉侯、宋公、衛侯、曹伯、莒子、邾婁子、齊世子光、滕子、薛伯、杞伯、小邾婁子伐鄭。

冬，盜殺鄭公子斐、公子發、公孫輒。注不言其大夫者，降從盜，故與盜同文。疏《釋文》：「斐，《左氏》作騑。」上九年《左傳》「公子騑」，杜注：「子駟。」《詩·秦風·小戎》：「騧驪是驂。」箋云：「驂，兩騑也。」《正義》：「車駕四馬，在内兩馬謂之服，在外兩馬謂之騑。故云：『中，中服。驂，兩騑也。』春秋時，鄭有公子騑字子駟，是有騑乃成駟也。」古名、字必相配。騑爲正字，斐其叚借也。○注「不言」至「同文」。○《文九年》：「晉人殺其大夫先都。」是大夫相殺稱人，故下稱「其大夫」。此不然，故解之。君殺大夫，則稱國。《僖七年》「鄭殺其大夫申侯」之屬是也。此爲士殺其大夫，故言盜。《文十六年》傳：「大夫弒君稱名氏，賤者窮諸人。」注云：「賤者，謂士也，士正自當稱人。」又云：「大夫相殺稱人，賤者窮諸盜。」注：「降大夫使稱人，降士使稱盜者，所以别死刑有輕重也。」是也。舊疏云：「士正自當稱人，宜言鄭人殺其大夫某甲。今不言『其大夫』者，正以士既降從盜，故與盜同文也。」蓋以士既降從盜文，則所殺者亦近盜，故絶去大夫稱矣。是以《哀四年》：「盜弒蔡侯申。」傳：「弒君，賤者窮諸人。此其稱盜以弒何？賤乎賤者也。賤乎賤者，謂罪人也。」注：「罪人者，未加刑也。蔡侯近罪人，卒逢其禍，故爲人君深戒。不言『其君』者，方當刑放之，與刑人義同。」然則盜弒蔡侯申，不言「其君」，故此亦不得言「其大夫」。特彼不言「其君」者，爲刑人所止，不常厥居，故不繫國，君臣義盡，故去「其君」以見義。此不言「其大夫」，則與實盜同文故也。《通義》云：「斐，鄭大夫子駟。發，子國。輒，子耳也。不言殺鄭大夫者，斐弒僖公，本以不欲從晉故，而《八年》『楚伐鄭』，

《左傳》言：時子駟、子國、子耳欲從楚，則發、輒與斐同謀，蓋亦與聞乎弒者也。前弒君未明，故於此特貶去大夫以罪之。」甚爲精洽。蓋至與盜同文，不僅絶去大夫，所以誅亂臣賊子者至矣。

戍鄭虎牢。

孰戍之？諸侯戍之。曷爲不言諸侯戍之？離至不可得而序，故言我也。注刺諸侯既取虎牢以爲蕃蔽，不能雜然同心安附之。疏舊疏云：「《五年》『戍陳』之下已有傳而復發者，蓋嫌國邑不同故也。」○注「刺諸」至「附之」。○取虎牢事，見上《二年》，彼經云：「遂城虎牢。」傳「虎牢者何？鄭之邑也。其言城之何？取之也」是也。《五年》「戍陳」，注云：「陳坐欲與中國，被强楚之害。中國宜雜然同心救之，乃解怠前後至，故不序，以刺中國之無信。」此爲刺中國不能同心安附之，與彼義同。

諸侯已取之矣，曷爲繫之鄭？注据莒牟夷以牟婁來奔，本杞之邑，不繫于杞。疏注「据莒」至「于杞」。○即《昭五年》「莒牟夷以牟婁及防兹來奔」是也。「本杞之邑」者，《隱四年》「二月，莒人伐杞，取牟婁」是也。**諸侯莫之主有，故反繫之鄭。**注諸侯本無利虎牢之心，欲共以拒楚爾。無主有之者，故不當坐取邑，故反繫之鄭，見其意也。所以見之者，上諱伐喪不言取，今刺戍之舒緩，嫌於義反，故正之云爾。疏注「諸侯」至「意也」。○正以上《二年》傳云：「取之也，曷爲不言取之？爲中國諱也。」雖爲中國諱，亦宜坐取邑。惟諸侯皆不有，則無主名，仍宜繫鄭以見義，故此解之也。《穀梁傳》曰：「其曰鄭虎牢，決鄭乎虎牢也。」謂二年鄭去楚從中國，故城虎牢。不言鄭，使與中國無異。自爾以來，數反覆，無從善之意，故繫之於鄭，決鄭而棄外。與《公羊》義異。其云二年去楚，諸侯始城虎牢，亦與《左傳》、《公羊》情事不合。○注「所以」至「云爾」。○上《二年》傳云：「取之，曷爲不言取之，爲中國諱也。曷爲爲中國諱？諱伐喪也。」是上諱伐喪，不言取事也。上既諱取，此復責戍之舒緩，則與義反，故特繫之鄭，明無主有。見上之取，本中國無利虎牢之心，特城以拒楚，故

不當坐取邑，於義仍正也。

楚公子貞帥師救鄭。

公至自伐鄭。

十有一年春，王正月，作三軍。

三軍者何？三卿也。**注** 爲軍置三卿官也。卿、大夫，爵號，大同小異。方据上卿道中下，故總言三卿。**疏**《通義》云：「軍將皆命卿，故以三卿解之。」舊疏云：「《公羊》以爲，王官之伯，宜半天子，乃有三軍。魯爲州牧，但合二軍，司徒、司空將之而已。今更益司馬之軍，添滿三軍，是以書而譏之曰『作三軍』。是以《隱五年》注：『禮，天子六師，方伯二師，諸侯一師。』是其一隅也。何氏之意，以軍與師得爲通稱，而臨時名耳。是以或言軍，或言師，不必萬二千五百人爲軍也。」○注「爲軍」至「官也」。○舊疏云：「魯人前此止置司徒、司空以爲將，下各有小卿二人輔助其政。其司馬事省，蓋總監而已，故但有一小卿輔之。今更置中軍，司馬將之，亦置二小卿輔助其政，故曰『爲軍置三卿官也』。」《公羊禮説》云：「《周禮》之制，王六軍，大國三軍，次國二軍，小國一軍。《詩》『整我六師』、『六師及之』，此周爲六軍之見於經者也。《白虎通》：『次國二軍。』《昭五年》：『舍中軍。』傳『復古也』是也。《左氏》曰：『王使虢公命曲沃伯以一軍，爲晉侯。』此小國一軍之見於傳者也。魯是次國，唯有三卿、五大夫。司空、司徒之下各有二小卿。司馬之下一小卿，以其事省，蓋總監之而已。襄公委任强臣，乃作中卿，以益司馬官，踰王制矣。《魯語》：『季武子爲三軍，叔孫穆子曰不可。❶又曰：今我小侯也。』則魯本二軍可知。問者曰：《魯頌》『公徒三萬』，鄭箋曰：『萬二千五百人爲軍。大國三軍，合三萬七千五百人，言三萬者，舉成數也。』是魯僖本有三軍也。曰：非也。鄭以此《頌》美僖公，故以三萬爲三軍。若云舉大數，則三萬七千五百人，大數可爲四萬，又不當言三萬矣。言三萬者，其爲二萬五千人可知。故鄭答臨碩云：『《魯頌》公徒三萬，是二軍之大數也。』則魯本無三卿，有何疑焉。」按：鄭氏以萬二千五百人爲軍，係古《周禮》説。依何氏，則《隱五年》注云：「二千五百人以上也。禮，天子六師，方伯二師，諸侯一師。」劉氏逢禄《公羊議禮

❶「穆」，原作「昭」，據《國語》改。

制軍制》云：「提封萬井，車賦千乘，其大數也。三分去一，定受田六萬夫，則六千井也。十井八十家賦長轂一乘，則實賦六百乘。以《魯頌》、《司馬法》言之，每乘三十人，則徒萬八千人，不足二軍，故《穀梁傳》曰：『古者諸侯一軍。』何休云：『諸侯一師。』蓋調遣之卒，五分而去其一也。其乘數，則百有二十。」蓋亦以意言耳。〇注「卿大」至「小異」。〇舊疏云：「卿、大夫皆是爵號，總而言之，皆曰卿大夫，别而異之，乃貴者曰卿，賤者曰大夫耳。如此注者，欲道一卿二大夫，所以總名三卿之意也。」〇注「方据」至「三卿」。〇舊疏云：「卿與大夫，析而言之，其實有異，而皆謂之卿者，方据上卿言其中下者，遂得卿稱，故得通言三卿矣。其二小卿，謂之中下者，蓋二者相對有尊卑，若似《大司馬·序官》云：『大司馬，卿一人；小司馬，中大夫；軍司馬，下大夫然。』」《公羊禮説》云：「經何以言三軍，而傳云：『三軍者何？三卿也。』曰：《甘誓》曰：『乃召六卿。』注云：『六卿者，六軍之將。古之軍將皆命卿。』今魯作三軍，必先添立司馬以下之卿，故傳云三卿，足成經文，非故相左也。」是即中下亦謂卿之意也。《禮説》又云：「趙匡曰：『魯卿素已有四五，不止三也。《公羊》此説，適足令學者疑繆。』」按：趙説非也。三卿爲三軍之將，魯師素有四五，然則魯軍亦四五乎？《昭十年》經：『季孫意如、叔弓、仲孫貜帥師伐莒。』陳氏傳良曰：『舍中軍矣，曷爲書三卿帥師，四分公室，叔弓爲意如貳也。』陳氏此説，足破趙匡之謬解，不得藉口於卿有四五矣。」

作三軍，何以書？**注** 欲問作多書乎？作少書乎？故復全舉句以問之。**疏** 注「欲問」至「問之」。〇舊疏云：「欲道所以不直言『何以書』，而舉『作三軍』者，弟子之意，欲問《春秋》之義，書其作三軍者，爲是嫌其作軍大多而書乎？爲是嫌其大少而書乎？故復全舉經文一句軍之頭數問之。若直言何以書，但問主書，無以見其數，故言此也。」

譏。何譏爾？古者上卿、下卿、上士、下士。**注** 説古制司馬官數。古者諸侯有司徒、司空，上卿各一，下卿各二。司馬事省，上下卿各一。上士相上卿，下士相下卿，足以爲治。襄公委任强臣，國家内亂，兵革四起，軍職不共。不推其原，乃益司

馬，作中卿官，踰王制，故譏之。言軍者，本以軍數置之。月者，重録之。**疏**注「説古」至「官數」。○舊疏云：「言古者司馬一官，但上卿一人，下卿一人，上士一人，下士一人而已。所以爾者，以其事省，不作軍將故也。」《通義》云：「座主姚大夫曰：『治國則謂之卿，在軍旅則謂之士卿，而有軍行者，稱卿士是也。諸侯之國，得有二卿二軍而已。上卿將上軍，則曰上士。下卿將下軍，則曰下士。』廣森謂：古者，言魯初時也。《詩》稱天子六軍，其車三千。《魯頌》則曰：『公車千乘。』明五百乘爲軍，千乘者二軍之賦也。僖公之時，猶未有中軍，今始作之矣。」按：卿亦可稱士，其分在國、在軍，別無所見。《禮・喪服》「公士大夫之衆臣」，亦在軍旅者乎？軍五百乘，亦非何氏義。○注「古者」至「爲治」。○《繁露・爵國》云：「《春秋》曰：『作三軍。』傳曰：『何以書？譏。何譏爾？古者上卿、下卿、上士、下士。』凡四等。小國之大夫與次國下卿同，次國大夫與大國下卿同，大國下大夫與天子下士同。二十四等，禄入有差。大功德者，受大爵土。功德小者，受小爵土。大材者，執大官位。小材者，受小官位。如其能，宣治之至也。故萬人者曰英，千人者曰俊，百人者曰傑，十人者曰豪。豪、傑、俊、英不相陵，故治天下如視諸掌上。」是亦以上卿、下卿、上士、下士爲四等也。《繁露》又曰：「諸侯大國四軍，❶其一軍以奉公家也。」然諸經皆言三軍，無云四軍者。淩先生曙《繁露注》云：「《小司徒》注：『百里之國，凡四都。一都之田税，入于王。』古者計夫出税，有税則有夫，以其奉公家也，故不言四軍而言三軍，其實暗中有一軍也。」義或然也。《繁露》又云：「以井田準數之，方里而一井，一井而九百畝而立口。方里八家，百畝以食五口。上農夫耕百畝，食九口。次八人，次七人，次六人，次五人。多寡相稱，率百畝而三口，方里而二十四口。方里者十，得二百四十口。方十里爲方里者百，❷得二千四百口。方千里爲方里者萬，❸得二十四萬口。法三分而

❶「軍」，原作「年」，據《春秋繁露》改。
❷下「方」字下，原衍「百」，據《春秋繁露》删。
❸「千」，原作「百」，據《春秋繁露》改。

除其一。城池、❶郭邑、屋室、閭巷、街路市、官府、❷園囿、萎圈、臺沼、椽采，得良田方十里者六十六，與方里者六十六，❸定率得十六萬口。三分之，則各五萬三千三百三十三口，爲大口口軍三。此公侯也。天子地方千里，爲方百里者百。亦三分除其一，定得田方百里者六十六，與方十里者六十六，定率得千六百萬口。九分之，各得百七十七萬七千七百七十七口，爲京口軍九。三京口軍以奉王家。」又云：「故公侯方百里，三分除一，定得田方十里者六十六，與方里六十六，定率得十六萬口。三分之，爲大國口軍三，而立大國。」又云：「三卿，九大夫，二十七上士，八十一下士。亦有五通大夫，立上下士。上卿位比天子之元士，今八百石。下卿六百石，上士四百石，下士三百石。」又云：「三卿、九大夫，上士史各五人，下士史各五人。通大夫士、上下史各五人。卿，臣二人。此公侯之制也。公侯賢者爲州方伯，錫斧鉞，置虎賁百人，故伯七十里，七七四十九，三分除其一，定得田方十里者二十八，與方十里者六十六，定率得十萬九千二百一十二口，爲次國口軍三，而立次國。三卿、九大夫、二十七上士、八十一下士，與五通大夫，五上士，十五下士。其上卿位比大國之下卿，今六百石，下卿四百石，上士三百石，下士二百石。三卿、九大夫，上士史各五人，下士史五人，通大夫，上下史各五人。卿，臣二人，故子男方五十里，五五二十五，爲方十里者六十六，定率得四萬口，爲小國口軍三，而立小國。」按：四萬疑誤。又云：「三卿、九大夫，二十七上士，八十一下士，與五通大夫，五上士，十五下士。其上卿比次國之下卿，今四百石。下卿三百石，上士二百石，下士一百石。三卿、九大夫，上下史各五人，士各五人，通大夫，上下史亦各五人。卿，臣三人。」三人亦疑誤。大國次國止二人，小國不應轉多也。又云：「此周制也。」按：《繁露》文多錯誤。大率以天子、諸侯皆卿、大夫、上士、下士四等。彼之卿，即此之上卿。彼之大夫，即此之下卿。與《周官》所載周制不合，蓋仍《春秋》家說。時古《周禮》説尚未盛行故也。何氏以此古者爲古制，司馬官數而下備詳司徒、司空之制，則司徒、司空亦止有上卿、下卿、上士、下士，第官數不同耳。

❶「池」，原作「地」，據《春秋繁露》改。
❷「官」，原作「宫」，據《春秋繁露》改。
❸「方」下，原衍「十」，據《春秋繁露》删。

《白虎通・封公侯》云：「諸侯有三卿者，分三事也。五大夫下天子。」《禮記疏》引《三禮義宗》云：「諸侯三卿，司徒兼冢宰，司馬兼宗伯，司空兼司寇。三卿之下，則五小卿，爲五大夫。五大夫者，司徒之下立二人，小宰、小司徒也。司馬以下以其事省，故立一人爲小司馬，兼宗伯之事。司空之下立二人，小司寇、小司空。」與何氏義合。《明堂位》疏亦云：「魯是諸侯，唯有三卿五大夫。」引《公羊》説司徒、司空之下，各有二小卿；司馬之下，一小卿。是三卿五大夫也，亦與董生三卿九大夫義殊。師傳各異，不必强同也。何注統名卿，分上下。《王制》則統名大夫，亦分上大夫卿，下大夫。其士則《王制》有三等，彼云：「其有中士、下士者，數各居其上之三分。」鄭注：「士之數，國皆二十七人，各三分之，上九，中九，下九，以位相當。」蓋漢儒雜采周秦官制爲説，不能畫一也。○注「襄公」至「譏之」。○舊疏云：「襄公委任强臣者，謂三家季孫宿之徒也。國家内亂者，下《十二年》『遂入運』之屬是也。」《左氏傳》云：「三分公室而各有其一。」《正義》引《膏肓》云：「『作三軍，《左氏》説云尊公室，休以爲與舍中軍義同。於義《左氏》爲短。』鄭康成《箴》云：『《左氏傳》云：「作三軍，三分公室，各有其一。」謂三家卿專兵甲，卑公室。云《左氏》説者尊公室，失《左氏》意遠矣。』」劉氏《評》曰：「何氏所見《左氏》説，以舍中軍爲卑公室，出於季氏一人之私。杜洩以叔孫穆子之意折之，則作三軍必以尊國制爲名也。且《左氏》自記事實，《春秋》假以明侯國軍制耳。蓋襄公委任强臣，故季武有三軍之作，實爲卑弱公室，然不得不假尊國制爲名。」劉氏之説是也。《王制》云：「大國三卿，皆命於天子。次國三卿，二卿命於天子，一卿命於其君。小國二卿，皆命於其君。」注：「小國亦三卿，一卿命於天子，二卿命於其君。」與《白虎通》合。然則諸侯正制，當大國三卿，次國二卿，小國一卿。魯於春秋不得爲大國，當止二命卿，故有司徒、司空耳。今襄公復立司馬，必與司徒、司空並職。司馬之下，小司馬之上，又增一中卿，亦與司徒、司空之屬等，是踰乎先王舊制矣。《穀梁傳》曰：「作三軍，非正也，是以譏之也。」鄂本「强」作「彊」，「共」作「恭」。紹熙本亦作「彊」。○注「言軍」至「置之」。○舊疏云：「言本所以置中卿官者，正欲令助司馬爲軍將，將三軍，故曰本以軍數置之。」按：魯於成、襄之世，不止三卿，而軍仍二軍舊制，有事分將。此蓋三家欲各專一軍，增作三軍，因於司馬

下增置官屬，與司徒、司空二卿埒，故經以「作三軍」書也。○注「月者重録之」。○舊疏云：「此事無例，不可相決，但言重失禮，故詳言之。」

夏四月，四卜郊，不從，乃不郊。**注**成公下文不致，此致者，襄公但不免牲爾。不怨懟，無所起。**疏**注「成公下文不致」。○即《成十年》「夏四月，五卜郊，不從，乃不郊」，下云：「五月，公會晉侯以下伐鄭。」注：「不致者，成公數卜郊，不從，怨懟，故不免牲。不但不免牲而已，故奪臣子辭，以起之。」是也。○注「此致」至「所起」。○此致者，即下文「公會晉侯以下伐鄭」，又云「公至自伐鄭」是也。按：等乃不郊，則等不免牲耳。何氏謂成公怨懟，或別有所見與？

鄭公孫舍之帥師侵宋。

公會晉侯、宋公、衛侯、曹伯、齊世子光、莒子、邾婁子、滕子、薛伯、杞伯、小邾婁子伐鄭。

秋，七月己未，同盟于京城北。**疏**包氏慎言云：「七月書己未，月之十一日。」舊疏云：「《穀梁》與此同。《左氏》經作『亳城北』，服氏之經亦作『京城北』。」《九經古義》云：「棟按：京，鄭地，在滎陽。《隱元年》傳謂之『京城大叔』是也。亳城無考，此傳寫之訛，當從《公》、《穀》爲正。」《春秋異文箋》云：「亳是宋地，去鄭迂遠。經文上書伐鄭，下書同盟。同盟之地，當屬鄭邑。《公》、《穀》及服氏皆作『京城北』，於義爲得。作亳者，字之訛。」按：《説文》：「亳从高省，乇聲。」京亦从高省，象高形，篆文相似，故易混。《大事表》云：「當在今河南府偃師縣西二十里。」仍依違杜氏作亳之説耳。

公至自伐鄭。

楚子、鄭伯伐宋。

公會晉侯、宋公、衛侯、曹伯、齊世子光、莒子、邾婁子、滕子、薛伯、杞伯、小邾婁子伐鄭，會于蕭魚。**疏**杜云：「蕭魚，鄭地。」

此伐鄭也，其言會于蕭魚何？**注**据伐鄭常難，今有詳録之文。**疏**注「据伐」至「之文」。

○舊疏云：「謂以上伐鄭，多以伐致，作不得意之文，故曰常難。言『今有詳録之文』者，謂録其會蕭魚，并下文『公至自會』之屬也。與前經異，故難之。」蓋鄭與會爾。**注**中國以鄭故，三年之中，五起兵，至是乃服。其後無干戈之患二十餘年，故喜而詳録其會，起得鄭爲重。**疏**《左傳》：「諸侯之師，觀兵于鄭東門。鄭人使王子伯駢行成。甲戌，晉趙武入盟鄭伯。冬，十月丁亥，鄭子展出盟晉侯。十二月戊寅，會于蕭魚。庚辰，赦鄭囚，皆禮而歸之。」《繁露·隨本消息》云：「先楚子審卒之三年，鄭服蕭魚。」謂此。○注「中國」至「爲重」。○舊疏云：「即上《九年》『公會晉侯以下伐鄭，同盟于戲』，一也。《十年》『秋，公會晉侯以下伐鄭』，二也。『冬，戍鄭虎牢』，三也。今年『公會晉侯以下伐鄭，同盟于京城北』，四也。通此，則五矣，故曰『三年之中，五起兵』耳。『至是乃服』者，非直鄭人與會，下文公以會致，亦是其服文矣。云『其後無干戈之患二十餘年』者，謂鄭之遂服，不復伐之，至昭公之時，楚滅陳、蔡，蠻夷内侵，乃是諸夏之患也。」上九年《左傳》云：❶「晉侯歸，謀所以息民。」又曰：「行之期年，國乃有節。三駕而楚不能與爭。」故無干戈之患也。注云：「三駕，謂十年師於牛首，十一年師於向，其秋觀兵於鄭東門，自是鄭遂服。」范云：「鄭與會而服，中國喜之，故以會致。」亦得鄭爲重之意也。

公至自會。**疏**《春秋》之例，得意致會，故上注云：「鄭至是乃服，其後無干戈之患二十餘年也。」《穀梁傳》：「公至自會，伐而後會，不以伐鄭致，得鄭伯之辭也。」

楚人執鄭行人良霄。**疏**《穀梁》作「良宵」。按：《公羊》、《左傳釋文》，皆不云《穀梁》作「宵」，蓋誤字。《穀梁傳》曰：「行人者，挈國之辭也。」蓋言非其罪也。

冬，秦人伐晉。**注**爲楚救鄭。**疏**注「爲楚救鄭」。○《左傳》云：「秦庶長鮑、庶長武帥師伐晉以救鄭。」按：此不似何氏注。

十有二年春，王三月，莒人伐我東鄙，圍台。

疏《校勘記》云：「三月，《唐石經》、鄂本、閩本同。監、毛本『三』誤『正』。」《穀梁》台作邰。杜云：「琅邪費縣

❶「九」，原作「十」，據《春秋左傳注疏》改。

南有台亭。」《穀梁釋文》：「郃，本作台。」《詩・生民》：「即有郃家室。」《詩攷》引《白虎通》作「即有台家室」。《吳越春秋・吳太伯傳》：「后稷，其母台氏之女姜嫄。」郃，正字。台，叚借也。《大事表》云：「在今沂州府費縣東南。」《一統志》：「台亭在沂州府費縣南。」《差繆略》云：「郃，《左氏》皆作台。今《公羊》石經及《注疏》本亦作台。」

邑不言圍，此其言圍何？伐而言圍者，取邑之辭也。伐而不言圍者，非取邑之辭也。**注**外取邑有嘉惡當書，不直言取邑者，深恥中國之無信也。前《九年》伐得鄭同盟于戲，楚伐鄭不救，卒爲鄭所背。中國以弱，蠻荆以彊，兵革亟作。蕭魚之會，服鄭最難。不務長和親，復相貪犯，故諱而言圍以起之。月者，加責之。

疏孔氏《音義》：「《熹平石經》云：『顏氏無伐，而不言圍者，非取邑之辭也。』」《通義》云：「凡以兵取内邑者，悉諱言圍也。」按：伐而言圍者，此及下《十五年》「齊侯伐我北鄙，圍成」，《十七年》「齊侯伐我北鄙，圍洮。齊高厚帥師伐我北鄙，圍防」之屬是也。○注「外取」至「信也」。○舊疏云：「凡外取魯邑，有所嘉，有所惡，皆當書。《昭二十五年》：『冬，齊侯取運。』❶傳：『外取邑不書，此何以書？爲公取之也。』注：『爲公取運以居公。善其憂内，故書之。』是其有嘉而書也。《宣元年》：『齊人取濟西田。』傳：『外取邑不書，此何以書？所以賂齊也。曷爲賂齊？爲弒子赤之賂也。』是其有惡而書也。今亦有所惡，所以不直言取邑而言圍者，深恥中國之無信故也。」意謂蕭魚同會，曾不踰時，莒即犯魯，晉不能治，故書圍不書取以深惡之也。○注「前九」至「亟作」。○鄂本「强」作「彊」。前《九年》書「公會晉侯以下伐鄭」，即書「同盟于戲」，明得鄭，故下書「楚子伐鄭」也。《十年》「夏，楚公子貞、鄭公孫輒伐宋」，明鄭又背中國即楚。然上無救鄭文，知楚子伐鄭，諸侯不救也。「兵革亟作」即上《十一年》注「三年之中，五起兵」是也。○注「蕭魚」至「最難」。○舊疏云：「正以三年之中，五起兵，然後得之，直會于蕭魚，鄭人與會而已。」

❶「侯」，原作「人」，據《公羊傳注疏》改。

經無同盟之文，故知服鄭最難矣。」○注「不務」至「起之」。○「復相貪犯」，謂此也。舊疏云「不直言取而諱之言圍，作無所嘉惡之文者，欲以起禍深不可言故也」是也。○「月者，加責之」。○欲決下《十七年》「圍洮，圍防」，不書月故也。去年秋，會于蕭魚始服鄭。今年春，莒即伐我圍台，故特月以加責，所以疾始也。故下《十五年》「圍成」亦不月也。

季孫宿帥師救台，遂入運。注入運者，討叛也。封內兵書者，爲遂舉。討叛惡遂者，得而不取，與不討同，故言入，起其事。

疏《左氏》、《穀梁》「運」作「鄆」。《穀梁》「台」作「邰」。《水經注》：「《十三州記》曰：魯有兩鄆，昭公所居者爲西鄆，在東平。莒、魯所争爲東鄆。」按：東鄆在今沂水縣北。○注「入運者，討叛也」。○《昭元年》：「取運。」傳：「運者何？內之邑也。其言取之何？不聽也。」注：「不聽者，叛也。不言叛者，爲內諱，故書取以起之。」是運爲內邑常叛者，蓋爲近莒之故。今季孫入之，故知討叛。○注「封內」至「遂舉」。○《春秋》之義，封內兵不書。《定八年》「公斂處父帥兵而至」，不書是也。今書救台與入運者，爲惡季孫之遂也。《穀梁傳》曰：「遂，繼事也。受命而救邰，不受命而入鄆，惡季孫宿也」是也。○注「討叛」至「其事」。○《莊十九年》：「公子結媵陳人之婦，遂及齊侯、宋公盟。」傳：「大夫出竟，有可以安國家利社稷者，專之可也。」則此討叛理不合惡，今書遂以惡，故解之。《隱二年》：「莒人入向。」傳：「入者何？得而不居也。」此亦書入，知亦得而不取。得而不取與不討同，故惡之也。舊疏云：「下注云：『季孫宿遂取運以自益其邑。』然則此言得而不取者，謂得運不取以入國家耳，非謂全不取也。言『故書入，以起其事』者，以起其不取運以入國家之事也。」申釋注意甚明。

大夫無遂事，此其言遂何？公不得爲政爾。注時公微弱，政教不行，故季孫宿遂取鄆而自益其邑。

疏舊疏云：「大夫無遂事云云，《莊十九年》公子結之下已發此傳，今此復言之者，嫌討叛不惡遂，故明之。」《通義》云：「莒已取台，救之無及，故遂入莒邑，以報之。」然何氏云「封內兵書」，則不以運爲莒邑矣。○注「時公」至「其邑」。○《校勘記》

云：「鄂本『而』作『以』，《正義》正作『以』。」按：紹熙本亦作「以」。《論語·季氏》篇：「孔子曰：『禄之去公室五世矣。』」文公時禄去公室。宣公後，政歸季氏。故知「公微弱，政教不行」也。遂者，專事之辭，故知季孫取鄆自益。如入國家，則無爲書「遂」惡之矣。

夏，晉侯使士彭來聘。**疏**《左傳》作「士魴」。舊疏云：「考諸正本，皆作『士魴』字，若作『士彭』者，誤也。」《校勘記》云：「按：疏中標經，當本作『士魴』。《唐石經》、諸本同作『士彭』。」

秋九月，吴子乘卒。**注**至此卒者，與中國會同本在楚後，賢季子，因始卒其父。是後亦欲見其迭爲君。卒皆不日，吴遠于楚。

疏《吴世家》：「大凡從太伯至壽夢十九世。二十五年，王壽夢卒。」錢氏大昕《養新録》云：「服虔以『壽夢』爲發聲，『壽夢』一言也。經言『乘』，傳言『壽夢』，欲使學者知之也。予謂乘、壽皆齒音。壽當讀如疇，與乘爲雙聲。夢古音莫登切，與乘疊韻，借兩字爲一言。孫炎制反切，蓋萌芽於此。」按：十年《左傳疏》引服云：「壽夢發聲。吴，蠻夷，言多發聲，數語共成一言，壽夢一言也」云云。李氏貽德《賈服注輯述》云：「壽夢發聲者，言爲『乘』之發聲也。吴，蠻夷，言多發聲者。長孫訥言曰：『吴楚則傷輕淺。』惟輕淺，故多發聲，數語合爲一言，猶今之三合聲、四合聲。吴爲勾吴，謁爲諸樊，皆其徵也。壽夢一言也者，言長言之爲壽夢，疾呼之爲乘。壽夢於文爲二，吴人言之如『乘』之一言而已。《爾雅·釋器》：『不律謂之筆。』郭注：『蜀人呼筆爲不律也。』《詩疏》引鄭《駁異義》云『齊魯之間言韎爲茅蒐』，與此乘爲壽夢，在當時爲方言緩急之異，而後世翻切實權輿於此。古夢、乘音相近。《詩》『視天夢夢』與『林蒸勝强』相韻可證也。經言『乘』者，謂《十二年》經言『吴子乘卒』，服意經書爲『乘』，其《國語》則爲壽夢，傳故著之以曉學者。《公羊》定五年傳：『於越者，未能以其名通也。越者，能以其名通也。』注：『越人自名「於越」，君子名之曰「越」。』是其例也。」是也。沈氏欽韓云：「夢、乘同聲，今徽甯人語猶然。」○注「至此」至「楚後」。○舊疏云：「《宣十八年》『楚子旅卒』，而吴至是乃書卒者，正以與中國會同本在楚後。」又云：「《僖十九年》『冬，會陳人、蔡人、楚人、鄭人盟于齊』，《二十一年》『春，宋人、齊人、楚人盟于鹿上。秋，宋公、楚子、陳侯

以下會于霍』，《成十五年》『冬，叔孫僑如會晉士燮以下會吴于鍾離』，然則於傳聞之世，楚人數與中國會同。至所聞之世，吴人乃會，故云『與中國會同本在楚後』也。」按：楚、吴書卒，皆在所聞世，似無先後別。注特因推明賢季子，故順經文言之耳。○注「賢季」至「其父」。○《校勘記》云：「疏中『因』作『乃』。」舊疏云：「吴子乘不慕諸夏，會大晚，理宜略之。今得書卒，其間有因。《二十九年》：『吴子使札來聘。』傳：『吴無君，無大夫，此何以有君，有大夫？賢季子也。何賢乎季子？讓國也。賢季子，則吴何以有君、有大夫？以季子爲臣，則國宜有君者也。札者何？吴季子之名也。《春秋》賢者不名，此何以名？許夷狄者不壹而足也。季子者，所賢也，曷爲不足乎季子？許人臣者必使臣，許人子者必使子也。』注：『緣臣子尊榮，莫不欲與君父共之，故不足乎季子，所以隆父子之親也。』以此言之，則知由賢季子，乃卒其父，故書卒也。」按：《宣十四年》「夏，五月壬申，曹伯壽卒，葬曹文公」，注：「日者，公子喜時父也。緣臣子尊榮莫不欲與君父共之，故加録之，所以養孝子之志。許人子者，必使父也。」此卒吴子，蓋與彼同。○注「是後」至「爲君」。○下《二十九年》傳云：「其讓國奈何？謁也，餘祭也，夷眛也，與季子同母者四。季子弱而才，兄弟皆愛之，同欲立之以爲君。謁曰：『今若是迮而與季子國，季子猶不受也。請無與子而與弟。弟兄迭爲君，而致國乎季子。』皆曰：『諾。』故諸爲君者，皆輕死爲勇，飲食必祝，曰：『天苟有吴國，尚速有悔於予身。』故謁也死，餘祭也立。餘祭也死，夷眛也立。夷眛也死，則國宜之季子者也。季子使而亡也。僚者，長庶也，即之。」是其迭爲君之事也。所以欲見之者，與二十九年賢季子讓國事相起。○注「卒皆」至「於楚」。○舊疏云：「言皆不日者，即此文書九月，下《二十五年》『冬，十有二月，吴子謁伐楚，門于巢卒』，《昭十五年》『春，王正月，吴子夷眛卒』之屬，故云『卒皆不日』也。言『吴遠於楚』者，正以《宣十八年》『秋，七月甲戌，楚子旅卒』，下《十三年》『秋，九月庚辰，楚子審卒』之屬皆書日，故決之也。凡爲人宜道接而生恩。楚邇於諸夏，數會同，親而邇近之，故書其日。吴側海隅而與諸夏罕接，故皆不日以見其遠也。」《通義》云：「吴終《春秋》，未嘗日卒，惡而略之，尤外於楚。」劉氏逢禄《秦楚吴進黜表》云：「吴通上國最後，而其强也最驟，故亡也忽焉。秦强於内治，敗殽之後，不勤遠略，

故興焉勃焉。楚之長駕遠馭强於秦，而其内治亦强於吴，故秦滅六國，而終覆秦者楚。聖人以中外狎主承天之運而反之於禮義，所以財成輔相天地之道而不過乎物。」按：詳略之旨，遠邇之義，同一夷也，先後輕重見焉，其即「所以財成輔相」與？

冬，楚公子貞帥師侵宋。

公如晉。

公羊義疏五十八

句容陳立卓人著

襄十三年盡十九年。

十有三年，春，公至自晉。

夏，取詩。

詩者何？邾婁之邑也。疏葉鈔本《釋文》云：「取詩，二傳作『𨛜』。」舊疏云：「正本皆作『邿』字，有作『詩』者，誤。」《校勘記》云：「詩，《唐石經》、諸本同。齊氏召南云：『《公羊》經、傳作「詩」。《漢·地理志》「東平國亢父詩亭」：「故詩國。」亦是同《公羊》，非誤也。』」按：《水經注·濟水》篇：「亢父縣有詩亭，《春秋》之詩國也。」與《公羊》同。《說文·邑部》：「邿，附庸國，在東平亢父邿亭，从邑寺聲。」杜云：「邿，小國也，任城亢父縣有邿亭。」《大事表》云：「今亢父縣在濟甯州南五十里，邿城在州東南。」《一統志》：「邿城在濟甯州東南。阮氏元《鐘鼎款識》有邿亭鼎。」曷爲不繫乎邾婁？諱亟也。注諱背蕭魚之會亟。疏注「諱背」至「會亟」。○舊疏云：「正以上十一年蕭魚之會邾婁在其間，故如此解。」

秋，九月庚辰，楚子審卒。

冬，城防。

十有四年春，王正月，季孫宿、叔老會晉士匄、齊人、宋人、衛人、鄭公孫囆、曹人、莒人、邾婁人、滕人、薛人、杞人、小邾婁人會吳于向。注月者危。刺諸侯委任大夫，交會彊夷，臣日以強，三年之後，君若贅旒然。疏杜云：「叔老，聲伯子。」齊人、宋人、衛人，《左傳》謂齊崔杼、宋華閱、仲江，衛北宮結。稱人者，杜云「在會惰慢不攝，故貶稱人」是也。囆，《釋文》云：「二傳作蠆。」《春秋異文箋》云：「公孫蠆字子蟜，《說文》訓蟜爲蟲，即字思名，子蟜，當名蠆，不名囆矣。《公羊》作公孫囆，蓋叚音字。《說文》：『噧，从口蠆省聲。』《公羊》不省。」杜云：「向，鄭地。」沈氏欽韓云：

「此當爲吴地。」《方輿紀要》：「向城在鳳陽府懷遠縣東北四十五里。」○注「月者」至「旒然」。○《通義》云：「内未有並使以會者，今一會而二大夫出，專恣益甚，故特危月之。」《穀梁疏》云：「范雖不注，或以二卿遠會蠻夷，危之故月。」兼從何氏説也。「三年之後，君若贅旒然」者，即下《十六年》：「大夫盟。」傳：「諸侯皆在是，其言大夫盟何？信在大夫也。何言乎信在大夫？偏刺天下之大夫也。曷爲偏刺天下之大夫？君若贅旒然。」是也。《釋文》作「綴流」：「一本作贅旒。」《校勘記》云：「《穀梁疏》引此亦作贅。浦鏜云：『二誤三，從《穀梁疏》校。』」按：「綴」正字，「贅」叚借也。

二月乙未朔，日有食之。**注**是後衛侯爲彊臣所逐出奔。溴梁之盟，信在大夫。**疏**包氏慎言云：「春二月，其朔日，經爲乙未，書日食。据曆則月之二日。」○注「是後」至「大夫」。○舊疏云：「彊臣謂孫、甯矣。」案：衛侯出奔，見下。「溴梁之盟」，見下《十六年》。《五行志下之下》：「襄公十四年，二月乙未朔，日有食之。董仲舒、劉向以爲，後衛大夫孫、甯共逐獻公，立孫剽。劉歆以爲，前年十二月二日，宋燕分。」董、劉説與何大同，惟未及溴梁盟。

夏四月，叔孫豹會晉荀偃、齊人、宋人、衛北宫結、鄭公孫蠆、曹人、莒人、邾婁人、滕人、薛人、杞人、小邾婁人伐秦。**疏**舊疏云：「舊本作荀偃，若作荀罃者，誤。」《校勘記》云：「諸本同，《唐石經》缺。」

己未，衛侯衎出奔齊。**注**日者，爲孫氏、甯氏所逐。後甯氏復納之者同，當相起，故獨日也。不書孫、甯逐君者，舉君絶爲重。見逐説在《二十七年》。**疏**包氏慎言云：「四月書己未，月之二十七日。」《左氏》、《穀梁》作「衛侯出奔齊」，杜注：「不書名，從告。」此舊疏云：「舉君絶爲重者，謂書衎之名，見其當絶，❶不合爲諸侯。」知《公羊》本有「衎」字矣。《春秋異文箋》云：「謹案：《禮記》曰：『諸侯失地名。』《左氏傳》曰：『定姜曰：告亡而已，無告無罪。』則諸侯之策當書衛侯名爲得，

❶「其」，原作「齊」，據《春秋公羊傳注疏》改。

《左》、《穀》或脱名字。」《差繆略》云：「《左氏》無衎字，則陸氏所見《穀梁》與《公羊》同也。」惠氏棟《左傳補注》云：「不修《春秋》曰：『孫林父、甯殖出其君。』仲尼修之曰：『衛侯衎出奔齊。』臣逐君，不可以訓，猶召君也。杜注繆。諸侯失國名，《公》、《穀》皆有『衎』字，《左傳》脱也。」按：《左疏》引《釋例》云：「諸侯奔亡，皆迫逐而苟免，❶非自出也。」《正義》又云：「《曲禮》云：『諸侯失地名。』失地書名，傳無其事。《禮記》之文，或據《公羊》之義，不可通於《左氏》，故杜不爲説。」臧氏壽恭《左氏古義》云：「據《釋例》及《正義》説，則《左氏》先儒皆取諸侯失地名之例，故凡諸侯奔亡皆書名。此不名者，爲孫、甯所逐，故不名。《左傳》具有明文，杜預滅棄古義，造爲從告之説，顯與傳違。《正義》回護杜説，駁難先儒，即其説而細繹傳文，則古義猶可得也。」然此經以書名爲得。○注「日者」至「日也」。○《校勘記》云：「鄂本『復納之』下有『出納之』三字，此脱。疏中引注亦有，當据以補入。」按：紹熙本亦有「出納之」三字也。諸侯出奔之例，大國書月，重乖離之禍。小國時，此日，故解之。下《二十六年》「衛侯衎復歸于衛」，書「二月甲午」，書日，故此亦書日，明相起爲一事也。然者，下《二十七年》傳：「衛甯殖與孫林父逐衛侯而立公孫剽。甯殖病將死，謂喜曰：『黜公者，非吾意也，孫氏爲之。我即死，汝能固納公乎？』喜曰：『諾。』甯殖死，喜立爲大夫，使人謂獻公曰：『黜公者，非甯氏也，孫氏爲之。吾欲納公，何如？』獻公曰：『子苟欲納我，吾請與子盟。』」是出者孫、甯，納者甯氏。出納者同，故皆書日以相起也。《通義》云：「前後奔者多矣，或以犯王命，畏大國，兄弟相篡，未有臣逐其君者。今衛侯衎見逐于孫、甯，名理之大變，以臣出君，則言不順，故仍自奔爲文，而變例加日以異之。不嫌没孫、甯之罪者，後弑君入戚已顯。」○注「不書」至「爲重」。○《桓十六年》「衛侯朔出奔齊。」傳：「衛侯朔何以名？絶。」此與彼同，故舊疏云：「舉君絶爲重者，謂書衎之名，見其當絶，不合爲諸侯也。」包氏慎言云：「没孫、甯出君之文，而以君自出奔録，著其失衆，不能自安居民上，爲後世守土無與者戒也。」錢氏大昕《答問》云：「衛孫、甯出其君，而以出奔爲文，衎有失國之道也。貶衎，則嫌於獎剽，故先書公孫剽來聘以見義。公孫而干正統，其罪不可

❶「免」，原作「危」，據《春秋左傳注疏》改。

掩也。」義皆嚴正。杜云：「諸侯之策書孫、甯逐衛侯，《春秋》以其自取奔亡之禍，故諸侯失國者，皆不書逐君之賊也。」按：《春秋》非輕孫、甯之罪，惟君臨一國，率土皆所制馭，不能撫有其衆，預討亂賊於未萌，因書出奔見絶，以國爲重故也。○注「見逐」至「七年」。○即彼經：「衛侯之弟鱄出奔晉。」傳云：「甯殖與孫林父逐衛侯而立公孫剽也。」孫、甯逐君事，詳《左傳》、《史記》大率相同。因孫、甯强恣，亦多衛侯失衆所致也。

莒人侵我東鄙。

秋，楚公子貞帥師伐吴。

冬，季孫宿會晉士匄、宋華閲、衛孫林父、鄭公孫蠆、莒人、邾婁人于戚。

十有五年春，宋公使向戌來聘。二月己亥，及向戌盟于劉。**疏**包氏慎言云：「二月書己亥，月之十二日。」《左疏》引《釋例》云：「『劉，地闕』。蓋魯城外之近地也。」

劉夏逆王后于齊。

劉夏者何？天子之大夫也。**疏**孫氏志祖《讀書脞録》云：「《穀梁疏》云：『《公羊》以劉夏爲天子下大夫。』據此，則大夫之上疑脱『下』字。」劉者何？邑也。**疏**《詩·王風·丘中有麻》云：「彼留子嗟。」《毛傳》：「留，大夫氏。」惠氏周惕《詩説》云：「《説文》留从畱。户開爲丣，丣爲春門；户闔爲丣，丣爲秋門，則留自从丣，丣爲酉之省文。董逌据此謂不从卯。漢人言卯金刀者，緯書之附會也。許氏以劉爲鎦，其轉爲劉，以田易刀也。董氏又謂漢姓自當爲鎦，或爲留。豈古文从省留，與鎦通耶。後世留異文，謂系出留侯，何耶？《左傳》士會歸晉，其處者爲劉氏，而《詩》言留子，則許氏、董氏之説未爲據也。」按：周大夫劉氏，王季子之後。宣十五年《左傳》注「劉康公，王季子」是也。劉夏即劉定公，爲康公之子，則《王風》之食采于劉者，别是一氏。其處秦者，則范氏之後，與此二者又别也。《方輿紀要》「劉聚在河南府偃師縣故緱氏城南十五里」。其稱劉何？**注**据宰渠伯糾繫官。**疏**注「据宰」至「繫官」。○即《桓四年》「天王使宰渠伯糾來聘」是也。以邑氏也。**注**諸侯入爲天子大夫，不得氏國稱本爵，故以所受采邑氏

稱子。所謂采者，不得有其土地人民，采取其租税爾。《禮記・王制》曰：「天子三公之田視公侯，卿視伯，大夫視子男，元士視附庸。」稱子者，參見義：顧爲天子大夫，亦可以見諸侯不生名；亦可以見爵；亦可以見大夫稱。傳曰「天子大夫」是也。不稱劉子而名者，禮，逆王后，當使三公，故貶去大夫，明非禮也。**疏**注「諸侯」至「稱子」。○舊疏云：「知劉夏是諸侯入爲天子大夫者，正以卒葬並書，即《定四年》『秋七月，劉卷卒，葬劉文公』是也。若直爲大夫者，假令書卒，不録其葬。卒，《文三年》『夏五月，王子虎卒』，經無葬文是也。」《通義》云：「王季子始受采于劉，是爲康公，其子定公則夏也。」本之《左傳》。按：如彼傳，則似非外諸侯矣。或者王季子别封於外，食采於劉與？舊疏云：「其本國本爵，今史文無記，不可以指知也。」按：衛武公，鄭武公，莊公，皆以諸侯入爲大夫，未識當時何稱也。○注「所謂」至「税爾」。○《禮記・禮運》云：「大夫有采以處其子孫。」又《曲禮》：「有宰食力。」鄭注：「宰，邑士也。食力，謂民之賦税。」《經義述聞》云：「宰當讀爲采，❶謂有采地也。采地之租税，民力所共，而有采者食之，故曰『有采食力』。與上文之『數地以對』義相近也。《正義》曰：『宰，邑宰也。有宰，明有采地。』不知『宰』即『采』之叚借也。古字『采』與『宰』通。《爾雅》『尸，宰也』，即主事之宰。『寀，官也』，即官宰之宰。寀亦采也。」❷按：《禮記疏》引鄭注《易・訟》云：「小國之下大夫，采地方一成，其定税三百家，故三百户也。一成所以三百家者，一成九百夫，宫室、涂巷、山澤，三分去一，餘有六百夫地。又不易、再易，通率一家而受二夫之地，是定税三百家也。」《論語・憲問》篇：「奪伯氏駢邑三百」，是大國下大夫亦三百户，天子大夫無文以言也。《王制》云：「天子之縣内諸侯，禄也。」注：「選賢置之於位，其國之禄如諸侯，不得世。」名之曰采，采取其賦税，不得有其地也，非始封之采可比。若《禮運》之采，始封之采也，則《書大傳》所謂：「百里

❶「讀」字，原脱，據《經義述聞》補。
❷「采」，原作「宰」，據《經義述聞》改。

諸侯以三十里，七十里諸侯以二十里，五十里諸侯以十五里。子孫雖有罪黜，其采地不黜，使其子弟賢者守之，謂之興滅國，繼絶世。」紀季之酅，即紀之采，國滅而采不滅者也。入爲天子大夫，所受之采，即《鄭風・緇衣》詩所云：「還予授子之粲兮。」❶傳：「諸侯入爲天子大夫，受采禄。」❷及此經之劉是也。沈氏彤《周官禄田考》云：「天子之公食四都，孤卿食都，中下大夫食縣。何以知之？曰：《載師》：『以家邑之田任稍地，以小都之田任縣地，以大都之田任畺地。』家邑即縣，注云『大夫之采地』，包乎中下。小都即都，注云『卿之采地』，兼乎孤。大都即四都，注云『公之采地』。夫公、孤卿、大夫之采地如是，則未封者之所食可例推矣。所以例推者何？曰：《小宰》『聽禄位以禮命』，明制禄之多寡本以爵等而兼命數也。《典命》云：『王之三公八命，其卿六命，其大夫四命。及其出封，皆加一等。』是出封之前，不以采地有無殊其命數矣。命數同者，雖爵異而禄亦同，故孤卿皆六命，則皆食都。中下大夫皆四命，則皆食縣也。邑者，其公田之所入，有貢於王，然兼有山澤、林麓之利，且子孫世守之。若未封者，固無地貢而禄僅公田之入，亦及身而止，則所食雖同而多寡、久近未嘗不稍殊也。」則此劉夏始受采地爲下大夫而食縣者與？○注「禮記」至「附庸」。○《孟子・萬章》篇：「天子之卿受地視侯，大夫受地視伯，元士受地視子男。」與《王制》不同。沈氏彤《周官禄田考》云：「《王制》蓋别有所据，要非周所定也。其曰田者，即《孟子》之地。篇末云『方百里者爲田九十億畝』，則未去三之一而已稱田矣，或謂皆實田，誤也。周公於圻内外之國，既各别差其里數而尚存夏殷之制，何也？曰：周制初定，豈得盡行。苟前代諸國，無故增減其地，勢必煩擾不安，故且因之，即武王『分土惟三』之義也。周以别差諸國之里數，圻内視夏商則減，圻外則大增，何也？曰：圻外諸國，夏殷以來，漸相吞併，廓地已大，周公因更定其制以安其無辜者，而又以待封大功德之臣，俾錯處其間，以藩衛王室，故大增。若圻内諸國，本無權力，又象賢而世守者少，周公因措更焉，以就井田，以爲上下之差，故減也。」按：《周禮・大司徒》一則云：公之地方五百里，侯四百里，伯三百里，子二百里，

❶「粲」，原作「餐」，據《毛詩正義》改。

❷「采」，原作「爵」，據《毛詩正義》改。

男一百里。一則云：其食者半，其食者參之一，食者四之一。鄭司農謂公侯等所食租稅則田也。田之多者至地之半。若圻内諸侯視之，恐不足給。蓋《王制》、《孟子》所説均不可通諸周禮也。舊疏云：「《公羊》之義，天子圻内不封諸侯，故如此解。即引《王制》以證之，與《左氏》、《穀梁》之義異。」又云：「按：《王制》下云：『天子之縣内方百里之國九，七十里之國二十有一，五十里之國六十有三，凡九十三國，名山大澤不以朌，其餘以禄士，以爲閒田。』鄭云：『大國九者，三公之田三，爲有致仕者，副之爲六也。其餘三，待封王之子弟。次國二十一者，卿之田六，亦爲有致仕者，副之爲十二。又三爲三孤之田，其餘六，亦待封王之子弟。小國六十三，大夫之田二十七，亦爲有致仕者，副之爲五十四，其餘九，亦以待封王之子弟。三孤之田不副者，以其無職，佐公論道爾。雖其致仕，猶可即而謀焉。』以此言之，天子圻内九十三國。言天子圻内不封諸侯者，謂采地以爲國，比圻外諸侯田，自采取其租稅而已。不得取即有其人民，身没之後子孫不世，不得以諸侯難之。」義或然也。○注「稱子」至「是也」。○舊疏云：「參讀爲二三之三也。言凡諸侯入爲天子大夫，所以稱子者，三種見義。何者？正欲顧其爲天子大夫。其稱子，所以得三見義者：一則可以見諸侯不生名，故曰子；一則可以見其本爵，何者？是圻外諸侯，容其稱爵，雖不得正稱其本爵，亦得稱子以見之；一則可以見大夫稱。故曰『參見義』也。」按：《王制》注云：「《春秋》變周之文，從殷之質，合伯子男爲一，則殷爵三等者，公侯伯也，異畿内謂之子。」又云：「周公攝政致太平，唯天子畿内不增以禄，群臣不主爲治民。」《正義》云：「爵雖爲子，若作三公，則受百里之地；若作卿，則受七十里之地；若作大夫，則受五十里之地。殷家雖因於夏，畿内之制與夏不同。夏之畿内皆方五十里，故鄭注《尚書》萬國之數云『四百國在畿内』，是皆五十里也。」又引「張逸問：殷爵三等，公、侯、伯。《尚書》有微子、箕子何？鄭答云：微子、箕子實是畿内采地之爵，非畿外治民之君」是也。《正義》又云：「外土諸侯本爲治民，須便民利國，故須增益其封。周之圻内有百里之國，有五十里之國，有二十五里之國。鄭注《小司徒》云：『百里之國凡四都，五十里之國凡四縣，二十五里之國凡四甸。』故崔氏云：『圻内有百里之國，有五十里之國，有二十五里之國也。』」注言「傳曰『天子大夫』者」，即上傳云「劉夏

者何？天子之大夫也」是。按：《詩・小雅・鴻雁》云：「之子于征。」傳：「之子，侯伯卿士也。」即諸侯爲天子大夫者，是皆稱子也。又《衛風・淇奥》傳云：「重較，卿士之車。」《鄭風・緇衣》傳云：「緇衣，卿士聽朝之服。」鄭、衛兩武公，皆以侯伯入爲天子卿士者也。宣王時，樊侯、申伯亦卿士。《大雅・烝民》云「仲山甫出祖」，傳：「述職也。」又《崧高》云「生甫及申」，傳云：「堯之時姜氏爲四伯，掌四岳之祀，述諸侯之職。於周則有甫、有申、有齊、有許也。」❶時召穆公亦以上公作二伯，兼卿士。韋昭《國語注》「召公，康公之後，卿士也」是也。〇注「不稱」至「禮也」。〇《桓八年》：「祭公來，遂逆王后于紀。」傳云：「祭公者何？天子之三公也。」注：「婚禮成於五：先納采、問名、納吉、納徵、請期，然後親迎。時王者遣祭公來，使魯爲媒，可則因用魯往迎之，不復成禮，疾王者不重妃匹，逆天下之母，若逆婢妾，將謂海內何哉！故譏之。」則何氏謂天子親迎，故《詩疏》引《異義》「《公羊》說，『天子至庶人，皆親迎』，所以重婚禮也」。而此注又云：「禮，逆王后，當使三公。」與彼注及《異義》所載《公羊》家說皆不同，未知何義。劉氏逢禄《解詁箋》云：「禮曰：昏禮下達。《春秋》譏不親迎。《公羊》、《禮》戴、❷鄭君之説，正也。何君祭公逆后之解，大義亦同。此乃同《左氏》。許君説猶爲漢制作諸文，使人不辨自明也。《左氏》説，諸侯有上大夫，復有上卿，非也。」按：《異義》：「《左氏》説，王者至尊，無敵體之義，故不親迎，使上卿迎之。諸侯有故，若疾病，則使上大夫迎之，上卿臨之。許慎謹按：高祖時，皇太子納妃，叔孫通制禮，以爲天子無親迎，從《左氏》義。」故劉氏如此駁也。舊疏云：「蓋謂有故之時，或者何氏之義以爲不親迎與？」又以《異義》《公羊》説爲章句家説，非何氏意。皆勉强也。又云：「子是大夫之稱，今貶而去之，故曰貶去大夫。去其正稱，明非禮矣。」《通義》云：「天子大夫例字，夏名者，文連王后，君前臣名之義。」亦通。**外逆女不書，**疏《通義》云：「見於《左傳》者，《莊十八年》『原莊公逆王后于陳』，《宣六年》『召桓公逆王后于齊』，經並不書」是也。**此何以書？過我也。**注明魯當共送迎

❶「有甫」，原脱，據《毛詩正義》補。
❷「戴」，原作「載」，今據《解詁箋》改。

之禮。**疏**注「明魯」至「之禮」。○鄂本「迎」作「逆」。《穀梁傳》曰：「過我，故志之也。」《通義》云：「齊姜歸京師不書者，我不爲媒故。」

夏，齊侯伐我北鄙，圍成。**注**俱犯蕭魚，此不月，十二年月者，疾始可知。**疏**《一統志》「成城在兗州府甯陽縣東北九十里」。○注「俱犯」至「可知」。○即上《十二年》：「三月，莒人伐我東鄙，圍台。」傳：「邑不言圍，此其言圍何？伐而言圍者，取邑之辭也。」注：「不直言取邑者，深恥中國之無信也。前《九年》伐得鄭同盟于戲，楚伐鄭，不救，卒爲鄭所背，中國以弱，蠻荆以强，兵革亟作。蕭魚之會，服鄭最難。不務長和親，復相貪犯，故諱而言圍以起之，❶月者，加責之。」然則此與彼同而不月者，從上《十二年》疾始故也。舊疏云：「齊侯圍成，亦是取邑之辭，但深恥諸夏之無信，故言圍以起之。蓋齊侯不務長和親，復相貪犯，背蕭魚約。」不月，故解之也。公救成至遇。**疏**杜云：「遇，魯地。」其言至遇何？**注**据季孫宿救台，不言所至。**疏**注「据季」至「所至」。○即上《十二年》「季孫宿帥師救台，遂入運」是也。不敢進也。**注**兵不敵，不敢進也。不言止次，如「公次于郎」，以刺之者，量力不責，重民也，故與「至攜」同文。封内兵書者，爲不進張本。**疏**注「兵不」至「進也」。○杜云：「公畏齊，不敢至成。」《通義》云：「著畏齊之甚。」○注「不言」至「同文」。○《校勘記》云：「攜，鄂本同。閩、監、毛本『攜』改『巂』。按：《釋文》作『至攜』。此本載《音義》同。此疏及《僖二十六年》經傳《釋文》皆作『至巂』。」按：紹熙本亦作「攜」。《釋文考證》云：「舊巂作攜，又似兖反作囚兖。」今据僖二十六年《攷證》，巂本或作雋，故有似兖一音。云「不言止次，如公次于郎」者，《莊三年》：「公次于郎。」傳：「其言次于郎何？刺欲救紀而後不能也。」注「惡公既救人，辟難道還，故書其止次，以起之」是也。蓋彼爲力能救而不救，故書次。此爲齊强魯弱，量力不責，故但書其「至遇」，使與「至攜」同文也。「至攜」文見《僖二十六年》。彼云：「公追

❶「圍」，原作「因」，據國學本改。

齊師至巂，弗及。」注：「國内兵不書，而舉地者，善公齊師去則止，不遠勞百姓，過復取勝，得用兵之節，故詳録之。」是也。《繁露・竹林》云：「莊王之舍鄭，❶有可貴之美。晉人不知其善而欲擊之。所救已解而挑與之戰，此無善善之心，而輕救民之意也，❷是以賤之。是故戰攻侵伐，雖數百起，必一二書，傷其害所重也。」《春秋》惡晉，故此不言止次，爲恕辭也。○注「封内」至「張本」。○決《定八年》「公歛處父帥師而至」經不書日故也。

季孫宿、叔孫豹帥師城成郛。 疏《差繆略》云：「成，《公羊》作郕。」《春秋異文箋》云：「唐石經《公羊》泐，下『圍成』作『成』，則此亦當作成。」《通義》云：「齊已取成矣，復得城其郛者，著宿、豹之復成也。」

秋，八月丁巳，日有食之。 注是後溴梁之盟，信在大夫。齊、蔡、莒、吴、衛之禍徧滿天下。疏包氏慎言云：「八月書丁巳，据曆爲七月之二日。劉歆以爲五月二日。劉孝孫以爲八月朔日。長曆以爲八月丙戌朔。」沈氏欽韓云：「按：《隋志》劉孝孫推合丁巳朔。《元志》姜岌云：『七月丁巳朔食，失閏。』《大衍》同。今歴推之，是歲七月丁巳朔，加時在晝，去交分二十六日三千三百九十四分入食限。」○注「是後」至「天下」。○「溴梁盟，信在大夫」。見下《十六年》傳。又《二十五年》「齊崔杼弑其君光」，又「吴子謁伐楚，門于巢卒」，又《二十六年》「衛甯喜弑其君剽」，《二十九年》「閽弑吴子餘祭」，《三十年》「蔡世子般弑其君固」，《三十一年》「莒人弑其君密州」：❸是齊、蔡、莒、吴、衛之禍徧天下也。《五行志下之下》：「十五年八月丁巳，日有食之。董仲舒、劉向以爲，先是晉爲雞澤之會，❹諸侯盟，又大夫盟；後爲溴梁之會，諸侯在而大夫獨相與盟，君若綴斿，不得舉手。劉歆以爲五月二日，魯趙分。」

邾婁人伐我南鄙。

冬，十有一月癸亥，晉侯周卒。 疏包氏慎言云：「十一月書癸亥，九月無閏，則爲月之十日。」《釋

❶「鄭」下，原衍「伯」，據《春秋繁露》删。
❷「救」，原作「用」，據《春秋繁露》改。
❸「人」字，原脱，據《公羊疏》補。
❹「晉爲」，原脱，據《漢書》補。

文》：「侯周，一本作雕。」

十有六年春，王正月，葬晉悼公。

三月，公會晉侯、宋公、衛侯、鄭伯、曹伯、莒子、邾婁子、薛伯、杞伯、小邾婁子于溴梁。**疏**毛本「溴」作「湨」，誤。《釋文》作「臭」，云：「本又作溴。」杜云：「溴水出河内軹縣，東南至温入河。」《大事表》云：「《爾雅》：『梁，莫大于溴梁。』溴梁，水隄也。溴水源出懷慶府濟源縣西北，至温縣入河。」按：郭彼注：「溴，水名。梁，隄也。」《水經·濟水》注：「溴水出原城西北原山勳掌谷，❶俗謂之白澗水。」引《爾雅》而云：「『梁，水隄也』。溴水又南注於河。」《一統志》：「溴水自懷慶府濟源縣西南，東流經孟縣北，又東南入河。」此舊疏引孫炎注云：「梁，水橋也。」《釋宫》云：「隄謂之梁。」故云水隄也。舊疏又引郭氏《音義》云：「溴水出河内軹縣東南，至温入河。」與杜同。

戊寅，大夫盟。

諸侯皆在是，其言大夫盟何？**注**据葵丘之盟，諸侯皆在，有大夫，不言大夫盟。**疏**注「据葵」至「夫盟」。○葵丘之盟，見《僖九年》。舊疏云：「按：彼經傳云不見有大夫之盟文，唯《僖十五年》『三月，公會齊侯、宋公以下盟于牡丘，遂次于匡。公孫敖帥師及諸侯之大夫救徐』。然則牡丘之盟即有大夫，可知此注云『葵丘之盟』者誤也，宜爲『牡丘』字矣。」

信在大夫也。**注**故書大夫盟，不言諸侯之大夫者，起信在大夫。**疏**《穀梁傳》：「諸侯會而曰大夫盟，正在大夫也。」○注「故書」至「大夫」。○決上《三年》雞澤之會，經云「及諸侯之大夫」也。舊疏云：「信在大夫也者，言其信任在于大夫。」按：「信在大夫」者，謂諸侯無權，不能約信，唯大夫始信也。禮樂征伐自大夫出，故信在大夫矣。

何言乎信在大夫？**注**据上《三年》戊寅不起。**疏**注「据上」至「不起」。○舊疏云：「即上《三年》雞澤之會，經云：『戊寅，叔孫豹及諸侯之大夫及陳袁僑盟。』連言諸侯，是其不起之文。」

偏刺天下之大夫也。**疏**

❶ 「城」，原作「武」，據《水經注》改。

《繁露・竹林》云：「湨梁之盟，信在大夫，而《春秋》刺之，爲其奪君尊也。」《後漢書・馮衍傳・顯志賦》云：「執趙武於湨梁兮。」以晉爲盟主，文子晉卿而爲不臣之行，《春秋》書刺之如執然也。据《左傳》，時荀偃將中軍也，此盟亦荀偃主之也。

曷爲偏刺天下之大夫？**注** 据戊寅不刺之。**疏** 注「据戊」至「刺之」。○道上《三年》「戊寅」文也。舊疏云：「不復言上『戊寅』者，上已言之，從可知，省文。」

君若贅旒然。**注** 旒，旂旒。贅，繫屬之辭，若今俗名就壻爲贅壻矣。以旂旒喻者，爲下所執持。東西旒者，其數名。《禮記・玉藻》曰：「天子旂十有二旒，諸侯九，卿大夫七，士五。」不言諸侯之大夫者，明所刺者非但會上大夫，并偏刺天下之大夫。不殊內大夫者，欲一其文，見惡同也。至此所以偏刺之者，蕭魚之會，服鄭最難，諸侯勞倦，莫肯復出，而大夫常行。三委于臣而君遂失權，大夫故得信在。故孔子曰：「唯器與名，不可以假人。」不重出地者，與《三年》雞澤大夫盟同義。**疏**《釋文》：「贅，本又作綴。旒，本又作流。」孔氏《音義》云：「《文選・西都賦》注引《公羊傳》曰：『贅，猶綴也。』疑別本此文之下，傳有自釋贅旒之義，與《僖九年》傳『震而矜之』下復出『震之者何』云云相似。」按：《文選》劉越石《勸進表》：「有若贅旒。」注：「贅，猶綴也。」又《褚淵碑》文：「康國祚於綴旒。」注：「贅，猶綴也。」皆不以爲《公羊傳》語。蓋《西都賦》注有衍文，或《公羊傳》下有脫文也。陸德明與李善同時，陸氏所見本有作綴，則傳文不得有是語矣。《文選注》引《感精符》云：「禍賊蜂起，君若贅旒。」本此傳也。○注「旒，旂旒」。○《說文・㫃部》：「游，旌旗之流也，从㫃汓聲。」旗之游，如水之流，故得稱流。經傳作「旒」，俗字也。旗之正幅爲縿，旒則屬也。《周禮・節服氏》：「六人，維王之大常。」注：「王旌十二旒，兩兩以縷綴連，兩旁三人持之。」然則旒屬於旗之兩旁。十二旒者，每旁六旒。九旒，則兩旁一四一五。已下推可知也。旒亦曰「旓」，亦

作「嚳」，見司馬相如《大人賦》。○注「贅繫」至「壻矣」。○《漢書·賈誼傳》云：「故秦人家富子壯，則出分；家貧子壯，則出贅。」注：「應劭曰：『出作贅壻也。』師古曰：『謂之贅壻者，❶言其不當出在妻家，亦猶人身體之有疣贅，非應所有也。』」《史記·秦本紀》云：「贅壻賈人。」臣瓚曰：「贅謂居窮有子，使就其婦家爲贅壻。」正何氏所謂「就壻」也。又《滑稽傳》：「淳于髡者，齊之贅壻也。」《索隱》曰「贅壻，女之夫也，比於子，如人疣贅，是餘剩之物也」是也。謂之「繫屬」者，《説文·貝部》：「贅，以物質錢也。从敖貝。」則與質義同。以物繫屬于錢，謂之贅，因凡繫屬之物，皆名贅。《詩·大雅·桑柔》云：「具贅卒荒。」傳：「贅，屬也。」《廣雅·釋言》：「贅，屬也。」《釋名·釋疾病》云：「贅，屬也。横生一肉，屬著體也。」《廣雅·釋言》又云：「贅肬亦以肬屬於肉，故亦稱贅。」《孟子·梁惠王》篇：「乃屬其耆老。」《書大傳》作「贅其耆老」。《説苑·奉使》云：「梁王贅其群臣」，即屬其群臣也。是贅、屬互通。《釋文》本又作「綴」者，《魏志·太祖紀》「建安十八年詔曰『當此之時，若綴旒然』」是也。鄂本「名」誤「民」。○注「以旂」至「數名」。○《詩·商頌·長發》云：「爲下國綴旒。」箋云：「綴猶結也。旒，旌旗之垂者也。」《正義》引此傳云：「君若贅旒然，言諸侯反繫屬於大夫也。」旒爲旌旗之垂，《秋官·大行人》及《考工記》説旌旗之事，皆云九旒、七旒。《爾雅》説旌旗云：「練旒九。」是旌旗垂者名爲旒也。阮氏元《揅經室集》云：「《詩》：『受小球大球，爲下國綴旒。』《禮》『及郵表畷』，注：『郵表畷，謂田畯所以督約百姓于井田之處也。』引齊、魯、韓三家《詩》作『爲下國畷郵』。按：球，玉磬也。以其直懸求然而名之。裘，古文但作求，加衣爲裘，猶衰之加衣于毛也。立一木爲標志，綴毛物於其上，即球也。《詩》之球，即裘之叚借，故以裘爲標志，即以表爲標志。表者，裘衣也。柱也、標也、志也、準也、明也，旗之旒，冕之旒，皆以物相聯綴爲名。《詩》之球乃表裘之裘。《詩》之綴旒是言受地於天子，爲諸侯之封疆，樹之聯綴之裘，以定四界也。《公羊》『君若贅旒然』，言臣專政，君不與國事，但若委裘於朝宁之上而已。故《賈誼傳》：『植遺腹，朝委裘，而天下不亂。』言遺腹之主甚幼，不能立朝，但委綴裘衣于朝，而天下不亂，即《公羊》『贅旒』

❶「者」字，原脱，據《漢書》補。

之義也，贅、綴音近，義相叚。」按：何氏意以旒屬於旗，爲人所執持，猶君屬於臣，爲下所執持，猶言太阿倒持之謂。阮氏之説，非何義也。姑存之。○注「禮記」至「士五」。○今《玉藻》無此文。舊疏引《稽命徵》及《含文嘉》皆云：「天子旗九刃十二旒，曳地。諸侯七刃九旒，齊軫。卿大夫五刃七旒，齊較。士三刃五旒，齊首。」《御覽》引《禮緯注》云：「旗者，旌旗也，所以別尊卑，敘貴賤也。」《廣雅・釋天》云：「天子十二斿，至地。諸侯九斿，至軫。卿大夫七斿，至軹。士三斿，至肩。」按：降殺以兩，則士當五斿也。凡曳地，齊軫、齊較之屬，皆謂旒之長數。其正幅，則《爾雅・釋天》惟云：「旐長尋。」餘未聞也。《周禮・巾車職》：「王建太常，十有二旒。」則諸侯建旂，上公當九旒，侯伯七斿，子男五斿。孤卿建旜，大夫士建物，其斿各視其命之數，與此及緯文不同，蓋周制也。○注「不言」至「大夫」。○舊疏云：「不言諸侯之大夫，有兩種之義：非但起信在大夫，明偏刺天下之大夫也。」《左傳》：「荀偃怒，且曰：『諸侯有異志矣。』使諸大夫盟高厚。」時諸侯咸在，偃擅使諸大夫盟，盟高厚。如彼文，使者，荀偃使也。諸大夫聽荀偃命，其君雖在，蔑視如無，故列敘諸侯會於上，又書大夫盟於下，見時君自失其權，天下大夫皆不臣也。《穀梁傳》：「溴梁之會，諸侯失正矣。諸侯會而曰大夫盟，正在大夫也。諸侯在而不曰諸侯之大夫，大夫不臣也。」《左傳疏》引賈、服説，亦云：「惡大夫專而君失權也。」即本《公》、《穀》爲説。《漢書・五行志》云：「至於襄公，晉爲溴梁之會，天下大夫皆奪君政。」亦主偏刺天下大夫，並見君失權也。孔疏謂君使之盟，非自專也。《左傳》並無君使之文，孔臆説也。○注「不殊」至「同也」。○決上《三年》「叔孫豹及諸侯之大夫及陳袁僑盟」，殊叔孫豹也。蓋《春秋》多爲内諱，或責内深，見先自詳正。此不别，明内外同惡也。○注「至此」至「信在」。○《校勘記》出「三委于臣」，云：「浦鏜云：『正』誤『三』，從《六經正誤》校。按：此本疏引注云『而君遂失實權』，閩、監、毛本疏無『實』字。又『大夫故得信在』，鄂本『在』作『任』，此誤。」蕭魚之會，見上《十一年》。「大夫常行」，則上《十四年》「季孫宿、叔老會晉士匄以下于向。夏，叔孫豹會晉荀偃以下伐秦。冬，季孫宿會晉士匄以下于戚」之屬是也。○注「故孔」至「假人」。○成二年《左傳》云：「唯器與名，不可以假人。」杜云：「器，車服。名，爵號。」《史記・魯世家》：「史墨

對趙簡子曰：『政在季氏，於今四世矣。民不知君，何以得國。是以爲君慎器與名，不可以假人。』《後漢書·丁鴻傳》：「夫威柄不以放下，利器不以假人。」舊疏以爲《家語》文。《家語》乃王肅僞書，非何所据也。○注「不重」至「同義」。○上《三年》注云「不重出地，有諸侯在，臣繫君，故因上地」是也。《春秋》書大夫盟，紀其實。不書地，正大義也。

晉人執莒子、邾婁子以歸。注録「以歸」者，甚惡晉。有罪無罪，皆當歸京師，不得自治之。疏注「録以」至「治之」。○正以《僖二十八年》「晉人執衛侯，歸之于京師」，《成十五年》「晉侯執曹伯，歸于京師」之屬，皆言「歸之于京師」。又《僖十九年》「宋人執滕子嬰齊」之屬，不言所歸，此言「以歸」，故解之。舊疏云：「稱人以執，非伯討，已是晉之惡矣。復言『以歸』，不決於天子，又是其惡。故其録以歸者，甚惡晉也。」《僖二十八年》注云：「但欲明諸侯尊貴，不得自相治，當斷之于天子爾。」是有無罪，皆當歸京師也。杜亦云：「不以歸京師，非禮也。」《穀梁疏》：「諸侯不得私相治，執人以歸，非禮明矣。」

齊侯伐我北鄙。

夏，公至自會。

五月甲子，地震。注是時溴梁之盟，政在臣下。其後叛臣二，弒君五。楚滅舒鳩，齊侯襲莒。乖離出奔，兵事最甚。疏包氏慎言云：「經三月有戊寅，五月有甲子。据曆，戊寅爲二月之二十八日。甲子爲四月之十五日。」○注「是時」至「最甚」。○「其後叛臣二」者，下《二十三年》「晉欒盈復入于晉，入于曲沃」、《二十六年》「衛孫林父入于戚以叛」是也。「弒君五」者，《二十五年》「齊崔杼弒其君光」，《二十六年》「衛甯喜弒其君剽」，《二十九年》「閽弒吴子餘祭」，《三十年》「蔡世子般弒其君固」，《三十一年》「莒人弒其君密州」是也。「楚滅舒鳩」者，見下二十五年。「齊侯襲莒」者，見下二十三年。「乖離出奔」者，見下《十七年》「宋華臣出奔陳」，❶《二十年》「蔡公子履出奔楚，陳侯之弟光出奔楚」，「邾婁庶其來奔」是也。

❶「出」字原脱，據《春秋公羊傳注疏》補。下二句同，不再出校。

「兵事最甚」者，下「齊侯伐我」，《十七年》宋伐陳、衛伐曹，齊侯伐我，圍洮，齊高厚伐我，圍防，《十八年》「齊侯伐我，公會晉侯以下圍齊，楚伐鄭」，《十九年》「衛孫林父伐齊，❶晉士匄侵齊」之屬是也。《五行志下之上》：「襄公十六年五月甲子，地震。劉向以爲，先是雞澤之會，諸侯盟，大夫又盟。是歲三月，諸侯爲溴梁之會，而大夫獨相與盟。五月地震矣。其後崔氏專齊，欒盈亂晉，良霄傾鄭，閽殺吴子，❷專强之象。」按：《占經》引《潛潭巴》云：「地震，下謀上。」又云：「地動搖，臣子謀上。」故何氏、劉氏取應大同，孔説亦通。

叔老會鄭伯、晉荀偃、衛甯殖、宋人伐許。

疏舊疏云：「正本作荀偃，若有作荀罃者，誤矣。」《校勘記》云：「《唐石經》、諸本同。」

秋，齊侯伐我北鄙，圍成。 疏《差繆略》云：「成，《公羊》作郕。」按：今本《左傳》作「郕」。彼《校勘記》云：「宋本、岳本郕作成，與《石經》合。」《通義》云：「前爲宿、豹所復，今又伐取之。」

大雩。 注先是伐許，齊侯圍成，動民之應。

冬，叔孫豹如晉。

十有七年春，王二月庚午，邾婁子瞷卒。 疏《校勘記》云：「《唐石經》原刻『三』，磨改『二』。按：《左氏》、《穀梁》皆二月。」包氏慎言云：「二月書庚午，月之十五日。」《校勘記》又云：「《釋文》、《唐石經》瞷作瞯。《左氏》作『邾子牼卒』。《九經古義》云：『《考工・梓人》云：「數目，顧脰。」注云：「故書顧或作牼。」』鄭司農云：『牼，讀爲鬜頭無髮之鬜。』是牼有瞷音，故或作瞯。劉昌宗《周禮音》云『牼音苦顔反』，今《左傳》音苦耕反，非也。」❸《通義》云：「宣公也。」

宋人伐陳。

夏，衛石買帥師伐曹。

秋，齊侯伐我北鄙，圍洮。 疏《左氏》、《穀梁》洮作桃。杜云：「弁縣東南有桃墟。」《穀梁》莊二十七年：「公會杞伯姬于洮。」注：「洮，魯地。」《釋文》：「洮，

❶「九」，原作「八」，據《春秋公羊傳注疏》改。
❷「吴子」下，《漢書・五行志》有「燕逐其君，楚滅陳蔡」二句。
❸自「劉昌宗」至此，《校勘記》未引。

本或作桃。」《水經注·瓠子河》篇：「瓠子故瀆又東逕桃城南。❶《春秋傳》曰：『分曹地。』自洮以南，東傅於濟，盡曹地也。今鄄城西南五十里有姚城，或謂之洮也。」應別一地。《泗水》篇：「泗水出弁縣故城東南桃墟西北。《左傳》昭七年：『以孟氏成邑與晉，而遷于桃。』杜注：『魯國弁縣東南有桃虚也。』墟有澤，方十五里。澤西際阜，俗謂之嫣亭山。西北連岡四十餘里。岡之西際，便得泗水之源。《博物志》『泗水陪尾』，蓋斯阜者矣。」此桃正在魯北竟，與齊接壤，地有岡巒之險，故圍之也。《方輿紀要》：「桃鄉城在濟甯州東北六十里，魯邑。『齊師伐我圍桃』是也。漢置桃鄉縣。」沈氏欽韓云：「經云北鄙，則此乃桃鄉，非卞縣之桃墟，杜預誤也。滕縣東又有桃山故城，亦非此桃。」按：當以在弁者爲是。

齊高厚帥師伐我北鄙，圍防。疏《左氏》脱齊字。《春秋異文箋》云：「此經接『齊侯伐我北鄙，圍桃』下，則高厚爲齊侯分遣之師，故不須復繫齊。《公》、《穀》作『齊高厚』，或衍『齊』字。」按：此自是《左氏》脱文，趙説非也。

九月，大雩。注比年仍見圍，不暇恤民之應。疏注「比年」至「之應」。○即上齊侯、齊高厚圍成、圍洮、圍防諸役也。

宋華臣出奔陳。

冬，邾婁人伐我南鄙。

十有八年春，白狄來。

白狄者何？夷狄之君也。何以不言朝？不能朝也。疏杜云：「不言朝，不能行朝禮。」范同，皆取此傳爲説。

夏，晉人執衛行人石買。疏《穀梁傳》：「稱行人，怨接於上也。」注：「怨其君而執其使，稱行人，明使人爾，罪在上也。」按：稱人以執，是執無罪。

秋，齊師伐我北鄙。疏《穀梁》作「齊侯」。《異文箋》云：「《左氏傳》明云『齊侯伐我北鄙』，則經宜書齊侯。《左氏》及《公羊》經作『齊師』，或字之譌。」

冬，十月，公會晉侯、宋公、衛侯、鄭伯、曹

❶「南」字，原脱，據《水經注》補。

伯、莒子、邾婁子、滕子、薛伯、杞伯、小邾婁子同圍齊。**疏**《通義》云：「特言『同』者，深著齊無道，諸侯同心欲圍之。」錢氏大昕《答問》云：「同圍齊，此當指齊都城而言。杜据傳『禦諸平陰，塹防門而守之』，遂謂所圍者平陰城耳，則當書圍齊平陰，如圍宋彭城之例矣。」按：《左疏》引沈氏云：「『君在，故稱圍』。劉炫云：『按下傳「門于雍門」，又「門于場門」，❶州綽門于東閭」，既圍其三門，即是圍事。』」孔疏駁之，謂：「十九年諸侯伐鄭，傳稱『圍其三門』，而經不稱圍，則攻門非圍也。」是杜氏亦不以爲實圍齊也。杜經注云：「齊數行不義，諸侯同心俱圍之。」此《通義》所本。

曹伯負芻卒于師。**疏**《穀梁傳》：「閔之也。」

楚公子午帥師伐鄭。

十有九年春，王正月，諸侯盟于祝阿。**注**下有執，不日者，善同伐齊，故褎與信辭。

疏《左氏》、《穀梁》作「祝柯」。杜云：「祝柯縣，今屬濟南郡。」《釋例·土地名》：「齊地祝柯，濟南郡祝阿縣也。」《左氏》莊十三年：「公會齊侯盟于柯。」杜注：「此柯，今濟北東阿，齊之阿邑，猶祝柯今爲祝阿。」是古柯、阿通也。《史記·高祖功臣年表》：「祝阿侯。」索隱曰：「縣名，屬平原。」《水經注·河水》篇：「河水右歷柯澤，《春秋左傳》襄二十四年『衛孫文子敗公徒于阿澤』是也。又東北逕東阿縣故城西，而東北出。」《濟水》篇：「玉水又西北枕祝阿縣故城東。《春秋》襄十九年：『諸侯盟于祝阿。』《左傳》所謂『督揚』是也。漢興，改之曰阿矣。」《晏子春秋·内篇·雜上》「景公使晏子爲東阿宰」。《音義》：「《左傳》莊十三年：『公會齊侯盟于柯。』杜云：『齊之阿邑。』齊威王烹阿大夫即此。」《元和郡縣志》：「東阿縣，漢舊縣也。春秋時齊之柯地。」此已名東阿，則漢縣承古名。又《本草經》有阿膠，阿，柯通也。按：祝阿與東阿不一地。東阿即《春秋》之柯，又名阿，漢屬東郡，今爲陽穀縣地。祝柯，漢屬平原，今爲長清、齊河二縣地。《大事表》云：「今濟南府長清縣豐齊鎮北二里有故祝阿縣是也。」杜、范皆云：「前年圍齊之諸侯也。」《通義》云「必復舉諸侯者，已異年，文無所承也」是也。○注「下有」至「信辭」。○「下

❶「場」，原作「揚」，據《左傳正義》改。

有執」，即下書「晉人執邾婁子」是也。方同盟即執人，嫌不信，宜書日，故解之。此云「善同伐齊」，即杜所云：「齊數行不義，諸侯同心圍之也。」《通義》云：「下有執，不日者，不信在邾婁，不在諸侯。」義亦相足。

晉人執邾婁子。

公至自伐齊。

此同圍齊也，何以致伐？**注** 据諸侯圍許致圍。**疏** 注「据諸」至「致圍」。○即《僖二十八年》「諸侯遂圍許」、《二十九年》「公至自圍許」是也。未圍齊也。**注** 故致伐起。未圍齊，則其言圍齊何？抑齊也。**疏**《穀梁傳》曰：「非圍而曰圍，齊有大焉，亦有病焉。」注：「齊若無罪，諸侯豈得同病之乎？」又曰：「非大而足同焉。」注：「齊非大國，諸侯豈足同共圍之與？」《通義》云：「諸侯會時，本謀圍齊，故得言圍，以抑齊之驕暴。」《左疏》引賈云：「圍齊而致伐，以策伐動也。」蓋以《左傳》有圍其三門事，故以爲實圍也。曷爲抑齊？**注** 据侵蔡，伐楚，猶不抑。**疏** 注「据侵」至「不抑」。○即《僖四年》「公會齊侯以下侵蔡，蔡潰，遂伐楚」是也。舊疏云：「正以楚爲彊夷，數害諸侯，論深淺甚於齊矣，猶不抑之，故以爲難也。」爲其亟伐也。**疏** 上《十五年》「齊侯伐我北鄙，圍成」，《十六年》「春，齊侯伐北鄙，圍洮」，又「齊高厚伐我北鄙，圍防」，《十八年》「齊師伐我北鄙」是也。亟伐所以抑之者，《宣九年》：「取根牟。」傳：「根牟者何？邾婁之邑也。曷爲不繫乎邾婁？諱亟也。」注：「亟，疾也。」內既諱亟，知亟非善辭矣。或曰：「爲其驕蹇，使其世子處乎諸侯之上也。」**注** 以下葬略，或說是也。亟伐者，并數爾。加圍者，明當從滅死二等，奪其爵土。❶ **疏** 即上十一年公會晉侯以下伐鄭時，齊世子光在莒子之上也。按：會盟則主會者爲之。此罪齊者，蓋世子驕蹇，齊又强大，晉不得不序之諸侯之上與。《釋文》作「憍」，「本或作驕」。○注「以下」至「是也」。○即下文「冬，葬齊靈公」，注云「不月者，抑其父，嫌子可得無過，故奪臣子恩，明光代父從政，處諸侯之上，不

❶「土」，原作「士」，據《春秋公羊傳注疏》改。

孝也」是也。舊疏云：「葬是生者之事，故略其父葬，得惡其子。則知或説近其義也。」《通義》云：「此二者皆齊罪，蓋兼惡之。❶《春秋》抑强扶弱，王者之心也。無道而强，不若有道而弱，是以進宋襄抑齊靈。」按：孔説是也。○注「亟伐者，并數爾」。○舊疏云：「即上圍成、圍洮、圍防之屬，故言『并數』爾。必如此解者，正以《宣九年》『取根牟』，傳：『諱亟也。』注：『亟，疾也。屬有小君之喪，邾婁子來加禮，未期而取其邑，故諱不繫邾婁。』然則彼言亟者，背信大疾，故云『亟』。今此直是頻擊伐魯，❷故云亟，故解以别彼文。」据疏中注義，則宣九年之「亟」訓爲「疾」，此「亟」訓爲「數」，較彼似從末減矣。○注「加圍」至「爵土」。○舊疏云：「《莊十年》傳：『戰不言伐，圍不言戰，入不言圍，滅不言入，書其重者。』然則用兵之道，滅爲最甚，入次之，圍次之。今加言圍，輕於滅入二等，明不合死，但合黜爵土耳。」包氏慎言云：「疏以齊侯之亟伐爲上年之圍成、圍洮、圍防等，比之滅入爲輕，然則滅人國者絶，罪合死。圍從死罪減二等，故奪爵土。入減一等，猶當放逐矣。」

取邾婁田，自漷水。 疏 杜云：「漷水出東海合鄉縣，西南經魯國，至高平湖陸縣入泗。」《説文・水部》：「漷水在魯。」《水經注・泗水》篇：「漷水出東海合鄉縣，西南流入邾。又逕魯國鄒山東南而西南流。《左傳》所謂繹山，《詩》所謂『保有鳧繹』是也。又西南逕蕃縣故城南，又西逕薛縣故城北，夏車正奚仲之國也。又西至湖陸縣入于泗。」段云：「合鄉、蕃、薛，故城皆在今山東滕縣，不云在魯、邾婁之間。徑云水在魯者，邾婁魯附庸，非敵，故立文如是。《一統志》：『漷水源出滕縣東北百里述山，西流會諸泉水逕縣南，又西會南梁河入運河，舊名爲南沙河。西南流入泗，不與南梁會。自漕河東徙，遏其南流，乃北出趙溝，會南梁以入運河也。』」《方輿紀要》：「漷水南流至三河口，合於薛河。北沙河在縣北十五里，西南流，合于漷水。」京相璠云：「薛縣漷水首受蕃縣西，注山陽湖陸。」薛、蕃皆今滕縣地，下流今入運河矣。

其言自漷水何？❸ 注 据齊人取濟西田，

❶「兼」，原作「並」，據《通義》改。
❷「是」，原作「者」，據《春秋公羊傳注疏》改。
❸「何」，原作「河」，據《春秋公羊傳注疏》改。

不言自濟水。疏《通義》云：「据取漷東田，不言自漷水。」○注「据齊」至「濟水」。○即《宣元年》「齊人取濟西田」，是不言自濟水也。以漷爲竟也。何言乎以漷爲竟？注据取邑未嘗道竟界。漷移也。注魯本與邾婁以漷爲竟，漷移入邾婁界，魯隨而有之。諸侯土地本有度數，不得隨水。隨水有之，當坐取邑，故云爾。疏注「魯本」至「有之」。○《穀梁傳》曰：「軋辭也。」范云：「軋，委曲。隨漷水，言取邾田之多。」即此「移入邾界，魯隨有之」義也。《左傳疏》引賈、服亦取《公羊》爲説，曰：「刺晉偏而魯貪。」孔疏以傳有「晉命歸侵田」，此田邾先侵，魯追令反本，何晉偏而魯貪？馬氏宗槤《左傳補注》云「《左傳正義》駮《公羊傳》，非是。《説文》云：『漷水在魯。』言魯分邾田，以漷水爲竟」是也。舊疏云：「漷移而經不書者，外異故也。則傳每言『外異不書』者，亦据此文也。」然則漷移爲外異，更明漷移入邾婁竟内，故不得書於《春秋》矣。○注「諸侯」至「云爾」。○即賈、服所謂「魯貪」也。

季孫宿如晉。

葬曹成公。疏《通義》云：「葬者，篡明。」

夏，衛孫林父帥師伐齊。

秋，七月辛卯，齊侯瑗卒。疏包氏慎言云：「七月書辛卯，月之朔日也。」《釋文》：「瑗，于春反，一音環。二傳作『環』。」《史記・齊世家》亦作「環」。《説文・玉部》：「瑗，大孔璧，从玉爰聲。」「環，璧也，从玉睘聲。」音義並通。

晉士匄帥師侵齊，至穀，聞齊侯卒，乃還。還者何？善辭也。何善爾？大其不伐喪也。疏《左傳》亦云：「禮也。」杜云：「詳録所至及還者，❶善得禮。」《禮記・曲禮》云：「禮從宜。」注：「事不可常也。晉士匄帥師侵齊，聞齊侯卒，乃還。《春秋》善之。」《正義》引皇氏云：「下二事謂大夫爲君出使之法，義或然也。禮從宜者，謂人臣奉命出使、征伐之禮，雖奉命出征，梱外之事，將軍裁之，知可而進，知難

❶「及」，原作「乃」，據《春秋左傳正義》改。

而退。前事不可準定，貴從當時之宜也。」❶然則《曲禮》之禮，即《左傳》之禮也。杜云「禮之常，不必待君命」是也。《穀梁》說少異。彼傳云：「還者，事未畢之辭。不伐喪，善之也。善之則何爲未畢也？君不尸小事，臣不專大名。善則稱君，過則稱己，則民作讓矣。士匄外專君命，故非之也。然則爲士匄者宜奈何？宜墠帷而歸命于介。」彼疏引《廢疾》難此云：「『君子不求備於一人，士匄不伐喪，純善矣，何以復責其專大功也？』鄭釋之曰：『士匄不伐喪，則善矣。然於善內則稱君，禮仍未備，故言乃還，不言乃復，作未畢之辭。還者致辭，復者反命。』」劉氏難曰：「士匄不伐喪而還，若夙承君命者然。其爲善則稱君，不益著乎？若俟歸命乎介，則處其君於非禮而專大名矣。傳之所云不已傎乎？」按：《穀梁》之義甚迂。軍之所處，荊棘生焉。禮之所以不伐喪者，正爲不忍驚擾孝子，亂其哀戚。若仍駐師其竟，奉命之後始引師去，彼國君民能得安乎？鄭氏注《禮》正取《公羊》之說，《釋廢疾》語特故與何爲難耳。

此受命乎君而伐齊，則何大乎其不伐喪？ 注 据公子買戍衛，不卒戍。言戍衛，遂公意。疏 注「据公」至「公意」。○即《僖二十八年》：「公子買戍衛，不卒戍，刺之。」傳：「不卒戍者何？不卒戍者，內辭也，不可使往也。不可使往則其言戍衛何？遂公意也。」注「使臣子，不可使，恥深，故諱，使若往不卒竟事者，明臣不得壅塞君命」是也。公子買不可使往，猶書戍衛，遂公意，見不得壅塞君命。今士匄奉命而出，聞喪而反，與壅塞同，而經大之，故据以難。

大夫以君命出，進退在大夫也。 注 禮，兵不從中御外，臨事制宜，當敵爲師，唯義所在。士匄聞齊侯卒，引師而去，恩動孝子之心，服諸侯之君，是後兵寢數年，故起時善之。言乃者，士匄有難，重廢君命之心，故見之。言至穀者，未侵齊也。言聞者，在竟外，舉侵者張本。疏 《禮·聘禮·記》：「辭無常，孫而說。」經「大夫受命不受辭」，用《公羊》莊十九傳文。故彼傳下云：「出竟有

❶「從當」，原倒，據《禮記正義》乙正。

可以安社稷、利國家者，專之可也。」即進退在大夫義也。《繁露・精華》云：「夫既曰『無遂事』矣，又曰『專之可也』；既曰『進退在大夫』矣，又曰『徐行而不反』也。若相悖然，是何謂也？曰：四者各有所處，得其處，則皆是也；失其處，則皆非也。《春秋》固有常義，又有應變。無遂事者，謂平生安甯也。專之可也者，謂救危除患也。進退在大夫者，謂將帥用兵也。徐行不反者，謂不以親害尊、以私妨公也。」○注「兵不」至「所在」。○《白虎通・三軍》篇云：「大夫將兵出，必不御者，欲盛其威，使士卒一意繫心也。故但聞軍令，❶不聞君命也，明進退在大夫也。」又《王者不臣》篇：「不臣將帥用兵者，重士衆爲敵國，國不可從外治，兵不可從內御，欲成其威，一其令。《春秋》之義，兵不稱使，明不可臣也。」《淮南子・兵略訓》云：「凡國有難，君自宮召將。詔之曰：『社稷之命在將軍，即今國有難，願請子將而應之。』將軍受命，乃令祝、史、太卜齋宿三日，之太廟，鑽靈龜，卜吉日，以受鼓旗。君入廟門，西面而立；將入廟門，趍至堂下，北面而立。主親操鉞，持頭，受將軍其柄，曰：『從此上至天者，將軍制之。』復操斧，持頭，授將軍其柄，曰：『從此下至淵者，將軍制之。』將已受斧鉞，答曰：『國不可從外治也，軍不可從中御也。二心不可以事君，疑志不可以應敵。臣既以受制於前矣，鼓旗斧鉞之威，臣無還請，願君亦以垂一言之命於臣也。君若不許，臣不敢將。君若許之，臣辭而行。』」乃爪鬋，設明衣也，鑿凶門而出。乘將軍車，載旌旗斧鉞。」《説苑・指武》云：「將帥受命者，將帥入，軍吏畢入，皆北面再拜稽首受命，天子南面而授之鉞，東行西面而揖之，示弗御也。」《孔藂子・問軍禮》云：「故天子命將，親潔齊盛服，設奠于祖，以詔之。大將先入，軍吏畢從，❷皆北面再拜稽首而受。天子當階南面，❸命授之節鉞。大將受，天子乃東向西面揖之，示弗御也。」舊疏引《司馬法》云：「閫外之事，將軍裁之。」皆兵不從中御外義也。臨事制宜，即傳之「專進退也」，唯義所在而已。○注「士匄」至「善之」。○《校勘記》出「恩動」二句，云：「閩、監本同，鄂本、毛本『心』下有『義』字。

❶「軍」上，原衍「將」，據《白虎通》删。
❷「畢」字，原脱，據《孔叢子》補。
❸「階」原作「陽」，據《孔叢子》改。

按：解云：『哀痛其喪，是其恩，故心「恩動孝子之心」。❶依禮而行，是其義，故曰「義服諸侯之君」也。』是疏本有『義』字，當據補。」《漢書・蕭望之傳》：「《春秋》晉士匄帥師侵齊，聞齊侯卒，引師而還，君子大其不伐喪，以爲恩足以服孝子，誼足以動諸侯。」《白虎通・誅伐》云：「諸侯有三年之喪，有罪且不誅何？君子恕己，哀孝子之思慕，不忍加刑罰。《春秋》曰：『晉士匄帥師侵齊，至穀，聞齊侯卒，乃還。』❷傳曰：『大其不伐喪也。』」《繁露・竹林》云：「《春秋》之書戰伐也，有惡有善也，恥伐喪而榮復仇。」又云：「《春秋》曰：『鄭伐許。』奚惡於鄭而夷狄之也？曰：衛侯速卒，鄭師侵之，是伐喪也。伐喪無義，故大惡之。」上《二年》：「遂城虎牢。」傳：「曷爲不言取之？爲中國諱也。曷爲爲中國諱？諱伐喪也。」是其義也。云「兵寢數年」者，正以入襄之世，無歲無兵，此後二十、二十一、二十二，三年內不書侵伐，至二十三年齊侯伐衛，遂伐晉。是見兵事故也。舊疏云：「明年仲孫遬伐邾婁，亦是兵而言數年者，正以魯與邾婁數相冒犯，非齊、晉之事。」義或然也。云「起時善之」者，舊疏云：「士匄此事，實依古禮，時莫能然，特以爲善，故云起時善之。」○注「言乃」至「見之」。○《宣八年》傳：「乃者何？難也。」今此亦言「乃」，故爲士匄有難重廢命之心也。《通義》云：「蘇轍曰：『將在軍，君命有所不受，有善而專之。君與有焉，❸必君命而後可，則安用將也？』劉敞曰：『穀者，齊地也。其曰至穀而復，稱其義也。非齊地則勿復乎？曰：止師而請之，君曰可而後止，不可則復之，期可而後止。臣之事君也，凡在國無專焉。子之事父也，凡在家無專焉。臣、子之大節也。』」此仍《穀梁》爲義。蓋不伐喪之義，時久不知。士匄遵行古禮，合《春秋》之義。然未得君命，故少遲疑。經書「乃」，美士匄之臣也。○注「言至」至「齊也」。○上《十五年》：「公救成，至遇。」傳：「其言至遇何？不敢進也。」彼至遇爲未敢進，此至穀爲不進，義各有主，故言「未侵齊也」。○注「言聞者，在竟外」。○舊疏云：「古禮，庶人爲君齊衰三月。若其入竟，即舉而知之，何道聞乎？故如此解。」按：穀爲齊地，似非竟外。蓋士匄侵齊，即在齊侯

❶「心」，據《校勘記》，當作「曰」。
❷「還」，原作「旋」，據《白虎通》改。
❸「與」，原作「上」，據《通義》改。

瑗卒之月。庶人之服，恐尚未徧，容得諸聞也。○注「舉侵者張本」。○以既聞齊侯卒即還，無有侵事。書侵者，道出師所由張本，非侵齊無所謂乃還矣。

八月丙辰，仲孫蔑卒。疏包氏慎言云：「辛卯爲七月朔日，月之二十六日爲丙辰，而經書『八月丙辰，仲孫蔑卒』，則辛卯必爲望後之日方可。《長曆》以爲二十九日。」

齊殺其大夫高厚。

鄭殺其大夫公子喜。疏《釋文》：「喜，二傳作嘉。」洪氏頤煊《讀書叢録》云：「按：《禮記·祭義》『父母愛之，喜而勿忘』，《唐石經》喜作嘉，喜即嘉字之省。古人名字相配，嘉字子孔。宋有孔父嘉，則作嘉字爲是。」

冬，葬齊靈公。注不月者，抑其父，嫌子可得無過，故奪臣子恩。明光代父從政，處諸侯之上，不孝也。疏注「不月」至「孝也」。○卒日葬月，大國常例。今不月，故解之。「抑其父」，即上《十九年》傳「未圍齊，❶則其言圍齊何？抑齊也。曷爲抑齊？爲其亟伐也」是也。彼傳又曰：「或曰爲其驕蹇，使其世子處乎諸侯之上也。」然則使其子處諸侯之上，亦合抑。然子亦不能無過，故去其月，以奪臣子恩，明其子亦不合從父驕蹇，致父被惡名，爲不孝也。不月所以奪恩者，以葬生者之事，略其父葬，不孝著明。《桓九年》傳曰：「《春秋》有譏父老子代從政者，則未知其在齊與？曹與？」謂此世子光也。

城西郛。注言西郛者，据都城録道東西。疏杜云：「魯西郭。」《大事表》云：「汪克寬曰：『郛乃外城。』此云西郛，實國都外城之西郭，而中城爲魯國都之内城可知矣。」

叔孫豹會晉士匄于柯。疏杜云：「魏郡内黄縣東北有柯城。」《大事表》云：「《後漢志》内黄縣有柯城，在今河南彰德府内黄縣境。《莊十三年》『公會齊侯盟于柯』，乃齊阿邑，在今山東兖州府陽穀縣東北五十里，曰阿城鎮。本兩國地，高氏《地名考》混爲一，謂地相接者，非。」《一統志》「柯城在彰德府内黄縣東北」。

城武城。疏杜云：「泰山南武城縣。」《大事表》云：「子游爲武城宰，即此，在今沂州府費縣西南九十里。」京相

❶「九」，原作「八」，據《春秋公羊傳注疏》改。

璠云：「今泰山南武城縣有澹臺子羽冢，縣人也。」周氏柄中《四書辨正》云：「《史記·仲尼列傳》：『曾參，南武城人。澹臺滅明，武城人。』後人遂疑魯有兩武城，而謂子羽爲今費縣之武城，曾子則别一武城，在今之嘉祥縣。按：嘉祥縣有南武山，上有阿城，亦名南武城，後人因南山之城遂附會爲曾子所居，此大謬也。《新序》：『魯人攻鄪，曾子辭於鄪君。』《戰國策》甘茂亦言曾子處鄪。是曾子所居即鄪縣之武城，非有二地。而《史記》言南武城者，因清河之東武城在魯之北，故加南以别之，據漢人之稱耳。武城，《漢志》作『南成』，《後漢志》作『南城』，至晉始爲南武城。今故城在費縣西南九十里，屬兖州府。」又云：「《漢志》越王句踐嘗治琅邪，起館臺。考春秋時琅邪爲今山東沂州府，魯費在沂州府費縣西南七十里，武城在縣西南九十里。《哀八年》吴伐魯，從武城。初，武城人或有因於吴境田焉，則沂州之地久已爲吴之錯壤。越滅吴而有其地，且徙治琅邪，則與武城密邇。閻潛丘謂『吴未滅，與吴鄰。吴既滅，與越鄰』是也。」《一統志》：「南武城，故城在沂州府費縣西南九十里。」

公羊義疏五十九

句容陳立卓人著

襄二十年盡二十六年。

二十年春，王正月辛亥，仲孫遬會莒人，盟于向。疏包氏慎言云：「正月書辛亥，月之二十六日。」遬，《唐石經》、閩本、宋本、葉鈔本《釋文》「遬」字並如是。毛本作「邀」，❶非。《左氏》、《穀梁》作「速」，紹熙本亦作「遬」。

夏，六月庚申，公會晉侯、齊侯、宋公、衛侯、鄭伯、曹伯、莒子、邾婁子、滕子、薛伯、杞伯、小邾婁子，盟于澶淵。疏包氏慎言云：「六月書庚申，月之五日。」杜云：「澶淵在頓丘縣南，今名繁汙。此衛地，又近戚田。」《水經注·河水》篇：「左會浮水故瀆，故瀆上承大河，於頓丘縣西北出，東逕繁陽故城南，故應劭曰：『縣在繁水之陽。』張晏曰：『縣有繁淵。《春秋》襄二十年公與晉侯、齊侯盟于澶淵。』杜預曰：『在頓丘縣南，今名繁淵。』澶淵即繁淵也，亦謂之浮水。魏徙大梁，趙以中牟易魏。故志曰：『趙南至浮水繁陽。』即是瀆焉。」《大事表》云：「《水經注》發明杜氏之説，最有根据。而《後漢書·郡國志》乃云：『杼秋故屬梁國，有澶淵聚。』劉昭引《左傳》襄二十年盟于澶淵以實之。《南畿志》云：『杼秋故城在今蕭縣西七十里。』❷按：江南徐州府蕭縣去直隸大名府開州千有餘里，《後漢志》誤也。」《彙纂》云：「繁陽故城在内黄縣東北二十七里。古頓丘約略在濬縣之南。漢元光三年，河水徙頓丘，東南流，既而決瓠子河。今瓠子故城在開州西南三十五里，則澶淵當在内黄之南，開州之西北也。」段氏玉裁《説文注》云：「頓丘，今直隸大名府清豐縣西南二十五里頓丘故城是也。澶淵即繇水，在彰德府内黄縣東二十六里。《史記》廉頗据魏繁陽。漢置縣，屬魏郡。應劭曰：『在繇水之陽也。』張晏曰：『其界爲繇淵。』按：繇與澶疊韻，汙與淵雙聲。繇陽故

❶ 「邀」，原作「遬」，據《釋文》改。
❷ 「畿」，原作「圻」，今據《大事表》改。

城在今内黄縣東北二十七里，實衛地，而云在宋者，蓋以《春秋》書宋災故而然，然未爲宋也。」趙一清曰：「《春秋》有兩澶淵，襄二十年、二十六年皆衛之澶淵也。三十年會于澶淵，宋災故。許氏《説文》：『澶淵水在宋』，是爲宋地。劉昭所引者誤宋爲衛矣。」《一統志》：「澶水在大名府開州西南，大河分流也，一名繁水，一名浮水。」《方輿紀要》云：「德勝城在開州東南五里，古澶淵也。其後爲德勝渡，黄河津要也。」

秋，公至自會。

仲孫遬帥師伐邾婁。

蔡殺其大夫公子燮。**疏**《穀梁》作「公子濕」。

蔡公子履出奔楚。**疏**《通義》云：「燮之弟，懼及故也。」

陳侯之弟光，出奔楚。**注**爲二慶所譖，還在二十三年。**疏**《釋文》：「光，《左傳》作黄。」《九經古義》云：「《説文》『炗，古文光』，『灮，古文黄』，字相似。原注《白虎通》云：『璜之爲言光也。』《風俗通》云：『黄，光也。』《皇霸》引《書大傳》云：『黄者，光也。』《漢書·天文志》『中道者，黄道，一曰光道』。」《穀梁傳》：「諸侯之弟兄不得以屬通。其弟云者，親之也。親而奔之，惡也。」注：「惡陳侯也。」○注「爲二」至「三年」。○即下《二十三年》經云：「陳殺其大夫慶虎及慶寅，陳侯之弟光自楚歸于陳。」注：「前爲二慶所譖，出奔楚，楚人治其罪，❶陳人誅二慶，反光，故言歸。」與此注相足。《左傳》：「陳慶虎、慶寅畏公子黄之偪，愬諸楚，曰：『與蔡司馬同謀。』楚人以爲討，公子黄出奔楚。」下二十三年《左傳》：「公子黄愬二慶於楚，楚人召之，使慶樂往殺之。慶氏以陳叛，屈建從陳侯圍陳，遂殺慶虎、慶寅，楚人納公子黄。君子謂慶氏不義，不可肆也。」是其事也。

叔老如齊。

冬，十月丙辰朔，日有食之。**注**自溴梁之盟，臣恣日甚，故比年日食。**疏**包氏慎言云：「冬十月書丙辰朔，据曆爲月之三日。八、九兩月連大，亦爲月之二日。丙辰係六月朔，非十月也。」《五行志》：「劉歆以爲八月秦周分。」臧氏壽恭以三統術推

❶「楚」，原脱，據《春秋公羊傳注疏》補。

是年入甲申統一千九十年，正月己丑朔大，二月己未朔小，三月戊子朔大，四月戊午朔小，五月丁亥朔大，六月丁巳朔小，七月丙戌朔大，八月丙辰朔小也。○注「自溴」至「日食」。○《五行志下之下》：「二十年十月丙戌朔，日有食之。董仲舒以爲陳慶虎、慶寅蔽君之明。邾庶其有叛心，後庶其以漆閭丘來奔，陳殺二慶。」與何異。何以爲溴梁盟後，臣恣日甚所致。言「比年日食」者，即下《二十一年》「秋，九月庚戌朔，日有食之。冬，十月庚辰朔，日有食之。」《二十三年》「癸酉朔，日有食之」是也。按：比年日食，曆法之常。此以爲異者，《春秋》重義不重事，凡書日食，俱以爲異以示戒。比年見，則異之甚也。不然，春秋二百四十年，僅三十餘日食哉？

季孫宿如宋。

二十有一年春，王正月，公如晉。**注** 月者，溴梁之盟後，中國方乖離，善公獨能與大國。**疏** 注「月者」至「大國」。○舊疏云：「正月，朝聘例時，故如此解。」按：此與上《八年》「公如晉」，書「正月」，義同。

邾婁庶其以漆、閭丘來奔。**疏** 杜云：「二邑在高平南平陽縣，東北有漆鄉，西北有顯閭亭。」《大事表》云：「俱在今兖州府鄒縣。《定十五年》『城漆』，❶即此。」《水經注·泗水》篇：「又南過平陽縣西，縣即山陽郡之南平陽縣也，世謂之漆鄉。應劭《十三州記》曰：『漆鄉，邾邑也。』杜預曰：『平陽東北有漆鄉。』」是也。又《洙水》篇：❷「洙水又西南逕南平陽之顯閭亭西，邾邑也。《春秋》襄二十一年『邾庶其以漆、閭丘來奔』者。《十三州記》曰：『山陽南平陽縣又有閭丘鄉。』《從征記》曰：『杜謂顯閭丘也。』今按：漆鄉在縣東北，漆鄉東北十里見有閭丘鄉。顯閭，非也。然則顯閭自是別亭。」馬氏宗槤《左傳補注》云：「《史記正義》云：『南平陽縣城，今兖州鄒縣，在兖州東南六十二里。』按：《郡國志》山陽南平陽有閭丘亭，酈元與元凱皆誤以顯閭亭爲閭丘亭，可以《續漢志》證之。《漢書·地理志》『山陽郡南平陽』下云：孟康曰：『邾庶其以漆來奔，又城漆，今漆鄉是。』」《續志》亦云：「南平陽有漆亭、閭丘亭。」

❶「十五」，原作「五十」，據《春秋公羊傳注疏》改。
❷「洙」原作「沂」，據《水經注》改。

《一統志》：「漆城在兖州府鄒縣西北。」《方輿紀要》：「閭丘在鄒縣南。」《左傳釋文》：「漆，一本作洓。」洓與漆形似，蓋誤。

邾婁庶其者何？邾婁大夫也。邾婁無大夫，此何以書？注 据快無氏。疏《通義》云：「据盟會恒言邾婁人。」亦通。○注「据快無氏」。○即《昭二十七年》「邾婁快來奔」是也。舊疏云：「其無氏，即不合書見之義。問者見快不書氏，知邾婁無大夫。既無大夫，何以特書庶其？故難之。」**重地也。**注 惡受叛臣邑，故重而書之。不言叛者，舉地言奔，則魯坐受，與庶其叛兩明，故省文也。疏 注「惡受」至「書之」。○鄂本「受」下有「人」字。紹熙本亦有，當据補。《通義》云：「惡叛臣竊邑，故録名以見其罪。」《左傳》：「庶其非卿也。以地來，雖賤必書，重地也。」杜云：「重地，故書其人。其人書，則惡名彰，以懲不義。」○注「不言」至「文也」。○正以《昭二十一年》「宋華亥、向甯、華定自陳入于宋南里以畔」之屬言叛，故解之。爲魯受叛臣邑與受同科，魯坐罪也。《穀梁傳》曰：「以者，不以者也。」注：「凱曰：『人臣無專禄以邑叛之道。』」

夏，公至自晉。

秋，晉欒盈出奔楚。疏《晉世家》作「欒逞」。

九月庚戌朔，日有食之。疏 包氏慎言云：「九月書庚戌朔，十月書庚辰朔，据曆十月朔爲己卯，庚辰其二日也。蓋小六月，則庚戌爲七月朔矣。依曆，大九月，十月朔亦爲庚辰，與經所書悉合。十月後三月頻小，古曆有三月頻大，或亦有三月頻小者。」《五行志下之下》：「二十一年九月庚戌朔，日有食之。董仲舒以爲，晉欒盈將犯君，後入于曲沃。❶劉歆以爲七月秦晉分。」❷

冬，十月庚辰朔，日有食之。疏《五行志》又云：「十月庚辰朔，日有食之。董仲舒以爲，宿在軫、角，楚大國象也。後楚屈氏譖殺公子追舒，齊慶封脅君亂國。劉歆以爲八月秦周分。」《通義》云：「日月同行而有揜食，固可以推步得者。至於頻月日食，古今曆算都無其

❶「後」字，原脱，據《漢書》補。
❷「七」，原作「六」，據《漢書》改。

法。而襄公之篇，四年再見。躔離乖錯，謂之記異，不亦宜矣。」《元志》姜岌云：「比月而食，宜在駁條，《大衍》亦以爲然。」沈氏欽韓以今曆推之，十月已過交限，不應頻食，姜説是。臧氏壽恭《左氏古義》云：「比月日食，《二十四年》正義及是年《穀梁疏》，疑其與今曆不合。然据《史記·十二諸侯年表》及《漢書·五行志》所引諸儒舊説，是漢儒皆依經立説，別無疑詞。後儒据今曆疑之，傎矣。」萬充宗、黄梨洲《問答》云：「問曰：《春秋》日食三十六，而頻食者二。先儒皆謂曰：無頻食法。王伯厚云：衛朴推驗《春秋》合者三十五，惟莊十八年三月，古今算不入食限，豈二頻食亦入限乎？抑史官怠慢，當時失記，從後追憶，疑莫能定，遂兩存之，《春秋》因而不削乎？答曰：襄公二十一、二十四兩年俱頻食，曆家如姜岌、一行，皆言無比月頻食之理。《授時曆》亦言其已過交限。西曆則言日食之後，越五月，越六月，皆能再食。是一年兩食者有之，比月而食則斷無是也。襄二十一年己酉，九月朔交周〇宫〇三度一九三五入食限，至十一月朔，一宫一十度三一四二，不入食限矣。二十四年壬子，七月朔交周〇宫〇三度一九三五入食限，至八月朔，交周一宫三度五九四九，不入食限矣。乃知衛朴得三十五者，欺也。」顧氏棟高《書後》云：「西曆以越九月即能再食者，即高閎所稱『曆家推步之法，一百七十三日，日月始一交，交則月掩日，而爲之食』是也。時西法未入中國，則爲此説者亦不自西曆始矣。頻食既斷無此法，而《春秋》所以書，何也？是時周曆算法已不準，推步常遲一月，頒曆云：『某月朔，應日食。』到前一月之朔而日食。襄二十四年七月朔食之既，人所共見，魯史既據實書之。至後一月，不見有食，則以周保章氏所頒，未敢輕削魯史。非精曆算者不能攷正是月之不入食限也，則疑食之微，或食于夜而人不見，因并存之。孔子因而不革。《漢書·本紀》所載高祖即位三年及文帝前三年，俱於十月、十一月晦頻食，亦是漢初襲用秦曆，法未講，致有此誤。武帝太初定曆以後，則斷無此矣。」皆据曆法之正，斷爲無頻食法者。然《春秋》記異示戒，理之所無，事之所有，仍依孔子、臧氏説可也。

曹伯來朝。

公會晉侯、齊侯、宋公、衛侯、鄭伯、曹伯、莒子、邾婁子于商任。**疏**杜云：「商任，地闕。」《大

事表》云：「今彰德府安陽縣，有衛商任地。」《方輿紀要》：「古任城在順德府任縣東南，地近商墟，故謂之商任。」按：安陽與任縣，地不相屬，未知孰是。

十有一月庚子，孔子生。 注 時歲在己卯。

疏 舊疏云：「《左氏》經無此言，則《公羊》師從後記之。」《校勘記》云：「《唐石經》、諸本同。《釋文》作『庚子，孔子生』，云：『傳文上有十月庚辰，此亦十月也。一本作十一月庚子。又本無此句。』按：《穀梁傳》作『庚子，孔子生』，與陸氏本合。疏本作『十有一月庚子』，與《唐石經》同。」又云：「按：作十月者是也。考杜氏《長曆》，十月庚辰小，十一月己酉大。十一月無庚子，庚子乃十月二十一日也。齊召南說。」錢氏大昕《養新録》云：「《左氏傳》於哀十六年書孔子卒，而不書生年。《公羊》云：襄公二十一年十一月庚子生。《穀梁》云：二十年十月庚子生。《史記》則云二十二年孔子生，而無月日。攷賈逵注《左傳》，於襄二十一年云此年仲尼生。又《昭二十四年》服注引賈説云：仲尼時年三十五。是漢儒皆以孔子生在襄二十一年也。是年經書『十月庚辰朔』，則十一月無庚子日。予以《三統術》推襄公二十一年十月己卯朔，其月二十二日庚子，是爲宣尼生之日。年從《公羊》，月從《穀梁》，與賈、服注《左傳》亦合。自襄二十一年至哀十六年，實七十四算，而賈云年七十三者，古人以周歲始增年也。《史記》謂生於襄二十二年，年七十三，則以相距之歲計之。杜氏於哀十六年注云『魯襄二十二年生，至今七十三也』。則用《史記》説。」按：今《穀梁》亦繫庚子，孔子生於二十一年，未知錢氏所据何本。《穀梁疏》云：「仲尼以此年生，故傳因而録之。《世家》云二十二年生者，馬遷之言與經典不同者非一，故與此傳異年耳。」不及《公羊》，明與《公羊》同也。《通義》云：「陸德明曰：『「庚子，孔子生」，傳文上有「十月庚辰」，❶此亦十月也。一本作「十有一月庚子」。』今以十月庚辰朔校之，舊有『十有一月』字者，誤。故定從《釋文》本。傳記此者，分別自後爲所見之世故也。」包氏慎言《公羊曆譜》云：「《公羊傳》於十一月記孔子生。据曆，庚子，十月之二十二日，十二月之二十三日，凡十一月也。」段氏玉裁《經韵樓集》云：「《公羊》襄二十一年『十有一月庚子，孔子生』。

❶「辰」下，原衍「朔」字，據《通義》刪。

《穀梁》曰：襄二十一年『十月庚辰』云云，下即云『庚子，孔子生』。《穀》謂生於十月，《公》謂生於十一月，互異。据《釋文》，《公羊》與《穀梁》同。上文『十月庚辰』，此亦十月也。一本作『十一月庚子』，是《公羊》有異本。今《唐石經》板本均從異本耳。又按：徐彦解云：《左氏》無此言，則《公羊》師從後記之。玉裁謂《公》、《穀》識孔子之生，猶《左氏》記孔子之卒。然《左》大書孔子名以記其卒，儼然賡經也。《公》、《穀》曰『孔子生』，不敢書名，則此當爲傳文無疑。陸氏云：『庚子，孔子生，傳文也。又一本無此句』，可證唐初《公羊》尚有無此條者。自《公》、《穀》經不別爲書，《唐石經》每年經傳混合之，盡一年乃跳起，於是經傳不可分。經傳不可不分，❶而『庚子孔子生』之文，儼然經矣。故馬端臨謂《公》、《穀》二經有『孔子生』，而不知固傳也，非經也。今世板本冠之以『傳』字，較《唐石經》爲易明。蓋《左氏》記卒者，用魯史之成文。《公》、《穀》記生者，見尊聖之微意。皆非敢曰真經也。」《宋書·符瑞志》引《推度災》曰：「庚者，更也。子者，滋也。聖人制法，天下治平。」趙氏在翰按：「《春秋》者，❷謹誌聖人生卒年月。傳《詩》者，❸謹推生日之意，應理之理。其文殊，其指一也。」《讀書脞録》云：「《公羊》襄二十一年『十有一月庚子，孔子生』。按：經文云『十月庚辰朔』，則庚子爲十月二十一日，十一月不得有庚子也。《釋文》云：『「庚子，孔子生」傳文上有「十月庚辰」，此亦十月也。』据此，則古本《公羊》無『十有一月』四字。有者，後人妄增。《穀梁》亦作十月。❹蓋孔子以周之十月，夏之正月二十一日生。《左疏》引《公羊傳》亦有『十有一月』四字，則穎達所据本已誤。」按：陸氏所謂一本，即舊疏本。陸又云「又本無此句」，謂無「十有一月」句也。陸氏本明只有「庚子，孔子生」五字，故推上「十月庚辰」以釋之。又本無「十有一月」句，與陸本同。段氏謂陸氏此句謂「又本無『庚子孔子生』」句，誤矣。臧氏壽恭云：「魯史書『十月庚辰朔』，《三統》以爲八月。然則二傳所謂十月庚子，《三統》以爲八月二十一日。魯史後《三統》兩月。錢氏以《三統》之十月，當魯史之十月，

❶「不可」二字，原脱，據《經韻樓集》補。
❷「春秋」上，原衍「春」，今據道光本《詩緯集證》刪。
❸「者」，原脱，今據道光本《詩緯集證》補。
❹「梁」，原作「粟」，據上下文改。

誤。」○注「時歲在己卯」。○舊疏云：「何氏自有《長曆》，不得以《左氏》難之。」《校勘記》云：「疏及鄂本、閩本同。監、毛本作乙卯。錢大昕云：『於《三統術》，是年歲在乙巳，乙卯當爲乙巳之訛。』疏作己卯，亦非。」錢氏《養新録》又云：「魏晉以來，推襄公二十一年，皆云己酉，而何氏乃云乙卯，故疏家依違其詞，謂何氏別有《長曆》，亦無明文可證。今以《三統》歲術超辰之法計之：襄二十一年歲在實沈，太歲當在乙巳，則何注乙卯，必乙巳之譌也。自襄二十一年孔子生，距漢元年，三百四十六歲。又自漢興距光武建武元年，二百三十歲。合五百七十六算，正當超四辰，故知何所据者，超辰古術，非別有《長曆》也。《左氏》襄二十八年，歲在星紀，歲星與太歲常相應，星在星紀，則歲當在子，而今人以爲丙辰，亦差四算，然則孔子生年，必爲乙巳，非乙卯，無疑矣。」又云：『襄二十八年歲在星紀，而淫于玄枵。』《正義》云：『《三統》之曆，以庚戌爲上元，積十四萬二千六百八十六歲。置此歲數，以歲星歲數一千七百二十八除之，得積終八十二，去之，歲餘九百九十，以一百四十五乘歲餘，得十四萬三千五百五十，以一百四十四除之，得九百九十六，爲積次，不盡一百二十六，爲次餘，以十二除之，得八十三，去之盡，是爲此年更發初在星紀也。』」按：古法太歲與歲星當相應。《三統》本以丙子爲上元。今欲知太歲所在，即以六十去積次，不盡三十六，爲大餘，數起丙子，是爲襄二十八年太歲在壬子也。以是上推孔子生襄二十一年，正當爲乙巳。孔沖遠不知古法太歲亦有超辰，乃用後漢太史虞恭説，謂《三統》以庚戌爲上元，失之甚矣。由襄二十一太歲乙巳，上溯隱元年，計一百七十算。太歲當在乙卯，而《正義》云「隱元年歲在豕韋」，則是太歲在甲寅也。因莊公二十三年太歲、歲星皆在超辰之限。歲星既超實沈入鶉首，則太歲亦當超乙巳而至丙午，故《正義》云「閔元年歲在大梁」，知太歲在丙辰矣。後漢人引緯書，以庚申爲西狩獲麟之歲，又以隱公元年爲己未之歲，與今人所推同。緯書出于東漢，其時太歲超辰之法已廢。自何劭公、鄭康成諸大儒外，知之者尟矣。徐廣注《史記》以共和元年爲庚申，非《太史公》本文。包氏慎言《何氏公羊注春秋年紀異同攷》云：「《公羊》於襄公二十一年冬十一月記『庚子，孔子生』，何氏注云：『時歲在己卯。』東漢以後曆皆以襄之二十一年歲在己酉，或疑何氏誤記。又或疑丣、丣篆文相近，傳寫誤酉爲卯。

攷《後漢・曆志》，漢安二年，尚書邊韶奏言：『《太初曆》百四十四歲，歲星一超次。治曆者不知處之，以致不效其時。』太史令虞恭駁其議云『太初元年，歲在丁丑。上極其元，當作庚戌，而曰丙子』云云。是東漢治曆者，不取《三統》超辰之説，以《太初》起元於庚戌也。《前漢・志》記太初積年，上元至元封七年，❶即太初元年，四千六百一十七歲。❷自元封七年，上溯獲麟，凡三百七十八歲，以除上積年，不盡四千二百四十一年。從庚戌起算，以六十除之，不盡四十一。獲麟歲爲庚寅，隱公元年歲爲己丑，以下尋襄公二十一年，適值己卯。然則何氏所据者《太初曆》，與東漢術家異，非誤也。又攷黄帝術，以辛卯起元。如以《乾鑿度》之積年爲其術之積年，從辛卯下尋，隱公元年爲庚寅，襄公二十一年爲庚辰。庚辰之與己卯，亦止一算之差耳。何氏精於圖讖，斷非妄造，姑援二端，以解通經者之疑。」《經義述聞》云：「勵氏滋大曰：『是年歲在己酉，古文卯作丣，酉作丣，字形相類，故何氏誤以己酉爲卯耳。』錢氏曉徵以三統術超辰之法推之，謂是年歲在乙巳。謹案：杜氏《長曆》，是年歲在己酉，與三統術同。《大雅・文王》正義引三統之術，魯隱公元年歲在己未，與《長曆》同。則襄公二十一年歲在己酉，亦同矣。然何氏何至不識古文酉字，而以爲己卯？勵説似是而非。若以爲乙巳之譌，則丣、巳二字形體聲音俱不相近，無緣巳字誤卯。何氏精於讖緯，讖緯多用殷曆甲寅元。《續漢志》論曰：『殷曆元用甲寅。』《大衍律議》曰：『緯所据者，殷曆也。不得以《三統》術説之也。』錢説亦未得其實。今按：漢世説《春秋》獲麟至漢興年數，多寡各異。有謂獲麟至漢興二百七十五歲者，後漢虞恭等所謂歲在乙未，則漢興元年又上二百七十五歲，歲在庚申，則孔子獲麟是也。有謂獲麟至漢興百六十二歲者，後漢馮光、陳晃之説，見《續漢志》者也。今由哀公十四年獲麟，歲在庚申，上推之七十一年而至襄公二十一年，歲在己酉。据太初元年丙子，殷曆以爲甲寅，則歲在己酉，殷曆當爲丁亥，與此注不合矣。由獲麟至漢興百六十二歲推之，漢興元年，《漢志》以爲甲午，殷曆當爲壬申。由甲申上推百六十二歲至獲麟，歲在庚寅。又上推七十一歲至襄公二十一年，則歲在己卯。故此

❶「元封」，原作「元狩」，據《漢書》改，下「元封」同。

❷「千」，原作「于」，據《漢書》改。

注曰：「歲在己卯也。」蔡邕《曆議》曰：『馮光、陳晃所据，則殷曆元也。』又曰『光、晃以《考靈曜》爲本』，亦見《續漢志》。然則此注謂襄公二十一年歲在己卯，殆用《考靈曜》紀年之法。《續漢志》曰：『《考靈曜》有甲寅元。』按：甲寅元，殷曆也。則《考靈曜》又本於殷曆與？」《通義》云：「周十月，夏八月，日在壽星之次，與斗柄同位。先儒言夫子生時，帝車南指，此日加午之驗也。占之《金匱式》曰：『六陽罡爲六合臨時之方，青龍繫日，具神勝光。天乙登車，朱雀翱翔。始以龍見，終以蛇藏。是有德而章，無位而王者與？』」《解詁》曰：『時歲在己卯。』於今《禄命術》得己卯、癸酉、庚子、壬午，應四極之位也。漢《四分曆》是歲己酉，與何氏不合。但《四分》依《命曆序》，以爲庚申歲獲麟，而《感精符》則云：『獲麟之歲在單閼。』單閼，卯也。《四分》上推太初元年丁丑，漢元年乙未。《三統曆》引《漢志》曰：『高帝元年，歲在大棣，名曰敦牂。元封七年，歲名困敦。』並與《四分》較差一年。《太史公·曆書》曰：『太初元年，歲名閼逢攝提格。』又實甲寅，非丁丑矣。萬祺遂古，七曆殊元，同異得失，無以辨之。今以《公羊》家學既從何氏，仍其舊注，存師説焉。」

二十有二年，春，王正月，公至自會。注月者，危。公前彊隨漷，有邾婁地，又受其叛臣邑，而今與魯。不於上會月者，與日食同月，不得復見。疏注「月者」至「與魯」。○正以致例時，此月，故解之。《校勘記》云：「『前彊隨漷，有邾婁地』，鄂本同，閩、監、毛本『彊』作『疆』，疏同。」紹熙本亦作「彊」。按：彊、疆皆通。即上《十九年》「取邾婁田，自漷水」是也。「又受其叛臣邑」者，即上《二十一年》「邾婁庶其以漆、閭丘來奔」是也。「而今與魯」，《校勘記》云：「鄂本『魯』作『會』，此誤。」按：紹熙本亦作「會」。○注「不於」至「復見」。○《校勘記》云：「毛本『於』誤『與』。鄂本、閩、監本及疏皆不誤。」按：紹熙本亦作「於」。舊疏云：「言所以不於上商任會時書月見危者，正以與上『冬，十月庚辰朔，日有食之』同在十月，不得見此義，是以於此危。」

夏四月。

秋，七月辛酉，叔老卒。疏包氏慎言云：「七月書辛酉，月之十八日。」

冬，公會晉侯、齊侯、宋公、衛侯、鄭伯、曹伯、莒子、邾婁子、滕子、薛伯、杞伯、小邾婁子于沙隨。疏《左氏》經無「滕子」，或闕文。此經《唐石經》、諸本同。

公至自會。

楚殺其大夫公子追舒。

二十有三年，春，王二月癸酉朔，日有食之。疏包氏慎言云：「二月書癸酉朔，据曆爲月之三日。」《五行志下之下》云：「二十三年二月癸酉朔，❶日有食之。董仲舒以爲，後衛侯入陳儀，甯喜弑其君剽。劉歆以爲，前年十二月二日，宋燕分。」臧氏壽恭以《三統術》推前年正月丁未朔，大。二月丁丑朔，小。三月丙午朔，大。四月丙子朔，小。五月乙巳朔，大。六月乙亥朔，大。七月乙巳朔，小。八月甲戌朔，大。九月甲辰朔，小。十月癸酉朔，大。十一月癸卯朔，小。十二月壬申朔，二日癸酉。

三月己巳，杞伯匄卒。疏包氏慎言云：「三月書己巳，月之三十日。」

夏，邾婁鼻我來奔。疏《釋文》云：「鼻我，二傳作『畀我』。」唐《左氏》石經作「卑我」。《九經古義》云：「古鼻、畀同音。」《穀梁》昭二十七年傳注「邾畀我」，《釋文》：「畀，必二反。本或作鼻。」《漢書・武五子傳》「舜封象於有鼻」，《鄒陽傳》「封之于有卑」，服虔曰：「音畀予之畀也。」《左傳校勘記》：「宋本『畀我』作『卑我』，石經亦作『卑我』。按：《釋文》凡畀字，皆云必利反。以音理言之，畀在五支，卑在六脂，卑字不可代畀，音必利反，石經始譌，而宋本仍之，非也。」按：昭二十年《左傳》「曹公孫會自鄸出奔」，疏兩引作「卑」。漢《校官碑》卑作畀，是隸書畀即卑也。二字形近易譌，以音訂之，斷爲二字。唐初蓋已混，故孔疏引作「卑」也。

邾婁鼻我者何？邾婁大夫也。邾婁無大夫，此何以書？以近書也。注以奔無他義，知以治近升平書也。所傳聞世，見治始起，外諸夏，録大略小。大國有大夫，小國略稱人。所聞之世，內諸夏，治

❶ 上「二」字，原作「三」，據《漢書》改。

小如大。廩廩近升平，故小國有大夫，治之漸也。見於邾婁者，自近始也。獨舉一國者，時亂，實未有大夫。治亂不失其實，故取足張法而已。**疏**注「以奔」至「書也」。○舊疏云：「《莊二十四年》『曹羈出奔』之下，傳云：『曹無大夫，此何以書？賢也。何賢乎曹羈？三諫不從，遂去之，故君子以爲得君臣之義也。』然則曹羈得諫義，是以書之。上《二十一年》邾庶其之奔，傳云：『邾婁無大夫，此何以書？重地也。』《昭五年》『夏，莒牟夷以牟婁及防兹來奔』，傳云：『此何以書？重地也。』然則庶其、牟夷皆以重地故書，悉非常例。今此鼻我無三諫之善，無盜上之惡，直奔而已，更無它義而得書見，知以治近升平之故也。」《繁露·奉本》云：「邾婁庶其、鼻我，邾婁大夫。其於我無以親，以近之故，乃得顯明。」按：「以親」之「以」疑衍。庶其之書，傳以爲重地，非以近書。《昭二十七年》「邾婁快來奔」，傳云：「邾婁無大夫？此何以書，❶以近書也。」「庶其」或「快」之誤。○注「所傳」至「稱人」。○《隱元年》「公子益師卒」，注「於所傳聞之世，見治起於衰亂之中，用心尚麤觕，故內其國而外諸夏，先詳內而後治外。録大略小，內小惡書，外小惡不書。大國有大夫，小國略稱人。內離會書，外離會不書」是也。此爲書小國大夫，注故止舉外諸夏、略小國、略稱人三事也。○注「所聞」至「漸也」。○《隱元年》注云：「於所聞之世，見治升平，內諸夏而外夷狄，書外離會，小國有大夫。」正以治小如大，故小國有大夫也。「廩廩」者，《公羊問答》云：「《漢書·循吏傳》『此廩廩，庶幾德讓君子之遺風矣』，注：『師古曰：廩廩，言有丰采也。』」《孝文本紀》太史公曰：「廩廩鄉改正服封禪矣。」按：廩廩，蓋猶漸漸耳，兩漢時有此語。○注「見於」至「始也」。○《校勘記》云：「諸本同。《昭二十七年》疏引作『以近治也』，始爲治之訛，當據正。按：解云『正以地接于魯，故先治之也』，是疏本作治。」《通義》云：「近者，所見之世也。入所見世，治法大備，將使遠近大小若一，小國始合有大夫，但盟會之等，載記闕略，不得周知，故還録其接我者以見法。必取法于邾婁者，亦取治自近者始也。」按：孔氏斷自孔子生後爲所見之世，與何氏不同。按：傳聞之世，小國略稱

❶「此何」，原倒，據國學本改。

人，大國有大夫。直至所見世，小國始有大夫，非三世之次，孔義恐未然。○注「獨舉」至「而已」。○舊疏云：「孔子作《春秋》，欲以撥亂世。多舉小國，悉有大夫，則恐文害其理，故曰『治亂不失其實也』。今鼻我更無他義，而得書見，明其張三世之法，故曰『取足張法而已』。」謂張治小國大夫法也。凡書奔者，重乖離之禍故也。

葬杞孝公。

陳殺其大夫慶虎及慶寅。

陳侯之弟光，自楚歸于陳。**注**前爲二慶所譖，出奔楚。楚人治其罪，陳人誅二慶，反光，故言歸。宋大夫山譖華元貶，此不貶者，殺二慶而光歸，譖光可知。**疏**注「前爲」至「言歸」。○事見上《二十年》。歸者，出入無惡之文也。二十年《左傳》云：「陳侯之弟黄出奔楚，言非其罪也。」《穀梁》注：「光反，稱弟言歸，無罪明矣。」又彼《二十年》傳云：「親而奔之，惡也。」注：「所以惡陳侯。」○注「宋大」至「可知」。○即《成十五年》「宋華元出奔晉。宋華元自晉歸于宋。宋殺其大夫山」，注：「不氏者，見殺在華元歸後，嫌直自見殺者，故貶之，明以譖華元故。」今此殺二慶後，光乃歸。歸無惡，知譖光明矣。

晉欒盈復入于晉，入于曲沃。

曲沃者何？晉之邑也。**疏**隱五年《左傳》注云：「曲沃，晉别封成師之邑，在河東聞喜縣。」《漢書·地理志》：「河東聞喜縣，故曲沃。武帝元鼎六年行過，改名。」應劭曰：「武帝於此聞南越破，改曰聞喜。」今曲沃爲漢堯縣地。《詩·唐風·揚之水序》「昭公分國以封沃」即此。其言入于晉、入于曲沃何？**注**据當舉重。**疏**《通義》云：「据魚石直言復入于彭城。」○注「据當舉重」。○正以當直書入于晉也。欒盈將入晉，晉人不納，由乎曲沃而入也。**注**欒盈本欲入晉，篡大夫位。晉人不納，❶更入於曲沃，得其士衆，以入晉國。曲沃大夫當坐，故復言入。篡大夫位例

❶「人」，原作「入」，據《公羊傳注疏》改。

時。**疏**《通義》云：「《左傳》曰『齊侯以藩載欒盈及其士，納諸曲沃。欒盈帥曲沃之甲，因魏獻子以晝入絳』，故曰『由乎曲沃而入也』。傳以此解上者，明與魚石但據彭城不入宋者異也。」○正以「復入者，出無惡，入有惡」之文，故知欒盈入晉爲簒也。舊疏云：「不直言入，又無叛文，故知不簒君位也。其惡文不繫於簒君，知止欲簒大夫也。」○注「晉人」至「晉國」。○《晉世家》「齊莊公微遣欒逞於曲沃，以兵隨之。齊兵上太行，欒逞從曲沃中反，襲入絳」，與《左傳》同，皆無入晉不納事。蓋事勢宜然，《史》、《左》或未備也。○注「曲沃」至「言入」。○解經所以不舉重之義也。舊疏云：「曲沃大夫受納有罪之人，故云當坐。」按：《左傳》「欒盈夜見胥午而告之」，注：「胥午，守曲沃大夫。」又曰：「伏之而觴曲沃人。欒作，午言曰：『今也得欒孺子，何如？』對曰：『得主而爲之死，猶不死也。』皆歎，有泣者。爵行，又言，皆曰：『得主，何貳之有。』盈出，徧拜之。」是受納有罪事也。然曲沃大夫不能固守城邑，致令欒盈得入，亦當坐失地罪。《禮記·曲禮》云「大夫死衆，士死制」是也。欒盈因曲沃甲以襲晉，故復書入于曲沃，見曲沃大夫罪明也。○注「簒大夫位例時」。○舊疏云：「正以經書夏，故知例時。《昭二十一年》『夏，宋華亥、向甯、華定自陳入于宋南里以畔』、《定十一年》『秋，宋樂世心自曹入于蕭』之屬皆是也。」

秋，齊侯伐衛，遂伐晉。

八月，叔孫豹帥師救晉，次于雍榆。 **疏**《釋文》：「渝，《左氏》作榆。」《水經注·淇水》篇：「淇水又東北流，謂之白溝，逕雍榆城南。《春秋》襄公二十三年『叔孫豹救晉，次于雍榆』是也。」《國語·周語》云「定王饗之」，注：「定王，榆也。舊音榆，本或爲渝。」是渝、榆通也。杜云：「晉地，汲郡朝歌縣東有雍城。」《大事表》云：「《郡邑志》黎陽縣有雍城，即古雍榆也，故城在今河南衛輝府濬縣西南十八里。《明一統志》雍榆城在大名府濬縣西南四十八里。」《差繆略》云：「俞，《左氏》作榆，《穀梁》作渝。」按：今《注疏》本及石經《公羊》亦作渝。

曷爲先言救而後言次？ **注** 据次于聶北救邢。**疏** 注「据次」至「救邢」。○即《僖元年》「齊師、宋師、曹師次于聶北，救邢」，先言次，後言救也。

先通君命也。 **注** 惡其不遂君命，而專止

次，故先通君命言救。疏注「惡其」至「言救」。○《通義》云：「救晉者，君命也。次者，進退在豹也。先書君命而後録臣事，《春秋》之教也。然救不言次，本書次者，刺不及事之義，因而分别先後，又隨事設義云爾。」《穀梁傳》：「言救後次，非救也。」注：「惡其不遂君命而專止次，故先通君命而後言次，尊君抑臣之義。鄭嗣曰：次，止也。凡先書救而後言次，皆非救也。《僖元年》『齊師、宋師、曹師次于聶北，救邢』，此師本欲止聶北，遥爲之援爾。隨其本意而書，故先言次而後言救。❶豹本受君命救晉，中道不能，故先言救而后言次。若鄭伯未見諸侯而曰如會，致其本意。」與何氏義合。莊三年《左疏》引《左氏》先儒言：「齊桓，君也，進止自由，故先次後救。叔孫，臣也，先通君命，故先救後次。」按：《左傳》曰：「禮也。」疏引賈云：「禮者，言其先救後次，❷爲得禮也。」止謂先通君命爲得禮耳。其次而不遂，故譏也。

己卯，仲孫遬卒。疏包云：「八月書己卯，月之十二日。」

冬，十月乙亥，臧孫紇出奔邾婁。疏包氏慎言云：「十月書乙亥，月之九日。」《閔二年》：「公子慶父出奔莒。」注：「内大夫奔例，無罪者日，有罪者月。」按：《左傳》：「臧武仲告曰：『紇之罪，不及不祀。』臧賈曰：『是家之禍也，非子之過也。』」如彼傳文，臧孫爲季氏事出奔，非得罪於國，故爲無罪。《通義》云：「日者，有罪也。子曰：『臧武仲以防求爲後於魯，雖曰不要君，吾不信也。』」然彼是出奔後事，聖人不必於其出奔時遂罪之。《穀梁傳》「其日，正臧孫紇之出也」，則孔氏蓋涉《穀梁》家説。

晉人殺欒盈。

曷爲不言殺其大夫？注据篡得大夫之位。疏注「据篡」至「之位」。○舊疏云：「正以夏已入晉，冬乃殺之。傳又云『曷爲不言殺其大夫』，故知篡得大夫之位矣。」非其大夫也。注明非君所置，不得爲大夫。無大夫文而殺之稱人者，從討賊辭，大其除亂也。疏注「明非」至

❶「救」，原作「家」，據國學本改。
❷「後」，原作「渝」，據《春秋左傳注疏》改。

「大夫」。○《通義》云：「前得罪出奔，位已絶。惟以道去國者，雖不在位，猶從大夫之秩。今盈入晉，作亂罪重，不得復稱故大夫也。」按：何意前出奔，大夫已絶。今簒大夫位，非君所置，故不得爲大夫，義自直捷。《穀梁傳》：「晉人殺欒盈，惡之，弗有也。」○注「無大」至「亂也」。○舊疏云：「《公羊》之例，大夫自相殺稱人，即《文九年》『晉人殺其大夫先都』之屬是。今無大夫之文，稱人者，欲從衛人殺州吁、齊人殺無知之屬，是討賊之辭也。實非簒而作討賊辭者，大其除亂也。」惠氏士奇《春秋説》云：「欒、范交惡而欒盈亡，駟、良交争而良霄死，亦與討賊同辭，不亦甚乎？凡大夫出奔，非有君命不得反。非君命而反，自外入者皆從討賊辭。且大夫出奔，非大夫矣，不得從殺大夫之例。❶雖非弑君賊，而欒盈兵乘公門，良霄介于襄庫，是亦賊也，故皆從討賊辭也。」是也。

齊侯襲莒。

二十有四年，春，叔孫豹如晉。

仲孫羯帥師侵齊。疏《校勘記》云：「《唐石經》、諸本同。《釋文》作『仲孫偈』，云：『本又作褐，亦作羯，同。』」

夏，楚子伐吴。

秋，七月甲子朔，日有食之既。注是後，楚滅舒鳩，齊崔杼、衛甯喜弑其君。疏《五行志下之下》：「《二十四年》『七月甲子朔，日有食之既』，劉歆以爲五月，魯趙分。」臧壽恭推是年正月丙寅朔，小。二月乙未朔，大。三月乙丑朔，小。四月甲午朔，大。五月甲子朔，六月癸巳朔。」○注「是後」至「其君」。○舊疏云：「即下《二十五年》『楚屈建帥師滅舒鳩』、❷《二十五年》『齊崔杼弑其君光』、《二十六年》『衛甯喜弑其君剽』是也。」

齊崔杼帥師伐莒。

大水。注前此，叔孫豹救晉，仲孫羯侵齊，此興師衆，民怨之所生也。疏注「前此」至「生也」。○《校勘記》云：「元本同，監、毛本『此』作『北』，皆誤。鄂本、閩本作『比』，又鄂本無『也』，當據以

❶「大」，原作「夫」，據國學本改。
❷「五」上，衍「弑」字，據國學本改。移下「杼」字後。

訂正。」按：紹熙本亦無『也』字。《五行志上》：「襄公二十四年，秋，大水。董仲舒以爲，先是一年，齊伐晉，襄使大夫帥師救晉，後又侵齊。國小兵弱，數敵彊大，百姓愁怨，陰氣盛。劉向以爲，先是，襄慢鄰國，是以邾伐其南，齊伐其北，莒伐其東。百姓騷動。後又仍犯彊齊也。大水，饑，穀不成，其災甚也。」

八月癸巳朔，日有食之。 **注**與甲子同。**疏**注「與甲子同」。○《五行志下之下》：「八月癸巳朔，日有食之。董仲舒以爲，比食又既，象陽將絶，夷狄主中國之象也。❶後六君弒，楚子果從諸侯伐鄭，❷滅舒鳩。魯往朝之，卒主中國，伐吳討慶封。劉歆以爲，六月晉趙分。」《元志》：「大衍云不應頻食，在誤條。」沈氏欽韓以今曆推之，立分不叶，不應食，《大衍》説是。

公會晉侯、宋公、衛侯、鄭伯、曹伯、莒子、邾婁子、滕子、薛伯、杞伯、小邾婁子于陳儀。 **疏**《釋文》：「陳儀，二傳作『夷儀』，《二十五年》同。」《校勘記》云：「閩、監、毛本皆誤以此《釋文》爲注，鄂本無之。此本加圈以別之，是也。」紹熙本同。二十五年《穀梁傳》注：「夷儀本邢地，衛滅邢而爲衛地。」

冬，楚子、蔡侯、陳侯、許男伐鄭。

公至自會。

陳鍼宜咎出奔楚。 **疏**《釋文》本作「咸宜咎」，云：❸「本又作鍼，❹其廉反。」

叔孫豹如京師。

大饑。 **注**有死傷曰大饑，無死傷曰饑。**疏**注「有死」至「曰饑」。○《穀梁傳》：「五穀不升爲大饑，一穀不升謂之嗛，二穀不升謂之饑，三穀不升謂之饉，四穀不升謂之康，五穀不升謂之大侵。」❺注：「侵，傷。」大傷即有死傷義也。彼疏引徐邈云：「有死者曰大饑，無死者曰大餓。」然經無「大餓」文也。《繁露·隨本消息》云：「魯大饑。中國之行，亡國之跡也。」舊疏云：「正以諸經直言饑，此加大故也。」

❶「中」，原作「上」，據《漢書》改。
❷「果」，原作「梁」，據《漢書》改。
❸「云」下，原衍「云」，據《釋文》刪。
❹「作」字，原脱，據《釋文》補。
❺「侵」，原作「饑」，據《春秋穀梁傳注疏》改。

二十有五年，春，齊崔杼帥師伐我北鄙。

夏，五月乙亥，齊崔杼弒其君光。**疏**包氏慎言云：「五月書乙亥，月之十八日。」《穀梁傳》：「莊公失言，淫于崔氏。」

公會晉侯、宋公、衛侯、鄭伯、曹伯、莒子、邾婁子、滕子、薛伯、杞伯、小邾婁子于陳儀。**疏**《繁露・隨本消息》云：「諸夏再會陳儀，齊不肯往。」謂此及上《二十四年》會陳儀也。

六月壬子，鄭公孫舍之帥師入陳。**注**日者，陳、鄭俱楚之與國，今鄭背楚入陳，明中國當憂助鄭，以離楚弱陳，故爲中國憂録之。**疏**注「日者」至「録之」。○舊疏云：「正以《公羊》之義，入例書時。傷害多者乃始書月，即《成七年》『秋，吴入州來』、《隱二年》『夏五月，莒人入向』之屬是。今此書日，故解之。」包氏慎言云：「六月書壬子，月之二十五日也。」《通義》云：「《左傳》曰：『初，陳侯會楚子伐鄭，當陳隧者，井堙木刊，鄭人怨之。六月，鄭子展、子産伐陳，宵突陳城，遂入之。子展命師無入公宮，與子産親御諸門，陳侯免，擁社，使其衆男女別而纍，以待于朝。子展執縶而見，再拜稽首，承飲而進獻。子美入，數俘而出。祝祓社，司徒致民，司馬致節，司空致地，乃還。』由此言之，鄭人之師，以直報怨，卒定以禮，而不加暴焉，入國之善者也。❶故曰《春秋》之例，日入者善也。」孔氏牽涉《左氏》以駁何氏。按：《春秋》日入者，何氏解各異。《隱十年》「冬，十月壬午，齊人、鄭人入盛」，注：「日者，明當憂録之。」《十一年》：「秋，七月壬午，公及齊人入許。」注：「日者，危録隱公。」《僖二十七年》：「乙巳，❷公子遂帥師入杞。」❸注：「日者，杞屬修禮朝魯，不當乃入之，故録責之。」《二十八年》晉侯入曹，書丙午，注：「日者，善義兵得時入。」若概以日入爲善，則入盛、入許之屬，何善之有。蓋凡入言日者，在例時與傷害多月外，故分別解之也。

秋，八月己巳，諸侯同盟于重丘。**注**會盟再出，不舉重者，起諸侯欲誅崔杼，故詳録

❶「入」，原作「大」，據《通義》改。

❷「乙」，原作「己」，據《公羊傳注疏》改。

❸「帥師」原脱，據《公羊疏》補。

之。**疏** 包氏慎言云：「八月無己巳，七月之十三日也。」杜云：「重丘，齊地。」《大事表》云：「今東昌府聊城縣東北，跨茌平縣界，有古重丘，爲諸侯盟會處。《彙纂》云：『濟南府德州亦有重丘城，或云會盟處。』以經文考之，公會諸侯于夷儀，同盟于重丘。夷儀爲今北直順德府地，去東昌爲近。自夷儀涉齊竟，當在聊城。」《水經注·河水》篇：「又東逕重丘縣故城西。《春秋》襄二十五年秋，同盟重丘。應劭曰『安德縣北五十里有重丘鄉』，❶故縣也。」❷按：安德在今之陵縣，恐非其地。《漢志》平原郡有重丘縣，爲今之霑化，則更遠矣。《方輿紀要》：「重丘城在東昌府東南五十里，跨茌平縣界，《襄二十五年》『同盟于重丘』是也。又重丘城在濟南府陵縣北五十里。」按：以前說爲是，後說則《水經》所次也。○注「會盟」至「録之」。○舊疏云：「正以《文十四年》『夏，公會宋公以下同盟于新城』，舉盟以爲重，不言會于某。今會盟並舉，故解之。《僖九年》『公會宰周公以下于葵丘』之下，注云：『會盟一事，不舉重者，時宰周公不與盟也。』《昭十三年》『平丘』之下，注云：『不舉重者，起諸侯討棄疾，故詳録之。』與此同。」《通義》云：「會盟一事，不舉重者，以異地也。重言諸侯者，間有異事，與祝阿同例。據《左傳》，是會晉本合諸侯伐齊，以報二十三年之役。齊人以莊公說，且賂晉侯，許之，同盟于重丘，齊成故也。遂受亂賂，黨弑君之賊，中國之大恥，公與有惡焉。《春秋》不言伐齊，所以深爲内諱而存中國也。重丘之盟，稷之會，其迹正同。於彼目言之，於此諱，所謂遠世近世異辭。」《解詁箋》云：「諸侯不誅崔杼，故重録之。日者，徧刺諸侯之不討賊也。」按：孔氏所据《左氏》說，不得以駁何氏。欲誅崔杼，何氏或别有據。蓋誅不成，故書日以刺之也。

公至自會。

衛侯入于陳儀。

陳儀者何？衛之邑也。**疏**《大事表》云：「杜注：『本邢地，衛滅邢而爲衛邑。晉慭、衛衎失國，使衛分之一邑。』又《定九年》齊伐晉夷儀，爲衛討也。則又爲晉地。蓋實衛之邊邑，與齊、晉皆連壤，今直隸順德

❶「北」，原作「此」，據《水經注》改。

❷「縣」，原作「城」，據《水經注》改。

府西南四十里有夷儀城。」曷爲不言入于衛？**注** 据與鄭突入櫟同。**疏** 注「据與」至「櫟同」。○即《桓十五年》：「鄭伯突入于櫟。」傳：「櫟者何？鄭之邑也。曷爲不言入于鄭？」❶注：「据齊陽生立陳乞家，言入于齊。」今此亦据陽生事爲難，故云据與彼同也。陽生事見《哀六年》。諼君以弑也。**注** 以先言入后言弑也。時衛侯爲剽所篡逐，不能以義自復，詐願居是邑爲剽臣，然后候間伺便，使甯喜弑之。君子恥其所爲，故就爲臣以諼君惡之。未得國言入者，起詐篡從此始。**疏**《釋文》作「以弑」，❷「音試，注同。後年放此」。○注「以先」至「弑也」。○鄂本「后」作「後」，下及疏並同。先言入，謂此。後言弑，謂下《二十六年》「衛甯喜弑其君剽」是也。○注「時衛」至「惡之」。○衛侯見篡逐事，見上《十四年》。「詐願居是邑，爲剽臣」，何蓋以時情事言之也。伺便候間，❸使甯喜弑之者，即下《二十六年》衛獻公自夷儀使與甯喜言，甯喜許之，即使甯喜弑剽事也。《繁露·隨本消息》云：「衛衎據陳儀而爲諼，林父據戚而以畔。」下云：「中國之行，亡國之跡也。」故書入以惡之。《說文·言部》：「諼，詐也。」《文三年》傳：「此伐楚也，其言救江何？爲諼也。」《漢書·息夫躬傳》：「虚造詐諼之策。」○注「未得」至「此始」。○舊疏云：「欲言小白、陽生之屬得國乃言入。」《通義》云：「衎在陳儀，蒯聵在戚，其未得衛甚明，而傳輒以不言入于衛爲難者，蓋以衎與蒯聵，若有君衛之道，❹雖偏安一邑，《春秋》皆得以入于衛言之。❺何則？四境之内，尺土莫非衛也。昭公之在鄆，猶在魯也。敬王之居狄泉，敬王有周，子朝不得有周也。是故以戚與陳儀舉者，即不與使有衛之辭也。若衎者，有國不能自保，去國不能自復，而謀爲諼於逐我者之子，甚足賤惡，故從出入有惡之例，使與叛臣入邑者同文也。何以不名？其奔名，其歸名，則於此可

❶「入于」，原脱，據《公羊傳注疏》補。
❷「弑」，原作「殺」，據《釋文》改。
❸「便」，原作「使」，據上注文改。
❹「若」，原作「皆」，據《通義》改。
❺「以」，原脱，據《通義》補。

省文，因别見罪輕于朔矣。」義或然也。

楚屈建帥師滅舒鳩。

鄭公孫囆帥師伐陳。**疏**舊疏云：「公孫囆云云，亦有本作公孫萬字者。」《校勘記》云：「諸本同。《唐石經》本作『公孫蠆』，口旁後加。舊疏云云。何焯云：『萬當蠆字誤。』按：閩、監、毛本皆脱此疏。」《左氏》《穀梁》作「公孫夏」，夏與蠆音義俱遠，定有一譌也。

十有二月，吴子謁伐楚，門于巢卒。**疏**《釋文》：「謁，《左氏》作遏。」《校勘記》云：「《唐石經》、諸本同。疏本作遏，❶云：『亦有一本作謁字者。』作『遏』則于《左氏》合，而陸氏乃區别之。義疏所据之本，往往勝於《釋文》。《公羊疏》非唐人所爲也。」按：謁、遏皆曷聲，俱無不可，不必疏本即勝於陸本。《詩·大雅·文王》云：「無遏爾躬。」《釋文》：「遏或作謁。」《易·大有·象》云：「君子以遏惡揚善。」《釋文》：「遏，徐又音謁。」是音義同也。《繁露·隨本消息》云：「吴在其南，而二君殺。」❷謂此及《二十九年》閽弒吴子餘祭也。彼「殺」當作「弒」。門于巢卒者何？入門乎巢而卒也。入門乎巢而卒者何？入巢之門而卒也。**注**以先言門，後言于巢。吴子欲伐楚，過巢，不假塗。卒暴入巢門，門者以爲欲犯巢而射殺之。君子不怨所不知，故與巢得殺之，使若吴爲自死文，所以彊守禦也。書伐者，明持兵入門，乃得殺之。**疏**傳言「入巢之門而卒也」者，以解「入門乎巢而卒也」。○注「以先」至「于巢」。○舊疏云：「正以先入其門，巢人乃殺，故言門于巢卒。」○注「吴子」至「禦也」。○《穀梁傳》曰：「以伐楚之事，門于巢卒也。門于巢，乃伐楚也。諸侯不生名，取卒之名，加之伐楚之上者，見以伐楚卒也。其見以伐楚卒何也？古者大國過小邑，小邑必飾城而請罪，禮也。吴子謁伐楚，至巢，入其門，門人射吴子，有矢創，反舍而卒。古者雖有文事，必有武備。非巢之不飾城而請罪，非吴子之自輕也。」何義與彼同。《左傳》云：「吴子諸樊伐楚，以報舟師之役，門于巢。」杜云：「攻巢門也。」以爲吴子攻巢，

❶「疏本」，原作「唐謁」，據《十三經注疏校勘記》改。
❷「君殺」，原作「言入」，據《春秋繁露》改。

巢牛臣所殺，與此少異。《穀梁疏》引舊解：「巢，楚竟上之小國，有表裏之援，故先攻之，然後楚可得伐。以爲楚邑，非也。徐邈亦云：『巢，偃姓之國。』是也。」按：何氏責吴不假塗，蓋亦以巢爲國。《易·繫辭傳》云：「重門擊柝，以待暴客。」《春秋》彊守禦，猶此義也。○注「書伐」至「殺之」。○《周禮·朝士職》：「凡盜賊軍，鄉邑及家人殺之無罪。」注：「鄭司農云：『謂盜賊群輩若軍，共攻盜鄉邑及家人者，殺之無罪。若今時無故入人室宅廬舍，上人車舡牽引人，欲犯法者，其時格殺之無罪。』」惠氏士奇《周禮説》云：「軍謂持兵者也。明持兵者可格殺之勿論也。《漢書·龔遂傳》：『渤海盜賊起，遂移書屬縣：諸持鉏鉤器者，皆良民。持兵者，乃盜賊。』則漢律亦不持兵者不爲盜也。」按：今律，夜無故入人家内，主家登時殺死者，勿論。唐律亦然。《疏議》答曰：「律開聽殺之文，本防侵犯之輩。設令舊知姦穢，終是法所不容。但夜入人家，理或難辨。縱令知犯，亦爲罪人。若其殺即加罪，便恐長其侵暴。登時許殺，理用無疑。」故此與巢得殺也。

吴子謁，何以名？**注**据諸侯伐人不名。**疏**注「据諸」至「不名」。○《穀梁傳》曰：「諸侯不生名。」疏：「重發傳者，與失國生名異故也。」

傷而反，未至乎舍而卒也。**注**以名卒，間無事，知以傷辜死，還就張本文伐名。知傷而反，卒繫巢，知未還至舍，巢不坐殺。復見辜者，辜内當以弒君論之，辜外當以傷君論之。**疏**《唐石經》、鄂本、閩、監本同。毛本「反未」誤倒。上《七年》傳：「鄭伯髡原何以名？傷而反，未至乎舍而卒也。」《通義》云：「與鄭伯髡原同義。」舊疏云：「彼是臣傷其君，此異國，故復發之。」○注「以名」至「伐名」。○舊疏「伐名」屬下讀。惠棟云：「伐名二字屬上句。蓋名于伐而不名于卒，故謂知以傷辜死，爲伐名張本。疏云：『伐名，知傷而反卒。』誤讀。」按：《穀梁傳》云：「取卒之名，加之伐楚之上者，見其以伐楚卒。」《穀梁》無保辜義，亦以經「名卒，間無事」，故如此解。○注「知傷」至「至舍」。○舊疏云：「名者，卒爵之稱。今于伐已名，知其見傷而反。其卒仍繫巢，故知被傷反，未至於舍止之處而卒也。」○注「巢不」至「論之」。○「巢不坐殺」，即上注云：「君子不怨所不知，故與巢得殺之也。」「復

見辜者」，❶對上七年言之，故言復也。辜内云云者，舊疏云：「正以過國假塗，賓客之謙謹。重門設守，主人之恒備。今吴人無禮，淩暴巢國。若不與殺，開衰世諸侯得使縱横。巢無禦備而殺人之君，若令舍之，又脱漏其罪，是以何氏進退月之。❷若以殺論，巢君合絶。若以傷論，貶黜而已。」按：此即《穀梁》之「非巢不飾城而請罪」義也。然巢君無坐殺傷理。殺吴子者，亦非巢君，舊疏誤。

二十有六年，春，王二月辛卯，衛甯喜弑其君剽。**注**甯喜爲衛侯衎弑剽，不舉衎弑剽者，諼成于喜。**疏**包氏慎言云：「二月書辛卯，月之八日。」《史記·世家》剽作秋。《繁露·隨本消息》云：「中國在其北，而齊衛殺其君。」謂此及上《二十五年》「齊崔杼弑其君光」也。殺亦弑之誤。彼下云：「中國之行，亡國之跡也。」○注「甯喜」至「于喜」。○甯喜爲衎弑剽事，見下《二十七年傳》。舊疏云：「喜若爲衎弑剽，《春秋》舉重，宜書衎弑。今書喜者，正由諼成于喜故也。是以下《二十七年》傳：『甯殖死，喜立爲大夫，使人謂獻公：「黜公者，非甯氏也，孫氏爲之。吾欲納公，何如？」』是諼成于喜文也。」按：《左傳》：「甯子出舍于郊，伯國死。孫氏夜哭。國人召甯子，甯子復攻孫氏，克之。辛卯，殺子叔及太子角。書曰『甯喜弑其君剽』。言罪之在甯氏也。」《世家》謂：「殤公使甯喜攻孫林父。林父奔晉，復求入故衛獻公。獻公在齊，如晉，晉爲伐衛，誘與盟。衛殤公會晉平公，平公執殤公與甯喜而復入衛獻公。」與《公羊》、《左氏》義皆不合。

衛孫林父入于戚以叛。**注**衎盗國，林父未君事衎。言叛者，林父本逐衎，衎入，故叛衎。得誅之，猶定公得誅季氏，故正之云爾。**疏**注「衎盗」至「誅之」。○舊疏云：「正以凡言叛者，臣盗土之辭，故如此解。林父逐衎者，在《十四年》。」《左傳》書曰：「入于戚以叛。」罪孫氏也。臣之禄，君實有之。義則進，否則奉身而退。專禄以周旋，戮也。衎出奔已絶，故復入爲盗國，下書衛侯衎名是也。○注「猶定」至「云爾」。○舊疏云：「昔林父逐衎，

❶「復」，原作「後」，據前注文改。
❷「月」原作「目」，據《公羊傳注疏》改。

衎得誅之。季氏不逐定公，而定公得誅季氏者，正以昭公是父，父子一體，榮辱同之。季氏逐昭公，故與定公得誅之也。知如此者，正以《定元年》霣霜殺菽。何氏云：『周十月，夏八月，微霜用事，未可殺菽。菽者，少類，爲稼强，季氏象也。是時定公喜於得位，而不念父黜逐之恥，反爲淫祀，立煬宮，故天示以當早誅季氏。』是也。」

甲午，衛侯衎復歸于衛。疏包氏慎言云：「二月又有甲午，月之十一日。」

此諼君以弒也，其言復歸何？注据齊陽生至陳乞家時，書入于齊，不書復歸者，入無惡文。疏注「据齊」至「復歸」。○即《哀六年》「齊陽生入于齊」。傳：「景公死而舍立，陳乞使人迎陽生于諸其家。大夫不得已，皆再拜稽首而君之爾」是也。彼書入，故据以難。○注「復歸」至「惡文」。○《桓十五年》傳「復歸者，出惡歸無惡」是也。惡剽也。注主惡剽。衛侯入無惡，則剽惡明矣。疏注「主惡」至「明矣」。○正以剽簒不見，故於衛侯之入不書入見之，非與衎，主惡剽也。曷爲惡剽？注据齊陽生不書歸，惡舍。疏注「据齊」至「惡舍」。○《哀六年》傳：「景公謂陳乞曰：『吾欲立舍，何如？』陳乞曰：『所樂乎爲君者，欲立之，則立之。不欲立，則不立。君如欲立之，則臣請立之。』」下又曰：「陳乞曰：『夫千乘之主，將廢正而立不正，必殺正者。』」明舍立不正，嫌陽生之簒無罪，宜書復歸惡舍，故据以難。剽之立於是，未有説也。注凡簒立，皆緣親親也。剽以公孫立於是位，尤非其次，故衛人未有説。喜由此得成諼禍，故惡以爲戒也。簒重不書反惡此者，因重不得書，故得惡輕，亦欲以見重。疏注「凡簒」至「戒也」。○疏云：「正以有繼及舊道故也。剽以公孫立於是位，若以昭穆言之，遠於公子，故曰『尤非其次』也。❶昭穆既遠，又無賢德，是以衛人未有説

❶「曰」，原作「之」，據《公羊疏》改。

之者。」按：❶《衛世家》云：「共立定公弟秋爲衛君，是爲殤公。」諸侯之子稱公子，公子之子稱公孫。以服屬至近推之，亦當成公之孫，故「尤非其次」也。俞氏樾《公羊平議》云：「未當作末。隸書未、末二字相溷。❷説《蒼頡廟碑》：『以化未造。』未造即末造也，是其證。説當讀如本字，乃言説之説，非喜説之説也。末，無也。末有説也，謂無説也。蓋使剽以次當立，則其立於是也，尤爲有説。乃剽則公孫也，於昭穆遠矣，故曰剽之立於是，末有説也。」俞義亦通。○注「篡重」至「見重」。○即謂不書剽立義也。重不得書義，具見下傳。然則曷爲不言剽之立？**注**据衛人立晉。

疏注「据衛人立晉」。○見《隱四年》。《通義》云：「据晉繼弒而立，剽逐君而立，其事異，知非蒙託始省文，故問其義。」不言剽之立者，以惡衛侯也。**注**欲起衛侯失衆出奔，故不書剽立，剽立無惡，則衛侯惡明矣。日者，起甯氏復納之，故出入同文也。甯喜弒君而衛侯歸，則甯氏納之明矣。以歸出奔俱日，知出納之者同。衛侯歸而孫氏叛，孫氏本與甯氏共逐之，亦可知也。名者，起盜國。盜國明，則復歸爲惡剽出見矣。**疏**注「欲起」至「明矣」。○正以衛侯失衆出奔，故惡之，書名見絶也。《通義》云：「《春秋》之於衎、剽，兩無所與，故曰『衛侯入于陳儀』；又正甯喜之弒而衎之失德見，曰『衛侯衎復歸于衛』；又正孫林父之叛而剽之竊國亦見。古者貴戚之卿，君有大故，反復諫而不聽，則易位。向使孫、甯之謀果以義動，爲社稷之大計，剽次當立，又有令德，君子且醇乎惡衎矣。明於惡剽之説，則爲臣者儆；明於惡衎之説，則爲君者懼。范武子曰：『衎實與弒』，故録日以見之。書日，所以知其與弒者，言辛卯弒君，甲午便歸，是待弒而入，故得速也。」○注「日者」至「知之」。○上《十四年》書：「己未，衛侯衎出奔齊。」❸注：「日者，爲孫氏、甯氏所逐。甯氏復納之，出納之者

❶「按」上，原衍「曰」，據國學本删。
❷「相」字，原脱，據《群經平議》補。
❸「齊」字，原脱，據《公羊疏》補。

同，當相起，故獨日也。」此亦日，是出入同文，明相起也。《春秋》之例，歸與復歸例時。此出納日，故解之。甯喜弒而衛侯歸，衛侯歸而孫氏叛，亦出納皆由甯、孫，則與出不與納明矣。○注「名者」至「見矣」。○正以諸侯不生名，書名，皆絕。《莊六年》：「衛侯朔入于衛。」傳：「何以名？絕。」《二十五年》：「衛侯朔卒。」注：「不得書葬，與盜國同。」❶失衆出奔，合絕，土地非所有。今復入据，故坐以盜國罪也。書名，盜國已明。更書復歸，見無惡，知非爲惡剽出矣。

夏，晉侯使荀吴來聘。

公會晉人、鄭良霄、宋人、曹人于澶淵。疏《通義》云：「獨鄭見名氏者，起本當言晉趙武也。《左》曰：『趙武不書，尊公也。』此著明大夫不敵君之義也。晉之貴卿猶不得敵公，則良霄不嫌矣。」《左傳》本有作「晉侯」者，《左傳校勘記》：「宋本、宋殘本、淳熙本、岳本、足利本『侯』作『人』，不誤。《石經》此處刓缺，今依訂正。」

秋，宋公殺其世子痤。注痤有罪，故平公書葬。疏《穀梁》作「世子座」，同音叚借也。《吕覽・長見》篇：「魏公叔座疾，惠王往問之。」畢氏沅云：「座，舊作痤，與《魏策》同。据《御覽》四百四十四，又六百三十二，兩引皆作『座』，與《史記・商君傳》合，今從之。」○注「痤有」至「書葬」。○「《春秋》之例，君殺無罪大夫及枉殺世子者，皆不書葬，以明其合絕。是以申生無罪，不書獻公之葬。至《昭十一年》經云『葬宋平公』者，正以痤有罪故也」。按：《繁露・隨本消息》云「宋公殺其世子」，下云「中國之行，亡國之跡也」，似不以痤有罪。蓋痤罪克，故其罪尚微，故不去世子也。舊疏又云：「鄭伯克段于鄢，有惡逆去弟。痤今若有罪，仍言世子者，正以段有當國之罪重，故如其意，貶去其弟，仍如國君氏上鄭，所以見段之惡逆。今痤罪微，不足去世子，但是合罪之科，故得存其葬矣。」然則痤罪微，平公殺之已甚，故董生如彼云也。

晉人執衛甯喜。

此執有罪，何以不得爲伯討？注据甯喜弒君者，稱人而執，非伯討。疏注「据甯」至

❶「同」下，原有「義」字，據《公羊傳注疏》删。

「伯討」。○正以《僖四年》傳云：「稱人而執者，非伯討也。」甯喜弑君賊，合執。今晉稱人，故据以難。不以其罪執之也。注明不得以爲功，當坐執人。疏《通義》云：「孫林父以戚叛，如晉，晉黨於孫氏而爲之執喜，故曰不以其罪。」○注「明不」至「執人」○正以執不當罪，故坐專執也。此與《宣十一年》「楚人殺陳夏徵舒」文同義異。甯喜、夏徵舒皆弑君賊，法所必討。執之，皆不合稱人。晉執甯喜不以罪，則不與其執。楚則實與文不與也。

八月壬午，許男甯卒于楚。疏包氏慎言云：「八月書壬午，月之二日。」

冬，楚子、蔡侯、陳侯伐鄭。疏《繁露·隨本消息》云：「先楚子昭卒之二年，與陳、蔡伐鄭而大克。」經傳皆無「大克」文，董生蓋以意言也。

葬許靈公。

公羊義疏六十

句容陳立卓人著

襄二十七年盡三十一年。

二十有七年，春，齊侯使慶封來聘。

夏，叔孫豹會晉趙武、楚屈建、蔡公孫歸生、衛石惡、陳孔瑗、鄭良霄、許人、曹人于宋。疏《左氏》、《穀梁》「孔瑗」作「孔奐」。奐、瑗聲相近。《繁露・隨本消息》云：「其明年，楚屈建會諸夏而張中國。」謂伐鄭之明年也。彼下云：「楚子昭，蓋諸侯可者也。」

衛殺其大夫甯喜。衛侯之弟鱄出奔晉。疏《穀梁》「鱄」作「專」，省文也。鱄字子鮮，當作「專」爲正。《左氏・昭二十年》傳：「乃見鱄設諸焉。」此《二十九年》傳云：「於是使專諸刺僚。」《史記・吴世家》《伍子胥傳》《刺客傳》、《漢書・古今人表》、《吴越春秋》、《新書・淮難》篇、《鹽鐵論・勇》篇並作「專諸」。❶

衛殺其大夫甯喜，則衛侯之弟鱄曷爲出奔晉？注据與射姑同。疏注「据與射姑同」。○《文六年》：「晉殺其大夫陽處父，狐射姑出奔狄。」傳：「晉殺其大夫陽處父，則狐射姑曷爲出奔？」注：「据蔡殺其大夫公子燮，蔡公子履出奔楚。此非同姓，恐見及。」此据與彼同也。爲殺甯喜出奔也。曷爲爲殺甯喜出奔？注据非同姓。疏注「据非同姓」。○承上注「据與射姑同」問也。衛甯殖與孫林父逐衛侯而立公孫剽。甯殖病，將死，謂喜曰：「黜公者非吾意也，孫氏爲之。注黜猶出逐。疏《衛世家》云：「獻公戒孫文子、甯惠子食，皆往。日旰不召，而去射鴻於囿。二子從之，公不釋射服與之言。二子怒，如宿。孫文子子數侍公飲，使師曹歌《巧言》之卒章。師曹又怒公之

❶「專諸」，《新書・淮難》篇作「鱄諸」。

嘗笞三百，乃歌之，欲以怒孫文子報衛獻公，❶遂攻出獻公。」❷是甯殖雖怨獻公，而攻出獻公則孫氏也。○注「黜猶出逐」。○《廣雅·釋詁》：「黜，去也。」《國語·周語》：「王黜翟后。」注：「黜，廢也。」《説文·黑部》：「黜，貶下也。」是年《左傳》：「何以黜朱於朝？」注：「黜，退也。」**我即死，**疏《校勘記》云：「《唐石經》、諸本同。鄂本『即』作『則』。」按：「即」猶「若」也。《莊三十二年》傳「寡人即不起此病」，言若不起此病也。《僖三十三年》傳「爾即死」，言爾若死也。《漢書·西南夷傳》注「即，猶若也」是也。即、則亦通，《王莽傳》「則時成創」，注「則時，即時」是也。**女能固納公乎？」**注固，猶必也。喜者，殖子。殖本與孫氏共立剽，而孫氏獨得其權，故有此言。疏注「固猶必也」。○《國策·秦策》：「王固不能。」高注：「固，必也。」又《齊策》：「固不求生也。」注：「固，必也。」《呂覽·本味》：「固不獨。」又《任數》云：「其説固不行。」高注皆云：「固，猶必也。」《左傳·桓五年》「蔡、衛不枝，固將先奔」，亦謂必將先奔也。○注「喜者」至「此言」。○《衛世家》云：「孫文子、甯惠子共立定公弟秋爲衛君。」是殖與孫氏共立剽也。彼又云：「殤公秋立，封孫文子林父於宿。」又云：「甯喜與孫林父争權。」明孫氏獨得其權，故甯與争也。**喜曰：「諾。」**疏上二十年《左傳》：「衛甯惠子疾，召悼子，曰：『吾得罪於君，悔而無及也。名藏在諸侯之策，曰：孫林父、甯殖出其君。君入則掩之，若能掩之，則吾子也。若不能，猶有鬼神，吾有餒而已，不來食矣。』悼子許諾。」是年《左傳》又曰：❸「右宰穀曰：『獲罪於兩君，❹天下誰畜之。』悼子曰：『吾受命於先人，不可以貳。』」**甯殖死，喜立爲大夫。使人謂獻公曰：「黜公者，非甯氏也，孫氏爲之。吾欲納公，何如？」獻公曰：「子苟納我，**疏《校勘記》云：「《唐石經》作『子苟欲納我』。諸本脱『欲』字，《石經考文提要》云：宋景德本、鄂泮官書本、

❶「欲」、「衛」，原脱，據《史記》補。
❷「遂」上，原衍「文子」二字，據《史記》删。
❸「是」，據《左傳正義》應爲「二十六」。
❹「獲」，原作「得」，據《左傳正義》改。

《春秋集傳釋義》皆作『子苟欲納我』。」吾請與子盟。」注盟者，欲堅固喜意。疏二十六年《左傳》：「子鮮不獲命於敬姒，以公命與甯喜言曰：『苟反，政由甯氏，祭則寡人。』」蓋即所欲盟辭也，故注謂「欲盟，固喜意」。喜曰：「無所用盟，注時喜見獻公多詐，欲使公子鱄保之，故辭不肯盟，曰：「臣納君，義也，無用爲盟矣。」疏《經傳釋詞》云：「所，語助也。無所用盟，無用爲盟也。《昭二十五年》傳『君無所辱大禮』，言君無辱大禮也。」《禮記・檀弓》「君無所辱命」、成二年《左傳》「君無所辱命」義皆同。○注「時喜」至「盟矣」。○《左傳》又云：「衛獻公使子鮮爲復，辭。敬姒强命之，對曰：『君無信，臣懼不免。』」明獻公多詐也。辭曰「臣納君，義也」云云，蓋何氏以意言之。請使公子鱄約之。」注喜素信鱄，以爲鱄能保獻公。疏注「喜素」至「獻公」。○《左傳》又云：「初，獻公使與甯喜言，甯喜曰：『必子鮮在，不然，必敗。』故公使子鮮。」獻公謂公子鱄曰：「甯氏將納我，吾欲與之盟，其言曰：『無所用盟，請使公子鱄約之。』子固爲我與之約矣。」疏即《左傳》所謂「使子鮮爲復」也。公子鱄辭曰：「夫負羈縶，注縶，馬絆也。疏注「縶，馬絆也」。○《釋文》「羈縶，本又作馽」。成二年《左傳》：「韓厥執縶馬前。」注：「縶，馬絆也。」《廣雅・釋器》：「縶，絆也。」《莊子釋文》引《三蒼》云：「縶，絆也。」《詩・小雅・白駒》「縶之維之」，傳：「縶，絆也。」《周頌・有客》「言授之縶」，箋：「縶，絆也。」《說文・馬部》：「馽，絆馬。从馬口其足。」引《左傳》「韓厥執馽馬前，或从糸執聲，作縶」。《莊子・馬蹄》云：「連之以羈馽。」《釋文》：「馽，司馬、向、崔本並作縶。崔云：『絆前兩足也。』」羈者，《廣雅》云：「羈，勒也。」《說文》：「䍜，馬絡頭也，或作羈。」經傳省作羈。《釋名・釋車》：「羈，檢也，所以檢持制之也。」執鈇鑕，疏《史記・范睢傳》：「臣之胸不足當椹質而要不足以待斧鉞。」斧鉞即鈇椹，質即鑕。彼注云「椹，莝椹也。質，莝刀也」，分爲二，失之。《禮記・中庸》：「不怒而民威於鈇鉞。」《王制》：「賜鈇鉞，然後殺。」鈇者，有刃之物，鑕則所用以藉者也。《周禮・圉

人職》「射則充椹質」，杜子春讀爲齊人鈇椹之椹。國人所習，故使充之。言圉人養馬以鈇斬芻，乃其職也。漢掌畜官斫莝即此。《爾雅·釋器》：「椹謂之榩。」孫炎曰：「椹，斫木質也。」《詩·大雅·公劉》箋：「鍛石所以爲鍛質。」蓋質也、椹也、鑕也，一物也。其質或以石，或以金，或以木。《詩箋》云：「質以石爲之。」後世之砧，即其遺制，故《爾雅釋文》：「椹，本或作砧。」謝惠連詩「楓高砧響發」，擣衣所用，《古詩》「藁砧今何在」是也。或作礩，《説文》「柱下石」是也。《爾雅》之椹，當以木爲之。《詩·殷武》：「方斲是虔。」箋引《雅》訓解之云「正斲于椹上」是也。若鈇鑕連稱者，當以金爲之。《史記·張蒼傳》：「蒼坐法當斬，解衣伏質。」注：「質，椹也。」《漢書·項籍傳》「身伏斧質」皆是。蓋凡藉物者皆可得質名，爲取其體堅固，乃克受斧斤之施。故引申之，雖木趺、柱足，皆得此名也。《玉篇》：「鈇鑕，砧也。」

從君東西南北，則是臣僕庶孽之事也。**注** 僕，從者。庶孽，衆賤子，猶樹之有孽生。**疏** 注「僕，從者」。○《廣雅·釋詁》：「僕，使也。」《詩·小雅·正月》：「并其臣僕。」箋：「人之尊卑有十等，僕第九，臺第十。」《賈子·服疑》：「僕亦臣禮也。」《文選注》引《廣雅》云：「僕謂附著於人。」○注「庶孽」至「孽生」。○《説文·子部》：「孽，庶子也。」《漢書·吴王濞傳》：「故庶子悼惠王。」注：「孽，亦庶也。」《史記·吕不韋傳》：「子楚，秦諸孫孽。」《索隱》：「非嫡正之子曰孽。」《漢書·賈誼傳》：「庶人孽妾。」注：「孽，庶賤者。」《禮記·玉藻》：「公子曰：臣孽。」注：「孽當爲枿，聲之誤。」枿即蘖。《廣雅·釋詁》：「孽，餘也。」《後漢書·虞延傳》注：「孽，伐木更生者也。」《書·盤庚》「若顛木之有由孽」是也。

若夫約言爲信，則非臣僕庶孽之所敢與也。」**注** 鱄見獻公多詐，不敢保。**疏** 注「鱄見」至「敢保」。○上二十六年《左傳》：「子鮮對敬姒曰：『君無信，臣懼不免。』」又「右宰穀曰：『我請使焉而觀之。』遂見公於夷儀，反曰：『君淹恤在外十二年矣，而無憂色，亦無寬言，猶夫人也。若不已，死無日矣。』」亦謂其多詐不可保也。故又曰：「子鮮在，何益。」

獻公怒，曰：「黜我者非甯氏與孫氏！凡在爾。」**注** 欲以此語迫從令，必約之。**疏**《校勘記》

云：「非甯氏與孫氏，《唐石經》原刻下有『也』字，後磨改，重刻删去，故次行九字。」按：紹熙本亦無「也」字。此獻公激之辭也。公子鱄不得已而與之約。疏《通義》云：「《左氏》述其約言曰：『苟反，政由甯氏，祭則寡人。』」已約，歸至，殺甯喜。注獻公歸至國，背約殺甯喜。疏《左傳》：「衛甯喜專，公患之。公孫免餘請殺之。公曰：『微甯子，不及此。吾與之言矣，事未可知，祇成惡名，止也。』對曰：『臣殺之，君勿與知。』乃與公孫無地、公孫臣謀，使攻甯氏，弗克，皆死。夏，免餘復攻甯氏，殺甯喜。」是獻公但恐不克爾，其患之時，已背約矣，故何氏云然。《通義》云：「殺甯喜不以討賊之辭者，獻公之大夫，與里克同義。」

公子鱄挈其妻子而去之。注慙恚不能保獻公。疏注「慙恚」至「獻公」。○《説文·心部》：「慙，愧也。」又「恚，恨也」。《玉篇》：「恨，怒也。」《左傳》曰：「子鮮曰：『逐我者出，納我者死，賞罰無章，何以沮勸。君失其信而國無刑，不亦難乎。且鱄實使之。』遂出奔晉。」《通義》云：「既愧負甯氏，又以獻公淫刑無信，見幾而去。」將濟于河，攜其妻子，注攜，猶提也。疏《校勘記》云：「攜，鄂本、閩、監本同。《唐石經》『擕』作『攜』，毛本作『挈』，注同，係臆改。」按：紹熙本亦作「攜」。○注「攜，猶提也」。○《廣雅·釋詁》云：「攜，提也。」《淮南·覽冥訓》「相攜于道」，注：「攜，引也。」《説文·手部》：「攜，提也。」而與之盟，注恐乘舟有風波之害，已意不得展，故將濟，豫與之盟。曰：「苟有履衛地、食衛粟者，昧雉彼視。」注昧，割也。時割雉以爲盟，猶曰：「視彼割雉。」負此盟，則如彼矣。傳極道此者，見獻公無信，刺鱄兄爲彊臣所逐，既不能救，又移心事剽，皆爲姦約。獻公雖復因喜得反，誅之小負，未爲大惡而深以自絶，所謂守小信而忘大義，拘小介而失大忠。不爲君漏言者，即漏言，當坐殺大夫，不得以正葬。正葬，明喜有罪。疏《左傳》：「公使止

之，不可。及河，又使止之。止使者而盟于河，託於木門，不鄉衛國而坐。」注：「怨之深也。」《穀梁傳》：「專，喜之徒也。專之爲喜之徒，何也？己雖急納其兄，與人之臣謀弒其君，是亦弒君者也。專，其曰弟何也？專有是信者，君賂不入乎喜而殺喜，是君不直乎喜也，故出奔晉。織約邯鄲，終身不言衛。」○注「昧，割也」。○《釋文》：「昧，舊音刎，亡粉反，一音末，❶又音蔑，割也。」按：昧無割義，《釋文》音刎，當作昧，从末得聲，末、勿同音。《荀子・彊國》云：「是猶欲壽而刎頸也。」《一切經音義》：「刎，古文歾，同。」《音義》又引《字略》：「斷首曰刎。刎，割也。」今人猶謂自刎爲自抹，蓋即歾也。亦作伆。《方言》：「伆，离也。吴越曰伆。」陸音亡粉反，不知昧有刎義，不必有刎音也。又音未，未當作末。又音蔑。二音皆是也。《集韻》引《字林》：「抹，摋，滅也。」《莊十二年》傳：「側首曰摋。」抹、昧同音，亦得有割義。○注「時割」至「彼矣」。○《戰國策・齊策》云：「齊、衛先君刑馬壓羊，盟曰：『後世有相攻者如此。』」《説苑・奉使》篇：「齊、魯之先君相與刳羊而約曰：『後世子孫敢有相攻者，令其辠若此。』」皆與此同，是盟也而兼詛矣。隱十一年《左傳》：「鄭伯使卒出豭，行出犬雞，以詛射潁考叔者。」又《詩・小雅・何人斯》：❷「出此三物，以詛爾斯。」傳：「三物，君以豕，臣以犬，民以雞。」蓋詛牲不定，惟便所宜。孔疏謂詛用一牲，故此用雉也。○注「傳極」至「大忠」。○正以獻公出奔，終爲甯納，知鱄不能救也。移心事剽，背爲姦約，未知何指。甯氏得罪二君，殺不爲過，特獻非殺甯之人，故爲小負。鱄棄絶大倫，硜守小信，《春秋》所不與也。《新語・十一》云：「是以明者可以致遠，鄙者可以□近，❸故《春秋》書衛侯之弟鱄出奔晉，書鱄絶骨肉之親，棄大夫之位，❹越先人之境，附他人之域，窮涉寒饑，織屨而食，不明之效也。」而《穀梁傳》謂「專之去，合乎《春秋》」，彼注引何君《廢疾》云：「『甯喜本弒君之家，獻公過而殺之，小負也。專以君之小負自絶，非大義也。何以合乎《春秋》？』鄭釋之曰：『甯喜雖弒君之家，本專與約納獻公爾。公由喜得入，已與喜以君臣從

❶「末」原作「未」，據《釋文》改。
❷「何人斯」，原作「巷伯」，據《毛詩注疏》改。
❸「□」，《群書治要》引作「失」。
❹「位」，原作「信」，據《新語》改。

事矣。《春秋》撥亂，重盟約，今獻公背之而殺忠于己者，是獻公惡而難親也。獻公既惡而難親，專又與喜爲黨，懼禍將及。「君子見幾而作，不俟終日」。微子去紂，孔子以爲三仁。專之去衛，其心若此。合于《春秋》，「不亦宜乎？」」劉氏逢禄難曰：「甯喜之殺，不去大夫，與里克同文。惡獻公之盜國，非惡其背約也。專於獻之未出，既不能維持其君臣；及其入也，又與喜約共弑剽。至喜執殺，乃徒執其硜硜之信，以暴君兄之過，經書出奔，以爲是喜之黨而已矣。《詩》曰：『君子屢盟，亂是用長。』穀梁子亦云：『盟詛不及三王。』《春秋》繼三王而撥亂，豈其重盟約乎？既云專爲喜黨，又以微子去紂例之，擬不於倫，莫此爲甚。」○注「不爲」至「有罪」。○《文六年》傳：「射姑殺，則其稱國以殺何？君漏言也。」君漏言，當坐殺無罪大夫，故去葬。而晉襄書葬者，以殺在葬後故也。此獻公書葬，明甯喜非無罪見殺矣。

秋，七月辛巳，豹及諸侯之大夫盟于宋。疏包氏慎言云：「七月書辛巳，月之六日。」**曷爲再言豹？**注据盟于首戴，不再出公。疏注「据盟」至「出公」。○舊疏云「《僖五年》『夏，公及齊侯、宋公以下會王世子于首戴。秋八月，諸侯盟于首戴』」是也。**殆諸侯也。**注殆，危也。危諸侯，故再出豹，懼録之。疏注「殆，危也」。○《禮記·大學》亦曰：「殆哉。」注：「殆，危也。」《論語·爲政》：「多見闕殆。」包曰：「殆，危也。」《説文·歺部》：「殆，危也。」**曷爲殆諸侯？**注据首戴不殆。**爲衛石惡在是也。曰：「惡人之徒在是矣。」**注衛侯衎不信，而使惡臣石惡來，故深爲諸侯危。懼其將負約，爲禍原。先見此者，衎負鱄殺喜，得書葬，嫌於義絶可，欲起其小負。會盟再出，不舉重者，方再出豹也。石惡惡者，下出奔是也。疏《左傳》：「殺甯喜及右宰穀，尸諸朝。石惡將會宋之盟，受命而出，衣其尸，枕之股而哭之。欲斂以亡，❶懼不免，且曰：『受命矣』，乃行。」是石惡爲甯喜黨與，

❶「亡」，原作「往」，據《左傳正義》改。

故曰「惡人之徒」也。《繁露・隨本消息》云：「石惡之徒，聚而成群。」則不止石惡一人。劉氏《解詁箋》云：「何以殆諸侯？自是晉弱楚强，諸侯奔走夷狄也。日者，惡楚詐也。惡人之徒，如蔡公孫歸姓、陳孔瑗、鄭良霄皆叛臣，非止石惡也。」○注「衛侯」至「禍原」。○《通義》云：「殆者，不信之辭。獻公無信，又使其惡臣甯喜之黨來。良霄、孔瑗，後亦皆弑君者。而諸侯之大夫，雜夷楚之使，相與結盟。反覆無信，故爲内危録之而再言豹也。」義較備足。○注「先見」至「小負」。○獻公書葬，見下《二十九年》。再書豹，殆諸侯，以起獻公小負故也。○注「會盟」至「豹也」。○即《文十四年》「夏，公會宋公以下同盟于新城」，舉盟以爲重，不言會于某。今此會盟並舉，以再書豹故也。《解詁箋》云：「豹一事而再見者，卒名也，曰諸侯之大夫先目而後凡也。會盟再出，不舉重者，殆諸侯也。」《通義》云：「會盟一地，不舉重者，此楚與中國争伯之始，亦危録之意。」亦通。○注「石惡」至「是也」。○即下《二十八年》「衛石惡出奔晉」是也。出奔，故知爲甯黨也。

冬，十有二月乙亥朔，日有食之。注是后闇殺吴子餘祭，蔡世子般弑其君，莒人弑其君之應。疏包氏慎言云：「十二月書乙亥朔，据曆爲十一月。《左氏傳》作十一月，是也。傳云：『辰在申，司曆過也，再失閏矣。』此則《左氏》之誣。閏在前年，故此年申、戌之月，皆乙亥朔。若如《左氏》删去前閏，則爲未、酉月之朔，非辰在申也。姚秦時姜岌作《三紀甲子曆》，亦謂考交分交會應在此月，而不爲再失閏，譏傳爲違謬。《長曆》曲附《左氏》，而於此年十一月後，頓置兩閏，更爲無稽。竊意古曆經歲皆三百六十五日四分日之一，其小餘成日，至四年而增爲六十六者爲閏年。二十六年小餘已成日，至二十七年小餘不滿日法，九月朔爲乙亥，不應三月頻大，十一月仍爲乙亥，故傳以爲『再失閏』。所謂閏者，即新法之閏年，别於整年而言也。《三統》誤會傳文，而以魯曆爲失閏月于前，故以傳之十一月爲九月耳。即謂時曆失閏，則此年之十一月爲十二月，如經所書，不得係乙亥朔爲十一月。既係十一月，是傳已增閏於前，以正時曆之失。杜氏又胡緣於《左氏》所增之外更增一閏乎？又按：《律曆志》劉歆説云：『魯曆不正，以閏餘一之歲爲蔀首，故《春秋》

刺十一月乙亥朔，日有食之。於是辰在申而司曆以爲在建戌，史書建亥。』又曰：『襄公二十七年，距辛亥百九歲，九月乙亥朔，是建申之月也。魯史書『十二月乙亥朔，日有食之』，傳曰：『冬十一月乙亥朔，日有食之。於是辰在申，司曆過也，再失閏矣。』言時實行以爲十一月也。不察其建，不考之於天也。』劉以傳作十一月，故云司曆以爲在建戌，經作十二月，故云史書建亥。辛亥，僖公五年，爲孟統五十三章首，故曰距辛亥百九歲也。」○注「是後」至「之應」。○即下《二十九年》「閽弑吴子餘祭」、《三十年》「蔡世子般弑其君固」、《三十一年》「莒人弑其君密州」是也。鄂本「后」作「後」，紹熙本同，當据正。《校勘記》云：「《釋文》『閽殺，下音試』。此二弑字，亦當作殺，音試。因上有《釋文》，故作殺。此無《釋文》，故作弑也。」《五行志下之下》：「二十七年十二月乙亥朔，日有食之。董仲舒以爲，禮義將大絶滅之象也。時吴子好勇，使刑人守門。蔡侯通於世子之妻，莒不早立嗣。後閽戕吴子，❶蔡世子般弑其父，❷莒人亦弑其君，而庶子争。劉向以爲，自二十年至此歲，八年閒，日食七作，禍亂將重起，故天仍見戒也。後齊崔杼弑君，宋殺世子，北燕伯出奔，鄭大夫自外入而篡位。指略如董仲舒。」

二十有八年，春，無冰。**注**豹、羯爲政之所致。**疏**《成元年》「無冰」，注云：「《尚書》『曰舒，恒燠若』。《易京房傳》曰：『當寒而温，倒賞也。』」此與彼同。○注「豹羯」至「所致」。○舊疏云：「偏指豹、羯者，正以數年以來，專見豹、羯之事，明是時豹、羯用事也。即上《二十三年》叔孫豹救晉、《二十四年》叔孫豹如晉、仲孫羯侵齊、《二十七年》『叔孫豹會晉趙武以下于宋』，下文『秋，仲孫羯如晉』、《二十九年》『仲孫羯會晉荀盈以下城杞』之屬是也。」按：《成元年》指季孫行父專權所致，此時不見季孫用事，故斥叔仲也。《五行志中之下》：「《襄二十八年》春，無冰。劉向以爲，先是公作三軍，有侵陵用武之意。於是鄰國不和，伐其三鄙，被兵十有餘年，❸因之以饑饉，百姓怨望，臣下心離，公懼而弛緩，不敢行誅罰。楚有夷狄行，公有從楚心，不明善惡之應。董仲舒指略同。一曰：水旱之災，

❶「戕」，原作「弑」，據《漢書》改。
❷「父」，原作「君」，據《漢書》改。
❸「有」字，原脱，據《漢書》補。

寒暑之變，天下皆同。故曰無冰，天下異也。襄公時，天下諸侯之大夫皆執國權，君不能制，漸將日甚。善惡不明，誅罰不行，周失之舒，秦失之急，故周衰亡寒歲，秦滅亡奥年。」❶

夏，衛石惡出奔晉。**疏**《通義》云：「甯喜之黨。」

邾婁子來朝。

秋八月，大雩。**注**公方久如楚。先是，豫賦于民之所致。**疏**注「公方」至「所致」。○《校勘記》云：「鄂本『久』作『欲』，此誤。」舊疏云：「即下『十一月，公如楚』，《二十九年》『夏，五月，公至自楚』是也。」按：如疏義，似舊疏本作「久」也。《五行志中之上》：「二十八年大雩。先是，比年晉使荀吴、齊使慶封來聘。是夏，邾子來朝。襄有炕陽自大之應。」與何義微别。

仲孫羯如晉。

冬，齊慶封來奔。

十有一月，公如楚。**注**如楚皆月者，危公朝夷狄也。**疏**注「如楚」至「狄也」。○即此及《昭七年》「三月，公如楚」是也。《論語・八佾》云：「夷狄之有君，不如諸夏之亡也。」故危之。

十有二月甲寅，天王崩。**注**靈王。**疏**包氏慎言云：「十二月有甲寅，月之二十六日。」

乙未，楚子昭卒。**注**乙未與甲寅相去四十二日，蓋閏月也。葬以閏數。卒不書閏者，正取朞月，明朞、三年之喪，始死得以閏數，非死月不得數閏。**疏**《繁露・隨本消息》云：「先楚子昭卒之二年，與陳、蔡伐鄭而大克。❷其明年，楚屈建會諸侯而張中國。卒之明年，諸夏之君朝于楚。楚子卷繼之，四年而卒。其國不爲侵奪，而顧隆盛强大，❸中國不出年餘，何也？楚子昭蓋諸侯可者也，天下之疾其君者，皆赴愬而乘之。兵四五出，常以衆擊少，以專擊散，義之盡也。先卒四五年，中國内乖，齊、晉、魯、衛之兵分守，大國襲小。諸夏再會陳儀，

❶ 兩「亡」字，原作「無」，據《漢書》改。
❷ 「與」字原脱，據《春秋繁露》補。
❸ 「顧」，原作「願」，據《春秋繁露》改。

齊不肯往，吴在其南，而二君弑。中國在其北，而齊、衛殺其君，慶封劫君亂國，石惡之徒聚而成群，衛衎據陳儀而爲諼，林父據戚而以畔，宋公殺其世子，魯大饑。中國之行，亡國之跡也。」何氏無與楚子昭義，蓋嚴、顔之異也。○注「乙未」至「月也」。○《通義》云：「閏者，積月之餘日而附於前月，故不更繫月，與壬申同例。」《經義述聞》云：「謹按：杜氏《春秋長曆》，明年閏八月，則是年不當有閏月。且《長曆》是年十二月甲寅，爲十二月十七日。明年二月癸卯，爲二月七日。若十二月後有閏月，則癸卯當在明年正月，不得在二月矣。何說非也。『乙未』當爲『己未』。甲寅爲十二月十七日，❶則己未當爲二十二日。『己』與『乙』字形相似，故『己』誤作『乙』。《左氏》經莊三十二年『冬十月己未，子般卒』，《公羊》、《穀梁》並作『乙未』，『乙』亦『己』之誤也。」按：杜氏之曆，不可通於何氏，若皆改經遷就，則無不可通之書矣。○注「葬以」至「數閏」。○《釋文》「朞」作「期」，云：「本又作朞。」《哀五年》「閏月，葬齊景公」，傳：「閏不書，此何以書？喪以閏數也。喪曷爲以閏數？喪數略也。」注：「謂喪服大功以下諸喪，當以閏月爲數。」略，猶殺也。以月數恩殺，故并閏數。大功以下以月計，則數閏，故葬亦數月，亦計閏也。其卒不書閏者，《三年問》云「至親以期斷」，故取朞也。朞、三年，皆以年計，故不數閏也。《白虎通·喪服》云：「三年之喪不以閏月數何？以其言期也。期者，復其時也。大功以下月數，故以閏月除。」卒在閏者，閏爲前月之餘，即繼前月計之，非此不數也。《通典·禮》云：「晉簡文帝崩，再周而遇閏。博士謝攸、孔粲議：『按《左氏春秋》經，魯襄二十八年十二月甲寅，天王崩。乙未，楚子昭卒。其閒相去四十二日，是則乙未閏月之日也。經不書閏月而書十二月，明閏非正，宜附正之文。其不曰二十九年正月，是附前月之證。又《禮記》曰「喪事先遠日」，則祥除應在閏月。』尚書左丞劉遵議：『喪紀之制，歲數者没閏，而三年之喪，閏在始末者，用舍之論，時有不同，惟當本乎閏之所繫，可以明折衷。經傳具四時以編年，一時無事，經書首月。及其有事，隨月而載。初不書閏者，以閏附正月，不應時見也。唯魯文六年書閏月不告朔，指見告朔之餘無事也。又文公元年閏三月後，故傳曰「於是閏三月」。欲審所附，此明

❶「十」原脱，據《經義述聞》補。

證。設此閏遭喪者，取其周忌，應用來年三月，既合喪期大數，得周忌定日，何休亦以爲然。』朝論同之不嫌，原其所由，在乎閏附前月而不屬後故也。始喪在閏月，以附前。祥除遇之，豈得屬後。立閏有定所，而施用有彼此，求之理例，殊不經通。且喪宜從重，不貳之道。祥用遠日，禮之正典。愚謂周忌，故當七月二十八日。大祥應用閏月晦，既得周忌之正，不失遠日之義。禮之遠日，誠非出月遇閏而然，蓋隨時之變耳。劉遵用閏月祥。散騎常侍鄭襲議云：『中宗、肅祖，❶皆以閏崩。祥除之變，皆用閏之後月，先朝尚爾。閏附七月用之何疑。荀司徒亦以閏薨，荀家祥亦用閏之後月。諸荀名德相繼，習於禮學，故號爲名宗。議者引《周官》、《左氏》而非《公羊》、《穀梁》。今按：《周官》、《左氏傳》所書，自書閏月中事。❷閏月長三十日，三十日中，何得無事，不明閏月非附月之理也。議者稱三年之喪二十五月，遇閏之年便二十六月。❸三年之喪，不應以閏爲月。議者稱，禮傳終身之哀，忌日之謂，不惟周年子卯之謂，代不用子卯。閏月及大月三十日亡，至於無閏之年，及與小盡，都是無忌，所以古人用子卯也。簡文皇帝七月二十八日崩，己未之日。今年己未在閏月十日，時不用子卯，而用二十八日，久矣。若己未在他月，今者不能變改，閏附七月，己未在閏。今者用閏，益遠日之情也。』❹吏部郎中劉耽議以爲：『喪禮之制，周年没閏者，議者以閏非正月，故略而不數，是以邱明謂之閏三月。《公羊》則曰天無是月。由此言之，閏無定所，隨節而立，其名稱則在上月。是以卒于閏者，則以所附之月爲周。至於祥變，理不得異。豈有始喪則附之於前，祥變則別之於後，以例推之，情所未安。且夫禮雖制情，亦復因情制禮。若情因事伸，則古人順而不奪。是以每於祥葬，咸用遠日。斯所以即順人情，因可伸之，故數年則没閏，❺喪禮所不嫌。附於前月，《春秋》之明義。愚謂國祥用閏月晦，既合經傳附前之義，又得遠日伸情之旨。且喪宜從重，古今所同。詳尋禮例，謂此爲允。』太常丞殷合議謂：『忌不可遷，存終月也。祥不必

❶「祖」，原作「宗」，據《通典》改。
❷「書」，原作「是」，據《通典》改。
❸「便」，原作「使」，據《通典》改。
❹「益」，原作「蓋」，據《通典》改。
❺「故」上，原衍「愚」字，據《通典》删。

本月，尚遠日也。』謂宜以七月二十八日爲忌，閏月晦而祥。尚書右丞戴謐議：『尋博士所上祥事，是專用吳商議也。商之所言，依《公羊》何氏注及禮之遠日也。禮稱三年之喪，十三月而小祥，二十五月而畢。《春秋傳》曰：「三年之喪，其實二十五月。」此喪服之大數，周月之正文也。』又云：『喪以月者數閏，以歲者不數閏。是爲有閏，則十四月而祥，二十六月而除。不用喪月之常數，所以重周忌之正也。夫練除之節，❶喪禮之大，終身之哀，忌日之謂。喪中遇閏，禮不可略。周忌之月，不可以移。故緣情以立制，變文而示義也。至閏在喪表，三年之限已全，周忌之正已得，何故於此又復延月耶。議者据《左氏》之閏三月，《公羊》無是月，《穀梁》附月餘日以明閏，非月數，皆應屬前之證。』按：推致分度，隨以置閏。閏月之所在，年中無常，要當有繫以明其所在。三月後謂之閏三月，非三月也。天無是月，非常月也。非無此月，所在無常也。《穀梁》亦云：『積分以成月。』經傳之文，先儒舊説，並不謂閏是餘日，不別月數，而以六十日爲一月也。三年之喪，禮之所重。其爲節文，不專一制。亡在於閏，喪者之變祥除之事，無復本月，應有所附，以正所周。閏在三月後，附在三月，喪紀無違，順序有節，合三傳、三禮意也。若閏非月數，皆屬以前，功服葬月，何以數之。於葬則數，於祥則否，用舍二義，未安也。凶事遠日，言月中之遠爾。若還一月，當是遠月，豈遠日之義耶。卜葬之遠，不出於月。卜祥之遠而乃包閏，卜同遠異，復非所宜也。按：何休云『閏死者數閏以正周月』，非死月不得數，大較麤同。但其年無閏，而以乙未爲閏之日，考較經傳，未之詳耳。商採尋便爲正，義不亦謬乎？閏在喪中，略而不計。祥除值閏，外而不取，重周忌也。閏亡無正，推以附前，喪期不闕，順序不悖，合禮變也。」按：此議極爲平允。《宋書·禮志》庾蔚之議：「禮，正月存親，故有忌日之感。四時既已變，人情亦已衰，故有二祥之殺。是則祥忌，皆以同月爲議，而閏亡者，明年必無其月，不可無其月而不祥忌，故必用閏所附之月。閏月附正，《公羊》明義，故班固以閏九月爲後九月。月名既不殊，天時亦不異。若用閏之後月，則春夏永革，節候亦舛。設有人以閏臘月亡者，若用閏後月爲祥忌，則祥忌應在後年正月。祥涉三載，既失周期之義，冬亡而春忌，又乖致感

❶「除」，原作「祥」，據《通典》改。

之本。譬人年末三十日亡，明年末月小，若以去年二十九日親尚存，則應用後年正朝爲忌，此必不然，則閏亡可知也」，是也。《通典》又引鄭襲難范甯曰：「以閏三月五日死者，當以來年何月祥？何月爲忌日？答曰：『謂之閏月者，以餘分之日閏益月耳，非正月也。非正月，則吉凶大事，皆不可用，故天子不以告朔，而喪者不數。❶以閏月死，既不數之，禮十三月小祥，二十五月大祥，自當以來年四月小祥，明年四月大祥也。所謂忌日者，死者之日月耳。今以閏月，來年無閏月，安得有忌日邪。當以後歲閏月五日爲忌，是五年再有忌日也。』難者曰：『忌日之感，終身之慼。罔極之恩，不離一日。今須後閏，則三年之忌，不亦遠乎？傳稱子卯不樂，謂之疾日。先儒以爲甲子、乙卯。誠如是，自宜以日辰爲忌，遇之而感耳。』御史中丞譙王臣恬議：『夫閏非正數，故附前月爲稱。至於月也，豈得爲一。臣請以宿度論之，❷閏所附，月盡之夕，甯猶見乎。又閏之初，豈不始魄。以玆言之，可不謂兩月耶。天無是月，正數耳，非無此月也。若用閏祥，則虧二十五月之大斷，失周忌之正典。出於祥月，非卜遠日之謂，正周而除，於禮爲允。』會稽内史郄愔書云：『省別書，并諸議，具三禮，證據誠所未詳。恐祥忌異月，於理即爲不安。❸十三月祥，二十五月畢，明文焕然。而閏在周内合而不數者，則閏正月遭艱，便當以十二月祥。於時則未及周年，於忌則時尚平吉。若由天無是月，故略而不計，則凡在五服，皆應包閏，具如足下所論。若云情重則宜包，情輕故宜數，❹是爲制之由情，而非本於曆數。❺苟本乎曆數，必天無是月，則雖情有輕重而含閏宜一。且齊衰之制，遇閏而包。降爲大功，則數而除。天性攸同而包數異制。以月爲斷者數閏，以年爲斷者除閏。推此而言，則除數所由，蓋以所遇爲分斷，非本情之所以。以後月爲周者，故是上之所論。以吉爲忌，於理不通故耳。云閏在周後者，將非其喻。至於凶事尚遠，蓋施於卜日。祥葬制無定期，故不得即申物情。

❶「數」，原作「敢」，據《通典》改。
❷「臣請」二字，原脱，據《通典》補。
❸「即爲」，原脱，據《通典》補。
❹「故」，原作「則」，據《通典》改。
❺「非」，《通典》作「未」。

務從其遠，若理例坦然，❶豈得不循成制，以過限爲重。或謂閏者，蓋年中餘分，故宜計其正限，以補不足。今再周無閏，則不補小月之限。閏在周後，便欲以六十日爲一月者，當以既已遇閏，便宜在盡其月節故也。月節之難，足下釋之。且節必在閏月之中，則合月從節，即復進退致闕。』尚書僕射謝安等參詳，宜準經典。三年之喪，十三月而練，二十五月而畢，禮之明文。祥除必正周月，請依禮用七月晦，至尊釋除縞素，俯就即吉。」按：譙王恬、郄愔論，皆正范説謬妄。謝攸、孔粲、劉遵、鄭襲、劉耽、殷合，皆似理而非也。《隋書·禮儀志》牛弘撰《儀禮》，定制三年及期喪不數閏，❷大功以下數之。以閏月亡者，祥及忌日，皆以閏所附之月爲正，得其宜矣。

二十有九年春，王正月，公在楚。

何言乎公在楚？**注** 据《成十一年》「正月，公在晉」不書。**疏** 注「据成」至「不書」。○即《成十年》「秋七月，公如晉」、《十一年》「春，王三月，公至自晉」。知正月時公在晉明矣。 正月，以存君也。**注** 正月，歲終而復始。臣子喜其君父與歲終而復始，執贄存之，故言在。在晉不書，在楚書者，惡襄公久在夷狄，爲臣子危録之。**疏**《鹽鐵論·和親》篇：「《春秋》存君在楚。」《繁露·王道》云：「正月，公在楚。臣子思君，無一日無君之義也。」又云：「覩乎在楚，知臣子之恩。」《穀梁》以爲「閔公」，非其義。○注「正月」至「存之」。○《類聚》引《白虎通》云：「《書》曰：『五玉三帛，二生一死贄。』至正月朔日，乃執而朝賀其君。朝賀以正月何？歲首意氣致新，欲長相保，重本正始也。故群臣執贄而朝賀其君。」《續漢志》注引《決疑要注》云：「古者朝會皆執贄，侯伯執圭，子男執璧，孤執皮帛，卿執羔，大夫執鴈，士執雉。」漢魏朝依其制，正旦大會，諸侯執玉璧薦以鹿皮，公卿以下所執如古禮。古者衣皮，故用皮帛爲幣。玉以象德，璧以稱事，不以貨没禮。庶羞不踰牲，宴衣不踰祭服，輕重之宜也。○注「在晉」至「録之」。○《御覽》引《考異郵》云：「襄公朝于荆，士卒度歲，愁悲失時。泥雨著溼，多霍亂之病。」蓋亦在危限

❶ 據《通典》，「坦然」下脱「義無疑昧」一句。
❷ 「三」，原作「之」，據國學本改。

也。《成十一年》在晉不書，《昭三十年》、《三十一年》、《三十三年》書「公在乾侯」者，彼注云「閔公運潰，無尺寸之居，遠在乾侯，故以存君，明臣子當憂納之」是也。

夏，五月，公至自楚。 疏《穀梁傳》：「公至自楚，喜之也。」注：「凱曰：『遠之蠻國，喜得全歸。』」

庚午，衛侯衎卒。

閽弑吴子餘祭。 疏此及《左傳釋文》作「閽殺」，《左氏》、唐石經亦作「殺」，《公羊》石經及板本作「弑」，《穀梁音義》亦作「弑」。《曲禮》正義引《左傳》亦作「殺」，與石經同。段氏玉裁《經韵樓集》云：「『閽弑吴子餘祭』，『盜弑蔡侯申』，陸氏皆譌爲『殺』。❶吴子也、蔡侯也不曰『其君』者，閽者刑人也，盜者賤人也，刑人、賤人，非君所近，不使得君其君。比於凡弑君者也，❷其爲弑則同。故雖刑人、賤人未有無君者也。經譌殺，是與『盜殺鄭公子騑、公子發、公孫輒』，『盜殺衛侯之兄縶』，『盜殺陳夏區夫』，書法何異也？是不亦便於亂臣、賊子、刑人、賤人之賊其君，❸且藉口於《春秋》不書弑哉！豈聖人正名之意哉？」

閽者何？門人也， 注守門人號。疏注「守門人號」。○《禮記·祭統》云：「閽者，守門之賤者也。」又《檀弓》：「閽人爲君在，弗内焉。」注：「閽人，守門者也。」《周禮·秋官·序官·閽人》注：「閽人，司昏晨以啓閉者。」《説文·門部》：「閽，常以昏閉門隸也。」杜云：「閽，守門者。」《穀梁傳》：「閽，門者也。」**刑人也。** 注以刑爲閽，古者肉刑，墨、劓、臏、宫與大辟而五。孔子曰：「三皇設言，民不違。五帝畫象，世順機。三王肉刑，揆漸加，應世黠巧姦僞多。」疏注「以刑爲閽」。○《周禮·閽人》注又云：「刑人，墨者使守門。」用《掌戮職》文，彼云：「墨者使守門，刖者使守囿。」故《閽人》云：「王宫每門四人，囿游亦如之。」是守門、守囿皆用刑人，統謂之閽也。《左傳》莊十九年載鬻拳自刖，楚人以爲大閽。明諸侯閽人，亦用刑人矣。○注「古者」至「而五」。○《白虎通·五刑》云：「刑所以五何？法五

❶「爲」，原作「其」，據《經韵樓集》改。
❷「比」，原作「者」，據《經韵樓集》改。
❸「便」，原作「使」，據《經韵樓集》改。

行也。大辟，法水之滅火。宮者，法土之壅水。臏者，法金之刻木。劓者，法木之穿土。墨者，法火之勝金。」又云：「墨者，墨其額也。劓者，劓其鼻也。腓者，脱其臏也。宮者，女子淫，執置宮中，不得出也；丈夫淫，割去其勢也。大辟，謂死也。」《書·吕刑》云：「墨罰之屬千，劓罰之屬千，腓罰之屬五百，宮罰之屬三百，大辟之罰其屬二百。五刑之屬三千。」《書序》以爲訓夏贖刑，蓋夏初制也。《周禮·司刑職》：「墨罪五百，劓罪五百，宮罪五百，刖罪五百，殺罪五百。」較之夏制則重刑多而輕刑少矣。舊疏引《元命包》云：「墨、劓、辟之屬各千，臏辟之屬五百，宮辟之屬三百，大辟之屬二百。列爲五刑，罪次三千。」與《書》同，惟臏、刖異。舊疏引鄭《駁異義》云：「『臯陶改臏爲剕，《吕刑》有剕，周改剕爲刖。』孔子爲《春秋》，採摘古制也。」《説文·骨部》：「髕，厀耑也。」脱其髕，謂鑽傷其厀耑骨。剕者，《説文·足部》：「跸，跀，斷足也。」舊疏云：「何氏必言古者肉刑者，漢文帝感女子之訴，恕倉公之罪，除肉刑之制，故指肉刑爲古矣。」○注「孔子」至「僞多」。○舊疏云：「《孝經説》文。」《校勘記》云：「鄂本『漸』作『斬』，誤。」《白虎通·五刑》云：「傳曰：『三皇無文，五帝畫象。三王明刑，應世以五。』」《周禮·保氏》疏以爲《鉤命決》文。「三王明刑」，《司圜》疏引作「肉刑」，義與此同。《易·繫辭傳》：「上古結繩而治，後世聖人易之以書契。」即「三皇設言，民不違也」。《初學記》引《書傳》云：「唐、虞象刑而民不犯。」《漢書·武帝紀》：「詔曰：『昔在唐、虞，畫象而民不犯。』」《白虎通》又云：「五帝畫象者，其衣服象五刑也。犯墨者，幪巾。犯劓者，以赭著其衣。犯髕者，以墨幪其髕處而畫之。犯宮者，履襍屝。犯大辟者，布衣無領。」《書鈔》引《書傳》云：「唐、虞象刑，犯墨者蒙皁巾，犯劓者赭其衣，犯髕者以墨蒙其髕處而畫之，犯大辟者衣無領。」《白帖》引《書傳》又云：「唐、虞之象刑，上刑赭衣不純，中刑雜屨，下刑墨幪，以居州里而人恥。」是也。舊疏引《唐傳》云：「『唐、虞之象刑，上刑赭衣不純。』注：『純，緣也。時人尚德義，犯刑者但易之衣服，自爲大恥。』『中刑雜屨。』『屨，履也。』」又曰：「下刑，墨幪之巾也，使不得冠飾。《周禮》罷民亦然。」蓋并注文引之。又曰：「上刑易三，中刑易二，下刑易一。輕重之差，以居州里，而民恥之。」亦《書傳》語。《御覽》引《慎子》云：「有虞氏之誅，以幪巾當墨，以草纓當劓，以菲屨當刖，以艾韠當宮，以

布衣無領當大辟。」《周禮疏》引《孝經緯》云：「上罪，墨幪赭衣雜屨；中罪，赭衣雜屨；下罪，雜屨而已。」所説大同小異，皆以唐、虞象刑也。故《周禮・司圜》注「弗使冠飾者，著墨幪，若古之象刑與」是也。《荀子・正論》：「古無肉刑而有象刑。」《漢書・刑法志》：「禹承堯舜之後，自以德衰而制肉刑。湯武順而行之，以俗薄於唐虞也。」違與機韻，加與多韻。舊疏云：「三皇之時，天下醕粹，其若設言，民無違者，是以不勞制刑，故曰『三皇設言，民無違也』。五帝之時，黎庶已薄，故設象刑，以示其恥，當世之人，順而從之，疾如機矣，故曰『五帝畫象，世順機也』。畫猶設也。三王之時，劣薄已甚，故作肉刑，以威恐之。言三王必爲重刑者，正揆度其世，以漸欲加而重之，故曰『揆，漸加也』。當時之人，應其時世而爲黠巧、作姦僞者彌多，于本用此之故，須爲重刑也。」疑皆宋均注語，故云「云云之説，備在《孝經疏》」。蓋《孝經注》也。

刑人則曷爲謂之閽？

注 据非刑人名。

刑人非其人也。

注 以刑人爲閽，非其人，故變盜言閽。

疏 注「以刑」至「言閽」。○《穀梁傳》曰：「寺人也。不稱名姓，閽不得齊於人。」《禮記・祭統》云：「古者不使刑人守門。」故曰「以刑人爲閽，非其人也」。舊疏：「刑人弒君，正合書盜。《哀四年》『盜殺蔡侯申』下，傳云：『弒君，賤者窮諸人，此其稱盜以弒何？賤乎賤者也。賤乎賤者孰謂？謂罪人也。』是其刑人弒君，正合稱盜之文。」按：此稱閽者，戒人君以刑人爲閽，故變盜言閽。《繁露・順命》云「皆絶骨肉之屬，❶離人倫，謂之閽、盜而已。無名姓號氏於天地之間，至賤乎賤者也」是也。惠氏《春秋説》云：「不稱盜而稱閽，何也？《周禮》『墨者使守門，劓者使守關，宫者使守内，刖者使守囿，髡者使守積』，皆刑人焉。守門謂之閽。《左傳》謂『吴人伐越，獲俘焉，以爲閽』，明非刑人，乃俘囚，安知其非諜也。故《春秋》備書之以爲戒云。」俞氏樾《公羊平議》云：「弟子問：曷爲謂之閽，則當曉以書閽之故。按：《二十三年》傳『曷爲不言殺其大夫，非其大夫也』，『非其人』與『非其大夫』文法一律，義亦當同。《文十六年》傳『賤者窮諸人』，則此刑人，正宜書人。不書人而書閽

❶「骨」，原作「首」，據《春秋繁露》改。

者，以非其人也。非其人者，❶謂非吴人也。《左傳》曰『吴人伐越，❷獲俘焉，以爲閽，使守舟』，則此刑人乃越人，若書曰『吴人弑其君』，失其實矣。而又見在吴國，❸非自外來，不得從郲婁人戕鄫子之例，故如其實書之曰『閽』，且因以爲人主近刑人之戒。何氏誤據《哀四年》傳，而於『非其人』句不得其解。」按：何意以刑人非其人，謂刑人非可爲閽之人也，故特書「閽」示戒，足答弟子之問，不必如「非其大夫」一例解也。「獲俘」語出《左傳》，未知《公羊》同否。非士不得稱人以弑，《穀梁》所謂「不得齊諸人」者也。何解正合傳意。

君子不近刑人，近刑人，則輕死之道也。**注** 刑人不自賴而用作閽，由之出入，卒爲所殺，故以爲戒。不言「其君」者，公家不畜，士庶不友，放之遠地，欲去聽所之，故不繫國。不繫國，故不言「其君」。**疏**《校勘記》：「《唐石經》原刻無『則』字，後磨改增之。」《繁露·王道》云：「閽弑吴子餘祭，見刑人之不可近。」《鹽鐵論·周秦》云：「古者，君子不近刑人。刑人，非人也。身放殛而辱後世，❹故無賢不肖，莫不恥焉。」《公羊問答》云：「君子不近刑人，而《周禮》墨者使守門，何也？曰：《祭統》云：『閽者，守門之賤者也，古者不使刑人守門。』注謂『夏殷時』。然則《春秋》用四代之禮，不獨用周禮，故不同。」《通義》亦云：「《祭統》注以爲夏殷時。若然，墨者使守門，周公制禮如是。但王政與世隆汙，情變黠僞，則防姦遠患之道益密，故《春秋》因此事而著不近刑人之戒，亦變周從殷之一端焉。」按：《曲禮》「刑人不在君側」，注：「爲怨恨爲害也。《春秋傳》曰：『近刑人，則輕死之道也。』」《漢書·蕭望之傳》：「自武帝遊宴後庭，故用宦者，非國舊制，又違古不近刑人之義。」又《後漢書·曹節傳》「吴使刑人，身遘其禍」是也。○注「刑人」至「爲戒」。○舊疏以「不自賴」猶言「不自重」。《穀梁傳》：「禮，君不使無恥，不近刑人，不狎敵，不邇怨。賤人非所貴也，貴人非所刑也，刑人非所近也。舉至賤而加之吴子，吴子近刑人也。閽弑吴

❶「者」字，原脱，據《群經平議》補。
❷「曰」字，原脱，據《群經平議》補。
❸「而」字、「見」字，原脱，據《群經平議》補。
❹「殛」，原作「殖」，據《鹽鐵論》改。

子餘祭，仇之也。」用以爲閽，由之出入，是狎敵邇怨也，故著爲戒。○注「不言」至「其君」。○《曲禮》疏引《白虎通》云：「古者刑殘之人，公家不畜，大夫不養，士遇之路不與語，放諸墝埆不毛之地，與禽獸爲伍。」《禮記·王制》云：「是故公家不畜刑人，大夫弗養，士遇之塗弗與言也。屏之四方，唯其所之，不及以政，示弗故生也。」注：「屏，猶放去也。已施刑，則放之棄之，役賦不與，亦不授之以田，困乏又無賙恤也。《虞書》曰『五流有宅，❶五宅三居』是也。周則墨者使守門，劓者使守關，宮者使守内，刖者使守囿，髡者使守積。」是《周禮》説與《春秋》禮今文家殊也。《穀梁傳》：「不稱其君，閽不得君其君也。」不言其君，故不繫國稱吴閽也。正以不齊諸人，絶君臣之義故也。

仲孫羯會晉荀盈、齊高止、宋華定、衛世叔齊、鄭公孫段、曹人、莒人、邾婁人、滕人、薛人、小邾婁人城杞。注書者，杞時微，善能成王者後。疏舊疏云：「《左氏》經『世叔齊』作『太叔儀』。」今本《左氏》「大」亦作「世」，與《公》、《穀》同。《左氏》經「莒人」下脱「邾人」二字。《左傳》：「晉平公，杞出也。」故合諸侯之大夫以城杞。○注「書者」至「者後」。○《穀梁傳》：「古者，天子封諸侯，其地足以容其民，其民足以滿城以自守也。杞危而不能自守，故諸侯之大夫，相帥以城之。此變之正也。」注：「諸侯微弱，政由大夫。大夫能同恤災危，故曰變之正。」何氏不曰大夫，義或同也。

晉侯使士鞅來聘。

杞子來盟。注貶稱子者，微弱不能自城，危社稷宗廟，當坐。善諸侯城之。復貶者，諸侯自閔而城之，非杞能以善道致諸侯。疏注「貶稱」至「諸侯」。○《僖二十七年》：「杞子來朝。」注：「杞稱子者，起其無禮不備。」正以杞本公，《春秋》新周故宋，黜杞爲小國稱伯。《莊二十七年》書「杞伯來朝」是也。今稱子，以其危弱不能自城，危宗社，當坐，故貶從子也。《春秋》伯、子、男一也。得爲貶者，爵位雖同，名號究異。故《僖二十三年》注「聖人子孫，有誅無絶，故貶不失爵也」。彼亦以爲徐、莒所脅，故以其

❶「有」，原作「爲」，據《尚書正義》改。

一等貶之，稱「杞子卒」也。

吴子使札來聘。

吴無君，無大夫，此何以有君，有大夫？**注**据向之會稱國。**疏**注「据向之會稱國」。○即上《十四年》「季孫宿、叔老會晉士匄以下會吴于向」是也。賢季子也。何賢乎季子？**注**据聘不足賢，而使賢，有君有大夫。「荆人來聘」是也。**疏**注「据聘」至「是也」。○《莊二十三年》書「荆人來聘」是也。讓國也。其讓國奈何？謁也、餘祭也、夷昧也，與季子同母者四。**注**與，并也。并季子四人。**疏**《史記·刺客傳》：「光之父曰諸樊。諸樊弟三人：次曰餘祭，次曰夷昧，次曰季子札。」諸樊即謁。季子弱而才，兄弟皆愛之，同欲立之以爲君。**疏**《刺客傳》：「諸樊知季子札賢而不立大子，以次傳弟，欲卒致國季子札。」謁曰：「今若是迮而與季子國，**注**迮，起也，倉卒意。**疏**注「迮，起也，倉卒意」。○《說文·辵部》：「迮，迮起也。」《孟子·公孫丑》篇：「今人乍見孺子。」乍亦倉卒意。季子猶不受也。請無與子而與弟。弟兄迭爲君，**注**迭，猶更也。**疏**注「迭，猶更也」。○《小爾雅·廣詁》：「迭，更也。」《太玄·玄文》：「陰陽迭循。」注：「迭，更也。」《廣雅·釋詁》：「迭，代也。」《易·說卦傳》：「迭用剛柔。」注：「迭，遞也。」代、遞皆更義也。而致國乎季子。」皆曰：「諾。」**疏**《吴越春秋·一》：「季札賢，壽夢欲立之。季札讓曰：『禮有舊制，奈何廢前王之禮，而行父子之禮乎？』壽夢乃命諸樊曰：『我欲傳國季札，爾無忘寡人之言。』諸樊曰：『周之太王知西伯之聖，廢長立少，王之道興。今欲授國季札，臣誠耕于野。』王曰：『昔周行之，德加于四海。今汝於區區之國，荆蠻之鄉，奚能成天子之業乎！且今子不忘前人之言，必授國以次及乎季札。』諸樊曰：『敢不如命。』」較此及《史記》爲詳。授位季札之意，蓋起於壽夢，成於諸樊也。故《吴世家》云「季札賢而壽夢欲立之，季札讓，不可，乃立長子諸樊，攝行事當國」是也。故諸爲君者，皆輕死爲勇。**疏**《吴越春秋》：

「諸樊驕恣，輕慢鬼神，仰天求死。將死，命弟餘祭曰：『必以國及季札。』」舊疏云：「或輕其死，或爲勇事，即餘祭不遠刑人，謁爲巢門所殺是也。」飲食必祝，**注** 祝，因祭祝也。《論語》曰「雖疏食菜羹瓜祭」是也。**疏** 注「祝因」至「是也」。○《論語·鄉黨》文。《校勘記》云：「《古論語》作『瓜祭』，《魯論語》作『必祭』。何氏今文之學，當引作『必祭』。」又曰：「何氏於《尚書》多用伏生之學，於《論語》不可必其用《魯》也。」臧氏鏞堂《拜經日記》云：「《古論》『雖疏食菜羹瓜祭，必齊如也』，《魯論》『雖疏食菜羹必祭，必齊如也』，《公羊傳》注引『瓜祭』。按：何邵公止通今學，不當引《古論》。即兼通古學，義當全引，必不從『瓜祭』而止。此蓋用《魯論》『必祭』之文，以證傳中飲食必祝。疏家不能詳其所出，後人誤據今本《論語》改之。」按：臧説是也。李氏惇《群經識小》云：「必字从八弋，篆文作𠔁，與爪相近而誤。」飲食必祭者，《周禮·大祝》：「辨九祭：一曰命祭，二曰衍祭，三曰炮祭，四曰周祭，五曰振祭，六曰擩祭，七曰絶祭，八曰繚祭，九曰共祭。」皆言祭食之禮。皆出少許置之籩豆之間，或上豆或醬湆之間。然《玉藻》云：「唯水漿不祭。」注：「水漿非盛物。」此引《論語》「疏食菜羹」，至微至薄亦祭，明凡飲食必祭也。《禮運》云：「後聖有作，然後修火之利。」所爲祭始爲飲食之人，不忘本故也。《雜記》：「孔子言：『少施氏食我以禮，吾祭。』作而辭曰：『疏食不足祭也。』」蓋主人謙辭。《論衡·祭意篇》、《南史·顧憲之傳》皆引此爲孔子語。曰：「天苟有吴國，**注** 猶曰：「天誠欲有吴國，當與賢弟。」**疏** 注「猶曰」至「賢弟」。○舊疏云：「言天誠有吴，不滅我，當將國與賢弟也。」尚速有悔於予身。」**注** 尚，猶努力。速，疾也。悔，咎。予，我也。欲急致國于季子意。**疏**《説苑·至公》云：「吴王壽夢有四子：長曰謁。次曰餘祭，次曰夷昧。❶次曰季札，號曰延陵季子，最賢。三兄皆知之。於是王壽夢死，謁以位讓季子，季子終不肯當。謁乃爲約曰：『季子賢，使國及季子，則吴可以興。』乃兄弟相繼，飲食必祝，曰：『使吾早死，令國及季子。』」與此大同。舊疏云：「成十七

❶「次曰餘祭」，原脱，據《説苑》補。

年《左傳》，晉士燮祈死，何氏《膏肓》云：『休以爲人生有三命：有壽命以保度，有隨命以督行，有遭命以摘暴，未聞死可祈也。若周公之降，天不出妖，地不出孽，陰陽和調，災害不生。武王有疾，周公植璧秉圭，願以身代。武王疾愈，周公不夭。由此言之，死不可請，偶自天禄欲盡矣，非果死。今《左氏》以爲果死，因著其事，以爲信然，於義《左氏》爲短。』今此謁等亦自祈死，而得難《左氏》者，《公羊》此事直言謁等愛其友弟，致國無由，精誠之至，而願蚤卒，遂忘死不可祈之義。如周公代死，子路請禱之類，豈言謁等祈得死乎？而謁及餘祭之死，或入巢之門，或閽人所殺，抑亦事非天眷也。豈如《左氏》以果死爲信然，故得難之。」按：舊疏通達融洽。○注「尚，猶努力」。○《説文·八部》：「尚，曾也，庶幾也。」《詩·王風·兔爰》云「尚無爲」，箋云：「尚，庶幾也。」《漢書·敘傳》「尚粤其幾」，注：「尚，庶幾也，願也。」皆與努力義近。○注「速，疾也」。○《周禮·考工記》：「無以爲蹙速也。」注：「速，疾也。」《禮記·檀弓》：「豈若速反而虞乎。」注：「速，疾也。」《爾雅·釋詁》：「寁，速也。」郭云：「速亦疾也。」《吕覽·辯士》云：「弱不相害，故遬大。」注：「遬，疾也。」遬爲速之籀文，見《説文》，亦訓疾。○注「悔，咎。予，我也」。○《賈子·客經》云：「悔者，凶也。」凶、咎義同。《爾雅·釋詁》「予，我也」，《白虎通·號》篇：「予亦我也。」予訓我者，余之借也。

故謁也死，餘祭也立。**注**故迭爲君。**疏**在上《二十五年》。

餘祭也死，夷昧也立。**疏**餘祭死見上。

夷昧也死，則國宜之季子者也。季子使而亡焉。**疏**舊疏云：「在昭十五年。」《史記·刺客傳》：「諸樊既死，傳餘祭。餘祭死，傳夷昧。夷昧死，當傳季子札。❶季子札逃不肯立。」《吴越春秋》一：「餘昧立四年卒，欲傳位季札，季札讓，逃去。曰：『吾不受位明矣。昔前君有命，已附子臧之義。潔身請行，仰高履尚，惟仁是處。富貴之於我，如秋風之過爾。』遂逃歸延陵。」《通義》云：「不在曰亡。」按：《史記》諸書皆謂季札逃亡，此云「使而亡」，下云「使而反」，蓋託使而亡爾。

僚者，長庶也，即之。**注**緣兄弟相繼而即

❶「子」字，原脱，據《史記》補。

位。所以不書僚簒者，緣季子之心，惡以已之是，揚兄之非，故爲之諱，所以起「至而君之」。**疏**《通義》云：「即之，即位也。」○注「緣兄」至「即位」。○昭二十七年《左傳》：「我王嗣也。」彼疏引服云：「僚者，夷昧之庶兄。」用《公羊》爲説也。《經義雜記》云：「《左傳》二十七年杜注『光，吴王諸樊長子也』，故曰『我王嗣』。疏引服云『夷昧生光而廢之。僚者，夷昧之庶兄。夷昧卒，僚代立，故光曰：『我王嗣也。』』按：《吴世家》、《吴越春秋·王僚使公子光傳》、何注《公羊》，皆以光爲諸樊子，此杜所据也。《春秋正義》及《史記集解》並引《世本》云『夷昧生光』，此服所据也。《春秋正義》又曰：『班固云：司馬遷采《世本》爲《史記》。』而今之《世本》與遷言不同。《世本》多誤，不足据，故杜以《史記》爲正。言王嗣者，言已是世嫡之長孫也。考諸樊兄弟四人，最後王者夷昧，則光云『我王嗣』，似當爲夷昧子。然《史記》云：『光父先立。』《公羊傳》云：『從先君之命，則國宜之季子。不從先君之命，則我宜立。』則爲王嗣者，又宜是諸樊之子。《史記》以餘昧之子爲僚，服虔以僚爲夷昧之庶兄。或据《史記》譏服氏亂父子之序。然考《公羊傳》云：『謁也，餘祭也，夷昧也，與季子同母者四。』後云：『僚者，長庶也，即之。』然則謁等四人，同嫡母所生。僚年長於四人，但庶妾所生耳，與服義正合，故何注云：『緣兄弟相繼而即位，所以不書僚簒者，緣季子之心，惡以已之是，揚兄之非，故爲之諱。』是何氏亦以僚爲季子兄也。又季子曰：『爾殺吾君，❶吾又殺爾，是父子弟兄相殺。』則季子口中，明以僚爲兄矣。故何注亦云：『兄弟相殺者，謂闔廬爲季子殺僚是也。』」按：以光而弑僚，是以子殺父矣。今季子爲僚報仇，而殺光，是父又殺子也，故云「父子相殺」。服氏既依《世本》，又据《公羊》，不得以爲非也。又按：《説苑·至公》云：「謁死，餘祭立。餘祭死，夷昧立。夷昧死，次及季子。季子時使行，不在。庶兄僚曰：『我亦兄也。』乃自立爲吴王。季子使還，復事如故。」又云：「季子曰：『爾殺吾兄，吾受爾國，則吾與爾爲共簒也。爾殺吾兄，吾又殺汝，則是昆弟父子相殺無已時也。』」亦以僚爲季子兄。惠氏棟《左傳補注》云：「司馬採《世本》爲《史記》，然亦有旁采諸國之書，

❶「君」，原作「兄」，據《説苑》改。

不與《世本》、《左傳》合者。今以《左傳》證之，服氏之説是也。《襄三十一年》傳：吴屈狐庸曰：『若天所啓，其在今嗣君乎？有吴國者，必此君之子孫實終之。』注云：『嗣君謂夷昧。』則光是夷昧之子審矣。如光爲諸樊之子，則《左傳》宜曰：『我亦王嗣也。』不當僅以王嗣爲言。光即諸樊之嗣子，僚亦夷昧之長嗣，既不兄終弟及，則兄死子傳，亦其常耳。僚之立，未爲不可，光何不平之有，故當以《公羊》爲正。」○注「所以」至「君之」。○《説苑·政理》云：「揚人之惡者，是謂小人也。」《禮記·中庸》云：「隱惡而揚善。」季子不欲揚君兄之惡，故《春秋》緣賢者之心而爲之諱也。僚得爲簒者，季子不立，光爲嫡子，光當立也。季子使而反，至而君之爾。注不爲讓國者，僚已得國，無讓也。疏注「不爲」至「讓也」。○《校勘記》：「鄂本『無讓也』作『無所讓』，此誤。」《世家》謂「餘昧卒，欲授弟季札。季札讓，逃去。」此傳似謂先時因使而逃，蓋如魯季友如陳，通乎季子之私行也同。闔廬曰：「先君之所以不與子國而與弟者，凡爲季子故也。疏舊疏云：「三君皆然，故言凡。凡者，❶非一之辭。」將從先君之命與？則國宜之季子者也。如不從先君之命與？則我宜立者也。僚惡得爲君乎？」疏《校勘記》云：「《唐石經》、鄂本同。閩、監本『烏』改『焉』。按：《釋文》作『僚焉』，云『於虔反，本又作惡，音烏』。蓋據此所改。」《繁露·玉英》云：「非其位不受之先君，而自即之，《春秋》危之，吴王僚是也。」《史記·刺客傳》：「公子光曰：『使以兄弟次耶，季子當立；❷必以子乎，則光真嫡嗣，當立。』」《吴越春秋》又曰：「光曰：『札之賢也，將卒傳付嫡長以及乎札矣。及札爲使，亡在諸侯，未還，餘昧卒，國空，有立者，嫡長也。嫡長之後，即光之身也。今僚何以代立乎？』」於是使專諸刺僚，注闔廬，謁之長子光。專諸，膳宰。僚耆炙魚，因進魚而刺之。疏注「闔廬」至「子光」。○何氏以光爲謁子，與《史記》、杜氏同。《説苑·至公》云：「謁子光曰：『以吾父之意，則國當歸季子。以繼

❶「凡」，原作「二」，據《春秋公羊傳注疏》改。
❷「季子」下，原衍「必」，據《史記》刪。

嗣之法，則我適也，當代之君。❶僚何爲也？』」亦以光爲謁子。○注「專諸」至「刺之」。○舊疏云：「《吴語》文。」昭二十七年《左傳》云：「鱄設諸寘劍於魚中以進。」❷《史記》注引服虔云：「全魚炙也。」《吴世家》：「光伏甲士於窟室，而謁王僚飲。王僚使兵陳於道，自王宫至光之家，門階户席，皆王僚之親也，人夾持鈹。公子光詳爲足疾，入於窟室，使專諸置匕首於炙魚之中以進食。手匕首刺王僚，鈹交于匈，遂弑王僚。」《刺客傳》：「使專諸置匕首魚炙之腹中而進之。既至王前，專諸擘魚，因以匕首刺王僚，王僚立死。」《吴越春秋》又云：「專諸曰：『凡欲殺人者，必前求其所好，吴王僚何好？』光曰：『好味。』專諸曰：『何味取甘？』光曰：『好嗜魚之炙也。』專諸乃去太湖學炙魚。光具酒請僚，使專諸置魚腸劍炙魚中，進之。既至王僚前，專諸乃擘炙魚，因推匕首，立戟交軹，倚專諸胸，胸斷臆開，匕首如故，以刺王僚，貫甲達背。」《説文・口部》：「嗜，欲喜之也。」耆蓋嗜之借。《孟子・告子》：「耆秦人之炙。」亦作「耆」。炙者，《説文・肉部》：「炙，肉也，从肉在火上。」《詩・小雅・瓠葉》傳：「炕火曰炙。」蓋以火炕魚食之也。而致國乎季子。疏《説苑》篇名《至公》又云：「刺僚，殺之，以位讓季子。」《吴越春秋》「季札使，還至吴，闔閭以位讓季札」。季子不受，曰：「爾弑吾君，疏《校勘記》云：「《唐石經》、鄂本同。閩、監、毛本『弑』改『殺』。按：《釋文》作『爾殺吾君』，云：『申志反，注殺僚同。』蓋此據所改。注中則諸本皆作『殺僚』。」紹熙本亦作弑。吾受爾國，是吾與爾爲篡也。爾殺吾兄，吾又殺爾，是父子兄弟相殺，終身無已也。」注兄弟相殺者，謂闔廬爲季子殺僚。疏《經義述聞》云：「家大人曰：父子兄弟非一人，不得言『終身』也。『身』字蓋因下『終身不入吴國』而衍。終無已者，終，竟也，竟無已時也。《檀弓》曰：『爾責於人，終無已夫？』《莊子・則陽》篇：『其可喜也，竟無已。』《吕覽・知度》篇：『是耳目人，終無已也。』文義悉與此同。❸《昭二十七年》疏引此已衍『身』字，則不始於《唐石經》矣。《新序・節

❶「君」字，原脱，據《説苑》補。
❷「劍」，原作「劎」，據《春秋左傳注疏》改。
❸「悉」，《經義述聞》作「並」。

士》篇亦作『終身無已』，蓋後人据誤本《公羊》增『身』字也。」❶○注「兄弟」至「殺僚」。○何意以僚爲季子庶兄，光爲札弑僚，是兄弟相殺。去之延陵，**注**延陵，吴下邑。禮，公子無去國之義，故不越竟。**疏**注「延陵，吴下邑」。○下三十一年《左傳》：「延州來季子，其果立乎？」《左疏》引服虔云：「延，延陵也。州來，邑名。季子讓王位，升延陵爲大夫食邑。州來，傳家通言之。」《吴世家》：「季札封於延陵，故號曰延陵季子。」《漢書・地理志》會稽郡毗陵，「季札所居」。師古曰：「舊延陵，漢改之。」《越絶書》：「毗陵故爲延陵，吴季子所居。」又云：「毗陵上湖中冢者，延陵季子冢也，去縣七十里。上湖通上洲。季子冢，古名延陵墟。」○注「禮公」至「越竟」。○《繁露・玉英》：「難紀季曰：『《春秋》之法，大夫不得用地。』又曰：『公子無去國之義。』」《莊九年》注：「公子無去國道，臣異國義。」❷故《白虎通・五行》云：「親屬臣諫不相去，何法？❸法木枝葉不相離也。」終身不入吴國。**注**不入吴朝。既不忍討闔廬，義不可留事。**疏**《説苑・至公》又云：「卒去之延陵，終身不入吴。」○注「不入吴朝」。○舊疏云：「延陵者，竟内之邑，而言不入吴國，故以朝廷解之。」○注「既不」至「留事」。○《校勘記》：「鄂本無『可』字，此衍。」按：有「可」字亦通。紹熙本亦有「可」字。昭二十七年《左傳》：「季子至，曰：『苟先君無廢祀，民人無廢主，社稷有奉，國家無傾，乃吾君也。吾誰敢怨。哀死事生，以待天命。非我生亂，立者從之。』」《吴越春秋》語同，即不忍討意也。《漢書・蕭望之傳》：「則下走當歸延陵之皋。」張晏曰：「吴公子札食邑延陵，薄吴王之行，棄國而耕於皋澤。」故君子以其不受爲義，以其不殺爲仁。**注**故大其能去，以其不以貧賤苟止，故推二事與之。**疏**《説苑》又云：「君子以其不殺爲仁，以其不取國爲義。夫不以國私身，捐千乘而不恨，弃尊位而無忿，可以庶幾矣。」《繁露・精華》云：「《春秋》之聽獄也，必本其事而原其志，志邪者不

❶「蓋」字，原脱，據《經義述聞》補。
❷「義」，原作「異」，據《春秋公羊傳注疏》改。
❸「何法」，原脱，據《白虎通》補。

待成，首惡者罪特重，本直者其論輕。是故魯季子追慶父，而吳季子釋闔廬，罪同異論，其本殊也。俱弒君，或誅或不誅，聽訟折獄，可無審耶。故折獄而是也，理益明，教益行。折獄而非也，闇理迷衆，與教相妨。教，政之本也。獄，政之末也。其事異域，其用一也。不可不以相順，故君子重之也。」《通義》云：「推季子之心，本以光正當立。假令夷昧死，季子受之，比其即世，亦必歸國於光。故光既自立，因而不討也。慶父無可立道，魯季子處之以義。闔廬有可立道，吳季子處之以仁。」

賢季子，則吳何以有君、有大夫？**注** 据其本不賢其君。以季子爲臣，則宜有君者也。**注** 方以季子賢，許使有臣、有大夫，故宜有君。**疏**《校勘記》云：「浦鏜云：『《十二年》疏引作「則國宜有君者也」，《唐石經》缺，以上下字數之，當無國字。』」按：無「國」字亦通。○注「方以」至「有君」。○《穀梁傳》：「吳其稱子何也？善使延陵季子，故進之也。身賢，賢也；使賢，亦賢也。延陵季子之賢，尊君也。」注：「以季子之賢，吳子得進稱子，是尊君也。」

札者何？吳季子之名也。《春秋》賢者不名，此何以名？許夷狄者不壹而足也。**注** 故降字稱名。**疏** 舊疏云：「壹而足者，即《莊二十五年》『陳侯使女叔來聘』是也。」女叔字，此稱名，故注云：「降字稱名也。」《經義雜記》云：「嘗讀宋儒胡安國《春秋傳》，至『吳子使札來聘』，未嘗不歎胡氏之謬也。杜注《左傳》云：『不稱公子，其禮未通於上國。』《正義》引《釋例》曰：『吳晚通上國，故其君臣朝會不同於例，亦猶楚之初始也。』又《公羊傳》：『《春秋》賢者不名，此何以名？許夷狄者不壹而足也。』《穀梁傳》：『其名，成尊於上也。』范云：『札名者，成吳之尊稱。直稱吳，則不得有大夫。』是三傳皆無稱名爲貶之説。唐獨孤及曰：『以季子之閎通博物，慕義無窮，而使當壽夢之眷命，接餘昧之絶統，必能光啓周道，以伯荆蠻，則大業用康，多難不作，闔廬安能謀竊室，專諸何所施其匕首。乃全身不顧其業，專讓不奪其志，所去者忠，所存者節。善自牧矣，謂先君何？吳之覆亡，君實階禍。』獨孤之言，本非知季子者，然尚未傳會聖人之經。胡氏之論，豈因此加刻與？惟明王世貞有言曰：『彼見乎吳之俗，狠戾而好戰，日尋干戈，而

僚以貪愎躁勇之性，光以狡悍忍詬之資，左右焉其人，目睨而齒挈，蓋未嘗一日而忘乎王位也。札欲以禮息鬭，而不能以義割恩，而不忍其身之不恤，而何有於國。故熟計而舍之，非得已也。札聽樂而辨六國之興衰，獨不知吴之將亡而嘿無一救乎！彼不欲以其身殉鴟夷也。』可謂燭照當日之情勢矣。嗟乎！季子何人者，即以其聘於列國事觀之。見叔孫穆子而慮其不得死，説晏平仲而告之以免難之法，與子産交而憂鄭之將敗，聞孫文子之鐘爲之懼禍而不敢止，説叔向而恐其好直以離禍。是其於萍踪遇合之人，尚爲之深思遠慮，惓惓不忘如是，而況於宗社乎！是故吴之興亡，季子必籌之熟，慮之深矣，特時勢流轉，有非人力所能挽者。與其以身殉之，躬受篡弑之禍，而不能有所濟，孰若見幾而作，全身潔己之爲愈哉。闔廬使專諸刺僚而致國於季子，季子曰：『爾殺吾君，吾受爾國，是吾與爾爲篡也。爾殺吾兄，吾又殺爾，是父子弟兄相殺，終身無已也。』季子之志，至是而始白。然當其初讓之時，已見之明決矣。非固讓以全小節而罔念國家之大禍也。唐蕭定云：『《易》曰：知幾其神乎。季子之見，可謂知幾矣。季子之明，可謂知進退存亡而不失其正者。』嗚呼！其知季子也哉。」季子者，所賢也，曷爲不足乎季子？許人臣者必使臣，許人子者必使子也。**注** 緣臣子尊榮，莫不欲與君父共之。字季子，則遠其君。夷狄常例，離君父辭，故不足隆父子之親，厚君臣之義。季子讓在殺僚後，豫於此賢之者，移諱于闔廬，不可以見讓，故復因聘起其事。**疏** 注「緣臣」至「之義」。〇《校勘記》云：「何校本《十二年》疏引作『故不足乎季子，所以隆父子之親也』，與今本異。」《通義》云：「必使臣，必使子者，必使全其爲臣子之道。當札君父之世，並未得有君，有大夫。今爲季子足與之，則非臣子尊榮欲與君父共之之意，故仍未許醕同諸夏。此《春秋》以忠教孝也。」是也。《宣十四年》：❶「夏，五月壬申，曹伯壽卒。」注：「日者，公子喜時父也。緣臣子尊榮，莫不欲與君父共之，故知録之，所以養孝子之志。許人子者，必使父也。」義與此同。

❶「四」，原作「三」，據《春秋公羊傳注疏》改。

○注「孝子」至「見讓」。○殺僚事在《昭二十七年》，彼注云：「不書闔廬弒其君者，爲季子諱。明季子不忍父子兄弟自相殺，讓國闔廬，欲其享之，故爲没其罪也。」是移諱闔廬，其讓不見，不得於彼賢也。○注「故復」至「其事」。○正以聘者，喜接内辭，亦因其可褒褒之也。《通義》云：「讓國事在昭公時，豫賢之於此者，吴能修禮義來聘，因其可賢而賢之，所以得起其讓者。迄《春秋》，吴大夫皆不得以名見，足知札特書名，爲賢故矣。」

秋九月，葬衛獻公。

齊高止出奔北燕。疏《穀梁傳》：「其曰北燕，從史文也。」注：「南燕姞姓，在鄭、衛之間。北燕姬姓，在晉之北。史曰『北燕』，据時然，故不改也。」《史記·燕召公世家》：「召公奭與周同姓，姓姬氏。周武王之滅紂，封召公於北燕。」《索隱》：「今幽州薊縣故城是也。」宋衷曰：「有南燕，故云北燕。」

冬，仲孫羯如晉。

三十年春，王正月，楚子使薳頗來聘。注月者，公數如晉，希見答。今見聘，故喜録之。疏《釋文》：「頗，一本作跛，二傳作『薳罷』。」顧氏炎武《唐韻正》：❶「罷，古音婆。❷《易·中孚》六三『或鼓或罷，或泣或歌』，王肅音皮，徐邈音扶波反。按：罷音皮，皮音婆。凡經傳中罷倦之罷、罷體之罷，皆讀婆。《儀禮·鄉飲酒禮》『飲酒罷』，劉音皮。《禮記·少儀》『師役曰罷』，注：『罷之言罷勞也。』《春秋傳》曰：師還曰疲。』此可見罷倦之罷、罷休之罷，同爲一音矣。《春秋》襄三十年『楚子使薳罷來聘』，昭六年『楚薳罷帥師伐楚』，《公羊》並作薳頗，頗音皮。《左傳》襄十五年『公子罷戎』，罷音皮；《二十三年》『牢成御襄罷師』，罷音皮；《三十年》『皆自朝布路而罷』，罷，皮買反，又扶波反。」○注「月者」至「録之」。○舊疏云：「文當言『如晉』是，若有作『如楚』字者，誤也。」按：上《三年》、《四年》、《八年》、《十二年》、《二十一年》皆書「公如晉」，是數如晉也。公五如晉，惟《八年》「晉侯使士匄來聘」，《十二年》「晉侯使士彭來聘」，《二十九年》「晉侯使士鞅來聘」來答者三，是希見答也。今《二十八年》「公如楚」，《三十年》即報聘，故喜録之也。」《通義》云：「聘

❶「唐」，原作「廣」，引文出《唐韻正》卷二，據改。
❷「婆」，《唐韻正》作「同上」，當指上「婆」字。

例時，此月者，與『公如楚』同意。莊、文之篇，楚再來聘，皆取其敬慕中國。至是公親往朝，楚使大夫報聘而已。陵轢諸夏之甚，故爲諸夏危録之。」按：於如楚已月危之。彼既來聘，皆屬修好，無爲復危也。

夏四月，蔡世子般弒其君固。 **注** 不日者，深爲中國隱痛有子弒父之禍，故不忍言其日。**疏** 注「不日」至「其日」。○決《文元年》「楚世子商臣弒其君髡」，書丁未日故也。《穀梁傳》：「其不日，子奪父政，是謂夷之。」疏引何氏《廢疾》云：「蔡世子般弒其君固，不日，謂之夷。楚世子商臣弒君，何反書日耶？」「鄭釋之曰：『商臣弒父日之，嫌夷狄無禮罪輕也。今蔡，中國而又弒父，故不日之，若夷狄不足責然。《公羊》有「若不疾乃疾之」。推以況此，則無怪然。』」劉氏逢禄難曰：「若夷蔡般，不夷許止，當日蔡弒，與日楚弒同文，而異許不日。今異蔡於楚，以明内外之辨，反同許于楚，以明文實之例，何君明辨晳矣。傳略弒父之爲夷，而僅以不日夷其奪政。至許買之日弒，則以爲正卒，於例亂矣。」《經義述聞》亦云：「楚，夷狄也。夷狄不足責，便不日，則楚商臣弒其君當不日矣。此説之不可通者也。」按：《穀梁》此傳自亂其例，無可解説。《公羊》不忍之義，詞嚴義正。故「子般卒」書日，「子赤卒」不書日，以所聞世，恩王父少殺；所傳聞世，恩高祖曾祖又少殺。故「子般殺」不去日見隱，子卒去日，傳曰「不忍言也」，亦其例也。《通義》云：「弒君例不日者，君失德也。❶般之罪惡不待貶絶，固無爲父之道。報于宫中以亡其身，故去日，見亦有罪焉。❷太史公曰：『爲人君父而不通于《春秋》之義者，必蒙首惡之名。』若蔡景公所以爲鑒也。」此猶牽涉《左氏傳》説，幾與「稱君，君無道。稱臣，臣之罪」，同一傎矣。

五月甲午，宋災，伯姬卒。 **注** 伯姬守禮，含悲極思之所生。外災例時，此日者，爲伯姬卒日。**疏** 包氏慎言云：「五月有甲午，月之五日。」《左氏》經「伯姬」上有「宋」字。趙氏坦《異文箋》云：「《左氏傳》亦云『宋伯姬』，且下注『叔弓如宋，葬宋共姬』。有『宋』字，則此云：『宋災，宋伯姬卒。』所以繫

❶「君」字，原脱，據《通義》補。
❷「焉」，原作「也」，據《通義》改。

伯姬于宋，著魯女之嫁于宋者也。有宋字爲是。」按：趙說是也。《水經注·睢水》：「東逕相縣故城南，宋共公之所都也。國府園中，猶有伯姬黄堂基，斯堂即伯姬燌死處。」《方輿紀要》：「相城在宿州西北九十里。」○注「伯姬」至「所生」。○《漢書·翼奉傳》：「極陰生陽，反爲大旱，甚則有火災，春秋宋伯姬是矣。」師古曰：「伯姬幽居守寡既久，而遇火災，極陰生陽也。」《五行志上》：「三十年，宋災。董仲舒以爲，伯姬如宋五年，宋共公卒。伯姬憂居守節三十餘年，又憂傷國家之患禍，積陰生陽，故火生災也。劉向以爲，先是宋公聽讒而殺太子痤，應火不炎上之罰也。」與董、何義殊。○注「外災」至「卒日」。○外災例時，則《莊十一年》「秋，宋大水」、《莊二十年》「夏，齊大災」、上《九年》「春，宋火」是也。此日，故解之。《昭九年》「夏四月，陳火」，書月者，彼注云：「月者，閔之。」《昭十八年》「夏，五月壬午，宋、衛、陳、鄭災」，書日者，四國同日災，非常故也。此日者，爲伯姬卒日，以內女卒例日故也。《莊四年》「三月，紀伯姬卒」，不日者，彼年「夏，六月乙丑，齊侯葬紀伯姬」，注：「卒不日葬日者，魯本宜葬之，故移恩録文於葬也。」《莊二十九年》「冬，十二月，紀叔姬卒」，亦不日，亦於《三十年》「八月癸亥，葬紀叔姬」日也。

天王殺其弟年夫。注王者得專殺。書者，惡失親親也。未三年，不去「王」者，方惡不思慕而殺弟，不與子行也。不從直稱君者，舉重也。❶ 甚殺意恢，以失子行録。設但殺弟，不能書，是也。不爲諱者，年夫有罪。疏《釋文》：「年夫，音佞。二傳作佞夫。」古年、佞同部叚借，《大戴禮·公冠》篇「成王冠，祝雍曰：『使王近于民，遠於年』」，《說苑·修文》篇作「使王近於民，遠於佞」。《九經古義》云：「古佞讀爲壬，故《晉語》輿人誦云：『佞之見佞，果喪其田。』佞與田協，是讀爲年。殊不知年讀爲甯，田讀爲陳，故《詩·信南山》『畀我尸賓，壽考萬年』。然《公羊》不作壬而作年，何也？《詩·甫田》云：『倬彼甫田，歲取十千，我取其陳。食我農人，自古有年。』是陳讀爲田，年讀如字。」○注「王者」至「親也」。○舊疏云：「諸侯之義，不得專殺

❶「舉」，原作「學」，據國學本改。

大夫。若大夫有罪而殺之者，皆惡于專殺，是以書見。今此天王也，自得專殺。若殺大夫，宜不書之。書者，以其殺母弟，失親親，故惡而書也。」杜云：「稱弟，以惡王殘骨肉。」彼傳言「罪在王也」。《穀梁傳》：「君無忍親之義。天子諸侯所親者，唯長子、母弟耳。『天王殺其弟佞夫』，甚之也。」○注「未三」至「行也」。○《校勘記》云：「鄂本、閩本同。監、毛本『去』誤『王』。」紹熙本亦作「去」。上《二十八年》「十二月，天王崩」至此年五月，是未三年也。《文九年》傳：「踰年矣，何以謂之未君？即位矣，而未稱王也。未稱王，何以知其即位？以諸侯之踰年即位，亦知天子之踰年即位也。以天子三年，然後稱王，亦知諸侯於其封内，三年稱子也。」則靈王崩未三年，景王正當思慕，不合稱王。此不去「王」，明不與其爲子也。《昭二十二年》「景王崩」，《二十三年》書「天王居于狄泉」者，彼傳云：「此未三年，其稱天王何？著有天子也。」注「時庶孽並篡，天子失位徙居，微弱甚，故急著正其號，明天下當救其難而事之」是也。○注「不從」至「重也」。○《僖五年》傳：「曷爲直稱晉侯以殺，殺世子、母弟直稱君者，甚之也。」注：「甚之者，甚惡殺親親也。《春秋》公子貫於先君，唯世子與母弟以今君録親親也。今舍國體直稱君，知以親親責之。」是直稱君者也。舊疏云：「殺世子、母弟者皆直稱君者，甚之也。今經云『天王殺其弟年夫』，甯知非直稱爵之例，❶而知天王者乃是不與子行者，❷正以其在父服之内，❸不思思慕，反殺先君之子，以此爲重，故知義然。」○注「莒殺」至「是也」。○《昭十四年》「莒殺其公子意恢」，注「莒無大夫，書殺公子者，未踰年而殺其君之子，不孝尤甚，故重而録之。稱氏者，明君之子」是也。設但殺弟，不能書者，舊疏云：「正以莒殺意恢，以在喪内，故書責之。知天王殺弟，若不在喪，則不書矣。諸侯之義，不得專殺，而言莒殺意恢，在喪内乃書者，正以意恢莒子之弟，不爲大夫故也。」按：莒無大夫，在喪外，故不書，非許其得專殺也。知意恢雖公子，在喪外，亦不書。因以在喪内，失子行，特録其不孝也。舊疏殊未了。○注「不爲」至「有罪」。○舊疏云：「《春秋》之義，雖言黜周王魯，乃實天子服内殺弟，是甚惡，

❶ 「非」，《公羊傳注疏》作「不是」。
❷ 「者」字原脱，據《公羊傳注疏》補。
❸ 「其」字原脱，據《公羊傳注疏》補。

何故不爲尊者諱，因年夫有罪，則王者之惡稍輕，是以《春秋》不復諱矣。」按《左傳》是。儋括欲立王子佞夫，佞夫弗知。尹言多等殺佞夫，故傳曰：「罪在王。」然廢立何事，儋括至興師圍蒍，逐其大夫。謂謀起於括則可，謂佞夫全弗知，無是理也。故何氏以爲有罪。景王不能善處，任五大夫之殺，則天王不能無過也。

王子瑕奔晉。**注**稱王子者，惡天子重失親親。❶**疏**注「稱王」至「親親」。○舊疏云：「正以《文元年》『天王使叔服來會葬』，注云：『叔服，王子虎也。不繫王者，不以親疎録也。』今此王子瑕言『王子』者，正惡天王重失親親故也。」❷按：凡稱王子，猶公子貫於先君也。致令出奔，故惡失親親。

秋七月，叔弓如宋，葬宋共姬。**疏**《穀梁》經作「葬共姬」，脱「宋」字也。《文六年》疏引《異義》：「《公羊》説云：『《襄三十年》「葬宋共姬」，譏公不自行也。』」按：《禮記疏》引《異義》：「諸侯夫人喪：《公羊》説，卿弔，君自會葬；《左氏》説，諸侯夫人喪，士弔士會葬。文、襄之伯，士弔大夫會葬。叔弓如宋，葬宋共姬，上卿行，過厚，非禮也。許慎謹按：《公羊》説，同盟諸侯薨，君會葬；其夫人薨，又會葬。是其不遑國政而常在路。」「鄭駁之云：『按禮，君與夫人尊同，故《聘禮》卿聘君，因聘夫人。凶時會弔，重於相哀愍，略於相尊敬，故使可降一等，士弔、大夫會葬，禮之正也。《周禮》：「諸侯之邦交，歲相問也，殷相聘也，世相朝也。」無異姓同姓親疎之數。云「夫人喪，士會葬」，説者致之，非傳義也。』」按：何氏無譏公不自行之語，其嚴、顏舊説與？諸侯夫人薨，君自會葬，何氏亦無此義。

外夫人不書葬，此何以書？隱之也。何隱爾？宋災伯姬卒焉。**注**説在下也。**疏**《穀梁傳》：「外夫人不書葬，此其言葬何也？吾女也。卒災，故隱而葬之也。」按：此外夫人，專謂魯女嫁爲夫人者也。若其不然，卒亦不書矣。其稱謚何？**注**据葬紀伯姬不言謚。**疏**注「据葬」至「言謚」。○《莊四年》「齊侯葬紀伯姬」是也。按：紀伯姬不言謚，蓋紀已滅，直爲齊侯所葬，未必有謚，故紀叔

❶「天子」，國圖藏清抄本作「天王」。
❷「故」字原脱，據《公羊傳注疏》補。

姬卒葬時，亦無謚。非必謚宋伯姬爲賢，紀伯姬、紀叔姬無謚，即不賢也。舊疏謂「紀伯姬不言謚者，不賢」，又「葬紀叔姬不云謚，蓋以劣於宋伯姬」，皆失之泥。

賢也。疏《穀梁傳》：「婦人以貞爲行者也，伯姬之婦道盡矣。詳其事，賢伯姬也。」《經義雜記》云：「考伯姬之卒，《公》、《穀》皆以爲賢。胡安國因《左傳》云『女而不婦』，遂以伯姬爲非，此未審傳文也。」按：傳云：「甲午，宋大災，宋伯姬卒，待姆也。」是《左氏》雖未稱其賢，而「待姆也」三字，已明著其賢之實矣。下引君子之言，是於傳文外，兼載一説。然審其詞義，亦有褒而無貶。曰「君子謂共姬女而不婦，女待人，婦義事也」，謂共姬已嫁爲婦，似可從宜行事矣，而猶謹守其女子之道，傅母不在，宵不下堂，是婦人而爲女子之行者也。朱子《詩集傳》：「《葛覃》曰：『可見其已貴而能勤，已富而能儉，已長而敬不弛於師傅，已嫁而孝不衰於父母。此皆德之厚而人所難也。余於宋共姬，亦可見其已嫁而猶謹守女教，是婦人所難也。」《通義》云：「於紀伯姬但隱之而已，宋伯姬又加賢焉，❶故録其謚也。共姬之謚，從共公者也，蓋得正也。《詩》起二《南》，二《南》起《關雎》，而《大雅》稱文王曰：『刑于寡妻，至于兄弟，以御于家邦。』蓋文王之所以風化天下者，本自正夫婦始。夫婦不正，然後貞女失所，淫俗流行。極十五國之弊，❷乃至陳靈公之世，《株林》刺於上，《澤陂》、《月出》風於下。浸淫百餘年間，小人不復知有廉恥，君子不復知有美刺，而《詩》教遂亡。《詩》亡於陳靈者，❸《春秋》之所爲懼而作也。故上本文王之教，隱、桓之際，首正妃匹於内女，賢不肖必謹而别之。觀鄫季姬之淫佚，則數年之間，而婦喪其躬，❹夫虧其體，仇及奕世，子孫見戕，此《春秋》之所以爲戒，亦《株林》之意也。觀宋伯姬之貞信，遭患難而不失其度，年踰閒居而不易其節，故能生致三國之媵，没動諸侯之哀，此《春秋》之所以爲勸，亦《漢廣》、《行露》之意也。《左氏》顧詭託君子之言，譏其女而不婦，殆猶漸於末世流俗之見者與？」趙氏坦《宋伯姬論》云：「《春秋》『宋伯姬卒』，《左氏傳》曰：『君子謂宋共姬女而不婦，女待人，婦義事

❶「宋」上，原衍「於」；「伯」，原作「共」，據《通義》删改。
❷「弊」，原作「勢」，據《通義》改。
❸「者」，原作「公」，據《通義》改。
❹「而」字，原脱，據《通義》補。

也。」《左氏》之説，非也。婦人之有姆，所以妨非禮相舉動，一旦失之，則進退或無所措，其能免於非議乎？事起倉卒，皇然出走，此里巷所不爲，而謂魯公之女、宋室之婦，竟輕遽而爲之乎？且所謂義者，審其輕重之謂也。伯姬之心，固以禮爲重，而以避去爲輕。禮之所在，即義之所在，而謂舍禮而取義乎？或曰『婦人非傅姆不下堂』者，經也。火迫矣，不待姆而遠避者，權也。《左氏》所謂婦義事者，舍經而行權也。然自古所謂權者，舍小節以全大節，非所謂舍大以全小也。婦人之大節，其在守禮乎，抑在避害乎。況伯姬，嫠婦也，則亦安於禮而已矣，何權之足貴。楚王之將嫁季芈也，季芈曰：『所以爲女子，遠丈夫也。鍾建負我矣。』以妻鍾建。伯姬之見，固有出於季芈之上者，而謂不待傅姆而行乎？楚昭王嘗與貞姜約曰：『召則以符。』其後水大至，王使召，失持符，貞姜曰：『符未至，不可去。』貞姜獨非婦人乎？何以非符不行，卒歿漸臺。能識貞姜之所守者，可與言伯姬矣。《公》、《穀》得之。按：《新序·一》云：「是以《詩》正《關雎》，而《春秋》褒伯姬也。」《淮南·泰族訓》：「宋伯姬坐燒而死，《春秋》大之，取其不踰禮而行也。」《繁露·王道》云：「觀乎宋伯姬，知貞婦之信。」《列女傳·貞順》篇：「《春秋》詳録其事，爲賢伯姬，以爲婦人以貞爲行者也。伯姬之婦道，盡矣。」是皆以伯姬爲賢也。

何賢爾？宋災，伯姬存焉。有司復曰：「火至矣，請出。」伯姬曰：「不可。**疏**《左疏》引服云：「不書『大』，非災火及人，伯姬坐而待之耳。」用此傳爲説。惟《左氏》謂「人火曰火，天火曰災」、《公羊》謂「大者曰災，小者曰火」爲異耳。

吾聞之也，婦人夜出，**注**謂有事宗廟。不見傅母不下堂。**注**禮，后夫人必有傅母，所以輔正其行，衛其身也。選老大夫爲傅，選老大夫妻爲母。**疏**《繁露·王道》云：「宋伯姬曰：『婦人夜出，傅母不在不下堂。』此《春秋》之救文以質也。」《釋文》：「傅母，本又作『姆』，同。」《唐石經》、諸本同作「母」。○注「禮后」至「身也」。○《漢書·張敞傳》：「禮，君母出門則乘輜軿，下堂則從傅母。」又荀爽《女誡》云：「聖人制禮，以隔陰陽。七歲之男，王母不抱。七歲之女，王父不持。親非父母，不與同車。親非兄弟，不與同筵。非禮不

動，非義不行。是故宋伯姬遭火不下堂，知必爲災，傳母不來，遂成於灰。《春秋》書之以爲高也。《詩・周南・葛覃》云『言告師氏』，傳：『師，女師也。古者女師教以婦德、婦言、婦容、婦功。』彼謂教女之師，在公宫宗室。不隨行者，其《禮記・内則》云：『女子十年不出，姆教婉娩聽從。』又《齊風・南山》箋云：『文姜與姪娣及傅姆同處。』蓋隨女同行者矣。是知后夫人必有傅母，其實傅母亦兼女師之職也，故杜云：『姆，女師。』」○注「選老」至「爲母」。○舊疏云：「《春秋説》文，作時王之禮。」《公羊問答》云：「漢時亦有此制。《東方朔傳》：『昭平君日驕，醉殺主傅。』❶如淳曰：『禮，有傅姆。』説者又曰：『傅者，老大夫也。漢使中行説傅翁主也。』師古曰：『傅母是也。』」《白虎通・嫁娶》篇：「婦人所以有師者，學事人之道也。《詩》曰：『言告師氏，言告言歸。』《昏禮》經曰：『教于公宫三月。』婦人學一時，足以成矣。與君有緦麻之親者，教于公宫三月。與君無親者，各教於宗廟宗婦之室。國君取大夫之妾、士之妻老而無子而明於婦道者，禄之，使教宗室五屬之女，自於宗子之室學事人也。❷女必有傅母何？尊之也。《春秋傳》曰：『傅至矣，姆未至。』」《禮・昏禮》注云：「姆，婦人年五十無子，❸出而不復嫁，能以婦道教人者，若今時乳母矣。」然則傅與姆不同。蓋大夫士之家，女師不隨行。后夫人位尊，或女師之外，別選老大夫爲傅，大夫妻爲姆與？

傅至矣，母未至也。」逮乎火而死。**注**故賢而録其説。**疏**《穀梁傳》：「取卒之日加之災上者，見以災卒也。其見以災卒奈何？伯姬之舍失火，左右曰：『夫人少辟火乎？』伯姬曰：『婦人之義，傅母不在，宵不下堂。』左右又曰：『夫人少辟火乎？』伯姬曰：『婦人之義，保母不在，宵不下堂。』遂逮乎火而死。」舊疏云：「逮乎火而死者，爲火所逮，環而死也。」《水經注・睢水》篇：「相縣園中有伯姬黄堂基。堂夜被火，左右曰：『夫人少避。』伯姬曰：『婦人之義，保傅不具，夜不下堂。』遂逮火而死。城西有伯姬冢。」○注「故賢而録其説」。○《校勘記》云：「鄂本『説』作『謚』，此誤。」按：紹熙本亦作「謚」。

❶「主」，原作「王」，據《漢書》改。
❷「自」，原作「至」，據《白虎通》改。
❸「五」，原作「四」，據《儀禮注疏》改。

鄭良霄出奔許，自許入于鄭。鄭人殺良霄。

疏《穀梁傳》：「不言大夫，惡之也。」《通義》云：「與欒盈同義。」惠氏士奇《春秋説》云：「欒盈者，欒書之孫，弑君賊也。積不善者，必有餘殃。欒書幸免于戮，而欒氏之族終滅於晉。目之曰賊，誰謂非宜。良霄汰侈，未聞逆蹟，故其死也，子産襚之，枕之股而哭之，又殯而葬之，明非賊也。亦從討賊辭者，辭窮則同。《春秋》固有辭同而事異者。」按：惠説非是。《春秋》弑君之賊不復見。欒書不見於厲公弑後，已示誅絶。欒盈、良霄出奔，大夫已絶。「自」者，有力之文。欒盈由曲沃入晉，良霄挾許力入鄭，皆亂也，故從討賊辭，無二義也。

冬十月，葬蔡景公。

賊未討，何以書葬？君子辭也。注君子爲中國諱，使若加弑。月者，弑父比髠原恥尤重，故足諱辭。疏注「君子」至「加弑」。○正以凡加弑者，雖賊未討，亦書葬。《昭十九年》「許世子止弑其君買」，下書「葬許悼公」，傳：「賊未討，何以書葬？不成于弑也。」又曰：「止進藥而藥殺，曷爲加弑焉爾？譏子道之不盡也。」此亦書葬，與彼加弑同，正緣爲中國諱故也。○注「月者」至「諱辭」。○即上《七年》「鄭伯髠原如會，未見諸侯，丙戌卒于操」，傳：「弑也。孰弑之？其大夫弑之。曷爲不言其大夫弑之？爲中國諱也」；《八年》「夏，葬鄭僖公」，傳「賊未討，何以書葬？爲中國諱也」，注：「不月者，本實當去葬，責臣子，故不足也。」彼髠原爲大夫所弑，因鄭伯欲與中國故，故《春秋》爲中國諱，猶責不足其文，故不月。此子弑父，比髠原中國恥尤重，是以足其諱辭，備書時月也。《通義》云：「恕蔡人不敢討君之適嗣，又臣民之心莫不欲諱其國惡，使若般弑爲疑獄者，故緣情量力不過責也。許世子之罪隱，《春秋》責之以深；蔡般之罪顯，《春秋》治之以恕。蓋以教天下後世之聽獄者，莫非中庸之道也。」以君子辭爲恕蔡臣子辭，與何氏異。

晉人、齊人、宋人、衛人、鄭人、曹人、莒人、邾婁人、滕人、薛人、杞人、小邾婁人會于澶淵，宋災故。疏《校勘記》云：「《唐石經》、諸本同，鄂本脱『莒人』二字。」

「宋災故」者何？諸侯會于澶淵，凡爲宋災故也。會未有言其所爲者，此言其所

爲何？録伯姬也。注重録伯姬之賢，爲諸侯所閔憂。疏注「重録」至「閔憂」。○《校勘記》云：「閩、監、毛本同，鄂本『閔』作『同』，此誤。」《穀梁傳》：「澶淵之會，中國不侵伐夷狄，夷狄不入中國，無侵伐八年，善之也。晉趙武、楚屈建之力也。」疏引徐邈云：「晉趙武、楚屈建感伯姬之節，故爲之息兵。」諸侯相聚，注聚，斂也，相聚斂財物。疏注「聚斂」至「財物」。○《周禮・大宗伯》云：「以禬禮哀圍敗。」注：「同盟者會財貨，以更其所喪。《春秋》襄三十年『冬，會于澶淵，宋烖故』是其類。」又《大行人》云：「致禬以補諸侯之烖。」注：「致禬，凶禮之弔禮、禬禮也。補諸侯烖者，若《春秋》澶淵之會，謀歸宋財。」而更宋之所喪。注更，復也。如今俗名解浣衣復之爲更衣。疏《穀梁傳》亦曰：「更宋之所喪財也。」○注「更復」至「更衣」。○《廣雅・釋言》云：「更，償也。」《史記・平準書》：「不足以更之。」集解：「更，償也。」《檀弓》云：「請庚之。」注：「庚，償也。」謂諸侯償宋之所喪也。何訓爲復，亦即償義，故范云：「償其所喪財。」《周禮・馬質》云：「以其物更。」鄭司農云：「更，猶償也。」《司弓矢》云：「凡亡矢者，弗用則弗庚。」鄭注：「庚，償也。用而棄之則不償。」《釋名・釋天》云：「庚，更也。」《月令》注：「庚之言更也。」庚、更義同。曰：「死者不可復生，爾財復矣。」注復者，如故時。諸侯共償，復其所喪。此大事也，曷爲使微者？注据詳録所爲故。卿也。疏《左氏傳》以爲晉趙武等也。卿則其稱人何？貶。曷爲貶？注据善事也。疏注「据善事也」。○《穀梁傳》：「不言災故，則無以見其善也。」是善事也。卿不得憂諸侯也。注時雖各諸侯使之，恩賞實從卿發，故貶，起其事。明大夫之義得憂内，不得憂外，所以抑臣道也。宋憂内并貶者，非救危亡，禁作福也。疏注「時雖」至「其事」。○《校勘記》云：「鄂本『各』作『名』，此誤。」《繁露》亦云：「大夫盟于澶淵，刺大夫之專政也。」舊疏云：「若恩從君發而使大夫行之，雖非其正，罪不至貶也。」○注「明大」至

「道也」。○舊疏云：「在禮家，施不及國而言得憂内者，謂救危亡之時，助君憂内，不謂自專行之。以此言之，若助君憂内以救危之時，雖恩發大夫，不合譏。」《解詁箋》云：「諸侯使大夫歸宋財，善事也。書『晉趙武以下會于澶淵，歸粟于宋』，可矣。且『叔弓如宋，葬宋共姬』，魯大夫未有不在會者，則經當書『叔弓會晉趙武以下于澶淵，歸粟于宋』，曷爲諱内而盡貶天下之大夫，且變『歸粟』之文曰『宋災故』？時蔡般以子弒父、臣弒君而諸侯不知討賊，民彝泯而天倫滅矣。區區歸粟之義，曷足善乎？傳宜云：『會未有言其所爲者，此言所爲何？不討賊也。此大事也，曷爲使微者？卿也。卿則其稱人何？徧刺天下之大夫也，不書内大夫，諱之也。』」按：三傳皆止言歸宋財，是否歸粟，無所取證，唯《左傳》有諱魯大夫語，《公》、《穀》皆未及魯與弔而不與會，亦無不可。《春秋》可討者事甚多，其圖小忘大者亦多，譏不勝譏，奚必責此澶淵一會。劉氏之義，本之宋儒胡安國，不信注並不信傳，直欲於三傳外，造一劉氏傳，未免逞肊改作矣。○注「宋憂」至「福也」。○舊疏云：「言宋雖遭災，未至於滅，而恩發大夫，外求鄰國，近於作福，是以貶之。」《通義》云：「大夫交會久矣，唯此一事，録其所爲，尤見專福之實，故特貶之。宋向戌併貶者，亦徧刺之義。」按：《書·洪範》云「惟辟作福」，《公羊疏》引鄭注：「此君抑臣之言也。作福，專爵賞也。」又云：「臣之有作福作威玉食，其害于而家，凶于而國。」鄭注：「害于汝家，禍在室。凶于女國，亂下民。」是大夫在本國且不得作福作威，至憂諸侯，僭越甚矣，故尤抑之也。

三十有一年，春，王正月。

夏，六月辛巳，公薨于楚宮。**注**公朝楚，好其宮，歸而作之，故名之云爾。作不書者，見者不復見。**疏**包氏慎言云：「辛巳爲月之二十八日。」○注「公朝」至「云爾」。○《左傳》：「公作楚宮。」注：「適楚，好其宮，歸而作之。」用何義也。傳又曰：「穆叔曰：『《大誓》云：「民之所欲，天必從之。」君欲楚也夫，故作其宮。若不復適楚，必死是宮也。』」六月辛巳，公薨于楚宮。」○注「作不」至「復見」。○《哀三年》傳文。彼經云「桓宮、僖宮災」，傳：「此皆毁廟也，其言災何？復立也。曷爲不言其復立？《春秋》見者不復見也。」注：「謂内所改作也。哀自立之，善惡獨在

哀，故得省文。」是凡内所改作，於其重者一見之而已。其輕處，不復見之。僖、桓宮，哀所作，還災於哀，故於災時一書。此楚宮作于襄，旋薨于楚宮。經特書楚宮於薨時，故其作又可省也。舊疏云：「《成六年》『立武宮』，《昭十五年》『有事于武宮』，亦内所改作而重見者，正以成公立之，至昭乃有事。立之、祭之者異，故不得從省文也。」

秋，九月癸巳，子野卒。 疏 包氏慎言云：「九月書癸巳，爲月之十二日。」《左傳》：「次于季氏。秋，九月癸巳，卒，毁也。」《後漢書・周舉傳》：「問曰：言事者多云『昔周公攝天子事，及薨，成王欲以公禮葬之，天爲動變。及更葬以天子之禮，天即有反風之應。北鄉侯親爲天子，而葬以王禮，故數有災異。宜加尊謚，列於昭穆』。舉獨對曰：❶『昔周公有請命之應，隆大平之功，故皇天動威，以彰聖德。北鄉侯本非正統，姦臣所立，立不踰歲，年號未改，皇天不祐，大命夭昏。《春秋》王子猛不稱崩，魯子野不書葬。今北鄉侯無他功德，以王禮葬之，于事已崇，不宜稱謚。災眚之來，弗由此也。』」《通典・禮》云：「後漢安帝崩，立北鄉侯，未踰年薨，以王禮葬。於《春秋》何義也？何休答曰：『《春秋》未踰年魯君子野卒，降成君，稱子，❷從大夫禮。』宜也。」❸

己亥，仲孫羯卒。 疏 包氏慎言云：「九月書己亥，爲月之十八日。」

冬，十月，滕子來會葬。 注 此書者，與叔服同義。疏 注「此書」至「同義」。○《文元年》：❹「天王使叔服來會葬。」傳：「其言來會葬何？會葬，禮也。」注：「常事書者，文公不肖，諸侯莫肯會之，故書天子之厚，以起諸侯之薄。」則此蓋亦昭公不肖，諸侯莫肯會之，故書滕子之厚，以起諸侯之薄。知昭公不肖者，《左傳》云：「穆叔曰：『且是人也，居喪而不哀，在慼而有嘉容，是謂不度。』」又曰：「比及葬，三易衰，衰衽如故衰。於是昭公十九年矣，猶有童心。君子是以知其不能終也。」舊疏謂襄公不肖，非。

❶「獨」字，原脱，據《後漢書》補。
❷「稱」，原作「從」，據《通典》改。
❸「宜」，《通典》作「可」。
❹「元」，原作「九」，據《春秋公羊傳注疏》改。

癸酉，葬我君襄公。**疏** 包氏慎言云：「十月書癸酉，❶月之二十二日。」

十有一月，莒人弑其君密州。**注** 莒子納去疾，及展立，莒子廢之。展因國人攻莒子，殺之。去疾奔齊。稱人以弑者，莒無大夫，密州爲君惡，民所賤，故稱國以弑之。**疏** 注「莒子」至「奔齊」。○《左傳》：「莒犂比公生去疾及展輿。既立展輿，又廢之。犂比公虐，國人患之。十一月，展輿因國人以攻莒子，弑之。及立，去疾奔齊，齊出也。」是其事也。注：「犂比，莒子密州之號。」○注「稱人」至「弑之」。○莒無大夫，見《莊二十七年》傳。知密州爲君惡，民所賤者，即《左傳》云「犂比公虐」是也。又曰「書曰『莒人弑其君買朱鉏』，言罪之在也」，注「罪在鉏也」；又云：「不稱弑者主名，君無道也」是也。杜又云：「買朱鉏，密州之字。」按：買即密之轉音，朱鉏即州之合音之轉，非名字同異也。段玉裁云：「與『密州』音相同。《左傳》經自作『買朱鉏』，疑後人以《公》、《穀》之經易此。」見《左傳校勘記》。

❶「癸酉」，原作「癸亥」，據上經文改。

公羊義疏六十一

句容陳立卓人著

昭元年盡五年。

《春秋公羊經傳解詁》昭公第九。**疏**《校勘記》：「《唐石經》昭公第十卷九。」《魯世家》：「襄公卒。其九月，太子卒。魯人立齊歸之子裯爲君，是爲昭公。」徐廣曰：「裯，一作袑。」《索隱》：「《系本》作稠。」《左傳釋文》：「昭公名裯，襄公子，母齊歸。」按：杜氏《釋例》、《史記・十二諸侯年表》、《漢書・古今人表》、《律曆志》並作「稠」。《謚法》：「威儀恭明曰昭。」

元年春，王正月，公即位。**疏**《穀梁傳》：「繼正即位，正也。」疏：「重發傳者，嫌繼子野非正，故明之。」

叔孫豹會晉趙武、楚公子圍、齊國酌、宋向戌、衛石惡、陳公子招、蔡公孫歸生、鄭軒虎、許人、曹人于漷。**注**戌、惡皆與君同名，不正之者，正之當貶，貶之嫌觸大惡。方譏二名爲諱，義當正，亦可知。**疏**《唐石經》、諸本同。舊疏云：「齊國酌亦有作國弱者。」《釋文》：「國酌，二傳作國弱。」蓋後人或以二傳改《公羊》也。古酌、弱同部，得相叚借。石惡，《左氏》、《穀梁》作齊惡。《挍勘記》：「齊召南云：『二傳作齊惡，是也。石惡已於襄二十八年出奔晉矣。』按：《釋文》不云『二傳作齊惡』，是《公羊》古本與二傳同。孫志祖說。」按：此下舊疏云：「下《七年》『秋，衛侯惡卒』，《十年》『冬，宋公戌卒』，知向戌、齊惡皆與君同名也。」知疏本作齊惡矣。《釋文》：「軒虎，舊音罕。二傳作罕虎。」按：罕虎，子展子，子罕孫。孫以王父字爲氏。罕、軒皆从干聲，古通。《左氏》昭四年傳「渾罕」，《韓非子・外儲說左下》作「渾軒」是也。《釋文》：「漷，音郭，又音虢。《左氏》作虢，《穀梁》作郭。」按：蔡邕《郭有道碑》：「其先出自有周，王季之穆，有虢叔者，實有懿德，文王咨焉。建國命氏，或謂之郭。」漷从郭聲，或傳寫異。惠棟云：「郭、虢字，古通。虞虢作虞郭。《逸周書・王會解》：『郭叔掌爲天子菉幣焉。』注：『郭叔，虢叔。文王

弟。』《戰國策・秦策》：『臣恐王之如郭君。』注：『古文言虢也』是也。」杜云：「虢，鄭地。」其古東虢與？○注「戍、惡」至「大惡」。○《禮記・曲禮》云：「卒哭乃諱。」注：「生者不相辟名。衛侯名惡，大夫有石惡。」疏云：「按：魯襄公二十八年，衛石惡出奔晉。二十九年，衛侯衎卒，衛侯惡乃即位，與石惡不相干。熊氏云：『石字誤，當云大夫有名惡。知者，《昭七年》衛侯惡卒，《穀梁傳》：「鄉曰衛齊惡，❶今曰衛侯惡，此何爲君臣同名也。君子不奪人名，不奪人親之所名，重其所以來也。」』」是則與君同名，小惡不正之，嫌弱大惡故也。故《曲禮》疏又云「君臣同名，《春秋》不譏」是也。然《曲禮》又云：「不敢與世子同名。」注：「辟僭效也。」故不得無惡。彼注又云：「其先之生，則亦不改。」若臣先名，君後名，或亦不改。《穀梁》所云是也。故《雜記》云：「與君之諱同，則稱字。」若先生與世子同名，或亦當然。舊疏云：「君臣者，父子之倫，甯有同名之理。今二子與君同名，乃是不可之甚。《春秋》不正之者，若正之，當去其氏，或貶稱人。若其去氏，嫌如宋督、宋山、齊無知之屬。若其稱人，嫌如《襄三十年》澶淵之大夫，有作福之大惡。由兹，進退不得正之。然則君臣同名，不爲大惡者，正以名者，父之所置，已父未必爲今君之臣，已或先世子而生，君子既孤，禮有不更名之義，是以《春秋》謂之小惡。以此言之，知無駭入極之屬，自是大惡，故去其氏。俠卒，翬、溺會齊師之屬，未命大夫，正合無氏須辟嫌故。」按：翬去公子，係貶，舊疏誤。○注「方譏」至「可知」。○《定六年》：「季孫斯、仲孫忌帥師圍運。」❷傳：「此仲孫何忌也，曷爲謂之仲孫忌？譏二名，二名非禮也。」注：「《春秋》定、哀之間，文致太平，欲見王者治定，無所復爲譏，唯有二名，故譏之。此《春秋》之制也。」何意以所見世，二名小惡，尚譏，君臣同名，亦小惡，義當正，可從不言可知之例。所以申明上注「正之」之義也。言方者，譏二名，在定、哀之世。昭爲大平之首，尚未合譏，故曰方也。舊疏云「蓋欲析而言之，未當孔子之身故也」是也。

此陳侯之弟招也，何以不稱弟？ **注** 据《八年》稱弟。 **疏** 注「据八年稱弟」。○即下《八

❶「惡」，原作「侯」，據《禮記正義》改。
❷「帥」，原作「師」，據《春秋公羊傳注疏》改。

年》書「陳侯之弟招殺陳世子偃師」是也。貶。曷爲貶？**注**据《八年》殺偃師猶不貶。**疏**注「据八」至「不貶」。○即《八年》稱弟，不貶稱公子故也。爲殺世子偃師貶，曰：「陳侯之弟招，殺陳世子偃師。」大夫相殺稱人，此其稱名氏以殺何？**注**難《八年》事。**疏**舊疏云：「先舉《八年》經文，然後難之也。大夫相殺稱人，《文十六年》『宋人弑其君處臼』下師解，故此弟子取而難之。」言將自是弑君也。**注**明其欲弑君，故令與弑君而立者同文。孔瑗弑君，本謀在招。**疏**《通義》云：「招殺世子而立公子留，致哀公自縊，故云爾。」舊疏云：「世子者，君之副貳。今而殺之，明其從是以後有弑君之心，故稱其名氏，不作兩下相殺辭矣。」○注「明其」至「同文」。○決《莊二十二年》「陳人殺其公子御寇」稱人也。彼注云：「書者，殺君之子，重也。」彼非世子，故仍從大夫相殺稱人。招殺世子，《春秋》之例，殺世子者，與君同罪，故與《文十四年》「齊公子商人弑其君舍」文同矣。爲其先有無君之心，即可階成弑君之禍，故與弑君同文也。舊疏云「《宣十五年》『王札子殺召伯、毛伯』，亦大夫相殺，不稱人以殺者，彼注云：『大夫相殺不稱人者，正之。』諸侯大夫顧弑君重，故降稱人。王者至尊，不得顧」是也。蓋以諸侯大夫專殺大夫，彼諸侯與大夫同人臣耳，恐即自是弑君，故絶之稱人。天子與大夫尊卑殊絶，不虞有此，故不必顧也。○注「孔瑗」至「在招」。○《陳杞世家》云：「初，哀公娶鄭，長姬生悼大子師，少姬生偃。二嬖妾，長妾生留，少妾生勝。留有寵哀公，哀公屬之其弟司徒招。哀公病三月，招殺悼大子，立留爲太子。哀公怒，欲誅招，招發兵圍守哀公，哀公自經殺。」《左傳》大同，唯以偃師爲一人。是皆以弑君者招，而此言孔瑗弑君者，蓋別有所據。是以下《八年》經：「楚師滅陳。殺陳孔瑗。」《九年》：「陳火。」傳云「滅人之國，執人之罪人，殺人之賊」，即謂孔瑗也。明孔瑗爲弑君之賊，楚人但知罪其下手，不知原謀自招，僅放之于越而已。舊疏云：「經不書孔瑗弑君者，本爲招弑，當舉招爲重也。但始有計，不成爲弑。陳侯溺卒者，但自卒耳。」然《史記》、《左傳》皆言哀公縊，則成爲弑矣。《公羊》亦言殺人之賊，蓋亦以哀公遇弑也。舊疏又云：「本謀在招，招當

爲首，楚人所以不殺招者，蓋楚失其意，或陳招歸罪於孔瑗，是以但罪孔瑗，而招但罪其殺世子之愆，遂免弒君之咎。《春秋》體其事，故於殺世子，經書其名氏矣。」按：以司馬昭歸罪成濟事律之，則舊疏之説，信而可從。今將爾，詞曷爲與親弒者同？君親無將，將而必誅焉。疏《莊三十二年》傳：「公子牙今將爾，辭曷爲與親弒者同？君親無將，將而誅焉。」注：「親謂父母。」文與彼同。然則曷爲不於其弒焉貶？注据未弒也。疏《通義》云：「据貶必於其重者。」○注「据未弒也」。○舊疏云：「据今仍未弒而已。貶去其弟，曷爲不於殺世子時貶之乎？」以親者弒，然後其罪惡甚。疏《通義》云：「故特著其爲同母弟。」下八年《穀梁傳》：「鄉曰陳公子招，今曰陳侯之弟招，何也？曰：『盡其親，所以惡招也。』兩下相殺，不志乎《春秋》，此其志，何也？世子云者，唯君之貳也。云可以重之，存焉志之也。諸侯之尊，兄弟不得以屬通。其弟云者，親之也。親而殺之，惡也。」注：「惡招。」又云：「盡其親，謂既稱公子又稱弟招，先君之公子，今君之母弟。」「二稱竝見，故爲盡其親也。」

舊疏云：「傳言此者，欲道八年之時罪惡大甚，不假貶絶也。」《春秋》不待貶絶而罪惡見者，不貶絶以見罪惡也。注招殺偃師是也。疏《通義》云：「目言《春秋》者，亦一經之通例。若招殺世子，商臣弒父，皆所謂不待貶絶者也。」莊氏存與《春秋正辭》云：「凡書外弒君、殺君世子、叛人之類。」舊疏亦云「解之而言《春秋》者，欲道上下通例如此，不爲此文」是也。貶絶然後罪惡見者，貶絶以見罪惡也。注招稱公子，及楚人討夏徵舒貶，皆是也。疏《通義》云：「其貶絶然後罪惡見者，有二類：一者義隱，若楚莊王、晉郤缺之屬。一者事隱，若夫人氏、仲遂之屬。」○注「招稱」至「是也」。○招稱公子，即此文不稱弟是。楚人討夏徵舒，即《宣十一年》：「楚人殺陳夏徵舒。」彼傳云「此楚子也，其稱人何？貶。曷爲貶？不與外討也」是也。莊氏存與云：「内弒君、殺子，諱不見，則貶絶以見其與乎故也。及凡言貶絶者皆是。」今招之罪已重矣，曷爲復貶乎此？注据棄疾不豫貶。疏注「据棄疾不豫

貶」。○鄂本、紹熙本「棄」作「弃」。下《十三年》：「楚公子棄疾弑公子比。」傳：「言將自是爲君也。」注：「故使與弑君而立者同文。」明棄疾亦弑君。而下《十一年》書「楚公子棄疾帥師圍蔡」，與常稱同，無貶文，故据以難。按：棄疾弑公子比，其罪已明，無庸豫書。招殺偃師，特將有弑君重罪未見，故不得於彼貶，而復豫貶於此也。

著招之有罪也。何著乎招之有罪？**注**据棄疾不著。言楚之託乎討招以滅陳也。**注**起楚託討招以滅陳意也。所以起之者，《八年》先言滅，後言執，託討招不明，故豫貶於此，明楚先以正罪討招，乃滅陳也。**疏**《陳杞世家》云：「楚靈王聞陳亂，乃殺陳使者，使公子弃疾發兵伐陳，陳君留奔鄭。九月，楚圍陳。十一月，滅陳。」下八年《左傳》：「公子招、公子過殺悼太子偃師而立公子留。哀公縊。干徵師赴于楚，且告有立君。公子勝愬之于楚。」注：「以招、過殺偃師告愬也。」又曰：「陳公子招歸罪於公子過而殺之。楚公子弃疾帥師奉孫吳圍陳，冬十一月，滅陳。」明楚因勝愬討招，因之滅陳也。○注「起楚」至「意也」。○《通義》云：「陳以招之故，君死國滅，卒乃歸惡孔瑗、公子過，而招幸免于戮。其殺世子之罪已見，亡陳之爲罪首尚未見，故《春秋》甚惡招，重於此貶著之也。」○注「所以」至「陳也」。○下《八年》「楚師滅陳，執公子招，放之于越」，是先言滅，後言執，託討招意不明，故於此起之。彼文所以先言滅者，彼注云：「託意不先書者，本懷滅心。」楚本有利陳之心，與莊王之討徵舒，迹同心異，故如其意，先書滅也，而又託辭於討招，故見招之罪於此也。舊疏云：「若其託討宜先執後滅。」又云：「《宣十一年》『楚人殺陳夏徵舒，丁亥，楚子入陳』，先書討賊，乃言入陳者，莊王討賊之後，始有利陳國之意，故後書入也。」

三月取運。**疏**《校勘記》云：「《唐石經》、諸本同，或作『二月』誤。」《大事表》云：「此爲東鄆，莒、魯所争者，在今沂州府沂水縣北有古鄆城。《文十二年》季孫行父城諸及鄆，此時鄆蓋屬魯，後入莒，爲莒邑。《成九年》『楚子重圍莒，遂入鄆』，即此鄆也。至此年季孫宿伐莒取鄆，自是鄆常爲魯有。晉趙文子請於楚曰『莒、魯争鄆爲日久矣』，蓋謂此也。」二傳「運」作「鄆」。

運者何？内之邑也。**疏**齊氏召南《考證》云：「鄆邑有二：一在西界，昭公居鄆是也。一在東界，與莒相接，先儒謂是莒之附庸，魯時時與莒争。《襄十二年》『季孫宿救臺，遂入鄆』，與此取鄆是也。《公羊》於後文『叔弓帥師疆運田』，亦曰『與莒爲竟』。」据此，則運本魯邑，時服時叛。服則屬魯，叛則屬莒，故二國争也。

其言取之何？**注**据自魯之有。不聽也。**注**不聽者，叛也。不言叛者，爲内諱，故書「取」以起之。不先以文德來之，而便以兵取之，當與外取邑同罪，故書「取」。月者，爲内喜得之。**疏**注「不聽者，叛也」。○《廣雅・釋詁》：「聽，從也。」《國語・周語》：「民是以聽。」注：「聽，從也。」《國策・西周策》：「寡人請以國聽。」注：「聽，從也。」《周書・周祝》：「被之以刑，民始聽。」注：「聽，順也。」不聽爲不從不順，故爲叛也。○注「不言」至「起之」。○《成三年》：「叔孫僑如率師圍棘。」傳：「棘者何？汶陽之不服邑也。其言圍之何？不聽也。」注：「不聽者，叛也。不言叛者，爲内諱，故書圍以起之。不先以文德來之，而便以兵圍之，當與圍外邑同罪，故言圍也。」此與彼同也。彼注又云：「得曰取，不得曰圍。」○注「月者」至「得之」。○舊疏云：「正以《僖三十一年》『春，取濟西田』，不書月，故知此月者，以其是内之叛邑，喜討得之故也。彼注云：『以不月，與取運異，知非内叛邑。』故言取是也。」

夏，秦伯之弟鍼，出奔晉。

秦無大夫，**疏**《文十二年》：「秦伯使遂來聘。」傳：「秦無大夫，此何以書？賢繆公也。」是彼以賢繆公，故書其大夫，明秦無大夫也。此何以書？仕諸晉也。**注**爲仕之於晉書。曷爲仕諸晉？**注**据國地足以禄之。**疏**公子無去國之義，故以仕諸晉爲難。○注「据國」至「禄之」。○《禮記・禮運》云：「諸侯有國以處其子孫。」又云：「是謂制度。」注：「言今不然也。《春秋》昭元年『秦伯之弟鍼，出奔晉』，刺其有千乘之國，不能容其母弟。」疏：「諸侯子孫封爲卿大夫，若其有大功德，其子孫亦有采地，故《左傳》云：『官有世功，則有官族，邑亦如之。』是處其子孫。」彼上云：「天子有田以處其子孫。」《王制》：「天子之田

方千里，公侯田方百里，伯七十里，子男五十里。」明有地足以禄之也。有千乘之國，注十井爲一乘。公侯封方百里，凡千乘。伯四百九十乘。子男二百五十乘。時秦侵伐自廣大，故曰千乘。疏注「十井」至「千乘」。○《禮記疏》引《異義》云：「天子萬乘，諸侯千乘，大夫百乘。」《坊記》云：「制國不過千乘，家富不過百乘。」注：「古者方十里，其中六十四井，出兵車一乘。此兵賦之法也。成國之賦千乘。」彼疏引《司馬法》云：「『成方十里，出革車一乘。』《司馬法》又云：『甸方八里，出長轂一乘。』鄭注《小司徒》云：『若通溝洫之地，則爲十里，除溝洫不過八里。』」然以《小司徒》計之，四井爲邑，四邑爲丘，四丘爲甸。甸六十四井，出長轂一乘，與何義殊。《論語·學而》：「道千乘之國。」注引包曰：「千乘之國，百里之國也。古者井田，方里爲井，十井爲乘，百里之國適千乘也。」每十井爲一乘，是方一里者十爲一乘，則方一里者百爲十乘。開方之法，方百里者一，爲方十里者百。每方十里者一，爲方一里者百，則其賦十乘。方十里者百，則其賦千乘。地與乘數適相當也。包氏説《論語》，爲《魯論》今文説，故與何氏同。伯四百九十乘，❶子男二百五十乘。依《王制》「伯七十里，子男五十里」計之也。車一乘，士十人，故《孟子·盡心》云：「革車三百兩，虎賁三千人。」《詩·魯頌·閟宫》：「公車千乘，公徒三萬。」謂士十人，徒二十人也。劉氏逢禄《春秋議禮》云：「提封萬井，車賦千乘，其大數也。三分去一，定受田六萬夫，則六千井也。十井八十家，賦長轂一乘，則實賦六百乘。以《魯頌》、《司馬法》言之，每乘三十人，則徒萬八千人，不足二軍，故《穀梁傳》曰：『古者諸侯一軍。』何休云：『諸侯一師。』」義或然也。○注「時秦」至「千乘」。○舊疏云：「正以此稱伯故也。」而不能容其母弟，故君子謂之出奔也。注弟賢，當任用之。不肖，當安處之。乃仕之他國，與逐之無異，故云爾。疏《繁露·觀德》云：「外出者衆，❷以母弟出，獨大惡之，爲其亡母背骨肉也。」《漢書·杜鄴傳》：「昔秦伯有

❶「九」，原作「七」，據前注文改。
❷「外出」，原倒，據《春秋繁露》改。

千乘之國而不能容其母弟，《春秋》亦書而譏焉。」《論語・泰伯》云：「君子篤於親，則民興於仁。」戴氏望注云：「《春秋》書秦伯之弟鍼出奔晉，譏其有千乘之國不能容其母弟。」《穀梁傳》：「諸侯之尊，弟兄不得以屬通。其弟云者，親之也。親而奔之，惡也。」《通義》云：「鍼有寵於桓公，景公忌之，使出仕于晉。方責秦伯不能容其母弟，欲加奔文，故特以名見。此與莒慶爲譏逆女特書同例。」○注「弟賢」至「云爾」。○正以古卿大夫賢者世官，不賢者世禄。王侯子弟亦有大功德者，則世其族，否則賜之邑，食其終身。《禮運》所謂「有田以處其子孫」是也。劉氏逢禄《公羊議禮》云：「經所謂譏世卿者，謂公卿大夫及寰内諸侯之適子，當先試之以士。賢，然後漸進之，曷嘗曰爲公卿之子孫雖有賢者，亦當遏絶之，以開草野之路乎？且功臣賢士之子孫，繼世不能象賢，而有采以代耕，使得收其宗族，保其祭祀，五世勿斬。厚風俗，存紀綱之要道，孰過於此。今秦伯不然，故書出奔以貶之，爲與出奔無異也。」

六月丁巳，邾婁子華卒。疏包氏慎言云：「六月有丁巳，据曆七月之十一日，五月之十日。六月無丁巳也。」

晉荀吴帥師敗狄于大原。疏《左氏》經作「大鹵」，杜云：「大鹵，大原晉陽縣。」彼傳亦作「大原」，云：「晉中行穆子敗無終及群狄于大原。」注：「即大鹵也。」《初學記》引《春秋地名》：「晉大鹵、太原、大夏、大墟、晉陽、大康，六名其實一也。」《左傳》云：「群狄。」《大事記》云：「即所云衆狄也。蓋白狄。《宣十一年》郤缺求成于衆狄，以攜赤狄之黨，遂滅潞氏。是後役於晉，從晉伐秦，中間爲秦所誘而有交剛之敗，其禍遂息。閱四十二年，復帥無終以伐晉。無終，今直隸薊州，在大原東北二千餘里，且曾與晉和群狄，敢爲煽搆，爲患邊鄙，宜其啓晉雄心而有肥鼓之滅也。」《水經注・汾水》篇：「東南流過晉陽縣東，晉水從縣東南流注之。太原郡治晉陽城，秦莊襄王三年立。《尚書》所謂『既修太原』者也。《春秋説題辭》曰：『高平曰太原。原，端也。平而有度。』《廣雅》曰：『大鹵，大原也。』《釋名》曰：『地不生物曰鹵。』《穀梁傳》曰：『中國曰大原，夷狄曰大鹵。』《尚書大傳》曰：『東原底平。大而高平者謂之大原。』郡取稱焉。」按：《漢書・地理志》太原郡治晉陽，爲今太原交城縣地。

此大鹵也，曷爲謂之大原？注据讀言大原也。疏舊疏云：「古史文及夷狄之人，皆謂之大原，故難之。」○注「据讀言大原也」。○舊疏云：「時公羊子亦讀言大原也。」《通義》云：「古文《春秋》經作大鹵，《公羊》師以今說讀之，謂大原，故弟子難之。」按：《說文》：『鹵，鹹地。東方謂之斥，西方謂之鹵。』《史記・河渠書》：「溉澤鹵之地。」《索隱》：「澤，一作舄，本或作斥。」《吕氏春秋・樂成》篇：「終古斥鹵。」《漢書・溝洫志》：「千古舄鹵。」蓋其地鹹鹵，故名大鹵也。段注《說文》云：「太史公曰：『山東食海鹽，山西食鹽鹵。』」然對文則分析，散文則不拘。地物從中國，注以中國形名言之，所以曉中國，教殊俗也。疏舊疏云：「言所以今經與師讀皆言大原者，正以地與諸物之名，皆須從諸夏名之故也。」○注「以中」至「俗也」。○舊疏云：「謂諸夏之稱皆從地之形勢爲名。此地形勢高大而廣平，故謂之大原。本史及夷狄皆謂之大鹵，而今經與師讀必謂之大原者，正以曉中國之大教，有殊俗之義故也。」《春秋異文箋》云：「《左氏》經作大鹵，從古史文。《左氏》傳及《公》、《穀》經傳俱作大原，從中國稱。義既不同，故字異。」邑人名，從主人。注邑人名，自夷狄所名也。不若地物有形名可得正，故從夷狄辭言之。疏《穀梁傳》：「號從中國，名從主人。」舊疏云：「此主人謂夷狄也。言大原人道云之時，從其夷狄，皆謂之大鹵，故注云：『邑人名，自夷狄所名也。』」按：《襄五年》：「會于善稻。」《穀梁傳》：「吳謂善伊，謂稻緩。」下《五年》：「敗莒師于濆泉。」《穀梁傳》：「狄人謂賁泉失台。」又越名「於越」，吳名「句吳」，莒密州爲「買朱鉏」，吳子乘爲「壽夢」，皆邑人名爲夷狄所自名故也。○注「不若」至「言之」。○《通義》云：「此言大鹵者，從狄邑名之。大原者，從其地形廣平名之也。」然何義以邑與地別，蓋夷狄自名，不必拘形勢言也。原者何？上平曰原，下平曰隰。注分別之者，地勢各有所生，原宜粟，隰宜麥。當教民所宜，因以制貢賦。疏《書・堯典》云：「疇若予上下草木鳥獸。」《史記注》引馬注云：「上謂原，下謂隰。」《爾雅・釋地》云：「廣平曰原。」《御覽》引舍人云：「廣

平謂土廣而平。」《左傳疏》引李巡云：「廣平謂土地寬博而平正也。」《大雅·公劉》箋云：「廣平曰原。」《周禮·大司徒》注又作「高平曰原」。《離騷注》亦作「高平曰原」。疑《爾雅》本有作「高平曰原」者。《説文》作「邍」，云：「高平之野，人所登。」《水經注·汾水》篇引《春秋説題辭》曰：「高平曰大原。」又引《書大傳》曰「大而高平者謂之大原」是也。此作「上平」，與諸家「高平」義合。《釋地》又云：「下者曰隰。」郭注引此傳：「下平曰隰。」《詩疏》引李巡云：「下者，謂下濕之地。隰，濕也。」《説文·自部》：❶「隰，阪下濕也。」按：《釋地》又云：「下濕曰隰。」《詩疏》引李巡云：「下濕謂土地窊下，常沮洳，名爲隰也。」《一切經音義》引《爾雅》舊注云：「隰，濕墊也。」專指沮洳漸濕者言，此則凡下而平者皆曰隰，故《爾雅》「下者曰濕」句連「陂者曰阪」言。陂陀不平曰坂，其下而平者則曰濕也。故郭引此句證彼。郝氏懿行《義疏》云：「濕，當爲隰字之誤。」是也。故許書亦增一阪字，其義明矣。《御覽》引《説題辭》云：「下濕曰隰。隰者，濕也，下而澤也。」《釋名·釋地》云：「廣平曰原，原，元也，如元氣廣大也。下濕曰隰，隰，蟄也。蟄，濕意也。」與《爾雅》同。○注「分別」至「貢賦」。○《禮記·月令》：「孟春之月，善相丘陵、阪險、原隰，土地所宜，五穀所殖。」《孝經·庶人章》：「分地之利。」疏引鄭注云：「分別五土，視其高下。」《初學記》引鄭注又云：「若高田宜黍稷，❷下田宜稻麥，邱陵阪險宜種棗栗。」《説苑·復恩》篇：「下田洿邪，得穀百車，蟹堁者宜禾。」又《尊賢》篇：「蟹堁者宜禾，洿邪者百車。」又《辨物》篇：「山川汙澤，陵陸丘阜，五土之宜，聖王就其勢，❸因其便，不失其性。高者黍，中者稷，下者秔。蒲葦菅蒯之用不乏，麻麥黍粱亦不盡，山林禽獸、川澤魚鱉滋殖，王者京師四通而致之。」與此皆大同小異。粟即粱，俗所謂小米，是也。宜高地，故云。《書·禹貢》云：「咸則三壤，成賦中邦。」故云：「因以制貢賦」也。

秋，莒去疾自齊入于莒。莒展出奔吴。**注**主書去疾者，重篡也。莒無大夫，書展

❶「自」，原作「阜」，據《説文》改。
❷「稷」下，原衍「下田宜黍稷」，據《初學記》刪。
❸「王」，原作「人」，據《説苑》改。

者，起與去疾争篡，當國出奔。言自齊者，當坐有力也。皆不氏者，當國也。不從莒無大夫去氏者，莒殺意恢稱公子，篡重不嫌本不當氏。

疏《左氏》作「展輿」，彼《釋文》本無「輿」字，與《公羊》同，云：「一本作莒展輿。」《穀梁》亦無「輿」字。○注「主書」至「篡也」。○《通義》云：「莒去疾者，當國辭。入者，篡辭。展之罪重矣，而去疾不免爲篡者，著去疾之不正也。」按：《左傳》云：「莒犂比公既立展輿又廢之。」明去疾之立不正，故坐篡。○注「莒無」至「争篡」。○「莒無大夫」，《莊二十七年》傳文。《通義》云：「謂之莒展者，猶陳佗之例也。既絶踰年之君，而不與成君之稱，爲弑其君絶之也。既絶之，則展罪已顯，故於其弑也，從莒無大夫常文。啖、趙之徒，自不守踰年稱公之法，誤以曹羈、莒展與鄭忽比類，反疑經無惡展之文，而斥《左氏》記莒事爲失實，其妄至此。」按：何義以經書莒展與莒慶、曹羈同文，嫌是大夫，故云「起與去疾争篡」，明莒展，莒君也。惟何氏但坐展篡，不舉弑君重，蓋不信《左傳》也。○注「當國」至「力也」。○舊疏云：「《襄三十一年》『莒人弑其君密州』，今言去疾之入，入者，出入惡之文，而又不氏，故知出時爲當國也。既是當國，正合書入，而言自齊者，刺齊有力也。其出奔不書者，《春秋》之義，微者不兩書。」按：襄三十一年《左傳》：「去疾奔齊，齊出也。」本年《左傳》云：「公子召去疾于齊。秋，齊公子鉏納去疾。」明齊有力也，故當坐。○注「皆不」至「國也」。○《隱元年》「鄭伯克段于鄢」之下，傳云：「何以不稱弟，當國也。」注：「欲當國爲之君，故如其意，使如國君氏。」莊九年齊小白、八年齊無知、隱四年衛州吁皆然。此去疾、展俱不書公子，知亦當國文矣。○注「不從」至「當氏」。○下《十四年》「冬，莒殺其公子意恢」，莒無大夫，彼書公子者，彼注云：「未踰年而殺其君之子，不孝尤甚，故重而録之。稱氏者，明君之子。」然則彼意恢事重，故變無大夫之例稱氏。此邪庶竝篡，亦重，故去氏以起其當國。不嫌本不當氏，明其未貶之時，亦合稱氏也。蓋小國無大夫，名氏例不見。假有見者，名氏亦不具，如莒慶、曹羈之屬。今莒展、莒去疾亦然，故辨之，明彼稱公子，别有所起。此去氏，非從小國大夫常例，實爲當國去氏，使其惡逆見也，如莒慶文同義異也。《通義》云：「有罪不月者，不成之爲君，故亦不得用諸

侯奔例矣。」《左傳》：「展輿，吴出也。」故奔吴。徐邈云：「不爲内外所與也，不成君，故但書名。」見《穀梁》疏。

叔弓帥師疆運田。

疆運田者何？與莒爲竟也。**注**疆，竟也，與莒是正竟界，若言城中丘。**疏**注「疆竟」至「竟界」。○《穀梁傳》：「疆之爲言猶竟也。」注：「爲之境界。」《周禮・大宗伯》：「大封之禮，合衆也。」注：「正封疆溝塗之固，所以合聚其民。」又《大卜》注：「卜大封，謂竟界侵削，卜以兵征之。若《魯昭元年》『秋叔弓帥師疆運田』。」❶是正竟界用師也。○注「若言城中丘」。○《隱七年》：「夏，城中丘。」傳：「何以書？以重書也。」注：「以功重，故書也。當稍稍補完之，至令大崩弛壞敗，然後發衆城之，猥苦百姓，空虚國家，故言城，明其功重，與始作城無異。」然則此亦以重書，蓋責魯不早正疆界，至今兩國搆衅後，始爲此興師動衆，勞民不恤，與始取無異也。與莒爲竟，則曷爲帥師而往？**注**据非侵伐。畏莒也。**注**畏莒有賊臣亂子，而興師與之正竟。刺魯微弱失操，煩擾百姓。**疏**注「畏莒」至「百姓」。○舊疏云：「《襄三十一年》『莒人弑其君密州』，是爲賊臣。二子爭簒，是爲亂子。魯人見其賊亂，恐其轉侵，是以興兵與之正竟。賊亂之人，自救無暇，焉能轉侵，故云『微弱失操，煩擾百姓』也。」《解詁箋》云：「西運，魯、齊同壤。東運，莒、魯同壤。上年莒弑密州，魯不討亂而取運，故諱不言伐莒而加月以起之。是時去疾與展爭簒，魯又不討而疆運，故變文加帥師以起之。傳『畏莒也』，諱辭，與《莊九年》『浚洙』傳『畏齊也』同例。此不言『曷爲畏莒也，辭不討賊也』，乃省文。魯兵不以義動而以利起，故諱使若非從莒取也。傳云『内邑』，順經諱文，《解詁》俱失之。」按：劉説非是。魯君失政，彊臣執柄，傳云「畏莒」，微弱已甚，安能責其討莒。《春秋》無義戰，無非利動，何獨責之於此？詳繹傳意，但責其微弱爾。若以《周禮》證之，則帥師以疆運田，正臨事而懼，無爲譏也。

葬邾婁悼公。**疏**《通義》云：「所見之世，邾婁始

❶「魯昭元年秋」五字，原脱，據《周禮注疏》補。

書葬。」

冬，十有一月己酉，楚子卷卒。疏包氏慎言云：「十一月書己酉，月之十五日。」《校勘記》云：「《唐石經》、諸本同。《釋文》：『子卷，《左氏》作麇。』解云：『《左氏》作麇字，二傳本亦有作麇者，卷、麇一聲之轉，故文異。』」按：《左氏》哀二年傳：「羅無勇，麇之。」《釋文》：「麇，丘隕反。」卷，古亦音衮，《王制》「一命卷」是也。衮與隕音正同，故錢氏大昕《答問》云：「卷、麇聲相近也。」《通義》云：「《左傳》曰：『楚公子圍將聘於鄭，未出竟，聞王有疾而還，入問王疾，縊而殺之，葬王于郟，謂之郟敖。』《韓非子》亦稱《春秋》記曰：『王子圍因入問病，以其冠纓絞王而殺之，遂自立也。』然則卷之卒，非實卒矣。《春秋》不言弑者，爲内諱也。前此伯國，惟齊懿公弑君自立，文公未之朝也。今楚夷狄之國，公子圍親弑君之賊，而昭公屈節往朝，内恥之大者，故略其實，没其文，所以扶中國，存天理，微乎旨乎？」

楚公子比出奔晉。注辟内難也。疏注「辟内難也」。○舊疏云：「正以更無他事，於君薨之際出奔，故知止應辟内難。」按：《左傳》：「辟公子圍之難也。」《左氏》經文有脱「楚」字者。

二年春，晉侯使韓起來聘。

夏，叔弓如晉。

秋，鄭殺其大夫公孫黑。

冬，公如晉，至河乃復。

其言至河乃復何？注据「公如晉，次于乾侯而還」。言至自乾侯，不言至乾侯乃復。疏注「据公」至「乃復」。○即下《二十八年》「春，公如晉，次于乾侯」、《二十九年》「春，公至自乾侯」是也。不敢進也。❶注乃，難辭也。時聞晉欲執之，不敢往。君子榮見與，恥見距，故諱使若至河，河水有難而反。疏注「乃，難辭也」。○《宣八年》傳文。○注「時聞」至「敢往」。○《通義》云：「《昭公》之篇，屢言『至河乃復』，蓋皆季氏爲之，使公不得志於晉。《穀梁傳》曰：『公如晉而不得入，季孫宿如晉而得入，惡季孫宿也。』此最得其實。

❶「不」，國圖藏清抄本作「末」。

《左氏》壹以爲晉人辭公者，魯史順季氏之飾辭耳。是行經書於冬而《左傳》在秋，安知非即史官欲飾成公復爲晉辭弔喪，故移公行期以就少姜卒之月日耶。」范云：「公凡四如晉，季氏訴公於晉侯，使不見公。公懼不利於己，故公托至河有疾而反，以殺恥也。《十二年》傳曰『季氏不使遂乎晉』，與此傳互文以見義。」與何氏合，惟《公羊》無託疾之義。○注「君子」至「而反」。○舊疏云：「若如川之滿，不可游也。」然按《文七年》傳：「諸侯不可使與公盟。」注：「爲諸侯所薄賤，不見序，故深諱爲不可知之辭。」《襄三年》：❶「公至自晉。」注：「不别盟得意者，成公比失意如晉，公獨得容盟，得意亦可知。」是則榮見與，恥見距之義也。故爲諱，決《成十六年》「不見公，不恥之，爲公幼也」故也。

季孫宿如晉。 疏《穀梁傳》：「惡季孫宿」是也。

三年春，王正月丁未，滕子泉卒。 疏包氏慎言云：「正月書丁未，❷月之十日。」《校勘記》云：「諸本同。《唐石經》初刻作原，後磨改爲泉。解云：《左氏》、《穀梁》作原字。」按：古原、泉義同音通。《説文》：「厵，水泉本也。从灥出厂下。篆文从泉。」《公羊》作泉，係去厂字也。

夏，叔弓如滕。

五月，葬滕成公。 注月者，襄公上葬，諸侯莫肯加禮，獨滕子來會葬，故恩録之。明公當自行，不當遣大夫。失禮尤重，以責内。疏「月者」至「録之」。○《穀梁疏》引作「月者，上葬襄公」是也。卒月葬時，小國常例。此書月，故解之。葬襄公，獨滕子來會葬者，即《襄三十一年》「夏，公薨于楚宫。冬十月，滕子來會葬。癸酉，葬我君襄公。」不見别國諸侯會葬文也，當恩録之故也。○注「明公」至「責内」。○舊疏云：「《公羊》之義，鄰國諸侯及鄰國夫人喪，皆公自會葬。故《異義》『《公羊》説云：《襄公三十年》「叔弓如宋葬共姬」，譏公不自行』是也。然則凡乎諸侯之葬，公猶自行，況其加禮於己者乎。故言失禮尤重，以責内也。」《通義》云：「諸侯之喪，士弔，大夫送葬，正也。時唯畏齊、晉大國，間有使卿行者。屬襄公

❶「三」，原作「二」，據《春秋公羊傳注疏》改。
❷「正」，原作「四」，據上經文改。

之喪，滕君親來，雖爲失禮，然無施不報。今亦加禮，特使卿會其葬，善得輕重之宜。月者，順內恩録之也。」按：《異義》所載，蓋《公羊》先師説，何氏無此義，故「叔弓如宋葬共姬」，何注無「譏公不自行」語。此爲滕子來會葬，視較諸國爲厚，昭公亦宜報稱，故云「公當自行，以責內也」。

秋，小邾婁子來朝。

八月，大雩。**注**先是，公、季孫宿比如晉。

疏注「先是」至「如晉」。○即上《二年》「公如晉，季孫宿如晉」是也。《五行志中之上》：「昭公三年八月，大雩。劉歆以爲，昭公即位年十九矣，猶有童心，居喪不哀，炕陽失衆。」蓋《左氏》家説。

冬，大雨雹。**注**爲季氏。**疏**注「爲季氏」。○《五行志中之下》：「昭公三年大雨雹。是時季氏專權，脅君之象見，昭公不寤，後季氏卒逐昭公。」《開元占經》引《感精符》云：「大臣擅法則雨雹。」《古微書・考異郵》云：「强臣擅命，后妃專恣，刑殺無辜，則天雨雹。」《漢書・蕭望之傳》：「望之對，以爲春秋昭公三年大雨雹，是時季氏專權，卒逐昭公。鄉使魯君察於天變，宜亡此害。」

北燕伯款出奔齊。**注**名者，所見世著治大平，責小國詳，録出奔，當誅。**疏**《燕世家》：「惠公多寵姬，公欲去諸大夫而立寵姬宋。大夫共誅姬宋，惠公懼，奔齊。」《左傳》以欵爲簡公，《史記》以簡公後惠公四代，二文不合。○注「名者」至「國詳」。○舊疏云：「《春秋》之義有三世異辭。入所見世，小國出奔而書名，故知義然也。即《莊十年》『譚子奔莒』、《僖五年》『弦子奔黄』、《十年》『温子奔衛』、《成十二年》『周公出奔晉』之屬，皆不名。至於此文『北燕伯欵』、下三十年『徐子章禹出奔楚』之屬，皆書其名是也。」然者，所見世著治大平，崇仁義，天下遠近小大若一，用心尤深而詳，故并責及小國也。○注「録出奔，當誅」。○舊疏云：「大平之世，民皆有禮，況於諸侯不死社稷而棄國出奔，當合誅滅矣。」包氏慎言云：「《桓十五年》：『鄭伯突出奔蔡。』傳曰：『突何以名？奪正也。』注：『明祭仲得出之，故不以失衆録也。』然則諸侯出奔者，皆以失衆論絶。《桓十六年》：『衛侯朔出奔齊。』傳曰：『衛侯朔何以名？絶。曷爲絶之？得罪于天子也。其得

罪于天子柰何？見使守衛朔，而不能使衛小衆，越在岱陰齊，屬負兹舍，不即罪爾。」朔者，王政也。奉王政而不能使衆，罪宜絶。朔事在所傳聞之世，外諸夏而以大惡録，罪止於絶。北燕伯欵屬所見世，外無彊鄰之逼，無故出奔，不能乎臣民者也。以大平之世責小國詳，故論誅，以爲好惡拂人之性者戒。《吕刑》曰：「刑罰世輕世重。上刑適輕，下服。下刑適重，上服。」此之謂也。

四年春，王正月，大雨雹。 注 爲季氏。 疏 《校勘記》云：「《唐石經》、諸本同。《釋文》：『大雨雪，《左氏》作大雨雹。』解云：『正本皆作雹字，《左氏》經亦作雹。』故賈氏云：『《穀梁》作「大雨雪」，今此若有作「雪」字者，誤也。』《經義雜記》曰：『范注《穀梁》云：雪或爲雹，則《穀梁》亦有作雹者，或據《左氏》、《公羊》言之。若今《公羊》作雪，《釋文》同，則誤也。』」按：舊疏也蓋亦作雹，與陸本異。周正月，夏十一月，大雨雪，無足異，當以作雹爲正。《差繆略》云「《穀梁》或作雪」，則陸氏所見《公羊》本作雹。○注「爲季氏」。○《五行志中之下》云：「昭公四年正月，大雨雪。劉向以爲，昭取於吴而爲同姓，謂之吴孟子。君行於上，臣非於下。又三家已强，皆賤公行，慢侮之心生。董仲舒以爲，季孫宿任政，陰氣盛也。」與何同。《左傳》：「申豐以聖人在上無雹，雖有，不爲災。古者日在北陸而藏冰，西陸朝覿而出之。今藏川池之冰，棄而不用，風不越而殺，雷不發而震。雹之爲災，誰能禦之。」疏引《膏肓》云：「『《春秋》書雹以爲政之所致，非由冰也。若今朝廷藏冰，亦不於深山窮谷，何故或無雹？天下郡縣皆不藏冰，何故或不雹？若言有之於古者，必有驗於今。此其不合於義，失天下相與之義。』鄭君箴之曰：『雨雹，政失之所致，是固然也。國之失政，君子知其大者，其次知其小者。藏冰之禮，淩人掌之，《月令》載之，《豳詩》歌之。此獨非政與？故其小者耳。夫深山窮谷，固陰沍寒，極陰之處，水凍所聚，不取其冰，則氣畜不泄，結滯而爲伏陰。凡雨水，陽也。雪雹，陰也。雨水而伏陰薄之，則凝而爲雹。雨雪而愆陽薄之，則合而爲霰。申豐見時失藏冰之禮而有雹，推之陰陽，知此伏陰所致，亦聖人之寓言也。詳載其言者，以著藏冰之禮不可廢耳。』」劉氏逢禄《評》曰：「君子識其大者，經意也。其次識其小者，左氏《春秋》説也。鄭既知經自爲經，《左氏》自爲《左氏》，何辨焉。且以申豐爲寓言則可，以爲聖人，則

張禹、孔光於災異迭見，終不以王氏爲言，亦寓言之作俑也，豈聖人之所許？」

夏，楚子、蔡侯、陳侯、鄭伯、許男、徐子、滕子、頓子、胡子、沈子、小邾婁子、宋世子佐、淮夷會于申。注不殊淮夷者，楚子主會行義，故君子不殊其類，所以順楚而病中國。疏《書・費誓》云：「徂茲淮夷。」《釋文》引鄭注：「淮水之夷名。」《書序》：「武王崩，三監及淮夷叛。」又云：「成王東伐淮夷。」《詩序》：「宣王命召公平淮夷。」《詩・大雅・江漢》云：「淮夷來求。」《魯頌・閟宫》：「淮夷來同。」僖十三年《左傳》：「淮夷病杞。」凡淮南北近海之地，皆爲淮夷。《書・禹貢》「淮夷蠙珠」者是也。在徐域者，爲淮北之夷。《魯頌》、《書序》、《左傳》病杞之夷是也。在揚域者，爲淮南之夷。《大雅》及此楚子所會是也。申者，杜云：「申國，今南陽宛縣。」《大事表》云：「在今河南南陽府南陽縣北三十里。終《春秋》之世，申最爲楚重地，每有攻伐，必發其兵。後光武亦從南陽起。」○注「不殊」至「中國」。○決《成十五年》「叔孫僑如會晉士燮以下會吴于鍾離」、《襄十年》「公會晉侯以下會吴于柤」，殊吴也。監本「子」作「于」，誤。舊疏云：「内諸夏外夷狄者，《春秋》之常典，而不殊淮夷者，正以此會楚子爲主會行義。其行義者，即下文『爲齊誅』是也。」《通義》亦云：「徐稱子又不外淮夷者，皆以非中國主會，無所殊也。」舊疏又云：「君子謂孔子。孔子之意所以然者，正欲順楚之事而病諸夏之衰微。何者，言楚夷狄，尚能行義以相榮顯，況於諸夏，反不能然，故得病之。若然，《春秋》之式：傳聞之世，内其國，外諸夏；所聞之世，内諸夏外夷狄；所見之世，治致大平，録夷狄。則不殊淮夷，固其宜也。而此注云『楚子主會行義，君子不殊其類』者，正以等是大平，亦有麤細。昭當其父，非己時事。定、哀之世，乃醇粹也。是以《定六年》注『《春秋》定、哀之間，文致大平也』。然則淮夷始見，此經更無進稱。未當定、哀之間，仍合外限。但由楚子主會，故得不殊，是以何氏更爲立義矣。」按：舊疏義甚精密。

楚人執徐子。疏《校勘記》云：「唐石經、鄂本同。閩、監、毛本誤『楚子』。」按：二家經皆作「楚人」。此《釋文》及疏並不言《左》、《穀》之異，知《公羊》本亦作「楚人」也。

秋七月，楚子、蔡侯、陳侯、許男、頓子、胡子、沈子、淮夷伐吴，執齊慶封，殺之。此伐吴也，其言執齊慶封何？爲齊誅也。**注**故繫之齊。**疏**注「故繫之齊」。○杜云：「楚子欲行霸，爲齊討慶封，故稱齊。」其爲齊誅柰何？慶封走之吴，**注**以襄公二十八年奔魯，自是走之吴。不書者，以絶于齊。在魯不復爲大夫，賤，故不復録之。**疏**注「以襄」至「之吴」。○即《襄二十八年》書「齊慶封來奔」是也。彼《左傳》云：「既而齊人來讓，奔吴。」○注「不書」至「録之」。○正以若言齊慶封，則已絶于齊。書魯慶封，則非内大夫，故略之不録也。吴封之于防。**注**不書入防者，使防繫吴，嫌犯吴也。去吴，嫌齊邑也。**疏**《齊世家》：「奔吴，吴與之朱方，聚其族而居之。」《吴世家》：「齊相慶封有罪，自齊來奔吴。吴予慶封朱方之縣。」《左傳》：「吴句餘予之朱方，聚其族焉而居之，富於其舊。」朱方蓋即防也，即今江南之丹徒。《穀梁傳》云：「慶封封乎吴鍾離。」○注「不書」至「邑也」。○舊疏云：「經言伐吴，犯吴已著。注云『嫌犯吴』者，以慶封前已封防，爲小國。但諸侯不得專封，是以《春秋》奪言伐吴，實非伐吴。今此經若言入防，則更成上伐吴之文，爲實伐吴，是爲犯吴。若言『入防，執齊慶封殺之』，則恐防是齊邑。是以進退不得作文矣。」蓋防無所繫人，不得比濫以邑通，故不書也。然則曷爲不言伐防？**注**据防已爲國。不與諸侯專封也。**注**故奪言伐吴。**疏**《穀梁傳》：「其不言伐鍾離，何也？不與吴封也。」即不與諸侯專封之義。○注「故奪言伐吴」。○《通義》云：「防既非齊地，不得與圍宋彭城同例，故直言伐吴而已。」謂奪伐防文爲伐吴也。慶封之罪何？脅齊君而亂齊國也。**注**道爲齊誅意也。稱侯而執者，伯討也。月者，善義兵。**疏**《齊世家》：「景公立，以崔杼爲右相，慶封爲左相。二相恐亂起，乃與國人盟曰：『不與崔、慶者死！』❶晏子

❶「者」字，原脱，據《史記》補。

仰天曰：『嬰所不獲唯忠於君、利於社稷者是從！』不肯盟。慶封欲殺晏子，崔杼曰：『忠臣也，舍之。』」又云：「慶封已殺崔杼，益驕，嗜酒好獵，不聽政令。慶舍用政。」是脅齊君，亂齊國事也。《左傳》襄二十五年：「崔杼立而相之，慶封爲左相，盟國人于大宫，曰：『所不與崔、慶者』，晏子仰天歎曰：『嬰所不唯忠於君、利社稷者是與，有如上帝！』乃歃。」又《二十八年》傳云：「齊慶封好田而耆酒，與慶舍政。」與《史記》大同。○注「稱侯」至「討也」。○《僖四年》傳文。舊疏云：「上下更無稱爵以執大夫之事，唯此一經可以當之，故何氏言焉。」《繁露・楚莊王》云：「楚莊王殺陳夏徵舒，《春秋》貶其文，不予專討也。靈王殺齊慶封，而直稱楚子，何也？曰：莊王之行賢，而徵舒之罪重，以賢君討重罪，其於人心善，若不貶，孰知其非正經？《春秋》常於其嫌得者，見其不得也。是故齊桓不予專地而封，晉文不予致王而朝，楚莊弗予專殺而討。三者不得，則諸侯之得，殆貶矣。此楚靈之所以稱子而討也。問者曰：不予諸侯之專封，復見於陳、蔡之滅。不予諸侯之專討，獨不復見於慶封之殺，何也？曰：《春秋》之用辭，已明者，去之；未明者，著之。今諸侯之不得專討，固已明矣，而慶封之罪未有所見也，故稱楚子以伯討之，著其罪之宜死，以爲天下大禁。曰：人臣之行，貶主之位，亂國之臣，雖不篡殺，其罪皆宜死，比於此其云爾也。」《穀梁傳》：「慶封，其以齊氏，何也？爲齊討也。靈王使人以慶封令於軍中曰：『有若齊慶封弑其君者乎？』慶封曰：『子一息，我亦且一言。曰：有若楚公子圍弑其兄之子，而代之爲君者乎？』軍人粲然皆笑。慶封弑其君而不以弑君之罪罪之者，慶封不爲靈王服也，不與楚討也。《春秋》之義，用貴治賤，用賢治不肖，不以亂治亂也。孔子曰：『懷惡而討，雖死不服，其斯之謂與？』」然則楚靈非應殺慶封之人，得以伯討予之者，《春秋》重義不重事。慶封脅君亂國，本國不能誅，中夏不能討，楚以蠻夷誅以行霸，雖云懷惡，聖人不逆詐，不億不信，故猶以義與之也。亦即予祭仲行權之義也。舊疏云：「此經不重出楚子，以爲伯討之義。《僖二十一年》『秋，宋公、楚子、陳侯以下會于霍，執宋公以伐宋』，傳云『曷爲不言楚子執之』者？以此經楚子爲會主，序于上。下言執齊慶封，可以因上文，不勞重出，即是稱爵而執，故知爲伯討。霍之經，宋公序上，乃次楚子，下言執宋公，不得因上文而不更出楚子，不與夷

狄之執中國也。」義或然也。○注「月者，善義兵」。○正以侵伐例時故也。下《五年》疏引作「月者，善録義兵」。此脱，蓋順上稱爵伯討之文，故書月以善義也。

遂滅厲。注莊王滅蕭日，此不日者，靈王非賢，責之略。疏《左氏》作「賴」。舊疏云：「有作賴字者。」古厲、賴同音，《廣韻》皆入《泰部》。《論語·子張》篇「未信則以爲厲己也」，《釋文》：「厲，鄭讀爲賴。」《史記·刺客傳》：「又漆身爲厲。」《集解》音賴。《詩·大雅·思齊》：「烈假不瑕。」《釋文》：「烈，鄭作厲，又音賴，病也。」《鹽鐵論·毁學》篇：「苟非其人，簞食豆羹，猶爲賴民也。」即厲民也。《莊子·逍遥遊》：「使物不疵癘。」《釋文》：「癘，音厲，李音賴，惡病也。本或作厲。」《左氏·桓十三年》傳：「楚子使賴人追之。」注：「賴國在義陽隨縣。」又《僖十五年》經：「齊師、曹師伐厲。」注：「厲，楚與國，義陽隨縣北有厲鄉。」《漢書·地理志》南陽郡「隨，故國。厲鄉，故厲國也」。師古曰：「厲，讀爲賴。」《水經注·漻水》篇：「漻水北出大義山，南至厲鄉西，賜水入焉，亦云賴鄉，故賴國也。」《大事表》：「今河南光州息縣東北爲賴國地。」按：息縣在隨州，殊遠，恐非一地。○注「莊王」至「之略」。○《宣十二年》「楚子滅蕭」書「戊寅日」是也。注「日者，屬上有王言，今反滅人，故深責之」是也。彼爲責備賢者，故日。靈王不足責，故略之，從常例書月，似《莊十年》「冬，十月，齊師滅譚」之屬是。

九月，取鄫。

其言取之何？注据國言滅。疏注「据國言滅」。○正以莒人滅鄫，是取後于莒，非以兵滅，則鄫仍是國，故据以難也。舊疏云「即滅譚、滅遂之屬是也」。

滅之也，滅之則其言取之何？内大惡諱也。注因鄫上有滅文，故使若取内邑。疏舊疏云：「《隱二年》『無駭入極』之下傳云：『此滅也，其言入何？内大惡諱也。』今又重發之者，正以入、取文不同故也。」《通義》云：「内諱滅國辭，難曰入，易曰取。月者，從滅國例，起實滅也。取載不起者，彼承伐文，載是國明。此屬上有『莒人滅鄫』，嫌實取莒邑矣。」○注「因鄫」至「内邑」。○《大事表》云：「鄫本小國，在今兖州府嶧縣東八十里。襄六年見滅于莒。至是，魯乘莒亂而取之。」彼据《左傳》爲義，《公》、《穀》皆

以莒取鄫後仍國，今滅之，故諱言取。《穀梁疏》引徐邈云「諱，故爲易言之」是也。又以上《襄六年》已有滅文，故可同之内自取邑直言取，如《元年》「取運」之屬矣。《繁露・隨本消息》云：「楚國强而得意，一年再會諸侯，伐强吴，爲齊誅亂臣，遂滅厲。魯得其威以滅鄫。其明年，如晉，無河上之難。」❶謂五年公如晉，不至河復也。蓋《公羊》先師有此義，故董引用之，與傳文内大惡諱，義尤切。

冬，十有二月乙卯，叔孫豹卒。**疏** 包氏慎言云：「十二月有乙卯，月之三十日。」

五年春，王正月，舍中軍。

舍中軍者何？復古也。**注** 善復古也。

疏 注「善復古也」。〇《穀梁傳》云：「舍中軍，貴復正也。」注：「魯次國，舊二軍。襄立三軍，今毁之，故曰復正。」《繁露・楚莊王》云：「《春秋》之於世事也，善復古，譏易常，欲其法先王也。」《漢書・董仲舒傳》：「以此見古之不可不用也，故《春秋》變古則譏之。」《後漢書・楊終傳》：「襄公作三軍，昭公舍之，君子大其復古，以爲不舍則有害於民也。」舊疏云：「正以魯爲州故，正合二軍。今舍僭從禮，故曰復古。是以《隱五年》注云『方伯二師』是也。」又云：「襄時於司馬之下置中卿，令助司馬爲將軍，添前司徒、司空爲三軍。」踰王制，故於彼經『作三軍』以譏之。今還依古禮，舍司馬，不復令將軍，故曰『舍中軍』。」《通義》云：「初作中軍時，三分公室，三家各有其一。今更毁中軍，四分公室而季氏有其二。此實弱公室之事，然當時必以復古爲名，《春秋》就以善復古書之者，❷内辭也，❸隱惡而揚善，臣子之道也。」

然則曷爲不言三卿？**注** 据上言作三軍。等問不言軍云卿者，上師解言三卿，因以爲難。

疏 注「据上言作三軍」。〇《襄十一年》云：「作三軍。」今舍之，宜言舍三軍而言舍中軍，與上異，故難之。〇注「等問」至「爲難」。〇《襄十一年》傳云：「三軍者何？」据軍爲問，則此傳亦宜言「曷爲不言三軍而言三卿者，正以上傳云三卿也。師解

❶「難」原作「患」，據《春秋繁露》改。
❷「者」字，原脱，據《通義》補。
❸「内」上，原衍「此」，據《通義》删。

以三卿答三軍，故此傳即据三卿爲難」。明此傳之三卿，猶彼傳之三軍也。**五亦有中，三亦有中。**

注此乃解上「作三軍」時意。作時益中軍，不可言中軍者，五亦有中，三亦有中，不知何中也。今此据上「作三軍」不言中，則益三之中，舍三之中，皆可知也。弟子本据上言作三，難下中不言三也。如師解言本益中，故下言舍中，爲其將復据下中難上不言中，故解上以解下。如此，則下不言三，亦可知也。不言卿者，欲同上下文，以相起。傳不足以解之者，以上解下，文當同，亦可知。月者，善録之。**疏**正以襄十一年時益司馬之職將軍，正是益中軍。彼經宜書「作中軍」而不然者，以三有中，五亦有中，嫌與五軍淆也，故言「作三軍」以明之。○注「此乃」至「中也」。○注明傳文，解上不言「作中軍」之意，上謂《襄十一年》經也。意謂彼經若言「作中軍」，五、三皆有中，不知何中故也。○注「今此」至「知也」。○《校勘記》云：「疏中引注『不言中』下有『云三』二字，此脱。」注意上言作三軍，此言舍中軍，正以上不言中而云三，知此所据以舍中軍者，爲益與舍皆三之中，同也。○注「弟子」至「三也」。○此明傳据「曷爲不言三卿」爲難意，下即此傳。○注「如師」至「知也」。○舊疏云：「如，詁爲若。」按：師解即傳義也。傳文所以答五、三皆有中者，正以上作三軍，本爲益中，❶今將復古舍中，恐人疑此傳言舍中，上何故不言作中爲難，故以五、三皆有中，明上不言中之故。上既明言作三軍，則下但言舍中軍，知爲三軍之中矣。○注「不言」至「相起」。○上《襄十一年》言「作三軍」，此年經「舍中軍」，知此所舍即舍上所作，故爲同文以相起也。○注「傳不」至「可知」。○《校勘記》云：「諸本同，誤也。❷解云『今此傳文少，故言傳不足解之也，欲以上解下者』云云，則此注『足』下衍『以』字者，下脱『欲』字，當据以刪補。」舊疏云：「傳若足解之，宜云前此作三軍之時，不言中者，五

❶「中」，原作「不」，據國學本改。
❷「誤」，原作「故」，據《十三經注疏校勘記》改。

亦有中，三亦有中。此舍三軍不言三者，前三非正稱，故舍時不得言三。今此傳文少，是傳不足解之也。以作時文在上，故傳特解之。上文既解訖，下文不言三之意當同上義可知。」按：此不言「舍三軍」者，嫌三軍盡舍，故須明斥中軍，又以起上之「作三軍」爲「益中軍也」故也。○注「月者，善録之」。○《春秋》軍制，別無所見。上書月，爲重録。此書月，宜順傳善復古爲詳録也。《通義》云：「月者，重録之，作舍同例。然公如晉，亦得蒙正月也。」

楚殺其大夫屈申。

公如晉。

夏，莒牟夷以牟婁及防、兹來奔。疏《大事表》云：「此莒三邑也。牟婁本杞邑，隱三年莒人伐杞取之。地屬莒，在今青州府諸城縣東北，與安丘縣接境。防在今安丘縣西南六十里，有故平昌城，防亭在縣西南。兹在今諸城縣西四十里，有姑幕城，兹亭在其境。」杜云：「城陽平昌縣西南有防亭，姑幕縣東北有兹亭。」《一統志》：「兹鄉故城在諸城縣西北，漢屬琅邪郡。」

莒牟夷者何？莒大夫也。莒無大夫，此何以書？重地也。疏《穀梁傳》：「莒無大夫，其曰牟夷，何也？以其地來也。以地來，則何以書？重地也。」《左傳》：「牟夷非卿而書，尊地也。」《通義》云：「其來奔，雖不以地，亦當以近書，而傳云然者，經含兩義，則舉其重者釋之。」其言「及防、兹來奔」何？注据漆、閭丘不言及，高張言及。疏注「据漆」至「言及」。○即《襄二十一年》「邾婁庶其以漆、閭丘來奔」，又《哀六年》「齊國夏及高張來奔」是也。舊疏云：「人之尊卑，自有差等，可以言及。地邑無尊卑之義，恐其不得言及也。」不以私邑累公邑也。注公邑，君邑也。私邑，臣邑也。累，次也。義不可使臣邑與君邑相次序，故言及以絶之。疏注「公邑」至「邑也」。○《通義》云：「劉敞曰：『私邑者，所受于君而食之者也。公邑者，非食之者也。』」○注「累次」至「絶之」。○《桓二年》傳：「累也。」注：「累累從君而死也。」《穀梁》桓二年注：「累，從也。」從即次義。《莊子・外物》云：「揭竿累。」《釋文》：「累，謂次足不得並足也。」私邑不敢並

公邑，故亦曰累。《莊二十九年》注：「言及，别君臣之義。君臣之義正，則天下定矣。」

秋，七月，公至自晉。

戊辰，叔弓帥師敗莒師于濆泉。**疏**包氏慎言云：「七月書戊辰，月之十六日。」舊疏云：「《左氏》作蚡泉，《穀梁》作賁泉。」

濆泉者何？直泉也。直泉者何？涌泉也。**注**蓋戰而涌爲異也。不傳異者，外異不書。此象公在晉，臣下專，受莒叛臣地，以興兵戰鬭。百姓悲怨歎息，氣逆之所致。故因以著戰處，欲明天之與人相報應之義。**疏**《爾雅·釋水》：「濫泉，正出。正出，涌出也。」郭注引此傳曰：「直出，直猶正也。」《詩疏》引李巡云：「水泉從下上出曰涌泉。」《説文·水部》：「涌，滕也。滕，水超涌也。」是則濆有憤激之意，故作濆。凡从賁得聲字，多取義於忿。故地之突起者爲墳起，人之忿怒者爲憤怒，物之大首者爲賁首是也。《説文·水部》：「濫，濡上及下也。」亦謂水由下濡出而自上下也。引《詩》「觱沸濫泉」。今《詩·采菽》、《瞻卬》俱作「檻泉」，傳、箋並據《爾雅》爲説，則濆泉蓋與檻泉同。○注「蓋戰」至「異也」。○舊疏云：「似穀、洛鬭之事也。」《通義》云：「傳釋其地有涌泉，故以泉名耳。何氏謂當戰而涌，甚謬。」然《爾雅》專釋群經，解檻泉不及濆泉，恐非地名。○注「不傳」至「不書」。○舊疏云：「《春秋》之義，外異不書，即《襄十九年》不書漷移之屬是。今此濆泉爲異，故不録。若書之，宜云『何以書？爲天下記異』，若《僖十四年》書『沙鹿崩』之傳矣。」○注「此象」至「所致」。○公在晉，即上「春，公如晉」也。受叛臣邑，則上「莒牟夷以牟婁及防、兹來奔」是，在「公至自晉」前也。興兵戰鬭，則此「敗莒師于濆泉」是也。○注「故因」至「之義」。○原文闕。

秦伯卒。

何以不名？**注**据諸侯名。**疏**《史記注》引《世本》云：「景公名后伯車也。」《通義》云：「至此始發難者，据所見之世録小國。」秦者，夷也，**疏**《通義》云：「秦居西陲，雜犬戎之習，非實夷國也，用夷俗爾。」按：《漢書·地理志》天水、隴西及安定、北地、上郡、西

河皆迫近戎狄，修習戰備，高上氣力。又《趙充國傳贊》曰：「山西天水、隴西、安定、北地，處埶迫近羌胡，修習戰備，❶高上勇力，鞍馬騎射，❷其風聲氣俗自古而然。」按：此於春秋皆秦地，明時皆用夷俗也。匿嫡之名也。**注**嫡子生，不以名，令于四竟，擇勇猛者而立之。**疏**注「嫡子」至「立之」。○《新書·立後義》云：「古之聖帝，將立世子，則帝自朝服升自阼階上。❸妃抱世子，自房出。大史奉書上堂，當兩階間，北面立，曰『世子名曰某』者三。大史以告大祝。大祝以告太祖、太宗與社稷。大史出以告大宰。大宰以告州伯，州伯命藏之州府。凡諸貴已下至于百姓男女，無敢與世子同名者。」❹是嫡子生，以名令四竟事也。秦匿嫡名，擇勇猛者立之，無嫡庶之別，正《漢志》及《贊》所謂「迫近羌胡，高上氣力」也。《隱七年》：「滕侯卒。」《穀梁傳》云：「滕侯無名，少曰世子，長曰君，狄道也。其不正者，名也。」則此秦伯不名，當亦以爲用狄道，故彼疏引徐邈説云：「秦伯不名，用狄道也。」❺其名何？**注**据秦伯罃、稻名。**疏**注「据秦」至「稻名」。○即《文十八年》「秦伯罃卒」、《宣四年》「秦伯稻卒」是也。舊疏云：「《文十八年》經作罃，今此嬰字，誤也。」嫡得之也。**注**獨嬰、稻以嫡得立之。**疏**注「獨嬰」至「立之」。○舊疏云：「嬰字亦誤，宜爲罃。」俞氏樾《公羊平議》云：「此傳之義，甚不可曉。秦既匿嫡子之名，何以嫡子得立，其名又得書於《春秋》乎？今按：《説文·女部》：『嫡，孎也。孎，謹也。』是『嫡』本非嫡庶字，凡嫡庶字古作『適』。《隱元年》傳『立適以長』，其字作適，不作嫡可證。此傳嫡字，疑古本皆作適。兩適字異義。『匿嫡之名也』，此適庶之適，言秦人於適子之名，皆隱匿之。其所以隱匿之者，正以欲立爲君之故，不使人指斥之。非如何氏擇勇猛而立之也。『適得之也』，此適然之適，言秦人於適子之名，皆隱匿之，故秦諸君名並不著，唯秦伯罃、秦伯稻兩君獨名者，乃適得之也，猶云偶然得之

❶「修習」，原作「習修」，據《漢書》改正。
❷「鞍馬騎射」，原脱，據《漢書》補。
❸「升自」，原脱，據《新書》改。
❹「名」字，原脱，據《新書》補。
❺「狄」，原作「嫡」，據《春秋穀梁傳注疏》改。

也。《襄八年傳》「侵而言獲者，適得之也」，與此傳文正同。」按：俞義亦通。然何氏擇勇猛之語，必非臆撰。

冬，楚子、蔡侯、許男、頓子、沈子、徐人、越人伐吴。注吴未服慶封之罪故也。越稱人者，俱助義兵，意進於淮夷，故加人以進之。義兵不月者，進越爲義兵明，故省文。疏注「吴未」至「故也」。○何氏以意言之。越進稱人，知義兵明，爲吴未服罪也。○注「越稱」至「進之」。○即上《四年》「楚子、蔡侯、陳侯、許男、頓子、胡子、沈子、淮夷伐吴」，淮夷不稱人。注：「月者，善義兵。」彼亦義兵，淮夷無進辭。今越稱人，故解之，明爲進意也。《通義》云：「越何以稱人？『徐人越』云，則不辭。」按：此蓋亦因其可進而進之爾。○注「義兵」至「省文」。○正以侵伐例時，善之詳録則月。上《四年》「秋，七月，楚子以下伐吴」，書月是也。今已進越爲人，義兵明，故省文不月也。

公羊義疏六十一

句容陳立卓人著

昭六年盡十二年。

六年春，王正月，杞伯益姑卒。注不日者，行微弱，故略之。上城杞已貶，復卒略之者，入所見世，責小國詳，始録内行也。諸侯内行小失，不可勝書，故於終略責之，見其義。疏注「不日」至「略之」。○正以《襄二十三年》「春，三月乙巳，杞伯匄卒」，書日，今不日，故解之。○注「上城杞已貶」。○《襄二十九年》：「仲孫羯會晉荀盈以下城杞，杞子來盟。」注：「貶稱子者，微弱不能自城，危社稷、宗廟，當坐。」是城杞已貶也。○注「復卒」至「其義」。○舊疏云：「律云：一人有數罪，則以重者坐之，然則亦不再加，而卒復略之者，正以此是入所見世，責小國詳，始録其内行故也。」按：杞伯内行有失，經傳無文，何氏或别有所據。諸侯内行小失云云，何氏明《春秋》通例，其罪重者，則去葬以明義也。

葬秦景公。

夏，季孫宿如晉。

葬杞文公。

宋華合比出奔衛。

秋，九月，大雩。注先是，季孫宿如晉。是後，叔弓與公比如楚，有豫賦之煩也。疏注「先是」至「煩也」。○季孫宿如晉，則上文「夏，季孫宿如晉」是也。是後叔弓與公比如楚者，即下文「冬，叔弓如楚」、「七年三月，公如楚」是也。二事在後，故云「豫賦」，何氏以意言也。舊疏云：「一本云：叔弓如齊者，誤。」《釋文》出「賦斂」，云：「力驗反，或無此字。」舊疏本即或本也。《五行志中之上》：「六年九月，大雩。先是莒牟夷以二邑來奔，莒怒伐魯，叔弓帥師距而敗之。昭得入晉，外和大國，内獲二邑，取勝鄰國，有炕陽動衆之應。」師古曰：「時昭公適欲朝晉，而遇莒人來討，將不果行。叔弓既敗莒師，公乃得去，故傳云：『成禮大國，以爲援好也。』」按：《志》所据劉歆説，蓋《左

氏》家言也。然按經《五年》「公如晉。夏，莒牟夷以牟婁及防、兹來奔。秋九月，公至自晉。戊辰，叔弓帥師敗莒師于濆泉」，則叔弓敗莒在公至自晉後，《志》以爲叔弓帥師距而敗之，昭得入晉者，誤也。師古承其誤而文之，過矣。

楚薳頗帥師伐吴。疏《左氏》、《穀梁》作「薳罷」。

冬，叔弓如楚。

齊侯伐北燕。疏《燕世家》云：「齊高偃如晉，請共伐燕，入其君。晉平公許，與齊伐燕，入惠公。惠公至燕而死。」《左傳》云：「將納簡公。晏子曰：『不入。燕有君矣。』」齊遂受賂而還。《公羊》均無此事。

七年春，王正月，暨齊平。注書者，善録内也。不出主名者，君相與平，國中皆安，故以舉國體言之。月者，刺内暨暨也。時魯方結婚于吴，外慕强楚，故不汲汲于齊。疏注「書者，善録内也」。○舊疏云：「正以平爲善事，今書之，故云『善録内也』。」《穀梁傳》：「平者，成也。」疏引舊解「平者，善事也」。○注「不出」至「言之」。○《左疏》引賈云：「謂魯與齊平也。」《穀梁傳》云：「以外及内曰暨。」賈説所本，與《公羊》合。「不出主名者」，決《宣十五年》「宋人及楚人平」，書人也。君相與平，非平者在下，比舉國言之，起二國人皆善也。《通義》云：「《左氏》許惠卿説此爲燕與齊平。推尋經文，下有『叔孫舍如齊莅盟』，與《定十一年》『及鄭平，叔還如鄭莅盟』情事正同。且以《僖公》之篇『衛人侵狄，秋，衛人及狄盟』較之，彼間無他事而重舉衛，此伐在隔年而不重舉北燕，其非燕齊平，審矣。」按經例，如燕與齊平，不得僅曰「暨齊平」。言暨，則魯與諸侯平之辭。下「叔孫舍如齊莅盟」，即齊平之徵，孔説是也。《左疏》引服氏説云：「《襄二十四年》『仲孫羯侵齊』，《二十五年》『崔杼伐我』，自爾以來，齊、魯不相侵伐。且齊是大國，無爲求與魯平。此《六年》『冬，齊侯伐北燕』，將納簡公，齊侯貪賄而與之平，故傳言『齊求之也』。齊次于虢，燕人行成』，其文相比。許君近之。」其説非是。齊自崔杼伐魯後，景公即位，求好于晉，旋即向戌弭兵。十餘年間，惟慶封通嗣君來魯一聘，外無朝聘往來。雖無侵伐，不得竟謂和好。是時蓋因魯結援晉、楚，又與吴爲昏。齊又崔、慶甫平，二惠不兢，求平於魯，事所或有，不得謂

齊是大國，無爲求與魯平也。崔氏應榴《吾亦廬稿》：「萬氏《隨筆》曰：『以爲燕與齊平者，杜氏本許惠卿之說也。以爲魯與齊平者，孔氏宗賈逵、何氏之說也。杜說順傳而本文自背，孔氏据經而前後可通。諸儒多從孔氏。劉公是更截《左傳》「齊求之也」句，爲齊、魯之事。「齊侯次于虢」下，爲燕平之事，尤爲明確。愚按：魯與齊平，下經書「叔孫婼如齊莅盟」是也。燕與齊平，下傳記「鄭伯有事，齊平燕之月」是也。《春秋》書平，必有關天下大故。燕齊平不必書，則所書當是齊魯之平耳。』」○注「月者」至「暨也」。○《定十一年》「冬，及鄭平」，書時，此月，故解之。「刺内暨暨」者，《隱元年》傳：「及，猶汲汲。暨，猶暨暨也。及，我欲之。暨，不得已也。」平，善事而不汲汲，故書月以刺之。《穀梁傳》曰：「暨，猶暨暨也。暨者，不得已也。」義同。○注「時魯」至「於齊」。○下《十年》十有二月下注云「去冬者，蓋昭公娶吴孟子之年，故貶之」，明時方結婚于吴也。上《六年》「冬，叔弓如楚」，此下云「公如楚」，是外慕强楚也。

三月，公如楚。

叔孫舍如齊莅盟。**疏**《釋文》：「舍，二傳作婼。」《說文・女部》：「婼，不順也，从女若聲。《春秋傳》曰叔孫婼。」古若聲、舍聲同部。顧氏炎武《唐韻正》云：「婼，丑略切，上聲。」則音舍。《春秋》昭七年叔孫婼，《公羊》作舍，是也。《漢書・西域傳》「婼羌」，師古曰：「音而遮反。」遮从庶聲，亦同部字也。《左氏》莅作涖，並俗，當作竦。《說文・立部》：「竦，臨也」是也。《穀梁傳》：「莅，位也。內之前定之辭謂之莅，外之前定之辭謂之來。」非《公羊》義，見《僖三年》。

夏，四月甲辰朔，日有食之。**注**是後楚滅陳，楚弑其君虔于乾谿。**疏**包氏慎言云：「經書四月甲辰朔，据曆爲月之三日。」《五行志》：「劉歆以爲，二月魯衛分。」臧氏壽恭以《三統》推是年正月甲戌朔，❶大。二月甲辰朔，大。三月甲戌朔，小。四月癸卯朔，二日甲辰。○注「是後」至「乾谿」。○《校勘記》云：「鄂本同。疏及閩、監、毛本下有蔡字，此脱。」楚滅陳、蔡者，即下《八年》「楚師滅陳」、《十一年》「楚師滅

❶「壽恭」，原作「恭壽」，據《清史列傳》乙正。

蔡」是也。楚弒君乾谿，見下《十三年》。《五行志下之下》：「昭公七年四月甲辰朔，日有食之。董仲舒、劉向以爲，先是，楚靈王弒君而立，會諸侯，執徐子，滅賴。後陳公子招殺世子，楚因而滅之。又滅蔡。後靈王亦弒死。」較何注加詳。《志》又引傳曰：「晉侯問於士文伯曰：『誰將當日食？』對曰：『魯、衛惡之，衛大魯小。』公曰：『何故？』對曰：『去衛地，如魯地，於是有災。其衛君乎？魯將上卿。』是歲八月，衛襄公卒。十一月，魯季孫宿卒。晉侯謂士文伯：『吾所問日食，從矣，可常乎？』對曰：『不可。六物不同，民心不壹，事序不類，官職不則，同始異終，胡可常也。《詩》曰：「或宴宴居息，或盡顇事國。」其異終也如是。』公曰：『何謂六物？』對曰：『歲、時、日、月、星、辰是謂。』公曰：『何謂辰？』對曰：『日月之會是謂。』公曰：『《詩》所謂「此日而食，于何不臧」，何也？』對曰：『不善政之謂也。國無政，不用善，則自取適於日月之災，故政不可不慎也，務三而已。一曰擇人，二曰因民，三曰從時。』此推日食之占，循變復之要也。《易》曰：『縣象著明，莫大於日月。』是故聖人重之，載於三經，於《易》在《豐》之《震》曰：『豐其沛，日中見昧，折其右肱，亡咎。』於《詩·十月之交》則著卿士、司徒，下至趣馬、師氏，咸非其材，同於右肱之所折，協於三務之所擇。明小人乘君子，陰侵陽之原也。」按：「此推日食之占」下，蓋劉歆釋傳語也。

秋，八月戊辰，衛侯惡卒。疏包氏慎言云：「八月書戊辰，月之二十九日。」

九月，公至自楚。疏《通義》云：「如楚危月，出致同例。」

冬，十有一月癸未，季孫宿卒。疏包氏慎言云：「十一月有癸未，月之十五日。」

十有二月癸亥，葬衛襄公。注當時而日者，世子輒有惡疾，不早廢之，臨死乃命臣下廢之。自下廢上，鮮不爲亂，故危録之。

疏包氏慎言云：「十二月書癸亥，月之二十六日。」○注「當時」至「録之」。○《隱三年》傳：「當時而日，危不得葬也。」今此衛侯惡卒於八月，此十二月正五月。當時而日，故言危録之也。「輒有惡疾」者，下《二十年》：「盜殺衛侯之兄輒。」傳「母兄稱兄，兄何以不立？有惡

疾也」是也。「不早廢之」云云，何氏蓋以經作「危不得葬辭」，故云然。《左傳》亦以靈公爲孔成子等所立，或即孔烝鉏、史朝廢之也。《白虎通·攷黜》云：「世子有惡疾，廢者何？以其不可承先祖也。故《春秋傳》曰：『兄何以不立？有疾也。何疾爾？惡疾也。』」按：下《二十年》注云：「惡疾，謂瘖、聾、盲、癘、禿、跛、傴，不逮人倫之屬。」《穀梁》彼傳云：「然則何爲不爲君也？曰：『有天疾者，不得入乎宗廟。』輒者何也？曰：『兩足不能相過。』」是即何氏所謂跛與？《禮·喪服》云：「爲君之父母、妻、長子、祖父母。」注：「若是繼體，則其父若祖有廢疾不立，今君受國於曾祖。」是即有惡疾宜廢是也。故《禮記·喪服小記》云：「庶子王亦如之。」注：「世子有廢疾，不可立，而庶子立，其祭天立廟，亦如世子之立也。《春秋》時衛侯元有兄縶。」蓋世子有廢疾，則不可承祭臨民，故婦人有惡疾，亦在七出之科也。

八年春，陳侯之弟招，殺陳世子偃師。**注** 說在元年。變「其」言「陳」者，起招致楚滅陳自此始，故重舉國。**疏** 注「說在元年」。○即上《元年》傳云「大夫相殺稱人，此其稱名氏以殺何？言將自是弒君也。今將爾，詞曷爲與親弒者同？君親無將，將而必誅焉」是也。❶○注「變其」至「舉國」。○《莊二十二年》「陳人殺其公子禦寇」，言「其」，此特言「陳」，故解之。又大夫相殺亦稱人，《文九年》「晉人殺其大夫先都」，下「陳人殺其大夫公子過」是也。上《元年》傳又云：「何著乎招之有罪？言楚之託乎討招以滅陳也。」故此變言「陳」以起之。《通義》云：「變『其』曰『陳』者，❷世子繫君言『其』則可，繫招言『其』則不可。言『其公子』則可，言『其世子』則不可。」然公子亦貫乎先君，何爲可言「其」也？

夏，四月辛丑，陳侯溺卒。**疏** 包氏慎言云：「四月有辛丑，月之五日。」

叔弓如晉。

楚人執陳行人干徵師殺之。**疏** 《通義》云：「招所使也。」

陳公子留出奔鄭。**疏** 《通義》云：「招所立也。」《陳

❶「焉」字原脱，據《公羊傳注疏》補。

❷「曰」原作「言」，據《通義》改。

杞世家》：「招殺悼太子，立留爲太子。哀公自經殺。招卒立留爲陳君。楚使公子弃疾發兵伐陳，陳君留奔鄭。」

秋，蒐于紅。 疏《唐石經》、諸本同。《釋文》作「廋」云：「本亦作蒐。」杜云：「蕭縣西有紅亭。」《大事表》云：「今爲江南徐州府蕭縣。蕭爲宋地，蕭叔所封邑。傳云：『自根牟至于商衛，革車千乘。』商即宋也。豈魯蒐于近宋之鄙，而蕭縣魯亦有其地與？」《水經注·獲水》篇：「獲水又東歷洪溝，東注水。南北各一溝，溝首對獲，世謂之鴻溝，非也。《春秋》昭八年『蒐于紅』。杜預云『沛國蕭縣西有紅亭』，即《地理志》之虹縣。」蓋溝名音同，非楚漢所分矣。馬氏宗槤《左傳補注》云：「劉昭《郡國志注》於『泰山奉高』云：『紅亭在縣西北。』杜預曰：『接宋、衛也。』於『沛國紅縣』引《地記》云：『《左傳》昭八年大蒐于紅。』是劉昭於奉高、紅縣兩地，皆以爲昭公蒐地。奉高屬泰山郡，本魯地，紅應在是。沛國去魯太遠，杜預亦疑其非。劉昭因《晉書·地道記》而誤。何屺瞻亦疑其非，不足據也。」按：根牟，魯東界，在古琅邪陽都縣，紅地應相去不遠，其以爲在泰山奉高者近是。《一統志》「紅亭在泰安府東」是也。《紀要》謂在鳳陽虹縣西者，誤。

蒐者何？簡車徒也。 注徒，衆。疏注「徒，衆」。○《周書·芮良夫解》：「實繁有徒。」注：「徒，衆也。」《文選·東京賦》：「結徒營。」薛注：「徒，衆也。」《漢書·刑法志》：「卒正三年簡徒。」注：「徒，人衆。」又《食貨志》：「賦共車馬甲兵士徒之役。」❶注：「徒，衆也。」《莊子·徐無鬼》云：「無徒驥於錙壇之宮。」注：「步兵曰徒。」隱八年《左傳》：「彼徒我車。」注：「徒，步兵也。」則徒與車對，車謂乘兵，徒爲步兵也。故僖二十八年《左傳》云：「徒兵千。」《襄元年》：「敗其徒兵于洧上。」皆是也。**何以書？蓋以罕書也。** 注說在《桓六年》。疏注「說在《桓六年》」。○《桓六年》傳：「大閱者何？簡車徒也。何以書，蓋以罕書也。」注：「罕，希也。孔子曰：『以不教民戰，是謂棄之。』故比年簡徒，謂之蒐。三年簡車，謂之大閱。五年大簡車徒，謂之大蒐。存不忘亡，安不忘危。」是也。《左疏》引賈云：「蒐于紅，不言大者，言公大失權

❶「役」，原作「數」，據《漢書》改。

在三家也。」然則下《十一年》「大蒐于比蒲」，《二十二年》「大蒐于昌姦」，《定十三》、《十四年》「大蒐于比蒲」，將何説乎？舊疏云：「爲蒐之法，比年作之。今此不然，故云以罕書。」是。

陳人殺其大夫公子過。**疏**《通義》云：「不去大夫者，非討賊之辭也。蓋過實不與弒，而招歸罪焉，若魯翬討寪氏之比。」按：《公羊傳》僅元年有云：「招將自是弒君也。」注云：「孔瑗弒君，本謀在招。」《春秋》書殺過，同大夫相殺之例，則過與謀與否，無文以定。孔氏取《左傳》爲説也。

大雩。**注**先是，公如楚，半年乃歸，費多賦重所致。**疏**注「先是」至「所致」。○即上《七年》「三月，公如楚。九月，公至自楚」是也。

冬，十月壬午，楚師滅陳，執陳公子招，放之于越，殺陳孔瑗。**疏**包氏慎言云：「十月書壬午，十月無壬午，十一月之二十一日。」孔瑗，《左傳》、《穀梁》瑗作奐。古爰聲、奐聲同部。

葬陳哀公。**注**日者，疾詐諼滅人也。不舉滅爲重，復書三事言執者，疾諼託義，故列見之。託義不先書者，本懷滅心。重舉陳者，上已言滅，不復重舉，無以明。**疏**注「日者」至「人也」。○《春秋》之義，滅例書月，今此書日，故解之。若然，上《四年》「遂滅厲」，注：「莊王滅蕭日，此不日者，靈王非賢，責之略。」此亦靈王，書日責之者，詐諼滅人，惡尤重，故書日以疾之。《通義》云：「劉敞曰：『此楚子也，其稱師何？貶。曷爲貶？乘人之亂，滅人之國，執人之賊，殺人之臣，稱侯則疑于伯，稱人則疑于討，滅重矣，故壹見之於師也。』謹案：孔瑗不言大夫，討賊之辭也。蓋招所使殺偃師者，若成濟之比。」按：劉敞本范甯説。○注「不舉」至「見之」。○《襄六年》：「齊師滅萊。」注：「不書殺萊君者，舉滅國爲重。」則此亦直書楚師滅陳已足，復列見執公子招、殺孔瑗、葬哀公，正以見其託討賊滅人國故也。《穀梁傳》：「惡楚子也」是也。○注「託義」至「滅心」。○《宣十一年》先書「楚人殺陳夏徵舒」，下云：「丁亥，楚子入陳。」注：「日者，惡莊王討賊之後，欲利其國。」是莊王本行義，討賊後乃有利陳之心，故先書「殺陳夏徵舒」，

後書「入陳」。靈王本懷滅心，託義討賊，與莊王異，故先書滅以誅心。○注「重舉」至「以明」。○舊疏云：「《成二年》『秋七月，齊侯使國佐如師。己酉，及國佐盟于袁婁』，不重舉齊，此重舉陳者，上已言『楚師滅陳』，若不復舉陳，無以明其是陳人矣。」《通義》云：「承上『滅陳』文已明，復事事繫陳者，深存陳之意。」按：《穀梁傳》云：「葬陳哀公，不與楚滅，閔公也。」注：「滅國不葬，閔楚夷狄以無道滅之，故書葬以存陳。」孔義本此。

九年春，叔弓會楚子于陳。注陳已滅，復見者，從地名録，猶宋郜以邑録。不舉小地者，顧後當存。疏注「陳已」至「邑録」。○《隱十年》：「公敗宋師于菅。辛未，取郜。」郜本國名，《春秋》前爲宋所滅，故以邑録。是以《桓二年》有「取郜大鼎」事也。○注「不舉」至「當存」。○舊疏云：「陳是總號，會時未必在其國都。所以不舉小地而舉陳者，正以楚人暴滅，《春秋》欲閔陳而存之，故還舉其大號言也。其存陳者，即下經『夏四月，陳火』是也。」

許遷于夷。疏《水經注·淮水》篇：「淮水又北，夏肥水注之。水上承沙水，于城父縣右出，東南流逕城父縣故城南，縣故焦夷之地，《春秋》昭九年楚公子棄疾遷許于夷，實城父矣。取州來、淮北之田以益之，伍舉授許男田。言夷田在濮水西者也。然則濮水即沙水之兼稱，得夏肥之通目矣。」杜云：「城父屬譙郡。」按：譙爲今亳州地。

夏四月，陳火。疏《左氏》作「陳災」，杜云：「陳已滅，降爲楚縣，而書陳災者，猶晉之梁山、沙鹿崩，不書晉，災害繫於所災所害。」按：彼爲天下記異，不得以例此。

陳已滅矣，其言陳火何？注据災異爲有國者戒。疏《校勘記》云：「諸本同。《唐石經》無下陳字。」**存陳也。**注陳已滅，復火者，死灰復燃之象也。此大意欲存之，故從有國記災。疏注「陳已」至「記災」。○《校勘記》云：「鄂本大作天，此誤。」按：紹熙本亦作天。舊疏引《考異郵》云：「陳火之類，未當誅絶，天曉其君，死灰更燃之意。」《穀梁傳》：「國曰災，邑曰火。火不志，此何以志？閔陳而存之也。」《左疏》引賈、服説亦言：「愍陳不與楚，故存陳而書之，言陳尚爲國也。」范云：「陳已滅矣，猶

書火者，不與楚滅也。」李氏貽德《賈服注輯述》云：「《春秋》之例，外災不書。往弔來告，則其書法如《宣十六年》『成周宣榭火』，必繫其國名於火處之上。時陳既爲楚縣，若與楚有陳，則當曰『楚陳火』，今曰『陳火』，明陳國尚存，不與楚滅，爲繼絶存亡之義明矣。若然，則『沙鹿、梁山崩』，何不繫晉？《王制》：『天子祭天下名山大川。』《公羊傳》曰：『爲天下記異。』與災火之異係一國者有殊，故不繫晉也。《十三年》經云『陳侯吴歸于陳』，不言楚復封，則楚雖滅陳，固不與其滅也。不與楚滅，則亦不斥陳亡矣。」《通義》云：「姚大夫曰：『言存陳者，孔子悲之也。滅國多矣，曷爲獨悲陳而存之？以楚託於名義，若義當滅陳，世無敢議楚罪者。若是陳將竟滅矣，而幸而復存，是可悲矣。是以《春秋》於其未復而亟存之也。』廣森謂：陳已滅，則《春秋》雖欲存之，他無可記，故因天火而録之，不用外災常例矣。」故《左傳》：「陳災。鄭裨竈曰：『五年，陳將復封。』」是天欲存之也。陳、蔡等滅，陳最無罪。明德之後，又非蔡度可比，故天特存以勸懲示。《春秋》即因之書，以起繼絶存亡義也。曰：存陳，悕矣。**注**書火存陳者，若曰「陳爲天所存，悲之」。**疏**舊疏：「悕謂悲也。」《成十六年》傳：「在招丘，悕矣。」曷爲存陳？**注**据災非一，天意曷爲悲陳而存之。**疏**注「据災」至「存之」。○舊疏云：「弟子之意，以爲《春秋》之内書災者非止一處，曷爲於此災上悲陳而存之。」滅人之國，執人之罪人，**注**罪人，招也。殺人之賊，**注**孔瑗弑君賊也。葬人之君。**疏**八年《左傳疏》引賈、服亦云：「楚葬哀公。」不取彼傳「袁克私葬」爲説。孔疏云：「若是楚葬，宜云『楚人葬陳哀公』。當如『齊侯葬紀伯姬』，不得直言葬。」按：《十三年》經：「葬蔡靈公。」彼傳云：「平王即位，既封陳、蔡。冬十月，葬蔡靈公，禮也。」是蔡靈公亦爲平王所葬，《春秋》何不云「楚葬也」？若是，則陳存悕矣。**注**楚爲無道，託討賊行義，陳臣子辟門虚心待之，而滅其國。若是，則天存之者，悲之也。不書孔瑗弑君者，本爲招弑，當舉招爲重。方不與楚討賊，故

没招正賊文，以將與上貶起之。月者，閔之。**疏**注「楚爲」至「之也」。○下十一年《左傳》「叔向對韓宣子曰：『楚王奉孫吴以討於陳，曰：「將定而國。」陳人聽命而遂縣之。』」是楚託討賊，陳臣子待之而滅事也。《漢書·五行志上》云：「九年夏四月，陳火。董仲舒以爲，陳夏徵舒殺君，楚嚴王託欲爲陳討賊，陳國闢門而待之，至，因滅陳。陳臣子尤毒恨甚，極陰生陽，故致火災。劉向以爲，先是陳侯弟招殺陳太子偃師，皆外事，不因其宫館者，略之也。八年十月壬午，楚師滅陳。《春秋》不與蠻夷滅中國，故復書陳火也。《左氏》經曰：『陳災。』傳曰：『鄭裨竈曰：「五年，陳將復封。封五十二年而遂亡。」』子産問其故，對曰：『陳，水屬也。水，火妃也，而楚所相也。今火出而火陳，逐楚而建陳也。妃以五成，故曰五年。歲五及鶉火，而後陳卒亡。楚克有之，天之道也。』説曰：顓頊以水王，陳其族也。今兹歲在星紀，後五年在大梁。大梁，昴也。金爲水宗，得其宗而昌，故曰『五年，陳將復封』。楚之先爲火正，故曰『楚所相也』。天以一生水，地以二生火，天以三生木，地以四生金，天以五生土。五位皆以五而合，而陰陽易位，故曰妃以五成。然則水之大數六，火七，木八，金九，土十。故水以天一爲火二牡，木以天三爲土十牡，土以天五爲水六牡，火以天七爲金四牡，金以天九爲木八牡。陽奇爲牡，陰耦爲妃，故曰『水，火之牡也。火，水妃也』。於《易》，坎爲水，爲中男，離爲火、爲中女。蓋取諸此也。自大梁四歲而及鶉火，四周四十八歲。凡五及鶉火，五十二年而陳卒亡。火盛水衰，故曰天之道也。哀公十七年七月己卯，楚滅陳。」《經義雜記》云：「按：所引《左氏》説，乃秦漢以來舊誼，當與伏生《書傳》、毛公《詩傳》等觀，不獨足以補正杜注而已。董、劉説《公》、《穀》，推所以致災之由，一自遠者言之，一自近者言之。考宣公十一年陳亂，陳臣子痛國之亂而望楚之救也，故開門延楚。乃乘其亂而滅之，陳之臣子痛益深矣。幸聽叔時之言，復封陳，庶爲善補過者。而又鄉取一人焉以歸，謂之夏州，則與滅陳國而虜其民人無異。陳之臣子懷羞愧憤恨之心，欲快意與楚者非一日矣。今復爲之滅，是以陰毒之氣蓄之久而發之烈也。此董生遠推意也。劉子政説《穀梁》，以爲招殺大子偃師，故天降之災。楚已滅陳而復書陳者，不與蠻夷滅中國也。」按：《宣十一年》：「楚子入陳。」傳：

「入者，内弗受也。日入，惡入者也。何用弗受也，不使夷狄爲中國也。」義本此。故賈、服注《左傳》、范注《穀梁》無以盡同，獨杜氏好爲異例，輕改舊説，非也。○注「不書」至「起之」。○上《元年》注云：「孔瑗弑君，本謀在招。」故舉招爲重，責以弑文，不言孔瑗弑君也。解上八年書陳侯之弟招義也。「不與楚討賊」者，決《宣十一年》「楚人殺陳夏徵舒」，文不與而實與也。此皆不與，故没討招之文，謂不於討處貶之也。「以將與上貶起之」者，上貶謂元年稱公子，不稱弟爲貶辭也。明此雖没正賊，然本謀在招，上已貶明，故得與相起。○注「月者，閔之」。○舊疏云：「正以外災例時，即《襄元年》『春，宋火』之屬是。今而書月，故言閔之。」閔義具上。

秋，仲孫貜如齊。

冬，築郎囿。

十年春，王正月。

夏，晉欒施來奔。**疏**《校勘記》云：「《唐石經》、諸本同。《釋文》『晉欒施，《左氏》作『齊欒施』。孫志祖云：『此非晉之欒氏，《公羊》經文誤，當同《左氏》作齊。』」按：《穀梁》亦作齊。惠氏棟《周易本義辨證》云：「晉，孟喜作齊，子西反。義同。晁氏曰：『《説文》作𣈆。按：齊，古文。𣈆，篆文。晉，今文。』愚謂𣈆改爲晉，始於蔡邕《石經》。古晉字讀爲齊，音子斯反，又即移切，見《春秋傳》及《公羊釋文》。《嘯堂集古録》有《𣈆姜鼎》。𣈆，姬姓，安得稱姜必齊姜也？古文多借用，故晉字或借爲齊。晁以道以『齊』爲古文，是《春秋》齊、晉無别矣，恐未然。」按：《説文》「鄑，从邑晉聲」。《左氏莊元年》釋文、《莊十一年》釋文、《公羊桓七年》釋文、《莊元年》釋文、《十一年》釋文、《穀梁莊元年》、《十一年》釋文並音鄑，子斯反，又子移反。《玉篇》亦音鄑，子斯切。又《哀十三年》傳注：「敗齊師于菑。」疏：「菑字有作晉字。」知古音晉、齊字音往往通轉矣。金氏廷棟《齊欒施晉欒施解》云：「齊欒施，《公羊》作晉欒施。施字子旗，齊惠公後，非晉欒氏。按：晉即齊字。《晉》卦之晉，孟氏作齊，齊、晉一也。《説文》：『𣈆从日，臸聲。』❶今人以晉易之，非也。蓋齊可爲晉，晉不可爲𣈆。蔡《石經》改𣈆爲晉，而齊、晉字不通矣。然則古齊字本爲晉，非古晉字讀爲齊也。《公羊》不異。」説甚

❶「臸」，原作「𣈆」，今據《説文》改。

明晰。

秋七月，季孫隱如、叔弓、仲孫貜帥師伐莒。疏《釋文》：「隱如，《左氏》作意如。」古隱、意一音之轉。《禮記·少儀》：「隱情以度。」注：「隱，意也，思也。」又《中庸》：「壹戎衣。」注：「衣，讀如殷，聲之誤也，齊人言殷聲如衣。」是殷有衣音，與隱有意音同。

戊子，晉侯彪卒。疏包氏慎言云：「七月書戊子，月之七日。」

九月，叔孫舍如晉。

葬晉平公。

十有二月甲子，宋公戌卒。注去「冬」者，蓋昭公娶吴孟子之年，故貶之。疏《校勘記》云：「《唐石經》、諸本同。《釋文》：『宋公戌，讀《左傳》者音成。何云：向戌，與君同名，則宜音恤。』」《穀梁》與《左傳》同。《左氏釋文》云：「戌音成，何休音恤。」《左氏》文二年傳：「宋公子成」《釋文》：「成音城。本或作戌，音恤。」成與戌易混故也。宋王復齋《鐘鼎欵識·宋平公鐘銘》：「宋公成之謌鐘。」吴東發跋云：「《左·昭十年》傳宋公成，《公羊》作戌，《史記》亦作成。今觀是銘，當以《公羊》爲正，是平公器也。《頌壺銘》『甲戌』，《豐姑敦》『丙戌』，文皆作成，與此同。又按：《左·昭二十年》傳『公子城』，杜注：『平公子。』成與城同音，若平公名成，其子似不得名城矣。」包氏慎言云：「十二月書甲子，月之十六日。」○注「去冬」至「貶之」。○舊疏云：「正以《論語》、《禮記》皆有昭公取于吴，謂之吴孟子文，但不指其取之年歲。今無冬，更無他罪可指，是以何氏以意當之。娶吴孟子不書，諱取同姓故也。」《通義》云：「謹按：此《公羊》師説相承，必有所受。《坊記》曰：『魯《春秋》去夫人之姓曰吴。』謂書『夫人至自吴』，不書姬氏，是不修《春秋》文。如是，君子修而削之矣。蓋事在是年冬十月，或十一月，不存其事，故亦不存其目。若移冬于十有二月之上，則諱意不顯。《春秋》之爲諱也，没其文而不没其實，必有所託以見端云。」極爲諦當。而舊疏引賈、服曰：「無冬，刺不登臺視氣。」考登臺視氣見僖五年，彼傳以爲禮，明平時皆不行此禮矣，何獨於此年譏之？

十有一年春，王正月，叔弓如宋。

葬宋平公。疏《左氏》、《穀梁》作「春，王二月」。趙氏坦《春秋異文箋》云：「諸侯五月，同盟至。平公以十年十二月甲子卒，至是年二月葬，僅逮三月。三月而葬已速，況踰月乎。《公羊傳》『正月』，或字之譌。」按：既速葬矣，可三月，即可踰月也。

夏，四月丁巳，楚子虔誘蔡侯般殺之于申。疏包氏慎言云：「四月有丁巳，月之十日。」《差繆略》云：「《穀梁》作乾。」按：今《注疏》本及《穀梁》石經皆作虔。

楚子虔何以名？注据誘戎曼子不名。疏注「据誘」至「不名」。○下《十六年》「楚子誘戎曼子殺之」，不書名是也。

絶。疏錢氏大昕《潛研堂荅問》云：「問：《曲禮》：『諸侯滅同姓名。』《春秋》『衛侯燬滅邢』，邢、衛固同姓矣。『楚子虔誘蔡侯般殺之于申』，楚、蔡非同姓，何以亦書名？曰：『《禮》云：滅同姓名者，滅天子之同姓也。』陳、蔡皆楚虔所滅，不於滅陳名虔，而於滅蔡名之，以其滅周同姓，尤惡之也。《春秋》之君滅同姓者多矣，獨於二文見義者，蔡，姬姓之大國，非漢陽諸姬可比。誘而殺之，其惡尤甚。衛，秉禮之國，文公又賢君，且邢、衛同爲狄所滅，因齊桓仗義得復社稷，乃瞰邢之弱而取之，於義尤爲不順，故亦絶之。」按：滅同姓爲滅天子之同姓，此錢氏臆見。蔡般宜討，虔非討蔡之人，復誘而討之，尤爲不義。傳明云：「懷惡而討，不義，君子不與也。」此絶之，正義也。《校勘記》云：「《唐石經》、諸本同，下《十三年》疏引作『絶也』，此脱。」

曷爲絶之？注据俱誘之。

爲其誘討也。注使不自知而死，故加誘。疏注「使不」至「加誘」。○《左傳》：「楚子在申，召蔡靈侯，靈侯將往。蔡大夫曰：『王貪而無信，唯蔡於感。今幣重而言甘，誘我也，不如無往。』蔡侯不可。三月丙申，楚子伏甲而饗蔡侯於申，醉而執之。夏，四月丁巳，殺之。」是其事也。包氏慎言云：「般弒父，殺當其罪，不聲罪而誘殺之，與詐殺同科，故絶之。稱名，明當絀爵也。」《穀梁傳》：「何爲名之也？夷狄之君誘中國之君而殺之，故謹而名之也。稱時、稱月、稱日、稱地，謹之也。」范云：「蔡侯般殺父之賊，人倫之所不容，王誅所必加。禮，凡在官者殺無赦。豈得惡楚子？若謂夷狄之君，不得行禮于中國，《宣十一年》『楚人殺陳夏徵

舒』，不言入，傳曰『明楚之討有罪也』，似若上下違反。嘗試論之曰：夫罰不及嗣，先王令典。懷惡而討，丈夫醜行。楚虔滅人之國，殺人之子，伐不以罪，亦已明矣。莊王討徵舒則異於是。凡罰當其理，雖夷必申。苟違斯道，雖華必抑。故莊王得爲伯討，齊侯不得滅紀。趙盾救陳，則稱師以大之。靈王誘蔡，則書名以惡之。所以情理俱暢，善惡兩顯，豈直惡夷狄之君討中國之亂哉！夫楚靈之殺蔡般，亦猶晉惠之戮里克。雖伐弑逆之國，誅有罪之人，不獲討賊之美，而有累謹之名者，良有以也。」范氏之駮《穀梁》，即據《公羊》爲義也。**此討賊也，**注蔡侯般弑父而立。疏注「蔡侯」至「而立」。○即《襄三十年》「夏，四月，蔡世子般弑其君固」是也。**雖誘之，則曷爲絶之？**注据與莊王外討，晉文譎尊。疏注「据與莊王外討」。○《宣十一年》：「楚人殺陳夏徵舒。」傳：「此楚子也，其稱人何？貶。曷爲貶？不與外討也。曷爲不與？實與而文不與。文曷爲不與？諸侯之義，不得專討也。諸侯之義不得專討，則其曰實與之何？上無天子，下無方伯，天下諸侯有爲無道者，臣弑君，子弑父，力能討之則討之可也。」是其與莊王外討事也。○注「晉文譎尊」。○《僖二十八年》：「公會晉侯以下盟于踐土。公朝于王所。」傳：「曷爲不言公如京師？天子在是也。曷爲不言天子在是？不與致天子也。」注：「時晉文年老，恐伯功不成，故上白天子曰：『諸侯不可卒致，願王居踐土。』下謂諸侯曰：『天子在是，不可不朝。』迫使正君臣，明王法，雖非正，起時可與，故書朝，因正其義，所以見文公之功。」是晉文譎尊，《春秋》無譏辭也。**懷惡而討，不義，君子不予也。**注内懷利國之心，而外託討賊，故不與其討賊而責其誘詐也。地者，起以好會誘之。疏《通義》云：「懷惡而討，不義，讀當於『討』字絶句。」《白虎通·誅伐》云：「王者、諸侯之子，篡弑其君而立，臣下得誅之者，廣討賊之義也。《春秋傳》曰：『臣弑君，臣不討賊，非臣也。』又曰：『蔡世子班弑其君，楚子誅之。』」然則《春秋》自譏其誘討，非謂賊不當討也。《潛研堂答問》云：「問：《春秋》有討賊之義，蔡般弑父自立，楚人誘而殺之，雖曰不義，與殺無罪者亦宜殊科，《春秋》何以無異文？曰：楚虔亦弑君之賊，與蔡般

同，自當從兩下相殺之例。然蔡般之罪終所當絶，此當合前後參觀之，《昭十一年》『楚師滅蔡，執蔡世子有以歸，殺之』，《公羊傳》曰：『此未踰年之君也，其稱世子何？不君靈公，故不成其子也。誅君之子不立，非怒也，無繼也。』夫有爲般之世子，雖嗣立而不得書爵者，不成其爲君也。《春秋》之法，諸侯有誅絶之罪，其子雖無罪，亦當廢，則討賊之義亦嚴矣。楚商臣亦犯誅絶之罪，而子孫享國且數十世，則有弑君不復見之例以絶之，亦未嘗漏網也。」○注「内懷」至「詐也」。○正以賊所宜討，懷惡而討，故不與其討也。《繁露·仁義法》云：「《春秋》之所治，人與我也。所以治人與我者，仁與義也。以仁安人，以義正我，故仁之爲言人也，義之爲言我也，言名以别矣。是故《春秋》爲仁義法。仁之法在愛人，不在愛我。義之法在正我，不在正人。我不自正，雖能正人，弗與爲義。人不被其愛，雖厚自愛，❶不予爲仁。昔者，楚靈王討陳、蔡之賊，齊桓公執袁濤塗之罪，非不能正人也，然而《春秋》弗予，不得爲義者，我不正也。潞子之於諸侯，無所能正，《春秋》予之有義，其身正也。夫我無之，求諸人。我有之而誹諸人，人之所不能受也，其理逆矣，何可爲義？義者，謂宜在我者。宜在我者，而後可以稱義。故言義合我與宜以爲一言。君子求仁義之别，以紀人我之間，然後辨乎内外之分，而著於順逆之處也。是故内治反理以正身，据禮以勸福；❷外治推恩以廣施，寬制以容衆。孔子謂冉子曰：『治民者先富之，而後加教。』語樊遲曰：『治身者，先難後獲。』以此之謂治身之與治民，所先後者不同焉矣。《詩》云：『飲之食之，教之誨之。』先飲食而後教誨，謂治人也。又曰：『坎坎伐輻，彼君子兮，不素餐兮。』先其事，後其食，謂之治身也。《春秋》刺上之過而矜下之苦，小惡在外弗舉，在我書而誹之。凡此六者，以仁治人，以義治我，躬自厚而薄責于外，此之謂也。且《論》已見之，而人不察，曰君子攻其惡，不攻人之惡。非仁之寬與？自攻其惡，非義之全與？是故以自治之節治人，是居上不寬也。以治人之度自治，是爲禮不敬也。爲禮不敬，則傷行而民不尊。居上不寬，則傷厚而民弗親。弗親則弗信，弗尊則弗敬，二端之正詭于

❶「厚」，原作「原」，據《春秋繁露》改。
❷「禮」，原作「祉」，據《春秋繁露》改。

上，❶而僻行之則誹于下。仁義之處可無論乎？」❷是《春秋》弗與靈王討賊，爲其不能先以義治我故也。○注「地者」至「誘之」。○正以下《十六年》「誘戎曼子殺之」，不書地，今言于申，故解之也。明彼非好會也。好會誘之，事具《左傳》。

楚公子棄疾帥師圍蔡。疏《唐石經》「棄」作「弃」。

五月甲申，夫人歸氏薨。疏包氏慎言云：「五月有甲申，月之八日。」

大蒐于比蒲。

大蒐者何？簡車徒也。何以書？蓋以罕書也。注說在《桓六年》。疏注「說在《桓六年》」。○按：彼注云：「五年大簡車徒，謂之大蒐。」是也。舊疏云：「上《八年》『蒐于紅』之下，何氏云：『說在《桓六年》。』今復指之者，正以蒐與大蒐希數實異，禮亦不同，是以不得相因，各指其所在。」然則亦譏其罕之義。《穀梁》注：「時有小君之喪，不譏喪蒐者，重守國之備，安不忘危。」與《左氏》義反，與《公羊》義相足。《通義》云：「古者戰勝以喪禮處之，蒐非同純吉，且起大役，須先期屬衆。比時有喪，重致衆罷遣，故君子緣人情不譏也。」是也。《左傳》曰：「非禮也。」又云：「叔向曰：『君有大喪，國不廢蒐。』」以爲不忘君者，於義似短。

仲孫貜會邾婁子盟于侵羊。注不日者，蓋諱喪盟，使若議結善事。疏《校勘記》云：「《唐石經》、諸本同。《釋文》：『侵羊，二傳作祲祥。』疏本作『盟于浸羊』，解云：『《穀梁傳》作「侵祥」字。』服氏注：『引者直作詳，無侵字。』皆是所見異也。」❸《九經古義》云：「古祥字作詳。《易·履》：『視履考祥。』❹《釋文》本又作詳。《書·君奭》『其終出于不祥』，蔡邕《石經》云：『其道出于不詳。』《呂刑》『告爾祥刑』，《後漢·劉愷傳》引作『詳刑』。《周禮注》亦云：『度作詳刑，以詰四方。』皆古祥字。故《左傳》『祲祥』，服虔引《公羊》作詳。今《公羊》作『侵羊』者，《繁露》云：『羊之爲言猶祥與？』鄭衆《百官六禮辭》亦云：『羊者，祥

❶「詭」，原作「佹」，據《春秋繁露》改。
❷「處」，原作「端」，據《春秋繁露》改。
❸「是」字，原脱，據《校勘記》補。
❹「祥」，原作「詳」，據《周易正義》改。

也。」疑古祥字、詳字皆省作羊。《易・大壯・象》：『不能退，不能遂，不詳也。』《釋文》：『詳，詳審也。鄭、王肅作祥。祥，善也。』《爾雅》：『祥，善也。』鄭注《車人》云：『羊，善也。』」杜云：「地闕。」《大事表》云：「當在今兖州府滋陽縣境。」沈氏欽韓云：「祲祥當即大庭庫，魯因以望祲祥，故遂名爲祲祥，在曲阜縣。」○注「不日」至「善事」。○舊疏云：「上『五月，夫人歸氏薨』，君居喪而與人盟。至十三年平丘之會，邾婁子與晉爲議，不容公盟而執季孫。理宜書日，見其不信而不書日者，正以身居大喪而不以爲憂，是内惡可諱之限，故爲信辭，使若此盟方欲議論，結其善事然。」

秋，季孫隱如會晉韓起、齊國酌、宋華亥、衛北宫佗、鄭軒虎、曹人、杞人于屈銀。疏《校勘記》云：「齊國酌，《唐石經》、諸本同。解云：『賈氏作酌字，與此同。服氏及《穀梁》皆作齊國弱字。』」按：杜本亦作弱。《釋文》：「屈銀，二傳作厥慭。」《九經古義》云：「《左傳》厥慭，徐仙民音五巾反。《說文》猌讀若銀，又云：『慭，从心猌聲。』《公羊》本口授，故以厥爲屈，以慭爲銀，字異而音同。」《說文・犬部》：「猌，从犬來聲，讀又若銀。」則銀聲爲猌之異讀，慭从其異讀音與。杜云：「厥慭，地闕。」《大事表》：「或曰在今衛輝府新鄉縣境。」

九月己亥，葬我小君齊歸。疏包氏慎言云：「九月有己亥，月之二十五日。」

齊歸者何？昭公之母也。注歸氏，胡女，襄公嫡夫人。疏注「歸氏」至「夫人」。○舊疏云：「皆《史記》文。」《通義》云：「按：齊歸，子野母，敬歸之娣。何氏以爲襄公嫡夫人，非也。疏因附會其初至不書者，蓋爲世子時娶之。据《左傳》，❶會于沙隨之歲，襄公始生。《公羊》雖無明文，然《成十六年》傳猶言公幼，則襄公之幼可知。假令其娶定在即位以後，而襄夫人經絶不見者，似本未有正嫡云。」

冬，十有一月丁酉，楚師滅蔡，執蔡世子有以歸，用之。疏包氏慎言云：「十一月有丁酉，月之二十三日。」《穀梁》作「世子友」，《史記・管蔡世家》注引《世本》亦作「太子友」。

❶「傳」下原衍「言」字，據《通義》刪。

此未踰年之君也，其稱世子何？注据陳子也。疏注「据陳子也」。○即《僖二十八年》「冬，公會晉侯、齊侯、宋公、蔡侯、鄭伯、陳子以下于温」是也。不君靈公，不成其子也。注靈公即般也。不君，不與靈公，坐弑父誅，不得爲君也。不成其子，不成「有」得稱子繼父也。上不與楚誘討，嫌有不當絶，故正之云耳。疏注「不君」至「君也」。○即《襄三十年》「夏四月，蔡世子般弑其君固」是也。靈公弑父當誅，故不與爲君。舊疏云：「靈公弑父而立，弑父之人，人倫所不容。今而見誅，正是其宜。是以《春秋》不與靈公爲君也。」○注「不成」至「父也」。○舊疏云：「《莊三十二年》傳：『君存稱世子，君薨稱子某，既葬稱子，踰年稱公。』然則稱子者，嗣君之稱。《春秋》之義，既不與靈公得爲成君，故亦不成其子有得爲嗣君，以繼其父。」《潛研堂答問》云：「問：《春秋》書世子者，皆宜爲君之稱。蔡世子有何以獨爲貶辭？曰：君薨未踰年稱子，書子，則不見貶斥之文，書名又無當國之罪，故從其本號書之。般雖有罪，然蔡之臣民奉以爲君者十餘年，經亦嘗書蔡侯矣。有侯則宜有世子，不稱子而稱世子，從其本稱，非得正之稱，所謂美惡不嫌同辭也。齊商人、蔡般皆弑君之賊，《春秋》書之曰齊侯、蔡侯，無貶辭者，已成君也。已成君，則從五等諸侯之例，非奬賊也，辭窮則同也。然商人終被弑亡，般亦死楚虔之手，其子又慘死，天道果可畏哉！」按：錢氏説是也。世子正稱也，書世子有於即位後，則貶諸侯稱爵，正稱也。《成四年》書「鄭伯伐許」，於喪内則貶，猶斯義也。《穀梁傳》：「此子也，其曰世子何也？不與楚殺也。」《集解》引何君《廢疾》云：「『即不與楚殺，當貶楚爾，何故反貶蔡世子耶？』鄭釋之曰：『滅蔡者，楚子也，而稱師，固已貶矣。楚子思啓封疆而貪蔡，誘殺蔡侯般。冬而滅蔡、殺友，惡其淫放其志，殺蔡國二君以取國，故變子言世子，使若不得其君終。』」劉氏逢禄難曰：「君薨稱世子，明友之不當立，與衛蒯聵同文，與鄭忽異文。《公羊傳》之信矣。若僅貶楚殺蔡二君，則稱子不更著耶。若以子友疑於子哀，則書蔡子而去其名可也。使若不得其君終，于義爲短，于文爲悖。」○注「上不」至「云耳」。○即上傳云：「楚子虔何以名？絶。曷爲絶之？爲其誘

討也。此討賊也，雖誘之，則曷爲絶之？懷惡而討，不義，君子不與也。」上絶楚子，嫌蔡般無罪，故於此正之。

不君靈公，則曷爲不成其子？ **注** 据惡惡止其身。 **疏** 注「据惡惡止其身」。○下《二十年》傳文。

誅君之子不立。 **注** 雖不與楚誘討，其惡坐弒父誅，當以誅君論之，故云爾。言執者，時楚託義滅之。 **疏**《繁露·觀德》云：「天子之所誅絶，臣子弗得立，蔡世子、齊逢丑父是也。」正以《春秋》天子之事，故董生本天子言之。《漢書·趙敬肅王彭祖傳》：「大鴻臚禹奏：『《春秋》之義，誅君之子不宜立。元雖未伏誅，不宜立嗣。』」《白虎通·封公侯》云：「誅君之子不立者，義無所繼也。諸侯世位，象賢也。今親被誅絶也，《春秋傳》曰：『誅君之子不立。』」又《誅伐》篇：「王者受命而起，諸侯有臣弒君而立，當誅君身死，子不得繼之者，以其逆，無所承也。《詩》云：『無封靡于爾邦，惟王其崇之。』此言追誅大罪也。或盜天子土地，自立爲諸侯，絶之而已。」按：《定元年》傳：「定無正月者，即位後也。」注：「今無正月者，昭公出奔，國當絶。定公不得繼體奉正，故諱爲微辭。」昭僅不能保有國土，當絶，子猶不得立，何論蔡靈弒父賊乎！《通義》云：「此亦《春秋》託王法也。❶昔周公誅管叔而宥蔡叔。厥後蔡仲紹封，而管叔之子不得立，是其制也。既絶其世，復稱世子者，常辭君薨稱子某，今不稱子某，即是絶之。若併去世子，無以知是嫡與否，不與立之義反不見也。劉敞横議此傳，義與文反，而以鄭世子忽爲難，彼未知伯在喪稱名，即與侯在喪稱子同理。既書鄭忽於前，不嫌不當立矣。《春秋》美惡不嫌可以同辭，必欲强相援比，又可謂蔡世子般亦與使有蔡之文乎！」○注「雖不」至「云爾」。○舊疏云：「不君靈公，以誅君論之，何故上四年申之會及伐吴之經，上文楚子誘殺之時，皆稱爵者，凡貶刺之例，正可以一事之上足見其惡而已，甯可文文皆貶。《莊四年》：『冬，公及齊人狩于郜。』傳云：『前此者有事矣，後此者有事矣，則曷爲獨於此譏？擇其重者而譏焉，莫重乎其與仇狩也。其餘從同。』是也。」○注「言執」至「滅之」。○舊疏云：「《春秋》之義，舉滅國爲重，其餘輕者，皆從略。是以《襄六年》注：『不書殺萊君者，舉

❶「亦」字，原脱，據《通義》補。

滅國爲重。』是今并書其執者，正以楚人託義滅之，故見其義也。似若上《八年》注云『不舉滅爲重，復書三事言執者，疾諼託義，故列見之』是也。楚既託義執用蔡世子，以滅其國，當如《宣十一年》『冬十月，楚人殺陳夏徵舒。丁亥，楚子入陳』然。今乃先書滅蔡者，起其本懷滅心故也。」

非怒也，無繼也。注父誅子當絶。疏舊疏云：「今不成有爲子者，非由惡其父遷怒其子孫，但由靈公大逆，理無繼嗣矣。是以注『父誅子當絶也』。其『非』字，有作『悲』字者，誤。」按：怒爲遷怒，又見《莊四年》傳：「此非怒與？」注「怒，遷怒，齊人語」是也。按：父誅子當絶，商臣弑父而立，《春秋》不見誅文，其子莊王復有美辭者，商臣倖逃天誅，莊王又賢，《春秋》必假事以示法。彼既無可託，故直於蔡般父子張義，明彼亦從同也。又見天之迸楚，直同禽獸，如梟獍之物並生於世，在不屑誅絶之科，非如蔡爲姬姓之長，正當有父子君臣，天討之所宜加，故聖人亦因天而備責之。且蠻夷猾夏，自楚成始，假手其子以斃之。臣不臣，子不子，乖戾之氣，蓋相尋也。

惡乎用之？用之防也。其用之防奈何？蓋以築防也。注持其足，以頭築防，惡不以道。孔子曰：「人而不仁，疾之已甚，亂也。」曰者，疾諼滅人。疏《通義》云：「意時有所築隄，善崩潰，殺人釁之。」義或然也。〇注「持其」至「以道」。〇何蓋以意言之，或別有所據。《僖十九年》：「邾婁人執鄫子用之。」傳：「惡乎用之？用之社也。其用之社奈何？蓋叩其鼻以血社也。」注：「惡無道也。不言社者，本無用人之道。言用之已重矣，故絶其所用處。」此不言防，與彼義同。不以道，即無道也。〇注「孔子」至「亂也」。〇《論語·泰伯》篇文。❶包云：「疾惡太甚，亦使其爲亂。」何蓋引「人而不仁」爲證，因連下引之，與此無涉也。《潛研堂答問》云：「宋襄公用鄫子，楚靈王用蔡世子，皆特書之，惡其不仁也。且以徵二君之强死，非不幸也。」〇注「日者」至「滅人」。〇正以滅例月，此書日者，上《八年》「冬，十月壬午，楚師滅陳」書日同也。

十有二年春，齊高偃帥師納北燕伯于陽。

❶「泰」，原作「秦」，據《論語》改。

疏《差繆略》云：「北燕伯，《左氏》作北燕伯款，唐石經《左氏》無款字，毛本『年』誤『月』。」

「伯于陽」者何？注即納上伯款，非犯父命，不當言于陽。又微國出入不兩書，伯不當再出，故斷三字問之。疏注「即納」至「于陽」。○此据納蒯聵于戚事爲説也。《哀二年》：「晉趙鞅帥師納衛世子蒯聵于戚。」傳云：「戚者何？衛之邑也。曷爲不言入于衛，父有子，子不得有父也。」注「明父得有子而廢之，子不得有父之所有，故奪其國文，正其義也」是也。今此「納北燕伯于陽」，若是上三年出奔齊之北燕伯款，今納之北燕可也。既出奔稱伯，則非犯父命，何爲納之于陽，與「于戚」同文也？○注「又微」至「再出」。○《僖二十五年》：「楚人圍陳，納頓子于頓。」注：「頓子出奔不書者，小國例也。」《桓十五年》「許叔入于許。」注：「不書出時者，❶小國例也。」是《春秋》之義，小國出入不兩書也。北燕微國，出奔書，即入不當再見，書北燕伯也。○注「故斷」至「問之」。○《公羊》義，以「伯于陽」連讀。

公子陽生也。子曰：「我乃知之矣。」注子謂孔子。乃，乃是歲也。時孔子年二十三，具知其事。後作《春秋》，案史記，知「公」誤爲「伯」，「子」誤爲「于」，「陽」在，「生」刊滅，闕。疏《公羊問答》曰：「聞子曰『我乃知之矣』，與《史通》所引不同，何也？曰：當是劉知幾所見之本異也。故『子曰』下有『齊之事』三字。」○注「子謂」至「其事」。○《襄公二十一年》傳「孔子生」，至是年，二十三歲。又《昭二十四年》「仲孫貜卒」，《左疏》引服曰：「賈逵云：『是歲孟僖子卒，屬其子使事仲尼，仲尼時年三十五。』」据此知昭公十二年孔子正合二十三歲，故得知其事。○注「後作」至「滅闕」。○《通義》云：「此當爲納北燕公子陽生于某地，自『生』以下字並滅爾。」是也。「史記」者，舊疏引閔因敘所稱「使子夏等十四人求周史記，得百二十國寶書」是也。

在側者曰：「子苟知之，何以不革？」曰：「如爾所不知何？」注如，猶奈也，猶曰「奈女所不知何，甯可

❶「時者」二字，原脱，據《公羊傳注疏》補。

强更之乎」？此夫子欲爲後人法，不欲令人妄億錯。子絶四：「毋意、毋必、毋固、毋我。」**疏** 注「如猶」至「之乎」。○《經傳釋詞》：「凡經言『如何，❶如之何』者，皆是。如，詞助也。《易・屯》六二『屯如亶如』，《子夏傳》：『如，辭也。』」按：如即無如，無如即奈意。凡經傳言「如之何」者，皆「奈之何」也。强，《釋文》作彊，葉本作强。凡彊弱字作彊，勉强字作强。舊疏云：「孔子云：『當是歲時，我已年立，具見其事，奈汝在側之徒不見之何？』孔子雖知『伯于陽』者是公子陽生，但在側之徒，皆不委曲。若改之，謂己苟出心肺，故曰：『甯可彊更之乎？』」○注「此夫」至「億錯」。○《校勘記》云：「蜀大字本、閩、監、毛本同。鄂本億作意。《釋文》：『妄億，於力反。錯也，字或作措。』按：《論語音義》：『毋意，或於力反。』於力反，則本作億，於此注合。陸氏以爲非，誤也。此本錯字剜改，故小而偏，當本作措。疏標起訖作『億措』可證。」《釋文校勘記》云：「億當作意，鄂本注作『妄意措』，於力反。下當有『下同』二字，且下『子絶四』，毋意之意音同也。」舊疏云：「《莊七年》傳：『不修《春秋》曰「雨星不及地尺而復」，君子修之曰：「星隕如雨。」』何氏云：『明其狀似雨耳，不當言雨星。不言尺者，霣則爲異，不以尺寸録之。』孔子修《春秋》，大有改之處，而特此文不改者，欲示後人重其舊事，故曰『夫子欲爲後人法，不欲人妄億措也』。億謂有所擬度。措者，置也，置意於言也。不欲令人妄置意於言矣。」按：如「雨星不及地尺而復」，修改之曰：「星霣如雨。」事本無差，文有小異。若「伯于陽」與「公子陽生」，氣殊懸絶，故不敢徑改，恐襲億措也。○注「論語」至「毋我」。○《論語・子罕》篇。舊疏云：「備於鄭注。」今鄭注不可考，蓋取毋意義也。《春秋》之信史也。其序則齊桓、晉文，**注** 唯齊桓、晉文會，能以德優劣、國大小相次序。**疏** 注「唯齊」至「次序」。○《僖四年》「許男新臣卒」下「葬許繆公」，注：「得卒葬於所傳聞世，許大小次曹，故卒少在曹後。」則許小於曹。然自幽之會，皆許男序于曹伯之上，或德優於曹與？舊疏謂其盛時事，及其衰末，亦不醇粹，是以《僖

❶「如」下，原衍「之」字，今據《經傳釋詞》删。

二十三年》鹹之會，許男序于曹伯之上者，非也。**其會則主會者爲之也，**【注】非齊桓、晉文，則如主會者爲之，雖優劣大小相越，不改更，信史也。【疏】注「非齊」至「史也」。○閩、監、毛本「如」作「知」，誤。何意謂桓、文而後皆主會者次之，《春秋》因而不改，所爲信史也。俞氏樾《公羊平議》謂：❶「其序、其會，兩文對舉，此蓋言諸侯之序，皆伯主所定。諸侯之會，皆主會者所爲，以見《春秋》所載二百四十年之事，悉據當時之實耳。其以諸侯之序爲桓、文所定者，蓋晉文踵事齊桓，無大變更，而其後又晉人世主夏盟，一循文、襄之舊，故推而上之，以爲皆桓、文所定者。兩句皆證明《春秋》信史之義。若如何解，則齊桓、晉文句，與上下文皆不屬。」按：俞義亦未協。桓、文之會，所次諸侯即不同。諸侯自會同外，亦無所用序。若謂朝之天子，自有王朝定則，況《春秋》世朝周鮮。《左傳》定四年所序踐土之盟，其次即與《春秋》不同，是其明證。蓋兩句互文見義。上句「其序」謂其會之序也。下句「其會」亦謂會有序也。桓、文之會，猶能次德之優劣、國之大小，後此則晉、楚狎主，意爲高下矣。《春秋》存之以見信，又以見無係褒貶進退之義也。

其詞則丘有罪焉耳。【注】丘，孔子名。其貶絶譏刺之辭有所失者，是丘之罪。聖人德盛尚謙，故自名爾。主書者惡納篡也，不書所篡，出奔者，微國雖未踰年君，猶不録。不足「陽」下言「于北燕」者，史文也。「北燕」本在上，從史文也。【疏】注「丘，孔子名」。○《史記·孔子世家》：「魯襄公二十二年而孔子生，生而首上圩頂，故因名曰丘云。」○注「其貶」至「之罪」。○舊疏云：「即《春秋說》云『孔子作《春秋》，一萬八千字。九月而書成，以授游、夏之徒，不能改一字』是也。」按：《說文》「詞，意内而言外也」。《釋名》：「詞，嗣也，令撰善言相嗣續也。」《史記·儒林傳》：「是時天子方好文詞。」皆即意内言外之詞也。《論衡·超奇》云：❷「孔子得史記以作《春秋》，及其立義創意，褒貶賞誅，不復因史記者，眇思自出於胸中

❶「議」，原作「義」，據《群經平議》補。
❷「超」，原作「起」，據《論衡》改。

也。」《通義》云：「詞有褒與貶絶，假天子之事，故謙以爲有罪也。亦猶《孟子》云：『罪我者，其惟《春秋》乎？』」按：《孟子·離婁》下：「其事則齊桓、晉文，其文則史。孔子曰：『其義則某竊取之矣。』」趙注：「其事則五伯所理也。桓公五伯之盛者，❶故舉之。其文，史記之文也。孔子自謂竊取之，以爲素王也。孔子人臣，不受君命，私作之，故言竊，亦聖人之謙辭。」此孔氏所本。萬氏斯大《學春秋隨筆》曰：「《春秋》書弑君，誅亂賊也。然而趙盾、崔杼之事，時史亦宜載其名，安見亂賊之懼，獨在《春秋》而不在諸史？曰：《孟子》言之矣。《春秋》之文，則史也。其義，則孔子取之。諸史無義而《春秋》有義也。義有變有因，不修《春秋》曰『雨星不及地尺而復』，君子修之曰：『星霣如雨。』諸侯之策曰『孫林父、甯殖出其君』，《春秋》書之曰：『衛侯衎出奔。』此以變爲義者也。晉史書曰『趙盾弑其君』，《春秋》亦曰：『晉趙盾弑其君。』齊大史書曰『崔杼弑其君』，《春秋》亦曰：『齊崔杼弑其君。』此以因爲義者也。因與變相參，斯有美必著，無惡不顯。三綱以名，人道以立，《春秋》之義遂與天地同功。彼董狐、南史，左氏傳《春秋》而獲存，晉《乘》、楚《檮杌》，孟子論《春秋》而幸及。當時則書，久而亡焉，懼在《春秋》而不在諸史，有由然也。雖然，以盾、杼之姦惡，齊、晉得以名赴，《春秋》得以名書，賴史官之直筆也。使晉、宋、吳、莒之弑逆，得董狐、南史其人，則書必以名，赴必以實。鮑與庚輿必不書人書偃，僕、光必不稱國，良史又曷可少哉！」按：晉、宋、吳、莒之弑稱人與國，即聖人筆削所繫。所謂某有罪者，非史官赴告之失也。如無史官，《左傳》又曷由知哉。《史記·孔子世家》云：「子曰：『弗乎弗乎，君子病没世而名不稱焉。吾道不行矣，吾何以自見於後世哉？』乃因史記作《春秋》，上至隱公，下訖哀公十四年，十二公。據魯，親周，故殷，運之三代，約其文辭而指博，故吳、楚之君自稱『王』，而《春秋》貶之曰『子』；踐土之會，實召周天子，而《春秋》諱之曰：『天王狩于河陽。』推此類以繩當世貶損之義，後有王者舉而開之。《春秋》之義行，則天下亂臣賊子懼焉。孔子在位聽訟，文辭有可與人共者，弗獨有也。至於爲《春秋》，筆則筆，削則削，子夏之徒不能贊一辭。弟子受《春秋》，孔子曰：『後世知丘者以《春秋》，而罪丘者亦

❶「公」，原作「文」，據《孟子》改。

以《春秋》。』」彼注引劉熙《孟子注》曰：「知者，行堯舜之道者也。罪者，在王公之位，見貶絶者也。」按：何氏此注，以貶絶譏刺有所失爲某之罪。以傳文以其詞與其序、其會對，皆謂次序諸侯優劣之得失言，故本而言之，與《孟子》之「知我罪我」殊也。○注「主書」至「不録」。○《春秋》立、納、入，皆篡辭，故云：「主書者惡納篡也。」舊疏云：「正以上三年之末，伯款出奔，遥歷十許年，計應有君矣。陽生篡之，宜書其出，今不書者，微國之君，被篡而出走者，皆略而不書。假令非被篡，但是微國未踰年之君卒，猶不書，況乎被篡出奔，甯不略之。何氏必將未踰年君約之者，正以所見之世，微國成君之出，例皆録之故也。即伯款之徒是也。」此不書所篡，出奔義也。○注「不足」至「文也」。○《校勘記》出「史文也，北燕本在上」，云：「閩本同。鄂本無『也』字，此衍。監、毛本北誤比。」舊疏云：「若足其文，宜云『齊高偃帥師納北燕公子陽生于北燕。』今『陽生』之下不言『北燕』者，正以史之本文『陽生』之上有『北燕』二字，因而從之，不及改順文。」

三月壬申，鄭伯嘉卒。疏包氏慎言云：「三月書壬申，据曆爲四月朔。正月之二十九日亦壬申。經於夏五月書『葬鄭簡公』，簡公以四月卒，即以五月葬，在慢葬之例，宜書日而經不書日者，同於當時不日之例。則三月之卒，當在正月。」

夏，宋公使華定來聘。

公如晉，至河乃復。疏《穀梁傳》：「季孫氏不使遂乎晉也。」

五月，葬鄭簡公。

楚殺其大夫成然。疏《校勘記》云：「《唐石經》、諸本同。疏云：『《左氏》作成熊。《穀梁》作成虔字。按：《穀梁》作成虎，此作虔，誤。」趙氏坦《春秋異文箋》云：「《左氏傳》云：『書曰楚殺其大夫成虎』，則經文作虎字可知。今《左氏》經文作成熊，或篆文殘脱致誤。《公羊》作成然，又因熊、然形勢相似致譌。」

秋七月。

冬十月，公子整出奔齊。疏《左氏》、《穀梁》作「公子憖」。《釋文》：「憖，魚覲反。一讀爲整，正領反。」此《釋文》云：「整，之領反，或作憖，魚覲反。」蓋古音通也。哀十一年《左傳》：「晉悼公子憖亡在衛。」《釋文》：「憖，一本作整。」《通義》云：「不日者，整無罪也。

整與公謀去季氏，從公如晉。晉人拒公，整惶懼出奔。公之復，季孫爲之也。」按：孔氏義與何異。何氏以内大夫出奔有罪不日也。孔義牽涉《左氏》爲説。然《左傳》南蒯以私怨欲出季氏，公子慭欲代季氏，許與爲難。又欲搆叔、季二家，不克，出奔絶，無因公之意，何云無罪也。

楚子伐徐。

晉伐鮮虞。**注**謂之晉者，中國以無義，故爲夷狄所强。今楚行詐滅陳、蔡，諸夏懼然去而與晉會于屈銀，不因以大綏諸侯，先之以博愛，而先伐同姓，從親親起，欲以立威行霸，故狄之。**疏**注「謂之」至「狄之」。○舊疏云：「諸夏之稱，連國稱爵。今單言晉，作夷狄之號，故須解之。中國無義者，《襄七年》傳：『鄭伯將會諸侯于鄬，其大夫諫曰：「中國不足歸也，不若與楚。」鄭伯不可。其大夫曰：「以中國爲義，則伐我喪。以中國爲彊，則不若楚。」於是弑之。』注：『禍由中國無義。』是其文也。遂爲夷狄所彊者，即《四年》『楚子以下會于申，執齊慶封殺之』是也。『今楚行詐滅陳、蔡』者，即《昭八年》『滅陳』，《十一年》『滅蔡』是也。行詐，即託義討招、瑗，託義討蔡般是也。『諸夏懼然去而與晉會于屈銀』者，即上《十一年》秋，『季孫隱如會晉韓起以下于屈銀』是也。『先伐同姓』者，正以鮮虞姬姓故也。」《校勘記》出「故爲夷狄所强」，云：「諸本同，誤也。疏中兩引皆作『夷狄所彊』，當據正。」又出「今楚行詐」，云：「閩、監、毛本同，誤也。鄂本『今』作『令』，此本疏中兩引亦作『令』，當據以訂正。」按：紹熙本「今」亦作「令」。「懼然」當讀如「孝子聞名心瞿」之「瞿」。《禮記・檀弓》：「瞿瞿如有求而弗得。」注「皆憂悼在心之貌」是也。《通義》云：「鮮虞，姬姓之國，見於《世本》。杜預謂白狄別種，妄也。後改國名中山。《左氏》哀三年傳有『求援於中山』者，即是《史記》中山武公，徐廣以爲西周桓公之子。雖失其實，然爲周之分子無疑耳。晉爲諸夏盟主，楚翦滅姬宗，坐視不救。又效楚尤，加兵于同姓，故稱國狄之。《春秋》特於此責晉之甚者，初，楚人爲申之會，請諸侯于晉，晉弗敢競，楚由是大得志於中國。放乎滅陳、蔡者，晉君臣爲之也。蘇轍曰：『楚滅陳、蔡，而晉不救，力誠不能，君子不罪也。能伐鮮虞

而不救陳、蔡，非力不足也，棄諸侯也。故以夷書之。』」《繁露・楚莊王》云：「《春秋》曰：『晉伐鮮虞。』奚惡乎晉而同夷狄也？曰：《春秋》尊禮而重信。信重於地，禮尊於身。何以知其然也？宋伯姬恐不禮而死於火，❶齊桓公疑信而虧其地，《春秋》賢而舉之，以爲天下法，曰禮而信。禮無不答，施無不報，天之數也。❷今我君臣同姓適女，女無良心，禮以不答。有恐畏我，何其不夷狄也。公子慶父之亂，魯危殆亡，而齊桓安之。於彼無親，尚來憂我，如何與同姓而殘賊遇我。《詩》云：『宛彼鳴鳩，翰飛戾天。我心憂傷，念彼先人。明發不寐，有懷二人。』人皆有此心也。今晉不以同姓憂我，而强大厭我，我心望焉。故言之不好，謂之晉而已，婉辭也。」❸《穀梁傳》：「其曰晉，狄之也。其狄之何也？不正其與夷狄交伐中國，故狄稱之也。」集解引何君《廢疾》云：「『《春秋》多與夷狄並伐，何以不狄也？』」鄭君釋之曰：「『晉不見因會以綏諸夏，而伐同姓，貶之可也，狄之大重。晉爲厥慭之會，實謀救蔡。以八國之師而不能救，楚終滅蔡。今又伐徐，晉不糾合諸侯以遂前志，舍而伐鮮虞，是楚而不如也，故狄稱之。』」劉氏逢禄難曰：「狄之所以貶之也，若僅貶之以起文，則辭費矣。鄭取董、何之義以增飾傳文，安足以起疾乎？」按：《左疏》引賈、服亦取《穀梁》爲説，而范甯以《穀梁》意非。然其荅薄氏，亦言楚滅陳、蔡而晉不能救，棄盟背好，交相攻伐。其責晉之義，亦大同《公羊》也。蓋與夷狄並伐事所恒有，何以不狄，誠如何君所難。《漢書・地理志》中山國新市下引應劭曰：「鮮虞，子國，今鮮虞亭是。」按：新市在今正定府新樂縣。

❶「恐不」，《春秋繁露》作「疑」。
❷「天」原作「禮」，據《春秋繁露》改。
❸「婉」上原衍「是」字，據《春秋繁露》删。

公羊義疏六十三

句容陳立卓人著

昭十三年盡十七年。

十有三年春，叔弓帥師圍費。**疏**《通義》云：「費，内邑也。其言圍之何？不聽也。蓋季氏之臣有南蒯者，以邑叛也。」

夏四月，楚公子比自晉歸于楚，弑其君虔于乾谿。**疏**上十二年《左傳》云：「楚子次于乾谿。」杜云：「在譙國城父縣南。」《大事表》云：「在楚東境。今江南潁州府亳州東南七十里有乾谿，與城父村相近，即漢城父縣也。」

此弑其君，其言歸何？**注**据齊陽生入惡，不言歸。**疏**注「据齊」至「言歸」。○即《哀六年》「齊陽生入于齊」是也。陽生先詐致諸大夫，立於陳乞之家。自是往弑舍，故爲簒辭。歸者，出入無惡之文，今公子比亦弑君而言歸，故据以難。

歸無惡於弑立也。歸無惡於弑立者何？靈王爲無道，作乾谿之臺，三年不成。楚公子棄疾脅比而立之，然後令于乾谿之役曰：「比已立矣，後歸者不得復其田里。」衆罷而去之。靈王經而死。**注**時棄疾詐告比得晉力，可以歸，至而脅立之。比之義，宜效死不立，而立，君因自經，故加弑也。言歸者，謂其本無弑君而立之意，加弑責之爾。不日者，惡靈王無道。封内地者，起禍所由，因以爲戒。**疏**舊疏云：「歸無惡於弑立也者，言所以書其歸者，正於弑虔之時，比無惡。」靈王經而死者，舊疏云：「謂縣縊而死也。」按：《論語·憲問》篇：「自經於溝瀆。」王曰：「經，經死於溝瀆中也。」《國語·晉語》：「申生雉經。」《史記·田單傳》：「遂經其頸於樹枝。」《索隱》：「經，猶繫也。」《廣雅·釋詁》：「經，絞也。」《荀子·彊國篇》注：「經，縊也。」《左傳》亦云：「王縊于芈尹申亥氏。」《繁露·王

道》云：「楚靈王行强乎陳、蔡，意廣以武，不顧其行，慮所美，内罷其衆。乾谿有物女，水盡則女見，水滿則不見。靈王舉發其國而役，三年不罷，楚國大怨。有行暴意，殺無罪臣成然，楚國大憊。公子棄疾卒令靈王父子自殺而取其國。❶虞不離津澤，農不去疇土。此非盈意之過耶？」又曰：「觀乎楚靈，知苦民之壤。」盧注：「壤，猶傷也。」又《五行相勝》云：「土者，君之官也。其相司營。司營爲神，主所爲皆曰可，主所言皆曰善，諂順主指，聽從爲比。進主所善，以快主意。導主以邪，陷主不義。大爲宮室，多爲臺榭。雕文刻鏤，五色成光。賦斂無度，以奪民財。多發繇役，❷以奪民時。作事無極，以奪民力。百姓愁苦，叛去其國。楚靈王是也。作乾谿之臺，三年不成。百姓罷弊而叛，及其身弑。夫土者，君之官也。君大奢侈，過度失禮，民叛矣。其民叛，其君窮矣。故曰木勝土。」《新語·懷慮》云：「楚靈王居千里之地，亯百邑之國，不先仁義而尚道德，作乾谿之臺，立百仞之高，雖登浮雲窺天文，❸然身死於棄疾之手。」《淮南·泰族訓》：「靈王作章華之臺，發乾谿之役，外内騷動，百姓罷敝。棄疾乘民之怨而立公子比，百姓放臂而去之，餓於乾谿，食莽飲水，枕塊而死。」《易林·需之泰》：「楚靈暴虐，罷極民力，禍起乾谿。棄疾作毒，扶伏奔逃，身死亥室。」是皆以弑君謀起棄疾，故比歸無惡於弑立也。《左傳》與此小異，亦云：「蔡公使須務牟與史猈先入，因正僕人殺太子禄及公子罷敵。公子比爲王。」又云：「公子棄疾爲司馬，先除王宮，使觀從從師于乾谿，而遂告之，且曰：『先歸復所，後者劓。』師及訾梁而潰。」與此會乾谿之役語大同。○注「時棄」至「立之」。○舊疏云：「正以經書自晉，故得爲有力之義，故如此解。」《校勘記》云：「此本『晉』誤『有』，『可』誤『司』，今據諸本訂正。」按：紹熙本不誤。○注「比之」至「弑也」。○《繁露·王道》云：「觀乎楚公子比，知臣子之道，效死之義。」《通義》云：「高閌曰：『棄疾不得比之勢，則無以濟其亂。比見利而動，遽欲爲君，則成楚靈之弑者，乃比也。若使人受其名，己享其利。後世姦人，苟有藉口以濟其私者，莫不皆置力焉，故聖人正名。比之弑君，所以絶後世姦人之禍

❶「父子」，原脱，據《春秋繁露》補。

❷「繇」，原作「傜」，據《春秋繁露》改。

❸「雲」，原作「文」，據《新語》改。

也。』」是則君弒由於比立，故比宜坐弒。比之義，宜效死不立，下傳文。○注「言歸」至「之爾」。○《桓十五年》傳：「歸者，出入無惡。」故爲明其本無弒君而立之意。加弒責之，即責其不效死而立也。《穀梁傳》：「自晉，晉有奉焉爾。歸而弒不言歸，言歸，非弒也。歸一事也，弒一事也，而遂言之，以比之歸弒，比不弒也。」是亦以比不弒君，故弒爲加弒焉。《校勘記》出「謂其本無弒君而立之意」，云：「諸本同，誤也。鄂本『謂』作『明』，疏引注同，當據正。」按：紹熙本亦作「明」。又出「加弒責之爾」，云：「此本疏中引注作『加殺』，閩、監、毛本亦改作弒。」○注「不日」至「無道」。○舊疏云：「正以《宣二年》『秋，七月乙丑，晉趙盾弒其君夷獋』，《四年》『夏，六月乙酉，鄭公子歸生弒其君夷』，則《春秋》之義，不問加弒與否，例皆書日。此不日，故解之。」按：晉靈亦無道而日者，晉靈止宮中虐戾，害不及民。又有趙盾諸人執政，非如楚靈之黷武樂禍，外肆殄滅，内極力役，殃民淫刑，多行不義，故不日以惡無道。○注「封内」至「爲戒」。❶○《宣九年》、《襄七年》、下《二十五年》等傳：「諸侯卒其封内不地，此地，故解之。」《宣九年》：「晉侯黑臀卒于扈。」傳：「此何以地？卒于會，故地也。」注：「起時衰，多窮厄伐喪，而卒于諸侯會上，故地危之。」《襄七年》：「鄭伯髡原卒于操。」傳：「此何以地，隱之也。何隱爾？弒也。」下《二十五年》：「宋公佐卒于曲棘。」傳：「此何以地？憂内也。」注：「時宋公聞昭公見逐，欲憂納之，至曲棘而卒，故恩録之。」是則諸侯卒其封内不地，今此靈王見弒，由於乾谿，故著地以爲戒也。《潛研堂答問》云：「楚子虔弒于乾谿，書其地，著役之久也。君親出師，久而不歸，禍之不旋踵宜矣。楚之强，莫强于虔。伐吴，執慶封，滅賴，滅陳、蔡，史不絶書，而無救于弒者，無德而有功，天所惡也。」

楚公子棄疾弒公子比。 疏《左氏》、《穀梁》弒作殺。孔氏：「《音義》云：『弒，二家經作殺。』若然，則比專得弒君之罪，而棄疾反類於討賊之人矣，不亦頗乎！此條及『晉里克弒其君之子奚齊』，《公羊》經文皆特長於《左》、《穀》。」

比已立矣，其稱公子何？ 注据齊公子商

❶「封」，原作「致」，「戒」原作「戎」，據前注文改。

人弒其君舍。**疏**注「据齊」至「君舍」。❶ ○《文十四年》彼傳云：「此未踰年之君也，其言弒其君舍何？己立之，己殺之，成死者而賤生者也。」❷注：「惡商人懷詐無道，故成舍之君號，以賤商人之所爲。」則彼未踰年見弒稱君，此亦未踰年君稱公子，故据以難。舊疏所以不据《僖九年》「晉里克弒其君之子奚齊」者，正以取成君之號，以難公子，義强也。其意不當也。**注**据上傳知其脅。**疏**注「据上傳知其脅」。○即上傳云：「楚公子棄疾脅比而立之。」《繁露・王道》云「楚公子比脅而立，而不免於死」是也。《穀梁傳》曰：「當上之辭也。當上之辭者，謂不稱人以殺，乃以君殺之也。討賊以當上之辭，殺非弒也。比之不殺有四，取國者稱國以弒，『楚公子棄疾殺公子比』，比不嫌也。《春秋》不以嫌代嫌。棄疾主其事，故嫌也。」是亦以比無弒君之意，與此同。惟彼經「弒」作「殺」，故以當上之辭爲解。果爾，則經當書「楚殺其大夫公子比」矣，故當從《公羊》作弒。其意不當，則曷爲加弒焉爾？**注**据王子朝不貶。**疏**注「据王子朝不貶」。○下《二十三年》：❸「尹氏立王子朝。」注：「子朝不貶者，年未滿十歲，未知欲富貴，不當坐，明罪在尹氏。」是則子朝不貶，此亦不當加弒，故据以難。比之義，宜乎效死不立。**疏**《通義》云：「卷縊而比出，比歸而虔縊。比自謂於虔無一日君臣之義，然而君子惡比受棄疾之君己，而樂成其弒也，故歸弒於比，以爲後世大防。比不立而弒虔，謂之討賊。比立而殺虔，是弒而已矣。」孔氏此論，可謂持平矣。故吴光弒僚，致國季子，季子不受，去之延陵，終身不入吴國。君子以其不受爲義，於其來聘焉賢之。其不殺光者，札力不能討，君子恕之。若受光之讓，能逃弒君之罪乎？可與比事反觀也。效死不立，猶《孟子》之「效死勿去」，謂甯死不立也。《經韵樓集》云：「此以上釋上文經書『公子比弒其君虔于乾谿』也。比實未弒，經書『弒其君虔』。上傳未釋，故於此既釋仍稱公子比之下，補釋上文所以書弒之意。謂比之義，宜乎效死不立，不當爲棄疾所脅也。

❶「君」字，原脱，據注文慣例補。
❷「死」，原作「使」，據《春秋公羊傳注疏》改。
❸「三」，原作「二」，據《春秋公羊傳注疏》改。

受脅而首亂，故云弑。」**大夫相殺稱人，此其稱名氏以弑何？** **注** 据經言弑公子比也。 **疏**《文十六年》傳：「大夫相殺稱人。」《通義》云：「難不言楚人，又不言殺公子比意。」**言將自是爲君也。** **注** 故使與弑君而立者同文也。 不言其者，比實已立，嫌觸實公子。 弃疾則楚子居也。 **疏** 正以棄疾弑比之後，即自爲君，故注云：「使與弑君而立者同文也。」舊疏云：「同文，即《文十四年》『齊公子商人弑其君舍』是也。」《通義》云：「棄疾奉比爲王而己爲之司馬。 比雖不成君，棄疾固君之矣。故經曰：『弑公子比。』既不與比以君之名，仍罪棄疾以弑之實，《春秋》一言而權衡各當如此。」❶《經韵樓集》云：「經有殺譌爲弑者乎？ 曰：有之。❷《公羊》經昭十三年『楚公子棄疾弑公子比』是也。 既言弑，則下當言『其君比』，不得云『公子比』也。 既言『公子比』，則上當言殺，兩相殺耳，不得云弑也。《春秋》言『弑其君』者二十三。 言弑吴子、弑蔡侯者各一。 言『弑其君之子』者一。 總爲二十六，皆君也，未有書『弑公子』者也。 公子比被脅爲亂首，故《春秋》正其罪曰『弑其君』，所以儆天下後世倉皇被脅首亂以成簒弑者也。 公子棄疾殺之，如衛人殺州吁，蔡人殺陳佗，討賊之辭如此。❸ 此不言楚人殺公子比，而系之楚公子棄疾者，棄疾非有討賊之誠，主於自立而已，是深惡之也。 比雖自立，自立不可言『弑比』，❹言弑比，❺是殺州吁、殺陳佗，皆當言弑也。《左氏》、《穀梁》皆作殺，惟《公羊》作弑，傳曰：『此其稱名氏以弑何？』於《春秋》書法大不合。 由今攷之，乃何劭公之誤，而傳未嘗誤。《公羊》經『楚公子棄疾殺公子比』，固與《左》、《穀》同也。 傳曰：『大夫相殺稱人，此其稱名氏以殺何？』稱名氏以殺與稱人以殺爲異文，異在稱人、稱名氏，不在稱殺與弑。 經著於竹帛者既譌，何氏又襲譌爲註，此何氏之學主於株守，不知正誤，故往往經闕文，猶臆爲之説，而此尤於大義有傷

❶ 「春秋」原脱，據《通義》補。
❷ 「之」字原脱，據《經韻樓集》補。
❸ 「如此」原脱，據《經韻樓集》補。
❹ 「自立」原不重，據《經韻樓集》補。
❺ 「比」原作「者」，據《經韻樓集》改。

也。」按：段説非是。經文如作殺，則傳文但云「大夫相殺稱人，此其稱名氏何」可矣，何爲連「以弑」問之。❶正以將爲君，故加弑文也。如以州吁、陳佗爲比，則當書「楚人殺公子比」，何爲特著棄疾？棄疾非同謀之人，猶可曰以討賊予之也。弑君之事起于棄疾，本欲先脅比立，後再去比，其弑比之心，即萌於弑虔之時，故觀從謂子干曰：「不殺棄疾，雖得國，猶受禍也。」是其心路人皆知矣。晉惠殺里克，猶不予以討賊辭，況曾所臣事之君，復予之討賊辭乎？棄疾爲子比司馬，無論其誠心臣事與否？其君臣之名無以易也。《春秋》書「弑公子比」，非以成死者，乃以賤生者也。故《楚世家》亦云：「平王以詐弑兩王而自立也。」《潛研堂答問》云：「楚公子比之弑君，棄疾成之，而比獨主惡名者，奸君位也。而棄疾之惡，終不可掩，故以相殺爲文，著其罪同。」彼雖《左》、《穀》相殺爲説，而義則本《公羊》。若如段氏謂未有書弑公子者，《春秋》無達例，如「弑君之子」，「閽弑吴子」，「盜弑蔡侯」，皆别無所見，何獨於弑公子疑之。比之稱公子，猶餘祭、申之不稱其君稱爵也爾。○注「不言」至「公子」。○《莊二十二年》「陳人殺其公子禦寇」，下《十四年》「莒殺其公子意恢」，皆言「其」。此不言「其」，故解之。正以若言「其」，則似實公子，明比已爲君故也。○注「棄疾」至「居也」。○《校勘記》云：「鄂本同，閩、監、毛本『則』作『即』，疏同。」《楚世家》云：「棄疾即位爲王，改名熊居，是爲平王。」下《二十六年》「楚子居卒」是也。

秋，公會劉子、晉侯、齊侯、宋公、衛侯、鄭伯、曹伯、莒子、邾婁子、滕子、薛伯、杞伯、小邾婁子于平丘。**疏**杜云：「平丘在陳留長垣縣西南。」《大事表》云：「《寰宇記》：『在封丘縣東四十里。』蓋縣與封丘接境。《陳留風俗傳》曰：『衛靈公所置邑。』」《水經注·濟水》篇：「又東過平丘縣南，北濟也。縣故衛地也。《春秋》魯昭公十三年諸侯盟于平丘是也。」按：《一統志》：「在大名府長垣縣西南五十里。」

八月甲戌，同盟于平丘。**注**不舉重者，起諸侯欲討棄疾，故詳録之。不言劉子及諸侯者，間無異事可知矣。**疏**包氏慎言云：「八

❶「問」，原作「聞」，今據文意改。

月書甲戌，月之十日。」《差繆略》云：「甲戌，《穀梁》作庚戌。唐石經《穀梁》泐，《注疏》本亦作『甲戌』。」○注「不舉」至「録之」。○《文十四年》「公會宋公以下同盟于新城」，彼亦會盟，並有經，止書盟，舉其重者也。不別言會于某，此會盟並舉，故解之。「欲討棄疾」者，舊疏云：「諸侯欲討棄疾，以上有棄疾弒君之事，下傳有『諸侯遂亂』之言，故知於間詳録此會，欲討之矣。」蓋以凡詳録者，皆所善故也。按：《繁露·隨本消息》云：「諸侯會于平丘，謀誅楚亂臣。」是《公羊》舊義也。○注「不言」至「知矣」。○舊疏云：「《春秋》之義，會盟咸有而間隔事者，則重言諸侯。即《定四年》『三月公會劉子、晉侯以下于召陵，侵楚。夏四月，蔡公孫歸姓帥師滅沈，以沈子嘉歸，殺之。五月，公及諸侯盟于浩油』，然則彼由間有隔事，劉子不與盟，是以重出『諸侯』。今則間無隔事，劉子復與盟，是以不勞重出劉子及諸侯，見其可知矣。」

公不與盟。晉人執季孫隱如以歸。公至自會。

公不與盟者何？公不見與盟也。注時晉主會，疑公如楚，不肯與公盟，故諱使若公自不肯與盟。疏注「時晉」至「與盟」。○舊疏云：「言時晉主會者，正以此會劉子在其間，❶故須辨之。知非劉子主會者，正以當時天子微弱故也。❷知疑公如楚，不肯與公盟者，正以上《七年》『三月，公如楚。九月，公至自楚』，《十一年》『公如晉，至河乃復』，是其見疑，不得入晉故也。」按：《繁露·隨本消息》云：「魯昭公以事楚之故，晉人不入。楚國强而得意，一年再會諸侯，伐强吴，爲齊誅亂臣，遂滅厲。魯得其威以滅鄫。其明年，如晉，無河上之難。❸先晉昭之卒一年，無難。楚國内亂，臣弒君。諸侯會于平丘，謀誅楚亂臣。昭公不得與盟，大夫見執。由此觀之，所行從不足恃，所事者不可不慎。此亦存亡榮辱之要也。」按：「其明年」句有譌脱，是實晉辭公，不與公盟。《春秋》諱使若公自不與盟也。鄂本「肯」作「肎」，下同。

公不見與盟，大夫執，何以致會？注据

❶「正」字原脱，據《公羊傳注疏》補。
❷「正」字原脱，據《公羊傳注疏》補。
❸「難」原作「患」，據《春秋繁露》改。

得意乃致會。疏注「据得」至「致會」。○《莊六年》注云「公與二國以上出會盟，得意致會，不得意不致」是也。今此平丘之盟，公見拒。君子恥見拒，榮見與也。又大夫被執，不得意可知。今乃致會，故据以難。不恥也。曷爲不恥？注据扈之會，公失序，恥之。疏注「据扈」至「恥之」。○舊疏云：「即《文七年》：『秋八月，公會諸侯、晉大夫盟于扈。』傳：『諸侯何以不序？大夫何以不名？公失序也。公失序奈何？諸侯不可使與公盟，眣晉大夫使與公盟也。』注『爲諸侯所薄賤，不見序，故深諱爲不可知之辭』是也。」諸侯遂亂，反陳、蔡，君子不恥不與焉。注時諸侯將征棄疾，棄疾乃封陳、蔡之君，使説諸侯。諸侯從陳、蔡之君言，還反，不復討楚，楚亂遂成，故云爾。公不與盟，不書成楚亂者，時不受盟也。諸侯實不與公盟，而言公不與盟者，遂亂雖見與，公猶不宜與也，故因爲公張義。疏《校勘記》云：「《唐石經》、諸本同。此本脱上『不』字，今補正。」○注「時諸」至「云爾」。○《史記・楚世家》：「平王以詐弑兩王而自立，恐國人及諸侯叛之，乃施惠百姓。復陳、蔡之地而立其後如故。」彼雖無諸侯討棄疾事，棄疾實恐懼諸侯，乃封二國也。諸侯從陳、蔡君言，還反，不復討楚，或何氏以意言之。封陳、蔡君事，見下。《廣雅・釋詁》：「遂，竟也。」楚亂遂成，謂竟成也。遂亦有成義。《國語・晉語》：「吾必遂矣。」注：「遂，成也。」遂亂，猶言成亂也，義較直捷。《通義》云：「時實棄疾復封陳、蔡，諸侯因楚亂而飾爲己功，君子恥之，故以不與者爲無恥也。」○注「公不」至「盟也」。○《校勘記》出「時不受賂也」，云：「諸本同。疏引《桓二年》傳受賂以證之。此本作『受盟』，盟字剜改，今訂正。」按：紹熙本亦作「受賂」。此決《桓二年》書「公會齊侯以下于稷」，書「以成宋亂」。彼經又云：「夏四月，取郜大鼎于宋。戊申，納于太廟。」傳：「何以書？譏。何譏爾？遂亂受賂，納于太廟，非禮也。」注道此者，以《春秋》之義，諱内惡。公不與盟而楚亂遂，非内惡，例所不諱，故直書公不與盟，明非受賂，故無惡，不恥也。然則桓公受賂，亦内惡，《春秋》不諱者，彼注云「桓公本弑隱而立，君子疾同類相養，小人同惡相

長，故賤不爲諱也」是也。○注「諸侯」至「張義」。○舊疏云：「上注云：『故諱，使若公自不肯與之盟。』今又言此者，正以諸侯遂亂，是以魯侯不肯與之盟。然則上下二注，彌縫爲義，非別解。云『因爲公張義』者，謂書公不與盟，非直爲國諱，因見諸侯遂亂大惡，公亦不宜與，故言『因爲公張義』也。」❶

蔡侯廬歸于蔡，陳侯吳歸于陳。

此皆滅國也，其言歸何？注据歸者，有國辭。疏注「据歸」至「國辭」。○舊疏云：「即《僖三十年》『秋，衛侯鄭歸于衛』之屬是也。」不與諸侯專封也。注故使若有國自歸者也。名者，專受其封當誅。書者，因以起楚封之。所以能起之者，上有存陳文。陳見滅，無君所責。又蔡本以篡見殺，但不成其子，不絕其國。即諸侯存之，❷當有文實也。疏注「故使」至「者也」。○《校勘記》云：「毛本有『也』字，此本實缺，蓋衍字。」《通義》云：「吳，世子偃師之子。廬，世子有之子也。有子不絕者，罰弗及嗣，猶燬、朔之子無絕義也。名者，皆始立國文，無所承也。傳言『不與諸侯專封』者，謂楚專封之，與彭城慶封傳文同，自明。或因上言『諸侯遂亂，反陳、蔡』，而疑爲平丘會上諸侯者，非傳及何氏之意。然反復經文，陳、蔡之爲受封于楚，實無迹可尋。蓋邢、衛、緣陵，雖犯專封之咎，猶爲興滅國，繼絶世。此則楚滅之而楚自復之，安足爲德。且棄疾本以利動，故直略之，不復爲文實，壹若陳、蔡之自紹其國者，而不與楚之義嚴矣。此即《春秋》貴明義，不貴明事之效也。」舊疏云：「宜言不與楚專封而云不與諸侯專封者，《宣十一》傳：『此楚子也，其稱人何？諸侯之義，不得專封也。』是楚得言諸侯之義矣。而舊云：『楚子初無封陳、蔡之意，但畏諸侯之誅，遂許封陳、蔡之子孫。陳、蔡爲之請于諸侯，諸侯止不伐楚，楚乃封陳、蔡。』然則陳、蔡得封，本由諸侯，故傳言諸侯以明之。」按：舊疏所引「舊説」，即孔氏所駁之「或説」也。不與諸侯專封，即是不與楚子專封。見凡諸侯皆不與，故傳不明斥楚子也。言楚子，嫌別諸

❶「爲公」，原作「公爲」，據《春秋公羊傳注疏》乙正。
❷「之」原作「陳」，據《公羊傳注疏》改。

侯得專封矣，故僖元年、二年、十四年齊桓封邢、衛、杞，皆不言齊桓，亦統斥不與諸侯專封也。是其義也。○注「名者」至「當誅」。○舊疏云：「諸侯之式，不合生名。今陳、蔡之君，既已稱爵而書名者，正以諸侯之封，宜受于天子，而受國于楚，故名之，見當誅討，不合爲諸侯矣。」包氏慎言云：「邢以自遷爲文，猶蔡、陳之以自歸爲文也。奪其專封，所以彊王義也。誅而稱名，黜之，使在微者例。」按：邢、衛、杞亦受封諸侯，而經不書名示誅者，蓋爲桓公諱。桓公存亡繼絶，《春秋》文不與而實與，故受封者亦從恕。棄疾封陳、蔡，非齊桓比，故於陳、蔡之受封，即書名張義。蓋陳、蔡之君貶，其邢、衛、杞亦宜從黜削例也，非邢、衛、杞可不名也。○注「書者」至「封之」。○《校勘記》云：「此本疏引『因』作『固』。」舊疏云：「言主書此事者，非直惡陳、蔡之君不受天子之命，亦因以起楚封之。」按：如此注義，則舊説謂平丘之諸侯封之者，頗矣。○注「所以」至「實也」。○《校勘記》出「無君所責」，云：「鄂本同。疏及閩、監、毛本皆作『無君，無所責。』」按：紹熙本亦作「無君，無所責」。又出「即諸侯存陳」，云：「閩、監、毛本作『諸侯存之』，此作『陳』，誤。按：解云：『非謂上會諸侯墠地封之。若是上會諸侯墠地封之，當如救邢城楚丘之屬，傳亦有文實之文。』然則『存之』當作『封之』矣。」按：紹熙本亦作「存之」。按：上《九年》：「陳火。」傳：「陳已滅矣，其言陳火何？存陳也。」注：「陳已滅，復火者，死灰復燃之象也。此天意欲存之，故從有國記災。」是上有存陳文也。《春秋》凡書災異者，皆示變人君，責其修政。今陳已滅，無君，更無所責，故知爲天欲示存陳，爲死灰復然象也。又《襄三十年》「蔡世子般弑其君固」，至上《十一年》「楚子虔誘蔡侯般殺之于申」，是蔡侯以篡見殺也。彼又云：「楚師滅蔡，執蔡世子有以歸，用之。」傳「其稱世子何？不君靈公，不成其子」是也。蔡般弑父篡立，楚子誅之，《春秋》不成其子，示誅君之子不立之義。然國無絶理，故書滅蔡。所以書滅者，《僖五年》傳：「滅者，亡國之善辭。」注：「言王者起，當存之，故爲善辭也。」傳又云：「滅者，上下同力者也。」注：「言滅者，臣子與君勠力一心，共死之辭。」是書滅，正爲不絶其國也。陳、蔡國皆應存，楚因其二君之後在楚，就而封之，知非諸侯存之明矣。舊疏云：「若是上會諸侯墠地封之，當如救邢城楚丘之屬，傳亦有文實之文。宜云：『城陳、蔡。』傳云：『孰城之？諸

侯城之。曷爲不言諸侯城之？不與諸侯專封。曷爲不與？實與而文不與。文曷爲不與？諸侯之義不得專封。諸侯之義不得專封，則其曰實與之何？上無天子，下無方伯，天下諸侯有相滅亡者，力能存之則存之可也。』」注所謂當有文實也。然則《春秋》於棄疾，無實與義，故使若自歸辭。《穀梁傳》曰：「此未嘗有國也，使如失國辭然者，不與楚滅也。」不與楚之滅，其書滅陳、書滅蔡是也。惟彼無「不與專封」義爾，餘與此同。

冬十月，葬蔡靈公。**注**書葬者，經不與楚討。嫌本可責復讎，故書葬，明當從誅君論之，不得責臣子。**疏**注「書葬」至「臣子」。○上《十一年》傳：「楚子虔何以名？絶。曷爲絶之？爲其誘討也。此討賊，雖誘之，則曷爲絶之？懷惡而討，不義，君子不與也。」是不與誘討也。既不與楚誘討，嫌不書葬，爲責蔡臣子當復讎。以《隱十一年》傳云：「然則何以不書葬？《春秋》君弑賊不討，不書葬，以爲無臣子故也。」今靈公爲楚誘殺，《春秋》書葬，不責蔡臣子者，以蔡般弑父自立，人人得誅。蔡之臣民，宜皆同仇，故不責復讎而書葬。如恒見，當從誅君論也，與《桓十八年》「公薨于齊」下云「葬我君桓公」者異。彼傳云：「賊未討，何以書葬？仇在外也。仇在外，則何以書葬？君子辭也。」注：「時齊强魯弱，不可立得報，故君子量力不責焉。」此楚强蔡弱，《春秋》亦宜量力不責。知非爲恕臣子辭者，以傳無「君子辭也」之文。又彼方責莊公與仇狩，故於其葬焉恕之也。又魯桓亦弑兄而立，而《春秋》不從誅君論，不責復仇者，以魯桓會不致，已爲奪臣子辭，成誅文，故於其葬也，不復示絶，爲《春秋》惟壹譏而已故也。《通義》云：「書葬者，爲盧仲討賊之志也。志苟不忘復仇，雖假手於楚，猶蔡討也。亦葬陳靈公之意也。」義似迂回。

公如晉，至河乃復。

吴滅州來。**注**不日者，略兩夷。**疏**杜云：「州來，楚邑。」按：吴自成七年入州來，是年始滅，當是國名。杜以爲楚邑，非。若是邑，不得言滅。若果楚邑，當書吴伐楚取州來矣。《哀二年》「蔡遷于州來」，時州來爲吴邑，畏楚遷近吴也。故彼年《左傳》云：「蔡請遷于吴也。」○注「不日者，略兩夷」。○《校勘記》云：「解

云：『考諸舊本，「日」亦有作「月」字者。《春秋》上下滅例書月。』然則爲日字者，誤。」按：《三十年》「冬十有二月，吴滅徐」，疏引此注云：「不月者，略兩夷。」此處疏本仍作「日」。按：舊疏又云：「上《四年》：『秋七月，遂滅厲。』注云：『莊王滅蕭日，此不日者，靈王非賢，責之略。』然則吴子夷昧兄弟立，謀讓位季子。即爲賢者，而反滅人，宜亦書日以責之，而不日者，正以兩夷相滅，故略之。」此舊疏据誤本而傅會爲此説也。夷昧雖讓國，有賢行，非楚莊之比，不必据以相例。且彼楚莊因有王言，與滅國事反，故得日責之也。下《三十年》注「至此乃月者，所見世始録夷狄滅小國也。不從上州來見義者，因有出奔可責故也。」以彼言之，知此文無月，故注就不月解之也。文承「十月」之下，言無月者，不蒙上月，蓋不在十月内也。

十有四年春，隱如至自晉。**疏**《通義》云：「一事而再見者，卒名，常辭也。《左傳》不達，乃以僑如爲尊夫人，隱如爲尊晉。尊夫人或可通，尊晉則尤與内其國之義乖戾。」

三月，曹伯滕卒。

夏四月。

秋，葬曹武公。

八月，莒子去疾卒。**注**入昭公，卒不日，不書葬者，本篡，故因不序。**疏**注「入昭」至「不序」。○舊疏云：「《春秋》之義，所傳聞之世，略於小國，不書其卒。至所聞之世，乃始書之，即《文十三年》『邾婁子籧篨卒』之徒是也。至所見之世，文致大平，書小國而録之，卒日葬時，即下《二十八年》『秋，七月癸巳，滕子甯卒。冬，葬滕悼公』之屬是也。今此莒君入昭公所見之世，宜令卒日葬時，而不卒日，復不書其葬者，正由其本是篡人，❶故因略之，不序其卒日，亦不序其葬矣。其本篡者，即上《元年》『秋，莒去疾自齊入于莒』是也。然則《春秋》之義，篡明者例書葬，即衛晉、鄭突、齊小白、陽生之徒是。今此去疾於上元年亦有『自齊入于莒』之文，即是篡明，例合書葬，但以本篡，故因不序。然則入昭公所見世，小國之卒例合書日，而上三月『曹伯滕卒』，亦不日者，《莊二十三》年『冬十一月，曹

❶「其」字原脱，據《春秋公羊傳注疏》補。

伯射姑卒』之下，何氏云：曹伯達於《春秋》當卒月葬時也。❶如卒日葬月，嫌與大國同，故復卒不日。入所聞世，可日不復日。然則曹伯終生於桓十年時，以《春秋》敬老重恩之故，而得卒日葬月，以爲大平。是以入所見之世，雖例可日，亦不復日。是故上文卒曹伯不書日矣。」按：去疾篡明，宜書葬。不書者，爲下未踰年而殺其君之子，不孝尤甚，奪其嗣君辭，故不與其葬矣。舊疏未明。莒始卒於《成十四年》「正月，莒子朱卒」，所聞世始卒，故不得日。此宜日而不日，故解之。

冬，莒殺其公子意恢。注莒無大夫，書殺公子者，未踰年而殺其君之子，不孝尤甚，故重而録之。稱氏者，明君之子。疏注「莒無大夫」。○《莊二十七年》傳文。○注「書殺」至「録之」。○《通義》云：「莒無大夫，而曰公子意恢者，未踰年而殺其君之子，禍重。又以在近世，合録名氏也。若然，秦鍼、莒牟夷之屬，皆得言以近書，傳輒發異義者，所見之世，雖録小國，事事載之，亦不勝文繁。其特書者，要各有主書之義。若秦亡母弟，莒殺公子，假令在所聞限，雖可責猶不責，❷今而責之，即是以近書矣。」包氏慎言云：「《襄三十年》：『天王殺其弟年夫。』注：『王者得專殺。書者，惡失親親也。未三年不去王者，方惡不思慕而殺弟，❸不與子行也。』莒殺意恢，以失子行録。然則尤君之服未除而行忍骨肉，尤君子所惡。失子行，言父喪未除方稱子，宜三年無改於父之道，乃殺先君之子，以失子行録，絶之於先君也。」○注「稱氏」至「之子」。○舊疏云：「小國大夫，假令得見，皆不書氏，即莒慶之徒是也。今兼書公子者，欲明是君之子故也。若言莒殺意恢，無以明嗣子不孝。」按：《喪服傳》：「諸侯之子稱公子。」公子貫於先君，故稱氏，明爲先君子。蓋庶兄弟若同母兄弟，宜如天王殺其弟年夫例矣。

十有五年春，王正月，吳子夷昧卒。疏《釋文》：「夷昧，音末，本亦作末。」《唐石經》、諸本作昧。按：舊疏本亦作昧。《穀梁》、《左氏》作末，則作昧是也。故《釋文》云：「然《說文·日部》有昧無昧。」《玉

❶「當」，原作「常」，據《春秋公羊傳注疏》改。
❷「猶」，原作「健」，據《公羊春秋經傳通義》改。
❸「思」，原作「意」，據《公羊傳注疏》改。

篇》、《廣韻》昧、昧兼收。《漢書・高帝紀》：「漢軍方圍鍾離昧於滎陽。」師古曰：「昧，莫葛反，其字从本末之末。」即此入聲字也。

二月癸酉，有事于武宮。籥入，叔弓卒，去樂卒事。 疏 包氏慎言云：「二月書癸酉，据曆二月無癸酉，正月之十七日也。」鄭氏以此有事爲禘祭。《曾子問》疏：「熊氏云：『若喪祭及禘祫祭，雖過時，猶追而祭之。故《禘祫志》云：昭十一年齊歸薨，十三年會于平丘；冬，公如晉，不得祫。至十四年乃追而祫之，十五年乃禘也。』」

其言去樂卒事何？ 注 据入者言萬，去籥言名，不言卒事。疏 注「据入」至「卒事」。○即《宣八年》「夏，六月辛巳，有事于大廟。仲遂卒于垂。壬午，猶繹，萬入去籥」是也。彼言「萬入」，此言「籥入」，彼言「去籥言名」，此直言「去樂」，又彼不言「卒事」，故据以難。**禮也。** 注 以加録「卒事」，即非禮，但當言「去樂」而已。若「去籥」矣，總言樂者，明悉去也。疏《左傳》亦云：「禮也。」杜云：「大臣卒，故爲之去樂。」○注「以加」至「去也」。○加録卒事，決宣八年不言卒事也。即，猶若也。猶《莊三十二年》傳「寡人即不起」之即，言若非禮，但當如《宣八年》之書「去籥」，言去樂，無爲録卒事矣。此言去樂，明樂悉去，與《宣八年》之「去其有聲者，廢其無聲者」殊也，明彼爲知其不可而爲之也。**君有事于廟，聞大夫之喪，去樂，** 注 恩痛不忍舉。疏《穀梁傳》：「君在祭樂之中，聞大夫之喪，則去樂卒事，禮也。君在祭樂之中，大夫有變，以聞，可乎？大夫國體也。古之人重死，君命無所不通。」注「死者不可復生，重莫大焉」是也。《春秋說》云：「或曰：祭主於誠，君當祭，雖大夫之喪，不得以聞，非禮也。衛有大史曰柳莊，寢疾。公曰：『若疾革，雖當祭，必告。』」則知《春秋》之時，大夫之喪，必有當祭不告者矣。唐時大臣喪輒對仗奏。對仗奏者，謂正當朝，不以狀言，但以口奏，唐太宗猶怒爲責之。誠以君臣一體，其疾也親視之，其殮也親臨之，其疾革也必以狀言。然此當朝，非當祭也。當祭以聞，去樂卒事，《春秋》備書之，以爲後世法。」**卒事。** 注 畢其祭事。疏《通義》云：「去

樂者，哀也。卒事者，君事重也。《穀梁傳》曰：『君在祭樂之中，大夫有變，以聞。』❶然非卿喪，不得以聞。《檀弓》曰：『衛有大史曰柳莊，寢疾。公曰：「若疾革，雖當祭，必告。」』明非有命，則不敢告。正以大史非卿故也。經言有事，不舉祭名者，略爲變禮張本，不主譏祭，與宣八年同例。」按：《禮記・檀弓》：「君臨臣喪，以巫祝桃茢執戈。」注：「君聞大夫之喪，去樂卒事而往，未襲也。其已襲，則止巫去桃茢。」則不止去樂卒事矣。孔疏：「鄭必知往者，以下云：柳莊之卒，衛侯不脱祭服而往。明其君有大臣之喪，亦當然也。聞喪而往，故知未襲也。」又按《喪大記》云：「大夫之喪，將大斂，君往。巫止于門外，祝先入。」蓋無祭事時然也。○注「畢其祭事」。○《校勘記》云：「閩、監、毛本『其』作『竟』。」按：紹熙本亦作「竟」，是也。**大夫聞君之喪，攝主而往。** 注 主謂己主祭者。臣聞君之喪，義不可以不即行，故使兄弟若宗人攝行主事而往。不廢祭者，古禮也。古有分土無分民，大夫不世。己父未必爲今君臣也。《孝經》曰：「資于事父以事君，而敬同。」疏 注「主謂」至「而往」。○《禮記・曾子問》曰：「大夫之祭，鼎俎既陳，籩豆既設，不得成禮，廢者幾？孔子曰：『九。』請問之，曰：❷天子崩、后之喪、君薨、夫人之喪、君之大廟火、日食、三年之喪、齊衰、大功皆廢。』」故何氏謂主爲己主祭者也。君、夫人喪，皆宜即往，祭不可廢，故使家人攝主卒事，恩義兩盡矣。《通義》云：「後魏清河王繹曰：❸『攝主者，攝斂神主而已，不暇待徹祭也。』何休云『宗人攝行主事而往』，意謂不然。君聞臣喪，尚爲之不懌，❹況臣聞君喪，豈得安然代主終祭也。』廣森謂：大夫聞君之喪，不得終祭。《曾子問》固言之矣。蓋陰厭而事主之禮畢，酳獻而事尸之禮畢，故攝主與尸事對文以爲節也。禮曰：『士不攝大夫。』若兄弟宗人爲士者，即不可使攝。若同爲大夫，同當奔喪，又孰相爲攝？益知《解詁》錯誤。」按：孔説非是。大夫聞君之喪，無論何時，即行前

❶「以聞」下，《通義》有「可乎」二字。
❷「曰」字，原脱，據《禮記正義》補。
❸「繹」，原作「懌」，據《魏書》改。
❹「懌」，原作「繹」，據《公羊春秋經傳通義》改。

往，祭事使人攝行。聞大夫之喪，哀殺，故俟事畢而往。至士不攝大夫，自謂不爲喪主耳，非祭事也。獨不聞大夫士無主乎？如孔說，則必以此攝主爲攝神主矣。凡尸未入之前，設饌于奥，謂之陰厭。《少牢》：「司宫筵于奥，祝設几于筵上，右之。」此爲爲神布席也，不言及設主之事，知無主矣。無主，何攝之有？淩先生《禮説》云：「大夫不終事而往，所以盡君臣之義，使人攝主而祭，所以全子姓之恩，恩義兩盡，未得厚非也。若祭無使人代之者，《饋食》疏：「大夫以上尊，時至，唯有喪，故不祭。餘吉事，皆不廢祭。若有公事及病，使人攝祭。故《論語》孔子曰：『吾不與祭，如不祭。』注：『孔子或出或病，不自親祭，使攝者爲之。』据此知有攝主事矣。若以傳有『攝主』二字，遂指爲木主，然則《曾子問》『卿大夫士從攝主，北面于西階南』，亦爲攝木主而行，可乎？又按：《曾子問》：『天子崩，既殯而祭。其祭也，尸入，三飯不侑，酳不酢而已。』疏：『於時冢宰攝主。』然則亦以爲攝木主而行事，可乎？難者曰：《曾子問》大夫之祭，不得成禮；廢者，君薨、夫人喪在内。《公羊傳》『何以不廢也』？曰：《曾子問》：『諸侯之祭社稷，聞天子崩，后之喪，廢。』鄭注『謂夙興陳饌牲器時』，則此云廢者，當亦指夙興時言。若接祭之後，當亦有不能廢者矣。不能廢而又不能不往，此攝主之説所由來與？且何氏云『不廢祭者，古禮也』，言古以見今時有不然者矣。大夫之父未必爲今君之臣，恩所不及，故不得廢其宗廟之祭。《春秋》以來譏世卿矣。世爲大夫，或不得終祭而往，而要皆非大夫有木主證也。」○注「不廢」至「臣也」。○此《春秋》之制也。《春秋》譏世卿，故大夫不世，則已父未必今君臣，故不廢祭，使人攝主也。其諸侯聞天子與后喪，則廢祭。諸侯世其父祖，莫非臣子也，與大夫禮殊。《曾子問》文雖大同，義實有殊。或彼据今禮言之，《春秋》援古以正今也。《白虎通・五行》篇：「有分土，無分民，何法？法四時各有分而所生者通也。」❶又《諫諍》篇：「其不待放者，亦與之物，明有分土無分民也。《詩》曰：『逝將去汝，適彼樂土。』」是也。○注「孝經」至「敬同」。○《孝經・士章》文也。唐玄宗注：「資，取也。」疏以爲依孔傳。《表記》鄭注「資，取也」是也。舊疏云：「何氏之義，以資爲取，言取事父之道以事君，所以得然者，而敬同故也。」

❶「通」，《白虎通疏證》作「道」。

則何氏解《孝經》，與鄭稱同，與康成異矣。」按：鄭稱説與康成注，皆不可考。《校勘記》云：「閩、監、毛本同。浦鏜云：『鄭稱，當孔傳之誤。』梁玉繩云：『鄭偁爲魏侍中，有答魏武帝金輅之問，見《續漢書·輿服志》注。又《魏志》延康元年注引《魏略》言：偁，篤學大儒，爲武德侯叡傅，叡即魏明帝也。』丁杰云：『《孝經》鄭注據此處疏文非康成，亦非小同，當是鄭偁。』孫志祖云：徐彦疏云『與鄭偁同，與康成異』，則偁與康成爲二家明矣。」

大夫聞大夫之喪，尸事畢而往。**注** 賓尸事畢而往也。日者，爲卒日。**疏** 注「賓尸」至「往也」。○《禮·有司徹》鄭目録云：「大夫既祭，儐尸於堂之禮。祭畢禮尸於室中。」又注云：「徹室中之饋及祝、佐食之俎。卿大夫既祭而儐尸，禮崇也。儐尸則不設饌西北隅，以此薦俎之陳有祭象，而亦足以厭飫神。」按：《目録》言大夫，兼上下言之。上大夫室中事尸，行三獻禮畢，別行儐尸於堂之禮。其下大夫室内事尸，行三獻，無別行儐尸於堂之事。彼二語尸，一上大夫，一下大夫也。儐尸於堂，❶室中無事，故徹室中之饋及祝、佐食之俎。如葅醢、四豆也，五俎也，四敦也，兩鉶也，四瓦豆也，酌奠之觶也，皆正祭陳於室中者。祝、佐食之俎，不皆在室中。祝二豆一俎，在室。二佐食薦俎東階，悉徹之也。《儀禮校勘記》：「儐，徐本作賓。《禮經》或作儐，或作賓，通用。儐正字也。此作賓，與《詩序》同。」吴氏廷華《儀禮章句》云「徹而儐尸，蓋以紓其象神之勞」是也。《通義》云：「獻尸事畢，不賓尸也。假令當賓尸而聞喪，則亦獻尸而已，不獻賓兄弟以下也。」按：大夫聞君之喪，尚遣人攝主卒事。大夫聞大夫之喪，不過僚友之誼，何遂不及賓尸也。獻尸自是正祭禮節，不得謂之尸事。傳明云「尸事畢」，自謂事尸事畢，明謂賓尸矣。或羞于尸侑主人主婦後也。天子諸侯之祭，明日而繹。君聞臣喪，廢一時之祭，故不忍次日再繹。宣八年之譏「猶繹」是也。大夫既祭即儐尸于堂，可以事畢而往。下大夫并無別行賓尸之事，即禮尸於室中，爲加爵禮尸，則更可卒事矣。蓋主人實爵酬尸，尸奠爵于薦左後，可以從殺。或無獻賓、酢賓、酬賓、獻兄弟、獻内賓、獻私人各禮節與？○注「日者，爲卒日」。○舊疏云：「正以《春秋》之義，失禮鬼神例

❶「尸」，原作「中」，據國學本改。

日。今非失禮，知日爲卒。」

夏，蔡昭吴奔鄭。 注 不言出者，始封名、言歸，嫌與天子歸有罪同。故奪其有國之辭，明專封。疏《左氏》、《穀梁》作「蔡朝吴出奔鄭」，朝、昭字通。《廣韻・三蕭》：「朝，早也，亦姓。《左傳》有蔡大夫朝吴。」按：漢鼂錯蓋其後。鼂即朝云。《春秋》王子朝，《漢書・古今人表》作子鼂。《左傳》衛史朝，《古今人表》亦作史鼂。《文選・羽獵賦》注：「朝、鼂古字通。」故鼂亦作晁。舊疏云：「此作昭吴字，又不言出者，所見之文異。按：《左氏》、《穀梁》皆以朝吴爲蔡大夫，則知此昭吴亦爲蔡大夫矣。而舊解以爲昭吴爲蔡侯廬之字者，似非何氏之意。」○注「不言」至「罪同」。○舊疏云：「正以其君始封之時名、書歸。」則舊疏本「言歸」當作「書歸」矣。「名、書歸」，即上《十三年》「蔡侯廬歸于蔡」是也。「嫌與天子歸有罪同」者，舊疏云：「書名言歸，與天子歸有罪之文相似。何者，《僖二十八年》：『夏六月，衛侯鄭自楚復歸于衛。』注：『言復歸者，刺天子歸有罪。』『冬，曹伯襄復歸于曹。』注：『曹伯言復歸者，天子歸之。名者與衛侯鄭同義。』則天子歸有罪者，書名言歸。上蔡侯廬亦有罪歸，故言嫌與天子歸有罪同。」○注「故奪」至「專封」。○正以蔡侯廬實非天子所歸，故其臣出奔不言出，爲奪其君有國之辭。以其受封于楚，不合有國。明楚之專封，蔡專受其封，皆當誅。上十三年之書名言歸，非天子所歸義，與此相起也。

六月丁巳朔，日有食之。 注 并十七年食，蓋與孛于大辰同占。疏 包氏慎言云：「六月書丁巳朔，据曆爲月之三日。」劉歆以爲三月，臧氏壽恭謂「當作五月二日」。是年正月戊午朔，大。二月戊子朔，小。三月丁巳朔，大。四月丁亥朔，小。五月丙辰朔，二日丁巳。《元志》《大衍》推五月丁巳朔食，失一閏。沈氏欽韓以今曆推之，是歲五月丁巳朔，加時在晝，交分十三日九千二百六十七分入食限。」○注「并十」至「同占」。○舊疏云：「謂此文日有食之，并十七年夏六月甲戌朔，日有食之，皆與十七年有星孛于大辰同占也。其占者，則彼注云：『是後周分爲二，天下兩主，宋南里以亡』是也。」《通義》云：「此與十七年甲戌占，董生以爲宿並在畢，晉國象也。晉厲公誅四大夫，失衆

心，以弑死，後莫敢復責大夫，六卿遂相與比周，專晉國，君還事之。日比再食，其應在《春秋》後也。」按：《五行志》：「劉歆以爲魯、衛分。」臧氏謂：「當作魯、趙。五月丙辰朔，合辰在胃十三度；❶二日丁巳，在胃十四度。」❷十二次之分，降婁，魯也。大梁，趙也。降婁終於胃六度，大梁起于胃七度。趙，晉地也。

秋，晉荀吴帥師伐鮮虞。

冬，公如晉。

十有六年春，齊侯伐徐。

楚子誘戎曼子殺之。**疏**《左氏》、《穀梁》作戎蠻。《哀四年》同。杜云：「蠻氏，戎別種。河南新城縣東南有蠻城。」《漢書·地理志》：「河南新城縣曰蠻中，故戎蠻子國。」《大事表》云：「今河南汝州西南有蠻城。又文十七年《左傳》：『周甘歜敗戎于邥垂。』劉昭《後漢志》以此爲蠻氏之戎也。杜云：『垂亭在新城縣北。』今爲汝州伊陽縣地。」《左》、《穀》皆作蠻字。《續漢·郡國志》：「河南新城有鄤聚，古鄤氏，今名蠻中。」注：「《左傳》昭十六年『楚殺鄤子』。」則曼即鄤之省也。《水經注·伊水》篇：「伊水又北逕新城東，與吴澗水會。水出縣之西山，東流南屈，逕其縣故城西。又東轉逕其縣南，故蠻子國也。縣有蠻聚，今名蠻中是也。漢惠帝四年置縣。」《汝水》篇：「汝水東歷麻解城北，故鄤鄉城也，謂之蠻中。《左傳》所謂『單浮餘圍蠻氏，蠻氏潰』是也。杜云：『城在河南新城縣之東南。』」又按：《東觀漢記·光武紀》：「后父郭昌爲陽安侯。子流，緜曼侯」。《後漢·郭后紀》作「綿蠻侯」。是蠻、曼通也。《通鑑注》引《風俗通》云：「蠻者，慢也。」故蠻亦作曼。

楚子何以不名？**注**据誘蔡侯名。**疏**注「据誘蔡侯名」。〇即上《十一年》「楚子虔誘蔡侯般，殺之于申」，虔書名也。夷狄相誘，君子不疾也。**疏**范云：「楚子不名，戎蠻子非中國故。」亦以其夷狄相誘也。曷爲不疾？**注**据俱誘也。若不疾，乃疾之也。❸**注**以爲固當常然者，乃所以爲惡也。顧以無知薄責之。戎曼稱

❶「胃」，原作「四月」，今據《左氏古義》卷五改。
❷「胃」，原作「四日」，今據《左氏古義》卷五改。
❸「乃」下，國圖藏清抄本有「所以」二字。

子者，入昭公，見王道大平，百蠻貢職，夷狄皆進至其爵。不日者，本不卒。不地者，略也。**疏** 注「以爲」至「責之」。○《白虎通·王者不臣》云：「夷狄者，與中國絶域異俗，非中和氣所生，非禮義所能化，故不臣也。《春秋傳》曰：『夷狄相誘，君子不疾。』《尚書大傳》曰：『正朔所不加，即君子所不臣也。』」又《禮記·學記》疏引《鉤命決》云：「不臣夷狄之君者，此政教所不加，❶謙不臣也。」《隱二年》注：「王者不治夷狄。録戎者，來者勿拒，去者勿追。」《漢書·匈奴傳論》云：「《春秋》内諸夏而外夷狄。❷夷狄之人，貪而好利，被髮左衽，人面獸心。其與中國殊章服，異習俗，飲食不同，言語不通。是以聖人外而不内，疎而不戚。政教不及其人，正朔不加其國也。」按：此猶《孟子·告子》篇所謂不屑教誨焉者。不屑疾之，正乃疾之深也。但薄責其無知，不以中國禮義繩之也，故楚子不名也。○注「戎曼」至「其爵」。○《校勘記》云：「閩、監、毛本『大』作『太』，非。」紹熙本亦作大。舊疏云：「上四年申之會伐吴，再見淮夷。五年冬，越人伐吴，一見越人。所見之世而不進之者，君子因事見義故也。何者？淮夷與越，蓋遣大夫會，此是君，因可進而進之。且昭公之時，❸文致大平，實不治定，但可張法而已，甯可文皆進乎？」按：《繁露·奉本》云：「遠夷之君，内而不外。」謂此。○注「不日」至「略也」。○此決上《十一年》「夏，四月丁巳，楚子虔誘蔡侯般，殺之于申」，日且地故也。戎曼，夷狄微國，雖大平世，亦不合卒，故於是殺也，略之不書日，並亦不地，皆從略，故雖不在外四夷限，不得醋同諸夏也。

夏，公至自晉。

秋，八月己亥，晉侯夷卒。**疏** 包氏愼言云：「八月有己亥，月之十日。」《差繆略》云：「亥，《公羊》作丑。」趙氏坦《春秋異文箋》云：「唐石經《公羊》作『己亥』，二字似磨改。」

九月，大雩。**注** 先是，公數如晉。**疏** 注「先是，公數如晉」。○《五行志中之上》：「十六年九月，大雩。

❶ 「此」字原脱，據《禮記正義》補。
❷ 「外」下原衍「四」，據《漢書》删。
❸ 「時」原作「世」，據《公羊傳注疏》改。

先是，昭公母夫人歸氏薨，昭不慼，又大蒐于比蒲。晉叔嚮曰：『魯有大喪而不廢蒐，國不恤喪，不忌君也。君亡慼容，不顧親也。殆其失國。』」蓋劉歆語也。按：上《十二年》、《十三年》、《十五年》皆有「公如晉」文，何義蓋與上三年同占。《八年》「大雩」注：「先是，公如楚，半年乃歸。費多賦重所致。」公數如晉，亦宜然。

季孫隱如如晉。

冬十月，葬晉昭公。 疏《差繆略》云：「十月，《公羊》作十一月。」按：今本作十月，《唐石經》同。

十有七年春，小邾婁子來朝。

夏，六月甲戌朔，日有食之。 疏《漢書·五行志下》：「十七年六月甲戌朔，日有食之。董仲舒以爲，時宿在畢，晉國象也。晉厲公誅四大夫，失衆心，❶以弒死。莫敢復責大夫，六卿專，晉君還事之。日比再食，事在《春秋》後，故不載於經。劉歆以爲魯、趙分。《左氏傳》平子曰：『唯正月朔，慝未作，日有食之。於是乎天子不舉，伐鼓於社。諸侯用幣於社，伐鼓於朝，禮也，其餘則否。』太史曰：『在此月也。日過分而未至，三辰有災，百官降物，君不舉，避移時。樂奏鼓，祝用幣，史用辭，嗇夫馳，庶人走。此月朔之謂也。當夏四月，是爲孟夏。』說曰：正月謂周六月，夏四月，正陽純乾之月也。慝謂陰爻也。冬至陽爻起初，故曰復。至建巳之月爲純乾，亡陰爻，而陰侵陽，爲災重，故伐鼓用幣，責陰之禮。降物，素服也。不舉，去樂也。避移時，避正堂，須時移災復也。嗇夫，掌幣吏，庶人，其徒役也。」按：所引「說曰」，蓋西漢說《左氏》者舊說。《元志》姜氏云：「六月當乙巳朔，交分不協，不應食。《大衍》云：『當在九月朔，六月不應食。』」姜氏是也。沈氏欽韓以今厤推之，是歲九月甲戌朔，❷加時在晝，交分二十六日七千六百五十分入食限。臧氏壽恭以《三統》法推是年閏在五月前，正月丁未朔，二月丙子朔，三月丙午朔，四月乙亥朔，閏月乙巳朔，五月甲戌朔。又是年冬至癸酉，正月二十七日也。戊子小寒，三月十三日。甲辰大寒，二月二十九日。己未立春，三月十四日。甲戌驚蟄，三月二十九日。己丑雨水，四月十五日。甲辰春分，四月三十日。庚申穀雨，閏月十六日。乙亥清

❶「失衆心」原脫，據《漢書》補。

❷「九月」下原衍「朔」字，據上文姜氏說刪。

明，五月二日。是月十七日庚寅立夏，以後純乾用事，故大史曰：「在此月也。」五月甲戌朔，距春分已三十一日，不及立夏十七日，故曰「日過分而未至」。蓋是年魯曆失閏，故魯史以爲六月也。

秋，郯子來朝。

八月，晉荀吴帥師滅賁渾戎。**疏**賁渾戎，《左傳》作陸渾之戎。《穀梁》作陸渾戎。

冬，有星孛于大辰。

孛者何？彗星也。**注**三孛皆發問者，或言入，或言于，或言方，嫌爲孛異，猶問録之。**疏**《爾雅·釋天》：「彗星爲欃槍。」郭注：「亦謂之孛，言其形孛孛似埽彗。」《開元占經》引孫炎云：「欃槍，妖星別名也。」《釋名·釋天》云：「彗星，光稍似彗也。孛星，星旁氣孛孛然也。」《御覽》引《合誠圖》云：「赤彗，火精，如火曜，長七尺。」○注「三孛」至「録之」。○或言入者，《文十四年》「秋七月，有星孛入于北斗」是也。彼傳云：「其言入于北斗何？北斗有中也。」或言于者，此經是也。或言方者，《哀十三年》「冬十有一月，有星孛于東方」是也。彼傳云：「其言于東方何？見于旦也。」傳皆云：「孛者何？彗星也。」是三處皆發問。正以言入、言于、言方有異，嫌孛亦異，是以俱問録之。三傳皆云：「何以書？記異也。」其言于大辰何？**注**据北斗言「入于」。大辰，非常名。**疏**注「据北」至「入于」。○即《文十四年》「有星孛，入于北斗」是也。○注「大辰，非常名」。○舊疏云：「正以東方七宿，皆謂之辰，故曰大辰。非七宿之常名，而經舉之，因以爲難。」按：此謂恒星中無大辰名也。在大辰也。大辰者何？大火也。**注**大火，謂心。**疏**注「大火，謂心」。○襄九年《左傳》：「心爲大火。」《爾雅·釋天》云：「大辰，房、心、尾也。」郭注云：「大火，心也。」《左傳疏》引李巡云：「大辰，蒼龍宿之體，最爲明，故曰房、心、尾也。大火，蒼龍宿心，以候四時，故曰辰。」孫炎曰：「龍星明者，以爲時候，故曰大辰。大火，心也，在中最明，故時候主焉。」《夏小正》云：「五月，大火中。八月辰則伏。辰也者，謂心也。」《說文》晨字解云：「辰，時也。」又晨字云：「房、心，爲民田時。」郭注《爾雅》云：「龍星明者，以爲

時候，故曰大辰。」用孫説也。然則東方七宿皆可以爲大辰。《楚辭·遠遊》云：「奇傳説之託辰星。」王注：「辰星，房星，東方之宿，蒼龍之體。」《文選注》引《法言》宋注：「辰，龍星也。」故房、心、尾通有辰名。故《説文》舉房，《小正》言廢，自無二義。《穀梁傳》云：「于大辰者，濫于大辰也。」范注引劉向曰：「謂濫于蒼龍之體，不獨加大火也。」舊疏云：「《釋天》云『柳，鶉火』者，正以柳在南方，亦可爲出火之候故也。不謂心星非大火。然則《爾雅》不言心爲大火者，文不備也。」郝氏懿行《爾雅義疏》：「唐、虞、夏，皆五月昏火中，故《堯典》以星火正仲夏，《夏小正》『五月初昏大火中』是也。周、秦則六月昏火中，故《左氏》昭三年傳：『火中，寒暑乃退。』杜注：『心以季夏昏中而暑退，季冬旦中而寒退。』《月令》云『季夏之月，昏火中』是也。然則周秦上較虞夏星候差及一次。此昏、旦中星所以不同也。火至初秋，則昏見於西。《詩》云『七月流火』是也。火以三月始出，九月之昏始入，十月之昏則伏。《左氏》哀十二年傳：『火伏而後蟄者畢』是也。」❶《左傳》云：「西及漢。」杜云：「夏之八月，辰星見在天漢西。❷今孛星出辰西，光芒東及天漢。」彼疏云：「《月令》：『仲秋之月，日在角，昏牽牛中。』大辰是房、心、尾也。其星處東方時，在角星北，故以八月之昏，角星與日俱没，大辰見於西方也。天漢在箕、斗間，故是時天漢西南、東北邪列於天，大辰之星見在天漢之西也。今孛星又出於大辰之西，而尾東指，光芒歷辰星而東及天漢也。」大火爲大辰。

疏《爾雅·釋天》云：「大火謂之大辰。」《左傳》襄九年：「古之火正，❸或食於心。是故心爲大火。」亦止謂之辰。《左傳·昭元年》「遷閼伯於商丘，主辰」。注：「辰，大火也。」《國語·晉語》：「且以辰出而參入。」韋注同。伐爲大辰。注伐謂參伐也。大火與伐，天所以示民時早晚，天下所取正，故謂之大辰。辰，時也。疏注「伐謂參伐也」。○舊疏云：「正以伐在參旁，與參連體而六星，故言『伐謂參伐』。伐與參爲一候故也。」按：《後漢書·郎顗

❶「蟄」原作「蟄」，據《左傳正義》改。
❷「見」字原脱，據《左傳正義》補。
❸「古之火正」原作「大火爲大辰」，據《左傳正義》改。

傳》伐作罰，『罰者白虎，❶其宿主兵，其國趙、魏。變見西方。」《考工記・輈人》：「以象伐也。」注：「伐屬白虎宿，與參連體而六星。」《通義》云：「參伐連體六星，故舉伐以統參，正猶《考工記》云：『熊旗六旒，以象伐也。』」《夏小正》：「五月，參則見。」傳：「參也者，伐星也。」《詩・召南》：「維參與昴。」傳：「參，伐也。」《國語・晉語》：「而以參入。」注：「參，伐也。」《文選注》引《法言》宋注：「參，虎星也。」亦爲辰參互對，辰爲龍星故也。《淮南・時則訓》：「昏參中。」高注：「參，西方白虎之宿。」《詩疏》引《演孔圖》云：「參以斬伐。」《禮記疏》引《運斗樞》云：「參伐主斬艾，示威行法。」《史記・天官書》：「參爲白虎，三星直者，是爲衡石。下有三星，兑曰罰，爲斬艾事。其外四星，左右肩股也。小三星隅置，曰觜觿，爲虎首，主葆旅事。」《索隱》引宋均曰：「葆，守也。❷旅猶軍旅也。言佐參、伐以斬除凶也。」齊氏召南《考證》云：「按：參宿，中横三星，其外左右肩、左右足四星。又中横三星之旁有三星，下垂曰伐。是伐與參連體而九星也。《天官書》曰：『參爲白虎。三星直者是爲衡石。下有三星，兑曰罰，爲斬艾事。其外四星左右肩股。』是其證也。此疏謂與參連體而六星，疑是字畫之誤。但《詩・綢繆》傳曰：『三星，參也。』又《周禮》：『熊旗六旒，以象伐。』則此疏不爲無據矣。」按：疏言六星，謂伐三星與參正體三星爲六，不數其外四星故也。參之正體三星，故與心同稱三也。《詩・小星》疏云：「伐與參連體，參爲列宿，統名之若同一宿。然但伐亦爲大星，❸與參互見，皆得相統，❹故《周禮》：『以象伐也。』明伐得統參也。《公羊》曰：『伐爲大辰。』《演孔圖》云：『參以斬伐。』皆互舉相見之文。故毛言『參，伐也』，見同體之義。」○注「大火」至「大辰」。○《説文》：「辰，房星，天時也。」又云：「曑，商星也。」辰爲東方宿，參爲西方宿，用以紀時，故皆謂之大辰，以別於餘星也。北辰居中，視以定參、辰之度，故亦謂之大辰。大辰有三，同名異實，故下注云：「迷惑不知東西者，須視北辰以別心、伐所在」是也。説者以北辰爲大端指心，小端指伐，非也。《禮記・鄉飲酒

❶「白虎」二字，原脱，據《後漢書》補。
❷「葆」，原作「左」，據《史記》改。
❸「亦」字，原脱，據《毛詩正義》補。
❹「統」，原作「同」，據《毛詩正義》改。

義》云：「參之以三光，政教之本也。」注：「三光，三大辰也。天之政教出於大辰焉。」○注「辰，時也」。○《詩・齊風・東方未明》云：「不能辰夜。」傳：「辰，時也。」《說文》：「辰，震也。三月陽氣動，靁電振，民農時也。物皆生，从乙匕，象芒達，❶厂聲也。」又晨字下云：「辰，時也。」**北辰亦爲大辰。****注**北辰，北極，天之中也。常居其所，迷惑不知東西者，須視北辰以別心、伐所在，故加「亦」。亦者，兩相須之意。**疏**注「北辰」至「之意」。○《爾雅・釋天》云：「北極謂之北辰。」《周禮・大宗伯》疏引《元命包》云：「天生大列爲中宮太極星，❷其一明者，太一常居；旁兩星巨辰子位，故爲北辰，以起節度。亦爲紫微宮。紫之言中。此宮之中，天神圖法，陰陽開閉，皆在此中。」《繁露・奉本》云：「星莫大於大辰，北斗常星。北斗常星，部星三百，衛星三千。大火二十六星，伐十三星。北斗七星，常星九辭。二十八宿。多者宿二十八九。其猶蓍百莖而共一本，龜千載而人寶。是以三代傳決疑焉。」❸按：此多誤字。大率亦以大辰爲恒星之主，皆取則焉。《釋天》郭注：「北極，天之中，以正四時。」《史記・天官書》：「中宮天極星。」《索隱》引《合誠圖》云：「北辰其星五，在紫微中。」楊泉《物理論》云：「北極，天之中，陽氣之北極也。極南爲太陽，極北爲太陰。日月五星行大陰，則無光。行大陽，則能照。故爲昏明寒暑之限極也。」按：《廣雅・釋言》：「極，中也。」故諸家並以北極爲天中。舊疏引《爾雅》李注云：「北極，天心，居北方，正四時，謂之北辰。」孫炎云「北極，天之中，以正四時，謂之北辰」是也。《論語・爲政》云：「譬如北辰，居其所而衆星共之。」郝氏《爾雅義疏》云：「說者謂北極五星，第五爲天樞，最小，是不動處。然實不動處，猶在樞星之下。今按：樞星非不動，但其動也微，人所不見，故以爲居其所耳。」按：《天官書》：「其一明者，太一常居也。旁三星，三公，或曰子屬。後句四星：末大星，正妃；餘三星，後宮之屬也。環之匡衛十二星，藩臣。皆曰紫宮。前列直斗口三星，隨北端兑，若見若不，曰陰德，或曰天一。

❶「芒」，原作「此」，據《說文解字》改。
❷「星」上，原衍「三」字，據《周禮注疏》刪。
❸「代」，原作「伐」，據《春秋繁露》改。

紫宮左三星曰天槍，右三星曰天棓，❶後六星絶漢抵營室，曰閣道。北斗七星，所謂『旋、璣、玉衡，以齊七政』。斗爲帝車，運于中央，臨制四鄉。分陰陽，建四時，均五行，移節度，定諸紀，皆繫於斗。」《文選注》引《天官星占》：「北辰，一名天關。關者，樞機之地，總要之名也。即《天官書》之太一。」《易釋文》引馬融説，以太極爲北辰。索隱引《文耀鉤》謂之中宮大帝。《周禮疏》引鄭氏説，謂之天皇大帝。《耀魄寶》索隱引《合誠圖》又爲紫微大帝。此云大辰，皆北辰之異文也。《初學記》引《合誠圖》又云：「天皇大帝，北辰星也。含元秉陽，舒精吐光，居紫宮中，制御四方，冠有五采。」舊疏引《春秋説》云：「北者，高也。極者，藏也。言大一之星，高居深藏，故名北極也者。」與先儒説違，其何氏兩解乎？許氏宗彦《北極説》云：「《爾雅》：『北極謂之北辰。』《考工記·匠人》：『夜考諸極星以正朝夕。』何注《公羊》：『迷惑不知東西者，須視北極以別心、伐。』今北極甚小，不易辨。《周髀》曰：『冬至日加西之時，立八尺表，繫繫表端，希望北極中大星。引繩至地而識之。又到旦明日加卯之時，復引繩望之，首及繩致地而識其兩端，相去二尺之寸，故東西極二萬三千里。其兩端相去正東正西中折之，以指表，正南北。」其云東西極二萬三千里，即璿璣之徑，折半爲一萬一千五百里，乃北極中大星距北極樞之數。樞即不動處，以衡閒相去里數準赤道度，約之計四度。餘若北極小星，則周初去極心不應若是之遠，蓋《周髀》本言北極中大星、北極樞之數，樞即不動處。《史記·天官書》：「中宮，天極星，其一明者，太一常居。」鄭康成謂之太一，北辰神名。北極大星，或即此與？今法測句陳大星，東西所極，折中以定南北，與《周髀》北極樞璿之用正同。若《論語》所言北辰，即《周髀》所謂正北極璿璣之中。正北天之中者蓋赤道極也。

何以書？記異也。**注** 心者，天子明堂，布政之宮，亦爲孛。彗者，邪亂之氣，掃故置新之象。是後周分爲二，天下兩主。宋南里以亡。**疏** 杜云：「妖變非常，故書。」《繁露·奉本》云：「海内之心，懸於天子。疆内之民，統於諸侯。日月食，并告凶，❷不以其行。有星

❶「右三」，原作「又五」，據《史記》改。

❷「告」原作「吉」，據《春秋繁露》改。

茀于東方，于大辰，入北斗，常星不見，地震，梁山、沙鹿崩，宋、衛、陳、鄭災。王公大夫簒弒者，《春秋》皆書以爲大異。」〇注「心者」至「之宫」。〇舊疏云：「《春秋説》文。」《星經》亦云：「《天官書》：『心爲明堂。房爲府，曰天駟。』」索隱引《春秋説題詞》云：「房、心爲明堂，天王布政之宫。」《詩汎歷樞》云：「房爲天馬，主車駕。」宋均注：「房既近心，爲明堂，又别爲天府及天駟也。」《御覽》引《元命包》云：「房四星，心三星。五度有天子明堂，布政之宫。兩口銜士爲喜，喜得明。心喜者爲憙。憙，天心。」宋均注：「心爲天王布政之宫，萬物須之乃成，所以喜也。今於口間士移一畫之者，於字體安也。是爲兩口士也。喜得明，明得所喜也。」《詩疏》引《元命包》云：「心爲天王。」《周禮疏》引《文耀鉤》云：「房、心爲天帝之明堂，布政之所出。」《莊七年》疏引《文耀鉤》云：「房、心爲中央大星，天王位。房、心連體，故皆有天王明堂布政之象。」〇注「亦爲孛」。〇舊疏云：「亦爲孛者，亦如北斗爲彗所孛矣。」〇注「彗者」至「之象」。〇《一切經音義》引孫炎《爾雅注》：「妖星也。四曰彗。」《天官書》：「歲星之精生天棓、彗星、天欃、天槍。」《天文志》：「欃、槍、棓、彗雖異，其殃一也。」《天官書》正義云：「天彗者，一名埽星，本類星，末類彗。小者數寸長，長或竟天，而體無光，假日之光，故夕見則東指，晨見則西指。若日南北，皆隨日光而指。」是爲邪亂之氣也。《左傳》申須曰：「彗所以除舊布新也，天事恒象。」《占經》引《演孔圖》云：「海精死，彗星出。彗星出，則國樞橛。」橛，猶蹶也。《御覽》引《五行傳》云：「彗者去穢布新也。此天所以去無道而建有德也。」〇注「是後」至「以亡」。〇《五行志下之下》：「昭十七年冬，有星孛于大辰。董仲舒以爲，大辰，心也。心爲明堂，❶天子之象。後王室大亂，三王分争，此其效也。劉向以爲，《星傳》曰：『心，大星，天王也。其前星，太子。後星，庶子也。尾爲君臣乖離。』孛星加心，象天子嫡庶將分争也。其在諸侯，角、亢、氐，陳、鄭也。房，心，宋也。後五年，周景王崩，王室亂。大夫劉子、單子立王猛。尹氏、召伯、毛伯立子鼂。❷子鼂，楚出也。時楚彊，宋、衛、陳、鄭皆南附楚。王猛既卒，敬王即位。子鼂入王城。天王居狄泉，莫之敢納。五年，楚

❶「爲」，原作「在」，據《漢書》改。
❷「子」上，原衍「王」字，據《漢書》删。

平王居卒。子鼂奔楚，王室乃定。後楚帥六國伐吳，吳敗之于雞父，殺獲其君臣。蔡怨楚而滅沈，楚怒圍蔡，吳人救之，遂爲柏舉之戰。敗楚師，屠郢都，妻昭王母，鞭平王墓。此皆孛彗流炎所及之效也。《左氏傳》曰：『有星孛于大辰，西及漢。申須曰：「慧所以除舊布新也，天事恒象。今除于火，火出必布焉，諸侯其有火災乎？」梓慎曰：「往年吾見，是其徵也。火出而見，今茲火出而章，必火入而伏。其居火也久矣，其與不然乎？火出，於夏爲三月，於商爲四月，於周爲五月。夏數得天，若火作，其四國當之，在宋、衛、陳、鄭乎？宋，大辰之墟。陳，太昊之墟。鄭，祝融之虚。皆火房也。星孛及漢，漢，水祥也。衛，顓頊之虚，其星爲大水。水，火之牡也。其以丙子若壬午作乎？水火所以合也。若火入而伏，必以壬午，不過見之月。」明年夏五月，火始昏見。丙子，風。梓慎曰：「是爲融風，火之始也。七日其火作乎？」戊寅，風甚。壬午，太甚。宋、衛、陳、鄭皆火。」』劉歆以爲，大辰，房、心、尾也。八月，心星在西方，孛從其西過心，東及漢也。宋，大辰虚，謂宋先祖掌祀大辰星也。陳，大昊虚，虙戲木德，火所生也。鄭，祝融虚，高辛氏火正也。故皆爲火所舍。衛，顓頊虚，星爲大水營室也。❶天星既然，又四國失政相似，及爲王室亂皆同。」按：劉子駿古文家説，與《公羊》異。《占經》引《感精符》云：「孛星賊起，光入大辰者，將有陰謀，以邪犯正，與天子争勢居位者。大臣謀主，兩主並立，周分之異也。」與今文説近。其周分爲二，天下兩主者，謂敬王在成周，王猛居王城。《二十二年》傳：「王城者何？西周也。」又言：「王子猛卒。」《二十三年》「天王居于狄泉」，謂敬王也。又云：「尹氏立王子朝。」《二十六年》：「天王入于成周。」傳：「成周者何？東周也。」是周分爲二，天下兩主事也。舊疏引《運斗樞》云：「星孛賊起，守大辰於五堂。亂兵填門，三王争，❷周以分，是也。」三王者，謂王猛、子朝與敬王也。王猛簒立，卒後子朝繼之，恒與敬王相距，故直云「天下兩主」也。「宋南里以亡」者，即下《二十一年》「夏，宋華亥、向甯、華定自陳入于宋南里以叛」是也。

楚人及吳戰于長岸。 疏 杜云：「長岸，楚地。」《大事表》云：「今江南太平府當塗縣西南三十里有西梁

❶「星」，原作「心」，據《漢書》改。

❷「争」，原作「事」，據《春秋公羊傳注疏》改。

山，與和州南七十里之東梁山夾江相對，如門之闕，亦曰天門山。《郡國志》云：『《春秋》楚獲吴乘舟餘皇處也。』歷代爲建康西偏之要地。」《方輿紀要》：「東梁山一名博望山，在太平府西南三十里。西梁山在和州南六十里，夾江對峙，如門之闕，亦曰天門山。」《郡國志》「天門山一名峨眉山」。今《元和志》不載此說。

詐戰不言戰，此其言戰何？**注**据於越敗吴于醉李。**疏**舊疏云：「經文言戰而傳以詐戰問之者，正以夷狄質薄，不能結日偏戰。今此兩夷而言戰，故以詐戰難之。」○注「据於」至「醉李」。○見《定十四年》。彼此皆是兩夷，不言戰，故据爲難。《釋文》作檇李，云：「本或作醉。」

敵也。**注**俱無勝負，不可言敗，故言戰也。不月者，略兩夷。**疏**注「俱無」至「戰也」。○《通義》云：「按《左傳》楚人以詐敗吴師，獲其乘舟餘皇。吴旋以詐敗楚師而取餘皇歸。此所謂敵也。河曲之敵，兩無勝也。長岸之敵，兩有負也。」○注「不月者，略兩夷」。○正以《春秋》之例，偏戰者日，詐戰者月。此詐戰不月，故言「略兩夷」。

公羊義疏六十四

句容陳立卓人著

昭十八年盡二十二年。

十有八年春，王三月，曹伯須卒。

夏，五月壬午，宋、衛、陳、鄭災。**疏**包氏慎言云：「五月有壬午，月之十五日。」鄂本「災」作「灾」，誤。

何以書？**疏**《通義》云：「据衛、陳、鄭非二王後。」

記異也。何異爾？**疏**《通義》云：「宋火以災書，此亦火也，曷爲以異書？」異其同日而俱災也。**疏**《穀梁傳》：「其志，以同日也。其日，亦以同日也。」外異不書，此何以書？爲天下記異也。**注**《詩》云：「其儀不忒，正是四國。」四國，天下象也。是後王室亂，諸侯莫肯救，故天應以同日俱災，若曰「無天下云爾」。**疏**與《僖十四年》書「沙鹿崩」，《成五年》書「梁山崩」同。○注「詩云」至「象也」。○《詩・曹風・鳲鳩》篇文。《荀子・君子篇》楊注：「言善人君子，其威儀不忒，故能正四方之國。」《吕覽・先己》篇：❶「昔者先聖王，❷成其身而天下成，治其身而天下治。」下引《詩》云：「其儀不忒，正是四國。」《通義》云：「三國爲衆，況至於四。天下同亂，遠近若一之象。」○注「是後」至「云爾」。○毛本「天」誤「大」。《五行志上》：「昭十八年五月壬午，宋、衛、陳、鄭災。董仲舒以爲，象王室將亂，天下莫救，故災四國，言亡四方也。又宋、衛、陳、鄭之君，皆荒淫于樂，不恤國政，與周室同行。陽失節則火災出，是以同日災也。劉向以爲，宋、陳，王者之後。衛、鄭，周同姓也。時周景王老，劉子、單子事王子猛；尹氏、召伯、毛伯事王子鼂。子鼂，楚之出也。及宋、衛、陳、鄭，亦皆外附于楚，亡尊周室之心。後三年，景王崩，王室亂，故天災四國。天戒若曰：『不救周，反從楚。廢世子，立不正，以害王室。』明同辠也。」與何義

❶「先己」，原作「盡數」，據《吕覽》改。
❷「王」，原作「人」，據《吕覽》改。

皆大同。按：下《二十二年》「夏六月，王室亂」，傳：「何言乎王室亂？言不及外也。」注：「刺周室之微弱，邪庶並篡，無一諸侯之助，匹夫之救，如一家之亂也。故變京師言王室。不爲天子諱者，方責天下不救之。」是王室亂，諸侯莫肯救之事也。

六月，邾婁人入鄅。**疏**杜云：「鄅國，今琅邪開陽縣。」又云：「鄅，妘姓國也。」《一統志》：「開陽故城在沂州府蘭山縣北，故鄅國。《齊乘》在沂州北十五里。」

秋，葬曹平公。

冬，許遷于白羽。**疏**《左傳》：「楚子使王子勝遷許于析，實白羽。」《大事表》云：「今河南南陽府内鄉縣。」按：僖二十五年《左傳》：「秦晉伐鄀，過析隈。」即其地，近武關。戰國時，秦昭王發兵下武關，攻楚，取析是也。《續漢·郡國志》：「析，故屬弘農，故楚之白羽邑。」《水經注·丹水》篇：「析水出析縣西北弘農盧氏縣大蒿山，南流逕修陽縣故城北，即析之北鄉。又東入析縣，又東逕其縣故城北，蓋《春秋》之白羽也，《左傳》『楚使王子勝遷許于析』是也。郭仲産云：『相承言此城漢高所築，非也。』」《一統志》：「析縣故城在南陽府内鄉縣西北，《春秋》時楚白羽也。」

十有九年春，宋公伐邾婁。

夏，五月戊辰，許世子止弑其君買。**注**蔡世子般弑父不忍日，此日者，加弑爾，非實弑也。**疏**注「蔡世」至「弑也」。○即《襄三十年》「夏四月，蔡世子般弑其君固」是也。彼注云：「不日者，深爲中國隱，痛有子弑父之禍，故不忍言其日也。」許亦中國而日，故解之。明彼爲實弑，此爲加弑，故與彼異。加弑事，見下「葬許悼公」傳。文元年商臣弑父，亦實弑而日者，夷狄賤，故彼注云「日者，夷狄子弑父，忍言其日」是也。《穀梁傳》曰：「日弑，正卒也。正卒則止不弑也。不弑而曰弑，責止也。」范云：「蔡世子般實弑父，故以比夷狄而不書日。止弑而日，知其不弑，則買正卒也。」杜云：「加弑者，責止不舍藥物。」孔疏云：「實非止弑，言書曰弑其君，則仲尼新意書弑也。」又引《釋例》云：「醫非三世，不服其藥，古之慎戒也。人子之孝，當盡心嘗禱而已。藥物之齊，非所習也。許止身爲國嗣，國非無醫，而輕果進藥，故罪同於弑。雖原其本心而《春秋》不赦其罪，蓋爲教之遠防也。」加弑之説，

三傳皆同，惟書日之義各殊爾。包氏慎言云：「五月有戊辰，月之七日。下又書己卯，月之十八日。」

己卯，地震。 注 季氏稍盛，宋南里以叛，王室大亂，諸侯莫肯救。晉人圍郊，吴勝雞父，尹氏立王子朝之應。疏 注「季氏」至「之應」。○舊疏云：「謂稍稍盛也。往前時，❶豹、羯爲政。自上十二年公如晉，至河乃復。十三年平丘之會，公不與盟以來，季孫隱如數見經。至二十五年遂出昭公矣。宋南里以叛者，在二十一年。王室亂，見下二十二年。晉人圍郊，見下二十三年。彼傳云『郊者何？天子之邑也。曷爲不繫乎周，不與伐天子』是也。吴勝雞父，尹氏立王子朝，亦皆見二十三年。」十行本「圍」誤「國」。《五行志下之上》：「昭十九年五月己卯，地震。劉向以爲，是時季氏將有逐君之變。其後宋三臣、曹會，皆以地叛，蔡、莒逐其君，吴敗中國，殺二君。」義恉大同。

秋，齊高發帥師伐莒。

冬，葬許悼公。

賊未討，何以書葬？ 疏 正以《隱十一年》傳云：「《春秋》君弒賊不討不書葬，以爲無臣子故也。」

不成于弒也。 疏《經傳釋詞》云：「于，猶爲也。《詩·鄘風·定之方中》云：『作于楚宮。』又云：『作于楚室。』張載注《文選·魏都賦》引《詩》作『作爲楚宮』、『作爲楚室』。《儀禮·士冠禮》：『宜之于假。』注：『于，猶爲也。』此『不成于弒也』，言不成爲弒也。」《穀梁傳》：「日卒時葬，❷不使止爲弒父也。」《繁露·玉杯》云：「古今之學者異而問之，曰：是弒君，何以復見？猶曰：賊未討，何以書葬？何以書葬者，不宜書葬也而書葬。何以復見者，亦不宜復見也而復見。二者同貫，不得不相若也。盾之復見，直以赴問而辨不親弒，非不當誅也。則亦不得不謂悼公之書葬，直以赴問而辨不故弒，非不當罪也。若是則《春秋》之説亂矣，豈可法哉。故貫比而論是非，雖難悉得，其義一也。今誅盾無傳，弗誅無傳，不交無傳，以比言之法論也。無比而處之，誣辭也。今視其比，皆不當死，何以誅之？《春

❶「時」字原脱，據《公羊傳注疏》補。
❷「日」原作「曰」，據《穀梁傳注疏》改。

秋》赴問數百，應問數千，同留經中，繙援比類，❶以發其端，卒無妄言而得應於傳者。今使外賊不可誅，故皆復見，而問曰：此復見何也，言莫妄於是，何以得應乎？故吾以其得應，知其問之不妄。以其問之不妄，知盾之獄不可不察也。夫名爲弑父而實免罪者，已有之矣。亦有名爲弑君而罪不誅者，逆而距之，❷不若徐而味之。且吾語盾有本，《詩》云：『他人有心，予忖度之。』此言物莫無鄰，察視其外，可以見其内也。臣之宜爲君討賊也，猶子之宜爲父嘗藥也。子不嘗藥，故加之弑父。臣不討賊，故加之弑君。其義一也。所以示天下廢臣子之節，其惡之大若此也。故盾之不討賊，爲弑君也，與止之不嘗藥爲弑父無以異。」董生以許止不嘗藥與趙盾不討賊，皆爲加弑也。然盾非止可比，出不越竟，反不討賊，詞嚴義正，盾獄定矣。《釋文》作「于殺」云：「音試，下『于殺』、『加殺』皆同。」《唐石經》、諸本作弑。

曷爲不成于弑？注据將而誅之。疏注「据將而誅之」。○《莊三十二年》傳云：「君親無將，將而誅焉。」將猶加誅，此明書弑君爲不成于弑，故難之。

止進藥而藥殺也。注時悼公病，止進藥，悼公飲藥而死。疏注「時悼」至「而死」。○《左傳》：「許悼公瘧，飲太子止之藥而卒。」疏引服虔云：「悼公，靈公之子，許男買。」瘧，寒疾也。

止進藥而藥殺，則曷爲加弑焉爾？注据意善也。

譏子道之不盡也。疏《墨子·非攻》篇：「今有醫於此，和合其祝藥之于天下之有病者而藥之。萬人食此，若醫四五人得利焉，猶謂之非行藥也。故孝子不以食其親，忠臣不以食其君。」夫就師學問無方，心志不通，雖有愛父之心而適以賊之，此正《春秋》責許止之義。故《禮記·曲禮》云：「君有疾飲藥，臣先嘗之。父有疾飲藥，子先嘗之。」注：「嘗，度其所堪。」皆所以盡子道也。

其譏子道之不盡奈何？曰：樂正子春之視疾也，注樂正子春，曾子弟子，以孝名聞。疏注「樂正」至「名聞」。○《大戴禮·曾子大孝》篇、《禮記·祭義》篇，皆有樂正子春下

❶「繙」原作「憣」，據《春秋繁露》改。
❷「距」，原作「罪」，據《春秋繁露》改。

堂而傷其足，答門弟子問，述曾子聞諸夫子語曰「天之所生，地之所養，人爲大矣。父母全而生之，子全而歸之，可謂孝矣。不虧其體，可謂全矣」等語。又《檀弓》有「樂正子春之母死，五日而不食」事，鄭注：「子春，曾子弟子。」是曾子弟子以孝名聞者也。**復加一飯，則脱然愈；復損一飯，則脱然愈。復加一衣，則脱然愈；復損一衣，則脱然愈。**注脱然，疾除貌也。言消息得其節。疏舊疏云：「言子春視疾之時，消息得其節。觀其顏色力少，如可時，更加一飯以與之，❶其病者脱然加愈。若觀其顏色力少，❷如弱時，則損一飯以與之，則其病者脱然加愈。又觀其顏色力似寒時，❸則復加一衣以與之，❹則病者脱然又加愈；又觀其顏色力似如煖，則復損一衣以與之，則病者脱然而愈。」按：所謂先意承志是也。俞氏樾《群經平議》云：「何氏不解復者，告也，請也。《管子・小問》篇：『以復管仲。』尹注曰：『復，猶告也。』《周禮・宰夫職》：『諸臣之復。』鄭注：『復，請也。』復加、復損，並謂請於父母而加之損之。」是也。○注「脱然」至「其節」。○《國語・魯語》：「求説其侮。」注：「説，古脱字，猶除也。」是脱有除義，故脱然爲疾除貌也。《易・遯》：「莫之勝説。」虞注：「説，解也。」《後漢書・隗囂傳》注：「脱，失也。」解、失，皆有除義。愈者，《左氏》昭二十傳：「相從爲愈。」注：「愈，差也。」《文選・風賦》：「愈病析酲。」注：「愈，猶差也。」《禮記・三年問》：「痛甚者其愈遲。」《釋文》：「愈，差也。」差猶瘥，言病脱除而瘥也。由寒煖飢飽，消息有節，樂正子加損皆得其宜故也。**止進藥而藥殺，是以君子加弑焉爾。**注失其消息多少之宜。疏洪氏亮吉《左傳詁》引服虔云：「禮，醫不三世不使。君有疾，飲藥，臣先嘗之。親有疾，飲藥，子先嘗之。公疾未瘳，而止進藥，雖嘗而不由醫而卒，故國史書『弑』，告於諸侯也。」○注「失其」至「之宜」。○《通義》云：「失其寒温補瀉之宜。」**曰：「許世子止弑**

❶「更」字，原脱，據《公羊傳注疏》補。
❷「若」字，原脱，據《公羊傳注疏》補。
❸「顏」字原脱，據《公羊傳注疏》補。
❹「復」字原脱，據《公羊傳注疏》補。

其君買。」是君子之聽止也。**注**聽，治止罪。**疏**注「聽，治止罪」。○《書大傳》：「諸侯不同聽。」注：「聽，議獄也。」《周禮・小宰》：「以聽官府之六計。」注：「聽，平治也。」《荀子・王霸篇》：「要百事之聽。」注：「聽，治也。」《穀梁傳》：「不弑而曰弑，責止也。止曰：『我與夫弑者，不立乎其位。』以與其弟虺。哭泣歠飦粥，嗌不容粒，未踰年而死。故君子即止自責而責之也。」注：「就其有自責心，故以備禮責之。」《新序》七云：「許悼公疾瘧，飲藥毒而死，太子止自責不嘗藥，未逾年而死，故《春秋》義之。」子政習《穀梁》故也。義之，即下書葬故也。《通義》云：「張洽曰：『進藥而藥殺，可不謂之弑哉。其所以異於商臣、般者，過與故不同爾。心雖不同，而《春秋》之文壹施之者，以臣子之於君父，不可過也。』」按：今例過失殺祖父母、父母，猶議斬，猶《春秋》責止意也。葬許悼公，是君子之赦止也。**注**原止進藥，本欲愈父之病，無害父之意，故赦之。**疏**注「原止」至「赦之」。○《隱元年》傳注：「所謂原心定罪也。」赦止者，免止之罪辭也。**注**明止但得免罪，不得繼父。後許男斯代立，無惡文是也。**疏**錢氏大昕《潛研堂答問》云：「楚商臣、蔡般之弑，子不子，父亦不父也。許止不嘗藥，非大惡而特書弑，以明孝子之義，非由君有失德。故楚、蔡之君不書葬，而許獨書葬，所以責楚、蔡二君之不能正家也。」按：錢氏所論亦是，然非《公羊》家義也。《通義》云：「書葬者，起非實弑也。蔡景公亦書葬，所以得相起者，固弑而代之者般，買弑而代之者非止，是可以辨矣。《穀梁傳》：『止曰「我與夫弑者，不立乎其位」云云，君子即止自責而責之。』❶善乎斯言，孝子之至也。推止之心，過失而死其父，❷則自不欲復生，即死而天下明之，謂由愛父以死，雖死猶未安也。死而天下責之，謂由弑父以死，是以一朝之過，終古蒙惡。夫如是而後罪少可償耳。若止者，雖不慎其始，可謂善其終矣。叔武不欲其兄有殺弟名，《春秋》爲之諱殺。喜時不欲負芻有篡名，《春秋》爲言

❶「君」，原作「既」，據《春秋穀梁傳注疏》改。

❷「失」原作「矣」，據《通義》改。

復歸。推此以説《春秋》，即止自責而責之者，猶附於欒成賢者之意也。❶ 且唯止能自責，然後君子赦之。不然，進藥而藥殺，曰非故也，藥誤也。甚或曰非藥之誤，疾不可爲也。設有不肖，欲速代其父，宜補故寫之，宜寫故補之，宜寒故温之，宜温故寒之，亦曰藥誤乎？疾不可爲也？是尚可道乎？故止與趙盾加弑似同，然止自責則書葬，盾不自責則不書葬。此其意甚微而其辭甚顯也。《左傳》言止奔晉，殆避之晉，以致國於弟，而實哀慕咎悔，以殞其身者也。或因彼文，遂疑止實酖弑。若然，止之奔乃與宋萬同科，經必特書。而悼公又與宋閔公同科，不得書葬矣。爲此説者，是其心必以加弑爲過。苟以加弑爲過，是必以誤殺父爲無罪。苟以誤殺父爲無罪，即與于亂臣賊子之甚者也。邪説横議，經義日晦。」按：《御覽》引《春秋決事》云：「甲乙與丙争言相鬭，丙以佩刀刺乙，甲即以杖擊丙，誤傷乙。甲當何論？或曰毆父也，當梟首論。曰：臣愚以爲，父子至親也，聞其鬭，莫不有怵惕之心，扶杖而救之，非所以欲詬父也。《春秋》之義，許止父病，進藥於其父而卒。君子固心赦而不誅。甲非律所謂毆父，不當坐。」蓋彼以甲子乙父，甲毆丙，誤傷父。過失傷，與許止同也。《後漢書·霍諝傳》「《春秋》之義，原心定過，赦事誅意，故許止雖弑君而不罪，趙盾以縱賊而見書，此仲尼所以重王法」是也。〇注「明止」至「是也」。〇舊疏云：「正以此傳但有赦止之文，無善止之處，故云但得免罪而已。」按：《春秋》定六年有「鄭游遬帥師滅許，以許男斯歸」之文。此後不見卒葬，知繼立者斯也。《穀梁》作虒，《新序》作緯，虒、緯古音在脂部，斯音古韻在之部，之、脂音近，故多通也。經云「許世子止」，明斯非世子。斯立，《春秋》不見立入之文，明無惡辭。正由止雖免罪，不得繼體，故斯得以次當立也。舊疏云：「若止宜立而斯篡之，《春秋》之義應作篡文，❷ 如隱四年衛桓見弑，嗣子宜立而宣篡之，經書『立晉』，以爲惡晉之文也。」《左氏》以爲奔晉，《穀梁》以爲自責而死，善善從長，《穀梁》近是。

二十年春，王正月。

夏，曹公孫會自鄸出奔宋。

疏 《穀梁》鄸作夢。

❶ 「欒」，原作「藥」，據國學本改。

❷ 「之義」原脱，據《公羊疏》補。

彼《釋文》云：「夢或作蔑。」《春秋異文箋》云：「鄸字古祇作夢，《説文・邑部》無鄸字。《玉篇》始加邑作鄸。《廣韻》因之。以此知《公羊》、《左氏》作鄸，皆後人增邑。《穀梁》作夢，當是古文。」杜云：「鄸，曹邑。」《玉篇・邑部》同。《廣韻・一東》：「鄸，邑名，在魯郡。」《大事表》云：「《寰宇記》濟陰乘氏縣西北有大饗城，曹之鄸邑也。一作大鄉，在今曹州府曹縣北。」

奔未有言自者，此其言自何？注据始出奔未有言此者，與宋華亥入宋南里復出奔異。疏《唐石經》、諸本同。《釋文》出「者此」云：「舊於『此』下有『比』者，非。」○注「据始」至「奔異」。○《校勘記》云：「鄂本同。閩、監、毛本『此』作『自』。按：此本疏標起訖云『注据始至言此者』，閩、監、毛本亦改『此』爲『自』。」按：紹熙本亦作「自」，當据正。謂《春秋》凡始發國出奔，未有言「自」者也。云「與宋華亥入宋南里復出奔異」者，下「冬十月，宋華亥、向甯、華定出奔陳」，《二十一年》「宋華亥、向甯、華定自陳入于宋南里以叛」，《二十二年》「宋華亥、向甯、華定自宋南里出奔楚」，是彼自因奔而入叛邑，復由叛邑出奔，故書「自」，與此始出奔即言「自」者殊也。畔也。注時會盜鄸以奔宋。疏注「會盜」至「奔宋」。○蓋與邾婁庶其以漆、閭丘奔魯，莒庶其以牟婁及防、茲奔魯者同，皆竊地以叛奔他國也。畔則曷爲不言其畔？注言叛者，當言「以畔」，如邾婁庶期。疏注「言叛」至「庶期」。○《校勘記》云：「閩、監、毛本『期』改『其』，非。鄂本及此本疏標起訖皆作『庶期』。又鄂本『以畔』作『以鄸』，此誤。」按：紹熙本作「以鄸」，「期」作「其」，當据正。言若作叛文，當如《襄二十一年》「邾婁庶其以漆、閭丘來奔」例，書「曹公孫會以鄸出奔宋」矣。此不然，是無畔文，故据以難。爲公子喜時之後諱也。疏《左傳》作欣時。《經義知新記》：「《説文》：『狋，从犬示聲，讀又若銀。』猌，从犬來聲，讀又若銀。』寅有夷、銀二音，沂、旂、斯、⿰犭斯皆斤聲。煇，軍聲。」《春秋》爲賢者諱。注諱使若從鄸出奔者，故與自南里同文。疏注「諱使」至「同文」。○正以無入鄸以畔文，與華亥等異，爲賢者諱故也。《通義》云：「不言以鄸者，雖諱也而與

『自南里』同文者，乃正起其畔也。諱文不諱實。諱自爲喜時設，會之罪仍不容揜爾。」何賢乎公子喜時？注据喜時不書。疏毛本「子」誤「羊」。○注「据喜時不書」。○舊疏云：「正以曹羈、叔肸，《春秋》賢之者，皆書見經，即《莊二十四年》『曹羈出奔陳』、《宣十七年》『公弟叔肸卒』是也。今此喜時既不書見，非所賢矣，故難之。」讓國也。其讓國奈何？曹伯廬卒于師，注在成十三年。則未知公子喜時從與？注喜時，曹伯廬弟。疏注「喜時，曹伯廬弟」。○舊疏云：「賈、服以爲廬之庶子者，蓋所見本異也。」按：《吴世家》集解引服虔曰：「子臧，負芻庶兄。」是子臧即喜時也。則負芻爲兄子，臧爲弟。以《左傳》季札語推之，似喜時爲負芻弟。公子負芻從與？注負芻，喜時庶兄。疏注「負芻，喜時庶兄」。○鄂本「庶」作「從」。按：何義與服虔説同。或爲主于國，或爲主于師。注古者諸侯師出，世子率與守國，次宜爲君者，持棺絮從，所以備不虞。或時疾病相代行。本史文不具，故傳疑之。疏注「古者」至「不虞」。○舊疏云：「《春秋説》文。」《校勘記》：「閩、監、毛本『與』作『輿』，此誤。解云：『言率輿守國。』輿，衆也。」又云：「《釋文》：『絮，女居反。』《説文》云：『絮，緼也。』段玉裁云：『《釋文》當作絮。』」《左傳·閔二年》云：「從曰撫軍，守曰監國，古之制也。」又曰：「君行則守，有守則從。」蓋守者大子，從者次適也。《禮記·文王世子》曰：「其在軍，則守于公禰。」疏：「在軍，謂庶子之官，從公出行。」彼注云：「公禰，行主。」此謂庶子從行者，或時大子有故與？蓋亦其次宜爲君者，謂若太子母弟也。又《曾子問》云：「君出疆，以三年之戒，❶以椑從。」注：「親身棺曰椑。」絮者，《説文》：「絮，❷緼也，一曰敝絮也。」《説文》作絮。舊疏云：「絮謂新綿，即《禮記》云『屬纊以俟絶氣』之文是也。」○注「或時」至「疑之」。○舊疏云：「正以曹伯無子，喜時其母弟也，當守國。公子負芻者，庶兄也，禮當從君，但或時負芻疾，而喜時代之行。今傳不言，正以

❶「以」，原作「有」，據《禮記正義》改。
❷「絮」，原作「絜」，據《説文解字》改。

史文不具故也。」《通義》云：「按：《左傳》爲主于師者，蓋喜時也。在師中爲喪主也。負芻，宣公之長庶子。宣公卒，世子幼，使負芻攝主監國。負芻弑其世子而自立，故謂之當主也。曹人將討負芻，以喜時宣公母弟，次宜爲君。喜時不受。」《新序》七云：「曹公子喜時，字子臧，曹宣公子也。宣公與諸侯伐秦，卒于師。曹人使子臧迎喪，使公子負芻與太子留守。負芻殺太子而自立。」與《左氏》所載大同，皆以喜時爲宣公子，皆由本史文不具，故傳説各歧焉。公子喜時見公子負芻之當主也，逡巡而退。疏《新序》又云：「子臧見負芻之當主也，宣公既葬，子臧將亡，國人皆從之。負芻立，是爲成公。懼，告罪，且請，子臧乃反。後晉侯會諸侯，執曹成公，將見子臧於周天子立之。子臧曰：『記有之，聖達節，次守節，下失節，爲君，非吾節也。雖不能聖，敢失守乎？』亡奔宋。曹人數請，晉侯謂子臧：『反國，吾歸爾君。』於是子臧反國，晉乃歸成公於曹。」《吴越春秋》一：「札曰：『昔曹伯卒，庶存適亡，諸侯與曹人不義而立於國。子臧聞之，行吟而歸。曹君懼，將立子臧。子臧去之，以成曹之道。」注：「適亡者，公子負芻殺太子而自立，是爲成公。子臧，公子欣時也，與負芻皆宣公庶子。」皆本《左氏》爲説。然果皆庶子，則負芻長，喜時幼，其不立宜，何賢其讓。時喜時以次當立，負芻簒有，喜時退而不争，所爲賢也。「當主」，猶言當國也。「逡巡」者，《爾雅·釋言》：「逡，退也。」《後漢書·隗囂傳》注：「逡巡，不進也。」亦作「逡遁」，《鄭固碑》「逡遁，退讓」是也。亦作「逡循」，《文選注》引《廣雅》：「逡循，卻退也。」賢公子喜時，則曷爲爲會諱？君子之善善也長，惡惡也短。惡惡止其身，注不遷怒也。疏注「不遷怒也」。○《論語·雍也》篇「不遷怒」是也。《白虎通·五行》云：「惡惡止其身，何法？法秋煞不待冬也。」❶《鹽鐵論·周秦》篇：「聞惡惡止其人，❷疾始而誅首惡，未聞什伍之相坐。」善善及子孫。疏《漢書·丙吉傳》：「蓋聞褒功德，繼絶統，所以重宗廟廣賢聖之

❶「煞」，原作「殺」，據《白虎通》改。
❷「聞」，原作「問」，據《鹽鐵論》改。

路也。❶故博陽侯吉，以舊恩有功而封，今其祀絶，朕甚憐之。夫善善及子孫，古今之通誼也。」❷《後漢書·馮異傳》：「詔曰：『夫仁不遺親，義不忘勞。興滅繼絶，善善及子孫，古之典也。』」《白虎通·五行》云：「善善及子孫，何法？法春生待夏復長也。」《後漢書·楊修傳》：「臣聞善善及子孫，惡惡止其身。百王常典，不易之道也。」又《劉愷傳》：「愷獨以爲《春秋》之義，善善及子孫，惡惡止其身，所以進人于善也。」**賢者子孫，故君子爲之諱也。**注君子不使行善者有後患，故以喜時之讓，除會之叛。不通鄸爲國如通濫者，喜時本正當立，有明王興，當還國。明叔術功惡相除，裁足通濫爾。疏《後漢書·盧植傳》：「《春秋》之義，賢者子孫，宜有殊禮。」即此爲諱之屬也。○注「君子」至「之叛」。○正以畔臣宜在誅絶之科，是爲後患。《春秋》爲賢者諱，故不使有也。《通義》云：「非謂賢者子孫叛，遂無罪。此《春秋》託王義，以爲文王之用刑，宜在議賢之辟也。昔祁奚之論叔向，曰：『將十世宥之，以勸能者。』喜時功在社稷，一傳而身蹈大辟，可無宥乎？《春秋》治趙鞅之嚴也，臣道也。治公孫會之寬也，君道也。不發曹無大夫傳者，從所見世録小國例可知。《春秋》撥亂之教，以讓爲首。君興讓，則息兵。臣興讓，則息貪。庶民興讓，❸則息訟。故天下莫不亂於争而治於讓。凡經稱讓國者五人：❹叔術前矣，目夷、喜時兼有定國之功，叔武又不幸罹於患難，《春秋》没其事并没其名，而第託他事以見賢。子曰：『泰伯其可謂至德也已矣，三以天下讓，民無得而稱焉。』彼三公子，即皆有讓之實而不求尸其名者。札義雖高，顧未能免僚于篡弑之禍，猶在三公子之後也。乃獨使以名見，可以窺君子之論次矣。」《新序》七云：「子臧讓千乘之國，可謂賢矣，故《春秋》賢而褒其後。」按：褒其後，即謂賢喜時以及其後，則用《公羊》義也。○注「不通」至「濫爾」。○下《三十一年》：「黑弓以濫來奔。」傳：「文何以無邾婁？通濫也。曷爲通濫？賢者子孫宜有地也。賢者

❶「賢聖」，原作「聖賢」，據《漢書》乙正。
❷「誼」，原作「義」，據《漢書》改，二字古通用。
❸「民」，原作「人」，據《通義》改。
❹「人」字，原脱，據《通義》補。

執謂？謂叔術也。何賢乎叔術？讓國也。」此若如通濫文，宜云：「公孫會以鄸出奔宋。」今不然者，正以喜時本正當立，是有國也。有明王起，興滅國，繼絶世，當還其國，不僅通鄸邑爲小國而已。叔術以讓國之功，僅除其妻嫂之罪，故次於喜時，裁足通濫以爲小國爾。

秋，盜殺衛侯之兄輒。 疏《釋文》：「輒，《左氏》作縶。」《穀梁釋文》云：「輒如字。或云音近縶。《左氏》作縶。」又云：「輒，本亦作縶，劉兆云：如見絆縶也。」《經義雜記》云：「《説文・馬部》：『馵，絆馬也，❶从馬口其足，讀若輒。』又出「縶」，云：『馵，或从系執聲。』則輒當作馵，蓋兩足不能相過，如馬之縶絆其足，不能馳走。《左氏》作縶者，馵之或體。《公羊》、《穀梁》作輒者，馵之同聲叚借字也。《尚書大傳》：『禹其跳，湯其扁。跳者，踦也。』鄭注：『其，發聲也。踦，步足不能相過也。』」

母兄稱兄。 疏《穀梁傳》：「盜，賤也。其曰兄，母兄也。」**兄何以不立？** 注据立嫡以長。疏注「据立嫡以長」。○即《隱元年》傳：「立嫡以長不以賢，立子以貴不以長」是也。**有疾也。何疾爾？惡疾也。** 注惡疾，謂瘖、聾、盲、癘、秃、跛、傴，不逮人倫之屬也。書者，惡衛侯兄有疾，不憐傷厚遇，營衛不固，至令見殺，失親親也。公子不言之，兄弟言之者，敵體辭。嫌於尊卑不明，故加「之」以絶之，所以正名也。疏《穀梁傳》：「然則何爲不爲君也？曰：有天疾者不得入乎宗廟。輒者何也？曰：兩足不能相過。齊謂之綦，楚謂之踂，衛謂之輒。」彼《釋文》：「綦，音其。劉兆云：綦，連併也。踂，女輒反。劉兆云：聚合不解也。輒，本亦作縶，劉兆云：如見縶糾也。」❷《經義雜記》云：「綦下从糸，故云連併。楚謂之踂，當从宋刻注疏本作踙，❸从足从取，故劉兆云：『聚合不解。』以字本从取也。丁度《集韻》：『踙，遵須切。』司馬光《類篇》：『踙，足不相過。』皆與劉氏合。陸德明从耴，女輒反。《玉篇・足部》：『女輒切，

❶「馬」，原作「足」，據《説文》改。
❷「縶糾」，原作「絆縶」，據《經典釋文》改。
❸「踙」，原作「踂」，據下文「从足从取」改。

兩足不相過。』《廣韻・二十九葉》：『尼輒切，足不相過。』《五經文字》：『女輒反，足不相過。』楚言字俱作踂，疑非是。」按：《玉篇》、《廣韻》、《五經文字》、《類篇》皆云「足不相過」，無能字。疑今《穀梁傳》「能」爲衍文。「惡疾不立」者，《喪服小記》云：「王者禘其祖之所自出，以其祖配之，而立四廟。庶子王亦如之。」注：「世子有廢疾，不可立，而庶子立，其祭天立廟，亦如世子之立也。春秋時衛侯元有兄縶。」❶《白虎通・封公侯》云：「世子有惡疾廢者，以其不可承先祖也。故《春秋傳》曰『兄何以不立，有疾也。何疾爾？惡疾也』是也。」○注「惡疾」至「屬也」。○《通義》云：「注廣言諸疾爾。輒之疾，則跛屬也。有惡疾不立者，爲其不可奉宗廟也。《春秋》記事皆爲後王示法。常辭立嫡以長，而有衛侯之兄者，所以起其問，發其義，即知適長子有惡疾，亦有廢道。苟非惡疾，亦必無廢道。經變之制，靡不包舉矣。」按：瘖者，《說文・疒部》：「瘖，不能言也。」《釋名・釋疾病》：「瘖，唵然無聲也。」《史記・扁鵲倉公傳》：「使人瘖。」《索隱》：「瘖，失音也。」《素問・奇病論》：「人有重身，九月而瘖。」注：「瘖，謂不得言語也。」《晉語》：「嚚瘖不可使言。」注：「瘖，不能言者。」《漢書・外戚傳》：「飲瘖藥。」注：「瘖，不能言也。」亦作闇，文六年《穀梁傳》「上泄則下闇，下闇則上聾」是也。亦作暗。《墨子・親士》云「近臣則暗，遠臣則唫」是也。聾者，《呂覽・尊師》云：「其聞不若聾。」注：「聾，無所聞也。」《文選注》引《蒼頡篇》：「聾，耳不聞也。」《釋名》又云：「聾，籠也，如在蒙籠之內，聽不察也。」《說文・耳部》：「聾，無聞也。」《左傳》僖二十四年云：「耳不聽五聲之和爲聾。」《論衡・別通》云：「耳不聞宮商曰聾。」因謂愚闇爲聾。宣十四年《左傳》：「鄭昭宋聾。」注「聾，闇也」是也。盲者，《釋名》又云：「盲，茫也，茫茫無所見也。」《呂覽・尊師》云：「其見不若盲。」注：「盲，無所見也。」又《盡數》云：「處目則爲瞜爲盲。」注：「盲，無見，目疾也。」《論衡》又云：「目不見青黃曰盲。」《韓非子・解老》云：「目不能決黑白之色則謂之盲。」《說文・目部》：「盲，目無牟子。」《漢書・杜欽傳》：「家富而目偏盲。」注「盲，目無見也」是也。癘者，《一切經音義》引《字林》云：「癘，惡疾也。」《莊子・逍遥遊》云：「使物不疵癘。」《釋文》引李注：「癘，

❶「時」，原作「傳」，據《禮記正義》改。

惡病也。」《山海經・西山經》云：「英山有鳥名曰肥遺，食之已癘。」注：「癘，疫病也，或曰惡創。」《素問・經風論》云：「癘者，有榮氣熱胕，其氣不清，故使其鼻柱壞而色敗，皮膚瘍潰。」蓋即《莊二十年》「齊大災」，傳云：❶「痢也。」注：「痢者，邪亂之氣所生。」秃者，《釋名》又云：「秃，無髮沐，秃也。」又《釋姿容》云：「秃者無髮。」《吕覽・盡數》云：「輕水所多秃與癭人。」注：「秃，無髮也。」《説文・禾部》：「秃，無髮也，从人，上象禾粟之形取其聲。王育説蒼頡出見秃人，伏禾中，因以制字，未知其審。」《禮記・明堂位》云：「夏后氏以楬豆。」注：「齊人謂無髮爲秃楬。」又《喪服四制》云：「秃者不髽。」注：「秃者無髮，問疾秃者不免。」同此義也。跛者，《廣雅・釋詁》：「尳，蹇也。」《一切經音義》引《字林》云：「跛，蹇行不正也。」《禮記・曲禮》云：「立毋跛。」注：「跛，偏任也。」《説文・足部》：「跛，行不正也，一曰足排之，讀若彼。」《禮記・王制》云：「瘖、聾、跛躃。」疏：「跛躃，謂足不能行。」《問喪》云：「跛者不踊。」《釋文》：「跛，足廢也。」《釋名・釋姿容》云：「蹇，跛蹇也，病不能作事。」傴者，《廣雅・釋言》云：「傴，僂也。」《荀子・儒效》云：「是猶傴伸而好升高也。」注：「傴，僂也。」又《釋詁》云：「傴，曲也。僂，曲也。」《一切經音義》引《通俗文》云：「曲脊謂之傴僂。」《素問・刺禁論》云：「刺脊間中髓爲傴。」注：「傴謂傴僂，身踡曲也。」《吕覽・明理》云：「盲、秃、傴、尪。」注：「傴僂，俯者也。」又《盡數》云：「苦水所多尪與傴人。」注：「傴，脊疾也。」《荀子・王制》云：「是傴巫、跛擊之事也。」注：「傴巫，跛覡，古者以廢疾之人主卜筮、巫祝之事，故曰『傴巫、跛覡』。」《説文・人部》：「傴，僂也。僂，尪也。周公韤僂，或言背僂。」《漢書・蔡義傳》「行步俯僂」，注：「僂，曲背也。」因謂恭敬爲傴僂。謂其俯身鞠躬，有似曲脊之人。故昭七年《左傳》：「一命而傴，再命而僂。」《史記》注引服虔云「傴、僂、俯，皆恭敬之貌也」是也。○注「書者」至「親也」。○《穀梁傳》：「目衛侯，衛侯累也。」注：「凱曰：『諸侯尊，弟兄不得以屬通。』經不書衛公子而斥言衛侯之兄者，惡其不能保護其兄，乃爲盜所殺，故稱至賤殺至貴。』」亦本何氏爲義。○注「公子」至「名也」。○《禮記・坊記》云：「子云：『君不與同姓同車，與異姓同車不同服，示民不嫌也。』」

❶「云」，原作「之」，據《春秋公羊傳注疏》改。

注：「同姓者，謂先王、先公子孫有繼及之道者，其非此，則無嫌也。」疏：「明彰疑別嫌，恐尊卑相僭，使人疑惑之事。」此言「之」以絶之，亦別嫌明疑之義。正名，見《論語·子路》篇。《繁露·玉英》云「是故治國之端在正名。名之正，興五世。五傳之外，美惡乃形」是也。若然，宣十七年公弟叔肸卒，彼不言絶之者，彼方稱字，兄賢。況叔肸不仕其朝，不食其禄，方在逸民之科，無爲嫌也。輒本有爲君之道，徒以廢疾不立，尊卑難明，故特書之以張義。

冬十月，宋華亥、向甯、華定出奔陳。 **注** 月者，危三大夫同時出奔，將爲國家患，明當防之。**疏** 注「月者」至「防之」。○正以《春秋》之義，外大夫奔例時，此月，故解之。奔例時者，《成七年》「冬，衛孫林父出奔晉」、《襄二十八年》「夏，衛石惡出奔晉，冬，齊慶封來奔」是也。《通義》云：「趙汸曰：『華、向作亂，殺公子六人，劫宋公，取太子爲質，見討而出，故書月以異之。比於宋萬、王子朝佚賊之例。」❶按：《莊十二年》「冬十月，宋萬出奔陳」，注「月者，使與大國君同例，明彊禦也」是也。其《定十年》「宋公之弟辰暨宋仲佗、❷石彄出奔陳」，亦三大夫，不月者，彼注云：「復出宋者，惡仲佗悉欲帥國人去。三大夫出，不月者，舉國危亦見矣。」是也。

十有一月辛卯，蔡侯廬卒。 **疏** 包氏慎言云：「十一月有辛卯，月之七日。」

二十有一年春，王三月，葬蔡平公。 **疏**《校勘記》云：「《唐石經》、鄂本同。閩、監、毛本誤二月。」

夏，晉侯使士鞅來聘。

宋華亥、向甯、華定，自陳入于宋南里以畔。

疏《左氏》、《穀梁》畔作叛，叛、畔同音，叛正字，畔叚借也。舊疏云：「《左氏》、《穀梁》皆作南里字，而賈氏云：『《穀梁》曰南鄙。』」蓋所見異也。

宋南里者何？若曰因諸者然。 **注** 因諸者，齊故刑人之地。公羊子齊人，故以齊喻也。宋樂世心自曹入于蕭，不言宋南

❶「佚賊」，原脱，據《通義》補。

❷「宋公之弟」，係《穀梁》文，《公羊》作「齊公之弟」。

里者，略叛臣，從刑人，于國家尤危，故重舉國。疏注「因諸」至「喻也」。○《校勘記》出「齊故刑人之地」，云：「閩、監、毛本同，誤也。鄂本故作放，當據正。」按：紹熙本亦作「放」。舊疏云：「舊説云：即《博物志》云『周曰囹圄，齊曰因諸』是也。」《通義》云：「畔臣從刑人，情事爲近。若漢時作亂者，發中都官囚徒之意也。杜預以南里爲宋城内里名，妄説耳。《左傳》曰：『華氏居盧門，以南里畔。』嘗考《吕氏春秋》云：『楚莊王興師，圍宋九月，宋公肉袒執犧，委服告病，乃爲卻四十里，而舍于廬門之闔。』則盧門去宋城猶四十里，其不在城内明矣。宋公之弟辰，自曹入于蕭。蕭不繫宋，而此繫宋，正以南里非地名也。宋南里者，猶曰宋獄也。」此説大謬。華氏自此年夏「入于宋南里以畔」，至次年春始「自宋南里出奔楚」。豈有伏處陛牢，自同出繫。從夏至春，歷時數月者乎？誠如是也，又何謂之畔矣？考之《左傳》，鄭亦有南里。《襄二十六年》「楚子伐鄭，入南里」是也。豈亦入于鄭獄乎？《解詁》謂齊放刑人之地，既謂之放，明非拘繫，即此一字可知非獄，不得以囹圄爲比。按：《周禮·司寇》「寘之圜土而施職事焉」，以圜土中不必皆死囚，故《司圜職》「掌收教罷民」，有「上罪三年而舍，中罪二年而舍，下罪一年而舍」之別，❶齊因諸、宋南里蓋即此，皆罪不至死而放繫之此而任之事，而收教之者。亂民爲逆，多劫獄囚。華、向等入南里，事亦類此。拘繫刑人，必厚垣高墉，故可据之以畔，豈肯伏處陛牢，自同出繫，所見未免拘矣。若僅如《穀梁》説，以南里爲南鄙，其義曷可，此傳何必以齊因諸爲喻。豈因諸亦齊之南鄙與？鄭有東里，故有南里，不必國國皆然。何氏所謂放者，如近世徒流之比，故不必定繫城内。特後代徒流，係罪定之名，周時或但收教，弗使冠飾，令其能改爾。彼又云：「其不能改而出圜土者，殺。」注：「出謂逃亡。」明亦拘繫，非獄而何。《博物志》但有齊曰因諸，無宋曰南里，特文不備耳。果有此語，未爲不可。○注「宋樂」至「舉國」。○《校勘記》云：「毛本『世』作『大』，鄂本不誤。《公羊》作『世心』。《左氏》作『大心』。二十五年《釋文》可證。嚴杰説又出『不言宋』，云：『鄂本此下疊「言宋」二字，此脱。』」按：紹熙本亦作「世」，即《定十一

❶ 三个「年」字，原作「軍」，據《周禮注疏》改。

年》：「宋樂世心自曹入于蕭。」注「不言叛者，從叛臣，叛可知」是也。舊疏云：「何氏特引此事者，正以自外而入，與此相似，而不繫宋，故須解之。」正以於國家尤危，故繫國。《春秋》凡重舉國者，皆有所繫。《通義》謂：以南里，非地名，故繫宋。亦非。若不書宋，但云「入于南里以畔」，亦不嫌南里非宋地也。

秋，七月壬午朔，日有食之。 **注** 是後，周有篡禍。**疏** 注「是後，周有篡禍」。○舊疏云：「在明年。」《五行志下之下》：「二十一年七月壬午朔，日有食之。董仲舒以爲，周景王老，劉子、單子專權，蔡侯朱驕，君臣不説之象也。後蔡侯朱果出奔，劉子、單子立王猛。劉歆以爲，五月二日，魯趙分。」臧氏壽恭推是歲正月癸未朔，大。二月癸丑朔，小。三月壬午朔，大。四月壬子朔，小。五月辛巳朔，二日壬午。

八月乙亥，叔痤卒。 **疏** 包氏慎言云：「八月有乙亥，月之十五日。」舊疏云：「《左氏》、《穀梁》作叔輒。」按：《差繆略》云：「輒，《公羊》作痤。」與今本殊。《春秋異文箋》云：「《公羊》作痤。方音支、歌二部通轉之譌。」又引《老子道德經考異》唐傅奕定本或「培」或「墮」。培，河上公作「載」，王弼作「挫」。按：輒从耴聲，不得入支部也。

冬，蔡侯朱出奔楚。 **注** 出奔者，爲東國所篡也。大國奔例月，此時者，惡背中國而與楚，故略之。**疏**《校勘記》云：「《唐石經》、諸本同。解云：《左氏》與此同。《穀梁》作蔡侯東。」按：彼傳：「東者，東國也。」《春秋異文箋》云：「朱與東，形勢相似，或篆文殘脱致譌爲東，《穀梁》遂以東國解之。《史記・蔡世家》云：『東國攻平侯子而自立。』固不從《穀梁》説也，當以《左氏》爲正。」○注「出奔」至「篡也」。○舊疏云：「正以《二十三年》『夏六月，蔡侯東國卒于楚』故也。」《左傳》：「費無極取貨于東國，而謂蔡人曰：『朱不用命于楚，君王將立東國。若不先從王欲，楚必圍蔡。』蔡人懼，出朱而立東國。朱愬于楚。」注：「東國，隱大子之子，平侯廬之弟。朱，叔父也。」《史記・管蔡世家》：「平侯九年卒，❶靈侯般之孫東國攻平侯子而自立，是爲悼侯。」○注「大國」至「略之」。○大國奔

❶「年」，原作「月」，據《史記》改。

例月，《桓十六年》「十一月，衛侯朔出奔齊」是也。此時，故解之。《穀梁傳》：「何爲謂之東也？王父誘而殺焉，父執而用焉，奔而又奔之。曰東，惡之而貶之也。」注：「奔既罪矣，又奔仇國，惡莫大焉。」與此惡背中國而與楚，「略之」義同。

公如晉，至河乃復。

二十有二年春，齊侯伐莒。

宋華亥、向甯、華定，自宋南里出奔楚。**注**前出奔已絶賤，復録者，以故大夫專勢，入南里犯君而出，當誅也。言「自」者，别從國去。**疏**注「前出」至「誅也」。〇出奔在上二十年。已絶者，《春秋》之例，大夫出奔，其位即絶，故《襄二十三年》：「晉人殺欒盈。」傳：「曷爲不言殺其大夫？非其大夫也。」是欒盈雖入于晉，入于曲沃，猶不得爲大夫，已絶故也。賤者，即上《二十一年》「宋華亥以下自陳入于宋南里以畔」，注「略叛臣，從刑人」是也。復録宋者，以其專勢犯君，當誅故也。包氏慎言云：「《二十一年》傳：『南里者何？若曰因諸者然。』是入南里爲劫獄散囚，以抗君也，非稱兵，非據地，而亦曰畔。歷夏秋冬三時，而始出奔，與畔無異。出著自南里，敵國也。」按：包以自南里爲敵國，亦通。〇注「言自」至「國去」。〇舊疏云：「謂言自宋南里者，欲别於宋萬出奔陳之文，從國都而去者故也。」

大蒐于昌姦。**疏**《釋文》：「昌姦，二傳作昌間。」間、姦音同。大蒐作「大瘦」云：「本亦作蒐」，《唐石經》、諸本作蒐。

夏，四月乙丑，天王崩。包氏慎言云：「四月有乙丑，月之十九日。」

六月，叔鞅如京師。

葬景王。

王室亂。**注**謂王猛之事。**疏**注「謂王猛之事」。〇即下「秋，劉子、單子以王猛入于王城」是也。

何言乎王室亂？**注**据天子之居稱京師，天王入于成周，天王出居于鄭，不言亂。**疏**注「据天」至「言亂」。〇《桓九年》：「紀季姜歸于京師。」傳：「京師者何？天子之居也。京者何？大也。師者何？衆也。天子之居，必以衆大之辭言之。」是天

子之居稱京師也。天王入于成周，見下二十六年。皆不言王室。又《僖二十四年》：「天王出居于鄭。」亦不言亂，故据以難。言不及外也。注宫謂之室。刺周室之微，邪庶並篡，無一諸侯之助，匹夫之救，如一家之亂也，故變京師言王室。不言成周言王室者，正王以責諸侯也。傳不事事悉解者，言不及外，外當責之，故正王可知也。不爲天子諱者，方責天下不救之。疏注「宫謂之室」。○《爾雅·釋宫》文。《説文·宀部》：「宫，室也。」「室，實也。」《詩·鄘風·定之方中》傳：「室，猶宫也。」《楚辭·招魂》注：「宫，猶室也。」郭云：「皆所以通古今之異語，明同實而兩名。」謂兄弟争國，室内自亂，不及外邦，故斥言王室也。○注「刺周」至「王室」。○上《十八年》疏引此作「刺周室之微弱」，當据補。《通義》云：「室猶家也。景王不能齊其家，嫡庶分争，亂自内作，故直刺之也。」《繁露·王道》云：「王室亂，不能及外，分爲東西周，無以先天下。」亦謂其微弱甚也。「邪庶並篡」者，謂子猛、子朝皆非正適，共篡敬王，故謂之並篡。時子朝未立，注探下言之。《漢書·劉向傳》：「五大夫争權，三君更立，莫能正理，遂至凌夷，不能復興。」又云：「周大夫尹氏筦朝事，濁亂王室，子朝、子猛更立，連年乃定。故經曰：『王室亂。』又曰：『尹氏殺王子克。』甚之也。」師古曰「言其惡大甚也」是也。舊疏云：「無一諸侯之助，匹夫之救者，正以變京師言王室，故知如此。」正以經不見諸侯勤王之事故也。○注「不言」至「侯也」。○《校勘記》云：「蜀大字本、閩、監、毛本同。鄂本『言』作『曰』。」下《二十六年》：「天王入于成周。」傳：「成周者何？東周也。」注：「起王居在成周，實外之。」故此言王，爲正王以責諸侯也。○注「傳不」至「知也」。○《校勘記》出「故正王可知也」，云：「疏引作『皆可知』。」明傳以「言不及外」一語，括上諸事也。既云「言不及外」，即是外諸侯當責可知，故須正王號以起之。蓋謂敬王爲王矣。此《公羊》之義，與《史記》、《左傳》敘事皆殊。《史記·本紀》謂：❶「景王愛子朝，欲立之。會崩。❷

❶「本紀」，原作「世家」，據《史記》改。
❷「會」字原脱，據《史記》補。

子丐之黨與争立，國人立長子猛爲王，子朝攻殺猛。晉人攻子朝，立丐，是爲敬王。」《左傳》大同，惟無子朝攻殺王猛事，以王猛、敬王皆劉、單所立，不以王猛爲邪庶也。○注「不爲」至「救之」。○正以《春秋》之義，爲尊者諱。今天子微弱，不能討亂，而不爲諱者，爲欲責諸侯不救，故不得諱也。《通義》云：「前此頹、帶之亂，經未忍言。至此而世變將極，雖欲諱，不可得諱矣。於《詩》三朞，周以午孟八年，始革殷命；入春秋，至午季一年，有繻葛之敗；未及酉仲九年，而襄王居鄭。景王元年，實亥孟之際四年，後二十五年而亂作。」孔氏蓋以《齊詩》五際之義爲説。

劉子、單子以王猛居于皇。疏杜云：「河南鞏縣西南有黄亭。」《水經注・洛水》篇：「又東，濁水注之，即古黄水。京相璠曰：『訾城北三里有黄亭』，即此亭也。」《續漢志》：「河南鞏縣有黄亭，有湟水。」劉昭曰：「《昭二十二年》『王子猛居于湟』，杜預云『在縣西北』。」《通義》云：「居于皇者，辟王子朝也。崔彦直曰：『王猛非正，例不月，此承葬景王月。』」

其稱王猛何？注据未踰年已葬，當稱子。疏注「据未」至「稱子」。○《莊三十二年》傳：「既葬稱子，踰年稱公。」此未踰年稱王，故据以難。**當國也。**注時欲當王者位，故稱「王猛」，見當國也。録居者，事所見也。不舉猛爲重者，時猛尚幼，以二子爲計勢，故加「以」。「以」者，行二子意辭也。二子不舉重者，尊同權等。疏注「時欲」至「國也」。○《隱元年》傳：「當國也。」注：「欲當國爲之君，故如其意，使如國君氏上鄭。所以見段之逆。」時猛亦欲當王位，故如其意稱王猛，見當國也。《通義》云：「稱王猛，所以爲當國者，《春秋》以王猛比諸齊小白、莒去疾之等，猶之《詩》以《王》比《十五國》也。」《公羊禮説》云：「鄭伯不子，故當喪奪其子行而稱伯。王猛當國，故當喪奪其子行而稱王。觀於其卒也，正之曰：是子也，是未踰年之君也，是不當稱王也。不當稱王而稱王，其當國之情可見。於猛書王，所以如其意，以著其惡。本一人也，或書王猛，或書王子猛，微言大義，繫於此矣。問者曰：何以下王子朝不書王朝乎？曰：上

有天王居于狄泉，則子朝之篡，不嫌不明。所謂不待貶絶而自見者也。王猛之篡不明，故一年之内，書王，明其已立也。書入，明其爲篡也。書子，見其未踰年也。難者曰：天王入于成周，何以亦書入也？曰：美惡不嫌同號也。必兩書王猛何也？曰：書王，猶書國也。書『王猛入于王城』，猶書『齊小白入于齊』也。不書王，安知以國氏而起入爲篡乎？貶王猛同於列國之例，是亦《王》降而爲《風》矣。」按《穀梁傳》：「以者，不以者也。王猛嫌也。」注：「直言王猛，不言王子，是有當國之嫌。」與《公羊》義同。○注「録居」至「見也」。○舊疏云：「當國之人未成爲王，理宜略之，而録其居者，《春秋》刺其簒逆。若不書云王猛居于皇，則其當國之事無由見也。」○注「不舉」至「辭也」。❶○《校勘記》云：「鄂本、閩本同。毛本『舉』誤『居』。」舊疏云：「《春秋》皆舉重，是以下二十三年天王居于狄泉，不言其大夫以之。今不舉重，故如此解。云『行二子意辭也』者，《桓十四年》：『宋人以齊人、衛人、蔡人、陳人伐鄭。』傳：『以者何？行其意也。』何氏云：『以己從人曰行。』言四國行宋意也。」是也。《通義》云：「景王世子壽，蚤卒，未有命嗣。王崩。尹氏黨于朝，劉氏、單氏黨于猛。猛之貴賤不可知，然子朝明告諸侯曰：『王后無適。』單、劉贊私立少，則猛少而又非后之子可知矣。《春秋》於其生，以當國之辭言之。於其卒，曰『王子猛』，與王子朝同號，是猛亦未爲正也。故再言『劉子、單子以』者，著劉、單之行其私意也。君前臣名，而言『劉子、單子以王猛』者，猛本不當爲君，故不正其君臣之辭也。然則劉子、單子何以無貶？猛雖不正，視朝固有間矣，顧與尹氏別見曲直也。」惠氏士奇《春秋説》云：「《昭十五年》『王太子壽卒，王立子猛』，傳無明文。至是八年，猶未建儲，故經書『天王崩，王室亂』。蓋國本未立，人心動摇，王室之亂，實萌于此。《春秋》兩書『劉、單以王猛』。以者，能左右之，則王猛實劉、單立之矣。王子朝告諸侯曰『王后無嫡』，則王猛亦非嫡子弟也。不然，則子朝以庶篡嫡，晉士伯又何必立哉。」○注「二子」至「權等」。○原文闕。

秋，劉子、單子以王猛入于王城。

王城者何？西周也。 注 時居王城邑，自

❶「辭」，原作「意」，據前注文改。

號西周主。**疏**杜云：「王城，郟鄏，今河南縣。」《公羊問答》云：「問：此傳：『王城者何？西周也。』《二十六年傳》：『成周者何？東周也。』而皇甫謐《帝王世紀》曰：『周公相成王，以酆鄗爲偏處西方，職貢不均，乃使召公卜居洛水之陽，以即中土。』故《援神契》：『八方之廣，周洛爲中。於是遂築新邑，營定九鼎，以王東都之洛邑。』故《周書》稱『我乃卜澗水東，瀍水西，惟洛食。』是謂王城名曰東周。故《公羊傳》曰：『王城者何？東周也。』据此，以王城爲東周，不以成周爲東周，何也？曰：王城本東周也。《漢志》：『雒陽，周公遷殷民，是爲成周。』《春秋》昭二十二年『晉合諸侯于翟泉，以其地大成周之城』。按：以王猛入于王城，自號爲西周，王天下，因謂成周爲東周。謐据本初而言，故言東周。然謂《公羊傳》『王城者何？東周也』，則誤矣。」齊氏召南《考證》云：「《二十六年》：『冬十月，天王入于成周。』傳曰：『成周者何？東周也。』正與此文相對。蓋周八百年，東西周之名凡三變。初言東西周者，以鎬、洛對言，鎬爲西也。此後言東西周，以王城、成周對言，王城爲西也。戰國後，以河南、鞏對言，河南爲西也。《後漢·郡國志》：『河南，《春秋》時謂之王城。』注引《博物記》曰：『王城方七百二十丈，郛方十里，南望雒水，北至郟山。』又引《地道記》曰『去雒城四十里』是也。漢之雒陽縣，周所謂成周也。」按：《詩·王風·黍離序》：「閔宗周也。周大夫行役至于宗周。」箋云：「宗周，鎬京也，謂之西周。周王城也，謂之東周。」彼疏引「《論語》：『吾其爲東周乎？』注云：『据時東周，❶則謂成周爲東周者，以敬王去王城而遷於成周。自是以後，謂王城爲西周，成周爲東周。孔子設言之時，在敬王居成周後，且意取周公之教頑民，故知其爲東周，据時成周也。此在敬王前，王城與鎬京相對，故言王城謂之東周也。』」按：孔疏與齊氏分晰極明，其戰國後之東西周，則考王之弟桓公後也。桓公封于河南，爲西周。其孫惠公又封其少子於鞏，號東周。惠公、赧王時，東西周分治，王赧徙都西周是也。○注「時居」至「周主」。○《校勘記》云：「鄂本同。閩、監、毛本『自』誤『故』，『主』作『王』。」按：《二十六年》「冬十月」下疏引作「自號西周王」。其言入何？**注**据非

❶「云」，原脱；「東」，原作「成」，據《毛詩正義》補改。

成周。**疏**注「据非成周」。○舊疏云：「《公羊》之義，以成周爲正居，故言此矣。是以下《二十六年》『冬十月，天王入于成周』是也。」篡辭也。**注**時雖不入成周，已得京師地半，稱王置官，自號西周，故從篡辭言入，起其事也。不言西周者，正之，無二京師也。不月者，本無此國，無可與別輕重也。**疏**注「故從」至「事也」。○《春秋》立、納、入，皆爲篡辭。此書入，知篡矣。《穀梁傳》：「以者，不以者也。入者，內弗受也。」注：「猛非正也。」《通義》云：「天王入于成周，不爲篡。此知爲篡者，天子無名道。今而名，其篡可知矣。本匃當立，故猛爲篡。崔彥直曰：『入王城不月，知居于皇亦不月者也，居入不月，然後知王猛之非正，而《春秋》譏矣。』」○注「不言」至「師也」。○此決《二十六年》「天王入于成周」，稱周故也，是以成周爲正居也。○注「不月」至「重也」。○《校勘記》云：「蜀大字本、閩、監、毛本同。鄂本無者字。」舊疏云：「《春秋》大國篡例月，《隱四年》『冬，十二月，衛人立晉』，是以其禍大故也。小國例時，以其禍小，《昭元年》『秋，莒去疾自齊入于莒』是也。今此入王城，篡天子，其禍實如大國之例而不月，正以本無可與別輕重之義，是以時之也。」

冬十月，王子猛卒。

此未踰年之君也，其稱王子猛卒何？**注**据子卒不言名，外未踰年君不當卒。**疏**注「据子卒不言名」。○即《文十八年》「冬十月，子卒」是也。《通義》云：「据天王崩不名，即此爲未踰年之子，亦當稱王子，不當名。」其外未踰年君不當卒者，以《春秋》上下無其事故也。舊疏云：「《僖九年》『冬，晉里克弒其君之子奚齊』，書者，彼乃見殺，非此之類。而言外者，正以內之子般、子野之徒皆書故也。」不與當也。不與當者，不與當父死子繼、兄死弟及之辭也。**注**《春秋》篡成者，皆與使當君之父死子繼、兄死弟及者，篡所緣得位，成爲君辭也。猛未悉得京師，未得成王，又外未踰年君，三者皆不當卒。卒又名者，非與使當成爲君也。嫌上入無成周文，非篡辭，故從得位卒，明其爲篡也。月

者，方以得位明事，故從外未踰年君例。

疏 注「春秋」至「辭也」。○《後漢書・楊震傳》：「故經制：父死子繼，兄亡弟及，❶以防篡也。」然篡已成者，雖非子繼弟及，亦止得與。故「齊小白入于齊」，後「會齊侯于柯」及「齊侯小白卒」；「衛人立晉」，後「宋公、衛侯遇于垂」及「衛侯晉卒」，皆如成君辭也。○注「猛未」至「當卒」。○《校勘記》出「三者皆不當卒」，云：「蜀大字本、閩、監、毛本同。誤也。鄂本三作二，當據以訂正。」按：紹熙本亦作「二」，是也。猛既未悉得京師，篡仍未成，自不得如成君書卒。又外未踰年君，亦不合卒。《曲禮》疏云：「若既葬之後，未踰年，則稱名稱子。」故《昭二十二年》：「六月，葬景王。冬十月，王子猛卒。」孔疏特引以證稱子稱名，非謂許其卒也。是二者皆不合卒也。○注「卒又」至「篡也」。○《校勘記》：「鄂本無卒字，當据正。」舊疏云：「既不合卒，今書其名，非欲成其爲君，但嫌上經入于王城之時，無成周之文，恐其非篡辭，故從其得位而書卒，正欲明爲篡故也。」《通義》云：「壽死而匄及，正也。猛非次當及者，則非可繼景者也。前不稱王猛，無以見其已立。今卒，乃還稱之曰王子猛，猛立而猶謂王子，猶之比立而猶謂公子云爾。」○注「月者」至「君例」。❷○舊疏云：「篡既不成，理宜略之，而書其月者，《春秋》方書其卒，若得位然，以明其篡事，故曰『方以得位明事』也。從外未踰年君例者，《僖九年》注：『弒未踰年君例當月，不月者，不正遇禍，終始惡明，故略之。』今此書月，從未踰年君例矣。」彼奚齊書時，故注如彼解。

十有二月癸酉朔，日有食之。**注**是後，晉人圍郊，犯天子邑。**疏**包氏慎言云：「十二月書癸酉朔，据曆爲月之二日。大十一月，十二月朔即爲癸酉。小餘不足二十分。劉孝孫推《春秋》日食，亦以癸酉爲朔日，或藉後歲之分以成日也。一行《大衍曆》以爲十二月癸酉朔，入食限。《元史》云：杜預以爲癸卯，非是。」《五行志》：「劉歆以爲十月，楚鄭分。」臧氏壽恭推是年正月戊寅朔，小。二月丁未朔，大。三月丁丑朔，小。四月丙午朔，大。五月丙子朔，小。六月乙巳

❶「亡」，原作「終」，據《後漢書》改。
❷「月」，原作「日」，據上注文改。

朔，大。七月乙亥朔，小。八月甲辰朔，大。九月甲戌朔，小。閏月癸卯朔，大。十月癸酉朔。蓋杜預不置閏也，故與《三統》殊。○注「是後」至「子邑」。○見下二十三年。《五行志下之下》：「二十二年十二月癸酉朔，日有食之。董仲舒以爲，宿在心，天子之象也。後尹氏立王子朝，天王居于狄泉。」與何氏異，然皆以占周事也。

公羊義疏六十五

句容陳立卓人著

昭二十三年盡二十四年。

二十三年春，王正月，叔孫舍如晉。 疏《左氏》、《穀梁》作婼。

癸丑，叔鞅卒。 疏包氏慎言云：「正月有癸丑，月之十三日。」

晉人執我行人叔孫舍。

晉人圍郊。

郊者何？天子之邑也。 注天子閒田，有大夫主之。**曷爲不繫于周？不與伐天子也。** 注與侵柳同義。疏注「與侵柳同義」。○即《宣元年》：「冬，晉趙穿帥師侵柳。」傳：「柳者何？天子之邑也。」注云：「天子閒田也，有大夫守之。晉與大夫忿争侵之也。」又曰：「曷爲不繫乎周？不與伐天子也。」注：「絶正其義，使若兩國自相伐。」今此圍郊亦然，故曰「與侵柳同義」。《通義》云：「此晉人乘王室有亂而犯周之邊鄙云爾。《左傳》以爲討子朝，蓋晉史飾成其事，邱明不能辨正。其明年傳云：『晉侯使士彌牟問于周衆，乃辭子朝之使。』則是時晉猶助朝，安得有勤王之師，是自相枘鑿也。且經文在『叔鞅卒』下，而彼傳言『壬寅朔，❶圍郊』，又在癸丑前，與經不合，明失實。」

夏六月，蔡侯東國卒于楚。 注不日者，惡背中國而與楚，故略之。月者，比肸附父仇，責之淺也。不書葬者，篡也。篡不書者，以惡朱在三年之内，不共悲哀，舉錯無度，失衆見篡。疏注「不日」至「略之」。○《春秋》之義，大國卒例日，此不日，故解之。此書「卒于楚」，故知背中國而與楚也。○注「月者」至「淺也」。○《僖十四年》：「冬，蔡侯肸卒。」注「不月者，賤其背中

❶「朔」字原脱，據《通義》補。

國而附父仇，故略之甚」。彼過深，故不月。此僅與楚爾，過淺，故止不日也。○注「不書」至「篡也」。○凡《春秋》篡不明者，不書葬。此東國篡不見立、納、入之文，故去葬以起之。○注「篡不」至「見篡」。○《左傳》謂費無極取貨東國，謂蔡人出朱而立東國。《史記・管蔡世家》云：「悼侯父曰隱太子友者，靈侯之大子。平侯立而殺隱太子，故平侯卒而隱太子之子東國攻平侯子而代立，是爲悼侯。」按：太子友即世子有，爲楚所殺。上《十一年》：「執世子有以歸，用之。」❶傳所謂用以築防也。則朱自以失衆見篡，非緣平侯殺友可知。舊疏云：「二十一年冬，蔡侯朱出奔楚。何氏云：『出奔者，爲東國所篡。』然則東國既篡於朱，而無立、入之文，朱無文貶，則知《春秋》之義，惡朱明矣。❷所見之世，始録諸侯内行小失，不可勝書，《春秋》但觕見譏而已。故何氏云『不共悲哀，舉錯無度』而已矣。」

秋七月，莒子庚輿來奔。

戊辰，吴敗頓、胡、沈、蔡、陳、許之師于雞父。疏包氏慎言云：「七月有戊辰，月之三十日。」《大事表》云：「胡，今江南潁州府治，新設阜陽縣，爲胡國地。」又云：「《春秋》有二沈：《宣十二年》傳：『沈尹將中軍』，此蓋沈之别邑，楚取之以爲重鎮。時爲沈尹者，莊王之子公子貞也，亦名寢。莊王後更以封孫叔敖爲食邑，所謂寢丘是也。今爲河南光州固始縣。沈本國，世屬于楚。則定四年爲蔡所滅，後入楚，爲平輿邑。杜注：『汝南平輿縣有沈亭。』今河南汝甯府治沈陽縣東南六十里有平輿故城。」❸《漢書・地理志》：「汝南郡平輿，應劭曰：『故沈子國，今沈亭是也。』」《水經注・汝水》篇：「汝水又東逕平輿縣故城南，爲澺水縣，舊沈國也，有沈亭。《春秋》定四年『蔡滅沈』，後楚以爲縣。」又《潁水》篇：「潁水又東南流逕胡城東，故胡子國也。《春秋》『楚滅胡，以胡子豹歸』是也。杜預《釋地》曰：『汝陰縣西北有胡城也。』」又《決水》篇：「決水自雩婁縣北逕雞備亭。《春秋》昭二十三年『吴敗諸侯之師于雞父』是也。」《一統志》：「雞備亭在光州固始縣東南。杜云雞父，楚地，安豐縣南有雞備亭。」《大事表》

❶「用」，原作「殺」，據《公羊傳注疏》改。
❷「知」字，原脱，據《公羊傳注疏》補。
❸「沈」，原作「汝」，據《春秋大事表》改。

云：「今江南鳳陽府壽州西南六十里有安豐故城，雞備亭又在其城西南。」《説苑・尊賢》云：「吴用延州季子，并冀州，揚威於雞父。」桉：冀州字誤。據《左傳》則此戰爲公子光也。**胡子髡、沈子楹滅。**疏《釋文》：「楹，《左氏》作逞，《穀梁》作盈。」《穀梁釋文》云：「盈，本亦作逞。」古呈聲、盈聲同部，得互叚也。《左氏》襄二十一年經：「晉欒盈出奔楚。」《史記・十二諸侯年表》：「晉平公彪七年，欒逞奔齊。」《齊世家》：「莊公三年，晉大夫欒盈奔齊。」徐廣曰：「《史記》多作逞。」《晉世家》：「平公六年，晉欒逞有罪奔齊。」《左傳》昭四年：「逞其心，以厚其毒。」《新序・善謀》篇引作「盈其心」。此逞、盈互通之證也。《校勘記》云：「《唐石經》、諸本同。此本疏中下文作「沈子盈」，則疏本與《穀梁》同，故於此下無文。」**獲陳夏齧。**疏《説文・頁部》「頛，❶頭不正也，讀又若《春秋》陳夏齧之齧。」《左疏》引《世本》：「齧是徵舒曾孫。」

此偏戰也，曷爲以詐戰之辭言之？注据甲戌，齊國書及吴戰于艾陵，俱與夷狄言戰，今此從詐戰辭言敗。疏舊疏云：「正以《春秋》之例，偏戰者日，詐戰者月。今此書日，故言偏戰。」○注「据甲」至「言敗」。○即《哀十年》「夏五月，公會吴伐齊。甲戌，齊國書帥師及吴戰于艾陵。齊師敗績，獲齊國書」是也。**不與夷狄之主中國也。**

注序上言戰，别客主人直不直也。今吴序上而言戰，則主中國辭也。疏注「序上」至「直也」。○《莊二十八年》：「齊人伐衛。衛人及齊人戰，衛人敗績。」傳：「《春秋》伐者爲客，伐者爲主，故使衛主之也。曷爲使衛主之？衛未有罪爾。」注「伐人者爲客，見伐者爲主」。「戰序上、言及者爲主」。蓋爲幽之會，服父喪未終而不至，故是與衛以直，故使衛爲主，言及也。又《僖十八年》「宋公以下伐齊，夏，宋師及齊師戰于甗，齊師敗績」，傳：「《春秋》伐人者爲客，伐者爲主。曷爲不使齊主之？與襄公之征齊也。」是則客直主不直，則客序上，故與宋爲主言及。是序上言戰，别客主人直不直之義也。《繁露・竹林》云：「戰伐之事，後者主先，苟不惡，何爲使起之者居下，是其惡戰伐

❶「頁」，原作「百」；「頛」，原作「頛」，據《説文解字》改。

之辭已。」是《春秋》常辭，皆起之者居下。宋爲例變，故傳特解之也。○注「今吴」至「辭也」。○舊疏云：「今吴人序其上而言戰，則是吴人爲主中國之辭，故不得言戰，直言敗而已。」《通義》云：「時六國之師爲楚伐吴，若偏戰之詞，當以吴及六國，是與吴爲主，故不可。」《繁露·竹林》云：「《春秋》之常辭也。不予夷狄而與中國爲禮。」又《觀德》云：「雞父之戰，吴不得與中國爲禮。」

然則曷爲不使中國主之？**注**据齊國書主吴。**疏**注「据齊國書主吴」。○正以艾陵之戰，書齊國書及吴故也。《通義》云：「据甗之戰可變使伐人者爲主。」按：難義在不使中國主，非難不使伐人者主，與宋、齊中國相戰者異，不得例以相難。

中國亦新夷狄也。**注**中國所以異乎夷狄者，以其能尊尊也。王室亂，莫肯救。君臣上下壞敗，亦新有夷狄之行，故不使主之。不稱國國出師者，賤略之。言「之師」者，辟許獨稱師，上五國稱國之嫌。**疏**注「王室」至「主之」。○上《二十二年》：「王室亂。」傳：「言不及外也。」注：「無一諸侯之助，匹夫之救，如一家之亂。」是無君臣上下之道，故此云「壞敗」也。《通義》云：「陳、蔡新受楚封，而率小國以附楚，故曰新夷狄也。六國爲夷楚役，亦不可與使爲主。」義亦通。○注「不稱」至「略之」。○舊疏云：「決《桓十三年》『春，齊師、宋師、衛師、燕師敗績』之文。」《左疏》引賈逵云：「不國國書師者，惡其同役而不同心。」據彼傳文爲説爾。然既合稱師，轉似同心辭矣。《左疏》引賈曰：「泓之戰，譏宋襄，故書朔。鄢陵之戰，譏楚子，故書晦。雞父之戰夷之，故不書晦，亦以吴、楚、沈、頓諸君置之夷狄之列，無足輕重。」亦賤略之意，特《公羊》無不書晦義耳。○注「言之」至「之嫌」。○舊疏云：「若不言『之』，直言『吴敗頓、胡、沈、蔡、陳、許師于雞父』，則嫌『師』文獨使許稱，自陳以上單稱國，是故言『之』以散之矣。」

其言滅獲何？**注**据蔡公孫歸生滅沈，以沈子嘉歸，殺之，國言滅，君言殺。又獲晉侯，言獲。此陳夏齧，亦言獲。君大夫無別。

疏注「据蔡」至「言殺」。○即《定四年》「蔡公孫歸生帥師滅沈，❶以沈子嘉歸，殺之」是也。彼國言滅，君言殺，與此異，故據以難。○注「又獲」至「無別」。○《僖十五年》「晉侯及秦伯戰于韓，獲晉侯」是也。彼晉侯君，此陳夏齧臣，君臣同言獲，無別，故據以難。國言滅，君言殺，解傳「其言滅何也」。「君大夫無別」，解傳「其言獲何也」。**別君臣也。**疏《穀梁傳》曰：「上下之稱也。」注：「君死曰滅，臣得曰獲，君臣之稱。」《左傳》亦曰：「君臣之辭也。」注：「國君，社稷之主，與宗廟共其存亡者，故稱滅。大夫輕，故曰獲。獲，得也。」

君死于位曰滅。疏此胡子髡、沈子楹滅是也。《詩·鄘風·載馳序》：「衛懿公爲狄人所滅。」箋云：「滅者，懿公死也。君死於位曰滅。」《正義》：「《春秋》之例，滅有二義。若國被兵寇，敵人入而有之，其君雖存而出奔，國家多喪滅，則謂之滅。故《左傳》曰：『凡勝國曰滅。』齊滅譚，譚子奔莒；狄滅温，温子奔衛之類是也。❷若本國雖存，君與敵戰而死，亦謂之滅。故云『君死于位曰滅』。即《昭二十三年》傳『胡子髡、沈子逞滅』之類是也。」《淮南·精神訓》：「虞君利垂棘之璧而擒其身。」注：「君死位曰滅。」《穀梁傳》注：「國雖存，君死曰滅。賢胡、沈之君死社稷。」**生得曰獲。**疏即《僖十五年》「獲晉侯」是也。《周禮·朝士職》：「凡得獲貨賄、人民、六畜者。」注：「俘而取之曰獲。」《楚辭·哀時命》云：「釋管、晏而任臧獲兮。」注：「獲，爲人所係得也。」是獲多屬生得言，故《禮記·檀弓》云：「不獲二毛。」注：「獲，謂係虜之。」又襄十年《左傳》：「尉止獲。」注：「獲，囚俘。」皆是也。《僖十五年》注「書者，以惡見獲，與獲人君者皆當絶也。」**大夫生死皆曰獲。**注大夫不世，故不別死位。疏舊疏云：「大夫死曰獲者，即此『獲陳夏齧』及《哀十一年》『獲齊國書』之徒是也。其大夫生得曰獲者，《宣二年》『獲宋華元』是也。」僖元年《左傳》：「獲莒拏。」注：「大夫生死皆曰獲。」又《宣二年》「獲樂吕」，注：「獲，生死通名。」皆取此爲說。○注「大夫」至「死位」。○《檀

❶「四」原作「十四」，據《公羊疏》改；又「公孫歸生」《公羊疏》作「公孫歸姓」。

❷「子」，原作「于」，據《春秋左傳注疏》改。

弓》：「謀人之軍，師敗則死之。」又《曲禮》「大夫死衆」，無死位文也。正以大夫不世，身死則已，無位之存没可别。非如國君被滅，國有存亡矣。國雖不滅，君死社稷，亦曰滅，以滅者，亡國之善辭故也。不與夷狄之主中國，則其言獲陳夏齧何？**注**据荆敗蔡師于莘，以蔡侯獻舞歸，不言獲。**疏**注「据荆」至「言獲」。○見《莊十年》彼傳云：「曷爲不言其獲，不與夷狄之獲中國也。」吴少進也。**注**能結日偏戰，行少進，故從中國辭治之。髡、楹下云：「滅者，死戰，當加禮，使若自卒，相順也。」經先舉敗文，嫌敗走及殺也，故以自滅爲文，明本死位乃敗之爾。名者，從赴辭也。**疏**注「能結」至「治之」。○正以偏戰日，此書日，故知偏戰。《哀十一年》：「獲齊國書。」注云：「言獲者，能結日偏戰，少進也。」義與此同。王者不治夷狄，故不與荆獲獻舞。此書獲陳夏齧，故爲治吴從中國辭也。獲大夫雖次于獲君，皆正不得也。○注「髡楹」至「順也」。○舊疏云：「獲晉侯，戕鄫子之徒，皆獲、戕之文在上。今髡、楹之滅，滅文在下者，以其死戰，當合加禮，故退滅文於下，使若公子友卒之類，不爲人所殺然，故曰『使若自卒』。一則不言戰，不與夷狄之主中國。一則其言滅，不與夷狄之殺諸夏。二理合符，故言相順。」按：髡、楹書滅者，君死於位，爲善二君辭，不必如舊疏所云。○注「經先」至「之爾」。○《校勘記》云：「鄂本『也』作『之』，此誤。」按：紹熙本亦作「之」。胡、沈之君，實因敗被獲而死，見《左傳》。《春秋》不使小人加乎君子，故以自滅爲文。先舉敗文，則不嫌敗走及殺之矣。及，猶追及之也。○注「名者，從赴辭也」。○舊疏云：「《公羊》之義，合書則書，不待赴告，而言『從赴辭』者，正以髡、楹既死，故胡、沈之臣赴告鄰國，云道：寡君某甲爲吴所滅。諸侯之史悉書其名。孔子案諸國之文而爲《春秋》，由是之故，録其名矣，故曰『名者，從赴辭』。《隱公八年》：『夏，六月己亥，蔡侯考父卒。秋八月，葬蔡宣公。』傳：『卒何以名而葬不名？卒從正。』注：『卒當赴告天子，君前臣名，故從君臣之正義言也。』『而葬從主人』，彼注云：『至葬者有常月可知，不赴告天子，故從蔡臣子辭稱公也。』以此言之，則此注云『名者，從赴辭』者，謂其赴告天子之

辭，是以稱名矣。」按：髡、檻稱名，猶諸侯卒稱名耳，非褒貶所繫，故曰「從赴辭也」。《吕覽・察微》篇：「楚之邊邑曰卑梁，其處女與吴之邊邑處女桑於境上，戲而傷卑梁之處女，卑梁人操其傷子以讓吴人。吴人應之不恭，怒殺而去之。吴人往報之，盡屠其家。卑梁公怒，曰：『吴人焉敢攻吾邑。』舉兵反攻之，老弱盡殺之矣。吴王夷昧聞之，怒，使人舉兵侵楚之邊邑，克夷而後去之。吴楚以此大隆。吴公子光又率師與楚人戰于雞父，大敗楚人，獲其帥潘子臣、小帷子、❶陳夏齧。又反伐郢，得荆平王之夫人以歸。實爲雞父之戰。」蓋合吴太子諸樊入郢取楚夫人與其寶器事爲一，同在一年故也。卑梁事不見三傳，或二傳之《外傳》語。

天王居于狄泉。**疏** 杜云：「狄泉，今洛陽城内大倉西南池水也，時在城外。」彼疏引《土地名》云：「或曰定元年城成周，乃遶之入城内也。」惠氏棟《左傳補注》云：「京相璠曰：『今太倉西南池水名狄泉。舊説狄泉本在洛陽北，萇弘城成周乃繞之。」按：狄泉即《僖二十九年》「盟于翟泉」之翟泉也。

此未三年，其稱天子何？**注** 据毛伯來求金，不稱天王。**疏** 注「据毛」至「天王」。○即《文九年》「毛伯來求金」是也。彼傳云：「何以不稱使？當喪未君也。踰年矣，何以謂之未君？即位矣而未稱王也。未稱王何以知其即位？以諸侯之踰年即位，亦知天子之踰年即位也。以天子三年然後稱王，亦知諸侯於其封内三年稱子也。」是天子未三年不得稱王，此書天王，故據以難之。

著有天子也。**注** 時庶孽並篡，天王失位徙居，微弱甚，故急著正其號，明天下當救其難而事之。**疏** 注「時庶」至「事之」。○《通義》云：「先著敬王之正，下言立王子朝，乃顯其篡也。居狄泉者，時朝入王城矣。」《御覽》引《考異郵》云：「劉子、單子折猛入城，天王奔走，尹氏立朝，國有三王，天下兩主，周分爲二。莫能救討，强弩張於前，棘戟拔於後。」是庶孽並篡，天子微弱事也。《繁露・玉英》云：「天子三年，然後稱王，經禮也。有故，則未三年而稱王，變禮也。」《白虎通・三軍》篇：「王者有三年之喪，夷狄有内侵，伐之者，重天誅，爲宗

❶「帷」，原作「惟」，據《吕氏春秋》改。

廟社稷也。《春秋傳》曰：『天王居于狄泉。』傳曰：『此未三年，其稱天王何？著有天子也。』彼以天子喪居，有內叛事，當行誅伐，不得執尋常諒闇禮。下引此傳例之，言天王失位，微弱特甚，亦急著正其號，不得執尋常未三年不稱王之義，非謂此居狄泉有夷狄內侵事也。《穀梁傳》曰：「始王也，其曰天王，因其居而王之也。」明天王失位，不得在國行即位禮，故即所在稱其名也。「天下當救其難而事之」者，與書「王室亂」同義。

尹氏立王子朝。**注**貶言尹氏者，著世卿之權。尹氏貶，王子朝不貶者，年未滿十歲，未知欲富貴，不當坐，明罪在尹氏。

疏《穀梁傳》：「立者，不宜立者也。」《通義》云：「王子朝無貶者，與使爲君，乃得去王子之號。今書王子朝，正是不成君之辭也。」○注「貶言」至「之權」。○《隱三年》：「尹氏卒。」傳「尹氏者何？天子之大夫也。其稱尹氏何？貶。曷爲貶？譏世卿，世卿非禮也。」是也。按：《成十六年》「公會尹子以下伐鄭」，書尹子，此稱尹氏，故爲譏世卿。與《隱三年》書「尹氏卒」相起。○注「尹氏」至「尹氏」。○正以子朝若貶，宜如上「王猛」書「王朝」爲當國辭。今不然，故解之。舊疏云：「年未滿十歲者，何氏更有所見。或者正以衛人立晉、莒展輿、去疾之徒，悉去公子，見其當國。今此王子朝無貶文，乃與楚公子比之經相似。上《十三年》公子比之下，傳云：『比已立矣，其稱公子何？其意不當也。』」比爲不當，朝爲未知，故稱氏也。《白虎通·攷黜》云：「君幼稚，唯考不黜者何？君子不備責童子焉。」❶《周禮·司刺》云：「壹赦曰幼弱。」皆不坐年幼之義。《公羊古義》云：「漢律，年未滿八歲，非手殺人，他皆不坐。罪尹氏者，漢律所謂率也。張斐《律表》云：『制衆建計謂之率。』《漢書·萬石君傳》：『上報石慶曰：「孤兒幼年，未滿十歲，無罪而坐率。」』服虔曰：『率，坐刑法也。』如淳曰：『率，家長也。』原注引《鹽鐵論》云：『《春秋》刺譏不及庶人，責其率也。』」舊疏云：「年既幼少，未貪富貴，故以未盈十歲言。下二十六年出奔時，年已稍長而不去王子者，順上文也。」

八月乙未，地震。**注**是時猛、朝更起，與王

❶「焉」原作「也」，據《白虎通》改。

争入，遂至數年。晉陵周竟，吴敗六國，季氏逐昭公，吴光弑僚、滅徐。故日至三食，地爲再動。**疏**包氏慎言云：「八月書乙未，月之二十七日。」○注「是時」至「再動」。○上《二十二年》「劉子、單子以王猛居于皇」，「劉子、單子以王猛入于王城」，上「天王居于狄泉，尹氏立王子朝」，《二十六年》「天王入于成周。尹氏、召伯、毛伯以王子朝奔楚」，是「猛，朝更起，與王争入」事也。「遂至數年」者，自二十二年至二十六年乃定也。❶「晉陵周竟」，即上「晉人圍郊」是也。「吴敗六國」，即上「吴敗頓、胡、沈、蔡、陳、許之師于雞父」是也。「季氏逐昭公」，則下《二十五年》「公孫于齊，次于楊州」是也。「吴光弑僚」，下《二十七年》「吴弑其君僚」是也。「滅徐」，下《三十年》「吴滅徐，徐子章禹奔楚」是也。「日至三食」，則上《二十一年》「秋，七月壬午朔」，《二十二年》「十有二月癸酉朔」，《二十四年》「夏，五月乙未朔」，並書「日有食之」是也。「地爲再動」，則此及上《十九年》「夏，五月己卯地震」是也。《五行志下之上》：「二十三年八月乙未，地震。劉向以爲，是時周景王崩，劉、單立王子猛，尹氏立子朝。其後季氏逐昭公，黑肱叛邾，吴殺其君僚，宋五大夫，晉二大夫，皆以地叛。」

冬，公如晉，至河，公有疾，乃復。

何言乎公有疾乃復？**注**据上比乃復，不言公，不言有疾。**疏**注「据上」至「有疾」。○上《十三年》「冬，公如晉，至河乃復」，又《二十一年》「冬，公如晉，至河乃復」之屬，皆至河，下不重言公，不言有疾也。殺恥也。**注**因有疾以殺畏晉之恥。舉公者，重疾也。子之所慎齋、戰、疾。**疏**注「因有」至「疾也」。○《左傳》：「公爲叔孫故如晉，及河，有疾而復。」蓋公因叔孫舍被執如晉，及河乃畏晉，託疾而復也。《穀梁傳》：「疾不志，此其志，何也？釋不得入乎晉也。」《繁露·楚莊王》云：「問者曰：晉惡而不可親，公往而不敢至，乃人情耳。君子何恥而稱公有疾也？曰：惡無故自來，君子不恥，內省不疚，何憂何懼，是已矣。今《春秋》恥之者，昭公有以

❶「自」，原作「至」，據文意改。

取之也。臣陵其君，始于文公而甚於昭公，變亂淩夷而無懼惕之心，囂囂然輕詐妄討，犯大禮而取同姓，接不義而重自輕也。人之言曰：『國家治，則四鄰賀。國家亂，則四鄰散。』是故季孫專其位，而大國莫之正。出走八年，死乃得歸。身亡子危，困之至也。君子不恥其困，而恥其所以窮。昭公雖逢此時，苟不取同姓，詎至於是。雖取同姓，能用孔子自輔，亦不至如是。時難而治簡，行枉而無救，是其所以窮也。」又《隨本消息》云：「魯昭公以事楚之故，楚强而得意。伐强吴，爲齊誅亂臣。魯得其威以滅鄫。先晉昭卒一年，楚國内亂，吴大敗楚之黨六國于雞父。公如晉而大辱，《春秋》爲之諱而言『有疾』。由此觀之，所行從不足恃，所事不可不慎，❶此亦存亡榮辱之要也。」按：昭公自即位，常如晉。不得入，二年、十二年、十三年、二十一年，皆言「至河乃復」。至此而五，恥莫甚矣，故書有疾以殺，深爲之諱也。諱之深，則恥之甚。如不必恥，何諱之有？故上《十三年》「公不與盟，不恥也」。《通義》云：「前無疾而復，今有疾而復，恥殺矣。」無疾而復，恥猶可也。有疾而復，不可言也，故君子殺之也。○注「舉公」至「戰疾」。○決前凡公「至河，乃復」不書「公」義也。《石經》、岳本、《左氏》經無「公」字，而《公》、《穀傳》《釋文》不言《左氏》無「公」字，疑脱。若直言「有疾，乃復」。嫌視疾在無足重輕之科，故特舉「公」以重之。所引《論語·述而》篇文。鄂本、閩、監、毛本「齋」作「齊」。紹熙本亦作「齊」。孔曰：「此三者，人所不能慎，而夫子獨能慎之，故書『公』以明義也。」

二十有四年春，王二月丙戌，仲孫貜卒。疏《左疏》引服曰：「賈逵云：『是歲孟僖子卒，屬其子師事仲尼。仲尼時年三十五。』」與《襄二十一年》書「孔子生」合。

叔孫舍至自晉。疏二傳無「叔孫」字，「舍」作「婼」。《經義述聞》云：「疏曰：『上《十四年》「春，隱如至自晉」，以其被執而還，故省去其氏。今此叔孫舍不去氏者，蓋以無罪故也。是以《文十四年》傳云：「稱行人而執者，以其事執也。」注：「以其所銜奉國事執之，晉人執我行人叔孫舍是也。不稱行人而執者，以己執也。」注：「己者，己大夫。自以大夫之罪執之。分别之者，

❶「慎」，原作「恃」，據《春秋繁露》改。

罪當各歸其本。」以此言之，則知隱如有罪，故去其氏。叔孫無罪，故無貶文。』引之謹案：叔孫二字，後人所增，非其原本也。《文十四年》傳但言無罪而執者稱行人，有罪而執者不稱行人。未嘗言無罪而執者至則稱氏，有罪而執者至不稱氏也。不足爲『叔孫舍至自晉』之證。若『隱如至自晉』，省去其氏，『叔孫舍至自晉』，獨不省，則傳必詳言其義。《文十五年》傳：『單伯至自齊。』注：『不省去氏者，淫當絶，使若他單伯至也。』以此例之，若『叔孫舍至自晉』不省去氏，注亦必加訓釋。今傳無文，注亦不言其有異，則『舍至自晉』與『隱如至自晉』同一書法可知。至而不省去氏者，惟單伯一人。則隱如及舍之至，皆省去氏可知。且《宣元年》『春，公子遂如齊逆女。三月，遂以夫人婦姜至自齊』，傳説『遂以夫人婦氏姜氏至自齊』，❶曰『遂何以不稱公子，一事而再見者，卒名也』，何注曰：『卒，竟也，竟但舉名者，省文。』據此，則一事再見者，其始稱氏族，其卒則但稱名。故《昭十三年》『晉人執季孫隱如以歸』，《十四年》則省去『季孫』而曰『隱如至自晉』。《二十三年》『晉人執我行人叔孫舍』，《二十四年》則省去『叔孫』而云『舍至自晉』，正所謂『一事而再見者，卒名也』。其不得有『叔孫』二字，顯然明白。《左氏》、《穀梁》並作『婼至自晉』，無『叔孫』二字。《左氏》曰：『婼至自晉，尊晉也。』杜注：『貶婼族，所以尊晉。』《穀梁》曰：『大夫執則致，致則挈，由上致之也。』范注：『上，謂宗廟也。致臣于廟，則直名而已，所謂君前臣名。』此皆『舍至自晉』不稱『叔孫』之明證，不應《公羊》獨有此二字也。徐氏所見本已誤增此二字，故臆爲之説耳。孔氏《通義》亦沿其誤。」按：《通義》云：「再氏者，爲舍賢而録之也。公孫于齊，舍要季氏納公。季氏有異志，舍度力不能爲，怨咎自殺。蓋魯之賢大夫也。預見賢於此者，凡小善就其事善之，小惡亦就其事惡之。若乃先事而見褒貶，則必有大美大惡足以榮辱其終身者也。此《春秋》論人之法也。」今按：王氏謂無「叔孫」是也。傳注皆無説。孔氏因有叔孫，臆爲之説，爲賢舍而録，別無所證。

夏，五月乙未朔，日有食之。 注 是後，季氏逐昭公，吴滅巢，弒其君僚，又滅徐。 疏 包氏慎言云：「五月書乙未朔，据曆爲二日。先藉後月之

❶「氏」字，原脱，據《經義述聞》補。

小餘，大三四兩月。五月朔亦爲乙未。」劉孝孫《甲子元曆》云：「以月行遲疾定合朔，欲會辰必在朔，不在晦與二日。縱頻月一小三大，得天之統，蓋謂此也。」《五行志》：「劉歆以爲二日。」臧氏壽恭推是年正月丙申朔，小。二月乙丑朔，大。三月乙未朔，大。四月乙丑朔，小。五月甲午朔，二日乙未。○注「是後」至「滅徐」。○季氏逐昭公，見下《二十五年》。吴滅巢，見下冬。「弑其君僚」，見下《二十七年》。「滅徐」，見下《三十年》。舊疏先言季氏逐昭公者，正欲決吴事故也。《五行志下之下》：「二十四年五月乙未朔，日有食之。董仲舒以爲，宿在胃，魯象也。後昭公爲季氏所逐。劉向以爲自十五年至此歲，十年閒，天戒七見，人君猶不寤。後楚殺戎蠻子，晉滅陸渾戎，盜殺衛侯兄，蔡莒之君出奔，吴滅巢，公子光殺王僚，宋三臣以邑叛其君。它如仲舒。劉歆以爲二日魯趙分，❶是月斗建辰。《左氏傳》梓慎曰：『將水。』昭子曰：『旱也。』日過分而陽猶不克，❷克必甚，能無旱乎？陽不克，莫將積聚也。』是歲秋大雩，旱也。二至二分，日有食之，不爲災，日月之行也。春秋分，日夜等，故同道。冬夏至，長短極，故相過。相過同道而食輕，不爲大災，水旱而已。」二至二分下，皆漢儒《左氏》家舊説，與董、劉、何占皆異。臧氏壽恭推五日甲午朔，合辰在胃五度。二日乙未，日在胃六度。於魯尤驗。

秋八月，大雩。注先是，公如晉，仲孫玃卒，民被其役。時年叔倪出會，故秋七月復大雩。疏注「先是」至「大雩」。○《校勘記》：「鄂本『時年』作『明年』，諸本皆誤作時。」按：紹熙本作「明」。「公如晉」、「仲孫玃卒」，並見上。「明年，叔倪出會」，即下《二十五年》「叔倪會晉趙鞅以下于黄父」是也。秋七月大雩，亦見下《二十五年》。《五行志中之上》：「二十四年八月大雩。劉歆以爲，《左氏傳》二十三年『邾師城翼，還經魯地，魯襲取邾師，獲其三大夫。邾人愬于晉，晉人執我行人叔孫婼』，是春還歸之。」按：如何義，自謂國有大喪，君大夫出朝會，民人供億煩擾之應，於義爲切。

丁酉，杞伯鬱釐卒。疏《校勘記》云：「《唐石經》、

❶「二日」，原脱，據《漢書》補。
❷「日」，原作「月」，據《漢書》改。

諸本同。《釋文》作鬱釐，云：『本亦作釐。』疏云：『《左氏》、《穀梁》作郁釐字，今正本亦有郁字者。』『亦有』下當脱『作』字。」按：古鬱、郁音近。《史記·陳杞世家》：「文公十四年卒，弟平公鬱立。」《索隱》曰：「一作郁釐。譙周云：『名鬱來。』蓋鬱、郁，釐、來，聲相近，故不同也。」《左傳釋文》釐作㮚，云：「本又作斄。」

冬，吴滅巢。疏《大事表》云：「巢爲今廬州府之巢縣，與州來皆楚沿淮重鎮。昭四年楚始患吴，築此三城，以斷其北來之路。吴争七十年而後滅之。三城滅而楚淮右之藩籬盡撤，吴遂由陸路從光、黄經義陽三關之險，以瞰郢都，置大江於不問矣。」按：《左氏》以巢爲楚邑，《公羊》何氏於《十三年》「吴滅州來」云：「不月者，略兩夷。」此無注，應如彼解。《春秋》之義，書滅者皆國，邑多言取也。《書序》有「巢伯來朝」，蓋亦附楚小國也。

葬杞平公。

公羊義疏六十六

句容陳立卓人著

昭二十五年盡是年。

二十有五年春，叔孫舍如宋。

夏，叔倪會晉趙鞅、宋樂世心、衛北宮喜、鄭游吉、曹人、邾婁人、滕人、薛人、小邾婁人于黄父。**疏**《左氏》叔倪作叔詣。旨聲、兒聲古同部。舊疏云：「《左氏》經賈注者作叔詣字。」則賈、服本不同矣。今杜本亦作詣，《釋文》云「樂世心」，《左氏》作「大心」。古世、大多通，見《文十三年》疏。

有鸛鵒來巢。**疏**《釋文》：「鸛，音權。《左氏》作鸜，音劬。」按：《穀梁》亦作鸜。《校勘記》云：「《唐石經》、諸本同。按：《周禮·考工記》：『鸜鵒不踰濟。』《釋文》本作『鸛鵒』。此疏亦引《冬官》『鸛鵒不踰濟』。」則與賈公彥本異，故彼疏云：「《左氏傳》作鸜鵒，《公羊傳》作鸛鵒，此經注皆作鸜字，與《左氏》同也。」《淮南·原道訓》注又作鴝，故《左傳釋文》云：「本又作鴝也。」陳氏壽祺《五經異義疏證》：「《左傳音義》：『鸜，其俱反，嵇康音權。本又作鴝，《公羊傳》作鸛，音權。鵒音欲。』《穀梁音義》：『鸜，本又作鸛，音灌。《左氏》作鸜，《公羊》作鸛。』《公羊音義》：『鸛，音權。《左氏》作鸜。』《周禮音義》作鸛，云：『徐、劉音權，《公羊傳》同。本又作鸜，《左傳》同。』今考《公羊春秋》『有鸛鵒來巢』，傳曰：『何以書？記異也。何異爾？非中國之禽也，宜穴又巢也。』何休《解詁》曰：『鸛鵒，猶權欲，宜穴又巢，此權臣欲國，自下居上之徵也。』何氏明言鸛鵒猶權欲，則鸛讀如權，故諸家《公羊》本並從之。《左氏》、《考工記》古本亦皆作鸛，音權。觀鄭注《考工記》引《左氏春秋》，徐邈、劉昌宗《周禮音》，嵇康《左傳音》，陸德明《周禮音義》並同，可證其作鸜者，非古本也。而賈疏《考工記》云：『此經注皆作鸜字，與《左氏》同。』賈所見《周禮》鄭注本，不如諸家之善，又不知《左氏》有作鸛之本，疏矣。」按：作鸛者，今文也。作鸜者，古文也。《說文》多用古文說，故《鳥部》：「鴝，鴝鵒也，从鳥句聲。」又：「鵒，鴝鵒也，从鳥谷聲。古者鴝鵒不踰泲。」《玉篇》：

「鴝，具愚切，❶鴝鵒也。鸜，同上。」《一切經音義》十九云：「鴝鵒，又作鸜，同具俱反。下以屬反。似反舌，頭有兩毛角者。《山海經》、《公羊傳》作鸜，音權。」按：《山海經·中山經》：「又原之山，其鳥多鸜鵒。」注：「鴝鵒也。傳曰『鸜鵒來巢』。」并用《左氏》説。《周禮》亦古文家説，亦當作鸜。《穀梁》當以「一本作鸜」爲正，《穀梁》多同《公羊》故也。《公羊》自作鸛音權，不必比而同也。

何以書？記異也。**疏**舊疏引《運斗樞》云：「有鸜鵒來巢于榆。」此經不言「于榆」者，欲道來巢即爲異，不假指其處所也。《左傳》云：「書所無也。」《周禮疏》引服虔云：「《周禮》曰：『鸜鵒不踰濟。』今踰，宜穴而又巢，故曰書所無也。」《新序·十一》云：「鸜鵒來，冬多麋。言鳥獸之類也。」按：「類」下缺三字，蓋謂「失其所」也。

何異爾？非中國之禽也，宜穴又巢也。**注**非中國之禽而來居此國，國將危亡之象。鸜鵒猶權欲。宜穴又巢，此權臣欲國，自下居上之徵也。其後卒爲季氏所逐。**疏**《周禮疏》引《異義》：「『《公羊》以爲，鸜鵒夷狄之鳥，穴居。今來至魯之中國巢居，此權臣欲自下居上之象。❷《穀梁》亦以爲夷狄之鳥來中國，義與《公羊》同。《左氏》以爲，鸜鵒來巢，書所無也。許君謹案：從二傳。』後鄭駁之云：❸『按：《春秋》言來者甚多，非皆從夷狄來也。從魯疆外而至，則言來。鸜鵒本濟西穴居，今乃踰濟而東，又巢，爲昭公將去魯國。』」按：《考工記》注：「鸜鵒，鳥也。《春秋》昭二十五年『有鸜鵒來巢』，書所無也。鄭司農云：『不踰濟，無妨於中國有之。』」則鄭駁與先鄭同，故其注《周禮》引《左傳》文也。《御覽》引《稽命徵》云：「鸜鵒非中國之禽也。」《御覽》引《考異郵》云：「鸜鵒者飛行，屬於陽之鳥，穴居於陰。」「之鳥」上缺二字，或以爲「夷狄」字。又引《稽命徵》云：「孔子謂子夏曰：『鸜鵒至，非中國之禽。』」《穀梁傳》：「一有一亡曰有。來者，非中國之禽也。❹鸜鵒穴者而曰巢。」按：《公》、《穀》二傳，皆無

❶「具」，原作「其」，據《玉篇》改。
❷「欲」字原脱，據《周禮注疏》補。
❸「後」字原脱，據《周禮注疏》補。
❹「非中國之禽也」，《春秋穀梁傳注疏》作「來中國也」。

「夷狄之鳥」語，惟《五經異義》引以爲《公羊》、《穀梁》説。蓋中國猶言國中也，言非魯所有之鳥也。《詩·周南·葛覃》：「施于中谷。」傳：「中谷，谷中也。」「中谷有蓷」同。又《王風·兔罝》：「施于中林。」傳：「中林，林中。」此倒句法，訓詁中多有此例。如中阿爲阿中，中陵爲陵中，中原爲原中，皆是。則三傳義皆可通。何注云「非中國之禽而來居此國」，正謂非魯國中之禽而來居此國也。《通義》云：「中國，國中也。❶鸜鵒不踰濟，非魯國中所有。《説文解字》曰『有者，不宜有也』。」是也。舊疏引《異義》「《公羊》説『鸜鵒，夷狄之鳥』」云云，非也。又引《冬官》鄭注云：「無妨於中國有之者，何氏所不取。」然何氏並無以鸜鵒爲夷狄之鳥説。又引舊解以爲「中國，國中者，非傳注之意」。按：舊解甚是，不得反以爲非也。舊疏引鄭《駮異義》云：「《春秋》之鳥，不言來者，多爲夷狄來也。若鸜鵒乃飛從夷狄而來，則昭將去遠域之外。」語多誤脱，與《周禮疏》所引不合，當以《周禮疏》引爲是。○注「非中」至「所逐」。○《五行志中之下》云：「昭二十五年有鸜鵒來巢。劉歆以爲，羽蟲之孽。其色黑，又黑祥也。視不明，聽不聰之罰也。劉向以爲，有蜚有蟚，不言來者，氣所生，所謂眚也。鸜鵒言來者，氣所致，所謂祥也。鸜鵒，夷狄穴藏之禽，來至中國，不穴而巢，陰居陽位，象季氏將逐昭公，去宫室而居外野也。鸜鵒白羽，旱之祥也。穴居而好水，黑色爲主急之應也。天戒若曰：『既失衆，不可急暴。急暴，陰將持節陽以逐爾，去宫室而居外野矣。』昭不寤，而舉兵圍季氏，爲季氏所敗，出犇于齊，遂死於外野。董仲舒指略同。」《穀梁》注引劉向曰：「去穴而巢，此陰居陽位，臣逐君之象也。」皆與何氏義同。何氏以權欲解鸜鵒，因以取占應也。《後漢書·何敞傳》：「故鸜鵒來巢，昭公有乾侯之戹。」《左傳》載師己語曰：「文武之世，童謡有之：『鸜之鵒之，公出辱之。鸜鵒之羽，公在外野。往饋之馬，鸜鵒跦跦，公在乾侯。徵褰與襦，鸜鵒之巢，遠哉遥遥。稠父喪勞，宋父以驕。鸜鵒鸜鵒，往歌來哭。』」是以爲昭公被逐之應。首句亦以「出辱」韻「鸜鵒」，因以出辱解鸜鵒也。惟彼專占魯君，不若《公》、《穀》占季氏以下逐上義切。

秋，七月上辛，大雩。季辛，又雩。

❶「國」，原作「之」，據《通義》改。

又雩者何？又雩者，非雩也，聚衆以逐季氏也。**注**一月不當再舉雩言。又雩者，起非雩也。昭公依托上雩生事，聚衆欲以逐季氏。不書逐季氏者，諱不能逐，反起下孫及爲所敗，故因雩起其事也。但舉日不舉辰者，辰不同，不可相爲上下。又日爲君，辰爲臣，去臣則逐季氏意明矣。上不當日，言上辛者，爲下辛張本。不言下辛言季辛者，起季氏不執，下而逐君。**疏**《繁露·楚莊王》篇：「是故，逐季氏而曰又雩，微其辭也。」《五行志中之上》云：「二十五年七月上辛大雩，季辛又雩，旱甚也。劉歆以爲，時后氏與季氏有隙。又季氏之族有淫妻爲讒，使季平子與族人相惡，皆共譖平子。子家駒諫曰：『讒人以君徼幸，不可。』昭公遂伐季氏，爲所敗，出奔齊。」❶按：劉歆係《左氏》家說。董君言「微其詞」，何注所本。○注「一月」至「事也」。○鄂本、紹熙本「托」作「託」，當据正。舊疏云：「《僖三年》注云：『大平一月不雨即書。《春秋》亂世，一月不雨，未害物，未足爲異，當滿一時乃書。』然則《春秋》之義，一時能害，方始書雩，豈有再舉其雩乎？故曰『一月不當再舉雩矣』。既無一月再舉雩之例，而言又雩者，可以起其非實雩矣。」按：下經云「公孫于齊」，明公逐季氏不克，反爲所敗，故諱言又雩也。《史記·魯世家》：「三家共伐公，公遂奔。」是其事也。○注「但舉」至「上下」。○舊疏云：「以去年夏五月乙未朔，日有食之。則此月上辛爲辛丑，下辛爲辛酉可知。所以直言辛，不兼言丑、酉者，若言辛丑、辛酉，即是參差不同，不可爲上下故也。」○注「又日」至「明矣」。○《校勘記》出「去臣」，云：「閩、監、毛本同，誤也。鄂本『臣』作『辰』，當據正。《釋文》亦作去辰。」按：紹熙本亦作「去辰」。舊疏云：「十日爲陽爲幹，故爲君之義。十二辰爲陰爲枝，故爲臣之象。」《史記·龜筴傳》：「日辰不全。」注：「甲乙謂之日，子丑謂之辰。」《周禮·硩簇氏》：「以方書十日之號，十有二辰之號。」注：「日謂從甲至癸，辰謂從子至亥。」《南齊書》引蔡邕《月令章句》：「日，幹也。月，支也。日君辰臣，故去辰

❶「齊」字原脱，據《漢書》補。

爲去季氏象。」○注「上不」至「張本」。○舊疏云：「雩例書時，即《桓五年》『秋，大雩』之文是，故云『上不當日』。若然，亦不合月而云七月者，欲見上辛、下辛皆七月之故。」《通義》云：「祭禮諏日不諏辰。《詩》曰『吉日維戊』、《少牢饋食》曰『日用丁巳』是也。《春秋》兼舉日辰者，別事之先後也。雩本不在録日辰之例，故但舉兩辛以見疏數耳。」蓋惟雩不書月日，再雩又不可書日，故但舉幹日以別。既書幹日，不得不月矣。○注「不言」至「逐君」。○《穀梁傳》曰：「季者，有中之辭也。」按：凡言上者，對下之稱。既言上辛，而不言下辛，亦董生所謂「微其辭」是也。

九月己亥，公孫于齊，次于楊州。注地者，臣子痛君失位，詳録所舍止。疏《釋文》：「楊州，《左氏》作陽州。」《校勘記》：「葉鈔《釋文》、鄂本、閩本同。《唐石經》、監、毛本作『楊州』，疏同。」紹熙本亦作「楊州」。包氏慎言云：「九月書乙亥，月之二十日。《左氏》作己亥，則爲八月四日。」按：各本《公羊》皆作己亥，與《左氏》同，惟《穀梁》經作乙亥。杜云：「陽州，齊、魯竟上邑。」《彙纂》：「今兖州府東平州東北有陽州城。」陽、楊古音同。《論語》「陽貨」，《史記·十二諸侯年表》作「楊貨」是也。○注「地者」至「舍止」。○舊疏云：「《春秋》之義，悉皆舉重，不舉公孫爲重，而復書『次于楊州』者，臣子哀痛公之失位，是以詳録公之所舍止之處矣。」劉氏逢禄《釋例》：「因事以定地，因地以定事，亦重其事而加詳焉爾。故《莊三十二年》『公薨于路寢』，注：『在寢地，加録内也。』」同此義也。

齊侯唁公于野井。疏《穀梁傳》：「弔失國曰唁。」《詩·鄘風·載馳》：「歸唁衛侯。」傳：「弔失國曰唁。」此據失國言之。若對弔死曰弔，則弔生亦曰唁。《詩·小雅·何人斯》云：「不入唁我。」襄廿三年《左傳》：「齊侯使夙沙衛唁之。」《詩疏》引服云「弔生曰唁」是也。杜云：「濟南祝丘縣東有野井亭。」《水經注·濟水》篇：「濟水北逕平陰縣西，又逕盧縣故城，又東北右會玉水，其水西北流，逕玉符山。又逕獵山東，又西北枕祝阿縣故城東野井亭西。《春秋》昭二十五年書『齊侯唁公于野井』是也。」《大事表》云：「在今濟南府齊河縣東，濟河北岸。」《山東通志》：「野井亭在濟南長清縣東北四十里。」

唁公者何？昭公將弒季氏，**注**傳言弒者，從昭公之辭。**疏**注「傳言」至「之辭」。○舊疏云：「君討臣下，正應言殺。今傳云弒，故須解之。言『從昭公之辭』者，即下文云『吾欲弒之，何如』是也。」《校勘記》云：「《唐石經》、諸本同。《釋文》作『將殺』，『音試，下及注同。』」按：依疏則傳文本作弒也。漢石經《公羊》弒皆作試，猶今人語云「姑且試之」，故其語可通乎上下也。

告子家駒曰：「季氏爲無道，僭於公室久矣，**注**諸侯稱公室。**疏**《漢書·五行志》亦作子家駒，蓋即《左傳》之子家羈。上五年《左傳》有子家羈，公孫歸父之孫，即子家懿伯也。杜云：「子家羈，莊公之玄孫。」舊疏云：「季氏爲無道者，謂無臣之道。」❶《廣雅·釋詁》：「僭，擬也。」○注「諸侯稱公室」。○《論語·季氏》篇：「禄之去公室五世矣。」閔二年《左傳》：「間于兩社爲公室輔。」公室猶公家也，故爲諸侯之稱。昭二十五年《左傳》：❷「宋樂祁曰：『魯政在季氏三世矣，魯君喪政四公矣。』」杜注：「三世：文子、武子、平子。四公：宣、成、襄、昭。」《論語》「禄去公室五世，政逮大夫四世」之語，蓋發於定公之世，故各多一世也。孔安國數文子、武子、悼子、平子，是文子即專國政也。禄去公室始于宣公時，專政者東門氏，輔之者季氏。逐子家父、虧姑成婦，皆文子事。悼子未爲卿，而卒不專國政，則當謂文子、武子、平子、桓子爲四世也。

吾欲弒之何如？」**注**昭公素畏季氏。意者，以爲如人君，故言弒。**疏**注「昭公」至「言弒」。○《隱四年》傳：「與弒公也。」注：「弒者，殺君之辭。」則臣下犯於君父皆謂之弒。今昭公欲討臣下而言弒，故須解之。

子家駒曰：「諸侯僭於天子，大夫僭於諸侯，久矣。」**疏**《校勘記》云：「《唐石經》、諸本同。《考工記》：『畫繢之事，其象方，天時變。』注引子家駒曰：『天子僭天。』今何本無此句。《周禮·大宰》疏引作『諸侯僭天子，大夫僭諸侯』，此二『於』字當爲衍文。《考工記》注無『於』字可證。」《續漢志》注引《春秋考異郵》云：「天子僭天，大夫僭人主，諸侯僭上。」《漢書·

❶「臣」，原作「日」，據《春秋公羊傳注疏》改。
❷「昭」下，原脱「二十」，據《春秋左傳注疏》補。

貢禹傳》:「大夫僭諸侯,諸侯僭天子,天子過天道。」《周禮·考工記》云:「土以黄,其象方,天時變。」注:「古人之象,無天地也。爲此記者,見時有之耳。❶子家駒曰『天子僭天』,意亦是也。」彼疏云:「子家駒曰:『天子僭天,諸侯僭天子,大夫僭諸侯。』彼云『天子僭天』,未知所僭何事,要在古人衣服之外,别加此天地之意,故亦是僭天。故云『意亦是也』。」則傳文當有「天子僭天」語。《公羊禮説》云:「『天子僭天』,今本無此句,兩漢諸儒多引之,蓋《嚴氏春秋》也。漢武帝册仲舒曰:『蓋儉者,不造玄黄旌旗之色。』《貢禹》傳:『天子過天道。』❷然未知過天道爲何事,而造玄黄旌旗之色爲何證也。及觀《考工記》注:『古人之象,無天地也。』引子家駒『此天子僭天』語。又鄭司農云:『天時變,謂晝天隨四時色。』知古人無一字無來歷也。惠氏棟駁之曰:『「黄帝、堯、舜垂衣裳而天下治,蓋取諸乾坤」。乾坤即天地也。乾爲衣,坤爲裳,即《皋陶謨》「予欲觀古人之象」,無天地可乎?』按:惠説非也。《虞書》十二章,自日月已下,不見有天地,繪以爲衣,繡以爲裳,非徒如《易》之空取象已耳。後王於日月而外,並天地而繪繡之矣。故鄭云:『古人之象,無天地也。』天玄地黄,故云『晝天隨四時色,土以黄也』。惠云『乾坤即天地』,古有繪乾坤於衣裳者乎?將以日月爲天,山爲地乎?又非通論矣。《説苑》:「孔子與景公坐。左右曰:『國史來言,周廟燔。』孔子曰:『是釐王廟也。』景公曰:『知之?』❸孔子曰:『皇皇上帝,其命不忒。君之與人,必報有德,禍亦如之。夫釐王變文武之制而作玄黄宫室,輿馬奢侈,不可振也,故知天殃其廟。』」合觀諸説,不獨見《春秋》嚴、顔異同,而《考工》鄭注亦可互相發明矣。董仲舒、貢禹、劉向、鄭康成,皆《公羊》先師,後先一轍。至於《春秋説》文,又不得以緯書廢之矣。」按:《御覽》引《合誠圖》云:「大帝冠五彩,衣青衣,黑下裳,增日月。日在上,月在下。」《論衡·語增》云:「服五采,畫日月星辰。」《量知》篇云:❹「文章炫耀,黼黻華蟲日月。」明日月星辰得用之矣。其諸侯僭天子,則下傳所言設兩觀、乘大路、朱干玉戚之屬是也。

❶「見」字,原脱,據《周禮注疏》補。
❷「子過天」,原作「過天子」,據《漢書》改。
❸「景公曰『知之』」,《説苑》作「何以知之」。
❹「量」,原作「莫」,據《論衡》改。

《禮記・郊特牲》云「諸侯之宮縣，而祭以白牡，擊玉磬，朱干設錫，冕而舞《大武》，乘大路，諸侯之僭禮也」是也。又云：「臺門而旅樹，反坫，繡黼丹朱中衣，大夫之僭禮也。」又云：「大夫之奏《肆夏》也，由趙文子始也。」皆大夫僭諸侯事也。彼又云：「故天子微，諸侯僭。大夫强，諸侯脅。」注：「言僭所由。」蓋上行下效，故諸侯僭天子，大夫僭諸侯，相因以起也。**昭公曰：「吾何僭矣哉？」**注 失禮成俗，不自知也。疏 注「失禮」至「知也」。○舊疏云：「正以魯人始僭在《春秋》前，至昭已久，故不自知。」《漢書・貢禹傳》云：「然非自知奢僭也。猶魯昭公曰：『吾何僭矣。』今大夫僭諸侯，諸侯僭天子，天子過天道，其日久矣。」❶**子家駒曰：「設兩觀，**注 禮，天子、諸侯臺門，天子外闕兩觀，諸侯内闕一觀。疏 注「禮，天子諸侯臺門」。○《周禮・太宰》疏引何氏云：「天子兩觀，諸侯臺門。」與今本同。按：此《禮器》文。洪氏頤煊《禮經宮室答問》：「問庫門之制。曰：『《禮器》：「天子、諸侯臺門，家不臺門。」是天子、諸侯庫、雉、路三門，皆有臺也。《爾雅》「闍者謂之臺」。《禮器疏》：「兩邊築土爲基，基上起屋曰臺門。」《郊特牲》：「繹之于庫門内。」庫門既可繹祭，則其門堂之制當與廟門同。《考工記》唯言路門、應門室數而不及庫、雉，❷明雉門、庫門之大與路門同也。』」按：《禮器疏》又云「諸侯有保捍之重，故爲臺門。大夫輕，故不得也」是也。○注「天子」至「一觀」。○舊疏云：「《禮説》文。」《禮記・禮運》云：「出游于觀之上。」注：「觀，闕也。」《正義》：「《爾雅・釋宮》云：『觀謂之闕。』孫炎云：『宮門雙闕者，舊懸法象，謂使民觀之處，因謂之闕。』熊氏云：『當門闕處，以通行路。』既言雙闕，明是門之兩旁相對爲雙。熊氏得焉。《白虎通》云『闕是闕疑』，義亦相兼。按：何休注《公羊》天子兩觀外闕，諸侯臺門，則諸侯不得有闕。魯有闕者，魯以天子之禮，故得有之也。《公羊傳》曰：『設兩觀，乘大路。』此皆天子之禮是也。按：《定二年》『雉門災及兩觀』，魯之宗廟在雉門外左。孔子出廟門而來至雉門，遊于觀。此觀又名象魏，以其懸法象魏。魏，巍也，其處巍巍高大。故《哀三年》『桓宮災。

❶「日」，原作「自」，據《漢書》改。
❷「室」，原作「客」，據《周禮注疏》改。

季桓子至，御公立於象魏之外，命藏象魏，曰：「舊章不可亡也。」』熊氏曰：『天子藏舊章於明堂，諸侯藏於祖廟。知者，以天子視朔於明堂，諸侯於祖廟故也。』」按：何氏此注明云「諸侯内闕一觀」，則諸侯非無闕。魯僭天子在兩觀，不在有闕。象魏爲藏舊章之所，則當有屋其上，可登而望，故皇氏云：「登遊于觀之上。」熊氏云：「謂遊目看於觀之上也。」桓宫災，季桓子恐延及觀闕，故曰：「舊章不可亡。」去祖廟尚遠。熊氏謂藏於祖廟，亦未可据。視朔於廟，自以諸侯受朔藏之太廟，故視朔於廟，與此無涉也。《禮經宫室答問》又云：「問：雉門謂之觀，又謂之象魏，又謂之闕，其制可考否？曰：《禮運》：『仲尼與于蜡賓，事畢，出遊于觀之上。』鄭注：『觀，闕也。』孔疏：『出遊于觀之上，謂出廟門，往雉門，雉門有兩觀。』《左氏》定二年：『夏，五月壬辰，雉門及兩觀災。冬十月，新作雉門及兩觀。』明雉門與兩觀連也。《太宰》：『正月之吉，乃懸治象之法於象魏。』鄭司農云：『象魏，闕也。』故魯災，季桓子御公立于象魏之外，命藏象魏，曰：『舊章不可亡也。』《左氏》孔疏云：『闕在門旁，中央闕然爲道也。其上懸治象，其狀巍巍然高大，謂之象魏，使人觀之謂之觀。』是觀與象魏、闕爲一物而三名焉。」按：《禮疏》引《白虎通》云：「闕，疑。」熊氏謂當門闕處，以通行路。《水經注》引潁容云：「闕者，上有所失，下得書之於闕，所以求論譽於人。」《詩疏》引孫炎《爾雅注》：「舊章縣焉，使民觀之。」《淮南・本經訓》：「魏，闕。」注：「門闕崇高，巍巍然。」然則觀示天下，故謂之觀。巍然高大，謂之爲魏。有疑則闕，故謂之闕。然觀與闕同在一處，而非一物。闕者，其制則在門兩旁，故孫、郭説《爾雅》皆云：「宫門雙闕。」据緯文，則天子外，諸侯内耳。故《水經注》引《白虎通》云「闕者，所以飾門，別尊卑也」是也。《中華古今注》：「謂兩觀其上可居，登之則可遠觀，故謂之觀。」則觀可升上，故《禮運》云「出遊于觀之上」也。天子二觀，諸侯一觀，其制差耳。若闕，則宜皆有二。故《西京賦》云：「圓闕竦以造天，若雙碣之相望。」《唐書》載朱敬則、楊炎俱以世孝義，被旌，門樹六闕。❶《册府元龜》言「閥閱二柱，相去一丈。柱安瓦筒，號烏頭梁，即謂之闕。」是無不成對者，猶可見古闕遺制。乘大

❶「六」，原作「亦」，據《舊唐書》改。

路，**注**禮，天子大路，諸侯路車，大夫大車，士飾車。**疏**注「禮天」至「飾車」。○《北堂書鈔》引《白虎通》「路者何謂也？路，大也，道也，正也。君至尊，制度大，所以行道德之正也。路者，君車也。天子大路，諸侯路車，大夫軒車，士飾車。玉路，大路也。謂車爲路者何？言所以步之於路也。」《大戴禮・朝事》篇：「乘大路，建大常，十有二旒。」又云：「天子乘大路，貳車十有二乘。」《通義》云：「大路，殷路也。殷祀天以木路，尚質。周祀天以玉路，尚文。魯郊不敢純與王同，故乘殷之路。《明堂位》所謂『魯君孟春乘大路，載弧韣，❶旂十有二旒，日月之章，祀帝于郊，配以后稷，天子之禮也。』」按：《明堂位》又云：「大路，殷路也。」注：「大路，木路也。漢祭天乘殷之路也，今謂之桑根車也。《春秋傳》曰：大路素。」桓二年《左傳》：「大路越席，昭其儉也。」宜斥木路。《郊特牲》亦云：「乘大路，諸侯之僭禮也。」蓋即本魯言之，故注云：「白牡、大路，殷天子禮也。」諸侯路車者，《詩・小雅・采芑》詠方叔云：「路車有奭。」又《采菽》云：「路車乘馬。」以《周禮・巾車》次之，同姓諸侯宜金路，異姓以象路，四衛以革路，蕃國木路也。彼木路無龍勒不鞔，以革漆之而已。蓋與殷之大路、木路者自不同也。皆在王五路內，故統謂之路車也。大夫大車，舊疏引《詩》云：「大車檻檻。」按：《詩・王風》傳云：「大車，大夫之車。」以《巾車》考之，孤乘夏篆，卿乘夏縵，大夫乘墨車也。《白虎通》謂大夫軒車。閔二年《左傳》：「鶴有乘軒者。」注：「軒，大夫車。」疏引服云：「車有藩曰軒。」蓋三面有蔽，空其前，如軒懸然。大車當亦然也。士飾車者，舊疏引《書傳》云「乘飾車兩馬，庶人單馬木車」是也。《巾車》：「士乘棧車，庶人乘役車。」注：「棧車，不革鞔而漆之。」彼疏引《唐傳》云：「古之帝王必有命民，於其君得命，然後得乘飾車、駢馬、衣文駢錦。」注云：「飾，漆之車。駢，併也。」是其事。蓋較庶人役車爲飾耳。

朱干，**注**干，楯也。以朱飾楯。**疏**注「干楯」至「飾楯」。○《明堂位》云：「朱干。」注：「朱干，赤大盾也。」《方言》：「盾自關而東，或謂之干，或謂之瞂。」《小爾雅・廣器》：「干、瞂，盾也。」❷《說文・戈

---

❶「韣」，原作「觸」，據《通義》及《禮記正義》改。

❷「瞂」，原作「戚」，據《小爾雅》改。

部》：「戰，盾也。」又云：「瞂，盾也。」則干者，戰之叚借。《周書·王會》篇：「蛟瞂利劍爲獻。」《詩·秦風》：「蒙伐有苑。」傳：「伐，中干也。」《釋文》「伐，本又作瞂」是也。又作「撥」，《史記·孔子世家》「矛戟劍撥」，《索隱》：「撥，謂大盾。」又作「吺」，《蘇秦列傳》：「革抉吺芮。」《索隱》：「吺與瞂同。」皆干別名也。《郊特牲》説諸侯僭禮，亦有朱干。**玉戚，** 注 戚，斧也。以玉飾斧。疏 注「戚斧」至「飾斧」。○《御覽》引《五經通義》云：「戚，斧。干，盾也。玉取其德，干取其仁。明當尚德行仁以斷斬也。」《明堂位》「玉戚」注：「戚，斧也。」《詩·大雅·篤公劉》云：「干戈戚揚。」傳：「戚，斧也。」《説文·戉部》：「戚，戉也。」《釋名·釋兵》云：「戚，慼也。斧以斬斷，見者皆慼懼也。」《小爾雅·廣器》：「鏚、❶鉞，斧也。」鉞即戉字，故《説文》又云：「戉，斧也。」引《司馬法》曰：「夏執玄戉，殷執白戉，周左杖黃戉，右秉白旄。」《説文·斤部》：「斧，斫也。」鄭注《檀弓》云：「斧形旁殺，刃上而長。」《六韜·軍用篇》：「大柯斧長八寸，重八斤。柄長五尺以上。一名天鉞。」「伐木天斧重八斤，❷柄長三尺以上。」則玉戚者，蓋以玉飾柄與？**以舞大夏。** 注 大夏，夏樂也。周所以舞夏樂者，王者始起，未制作之時，取先王之樂與己同者，假以風化天下。天下大同，乃自作樂。取夏樂者，與周俱文也。王者舞六樂于宗廟之中。舞先王之樂，明有法也。舞己之樂，明有則也。舞四夷之樂，大德廣及之也。東夷之樂曰株離，南夷之樂曰任，西夷之樂曰禁，北夷之樂曰昧。疏 注「大夏，夏樂也」。○《明堂位》云：「以舞《大夏》。」注：「《大夏》，夏舞也。」《祭統》云：「朱干玉戚，以舞《大武》，八佾以舞《大夏》。天子之樂也，康周公故以賜魯也。」與此反。彼注云：「武象之樂也。朱干，赤盾。戚，斧也。此武象舞之所執也。佾，猶列也。《大夏》，禹樂文舞也，執羽籥。文、武之舞皆八列，互言之耳。」

❶「鏚」，原作「戚」，據《小爾雅》改。
❷「天」，據《六韜》，當是「大」字之訛。

康猶褒大也。」《樂記》云：「夏，大也。」《白虎通・禮樂》篇：「禹曰《大夏》者，言禹能承二聖之道而行之，故曰《大夏》也。」《御覽》引《元命包》云：「禹之時，民大樂其駢三聖相繼，故夏者大也。」○注「王者」至「作樂」。○《白虎通》又云：「王者始起，何用正民。以爲且用先代之禮樂，天下大平，乃更制作焉。」又云：「大平乃制禮作樂何？夫禮樂所以防奢淫。天下人民饑寒，何樂之乎。」❶《書大傳》曰：「周公將作禮樂，優游之，三年乃不能作。君子恥其言而不見從，恥其行而不見隨。將大作，恐天下莫我知。將小作，恐不得揚父祖功業德澤。然後營洛以觀天下之心，於是四方諸侯帥其群黨各攻位于其庭。周公曰：『示之以力役，且猶至，況導之以禮樂乎？』然後敢作禮樂。《書》曰：『作新大邑于大國洛，四方民大和會』，此之謂也。」《禮記・樂記》云：「功成作樂，治定制禮。」《明堂位》云：「制禮作樂，頒度量而天下服。」是天下大同乃自作樂之事也。○注「取夏」至「文也」。○《白虎通・禮樂》篇：「《春秋傳》曰：『曷爲不修乎近而修乎遠？同己也。可因先以大平也。』」按：此疑亦《春秋説》語，明周不取殷而取夏義也。《周書・世俘解》「武王克殷，馘于周廟。籥人奏《崇禹生開》三終，王定。」孔氏廣森《經學卮言》以「崇禹生開」爲夏歌也。《漢書・董仲舒傳》：「王者未作樂之時，❷乃用先王之樂宜於世者，❸而以深入教化於民。」❹即取與周俱文之義。○注「王者」至「之中」。○《御覽》引《五經通義》云：「樂者，所以象德表功，因事之宜。受命而王者六樂焉。以《大乙》樂天，以《咸池》樂地，以《肆夏》樂人，以《大夏》樂四時，以《大濩》樂五行神明，以《大武》樂六律，各象其性而爲之制，以樂其先祖。」又《三禮義宗》云：「周制禮用六代之樂，四時祭祀，分而用之。祭之尊卑，凡有此等，故用六代之樂，配十二調而作之。一代之樂，則用二調。遠取黄帝者，以舞樂之始興於黄帝。奏者，謂堂下四垂鐘聲之調。歌者，謂堂上琴瑟之音。但一祭之中，皆自爲二調。庭奏者，常以陽氣爲調。升歌者，常以陰禮爲聲。周人用六代之樂，祭天《雲門》，地以《咸池》，宗廟以《大磬》。

❶「乎」原作「有」，據《白虎通》改。
❷「作」，原作「奏」，據《漢書》改。
❸「王」，原作「代」，據《漢書》改。
❹「於」，原作「爲」，據《漢書》改。

不用時王之樂，以三樂其道最美，故三祭用之。宗廟用九德之歌，彰明先祖之德也。大蜡盡天地四方之神而祭之，其樂亦盡用四時之調。凡四方十二辰，則有十二律，陰陽相配，二代道共作一代之樂，故爲六樂。大蜡之祭，則盡用之。合天地四方之神，合六代之樂，故終不過六。」按：《周禮・大司樂》云：「以樂舞教國子，舞《雲門》、《大卷》、《大咸》、《大磬》、《大夏》、《大濩》、《大武》。」《雲門》、《大卷》，皆黄帝樂，共爲六樂也。惟《周禮》分别以祭以享以祀，《大濩》以享先妣，《大武》以享先祖。此謂舞六樂于宗廟之中，不同耳。然天神、地示、四望、山川，亦必有舞，何氏特科舉宗廟，統言六樂，未分别之耳。○注「舞先」至「之也」。○《校勘記》出「明有則也」，云：「閩、監、毛本同，誤也。鄂本『則』作『制』，當據正。制謂己所制也，則即法，複上。」按：紹熙本作「制」，盧校本《白虎通・禮樂》云：「王者有六樂者，貴公美德也。所以作供養。謂因先王之樂，明有法，示正其本，興己所自作樂，明己作也。所以作四夷之樂何？德廣及之也。《易》曰：『先王以作樂崇德，殷薦之上帝，以配祖考。』《詩》云：『奏鼓簡簡，衎我烈祖。』《樂元語》曰：『受命而六樂，樂先王之樂，明有法也。興其所自作，明有制。興四夷之樂，明德廣及之也。』」《文選注》引《韓詩傳》：「王者舞六代之樂，舞四夷之樂，大德廣及之也。」按：舞六代之樂，下有脱文。《通典》引《五經通義》又云：「舞四夷之樂，明德澤廣被四表。」《文選・東京賦》：「四夷間奏，德廣所及。」《詩・小雅・鼓鐘》傳：「舞四夷之樂，大德廣所及也。」《禮記・明堂位》：「納夷蠻之樂于太廟，言廣魯於天下也。」○注「東夷」至「曰昧」。○舊疏以爲《樂説》文，引彼注云：「陽氣始起於懷任之物，各離其株也。南者，任也，盛夏之時，物皆懷任矣。草木畢成，禁如收斂。盛陽消盡，❶蔽其光景昧然是也。」《白虎通》又云：「故南夷之樂曰兜離，西夷之樂曰禁，北夷之樂曰昧，東夷之樂曰離。」與《東都賦》僸、佅、兜、離合。《通典》引《五經要義》亦作「西夷之樂曰禁，北夷之樂曰昧」。《周禮・鞮鞻氏》注云：「東方曰韎，南方曰任，西方曰離，北方曰禁。」東韎、西離與《樂緯》文反。賈疏以爲《鉤命決》説也。《白虎通》又云：「南之爲言任也，任養萬物。昧之爲言昧也，昧者，萬物衰老，取晦昧之義也。禁者，

❶「陽」，原作「湯」，據《春秋公羊傳注疏》改。

萬物禁藏。朝離者，萬物微離地而生。」按：何氏以東夷樂曰株離者，《御覽》引《書大傳》：「陽伯之樂舞株離。」鄭注：「象萬物生育，離根株也。」《通典》引《五經通義》云：「東方所謂侏離者何？陽氣始通，萬物之屬離地而生，故謂之株離。」《明堂位》疏引《白虎通》作「朝離」。株、侏通，與朝爲一聲之轉。《校勘記》云：「《釋文》及諸本皆作株離。蜀大字本作邾，誤。」南夷樂曰任者，《明堂位》云：「任，南蠻之樂也。」《五經通義》云：「南方所以謂任者何？陽氣盛，用事，萬物懷任，故謂之任。」古南與任音義通。《明堂位》疏引《白虎通》亦作「南夷之樂曰南」。西夷之樂曰禁者，《五經通義》云：「西方所以謂之禁者何？西方陰氣用事，禁止萬物不得長大，故謂之禁。」北夷之樂曰昧者，《五經通義》云：「北方所以謂之昧何？北方陰氣盛用，萬物暗昧不見，故謂之昧。」諸書或作韎，或作佅，皆通。**八佾以舞《大武》，**疏《解詁箋》云：「夏、武互錯。」《通義》云：「謹按：記云：『朱干玉戚以舞《大武》，八佾以舞《大夏》。』與此文相互。然八佾行綴之名，文、武得通言之。《周官・大司樂》曰：『舞《大夏》以祭山川。』《舞師》則曰：『掌教兵舞，帥而舞山川之祭祀。』是夏舞亦有用干戚者矣。」按：《禮記・明堂位》注云：「《大武》，周舞也。」蓋互文見義。《樂記》述武舞云：「始而北出，再成而滅商，三成而南，四成而南國是疆，五成而分周公左、召公右，六成復綴以崇。」蓋即八佾行綴與？**此皆天子之禮也。**疏《郊特牲》連述「諸侯之宮縣，而祭以白牡，擊玉磬，朱干設錫，❶冕而舞《大武》，乘大路，爲諸侯僭禮。」注云：「言此皆天子之禮也。❷宮懸，四面縣也。干，❸盾。錫，傅其背如龜也。武，萬舞也。白牡，大路，殷天子禮也。」舊疏云：「周公之功，得用四代之樂，而以《大夏》之徒，謂之爲僭者，刺其群公之廟，若祭周公則備。」按：如周公白牡，魯公騂犅，群公不毛。是魯用天子禮樂，止得於文王、周公之廟。後世蓋用之群廟，故季氏有「八佾舞庭」，三家有「雍徹」，皆習見成俗，不知其非，故子家駒言之也。《漢書・董仲舒傳》：「及至周室，設兩觀，乘大路，朱干玉戚，八佾

❶「錫」，原作「鍚」，據《禮記正義》改。
❷「此」字，原脱，據《禮記正義》補。
❸「干」上，原衍「鍚」字，今據《禮記正義》删。

陳於庭而頌聲興。」是皆天子之禮也。且夫牛馬維婁注繫馬曰維，繫牛曰婁。疏注「繫馬」至「曰婁」。○《文選注》引《字林》云：「維，持也。」《詩·小雅·白駒》：「縶之維之。」傳：「維，繫也。」《廣雅·釋詁》：「維，係也。」《詩·小雅·角弓》：「式居婁驕。」箋：「婁，斂也。」斂束亦有維繫之義。何氏以傳云「牛馬維婁」，因以維屬馬，婁屬牛，皆謂繫之牢廄而言。散則通也。舊疏引舊説云：「婁者，侶也，謂聚之於廄也。」《史記·律書》：「婁者，呼萬物且内之也。」義亦相近。委己者也注委食己者。疏《校勘記》云：「《唐石經》同。《釋文》：『委己音紀。』閩、監、毛本己誤已。」按：注「委，食己者」，當作「己」。○注「委食己者」。○《廣雅·釋詁》：「餧，食也。」《漢書·陳餘傳》：「如以肉餧虎。」注：「餧，飤也。」委蓋餧字之省。《詩·小雅·鴛鴦》箋：「無事則委之以莝。」《釋文》「委，猶食也」是也。食皆即《説文》之「飤」字。《食部》：「飤，糧也，从人食。」《素問·至真要大論》：「以甘緩之。」注：「飤己曰食，他曰飤也。」《一切經音義》引《倉頡訓詁》：「飤，飽也。」謂以食與人曰飤。又引《聲類》云：「飤，哺也。」《方言十二》：「牧，飤也。」注：「牧飤，謂放飤牛馬也。」《爾雅·釋木》注：「葉薪可飤牛。」《釋文》引《字林》：「飤，糧也，又作飼。」是飼人飼畜皆可云飤也。❶而柔焉。注柔，順。疏注「柔，順」。○《爾雅·釋詁》：「柔，安也。」《家語·入官》：「優而柔之。」注：「柔，和也。」安、和皆有順義。《經義述聞》云：「何讀至婁字絶句。謹案：維、婁分屬牛馬，古無明文。且牛馬之順於餧己者，不待維繫而始然。然則維、婁二字爲贅文也。今按：此當讀『且夫牛馬』爲句，『維婁委己者也而柔焉』爲句。維與惟同。婁，古屢字也。❷《小雅·角弓》篇『式居婁驕』，王肅注：『婁，數也。』《正月》篇：『屢顧爾僕。』《釋文》作婁。《巧言》篇：『君子屢盟。』《賓之初筵》篇：『屢舞僊僊。』《釋文》並曰『本又作婁』是也。云『屢餧己者』，喻季氏之得民已久也。故下句曰：『季氏得民衆久矣。』言牛馬非他人是順，惟屢餧己者而順焉。亦猶季氏之得民久而民皆從之也。」按：王氏説亦通。《通義》云「此言牛馬

❶ 下「飼」字，原作「詞」，據國學本改。
❷ 「屢」，原作「屬」，據《經義述聞》改。

不知擇主，惟其能委飼己者而柔馴焉，以喻季氏能飲食國人，則國人樂爲之用，君必無功。即《左氏》述子家之言所謂『隱民多取食焉』」是也。季氏得民衆久矣。**注**季氏專賞罰，得民衆之心久矣。民順從之，猶牛馬之於委食己者。**疏**注「季氏」至「己者」。○舊疏云：「言牛馬之數，猶順於委己之人，而季氏作賞有年歲矣，民從之固是其宜矣。」《左傳》：「樂祁曰：『魯君必出，政在季氏三世矣，魯君喪政四公矣。無民而能逞其志者，未之有也。國君是以鎮撫其民，《詩》云：「人之云亡，心之憂矣。」魯君失民矣，焉得逞其志。靜以待命猶可，動必憂。』」又曰：「懿伯曰：『讒人以君徼幸。事若不克，君受其名，不可爲也。舍民數世以求克，事不可必也。且政在焉，其難圖也。』」又曰：「子家子曰：『君其許之。政自之出久矣，隱民多取食焉，爲之徒者衆矣。』」又曰：「子家羈曰：『不可。公室失政數世矣，失民則何以集乎？』」皆謂季氏專賞罰之政，久得衆心，民順從之事也。君無多辱焉。」**注**恐民必不從君命，固爲季氏用，反逐君，故云爾。子家駒上説正法，下引時事以諫者，欲使昭公先自正，乃正季氏。**疏**《經義述聞》云：「多字《釋文》無音。家大人曰：多讀爲祇。祇，適也。言民皆爲季氏用，君若伐之，則民必助之，無適自取辱也。昭二十九年《左傳》曰『君祇辱焉』是也。祇、多古字通。」按：襄二十九年《左傳》：「祇見疏焉。」《正義》祇作多。服虔本作「祇」，解云：「祇，適也。」晉、宋、杜本皆作「多」可證。故襄十四年《左傳》「多遺秦禽」，言祇遺秦禽也。定十五年《左傳》「多取費焉」，言祇取費焉。哀八年《左傳》「不足以害吴而多殺國士」，言不足害吴而祇足傷魯之國士也。皆與此多字義同。按：多，古韻在歌部。祇，古韻在支部。支、歌字古多通轉。○注「恐民」至「云爾」。○《校勘記》出「固爲季氏用」，云：「監、毛本同。閩本固作因，皆誤。鄂本作『而爲季氏用』，與《儀禮通解續》正合，當據以訂正。」按：紹熙本亦作「而」。《淮南·人間訓》云：「公以告子家駒。子家駒曰：『季氏之得衆，三家爲一。其德厚，其威强，君胡得之。』昭公弗聽。」固知其必反見逐也。○注「子家」至「季氏」。○舊疏云：「上説正法者，即謂上文朱干玉戚之屬是也。下引時事

者，謂牛馬維婁是也。」按：《論語·子路》篇：「其身正，不令而行。其身不正，雖令不從。」又《顔淵》篇：「子帥以正，孰敢不正。」故欲使昭公先自正乃正季氏也。**昭公不從其言，終弑而敗焉。****注**果反爲季氏所逐。**疏**《校勘記》云：「《唐石經》作『終弑之而敗焉』，諸本脱之字。按：疏中標經云：『終弑之』者，有『之』，與《石經》合。」《左傳》：「公居于長府。伐季氏，殺公之于門。平子登臺而請曰：『君不察臣之罪，使有司討臣以干戈，臣請待于沂上以察罪。』弗許。請囚于費，弗許。請以五乘亡，弗許。子家子曰：❶『君其許之。政自之出久矣，爲之徒者衆矣，日入慝作，弗可知也。衆怒不可蓄也。』郈孫曰：『必殺之。』公使郈孫逆孟懿子。叔孫氏之司馬鬷戾言於其衆曰：『我，家臣也，不敢知國。』帥徒以往，陷西北隅以入。公徒釋甲，執冰而踞，遂逐之。」《魯世家》：「三家共伐公，公遂奔。」舊疏云：「終弑之者，謂陳兵欲亡，攻殺之也。」○注「果反」至「所逐」。○謂如子家所料。《後漢書·曹節傳》：「審忠上書曰：『虞公抱寶牽馬，❷魯昭見逐乾侯，以不用宫之奇、子家駒，以至滅辱。』」《三國志注》引《漢晉春秋》云：「帝見威權日去，不勝其忿。乃召王沈、王經、王業，謂曰：『司馬昭之心，路人所知也。吾不能坐受廢辱，當自出討之。』經曰：『昔魯昭敗走失國，爲天下笑，皆以不聽羈言致敗故也。』」**走之齊。**

齊侯唁公于野井。**注**弔亡國曰唁，弔死國曰弔。弔喪主曰傷，弔所執紼曰絻。**疏**《左傳》：「齊侯將唁公于平陰，公先至于野井。齊侯曰：『寡人之罪也。使有司待于平陰，❸爲近故也。』」○注「弔亡國曰唁」。○《穀梁傳》：「弔失國曰唁，唁公不得入于魯也。」《詩·鄘風·載馳》云：「歸唁衛侯。」傳：「弔失國曰唁。」此言亡國即失國也。《國策》：「秦果亡趙自危。」高注：「亡，失也」是也。《北堂書鈔》引邱季微《禮統》云：「弔生曰唁。生謂之唁何？非爲喪之位，哭泣之事，但嗟嘆以言，故謂之唁。」《禮記·曲禮》曰：「國君去其國，止之曰：『柰何去社稷

❶「子」，原作「羈」，據《左傳正義》改。
❷「寶」，原作「璧」，據《後漢書》改。
❸「待」上，原衍「先」字，據《左傳正義》删。

也。』」蓋古唁意也。《説文・口部》：「唁，弔生也。」失國亦可直曰亡，《吕覽・審己》云：「齊湣王亡。」注「亡，出奔也」是也。○注「弔死國曰弔」。○《校勘記》云：「諸本同。段玉裁云：『此國字衍。』」《禮統》又云：「弔死曰弔。弔死謂之弔何？素有厚恩，禮無服屬，但致傷哀痛毒，故謂之弔。」《説文・人部》：「弔，問終也。古之葬者，厚衣之以薪，从人持弓，會敺禽。」❶引伸之，凡問凶事皆曰弔。《史記・宋世家》：「魯使臧文仲往弔水。」《集解》引賈逵《左傳》注：「問凶曰弔。」傷悼亦曰弔，《左傳》僖二十四年：「周公弔二叔之不咸。」《襄十四年》「有君不弔」是也。慰問亦曰弔，《孟子・滕文公》「三月無君則弔」是也。對文異，散則通。○注「弔喪主曰傷」。○《廣雅・釋詁》：「傷，痛也。」又：「傷，憂也。」《管子・君臣》篇：「是故明君飾衣食弔傷之禮。」注：「傷謂喪祭。」按：此傷與弔連稱，蓋弔爲弔死，傷爲傷生，故此注云「弔喪主曰傷」也。○注「弔所執紼曰綍」。○《小爾雅・廣詁》：「挽，引也。」《後漢書・樂恢傳》注：「輓，引柩也。」《廣雅・廣詁》：「輓，引也。」《説文・車部》：「輓，引之也。」綍與挽、輓通，爲其用手故作挽，爲其引車故作輓，爲其執紼則作綍。弔所執紼，謂執紼而弔，如後世之輓歌也。《古今注》：「《薤露》、《蒿里》本出田横門人。横自殺，門人傷之，爲作悲歌二章，李延年分爲二曲。《薤露》送王公貴人，《蒿里》送士大夫。庶人使挽柩者歌之，亦謂之《挽歌》。」是其遺也。

曰：「柰何去魯國之社稷？」昭公曰：「喪人**注**自謂亡人。

疏注「自謂亡人」。○《詩・大雅・皇矣》云：「受禄無喪。」注：「喪，亡也。」《論語・先進》：「天喪予。」皇疏：「喪猶亡也。」又《八佾》篇：「何患於喪乎？」皇疏：「喪猶亡失也。」故喪人猶亡人也。《禮記・檀弓》「喪亦不可久也」，又曰「喪人無寶」，注：「喪謂亡失位。」《大學》作「亡人無以爲寶」是也。又《左傳》哀二年：「亡人之子輒在。」亡人謂蒯聵失大子位也。

不佞，**注**不善。

疏注「不善」。○《成十三年》傳：「寡人不佞。」《論語疏》引服虔注「佞，才也」。成十六年《左傳》：「諸臣不佞。」杜注：「佞，才也。」《國語・晉語》「寡君不佞」，韋注：「佞，才也。」不才猶不善也。

失守魯國之社

❶「會」，原作「命」，據《説文解字》改。

稷，執事以羞。」**注**謙自比齊下執事，言以羞及君。**疏**注「謙自」至「及君」。○《釋文》作嗛，云：「音謙，本又作謙。」按：《漢書·藝文志》：「《易》之嗛嗛，一嗛而四益。」謙、嗛同也。舊疏云：「言己之尊卑，比齊之執事也。而舉措不善，失守社稷，由是之故，以羞及君。」《通義》云：「不敢斥齊侯，謙言爲齊執事之羞。」説亦通。今亦通用執事斥所尊言。再拜顙。**注**顙者，猶今叩頭矣。謝見唁也。**疏**注「顙者」至「頭矣」。○《釋文》：「見而稽顙也。」《禮記·檀弓》云：「拜稽顙，哀戚之至也。」❶《説文·頁部》：「頓，下首也。」段注云：「何注《公羊》曰：『顙，猶今叩頭。』《檀弓》稽顙注曰：『觸地無容。』皆與《周禮》『頓首』注合。頓首主於以顙叩觸，❷故謂之稽顙，或謂之顙。《周禮》之九拜不盡知，而稽首者，吉禮也。頓首者，凶禮也。言拜而後稽顙者，空首而頓首也。言稽顙而後拜者，頓首而空首也。言稽顙而不拜者，頓首而不空首也。經於吉、賓、嘉曰稽首，未有言頓首者也。於喪曰稽顙，亦未有言頓首者也。然則稽顙之即頓首無疑矣。有非喪而言頓首者，非常事也，類乎凶事也。如申包胥之九頓首而坐，穆嬴頓首于宣子，季平子稽顙于叔孫昭子，子家駒再拜顙於齊侯，以失國正同也。沿至秦漢，以頓首爲請罪之辭矣。」按：《檀弓》云：「拜而後稽顙。」注：「此殷之喪拜也。」又云：「稽顙而後拜。」注：「此周之喪拜也。」《正義》：「殷之喪拜，自斬衰以下，緦麻以上，皆拜而後稽顙，以其質故也。周則杖期以上，皆先稽顙而後拜；不杖期以下，乃作殷之喪拜。」又云：「此稽顙而後拜，即《大祝》凶拜之下，鄭注：『稽顙而後拜，謂三年服者。』此拜而後稽顙，即《大祝》吉拜，鄭注云：『謂齊衰不杖以下者。』鄭知凶拜是三年服者，以《雜記》云：『三年之喪以其喪拜。』❸喪拜即凶拜。鄭又云：『吉拜，齊衰不杖以下。』則齊衰杖者亦用凶拜。知者，以《雜記》云：『父母在，爲妻不杖不稽顙。』明父母殁爲妻杖，得稽顙，是知杖齊衰得爲凶拜。」此云「再拜顙」，明先拜而後稽顙，用周之吉拜。然《周禮·大祝》注：「稽首拜，頭至地。頓首拜，頭叩地。」是

❶「至」下，據《禮記正義》，當有「隱」字。
❷「觸」原作「謁」，據《説文解字注》改。
❸「其」，原作「大」，據《禮記正義》改。

此之額，即《周禮》之頓首，故何云：「叩頭謂引頭至地。」即舉稽首者稽留之義，頭至地多時，此其異於頓首也。昭公蓋亦止頓首，《周禮》之頓首，即《檀弓》之稽顙與？ 慶子家駒，**注** 慶，賀。 **疏** 注「慶賀」。○《廣雅·釋言》云：「慶，賀也。」《國語·魯語》：「固慶其喜而弔其憂。」注：「慶，猶賀也。」曰：「慶子免君於大難矣。」**疏**《校勘記》云：「《唐石經》原刻無『矣』字，後磨改增刻，諸本誤承之。」按：紹熙本亦有「矣」字。 子家駒曰：「臣不佞，陷君於大難。 君不忍加之以鈇鑕，賜之以死。」**注** 鈇鑕，要斬之罪，即所錫之以死。 **疏** 注「鈇鑕」至「以死」。○《校勘記》出「即所錫之以死」，云：「蜀大字本、閩、監、毛本同。鄂本錫作賜。❶按傳言賜，不當殊文，鄂本是也。」按：紹熙本亦作賜。《公羊問答》云：「鈇鑕爲要斬之罪何也？ 曰：《春秋元命包》曰：『斧鑕主亂行斬狂詐，斧之爲言捕也。』《史記·項羽本紀》『孰與身伏斧鑕』，注：『崔浩曰：質，斬人椹也。』郭注《三蒼》云：『質，莝椹也。』又《范雎傳》：『匈當欑質，要傳斧鉞。』《秋官·掌戮》注：『斬以斧鉞。』若今要斬。」按：《國語·魯語》云：「夫刑有五。大刑用甲兵，其次用斧鉞。」注：「謂犯斬罪者。」又云：「其次用刀鋸。」注：「用刀以劓之，鋸以笮之。」《掌戮》：「掌斬殺。」鄭注以斬爲要斬，殺爲棄市，同也。鈇鑕者，劉氏玉麐《甓齋遺稿》云：「《爾雅》：『椹謂之榩。』按：《周禮·司弓矢》：『以授射甲革椹質者』，《攷工記》謂『王弓之屬，利射革與質』是已，鄭注：『樹椹以爲射正。』此射正之椹也。《圉師》云：❷『射則充椹質。』賈疏：『圉人所習者莝，取椹斬莝。』漢時掌畜官職斬莝是已。《史記·范雎傳》注：『椹，莝質。』此資斬莝之椹也。昭八年《穀梁傳》：❸『以葛覆質以爲槷。』❹毛傳：『裘纏質以爲槷。』范注：『質，椹也。槷，門中槷。』《釋文》：『槷，門橛也。』此充門橛之椹也。《公羊傳》：『執鈇鑕。』❺《秦策》范雎曰：『臣之胸不足當椹鑕。』鮑注：

❶「賜」，原作「腸」，據《十三經注疏校勘記》改。
❷「師」，原作「人」，據《周禮注疏》改。
❸「八」，原作「九」，據《穀梁傳注疏》改。
❹「以」，原作「一」，據《穀梁傳注疏》改。
❺「鈇」，原作「鐵」，據《穀梁疏》改。

『鑕，鐵鑕。』《玉篇》：『鑕，鐵鑕砧。』砧與椹同。此椹以鐵爲之者也。《毛詩》『取礪取鍛』，傳：『鍛，石也。』箋：『鍛石所以爲鍛質也。』此椹以石爲之者也。《爾雅・釋文》：『椹，本或作砧。』《文字集略》：『砧，杵之質也。』謝惠連詩『櫚高砧響發』，擣衣砧也。《古詩》『藁砧今何在』，擣草砧也。砧又作椹。《集韻》：『擣繒石椹。』又爲櫍，櫍或作礩，《說文》：『柱下石。』此椹以石爲之而各異其用者也。椹之質，或爲石，或爲金，或爲木，質各不同，而用亦異。書傳統名曰椹而已。惟《爾雅》孫炎注：『椹，斲材質。』郭注：『斫木質。』義並本《詩》『方斲是虔』，《毛傳》：『虔，敬也。』鄭箋：『椹謂之虔。』又云：『正斲于虔上』，是以椹當虔之名也。孔疏云：『方論斲斫楹桷，不宜言敬，故易傳。』然亦未嘗申言名虔之義。按：《書》：『敚攘矯虔。』疏引《釋詁》：『虔，固也。』《詩》『有虔秉鉞』，《左傳》『虔劉我邊陲』。註訓固，亦訓殺，虔之本義如此。《史記・張蒼傳》『解衣伏質』，注：『質，椹也。』《漢書・項籍傳》：『身伏斧質。』注：『質謂鍖也。』《集韻》：『椹，或作鍖。』是鍖即椹也。夫斫木之具，乃與刑人之具同名，何與？《禮部韻略》：『椹，木趺也。』趺爲下基，必堅固其體，乃克受斧斤之施椹質也，如椹質之親刑殺然，故義亦得爲固、爲殺，而名曰虔。又《釋文》：『椹，張林反。』音讀如砧。《詩疏》：『質，椹也。』先儒以質訓椹者，質、椹乃一聲之轉，故書傳椹、質多連。又《周禮》『椹質』，杜子春讀椹爲齊人鈇椹之椹。鈇鍖猶鈇鑕，又即斧質。是椹有質音矣。』蓋鈇所以斬，鑕所以藉也。餘詳《襄二十七年》疏。

再拜顙。注 謝爲齊侯所慶。

高子執簞食注 簞，葦器也。圓曰簞，方曰笥。食即下所致糗也。

疏 注「簞葦」至「曰笥」。○《禮記・曲禮》云：「凡以弓劍、苞苴、簞笥問人者。」注：「簞笥，盛飯食者。圓曰簞，方曰笥。」《正義》：「簞笥，竹器也。」《孟子・滕文公》云「則一簞食」，注：「簞，笥也。」《禮・士冠禮》：「櫛實于簞。」注：「簞，笥也。」蓋對文異，散則通。《說文・竹部》：「簞，笥也。漢律令『簞，❶小筐也』。傳曰：『簞食壺漿。』」多以竹爲之，或亦有編葦爲之者。《後漢・東平王蒼傳》注：「簞，竹器也。圓曰簞，方曰笥。」《論語・雍也》：「一簞食。」皇

❶「令」，原作「會」，據《說文解字》改。

疏：「簞如箱篋之屬、竹筥之屬也。」皆謂以竹者也。《禮・士喪禮》：「櫛于簞。」注：「簞，葦笥。」則以葦者也。《文選・思玄賦》：「竇蕭艾於重笥兮。」注：「簞、笥並盛食器者。員曰簞，方曰笥。」《方言》五：❶「蠡，陳、楚、宋、魏之間或曰簞，或謂之櫼，或謂之瓢。」義微殊。葦者，《詩・豳風・七月》云：「八月萑葦。」傳：「薍爲萑，葭爲葦，豫畜萑葦可以爲曲。」按：《月令》説蠶事云：「具曲，植筥筐。」注：「曲，薄也。」明可編物適用者也。與四脡脯。注屈曰朐，申曰脡。

疏注「屈曰朐申曰脡」。○《校勘記》云：「鄂本同。此本疏中亦作『申』。閩、監、毛本改『伸』。」❷按：紹熙本亦作「申」。《説文・肉部》：「朐，脯挺也。」段氏《注》：「許書無脡字，挺即脡也。何注《公羊》曰：『屈曰朐，申曰脡。』朐、脡就一脡析言之，非謂脡有曲直二種也。《曲禮》曰：『左朐右末。』鄭云：『屈中曰朐。』❸屈中猶言屈處。末即申者也。《士虞禮》曰：『設俎于薦東，朐在南。』鄭云：『朐脯及乾肉之屈也。』曰左朐，曰朐在南，則朐在脯端明矣。《鄉飲酒・記》曰：『薦脯五挺，横祭於其上。』注引《曲禮》『左朐右末』，《鄉射・記》『薦脯五膱，膱長尺二寸』，注：『膱猶挺也。』然則每一脯爲一膱，謂之一挺。每膱必有屈處，故亦可謂之一朐。」❹《通義》云：「用四脡者，凶禮也。《鄉飲酒・記》曰：『薦脯五挺。』《鄉射・記》曰：『薦脯用籩五膱。』《聘・記》曰：『薦脯五膱。』則吉事用脯之數也。唯《士喪禮》及《虞禮》脯皆四脡。」按：《曲禮》疏：「朐謂中屈也。屈脯朐朐然也。左朐，朐置左也。右末，末，邊際。置右，❺右手取祭擘之便也。」《曲禮》：「鮮魚曰脡祭。」注：「脡，直也。」《鄉飲酒・記》言五挺，《鄉射・記》言五膱，故注云：「挺猶膱也。」《鄉射・記》注：「古文膱爲胾，今文或作植。」胡氏承珙《古今文疏義》：「膱當爲樴，脡，挺皆當作梃。宋本《鄉飲酒・記》，《釋文》云：『猶樴，本亦作樴。』可見注文原作樴字。《鄉飲》、《鄉射・記》注挺、樴互訓。《説文》：『樴，杙也。挺，一枚

❶「五」，原作「四」，據《方言》改。
❷「閩」，原作「閔」，據《十三經注疏校勘記》改。
❸兩「中」字，原作「申」，據《禮記注疏》改。
❹「可」字，原脱，據《説文解字注》補。
❺「置右」，原作「置左」，據《禮記注疏》改。

也。』二字皆从木，凡从扌、从肉者皆誤。《聘禮・記》注：『膱脯如板然者，或謂之脡。皆取直貌焉。』蓋膱、脡無正字，以其直貌，故取訓杙之樴、一枚之梃名之。後人因其爲脯脩，改木从肉耳。蓋膱長尺二寸而中曲之，故有朐、脡之別。《鄉飲》篇『脯五挺，横祭于其上』者，脯横於人前，其末居右，祭横其上，於人則爲從也。脯五挺，通祭而六挺也。」蔡氏德晉《儀禮本經》云：「數脯以挺，脯乾則挺直也。籩實五挺，皆横設，所謂左朐右末也。而以祭之半挺直加其上，故曰横祭也。脯乾則直，雖有屈處，其質則直，故曰脡也。《士虞》用四脡。」《儀禮正義》云：「李氏以爲大夫士之異，敖氏以爲變於吉，似敖説是也。」按：此亦用四挺，知敖説是。

國子執壺漿【注】壺，禮器。腹方口圓曰壺，反之曰方壺，有爵飾。【疏】《校勘記》出「壺」云：「《唐石經》、鄂本、閩本同。監、毛本壺改壼，非。」○注「壺禮」至「爵飾」。○《説文》：「壺，昆吾圜器也。象形，从大，象其蓋也。」是壺本圜器，其方者則别曰方壺。《周禮・掌客》：「壺四十。」注：「壺，酒器也。」《禮・聘禮》：「八壺設于西席。」注：「壺，酒尊也。」《禮記・禮器》：「門内壺。」注：「壺大一石。」《大戴記・投壺》篇：「壺脰脩七寸，口徑二寸半，壺高尺二寸，受斗五升，壺腹脩五寸。」《周禮・夏官・序官・挈壺氏》注：「壺，盛水器。」皆與《禮器》别。舊疏云：「即《燕禮》『司宫尊于東楹之西，❶兩方壺，左玄酒，南上』是也。『腹方』至『爵飾』，《釋器》無文，蓋用舊説，或以時事知之。言『有爵飾』者，謂刻畫盞爵之形，飾其形體。」按：《燕禮》有方壺，有圜壺。彼注「方壺爲卿、大夫、士尊，士旅食者用圜壺，變於卿大夫也」是也。方壺有羃用綌若錫，圜壺無也。兩方壺，左玄酒。圜壺無，皆瓦爲之也。漿者，《周禮・天官》有漿人，「共王之六飲，水、漿、醴、涼、醫、酏，入于酒府」。《曲禮》云「酒漿處右」是也。

曰：「吾寡君聞君在外，餕饔未就，【注】餕，熟食。饔，熟肉。未就，未成也。解所以致糗意。【疏】注「餕熟」至「熟肉」。○紹熙本、鄂本「熟」作「孰」，下同。加四點者，俗字。舊疏云：「《聘禮》：『宰夫朝服設飧，飪一牢，在西，鼎九。』是飧爲孰

❶「宫」，原作「官」，據《春秋公羊傳注疏》改。

食也。又云『致饗餼五牢，飪一牢』云云。上文對餼，下文有『飪一牢』之言，故知孰肉明矣。」王氏念孫《廣雅疏證》云：「《釋器》：『孰食謂之餕饔。』餕讀若飧。《小雅·祈父》篇：『有母之尸饔。』毛傳曰：『熟食曰饔。』《大東》篇：『有饛簋飧。』傳曰：『飧，熟食也。』合言之則曰飧饔。《周禮·外饔》云『賓客之飧饔、饗食之事』是也。昭二十五年《公羊傳》：『餕饔未就。』注：『餕，熟食。饔，熟肉。』餕饔即飧饔。《淮南子·道應訓》：『釐負羈遺之壺餕而加璧焉。』壺餕即壺飧。是飧、餕古字通。倒言之則曰饔飧。《孟子·滕文公》『饔飧而治』是也。」《説文·食部》：「饔，孰食也。飧，餔也，从夕食。餔，申時食也。」段《注》：「《小雅》傳云：『孰食曰饔。』《魏風》傳云：『孰食曰飧。』然則饔飧皆謂孰食，分別之則謂朝食、夕食。許於饔不言朝，於飧不言孰，互文錯見也。趙注《孟子》曰：『朝曰饔，夕曰飧。』此析言之。《公羊傳》：『趙盾食魚飧』，❶《左傳》：『僖負羈饋盤飧』，『趙衰以壺飧從』，皆不必夕時，渾言之也。《司儀》注云：『小禮曰飧，大禮曰饔餼。』《掌客》：『上公飧五牢，饔餼九牢。侯伯飧四牢，饔餼七牢。子男飧三牢，饔餼五牢。』此饔飧與常食不同，且多腥，不皆熟食。按：王氏讀餕爲飧，確不可易。對言之，則餕爲熟食，饔爲熟肉。散言之則皆通。其以爲朝食曰饔，夕食曰飧，亦對舉詞，實亦不必泥也。《通義》云：「朝食曰饔，夕食曰餕。」是亦讀餕爲飧也。○注「未就」至「糗意」。○《禮記·孔子閒居》云：「日就月將。」注：「就，成也。」《論語·顏淵》：「以就有道。」孔曰：「就，成也。」《爾雅·釋詁》：「就，成也。」故未就爲未成。

敢致糗于從者。」**注**糗，糒也。謙不敢斥魯侯，故言從者。

疏注「糗，糒也」。○舊疏云：「若今之糒米矣。」《孟子·盡心章》：「舜之飯糗。」趙注：「糗，乾糒也。」段氏《説文注》云：「《米部》：『糗，熬米麥也。』《周禮》：『羞籩之實，糗餌粉餈。』鄭司農云：『糗，熬大豆與米也。粉，豆屑也。』玄謂：『糗者，擣粉熬大豆爲餌，餈之黏著以坋之耳。』按：先鄭云：『熬大豆及米。』後鄭但云：『熬大豆。』注《内則》又云：『擣熬穀不同者，黍、粱、菽、麥，皆可爲糗。』故或言大豆以包米，或言

❶ 「食」，原作「見」，據《説文解字注》改。

穀以包米豆。而許云『熬米麥』，又非不可包大豆也。❶熬者，乾煎也。乾煎者，鬻米豆舂爲粉，以坋餌餈之上，故曰『糗餌粉餈』。鄭云擣粉之，❷許但云熬，不云擣粉者，❸鄭釋經，故釋粉字之義；許解字，則糗但爲熬米麥，必待臬之而後成粉也。《粊誓》云：『峙乃糗糧。』某氏云：『糗糒之糧。』《孟子》曰：❹『糗，飯乾糒也。』《左傳》：『爲稻醴粱糗。』《廣韻》曰：『糗，乾飯屑也。』此皆爲熬穀未粉者也。」❺糒，乾飯也。《釋名》曰：「干飯，飯而暴乾之也。」《周禮·廩人》注曰：「行道曰糧，謂糒也。止居曰食，謂米也。」干飯，今多爲之者。焦氏循《孟子正義》云：「《説文·鬲部》：『鬻，熬也。』鬻，尺沼反。《一切經音義》：『炒，古文鬻、𤆍、焣、𤎩四形。』崔寔《四民月令》作炒。然則熬米麥，即是炒米麥。今農家米麥豆皆炒食。米即謂之炒米，豆即謂之炒豆。炒米可以沸水漬之當飯。大麥、小麥炒之又必磨之爲屑，用沸水和食謂之焦麵，所謂糗也。糒乃今之飯乾，與此不同，而皆可爲行糧。惟農食樸儉，省蒸煮之費，往往炒米麥爲飯，是則舜之飯糗耳。」按：《廣雅·釋器》云：「糗，糒也。」《説文》：「熬米麥也。」又云：「糒，乾也。」《文選·聖主得賢臣頌》：「羹黎唅糗者」，注引服虔云：「糗，乾食也。」《左氏》哀十一年注：「糗，乾飯也。」《後漢·張禹傳》注：「糒，糗也。」是糗、糒皆乾飯之名，取行道便也。古五穀皆可謂之飯，不必如焦氏分糒爲如今之飯乾也。《史記·大宛傳》：「載糒給貳師。」《後漢書·明帝紀》：「杅水脯糒。」❻《四民月令》：「四月作棗糒，以待賓客。」蓋棗屑雜和米麥爲餅餌也。《事物紀原》引干注《周禮》云：「糗餌者，或屑而蒸之，與棗豆之味同食。」是其類與？糗亦謂之餱。《書·費誓》「峙乃糗糧」，《説文》引作「餱糧」。《説文》云：「餱，乾食也。」《一切經音義》引《字林》云「乾飯也」是也。《廣雅·釋器》：「糇，糒也。」《釋名·釋飲食》：「餱，候也，候人飢者以食之。」《詩·小雅·伐木》云：「乾餱以愆。」蓋皆糗糒之屬。○注「謙不」至「從者」。

❶ 「包」，原作「熬」，據《説文注》改。
❷ 「云」，原作「注」，據《説文注》改。
❸ 「者」下，原衍「四」字，據《説文解字注》删。
❹ 「曰」，原作「注」，據《説文注》改。
❺ 「未」，原作「米」，據《説文解字注》改。
❻ 「杅」，原作「杆」，據《後漢書》改。

○與上稱執事同義。昭公曰：「君不忘吾先君，延及喪人，錫之以大禮。」再拜稽首。疏變於前之「再拜顙」。蓋初見急遽，故再拜顙。此漸舒，故從吉禮，再拜稽首也。以衽受。注衽，衣下裳當前者。乏器，謙不敢求索。疏注「衽衣」至「前者」。○《考工記·輈人》云：「衣衽不敝。」注：「衽，謂裳也。」《一切經音義》引《蒼頡解詁》：「衽，謂裳際所及交列者也，或曰衣襟也。」《説文·衣部》：「衽，衣裣也。」❶段氏《注》云：「凡朝、祭、喪服，衣與裳殊，深衣不殊。《喪服記》曰：『衽，二尺有五寸。』鄭曰：『衽，所以掩裳際也。上正一尺，燕尾一尺五寸，凡用布三尺五寸。』玉裁按：朝、祭服同，《玉藻》注所謂『或殺而下，屬衣則垂而放之者』也。《玉藻》：『衽當旁。』鄭曰：『謂裳幅所交裂也。』江氏永曰：『以布四幅，正裁爲八幅，上下皆廣一尺一寸，各邊削幅一寸，得七尺二寸。既足要中之數矣，下齊倍于要，又以布二幅斜裁爲四幅，狹頭二寸在上，寬頭二尺在下。❷各邊削幅一寸，❸亦得七尺二寸，共得一丈四尺四寸。此四幅連屬於裳之兩旁，所謂衽當旁也。』玉裁按：此注所謂『或殺而上，屬裳則縫之以合前後者也』。此二者，皆謂之衽。凡言衽者，皆謂裳之兩旁。」按：昭公蓋著深衣，取裳之下而稍偏之衽以受，與《禮記》「聞喪扱上衽」，注：「上衽，謂深衣之裳前。」蓋扱衽於上，亦謂裳前稍側者也。○注「乏器」至「求索」。○舊疏云：「所以衽受之者，蓋以行客之人，於器物乏故也。」高子曰：「有夫不祥，注猶曰「人皆有夫不善」。疏注「猶曰」至「不善」。○《通義》云：「夫讀如『夫如是』之『夫』。言有如是不祥之事。」按：《禮記·檀弓》云：「夫夫也。」注：「夫夫，猶言此丈夫也。」則夫猶此也。「有夫不祥」，言有此不祥也。《爾雅·釋詁》：「祥，善也。」彼疏引李注：「祥，福之善也。」《禮記·禮運》：「是謂大祥。」注：「祥，善也。」故不祥爲不善。按：不祥猶言不弔也。《書·大誥》云「弗弔」。襄二十四年《左傳》：「若之何不弔。」《漢·五行志》引《左

❶「裣」，原作「襟」，據《説文》改。
❷「在下」之下，原衍「故也」二字，據《説文注》删。
❸「各邊」，原脱，據《説文注》補。

傳》「旻天不弔」，注：「應劭曰：旻天不善于魯家。」《禮記・雜記》云「如何不淑」，皆謂不善也。若之何者，反詞。有夫者，正詞。意則同也。君無所辱大禮。」

注禮，臣受君錫答拜，謂之拜命，謂之辱。高子見昭公拜辱大卑，故曰「君無所辱大禮」。**疏**注「禮臣」至「之辱」。○《校勘記》出「謂之拜命，謂之辱」，云：「閩、監、毛本同。鄂本作『謂之拜命之辱』，此下『謂』字衍，當據以删正。」按：紹熙本亦與鄂本同。○注「高子」至「大禮」。○《通義》云：「諸侯非見于天子無稽首。今昭公稽首者，自謂失國，遂同齊臣也。故下文高子辭之云：❶『辱大禮。』」按：《禮・覲禮》：「賜侯氏舍，侯氏再拜稽首。」又郊勞行享，侯氏皆再拜稽首。《士相見禮》：「始見于君，士大夫則奠摯，再拜稽首。」《燕禮》大射命賓，賓再拜稽首。又媵爵于公，皆於阼階下北面，再拜稽首。司正升酌散，亦降階再拜稽首。《聘禮》命使者，使者再拜稽首。辭使者，反命賓介，皆再拜稽首。是臣與君行禮，始再拜稽首也。其見異國之君亦然。《聘禮》賓覿，先請以臣禮見，入門右，北面奠幣，再拜稽首。勞主國之君，賓介歸饔餼皆然也。然亦有相敵亦再拜稽首者。《聘禮》主國之卿餼賓，賓再拜稽首。《公食大夫禮》大夫相食，受侑幣，再拜稽首。《聘禮》主君使卿郊勞、致館，賓亦再拜稽首，故昭公雖行此大禮，尚不爲過自貶抑，故孔子曰：「其禮與詞足觀也。」昭公蓋祭而不嘗。

注食必祭者，謙不敢便嘗，示有所先。不嘗者，待禮讓也。**疏**注「食必」至「讓也」。○《禮記・曲禮》云：「主人延客祭。祭食，祭所先進。殽之序，徧祭之。」注：「延，道也。祭，祭先也。君子有事不忘本也。客不降等，則先祭。主人所先進，先祭之。所後進，後祭之。如其次。徧祭謂胾、炙、膾也。以其本出於牲體也。」疏：「君子不忘本，有德必酬之，故得食而種，種出少許，置在豆間之地，以報先代造食之人也。若敵客，則得自祭，不須主人之延道。今此卑客，聽主人先祭。道之，己乃從之。」又《玉藻》云：「侍食於先生，異爵者，後祭先飯。」注：「謙也。」此饌不爲己，故後祭而先飯者，示爲尊者嘗食也。又云：「客祭，主人辭

---

❶「下文」二字，原脱，據《通義》補。

曰：『不足祭也。』客飧，主人辭以疏。」注：「祭者，盛主人之饌也。飧者，美主人之食也。」《論語·鄉黨》云：「侍食于君，君祭，先飯。」注：「鄭曰：『於君祭，則先飯矣，若爲君嘗食然。』」疏：「若敵客，則得先自祭。降等之客，則後祭。若臣待君而賜之食，則不祭。若賜食而君以客禮待之，則得祭。雖得祭，又先須君命之祭，後乃敢祭也。」❶此《玉藻》言：「若賜之食而君客之，則命之祭，猶後祭先飯，辯嘗脩，飲而俟。」注：「雖見賓客，猶不敢備禮也。侍食則正不祭。」又《禮·士相見禮》：「若君賜之食，則君祭，先飯，徧嘗膳，飲而俟。」注：「君祭，先飯，於其祭食，臣先飯，示爲君嘗食也。」《經義述聞》云：「《士相見》所記者，侍食之常禮。《玉藻》所記，則見客於君者也。常禮則臣不祭，故《士相見》但言君祭也。客禮則臣亦得祭，故《玉藻》言君之命，然後祭。祭者不同。」然則《鄉黨》所記，侍食之常禮。邢疏極爲分晰。此昭公雖自謙比諸齊臣，齊仍以客禮待之，故食必祭也。《通義》云：「祭者，重齊賜也。不嘗者，示失守社稷，志不在食也。」義亦通。然敵客相食之禮無考。然既不須主人延道，則客祭之後，主人亦當有禮讓之節，故何氏以不嘗爲待禮讓也。**景公曰：「寡人有不腆先君之服，未之敢服。」**注腆，厚也。服，謂齊侯所著衣服也。言未敢服者，見魯侯乃敢服之，謙辭也。禮，天子朝，皮弁。夕，玄端。朝服以聽朝，玄端以燕，皮弁以征不義、取禽獸、行射。諸侯朝，朝服。夕，深衣。玄端以燕，裨冕以朝天子，以祭其祖禰。卿大夫冕服而助君祭，朝服祭其祖禰。士爵弁，韍衣裳以助公祭，玄端以祭其祖禰。疏注「腆，厚也」。○《小爾雅·廣言》云：「腆，厚也。」《國語·魯語》「不腆先君之敝器」，僖三十三年《左傳》「不腆敝邑，爲從者之淹」，文十二年《左傳》❷「不腆先君之敝器」，❸襄十四年《左傳》「有不腆之田」，杜注皆云：「厚也。」○注「服謂」至「辭也」。○何義以服謂齊侯所著，

❶「後」上，原衍「然」字，據《論語注疏》刪。
❷「十」字，原脱，據《左傳正義》補。
❸「先君之」三字，原脱，據《左傳正義》補。

則未之敢服爲齊侯自謂。《通義》云：「謹案：服器齊所貽昭公，以爲旅次用者。未之敢服用，言皆新潔也。敢以請，請魯侯受之也。此所謂號辭必稱先君以相接。」義亦通。○注「禮，天子朝，皮弁」。○舊疏云：「皆出《禮記》。漢禮亦然。」《禮・士冠禮》：「皮弁服，❶素積，緇帶，素韠。」注：「此與君視朔之服也。皮弁者，以白鹿皮爲冠，象上古也。積猶辟也，以素爲裳，❷辟蹙其要中。皮弁之衣用布，亦十五升，其色象焉。」彼謂仕於諸侯之士，諸侯視朔，皮弁服。張氏爾岐《儀禮鄭注句讀》云「此視朔時，君臣同服之服」故也。其天子，則《周禮・司服》云「視朝，則皮弁服」，注：「視朝，視内外朝之事。」《禮記・玉藻》云：「皮弁以日視朝。」《詩・衛風・淇奥》篇：「會弁如星。」箋云：「天子之朝服皮弁，以日視朝。」又《鄭風・緇衣》云：「緇衣之宜兮。」箋：「天子之朝服，❸皮弁服也。」又《小雅・頍弁》云：「有頍者弁」，傳：「弁，皮弁也。」箋：「天子之朝服皮弁，以日視朝。」若然，《覲禮》云「天子袞冕負黼扆」者，秋冬朝覲在廟，故服袞冕；春夏受贄在朝，則皮弁也。或者每日視朝皮弁，其受外諸侯朝、覲、宗、遇禮重，則袞冕也。鄭氏以皮弁之衣用布，❹故繼公謂皮弁服用絲。《禮經釋例》云：「《聘禮》注引《論語》曰：『素衣麑裘。』皮弁時或素衣，其裘同，可知也。《郊特牲》：『皮弁素服。』注亦云：『衣、裳皆素。』則鄭氏已不能自守其前説。《雜記》『子羔之襲也，素端一，皮弁一』，是素端與皮弁爲二服。孔疏引盧云：『布上素下，皮弁服。』賀瑒云：『以素爲衣、裳。』然則衣、裳皆素者，或素端與？《周禮・司服》其齊服有玄端、素端，亦别乎皮弁言之也。」按：盧云「布上素下」，則皮弁白布衣，鄭氏固有所受矣。皮弁亦用之於蜡，《禮記・郊特牲》曰：「蜡者，索也，❺歲十二月合聚萬物而索饗之也。」又曰「皮弁素服而祭」是也。蓋天子以下同。亦用之於聘禮。《聘禮》云：「賓皮弁聘。」又云：「公皮弁迎賓于大門内。」❻此諸侯之禮，未知天子然否。○注「夕玄端」。

❶「服」字，原脱，據《儀禮疏》補。
❷「裳」，原作「衣」，據《儀禮疏》改。
❸「子」，原作「于」，據《毛詩注疏》改。
❹「氏」，原作「民」，據《毛詩注疏》改。
❺「索」，原作「素」，據《禮記正義》改。
❻「内」，原作「外」，據《儀禮注疏》改。

○《玉藻》云：「卒食，玄端而居。」注：「天子服玄端，燕居也。」《左》昭元年疏引服氏《左傳解誼》云：「禮，衣端正無殺故曰端。」❶《士冠禮》云：「玄端，玄裳、黄裳、雜裳可也。」注：「此莫夕於朝之服。玄端即朝服之衣，易其裳耳。不以玄冠名服者，是爲緇布冠陳之。」按：《冠禮》所稱士服，故有玄裳、黄裳、雜裳之異，别上士、中士、下士。以此三等裳配玄端也，皆緇帶爵韠。其不言冠者，平時玄冠，始冠則服緇布冠。不言屨者，彼經又云：「玄端黑屨。」屨與裳同色，以玄裳爲正也。其朝服亦玄端，唯素裳爲異。素裳故素韠、白屨。《鄉飲酒・記》注「朝服素韠、白屨」是也。《燕禮・記》：「燕朝服于寢。」注同。蓋玄冠、玄端、玄黄雜三等裳，緇帶、爵韠、黑屨，玄端服也。玄冠、玄衣、緇帶、素裳、素韠、白屨者，朝服也。此玄端、朝服之分。其實其衣皆端，故總謂玄端。金氏榜《禮箋》云：「衣以端名者二。其一，後鄭云：『衣袂尺二寸而屬幅，是廣袤等也。其袪尺二寸，是謂玄端。』對朝服以上侈袂者得名，乃次于朝服之服。其一，鄭仲師云：『衣有酌裳者爲端，對深衣以下連裳削幅者得名。』乃冕弁服、朝服、玄端通稱。」胡氏培翬《儀禮正義》云：「《樂記》言端冕，則冕亦稱端。《左傳》言端委，《論語》言端章甫，則朝服、玄端，皆可稱端。」是也。夕者，《左傳・昭十二年》「子華夕」，《哀十四年》「子我夕」。然非常禮，蓋天子服玄端燕居，諸臣有事夕者，亦即服以見，猶朝服皮弁，即服以視朝也。《玉藻》云：「朝，玄端。夕，深衣。」彼爲大夫士之禮，諸侯次于天子，疑亦宜然也。○注「朝服以聽朝」。○《士冠禮》云：「主人玄冠朝服。」注：「天子與其臣玄冕以視朔，皮弁以日視朝。」❷又云：「朝服以聽朝」者，《司士職》：「王入内朝，皆退。」注：「《玉藻》云：『朝服以日視朝于内朝。』」則朝服即皮弁服也。任氏大椿《弁服釋例》云：「又按：天子之朝名朝服者，或非皮弁。《周書・王會》云：『天子南面立，絻無繁露。朝服八十物。唐叔、荀叔、周公在左，大公望在右。❸皆絻，亦無繁露，朝服七十物。堂下之右，唐公、虞公南面立焉。堂下之左，殷公、夏公立焉，皆南面，絻有繁露。』❹考爲王

❶「故」字，原脱，據《左傳正義》補。
❷「日」字原脱，據《儀禮注疏》補。
❸「望」字原脱，據《逸周書》補。
❹「絻」原脱，據《逸周書》補。

朝之服，云冕無繁露、有繁露，則大朝覲會同之冕服也，非常朝之服也。」又云：「諸侯之朝服，緇衣素裳，亦或名皮弁爲朝服。《論語》：『吉月，必朝服而朝。』孔曰：『朝服，皮弁服。』皇疏：『凡言朝服，惟是玄冠、緇布衣、素裳。』今此之朝服，謂皮弁十五升白布衣，素積裳也。所以亦謂朝服者，天子用之，以日視朝。今云朝服，是從天子受名也。考《曾子問》：『諸侯相見，必告於禰，朝服而出視朝。』熊氏謂此朝服爲皮弁服。据《聘禮》諸侯相聘皮弁服，則相朝亦皮弁服。此以皮弁服爲朝服，亦在侯國，可與孔傳相證。」按：《士冠禮》注：「朝服者，十五升布衣而素裳也。」金氏榜《禮箋》云：「《石渠論》玄冠朝服：戴聖云：『玄冠，委貌也。朝服，布上素下，緇帛帶，素韋韠。』鄭君謂朝服素裳，實本小戴説。」是也。皮弁服亦布上素下，與朝服同，故皮弁服亦通謂朝服也。《禮記·雜記》云：「朝服十五升。」江氏永《鄉黨圖考》云：「古未有緜花，布以麻爲之。布幅闊二尺二寸。十五升，一千二百縷，麻布之極細者也。」然何氏於皮弁曰：「朝於聽朝曰朝服。」似是二事。蓋朝者視朝。《論語》皇疏云「禮，每日旦，諸臣列在路門外以朝君。君至日出而出視之。視之，則一一揖卿大夫，而都一揖士」是也。其聽朝，蓋君與臣圖事時，《玉藻》所謂君適路寢聽政者也。時衆臣亦各適諸曹治事所。《匠人》所謂外九室者也，在路門之外治朝左右矣。視朝禮簡，聽朝事長，故服有殊與？○注「玄端以燕」。○《周禮·司服職》：「凡甸，冠弁服。」注：「王卒食而居，則玄端。」又《小臣職》：「正王之燕服位。」注：「謂燕居時。」《玉藻》曰：「王卒食，玄端而居。」彼注云：「天子服玄端，燕居也。」此玄端或朱裳。《玉藻》注云：「天子諸侯玄端朱裳也。」《司服》注云：「緇衣素裳，諸侯以爲視朝之服。」明天子諸侯以朱爲裳者，可名玄端，不得名爲朝服也。其諸侯與群臣行燕禮，亦朝服。《燕禮·記》云：「燕，朝服於寢。」或天子亦然。《王制》云：「周人玄衣而養老。」注「玄衣素裳，天子之燕服，爲諸侯朝服」是也。蓋天子燕居，或素裳，或朱裳與？○注「皮弁」至「行射」。○《孝經·卿大夫章》注：「田獵、戰伐、卜筮，冠皮弁。」《白虎通·紼冕》云：「皮弁者，何謂也？所以法古至質，冠之名也。弁之爲言攀也，所以攀持其髮也。上古之時質，先加服皮以鹿皮者，取其文章也。《禮》曰：『三王共皮弁素積。』素積者，積素以爲裳也。言要中辟積，至質不易之服，反古不忘本也。戰

伐田獵，此皆服之。」又云：「王者征伐，所以必皮弁素積何？伐者凶事，素服示有悽愴也。」伐者質，故衣古服。引《禮》曰：「三王共皮弁素積。」《宣元年傳》注云：「弁禮所謂皮弁、❶爵弁也。皮弁，武冠。爵弁，文冠。」《續漢·輿服志》：「乘輿加玄服。初，緇布進賢冠。次，爵弁。次，武弁。」即以武弁代皮弁也。❷《士喪禮》：「商祝襲祭服。」注：「祭服，爵弁、皮弁服，皆從君助祭之服。大蜡有皮弁素服而祭，送終之禮。」賈疏云：「引《郊特牲》者，證皮弁之服有二種。❸一者，皮弁時，白布衣，素積爲裳，是天子朝服，亦是諸侯及臣聽朔之服。❹二者，皮弁時，衣裳皆素，葛帶榛杖。大蜡時，送終之禮，凶服也。」故皮弁亦用以征伐也。征伐、田獵事近，故亦服以取禽獸。《左傳》襄十四年：「不釋皮冠而與之言。」注：「皮冠，田獵之冠也。」又《昭二十年》：「皮冠以招虞人。」又《二十二年》：「雨雪，楚子皮冠以出。」並田獵所服，蓋皆鹿皮冠也。惟《司服》云：「凡甸，冠弁服。」注：「冠弁，委貌，其服緇布衣，亦積素以爲裳。」又云：「凡兵事，韋弁服。」注：「韋弁，以韎韋爲弁，又以爲衣裳。《春秋傳》曰『晉郤至衣韎韋之跗注』是也。今時伍伯緹衣，古兵服之遺色。」是征伐、田獵所服不同，且彼冠弁以甸，亦據習兵之時。若正四時，則當戎服。《月令》：「季秋，天子乃教於田獵，以習五戎。天子乃厲飾，執弓挾矢以獵。」注云：「厲飾，謂戎服，尚威武也。」則亦當韋弁服矣。然鄭注《司服》以韎韋爲弁，又以爲衣裳。彼疏引鄭氏《雜問志》説成十六年《左傳》「韎韋之跗注」，又以韎韋幅如布帛之幅，而連屬以爲衣，而素裳，則與《周禮注》異。而其注《聘禮》：「卿韋弁，❺歸饔餼。」又云：「韋弁，韎韋之弁。」蓋韎布爲衣而素裳，與此又不同。則以彼非兵事，入廟不可純如用兵，故易韋爲布，而皆云素裳，蓋沿皮弁之遺。皮弁用以征伐、田獵，或異代之制，時尚質，禮服等差無多故也。且何邵公與《白虎通》所引多《逸禮》或《禮緯》文，故與古文《禮》不合也。行射者，《王制》：「一命卷。」疏：「其賓射、燕射時亦皮弁也。」按：《射人

❶「弁禮」，原作「皮」，據《公羊疏》改。
❷「代」，原作「伐」，據國學本改。
❸「種」字，原脱，據《儀禮注疏》補。
❹「朔」，原作「朝」，據《儀禮注疏》改。
❺「弁」原作「皮」，據《儀禮注疏》改。

職》，賓射在朝，宜用朝服。天子朝服，皮弁服也。諸侯燕大夫禮，《燕禮·記》云：「燕，朝服于寢。」即因以行射。明天子燕群臣于寢，蓋亦不與諸侯同，不必用皮弁矣。《司服》云：「享先公、饗射則鷩冕」者，彼注云：「饗射，饗食賓客與諸侯射也。」疏：「此大射在西郊虞庠中，亦服鷩冕也。」《射義》疏云：「天子大射，必先習于澤宮，而後射于射宮。其射宮，天子則在廟也。」故用冕，與賓射、燕射殊。是則大射服冕，賓射皮弁服，燕射玄端服也。又《鄉射禮》注云：「今郡國行此鄉射禮，皮弁服，與禮爲異」者，❶以鄉射當用玄衣素裳之朝服。若皮弁，則天子賓射之朝服故也。《鄉射禮》云：「主人朝服乃速賓。」❷注：「戒時玄端。」敖氏繼公以爲戒、速同服，此速賓朝服，則戒時亦朝服可知。盛氏世佐謂於此乃言朝服，則戒時不朝服。方氏苞謂《鄉飲酒》：「興賢能，國之重典。故戒賓、速賓皆不言所服，舍朝服無所服。會民習射，疑可以常服，故於速賓特舉朝服，明前皆常服。」皆宗鄭氏之説。淩氏廷堪云：「《鄉飲酒》經文不言何服，唯《記》云：『鄉朝服而謀賓介。』故知鄉飲酒之爲朝服。《鄉射禮》唯宿賓、拜賜、拜辱言朝服，他皆不言。例見於此，則戒賓時當亦朝服。」韋氏協夢云：「《射義》曰：『鄉大夫之射也，必先行鄉飲酒之禮。』此篇自立司正以前，皆鄉飲禮也。既以鄉飲之禮，則戒賓之服自同。」皆同敖説。然鄉射雖行鄉飲酒禮，而其禮輕於鄉飲酒，其賓亦輕，則不得全同。故《鄉飲》經文不言何服，則戒、宿同爲一服可知。《鄉射》於速賓特言朝服，則戒賓非朝服明甚，因此以見彼也。若《鄉射》亦戒、速同朝服，則當於戒賓時特言朝服矣。當以鄭注爲是。然漢時郡國行鄉射用皮弁，漢去周未遠，又可見古時行射有用皮弁者矣。○注「諸侯朝朝服」。

○《禮記·玉藻》云：「朝服以日視朝於内朝。」注：「朝服，冠玄端素裳也。」《正義》：「此朝服素裳，皆得謂之玄端，故《論語》云：『端章甫。』注：『端，玄端。諸侯日視朝之服。』❸若上士以玄爲裳，中士以黄爲裳，下士以雜色爲裳，天子諸侯以朱爲裳，則皆謂之玄端，不得名爲朝服也。」然玄端與朝服大同小異，特朝服專用素裳爾。《詩·曹風·蜉蝣》云「麻衣如雪」，箋云：「諸侯之

❶「爲」字原脱，據《儀禮注疏》補。
❷「乃」字原脱，據《儀禮注疏》補。
❸「日視」及「之」原脱，據《論語疏》補。

朝朝服。」《司服》注：「冠弁，委貌。其服緇布衣，亦積素以爲裳。諸侯以爲視朝之服。《詩·國風》曰：『緇衣之宜兮。』」彼引《詩》以證衣用緇布也。《士冠禮》：「主人玄冠朝服。」注：「諸侯與其臣皮弁以視朔，朝服以日視朝。」本《玉藻》爲説。《玉藻》不言臣，鄭注兼言臣者，欲見君臣同服也。《穀梁》僖三年傳：「陽穀之會，桓公委端搢笏而朝諸侯。」委即委貌，端即玄端，明桓公服朝服以朝諸侯也。《玉藻》又云：「朝服以食。」注：「食必復朝服，所以敬養身也。」古朝服重於玄端，故諸侯用朝服不止於視朝也。○注「夕深衣」。○《詩·蜉蝣》箋又云：「夕則深衣也。」《玉藻》云：「朝，玄端。夕，深衣。深衣三袪，縫齊倍要。衽當旁，袂可以回肘。長、中、繼揜尺。袷二寸，袪尺二寸，緣廣寸半。」注：「謂大夫士也。」謂大夫士朝玄端爾，其深衣則同，故彼上述諸侯之禮亦云「夕，深衣。祭，牢肉」也。大夫士視私朝，服玄端。朝君時，服朝服。大夫莫夕，蓋亦朝服。其士則用玄端，故《士冠禮》：「玄端，莫夕於朝之服。」其私朝及在家，大夫士夕皆深衣也。然則諸侯夕見諸臣，或亦深衣，以非視朝之正，故不必君臣同服也。鄭氏《目録》云：「名曰深衣者，以其記深衣之制也。深衣，連衣裳而純之以采者。素純曰長衣，長衣有表則謂之中衣。」❶大夫以上祭服之中衣用素。士祭以朝服，中衣以布。疏云：「凡深衣皆用諸侯大夫士夕時所著之服。庶人吉服亦深衣，皆著之在表」是也。其長衣、中衣及深衣其制度同。《玉藻》云：「長、中、繼揜尺。」若深衣，則緣以采而已。其中衣在朝服、祭服、喪服之下。大夫以上祭服中衣用素者，謂天子大夫四命，與公之孤同，爵弁自祭，故中衣用素也。若諸侯大夫、天子之士朝服自祭，朝服用布，則中衣亦布矣。《檀弓》云：「練衣黄裏。」注：「練，中衣以黄爲内。」是喪服亦有中衣，但不得繼揜尺也。按：《深衣》云：「具父母、大父母衣純以績。具父母衣純以青。如孤子，衣純以素。」此不與長衣同者，吉服中衣亦用采緣。其諸侯得綃黼爲領，丹朱爲緣。《郊特牲》云：「繡黼丹朱中衣，❷大夫之僭禮。」知大夫士但用采緣而已。長衣以素緣者，若以采緣，則與吉服中衣同矣。若以布緣，則曰麻衣。喪服之中衣，其純用布，視冠布之粗細。至葬

❶ 下「長衣」上，原衍「曰」字，據《禮記注疏》删。

❷ 「繡」原作「綃」，據《禮記正義》改。

可以素緆，練則用緆緣也。所以稱深衣者，以餘服則上衣下裳不相連，此深衣衣裳相連，被體深邃，故謂之深衣也。按：深衣者，連衣裳而純之以采者也。中衣者，有表者也。長衣者，以素緣者也。長、中、繼揜尺，深衣但緣而已。喪服之中衣同深衣，亦但緣耳。〇注「玄端以燕」。〇《燕禮・記》：「燕朝服于寢。」注：「謂冠玄端、緇帶、素韠、白屨也。」《王制》：「玄衣而養老。」注：「凡養老之服，皆其時與群臣燕之服。」又云「諸侯以天子之燕服爲朝服」者，以《燕禮》諸侯燕臣子用朝服，明天子之燕亦朝服也。崔靈恩云：「天子燕圻内諸侯以緇衣，燕圻外諸侯以玄冠。諸侯各以爲朝服。」事無明文，不可依也。吴氏廷華《儀禮章句》云：「据《士冠禮》素裳白屨，乃皮弁服之制，朝服並未言白屨也。《特牲・記》：『朝服、玄冠、緇帶、緇韠。』可見朝服韠色原無一定。《玉藻》『諸侯朝服視朝爲玄冠、緇衣、素裳』，鄭主裳屨同色之説，故注此云『白屨』，非也。」按：裳、韠、屨同色，經例率同。皮弁服用韠，自天子至士皆然。其朝服自上至下，亦皆素韠。其玄端服，唯大夫用素韠爾。其《特牲》之用緇韠者，鄭注以爲下大夫之臣，敖氏以爲其別於大夫助祭之賓，二説皆可通。蓋朝服俱正幅，故稱端。素爲裳，其冠則玄冠，《司服》注：『玄冠，自祭其廟者，其服朝服玄冠。』《士冠禮》『主人玄冠朝服』是也。玄冠，亦曰委端，即殷之章甫，夏之毋追也。天子以下同。天子諸侯燕居以玄端，與此少異。檜君『羔裘逍遥』，逍遥乃燕居，故詩人作刺也。《玉藻》：『然後適小寢，❶釋服。』注：『釋服，服玄端。』知玄端燕居與燕群臣通服之也。蓋朝服用玄端之衣，冠皮弁之裳，故次於皮弁而尊於玄端。唯其用皮弁之裳，故鄭《燕禮・記》注云：『今辟雍十月行此燕禮，玄端而衣皮弁服，與禮異。』蓋相沿有自矣。」〇注「裨冕以朝」。〇《禮記・玉藻》云：「裨冕以朝。」注：「朝天子也。裨冕，公衮，侯伯鷩，子男毳也。」《禮・覲禮》云：「侯氏裨冕，釋幣于禰。」鄭注：「裨之爲言埤也。天子六服，大裘爲上，其餘爲裨，以事尊卑服之，而諸侯亦服也。上公衮，無升龍。侯伯鷩，子男毳，孤絺，卿大夫玄。此差《司服》所掌也。」賈疏云：「今之諸侯告禰用裨冕者，將入天子之廟，故服以告禰。若《曾子問》曰：❷『諸侯裨

❶「適」，原作「釋」，據《禮記注疏》改。
❷「若」字，原脱，據《儀禮注疏》補。

冕以朝。』❶鄭注：『謂將廟受。』」謂朝天子時也。及助祭在廟，理當裨冕也。《周禮·司服》云：「公之服，自衮冕而下，如王之服。侯伯之服，自鷩冕而下，如公之服。子男之服，自毳冕而下，如侯伯之服。孤之服，自希冕而下，如子男之服。卿大夫之服，自玄冕而下，如孤之服。」注：「自公之衮冕至卿大夫之玄冕，皆其朝聘天子及助祭之服。諸侯非二王後，其餘皆玄冕而祭於己。」然則卿大夫聘天子，受之於廟及助祭，亦宜申冕服也。《玉藻》云：「諸侯玄端以祭。」注：「端當爲冕。」是諸侯玄冕以自祭。彼注又云：「諸侯祭宗廟之服，唯魯與天子同。」蓋魯禮同於二王後，故得用衮冕。其實亦唯在文王、周公廟服之，其餘則仍玄冕。二王後亦唯祭始受命王用衮也。魯則周公、魯公別牲，或魯公廟用鷩冕與？按：《覲禮》注又云：「裨冕者，衣裨衣而冠冕。」五等諸侯，衮、鷩、毳服不同而統名爲裨衣。先鄭注《司服》專以鷩爲裨衣，故後鄭不從也。《説文·衣部》：「裨，益也。」天子大裘爲上，其餘皆增益之衣，故皆名裨衣，其冕則同。《司服》注云「六服同冕者，首飾尊」是也。凡冕服皆玄衣纁裳，故衣無文，裳刺黻者，直謂之玄冕。其績繡以九章、七章、五章、三章者，則别以衮、鷩、毳、絺之名焉。冕名雖同，旒數則異。則《弁師職》云：「王之五冕，皆五采繅，十有二就。皆五采玉，十有二。諸侯之繅九就，瑉玉三采。」注：「侯當爲公字之誤。」❷又云：「諸侯及孤卿大夫之冕，各以其等爲之。」注：「冕則侯伯繅七就，用玉九十八。子男繅五就，用玉五十，繅玉皆三采。孤繅四就，用玉三十二。三命之卿，繅三就，用玉十八。再命之大夫，繅再就，用玉八，藻玉皆朱緑。」其王公之玉，則鄭注又云：「衮衣之冕十二斿，則用玉二百八十八。鷩衣之冕，繅九斿，用玉二百一十六。毳衣之冕七斿，用玉百六十八。希衣之冕五斿，用玉百二十。玄衣之冕三斿，用玉七十二。」其公之冕用玉百六十二，是其差也。按：《禮記·曾子問》：「大祝裨冕執束帛。」注：「諸侯之卿大夫所服裨冕，絺冕也，玄冕也。」正以《周禮》孤服絺冕，卿大夫服玄冕也。三孤六卿爲九卿，故鄭統孤於卿内也。又《樂記》：「裨冕搢笏。」注：「裨冕，衣裨衣而冠冕。裨衣，衮之屬也。」與《覲禮》注同。彼疏云：「謂從衮冕

❶「以」，原作「出視」，據《儀禮注疏》改。
❷「字之誤」三字，原脱，據《周禮注疏》補。

之衣。」皆是。鄭注《曾子問》云：「裨冕者，公衮，侯伯鷩，子男毳。」是鄭解裨冕皆以自衮以下。盛氏世佐《儀禮集編》云：「上公衮冕九章，侯伯鷩冕七章，子男毳冕五章。皆其上服也，而謂之裨者，據王而言，猶下記以金路爲偏駕也。」《儀禮正義》引李氏如圭《儀禮集釋》云：「衮者，卷龍衣也。上公亦服之，以無升龍爲異。」《鄭志》云❶「大裘之上，又有玄衣，與裘同色」，亦是無文采。是鄭意以大裘玄衣爲上，其衮、鷩、毳以下俱是附益之衣，故名裨衣。但天子享祀、饗射亦隨事服之，不名爲裨，唯諸侯及大夫服之，乃名裨者。蓋以爲此所服者，俱是天子附益之衣，非上衣。亦猶金路、象路、革路、木路之稱偏駕，有不敢自同於尊之意。或因下注有『衮衣者，裨之上也』一語，遂疑裨冕當指鷩冕以下言之。不知《注》意謂裨冕有五，衮冕爲上，猶之衮冕爲首云爾，非以衮與裨較，謂衮冕在裨冕之上也。敖氏直以裨冕爲公鷩，侯伯毳，子男希。又云：『此朝以裨冕，與《周官・大行人》異。』褚氏云：『《玉藻》裨冕以朝，鄭注：裨冕，公衮，侯伯鷩，子男毳。與《大行人》職所云「上公冕服九章，侯伯七章，子男五章」同也。』按：褚氏寅亮又云：『諸侯自祭玄冕，而朝王何以服上服？尊天子也。然不各指其冕名而均曰裨者，言其最上服，猶是天子之裨云，尊君抑臣之義也。』又云：『裨字之義，當從注訓爲埤，不當如楊倞訓爲卑。』」義俱精當，見《儀禮管見》。○注「天子」至「祖禰」。○《周禮・司服》云：「王祀昊天上帝，則服大裘而冕，祀五帝亦如之。享先王則衮冕，享先公、饗射，則鷩冕。」是天子以諸侯之裨冕祭其祖禰也。魯備用天子之禮樂，其祭文王、周公廟，則衮冕。故《明堂位》云「君卷冕立于阼，夫人副褘立于房中」是也。疏引熊氏云：「此謂祭文王、周公廟，得用天子之禮。其祭魯公以下，則亦玄冕。」故《玉藻》云：「諸侯玄端以祭。」鄭注：「祭先君也。端當爲冕。」諸侯祭宗廟之服，唯魯與天子同。」是二王之後，祭其先王，亦用其先代之服。不立始封之君廟，則祭東樓、微子以下當玄冕。然魯公牲盛，與群公別，則祭服雖不敢用衮冕，亦當與祭群公概用玄冕者殊。說見上。《曾子問》：「太宰、太宗、太祝皆裨冕。」《荀子・禮論》：「大夫裨冕，士韋弁。」大夫之服自玄冕而下，以玄冕亦天子裨冕之一也。○注「卿大」至「祖禰」。○《禮

❶「鄭」，原作「鄂」，據《儀禮正義》改。

記・雜記》云：「大夫冕而祭于公，弁而祭于己。」注：「祭于公，助君祭也。大夫爵弁而祭於己，唯孤爾。」《典命》疏：「少牢是大夫祭，用玄冠朝服。」《玉藻》疏云：「命以下大夫，則朝服以祭。」鄭《雜記》注及《司服》注俱云：「大夫爵弁而祭于己，唯孤爾。」則諸侯之卿祭于己不得爵弁矣。任氏大椿《弁服釋例》云：「《司服》：『孤之服自希冕而下，如子男之服。卿大夫之服，自玄冕而下，如孤之服。』希冕玄冕皆謂助祭之服。天子之孤以希冕助祭，則當以玄冕家祭。天子之卿大夫以玄冕助祭，即當以爵弁家祭也。又按：《王制》疏謂天子大夫自祭當用皮弁，與《郊特牲》及《玉藻》疏謂天子大夫自祭亦爵弁之説，自相矛盾。竊謂爵弁自祭之義，勝於皮弁。《王制》疏謂天子大夫自祭皮弁，徒以諸侯大夫自祭朝服。因是推之，天子大夫亦當朝服，朝服則皮弁，不知行禮於朝，則以朝服爲正。故《王制》疏引《燕禮・記》『燕朝服于寢』證天子燕于寢，亦當朝服則皮弁也。行禮於廟，則以祭服爲正。諸侯大夫家祭，雖朝服，義不係於朝，何得以諸侯大夫家祭用朝服，即以例天子大夫家祭亦朝服哉？諸侯之大夫上服玄冕，既以助祭，次則爵弁。考王朝三命之士助祭君廟，無過爵弁。諸侯大夫再命，僅當王朝中士，故不敢以助祭之服自祭。爵弁之下，則有皮弁。皮弁又爲君蜡祭之服，亦不敢自祭己廟，故降而服朝服耳。」按：《司服》注又云：「其餘皆玄冠，與士同。玄冠自祭其廟者，其服朝服玄端。」又《少牢禮》：「朝服玄冠緇布衣素裳。」又云：「主人朝服即位于阼階東，西面。」注：「爲將祭也。」《少牢禮》：「大夫家祭，其筮日請期，視殺視濯，尸服皆朝服也。」然則何氏此注謂諸侯卿大夫也。○注「士爵」至「祖禰」。

○《禮記・雜記》云：「士弁而祭于公，冠而祭于己。」注：「弁，爵弁也。冠，玄冠也。」疏云：「士以爵弁爲上，故用助祭也。」《詩・周頌・絲衣》云「載弁俅俅」，箋云：「弁，爵弁也。爵弁而祭于王，士服也。」是士助祭，則爵弁。《士冠禮》：「爵弁，服纁裳、純衣、緇帶、靺韐。」注：「此與君祭之服。《雜記》曰：『士弁而祭於公。』爵弁者，冕之次，其色赤而微黑，如爵頭然。純衣，絲衣也。餘衣皆用布，唯冕與爵弁用絲耳。」按：《雜記》注：「弁，爵弁也。」是爵弁爲助祭之服，其尊卑次于冕。賈疏云：「凡冕以木爲體，長尺六寸，廣八寸。上玄下纁，前後有旒。其爵弁制大同，唯無旒，又爲爵色爲異。又冕者，俛也，低前一寸二分，其爵弁則前後平

也。」其説本之《漢禮器制度》。又按：《弁師》注：「士變冕而爵弁。」士之爵弁，爲士上服，猶大夫以上之冕也。《冠禮》注：「其布三十升。凡冕以木爲體，長尺六寸，廣八寸，績麻三十升布。其爵弁制亦大同也。」吴氏《疑義》云：「据《説文》弁本作覍，象形，或作弁。又《釋名》『弁，如兩手相合也』。爵制與冕制異，與皮弁之制同。」据《説文》、《釋文》爲説，義亦通。《大宗伯》疏：「凡言士者，無問天子諸侯士，例皆爵弁助祭也。」黻衣裳者，黻當作韍。冕服謂之韍，其他服謂之韠，皆以韋爲之。《字林》：「韋，柔皮也。」鄭注《乾鑿度》云：「古者田漁而食，因衣其皮，先知蔽前，後知蔽後。後王易之以布帛，而獨存其蔽前者，重古道，不忘本也。」《初學記》引《五經要義》云：「韠者，舜所制也。太古之時未有布帛，人食禽獸肉而衣其皮。知蔽前，未知蔽後。至冕服既備，故復制之，以示不忘古。」按：韍亦作芾。《詩·采菽》：「赤芾在股。」箋云：「冕服謂之芾，其他服謂之韠。」《正義》：「以士之有爵弁，猶大夫以上有冕也。士有韎韐，猶大夫以上有芾也。」士以韎韐配祭服，故他服統謂之韠。士無冕，不得有韍名，此直以韍言韐耳。故《士冠禮》陳弁服于房中，以韎韐配爵弁，素韠、爵韠配皮弁，玄端也。故《士冠禮》注云：「韎韐，緼韍也。士緼韍而幽衡，合韋爲之。士染以茅蒐，因以名焉。今齊人名蒨爲韎韐。韍之制似韠。」鄭以《玉藻》解《冠禮》，是韐即韍也，而名韎韐者，韎言其色，韐言其質。《玉藻》注云「緼，赤黄之閒色」，即冠禮之韎也。《説文》：「韎，茅蒐染韋也。一入曰韎。」即《爾雅·釋器》之「一染謂之縓」，染于韋則曰韎，染之帛則曰縓。《説文》：「縓，帛赤黄色。」是與《玉藻》注之説緼同也。《説文·巿部》云：「士無巿，有帢。制如榼，缺四角。」《玉藻》云：「韠長三尺，上廣一尺，下廣二尺，其頸五寸。肩革帶，❶博二寸。」此韠之形制也。爵弁服其色韎，賤，不得與裳同。以爵弁服纁裳。纁爲三染，韎只一染，故少異也。《説文》之「巿」即韍字。「帢」即韐字。知韐爲韍類也。《冠禮》注：「合韋爲之。」解韐字義取合韋。大夫以上亦用韋爲之，而不名韐，以大夫以上有山、火、龍章之飾，故名韍。士無飾，但名爲韐，本其質而言之也。韎韐可名緼韍，而不得單名韍，可以單名韐。《士喪禮》：「設韐帶。」注「韐帶者，韎韐緇帶」是

❶「革」，原作「華」，據《禮記注疏》改。

也。《詩・小雅・瞻彼洛矣》云「韎韐有奭」謂諸侯世子除三年喪，服士服，見天子也。《毛傳》亦云：「韎韐者，茅蒐染韋也。一入曰韎韐，所以代韠也。」今本韋誤草，「一」下脱「入」字矣。衣裳者，《士冠禮》：「纁裳純衣。」鄭箋《詩》云：「其服爵弁服，紂衣纁裳也。」其注《冠禮》又云：「純衣，絲衣也。唯衣皆用布，唯冕與爵弁服用絲耳。」按：《詩・周頌》：「絲衣其紑，載弁俅俅。」弁，爵弁也，則爵弁用絲衣可知。此鄭《禮注》所本，然與《詩箋》少異。《周禮・媒氏》之純帛，《論語・子罕》之「今也純」，鄭皆讀爲緇。又云：「古緇以才爲聲，字亦作紂。」與《詩箋》合。蓋一言其質，一言其色也。《經義述聞》云「純當讀黗。《廣雅》：『黗，黑也。』黗與純音義相近」，是亦主色言之。然作絲衣解，亦未爲不可也。纁裳者，鄭注云：「纁裳，淺絳裳。」凡染絳，一入謂之縓，再入謂之赬，三入謂之纁，朱則四入與？沈氏彤《儀禮小疏》：「縓，淺赬。赬，淺纁。皆由淺入深者。更以纁入赤，則爲朱。《詩・七月》：『我朱孔陽。』《毛傳》『朱，深纁』是也。」然絳爲大赤，纁則赤而有黄也。凡冕服皆玄上纁下，爵弁爲冕之次，故亦纁裳也。《詩傳》又云「祭服，玄衣纁裳」，謂此也。玄端者，《士冠禮》注：「玄端，即朝服之衣易其裳耳。上士玄裳，中士黄裳，下士雜裳。雜裳者，前玄後黄。」又「主人玄端爵韠」，注云：「玄端，士入廟之服。」以《特牲》士祭用玄端，故知爲士入廟之服。不言者，方氏苞《儀禮析疑》云：「篇首朝服用玄冠，則玄端之冠不待言矣。」聶氏《禮圖》引張鎰《圖》云：「諸侯朝服之玄冠，士之玄端之玄冠，諸侯之冠弁，此三冠與周天子委貌形制相同也。」《冠禮・記》：「委貌，周道也。章甫，殷道也。毋追，夏后氏之道也。」注：「委猶安也，言所以安正容貌。」委貌亦單言委。《雜記》言「委武玄縞」，《左傳》言「晏平仲端委立于虎門」，皆玄冠服也。公西華言「端章甫」，猶言端委也，以委貌、章甫同也。《特牲饋食禮》：「夙興，主人服如初。」注：「主人服如初，則其餘有不玄端者。」記云：「特牲饋食其服皆四：朝服、玄冠、緇帶、緇韠。」是玄端以祭其祖禰也。《王制》疏云：「若其自祭，則皆降焉，士則玄端，大夫則朝服。」故《儀禮・特牲》：「士祭玄端少牢，上大夫祭朝服。」按：士祭筮日、筮尸、視濯，主人及子孫兄弟，有司群執事及宿尸、宿賓尸及賓主人及祝佐食，皆玄端也。士齊祭亦服玄端。《周禮》「士之齊服有玄端」是也。金氏榜《禮箋》云：「《周官・司服》

其齊服有玄端、素端，文承公侯伯子男及孤卿大夫士，不專主於士，蓋齊祭事近故也。故《玉藻》：『玄冠丹組纓，諸侯之齊冠也。玄冠綦組纓，士之齊冠也。』諸侯與士皆服玄冠齊，是自諸侯達于士一也。」有不腆先君之器，**注**器謂上所執簞壺。**疏**注「謂上」至「簞壺」。○上文「高子執簞食，國子執壺漿」是也。未之敢用，敢以請。」**注**請行禮。**疏**注「請行禮」。○下傳云：「敢辱大禮，敢辭。」故知此請爲請行禮。昭公曰：「喪人不佞，失守魯國之社稷，執事以羞，敢辱大禮，敢辭。」**注**不敢當大禮，故敢辭。**疏**《校勘記》出「敢辱大禮，敢辭」云：「《唐石經》、諸本同。解云：『亦上有「不」字者，若有「不」字，則「辭」下讀。』按：當作『敢』上亦一本有『不』字者。」景公曰：「寡人有不腆先君之服，未之敢服。有不腆先君之器，未之敢用。敢固以請。」昭公曰：「以吾宗廟之在魯也，**注**以我守宗廟在魯時。有先君之服，未之能以服。有先君之器，未之能以出。敢固辭。」**注**己有時，未能以事人。今己無有，義不可以受人之禮。**疏**舊疏云：「『未之能以服』者，謂未能服之以事人矣。下文『未之能以出』，亦然。」○注「今己無有」。○舊疏云：「今己無有者，謂己身之己。或解己爲已然之已也。」按：音紀是。《通義》云：「言宗廟在魯弗能顧，先祖之器服弗能守，尚何顔以受賜。」按：孔氏義較直捷。敢固辭者，《禮記·投壺》注云：「固之言如故也，言如故者，重辭也。」景公曰：「寡人有不腆先君之服未之敢服，有不腆先君之器未之敢用，請以饗乎從者。」**注**欲令受之，故益謙，言從者。**疏**《禮記·鄉飲酒義》：「讓之三也，象月之三日而成魄。」故古人揖讓辭受，皆以三爲數。汪氏中《釋三九》云「一奇二偶，不可以爲數。二乘一則爲三，故三者，數之成也」是也。昭公曰：「喪人其何稱？」**注**行禮，賓主當各有所稱。時齊侯以諸侯遇禮接昭公，昭公自謙失國，不敢以故稱自稱，故執謙問之。**疏**《禮記·檀弓》

云：「聞喪於夫子乎？」注：「喪謂失位也。魯昭公稱於齊侯曰：『喪人其何稱。』」《正義》云：「引《公羊》證失位者稱喪。」按：《檀弓》：「秦穆使人弔公子重耳，曰：『喪亦不可久也。』」注：「喪謂亡失位。」同，故重耳亦稱「喪人」。○注「行禮」至「所稱」。○《禮記·表記》云：「無辭不相接也，❶無禮不相見也。」❷故賓主當各有所稱。○注「時齊」至「問之」。○《校勘記》出「昭公自謙失國」，云：「鄂本謙作嗛，此誤。」按：紹熙本亦作「嗛」。齊侯以遇禮見昭公事見下。景公曰：「孰君而無稱。」注 猶曰「誰爲君者而言無所稱乎？昭公非君乎」？疏《經傳釋詞》：「孰猶何也。言何君而無稱也。《論語·八佾》云：『孰不可忍也。』《楚詞·九章》『孰兩東門之可蕪』。『孰』字並與『何』同義。」○注「猶曰」至「君乎」。○《爾雅·釋詁》云：「孰，誰也。」猶曰「誰有爲君者而無稱也」。《國語·越語》上云：「孰是吾君也，而可無死乎？」韋注：「孰，誰也。誰有恩惠如是君者。」詞氣與此同。昭公於是噭然而哭。注 噭然，哭聲貌。感景公言而自傷。疏《校勘記》云：「《唐石經》、諸本同。按《説文》：『嘂，高聲也。一曰大呼也。从㗊丩聲，《春秋公羊傳》曰：魯昭公叫然而哭。』噭與叫聲相近，許以叫爲高聲大呼，較之何注云：『噭然，哭聲貌。』義益切也。」○注「噭然」至「自傷」。○《説文·口部》：「噭，吼也，一曰噭，呼也。」段《注》云：「呼，當作嘑。嘑，號也。《曲禮》：『毋噭應。』鄭曰：『噭，號呼之聲也。』呼，亦當作嘑，俗寫通用耳。《公羊傳》：『昭公於是噭然而哭。』注：『哭聲皃。』《釋文》皆古弔反。」按：《方言》：「平原謂啼極無聲謂之唴哴，楚謂之噭咷。」《廣雅·釋言》：「噭，嘹也。」《太玄·竈》：「雖毀，不噭。」注：「噭，不正之聲也。」《漢書·韓延壽傳》：「噭咷楚歌。」注：「服虔曰：『噭，音叫呼之叫。』」是噭、叫通。噭爲嘑號，故何以爲哭聲。經傳凡言「然」者，皆狀詞，故何氏以爲「哭聲貌」也。諸大夫皆哭。注 魯諸大夫從昭公者。既哭，以人爲菑，注 菑，周埒垣也，所以分別內外，衛威儀。

❶「接」，原作「見」，據《禮記注疏》改。
❷「見」，原作「親」，據《禮記注疏》改。

今大學辟雍作「側」字。疏《唐石經》、諸本同。○注「菑周」至「威儀」。○舊疏云：「猶言周匝爲埒牆。」按：《禮記・檀弓》：「四者皆周。」注：「周，帀也。」《小爾雅・廣言》：「周，帀也。」《説文・土部》：「埒，庳垣也。」《爾雅・釋丘》：「水潦所還埒邱。」郭注：「謂丘邊有界埒，水環繞之。」《釋名・釋宫室》云：「垣，援也，人所依阻以爲垣墻也。」襄三十一年《左傳》：「子産盡壞其館之垣。」皆謂匝繞之牆也。《周禮・考工記》注：「泰山、平原所樹立物曰菑。」《詩疏》引李巡《爾雅注》以當死害生曰菑。《漢書・溝洫志》：「《瓠子歌》『隤林竹兮，揵石菑』。」注：「石菑，謂重石立之也。」蓋凡立物皆謂之菑。立人以當埒垣，故亦謂之菑。《周禮・掌舍》云：「無宫，則共人門。」注：「謂王行有所逢遇，若住遊觀，陳列周衛，則立長大之人以表門。」此類是也。《説文・艸部》「菑」下段《注》云：「考諸經傳，凡入之深而植立者皆曰菑。如《考工記・輪人》菑訓建輻，《弓人》菑訓以鋸副析，《公羊傳》『以人爲菑』，《漢書》『揵石菑』。鄭仲師云：『泰山、平原所樹立物爲菑，聲如胾。博立梟棊亦爲菑』。❶其他若《毛傳》『木立死曰菑』，《漢書》『事刃公之腹中』，《急就章》『分別部居不雜厠』，《漢大學石經》『以人爲側』，皆此字之引申叚借。」按：此傳菑當作菑。紹熙本作菑是也。《史記・河渠書》注引韋昭云：「木立死曰菑。」《考工記・輪人》注：「菑，謂輻入轂中。」《後漢書・楊賜傳》：「菑，插也。」《漢書・張安世傳》注同。又《溝洫志》注：「菑亦臿耳。」義與「傳」同，皆樹立爲義。○注「今大」至「側字」。○《校勘記》云：「此即東漢熹平立石大學之《公羊傳》也。」汪氏中《經義知新記》云：「此即《石經》與？然則漢經其文字固不必盡依《石經》矣。」洪氏頤煊《讀書叢録》云：「《考工記・輪人》注，鄭司農云：『菑，讀如雜厠之厠。』《漢書・張耳傳》：『貫高等廼壁人柏人，要之置厠。』側即厠字。厠、側皆則聲，與菑古音皆在之部，故通。」以幦爲席，注幦，車覆笭。疏注「幦，車覆笭」。○舊疏云：「笭即式也。但車式以笭爲之，有豎者，有横者。故《考工記》注云：『轛式之植者横者也。』《禮》『君羔幦虎犆，大夫士鹿幦豹犆』是也。」孔氏《音義》云：「幦與《詩》『淺幭』，《禮》『然幎豻幎』，字聲訓並

❶「亦」，原作「六」，據《説文解字注》改。

同。」《説文・巾部》：「幦，髼布也。」段《注》云：「《既夕禮》、《玉藻》、《少儀》鄭注，《公羊》何注，皆曰：『幦，覆笭也。』按：車覆笭與車笭是兩事。車笭者，《周禮》之蔽，《毛詩》、《爾雅》之茀，《説文》之篚，鄭曰：『車旁禦風塵者也。』覆笭者，《禮經》、《周禮》、《公羊傳》之幦，《大雅》、《曲禮》之幭，今《周禮》之複，蓋於軾上者也。車笭多以竹，故字从竹。覆笭不用竹，用皮。《巾車》曰『王之喪車，犬複，鹿淺複』，然複豻複，各用其皮也。《大雅》之淺幭，虎皮也，與《玉藻》之羔幦、鹿幦，皆諸侯大夫士之吉禮也。《曲禮》以素幭即《士喪禮》之白狗幦。大夫士之凶禮也。然則車覆笭古無用髼布者，許以髼布釋幦，幦之本義也。經典用爲車覆笭之字也。」按：此可用以代席，明亦皮也。

以鞌爲几，疏《説文・革部》：「鞌，馬鞁具也。」❶段《注》：「此爲跨馬設也。《左傳》：『趙旃以良馬二，濟其兄與叔父。左師展將以公乘馬而歸。』三代時非無跨馬者矣。」然《管子・山國軌》曰：「被鞍之馬千乘。」用鞍駕車，其始於三代時與？《校勘記》云：「《唐石經》、鄂本同。《釋文》亦作以鞌，閩、監、毛本作鞍，非。」

以遇禮相見。注以諸侯出相遇之禮相見。疏注「以諸」至「相見」。○惠氏士奇《春秋説》云：「諸侯未及期相見曰遇，相見於郤地曰會，涖牲曰盟，其禮皆亡，《公羊》略言遇禮曰：『以人爲菑，以幦爲席，以鞍爲几。以遇禮相見。』菑，一作側，謂周埒垣，所以分內外，衛威儀。古無單騎，未聞有鞍。謂之馬褐，即謂之鞍。故《管子・山國軌》曰：『被鞍之馬千乘。』幦者，車覆笭。會盟有壇，周爲埒垣，布席設几。遇禮易略，故以人及鞍、幦代之。《曲禮》注云：『夏宗依春，冬遇依秋。』《春秋》時齊侯唁魯昭公以遇禮相見，取易略也。覲禮存，朝、宗、遇禮亡。」按：此遇與《周禮》之遇不同。《周禮・大宗伯》云：「春見曰朝，夏見曰宗，秋見曰覲，冬見曰遇，時見曰會，殷見曰同。」鄭注：「此六禮者，以諸侯見王爲文。六服之內，四方以時分來。或朝春，或宗夏，❷或覲秋，或遇冬。名殊禮異。」其禮之異者，則《曲禮》云：「天子當依而立，諸侯北面而見天子，曰覲。天子當宁而立，諸公東面，諸侯西面，曰朝。」彼注：「諸侯春見曰朝，受

❶「鞁」，原作「鞍」，據《説文》改。
❷「夏」，原作「廟」，據《周禮注疏》改。

摯於廟，受享於朝，生氣文也。秋見曰覲，一受之於廟，殺氣質也。朝者位於内朝而序進。覲者位於廟門外而序入。王南面立於依、宁而受焉。夏宗依春，冬遇依秋。」是皆諸侯朝天子之禮。此則《曲禮》所云「諸侯未及期相見曰遇」者也。《隱四年》注：「古者有遇禮，爲朝天子。若朝罷朝，卒相遇于塗，近者爲主，遠者爲賓，稱先君以相接，所以崇禮讓，絶慢易也。」與《周禮》冬遇之爲諸侯常禮不同。昭公失國，齊侯卒唁於外，不得行朝會常禮，故假遇禮以相見也。鄭氏引以説冬遇，誤。

孔子曰：「其禮與？其辭足觀矣。」注言昭公素能若此，禍不至是。主書者喜爲大國所唁。地者，痛録公，明臣子當憂納公也。疏《通義》云：「言是禮也與？乃若其辭，則有足觀矣。譏昭公不知禮之本，而威儀文辭是亟，故不能以禮爲國，致有此辱也。」按：此本《左傳》「是儀也，非禮也」義爲説。○注「言昭」至「至是」。○何意言，此時昭公與齊侯問答揖讓之與辭，均足觀矣。惜其未失國時，不能如是也。《論語·里仁》篇：「能以禮讓爲國乎何有？不能以禮讓爲國如禮何？」亦此意也。○注「主書」至「所唁」。○下《三十一年》云：「晉侯使荀躒唁公于乾侯。」主書者蓋與此同。○注「地者」至「公也」。○與上書「次于楊州」同義。舊疏云：「下《二十九年》『齊侯使高張來唁公』，不復書其地者，正以公居于運，與在國同，故與此異。❶下《三十一年》『晉侯使荀躒唁公于乾侯』，地者，❷與此同。」

冬，十月戊辰，叔孫舍卒。疏包氏慎言云：「十月無戊辰，十一月之四日爲戊辰。」

十有一月己亥，宋公佐卒于曲棘。疏包氏慎言云：「十一月無己亥，十二月之十六日。如《左氏》則十月、十二月皆不誤，惟八月誤作九月。依《公》、《穀》，十月之戊辰，當爲戊戌。十一月己亥，當爲己巳。」

曲棘者何？宋之邑也。疏《大事表》云：「當在今開封杞縣境。」《水經注·泗水》篇：「黄水東流逕外黄縣故城南。《陳留風俗傳》曰：『縣南有渠水，於春秋爲宋之曲棘里，故宋之别都矣。春秋時，『宋元公卒

❶「與」，原作「云」，據《春秋公羊傳注疏》改。
❷「下」字下，原衍「云」字，據《春秋公羊傳注疏》删。

于曲棘』是也。」杜云：「陳留外黄縣，城中有曲棘里，宋地。」諸侯卒其封内不地，此何以地？憂内也。**注**時宋公聞昭公見逐，欲憂納之，至曲棘而卒，故恩録之。**疏**注「時宋」至「録之」。○《穀梁傳》曰：「邡公也。」注「邡，當爲訪。訪，謀也。言宋公所以卒於曲棘者，欲謀納公。」《左傳》：「宋元公將爲公故如晉。」注：「請納公。」二十六年《左傳》云：「子猶言於齊侯曰：『群臣不盡力于魯君者，非不能事君也，然據有異焉，宋元公爲魯君如晉，卒於曲棘。』」是宋公欲憂納昭公事也。恩録之，與《成二年》書「曹公子手」同。彼注云：「《春秋》託王于魯，因假以見王法。明諸侯有能從王者征伐不義，克勝有功，當褒之。」此以諸侯能爲王者憂，勤王而卒，亦宜恩録之也。

十有二月，齊侯取運。

外取邑不書，此何以書？爲公取之也。

注爲公取運以居公，善其憂内，故書。不舉伐者，以言語從季氏取之。月者，善録齊侯。**疏**《穀梁傳》：「内不言取，以其爲公取之，故易言之也。」舊疏云：「《襄元年傳》云『魚石走之楚，楚爲之伐宋，取彭城以封魚石』，而經不書楚取彭城是也。」○注「爲公」至「故書」。○杜云：「取鄆以居公，善其憂内，與宋元公卒書地，爲恩録義同。」○注「不舉」至「取之」。○《左傳》：「齊侯圍鄆。」杜云：「欲取以居公。不書圍，鄆人自服，不成圍。」据彼疏云：「以傳云『書取，言易也』，故賈爲此解，杜從之也。」是本賈氏，與此云「以言語取之季氏」義近。舊疏云：「正以《隱四年》『莒人伐杞，取牟婁』，舉伐言取，故決之。」○注「月者，善録齊侯」。○舊疏云：「正以《哀八年》『夏，齊人取讙及僤』，外取邑而書時。今此書月，正以美憂内，詳録齊侯矣。」《通義》云：「孫覺曰：『《春秋》取田邑皆貶之曰人，罪其擅取也。惟齊景爲昭公取運，以其取不爲己，得特書其爵。』」

公羊義疏六十七

句容陳立卓人著

昭二十六年盡三十二年。

二十有六年春，王正月，葬宋元公。

三月，公至自齊，居于運。**注**月者，閔公失國居運。致者，明臣子當憂納公，不當使居運。後不復月者，始録可知。**疏**《穀梁傳》曰：「公次于陽州，其曰『至自齊』何也？以齊侯之見公，可以言『至自齊』也。」注：「據公但至陽州，未至齊。」又云：「『齊侯唁公于野井』，以親見齊侯爲重，故可言『至自齊』。」按：杜云：「陽州，齊魯境上邑。」又云：「濟南祝丘縣東有野井亭，明野井已入齊境。」《史記注》引賈逵曰：「鄆，魯邑。」既反魯地，自不得不書「至自齊」矣。○注「月者」至「居運」。○舊疏云：「正以凡致例時故也。」○注「致者」至「居運」。○舊疏云：「《桓元年》『三月，公會鄭伯于垂』之下注云：『不致者，爲下去王，適足起無王，未足見無王罪之深淺，故復奪臣子辭，成誅文也。然則昭公失所，爲臣所逐而致之者，正以罪輕於桓公，明其臣子當憂納公故也。」《穀梁傳》：「居于鄆者，公在外也。至自齊，道義不外公也。」范云：「至自齊者，臣子喜其君父得反致宗廟之辭爾。今君雖在外，猶以在國之禮録之，是崇君之道。」亦責臣子當憂納公之義，故特書「居于運」，明未得國辭。范云「若但言『公至自齊』，而不言『居于鄆』，則嫌公得歸國，欲明公實在外」是也。○注「後不」至「可知」。○即下「秋，公至自會」、《二十七年》「冬，公至自齊，居于運」等，不月，❶從可知也。

夏，公圍成。**注**書者，惡公失國，幸而得運，不修文德以來之，復擾其民圍成。不從叛書者，本與國俱叛，故不得復以叛爲重。不從定公，又以親圍下邑爲譏者，昭無臣子，又即如定公，當致也。**疏**《差繆略》

❶「月」，原作「自」，據上注文改。

云：「成，《公羊》作郕。今本及《石經》皆作成。」○注「書者」至「圍成」。○《論語・季氏》篇：「故遠人不服，則修文德以來之。」故責公不當擾民圍成也。○注「不從」至「爲重」。❶○舊疏云：「《成三年》：『叔孫僑如率師圍棘。』傳：『棘者何？汶陽之不服邑也。其言圍之何？不聽也。』注：『不聽者，叛也。不言叛者，爲內諱，故書圍以起之。』然則今此圍成，是圍、叛之文，而知惡公書之者，正以本與國俱叛，理宜不復以叛爲重故也。」《通義》云：「從内邑不聽例書者，凡黨於季氏皆叛邑也。」則即舊疏所不取一説也。《穀梁》云：「非國不言圍，所以言圍者，以大公也。」❷亦何氏所不取。○注「不從」至「致也」。○《校勘記》云：「蜀大字本、閩、監、毛本、鄂本『又』作『入』，則上屬，言昭無臣子納公也。」按：作「又」是也。言昭已失國，無臣子。又若如定公，則當致故也。《定十二年》：「公圍成，公至自圍成。」注：「月又致者，❸天子不親征下土，諸侯不親征叛邑。公親圍成，不能服，不能以一國爲家，甚危，若從他國來，故危録之。」是也。然則注言「昭無臣子」者，正解不以親圍下邑爲譏之故，以本非其邑也。若是譏其親圍下邑，則當書「公至自圍成」。今不然，故知非也。

秋，公會齊侯、莒子、邾婁子、杞伯盟于剸陵。**注**不月者，時諸侯相與約，欲納公，故内喜爲大信辭。**疏**《校勘記》云：「鄂本、閩、監、毛本同。《唐石經》、蜀大字本『剸』作『鄟』。《釋文》：『鄟陵，音專，本又作專。』」杜云：「鄟陵，地闕。」齊氏召南《考證》云：「吕祖謙《春秋集解》不云《公羊》作剸陵，疑此經亦應作鄟陵也。」按：紹熙本亦作鄟。○注「不月」至「信辭」。○《公羊》之例，大信時，小信月，不信日。此時，故解之。舊疏云：「剸陵之會無相犯，復無大信，止合書月而書時者，正以約欲納公，故爲大信辭矣。」《左傳》云：「會于鄟陵，謀納公也。」

公至自會，居于運。**注**致會者，責臣子明公已得意于諸侯，不憂助納之而使居于運。

疏注「致會」至「于運」。○《莊六年》注云：「公與二國

❶「不」，原作「可」，據上注文改。
❷「以」字，原脱，據《春秋穀梁傳注疏》補。
❸「月」，原作「自」，據《公羊疏》改。

以上出會盟，得意致會，不得意不致。」公爲諸侯所謀納，故書至，作得意文也。書「居于運」，蓋亦閔公失國居運，因以責臣子不憂納公也。

九月庚申，楚子居卒。疏包氏慎言云：「九月有庚申，月之十一日。」

冬十月，天王入于成周。

成周者何？東周也。注是時，王猛自號爲西周，天下因謂成周爲東周。疏注「是時」至「東周」。○上《二十二年》：「劉子、單子以王猛入于王城。」傳：「王城者何？西周也。」注「時居王城邑，自號西周王」是也。蓋自王猛以王城爲西周，子朝因之，天下因謂成周爲東周也。其言入何？注据入者篡辭。疏注「据入者篡辭」。○即《莊六年》「衛侯朔入于衛」、《九年》「齊小白入于齊」之屬是也。彼傳云「其言入何？篡辭也」是也。不嫌也。注上言天王者，有天子已明。不嫌爲篡。主言入者，起其難也。不言京師者，起正居在成周，實外之。月者，爲天下喜録王者反正位。疏注「上言」至「爲篡」。○《校勘記》云：「鄂本『者』作『著』，此誤。」按：紹熙本亦作「著」。上《二十三年》云：「天王居于狄泉。」傳「此未三年，其稱天王者何？著有天子」是也。此注本上傳爲說，故云「不嫌爲篡」。○注「主言」至「難也」。○《隱八年》：「我入邴。」傳：「其言入何？難也。」《莊二十四年》：「夫人姜氏入。」傳：「其言入何？難也。」是則篡國言入，重難亦言入，不嫌同辭也。○注「不言」至「外之」。○《校勘記》出「起正居在成周」，云：「蜀大字本、閩、監、毛本同，誤也。鄂本『正』作『王』，當據正。此本疏云：『起成周爲王居』，閩、監、毛本亦誤爲『正居』。」按：紹熙本亦作「王居」。《桓九年》：「紀季姜歸于京師。」傳：「京師者何？天子之居也。」是京師乃王居所在，宜書入于京師矣。舊疏云：「今言天王入于成周，不言入京師者，正欲起其正居在成周故也。所以能起之者，既爲天王所入，正居明矣。」又云：「言實外之者，正以天子之重，海内瞻望，宜親九族以自衛守，而辟庶孽，蒙塵于外，經歷數年，方歸舊守，是以不言京師。」終實外天子也。蓋不言京師兼二義矣。《通義》云：「稱成周不稱京師者，起敬王新居東周，非故京師矣。」按：

《詩・王風譜》云：「王城者，周東都王城，畿内方六百里之地。」又《小雅・車攻序》云「復會諸侯於東都」，皆王城也，是景王以前之京師也。《漢書・地理志》：「初，洛邑與宗周通封畿，東西長，南北短，短長相覆千里。」宗周在鎬京，王城即洛邑也。《書・洛誥》所謂「我乃卜澗水東，瀍水西，惟洛食」是也。故《詩譜》又云：「周公攝政五年，成王在豐，欲宅洛邑，使召公先相宅。既成，謂之王城，是爲東都，今河南是也。召公既相宅，周公往營成周，❶今洛陽是也。」按：此《洛誥》所云「我又卜瀍水東，亦惟洛食」，《地理志》河南郡有洛陽縣，「周公遷殷頑民，是爲成周」是也。此敬王以後之京師也。漢之雒城、河南皆在今河南府洛陽縣境。何氏云「實外之」，蓋責敬王雖不朝，奔楚後不反王城正居，故下三十二年「城成周」，亦不言京師也。且書成周，又見新周，使若國文，亦外之之義。○注「月者」至「正位」。○舊疏云：「正以此上《二十二年》『秋，劉子、單子以王猛入于王城』，不書月。今此月者，爲天下喜録王者反正位故也。」《通義》云：「敬王亦劉、單所奉而『居于皇』言『以』，『居于狄泉』不言『以』，『王猛入于王城』言『以』，『天王入于成周』不言『以』。一正一不正，較然可知矣。又與下經『以王子朝』比觀之，言『以』者不正，益可知矣。」

尹氏、召伯、毛伯以王子朝奔楚。注立王子朝，獨舉尹氏。出奔并舉召伯、毛伯者，明本在尹氏，當先誅渠帥，後治其黨，猶楚嬰齊。疏舊疏云：「《穀梁》與此同。《左氏》召伯作召氏。」按：杜氏《左傳》本亦作召伯，注云：「召伯，❷當言召氏，經誤也。尹、召族奔，❸非一人，故言氏。」彼蓋據傳文「王子朝及召氏之族、毛伯得、尹氏固、南宮嚚奉周之典籍以奔楚」故也。按：《二十三年》「尹氏立王子朝」，《隱三年》「譏世卿」，書「尹氏卒」，此當彼相起，當止尹氏書氏也。《校勘記》云「《唐石經》、諸本同」。《漢書・五行志》：「子鼂，楚之出也。」故奔楚。○注「立王」至「其黨」。○即上《二十三年》書「尹氏立

❶「往」，原作「經」，據《毛詩正義》改。
❷「召伯」下，原衍「奔，非一人」四字，據《春秋左氏正義》删。
❸「族」字，原脱，據《春秋經傳集解》補。

王子朝」是也。《校勘記》出「當先誅渠帥」，云：「鄂本同。閩、監、毛本帥作率。按：《釋文》作『渠率』云：『或作帥。』」舊疏云：「漢之賊首皆名渠帥。」包氏慎言云：「此明首從之别也。」大夫之義不得專廢置君。「晉郤克納捷菑于邾」，貶稱人。彼弗克納，猶貶，况以内臣而擅廢置乎？《唐律疏義》：「諸共犯罪者，以造意爲首，隨從者減一等。」明尹氏造意，召伯、毛伯爲從也。○注「猶楚嬰齊」。○《成二年》「公會楚公子嬰齊于蜀。丙申，公及楚人以下盟于蜀」，注：「上會不序諸侯大夫者，嬰齊，楚專政驕蹇臣也。數道其君率諸侯侵中國，故獨先舉于上，乃貶之。明本在嬰齊，當先誅其本，乃及其末。」是也。此於上經治尹氏，此始及召伯、毛伯，故云「猶楚嬰齊」。

二十有七年春，公如齊。公至自齊，居于運。**疏**《穀梁傳》「公在外也」。

夏四月，吴弒其君僚。**注**不書闔廬弒其君者，爲季子諱，明季子不忍父子兄弟自相殺，讓國闔廬，欲其享之，故爲没其罪也。不舉專諸弒者，起闔廬當國，賤者不得貶，無所明文，方見爲季子諱。本不出賊，以明闔廬罪雖可貶，猶不舉。月者，非失衆見弒，故不略之。**疏**注「不書」至「罪也」。○《襄二十九年》：「吴子使札來聘。」傳云：「闔廬曰：『將從先君之命與？則國宜之季子者也。如不從先君之命與？則我宜立者也，僚烏得爲君乎？於是使專諸刺僚。」《左傳》：「公子光曰：『此時也，不可失也。』告鱄設諸曰：『上國有言曰：不索何獲？我，王嗣也，吾欲求之。事若克，季子雖至，不吾廢也。』光伏甲於窟室而享王，鱄設諸置劍於魚中以進，❶抽劍刺王，鈹交于胷，遂弒王。」《吴世家》：「光伏甲士於窟室，而謁王僚飲。公子光詳爲足疾，入于窟室，使專諸置匕首於炙魚之中以進食。手匕首刺王僚，鈹交于匈，遂殺王僚。公子光竟立爲王，❷是爲吴王闔廬。」是闔廬弒君事也。此不書吴闔廬弒其君，故解之，謂「爲季子諱」也。云：「季子不忍父子兄弟自相殺，讓國闔廬」者，

❶「設」字，原脱，據《左傳正義》補。
❷「立」上，原衍「代」字，據《史記》删。

《襄二十九年》傳又云：「而致國乎季子。季子不受，曰：『爾弒吾君，吾受爾國，是吾與爾爲篡也。爾殺吾兄，吾又殺爾，是父子兄弟相殺，終身無已時也。去之延陵。」是其事也。《春秋》爲季子諱，故没闔廬弒君罪，以遂賢者之志也。○注「不舉」至「明文」。○《校勘記》云：「文，閩、監、毛本同，誤也。鄂本『文』作『又』，當據正。」按：紹熙本亦作「又」，當屬下讀。然舊疏云：「假會書見，正得稱人，文無所明故也。」則疏本作「文」，屬上讀也。《桓二年》「宋督弒其君與夷」，注：「督不氏者，起馮當國。」則彼督爲大夫，得貶去氏，起馮當國。此專諸賤，若舉專諸弒，只合稱人，不見貶文，無以起闔廬當國也。故曰「文無所明」也，故並没之。○注「方見」至「不舉」。○《校勘記》出「以明闔廬罪」，云：「閩、監、毛本同，誤也。鄂本『明』作『除』，當據正。解云：『今此月者，直是本不出賊，以除闔廬罪』，可證本是『除』字。」按：紹熙本亦作「除」。舊疏本雖作「文」，屬上讀。然作「又」爲是，明不舉專諸弒有二義也。一則不足起闔廬當國，一則見欲盈爲季子諱也。○注「月者」至「略之」。○《文十八年》：「冬，莒弒其君庶其。」傳：「稱國以弒何？稱國以弒者，衆弒君之辭。」注：「一人弒君，國中人人盡喜，故舉國以明失衆，當坐絶。」又《定十三年》「冬，薛弒其君比」，蒙上「冬」文，亦不月，故知例皆時，略之，以明其失衆。此書月，故與彼殊。舊疏云：「直是本不出賊，以除闔廬罪，是以稱國。非失衆見弒之例，故不略之。」《解詁箋》云：「不日者，卒本不日。」《繁露·玉英》云：「非其位，不受之先君而自即之，《春秋》危之，吴王僚是也。」

楚殺其大夫郤宛。

秋，晉士鞅、宋樂祁犂、衛北宫喜、曹人、邾婁人、滕人會于扈。

冬十月，曹伯午卒。

邾婁快來奔。疏《釋文》：「邾婁快，本亦作噲。」《唐石經》、諸本亦作「快」。

邾婁快者何？邾婁之大夫也。邾婁無大夫，此何以書？以近書也。注說與鼻我同義。疏注「說與鼻我同義」。○《襄二十三年》「邾婁鼻我來奔」是也。彼傳云：「邾婁鼻我者何？邾婁大夫也。邾婁無大夫，此何以書？以近書也。」注：

「以奔無他義，知以治近升平書也。所傳聞世，❶見治始起，外諸夏，録大略小。大國有大夫，小國略稱人。所聞之世，内諸夏，治小如大。❷廩廩近升平，故小國有大夫，治之漸也。見於邾婁者，自近始也。獨舉一國者，時亂實未有大夫，治亂不失其實，故取足張法而已。」則邾婁快書，亦以奔，無他義，知以治近太平書也。舊疏云：「見於邾婁者，以其近魯故也。」

公如齊，公至自齊，居于運。

二十有八年春，王三月，葬曹悼公。注 月者，爲下出也。疏 注「月者，爲下出也」。○舊疏云：「正以上《十八年》『三月，曹伯須卒。秋，葬曹平公』，《二十七年》『冬十月，曹伯午卒』，則曹於所見之世，止自卒月葬時，故知此月，宜其爲下事出矣。」

公如晉，次于乾侯。注 乾侯，晉地名。月者，閔公内爲强臣所逐，外如晉，不見答。次于乾侯，不諱者，憂危不暇殺恥。後不月者，録始可知。疏 注「乾侯，晉地」。○杜云：「乾侯在魏郡斥邱縣，晉竟内邑。」《大事表》云：「闞駰曰：『地有斥鹵，故曰斥丘。』今直隸廣平府成安縣東南有斥邱古城。」《水經注・洹水》篇：「又北徑斥邱縣西，縣南有斥邱，蓋因邱以氏縣，故乾侯矣。《春秋》『公如晉，次于乾侯』」是也。《一統志》：「斥邱故城在廣平府成安縣南。《春秋》時乾侯邑。」○注「月者」至「見答」。○《穀梁傳》：「公在外也。」《左傳》：「使請逆于晉，晉人曰：『天禍魯國，君淹恤在外，君亦不使一个辱在寡人，❸而即安於甥舅，其亦使逆君。』使公復于竟，而後逆之。」杜云：「言公不能用子家，所以見辱。」是如晉不見答也。○注「次于」至「殺恥」。○正以上《二年》：「公如晉，至河乃復。」傳：「不敢進也。」注：「時聞晉欲執之，不敢往，故諱，使若河水有難而反。」又《二十三年》：「公如晉，至河，公有疾，乃復。」傳：「殺恥也。」注：「因有疾以殺畏晉之恥。」此不見答，直書「次于乾侯」者，閔公憂危甚，臣子急宜憂納之，不暇殺恥也。○注「後不」至「可知」。○即下《二十九年》「春，公如晉，

❶「世」下，原衍「者」，據《春秋公羊傳注疏》删。
❷「小」，原脱，據《春秋公羊傳注疏》補。
❸「个」，原作「介」，據《春秋左傳正義》改。

次于乾侯」，不復書月，從可知也。

夏，四月丙戌，鄭伯甯卒。**疏**包氏慎言云：「正月三十日辛未，冬至宜壬申。然正月無中氣，退閏于前年十二月，則冬至在正月朔日，而四月不得有丙戌，故縮冬至于正月晦日。四月經有丙戌，月之十六日。」「甯」，《左氏》、《穀梁》作「寗」，古音義通。

六月，葬鄭定公。

秋，七月癸巳，滕子甯卒。**疏**包氏慎言云：「七月有癸巳，月之十五日。」《左氏》、《穀梁》「甯」作「寗」。

冬，葬滕悼公。

二十有九年春，公至自乾侯，居于運。**注**不致以晉者，不見容于晉，未至晉。**疏**注「不致」至「至晉」。○正以《二十五年》「齊侯唁公于野井」，《二十六年》書「公至自齊」，公雖不至齊都，已入齊竟，得與齊侯相見，故書「公至自齊」。往年公如晉，次于乾侯，雖入晉竟，未得與晉君相見，又不見容，故直書「公至自乾侯」。故《春秋》與齊侯，婁善録之也。

齊侯使高張來唁公。**注**言來者，居運，從國內辭。書者，如晉不見答，喜見唁也。不月者，例時也。**疏**注「言來」至「內辭」。○舊疏云：「正以下《三十一年》『晉侯使荀躒唁公于乾侯』，不言來故也。」凡《春秋》言來者，皆從內爲王義。《穀梁傳》：「唁公不得入于魯也。」○注「書者」至「唁也」。○上「二十五年，齊侯唁公于野井」，注：「主書者，喜爲大國所唁。」此與彼同義。○注「不月者，例時也」。○舊疏：「正以經不月，故知例。然則知下文『荀躒唁公』之徒，雖在日月之下，不蒙日月可知。」然則上《二十五年》「齊侯唁公于野井」，亦不蒙上日月可知。

公如晉，次于乾侯。**疏**杜云：「復不見受，往乾侯。」

夏，四月庚子，叔倪卒。**疏**包氏慎言云：「四月有庚子，月之六日。」《左傳》「倪」作「詣」。周氏廣業《孟子時地考》云：「以子叔疑爲名，莫知其何人，惟《左傳》昭二十九年注『叔詣卒』，《公羊》、《穀梁》作『叔倪』。《釋文》『倪』有五計、五兮二音。五兮頗與疑音相近，意即其人。此子叔，敬子之孫，嘗欲納昭公，故季孫意如曰：『叔倪無疾而死，此皆無公也，是天命也。』以此推

之，龍斷之説，或出於愛憎之口與？」

秋七月。

冬十月，運潰。

邑不言潰，此其言潰何？注据國曰潰，邑曰叛。疏注「据國」至「曰叛」。○《僖四年》「蔡潰」、《文三年》「沈潰」，是「國曰潰」也。《襄二十六年》「衛孫林父入于戚以叛」、《定十二年》「宋公之弟辰及仲佗、石彄、公子池，自陳入于蕭以叛」之屬，是「邑曰叛」也。郛之也。注郛，郭。疏注「郛，郭」。○舊疏云：「郭之，猶云國之，古今異語也。」俞氏樾《公羊平議》云：「郭不訓國，疏謂郭之猶曰國之，失何氏之旨矣。何氏訓郛爲郭，郭，大也。《玉篇・邑部》曰：『郭，大也。』郭爲大，故郛亦爲大。《初學記》引《風俗通義》云：『郭亦謂之郛。郛者，亦大也。』是其義也。『郛之』猶曰『大之』。邑不言潰而此言潰，乃張而大之之意。所以張而大之者，正以君存焉爾。古人之文，亦或避習用之字，而代以它字。文八年《左傳》曰：『珍之也。』杜云：『珍，貴也。』此傳不曰大之，而曰『郛之』，猶彼傳不言貴之，而曰珍之矣。《莊子・秋水》篇曰：『垺，大之殷也。』垺即郛之異文也。」曷爲郛之？注据《成三年》棘叛不言潰也。疏注「据成」至「潰也」。○即彼經云：「叔孫僑如帥師圍棘。」傳：「棘者何？汶陽之不服邑也。其言圍之何？不聽也。」注「不聽者，叛也」是也。君存焉爾。注昭公居之，故從國言潰，明罪在公也。不言國之，言郛之者，公失國也。不諱者，責臣子當憂而納之，殺恥不如救危也。孔子曰：「不患寡而患不均，不患貧而患不安。」其本乃由于圍成，失大得小，而不能節用。疏注「昭公」至「公也」。○《僖四年》「蔡潰」，注云：「重出蔡者，侵爲加蔡舉，潰爲惡蔡録，義各異也。」又《十四年》「蔡侯肸卒」，注：「不書葬者，❶潰當絶也。」則潰有罪辭。此公所居，故從國書之，明昭公當絶也。○注「不言」至「國也」。○舊疏云：「正以《桓七年》：『春，焚咸丘。』傳云：『咸丘者何？邾婁之邑也。曷爲不繫乎邾

❶「者」字，原脱，據《公羊傳注疏》補。

婁？國之也。』《莊二年》：『公子慶父帥師伐於餘丘。』傳云：『於餘丘者何？邾婁之邑也。曷爲不繫乎邾婁，國之也。』然則彼二文皆言『國之』，今言『鄆之』者，正以昭公居國，裁得國外土地而已。其國內宗廟，非公之有，故傳言『鄆之』，不言『國之』耳。」《通義》云：「運非都，故不曰國之，而曰鄆之。」按何意，咸丘、於餘丘，皆以君存故，比邑於國，猶言國都也。此昭公已無國，無所比擬，故變國言鄆也。○注「不諱」至「危也」。○與《二十八年》書「公如晉，次于乾侯」同義。○注「孔子」至「節用」。○《論語·季氏》篇文。孔曰：「不患土地人民之寡少，患政理之不均平，憂不能安民耳」，引以證昭公不能安民也。圍成，則上《二十六年》「公圍成」是也。彼注云：「惡公失國，幸而得運，不脩文德以來之，復擾其民圍成。」又《穀梁傳》曰「潰之爲言，上下不相得也。上下不相得，則惡矣，亦譏公也。昭公出奔，民如釋重負」是也。《通義》引趙汸曰：「公如晉，次于乾侯而運潰者，季氏誘運人，脅使逃散，則公不得復居魯地，乃大夫據國叛君之事，故特書之。」此本杜氏說，不足引以説《公羊》。

三十年春，王正月，公在乾侯。注月者，閔公運潰，無尺土之居，遠在乾侯，故以存君書，明臣子當憂納之。疏注「月者」至「君書」。○解書正月義也。《襄二十九年》：「春，王正月，公在楚。」傳：「何言乎公在楚？正月以存君也。」注：「正月歲終而復始，臣子喜其君父與歲終而復始，執贄存之，故言在此。」昭公運潰失居，遠在乾侯，故書「在」以存之也。《通義》：「劉敞曰：『公在外久矣，曷爲於此乎存公？公居于運，有魯也。在乾侯，無魯也。公雖無魯，魯不可無公也。』」《穀梁傳》：「中國不存公，存公故也。」范注：「中國，猶國中也。」意謂公在魯五年，每年正月不書「公在運」者，猶魯四封之內，無適而非其所也。至是運潰，客寄乾侯，非其本國，故歲首必書君所在者，魯之國中雖不存公，《春秋》之義自存公也。沈氏欽韓《左傳補注》云：「此年方書公在者，閔公之意深也。前此猶冀其反國，至是齊、晉相視，莫發寓公之禮，屈辱已甚，無可幾望，故此後詳其所在。」惠氏士奇《春秋說》云：「公之去國爲旅人，其情見于《旅》。《旅》之上九曰：『鳥焚其巢，旅人先笑後號咷。』公之居於鄆，猶鳥之處乎巢。鄆潰者，巢焚之象。先笑後號咷者，言

將死於乾侯也。中國諸侯莫肯納公，國中臣子莫肯存公，則天下無邦交而君臣之道絶矣，故《春秋》於正月必言『公在』以存之。此聖人之情也。」齊氏召南《考證》云：「前此居鄆不書在鄆，鄆，魯邑也。居鄆，猶居魯也。乾侯則晉邑，非魯地矣，是以每歲書之。」

夏，六月庚辰，晉侯去疾卒。疏包氏慎言云：「六月書庚辰，月之二十三日。」

秋八月，葬晉頃公。

冬十有二月，吴滅徐。徐子章禹奔楚。注至此乃月者，所見世始録夷狄滅小國也。不從上州來、巢見義者，固有出奔可責。

疏《左氏》、《穀梁》「禹」作「羽」。《左氏傳》作禹。岳本《左氏》經亦作禹，從傳文也。《水經注·濟水》篇：「又東南過徐縣北。《地理志》曰：『臨淮郡。《春秋》吴滅徐，徐子奔楚。楚救徐弗及，遂城夷以居之。』」按：此與巢、州來、鍾離皆相近，故吴得吞食也。○注「至此」至「國也」。○正以滅例月故也。《僖二十六年》「秋，楚人滅隗」，注：「不月者，略夷狄滅小國也。」此所見世，故月之。○注「不從」至「可責」。○《校勘記》出「固有出奔可責」，云：「宋本、閩、監本同。毛本『固』作『因』，誤。」吴滅州來，見上《十三年》。吴滅巢，見上《二十四年》。舊疏云：「州來與巢，皆當所見世，而不書月以見之，至此乃月者，正以既滅其國，復奔其君，因責章禹不能死位。是以於二國皆不月也。於上經既不書月，明其還同所聞之例，故何氏於州來之下爲云『不月者，略兩夷』是也。」《通義》云：「吴滅國，至此乃月，并爲所見之世，録治小國，責章禹不死位也。」按：滅例月，故然解。

三十有一年春，王正月，公在乾侯。

季孫隱如會晉荀櫟于適歷。注時晉侯使荀櫟責季氏不納昭公，爲此會也。季氏負捶謝過，欲納昭公。昭公創惡季氏，不敢入。公出奔在外，無君命，所以書會，以殊外言來者，從王魯録。諱亟取邑，卒大夫者，盈孫文。疏杜云：「適歷，晉地。」《左氏》「荀櫟」作「荀躒」。昭五年《左傳》「輔躒」，《釋文》作「輔櫟」。又昭九年《左傳》：「使荀躒佐下軍。」《釋文》：

「躒，本又作櫟。」十五年《左傳》：「晉荀躒如周。」《釋文》作「櫟」，云：「本或作躒。」是櫟、躒同也。《國語・晉語》：「知宣子將以瑶爲後。」韋注：「知宣子，晉卿荀櫟之子甲也。」此《釋文》云：「櫟，本又作躒，又作濼。」○注「時晉」至「會也」。○《左傳》：「晉侯將以師納公。季孫意如會晉荀躒于適歷。荀躒曰：『寡君使躒謂吾子：何故出君？有君不事，周有常刑，子其圖之。』」是其事也。○注「季氏」至「敢入」。○舊疏云：「《春秋説》文。彼注云：『負捶者，聽刑之禮也。』」《釋文》捶作箠，云：「本又作捶。」《校勘記》云：「閩、監、毛本捶作棰，疏同。此本疏標起訖亦作負箠。」又《釋文校勘記》云：「盧本捶改棰。」按：十行本注作「捶」，閩、監、毛本注作「棰」，所載《釋文》各如其本，是从木者，後人所改，《定八年》「馬捶」，舊本皆从手可證。《公羊問答》云：「問：捶何物？曰：《説文》『以杖擊也』。《前漢書・路温舒傳》：『捶楚之下，何求不得。』故疏以爲負捶，聽刑之禮也。」按：《廣雅・釋詁》：「捶，擊也。」《荀子・正論》：「捶，笞臏脚。」注：「捶，杖擊也。」《淮南・道應訓》：「捶鉤者，年八十矣。」注：「捶，鍛鋃擊也。」蓋捶本擊物之名，故从手，因謂所擊之物爲捶。《莊子・天下》云：「一尺之捶。」《釋文》引司馬注云：「捶，杖也。」《莊子・至樂》云：「撽以馬捶。」《文選注》引李覬《音義》：「捶，排口鉄以灼火也。」皆以捶爲物名，因通謂之箠。《文選》司馬遷《報任少卿書》云：「被箠楚受辱。」注：「箠與棰同，❶以之笞人同，謂之箠楚。」又云：「箠楚，皆杖木之名。《漢書・司馬遷傳》注『箠，杖也』是也。」《華嚴經音義》注引《聲類》：「捶从竹。」《廣雅・釋器》「箠，築也」。《漢書・韓延壽傳》：『民無箠楚之憂。』注：『箠，杖也。』《説文》捶、箠並收，捶爲以杖擊，箠馬既爲刑具，當作捶也。故《後漢書・杜篤傳》：『捶驅氐僰。』注：『捶，擊也，亦作捶。』」舊疏又云：「昭公創惡季氏，不敢入。《左傳》亦有其文。」按：《左傳》云：「季孫練冠麻衣跣行，伏而對曰：『事君，臣之所不得也，敢逃刑命。君若以先臣之故，不絶季氏而賜之死。若弗殺弗亡，君之惠也，死且不朽。若得從君而歸，則固臣之願也，敢有異心。』夏四月，季孫從知伯如乾侯。荀躒以晉侯之命，唁公，且曰：『寡君使躒以君命討於意如，意如不敢逃死，君其入也。』公曰：『君惠

❶「棰」原作「捶」，據《文選》改。

顧先君之好，施及亡人，將使歸，糞除宗祧以事君，則不能見夫人已。所能見夫人者，有如河。」是其事也。○注「公出」至「魯録」。○《校勘記》出「以殊外言來者」，云：「鄂本『以』作『而』。」按：紹熙本亦作「而」。舊疏云：「《春秋》之義，待君命然後卒大夫，❶明其非君命者，不録之也。今昭公不在，所以書『季孫隱如會晉荀櫟于適歷』，又書『黑弓以濫來奔』之文，又以殊外者，從王魯録文，故得然。不爲爾時有君命也。」按：《春秋》於每年書「公在乾侯」，即所以存君，明魯人不君之，《春秋》君之也，所以正君臣之義也。○注「諱亟」至「孫文」。○下《三十二年》傳：「闞者何？邾婁之邑也。曷爲不繫乎邾婁？諱亟也。」注：「與取濫爲亟。」是諱亟取邑也。上《二十五年》「叔孫舍卒」，《二十九年》「叔倪卒」，皆在「公孫于齊」後，是卒大夫也。卒大夫所以待君命者，君許之無罪，始得以正終也。猶今云：「任内處分，悉與開復也。」皆欲盈足諱奔言孫之義，故云：「盈孫文。」《穀梁》云：「孫之爲言猶孫也，諱奔也。」是孫爲諱辭，傳注不言，從《莊元年》「夫人孫于齊」，可知也。舊疏云：「《春秋》之義，爲君父諱惡。《春秋》之義，待君命然後卒大夫。今君不在國，而書大夫之卒，故須解之。」

夏，四月丁巳，薛伯穀卒。**注**始卒便名、日、書葬者，薛比滕最小，迫後定、寅皆當略。

疏包氏慎言云：「四月有丁巳，月之四日。」○注「始卒」至「當略」。○舊疏云：「《春秋》之義，小國始卒，名、日及葬，未能悉具。會二見之後，方始能備，即《宣九年》『秋八月，滕子卒』，《成十六年》『夏，四月辛未，滕子卒』，《昭三年》『春王正月丁未，滕子泉卒。夏五月，葬滕成公之徒』是也。言『薛比滕最小』者，正以滕子卒於《宣公》之篇，薛今始卒，故云比於滕爲小國也。而今始卒日，即得名、葬具書，正由於後定、寅皆當見略。迫此之故，是以二注備書矣。其定見略者，即《定十二年》『春，薛伯定卒』。彼注云：『不日月者，子無道，當廢之，而以爲後，未至三年，失衆見弑，危社稷宗廟，禍端在定，故略之是也。』其寅見略者，即《哀十年》『夏，薛伯寅卒』。彼注云：『卒葬略者，與杞伯益姑同。』《昭六年》『春，王正月，杞伯益姑卒』。注：『不日者，行微弱，

❶「大」，原作「火」，據《春秋公羊傳注疏》改。

故略之。入所見世，責小國詳，始録内行也。諸侯内行小失不可勝書，故於此略責之，見其義。』是也。」《通義》云：「入所見世，日卒時葬，與邾婁同例。」謂《昭元年》「六月丁巳，邾婁子華卒，葬邾婁悼公」也。然則《莊三十一年》書「薛伯卒」，不爲始者，彼注云：「卒者，與滕倶朝隱，滕朝桓公，薛獨不朝，知去就也。」是彼書卒，非從恒例矣。

晉侯使荀櫟唁公于乾侯。疏《穀梁傳》「唁公不得入於魯也。曰：『既爲君言之矣，不可者意如也。』」

秋，葬薛獻公。

冬，黑弓以濫來奔。疏《左氏》、《穀梁》作黑肱。《禮・大射儀》：「侯道五十弓。」注：「今文改弓爲肱。」《唐韻正》云：「弓，古音肱。弓與繩、膺叶，見於《小戎》、《采緑》。《漢書・儒林傳》：『子庸授江東馯臂子弓。』名與字必配，弓當肱之叚也。此黑弓，蓋與周公黑肩，晉侯黑臀相似，當作黑肱，弓其叚借也。」杜云：「濫，東海昌慮縣。」《大事表》云：「在今兖州府滕縣東南六十里。」《一統志》：「昌慮故城在兖州府滕縣東南六十里，邾濫邑。」《續漢・郡國志》作藍。《左傳釋音》力甘反，或亦作藍歟？馬氏宗槤《左傳補注》：「章懷《後漢書注》『昌慮故城在徐州滕縣東南，古邾國之濫邑也。』」

文何以無邾婁？注据讀言邾婁。疏注「据讀言邾婁」。○舊疏云：「謂當時公羊子口讀邾婁黑弓矣。」《通義》云：「《春秋》口授，恐久而失實，故文雖無邾婁，師法自連邾婁讀之，因以起其義也。杜預横謂是魯史闕文，後世有爲斷爛朝報之説以廢《春秋》者，預其罪首與？」通濫也。注通濫爲國，故使無所繫。疏《通義》云：「通濫，義如《周書・世俘》云『通殷命，有國』之通。」是也。曷爲通濫？注据庶其不通也。疏注「据庶其不通也」。○即《襄二十一年》「邾婁庶其以漆、閭丘來奔」是也。賢者子孫，宜有地也。疏《漢書・王莽傳》：「《春秋》善善及子孫。賢者之後，宜有土地。」又《梅福傳》云：「傳曰：『賢者子孫，宜有土地。』」《白虎通・封公侯》云：「大夫功成，未封而死，子得封者，善善及子孫也。《春秋傳》曰：『賢者子孫，宜有土地也。』」《孟子・

梁惠王》篇：「仕者世禄。」注：「賢者子孫，必有土地。」本此。《禮記・王制》云：「天子之縣内諸侯，禄也。外諸侯，嗣也。」注：「選賢置之於位，其國之禄，如諸侯，不得世。有功乃封之，使之世也。」《冠禮・記》曰：「繼世以立諸侯，象賢也。」《正義》云：「得采國爲禄而不繼世，故云禄。」下云「大夫不世爵」是也。此謂圻内公卿大夫之子，父死之後，得食父之故國采邑之地，不得繼父爲公卿大夫也。圻外諸侯世世象賢，傳嗣其國。圻内諸侯，則公卿大夫輔佐于王，非賢不可，故不世也。此傳云：「賢者子孫，宜有土地。」明《春秋》通濫之義，則宜等之外諸侯世者也。賢者孰謂？謂叔術也。**注**叔術者，邾婁顔公之弟也，或曰群公子。**疏**注「叔術」至「公子」。○舊疏云：「謂母弟也。或曰群公子，謂庶弟也。」何賢乎叔術？**注**据叔術不書。讓國也。**疏**《蜀志・秦宓傳》：「夫能制禮造樂，移風易俗，非禮所秩，有益於世者乎？雖有子孫之累，猶孔子大齊桓之霸，公羊賢叔術之讓。」其讓國柰何？當邾婁顔之時，**注**顔公時也。邾婁女有爲魯夫人者，則未知其爲武公與？懿公與？**疏**《魯世家》：「真公卒，弟敖立，❶是爲武公。武公九年春，武公與長子括、少子戲，西朝周宣王。宣王愛戲，欲立戲爲魯太子。樊仲山父諫，弗聽，卒立戲爲魯太子。夏，武公歸而卒。戲立，是爲懿公。」謂不知爲武公夫人抑懿公夫人也。孝公幼。**注**不知孝公者，邾婁外孫邪？將妾子邪？**疏**《魯世家》：「懿公九年，懿公兄括之子伯御，與魯人攻弒懿公，而立伯御爲君。周宣王伐魯，殺其君伯御，而問魯公子能道順諸侯者，以爲魯後。樊穆仲曰：『魯懿公弟稱。』乃立稱於夷宫，是爲孝公。」《列女傳・魯孝義保傳》：「初，孝公父武公，與其二子長子括、中子戲朝。周宣王立戲爲魯太子。武公薨，戲立，是爲懿公。孝公時號公子稱，最少。」是孝公幼也。《通義》云：「孝公，懿弟。」○注「不知」至「子邪」。○《爾雅・釋親》：「女子子之子爲外孫。」孝公爲顔外孫，則嫡出也。按：《列女傳》有稱舅之文，或妾子與？

❶「弟」，原作「子」，據《史記》改。

顔淫九公子于宫中，注所與淫公子凡九人。疏《校勘記》云：「《唐石經》顔下有『公』字，後磨改刪去，故此行九字。」《通義》云：「顔於魯爲妻父，因得入宫淫女公子。」《莊元年》傳：「群公子之舍，則已卑矣。」注「謂女公子也」是也。《周禮・大司馬職》：「外内亂，鳥獸行，則滅之。」故下言天子誅顔立術。凡國存君死曰滅，非必滅其國也。○注「所與」至「九人」。○舊疏謂：「顔公一人，不應並淫九人，故以『所』言之。」因以納賊。疏《通義》云：「弑懿公也。」《列女傳》：「括之子伯御，與魯人作亂，攻殺懿公而自立。」此傳上下不見伯御文，蓋與《史記》、《列女傳》異。則未知其爲魯公子與？邾婁公子與？疏《通義》云：「蓋魯公子伯御。」舊疏云：「爲内通於魯公子也。」又云：「邾婁一國，并有九女於魯宫内者，蓋所取於邾婁，相通爲九人，不必盡是一人妻。」其説非。臧氏之母，養公者也。疏《通義》云：「孝公時尚未立，懿弑則孝當爲君，故以公言之。」《列女傳》：「孝義保者，魯孝公稱之保母，臧氏之寡也。」君幼，則宜有養者，大夫之妾、士之妻。注禮也。疏注「禮也」。○舊疏云：「《内則》文。」《喪服》注：「國君世子生，卜士之妻、大夫之妾，使食子。」疏：「三母之外，別有食子者。二者之中，先取士妻，無堪者乃取大夫妾，不並取之。」《内則》注云：「士妻、大夫之妾，謂時自有子。」疏引皇氏云：「士之妻、大夫之妾，隨課用一人。故桓六年《左傳》云『卜士負之，士妻食之』，不云有大夫妾，文略也。」《喪服》有乳母，即此。傳曰：「何以緦也？以名服也。」《荀子・禮論》云：「乳母，飲食之者，而三月。」彼謂士之子，大夫則大夫之子，父没乃爲之服，諸侯之子蓋無服也。《内則》又云：「食子者三年而出，見於公宫則劬。」注：「士妻、大夫之妾，食國君之子三年，出歸其家，君有以勞賜之。」❶即此。則未知臧氏之母者，曷爲者也。疏舊疏云：「《内則》大夫之妾、士之妻並陳之，謂士妻不吉，乃取大夫之妾亦得，事不具矣。何者？乳食一母，何假二人乎？則未知臧氏之母，爲是大夫之妾，爲是士之妻，故曰『曷

❶「賜」字，原脱，據《禮記正義》補。

爲者』。」《通義》云：「《禮》曰：『卜士之妻、大夫之妾，使食子。』謂於二者科取其一。今未知臧氏之母者，大夫之妾與？士之妻與？」按：魯有大夫臧氏，爲公子彄後。隱公稱彄爲叔父，則孝公之子與此臧氏自別也。

養公者，必以其子入養。**注**不離人母子，因以娛公也。**疏**《列女傳》：「義保與其子俱入宮，養公子稱。」

臧氏之母聞有賊，以其子易公，抱公以逃。**注**以身死公，則可。以其子易公，非事夫之義。然而於王法當賞，以活公爲重也。**疏**《列女傳》：「伯御求公子稱於宮，將殺之。義保聞伯御將殺稱，乃衣其子以稱之衣，臥於稱之處。」○注「以身」至「重也」。原文闕。

賊至，湊公寢而弑之。**注**弑臧氏子也。不知欲弑孝公者，納篡邪？將利其國也。**疏**《通義》云：「時伯御既弑懿公，將并除孝公也。」《小爾雅·廣詁》云：「湊，進也。」湊即奏之借。《説文》亦云：「奏，進也。」《玉篇》：「湊，競進也。」謂進公寢而弑之也。《史記·趙世家》「藺相如前奏缶」，亦謂進缶也。《燕策》「士争湊燕」，《史記》作「趨」。趨、趣同義。○注「弑臧氏子也」。○《列女傳》：「伯御殺之，義保遂抱稱以出。」臧氏子稱弑者，推伯御意，爲孝公故也。○注「不知」至「國也」。○《列女傳》云：「伯御與魯人作亂，則將利其國也。」何氏依違其辭者，以上傳云：「未知爲魯公子與？邾婁公子也？」

臣有鮑廣父與梁買子者，聞有賊，趨而至。臧氏之母曰：「公不死也，在是。吾以吾子易公矣。」**疏**《列女傳》：「遇稱舅魯大夫於外。舅問：『稱死乎？』義保曰：『不死，在此。』舅曰：『何以得免？』義保曰：『以吾子代之。』義保遂以逃。」

於是負孝公之周，訴天子。**疏**《校勘記》云：「《唐石經》訴作訢，閩、監、毛本改愬。按：《釋文》作『周愬』，云：『本亦作訴。』蓋據此所改。」《列女傳》：「魯大夫皆知稱之在保，於是訴周天子。」

天子爲之誅顏而立叔術，反孝公于魯。**疏**《列女傳》：「請周天子殺伯御，立稱，是爲孝公。」《通義》云：「《國語》所謂『宣王伐魯，立孝公』者也。」《公羊》不出賊主名，意以賊爲顏所納，故

誅顔爲重。其不言誅賊，以此傳主書邾婁事，故於魯賊從略也。顔夫人者，嫗盈女也，疏舊疏云：「謂此老嫗是盈姓之女。」《説文》：「嫗，母也。」《廣雅·釋親》：「嫗謂之妻。」王氏念孫《疏證》云：「妻與嫗不同義，蓋因下文數妻字而誤。妻當爲姁。《説文》『姁，嫗也』。」《方言十三》：「嫗，色也。」注：「嫗、煦，好色貌。」俞氏樾《公羊平議》云：「既云夫人，不得又謂之嫗，疏義非也。嫗盈疑是顔夫人之母，以其老，故尊之曰嫗耳。古婦人或繫於母而稱之。襄十九年《左傳》：『齊侯娶於魯曰顔懿姬，無子，其姪鬷聲姬生光。』杜注曰：『顔、鬷皆二姬母姓。』然則盈亦夫人母姓也。」按：俞説是。《説文·女部》：「嫗，母也。」是也。《通義》云：「自是以下，并傳所不信，聊廣異聞言之。」國色也。疏《僖十年》傳：「驪姬者，國色也。」注：「其顔色一國之選。」其言曰：「有能爲我殺殺顔者，吾爲其妻。」注殺顔者，鮑廣父、梁買子也。婦人以貞一爲行云爾，非德也。疏《校勘記》出「非德也」，云：「閩、監、毛本無『德』，此誤。蜀大字本脱『也』字。」按：紹熙本亦無「德」字。叔術爲之殺殺顔者而以爲妻。注利其色也。有子焉，謂之盱。疏《唐石經》、諸本同。《釋文》：「盱，許于反。本或作眝，一音夸。」《説文繫傳》引下文「盱有餘」作「虍有餘」。虍、眝、盱，音義通。《方言》：「盱、揚，雙也。黸瞳子，燕、代、朝鮮之間曰盱，或謂之揚。」郭注：「盱，舉眼也。」蓋與黑肱、黑臀之屬同取身體爲名也。《通義》云：「嫁叔術所生。」夏父者，其所爲有於顔者也。注爲顔公夫人時，所爲顔公生也。疏注「爲顔」至「生也」。○《校勘記》：「按：下『爲顔公』三字誤衍複上，❶當删正。」《釋文》：「盱及夏父，邾顔公之二子。」按：盱與夏父同母異父之昆弟也。《公羊問答》云：「盱是叔術所生，陸氏之説誤。」盱幼而皆愛之。注叔術、嫗盈女皆愛盱。食必坐二子於其側而食之。疏《釋文》：「而食，音嗣。」有珍怪之食，注珍怪猶奇

❶「衍」，原作「術」，據《十三經注疏校勘記》改。

異也。疏注「珍怪猶奇異也」。○《荀子・正論》云：「食飲則重大牢而備珍怪，期臭味。」注：「珍怪，奇異之食。」《禮記・王制》云：「八十常珍。」注：「常食皆珍味也。」又：「九十者，天子欲有問焉，則就其食以珍從。」注：「天子就而問，珍味從之以往，致尊養之義也。」《周禮・膳夫》：「珍用八物。」《内則》有八珍，皆謂奇異之食也。盱必先取足焉。夏父曰：「以來。注猶曰「以彼物來置我前」。人未足，注人，夏父自謂也。而盱有餘。」注言盱所得常多。叔術覺焉，注覺，悟也。知小争食，長必争國。《易》曰：「君子見幾而作，知幾，其神乎？幾者，動之微，吉之先見。」疏注「覺悟」至「争國」。○《校勘記》云：「鄂本同。閩、監、毛本小作少。」按：紹熙本亦作小。《孟子・萬章》篇：「使先知覺後知。」注：「覺，悟也。」《廣雅・釋言》：「覺，寤也。」《説文・見部》：「覺，寤也。」《莊子・齊物》云：「且使大覺而後知此大夢焉。」亦謂大悟也。《白虎通・辟雍》云：「學之爲言覺也，悟所不知也。」○注「易曰」至「先見」。○《易・下繫辭》文。《校勘記》云：「鄂本同。此本翻刻『吉』誤爲『者』。閩、監、毛本承之。」按：紹熙本亦作「吉」。《越絶書・敘外傳記》：「蓋謂知其道貴微而賤獲，《易》曰：『知幾其神乎？』」曰：「嘻，此誠爾國也夫？」疏《唐石經》原刻無「此」字。起而致國于夏父。夏父受而中分之。叔術曰：「不可。」三分之，叔術曰：「不可。」四分之，叔術曰：「不可。」五分之，然後受之。注五分受其一。疏《通義》云：「所受即濫是也。服氏虔《長義》云：❶『邾婁本附庸，三十里耳，而言五分之，爲六里國也。』廣森謂：建國制地，要取開方。方三十里者，其積九百五分之一，猶有百八十里，何言六里乎？豈虔不曉算術，抑苟取一時之辨？」舊疏亦云：「彼乃《左氏》之偏辭，未足以奪《公羊》。以爲邾婁本大國，但春秋之前在名例，《隱元年》何氏有成解。」按：如孔義，則叔術所受不

❶「虔」，原誤「成」，據國學本改。

止於濫，濫其一邑爾，或叔術所都與？公扈子者，邾婁之父兄也，**注**當夫子作《春秋》時，於邾婁君爲父兄之行。公扈者，氏也。**疏**注「公扈者，氏也」。○《公羊問答》云：「後世有此氏否？曰：《説苑》：『公扈子曰：有國者，不可以不學《春秋》。生而貴者驕，生而富者傲，生而富貴又無鑑而自得者，鮮矣。《春秋》，國之鑑也。』」又《漢書・古今人表》「公扈子」，《列子》「魯公扈」，皆其證。習乎邾婁之故。**注**故，事也。道所以言也。**疏**注「故事」至「言也」。○襄二十六年《左傳》：「問晉故焉。」杜云：「故，事也。」《周禮・占人職》：「以八卦占筮之八故。」注：「八故，謂八事。」《通義》云：「能知邾婁之故事者也。以上或説失實，故引其言以證之。」舊疏云：「道所以言也，謂道下傳所言矣。」其言曰：「惡有言人之國，賢若此者乎？」**注**惡有，猶何有、甯有，此之類也。言賢者甯有反妻嫂，殺殺顔者之行乎？**疏**注「惡有」至「類也」。○高注《吕覽・本生》篇云：「惡，安也。」「安」有「何」義，故「惡有」即「何有」。○注「言賢」至「行乎」。○《通義》云：「豈有稱人國之賢者，而所行若此乎？」是叔術妻嫂事，《公羊》固依違其説也。誅顔之時天子死。**疏**《校勘記》云：「《唐石經》、諸本同。惠棟云：『謂誅顔天子死也，作一句讀。』按：『時』字疑衍。」《通義》云：「時天子，猶言時君也。」叔術起而致國于夏父。**注**言叔術本欲讓，迫有誅顔天子在爾，故天子死則讓。無妻嫂、惑兒争食之事。**疏**注「無妻」至「之事」。○《校勘記》云：「閩、監、毛本同，誤也。鄂本『惑』作『感』，當據正。」按：紹熙本亦作「感」。當此之時，邾婁人嘗被兵于周，曰：「何故死吾天子？」**注**猶曰：「何故死畜吾天子，違生時命，而立夏父乎？」此天子死則讓之效也。夫子本所以知上傳賢者，惡少功大也。猶律，一人有數罪，以重者論之。《春秋》「滅不言入」是也。按：叔術妻嫂，雖有

過惡當絶，身無死刑，當以殺殺顔者爲重。宋繆公以反國與與夷，除馮弒君之罪。死乃反國，不如生讓之大也。馮殺與夷，亦不輕於殺殺顔者，比其罪不足而功有餘，故得爲賢。傳復記公扈子言者，欲明夫子本以上傳通之，故公扈子有是言。【疏】注「猶曰」至「父乎」。○《通義》云：「死義如『蔑死我君』之死。」按：誅君之子不立。顔爲天子所誅，其子夏父不得立，故常加兵于邾婁也。○注「此天」至「效也」。○正以邾婁被兵于周，曰：「何故死吾天子？」足爲天子死則讓之驗也。○注「夫子」至「是也」。○舊疏云：「上傳謂五分之，然後受之以上矣。」《唐律疏義·名例》云：「諸二罪以上俱發，以重者論。等者，從一。若一罪先發，已經論決，餘罪復發，其輕若等，勿論，重者更論之。」通計前罪，以免後數，所謂以重者論之也。「滅不言入」，見《莊十年》。彼傳云：「戰不言伐，圍不言戰，入不言圍，滅不言入，書其重者也。」《校勘記》云：「鄂本『知』作『如』，此誤。監本『夫』誤『天』。」按：紹熙本「知」亦作「如」。「天」作「夫」，不誤。○注「按叔」至「爲重」。○舊疏云：「但當絶其身，不合殺之，故曰無死刑。然則外内亂，鳥獸行，則滅之者，謂姑姊妹之徒。今一則非父子聚麀，二則嫂非姑姊妹故也。當以殺殺顔者爲重者，謂犯王命，殺魯賢臣，故以爲重。」○注「宋繆」至「爲賢」。○舊疏云：「宋繆公反國之事，在《隱三年》。彼傳文具矣。其除馮弒君之罪者，即《桓二年》：❶『宋督弒其君與夷。』注：『督不氏者，起馮當國。不舉馮弒爲重者，繆公廢子而反國得正，故爲之諱。』是也。云『死乃反國，不如生讓之大』者，言繆公死乃反國，非其全讓之意，不如叔術生讓，其功大矣。云『罪不足』者，謂犯王命，殺魯大夫，豈如宋馮弒君乎？故以爲罪少于馮矣。其罪既少，其功有餘，故得賢之。按：叔術之罪在犯王命，故何氏以與馮弒君相絜，然究不如弒君重，且有讓國之美也。○注「傳復」至「是言」。○《解詁箋》云：「《春秋》之義，事在隱元年前者，罪不追治，功必追録，所謂『惡惡短，善善長』也。叔術之事，傳多存疑詞，末乃以公扈子之言爲斷。意以致

❶「二」，原作「三」，據《春秋公羊傳注疏》改。

國夏父，雖以家事干王事，而意合於讓，夫子追進之，以救末世乎讓之禍。若宋馮之不書簒而書葬，爲盈諱文，以明議賢之辟。然督當國則已有所見矣，猶必曰『以成宋亂』、『取郜大鼎于宋』，此與宣公弑子赤立，賂齊以濟西田而書即位者，法無異也。若簒弑之罪可除，孰不可除乎？此非制作意矣。公扈子有見夫子通濫之意而爲言，亦非。」包氏慎言云：「《世本》言：『邾顏居邾，肥徙郳。』杜《世族譜》言夷父顏有功于周，其子友別爲附庸，居郳。則顏非見誅於周者也。《公羊》説顏淫魯宫中而納賊，臧氏母以子易公而逃。賊湊而弑臧氏子，而疑其辭曰：『邾顏時，邾婁女有爲魯夫人者，則未知爲武公與？爲懿公與？』又言『孝公幼』。据《史記·魯世家》孝公爲武公子，懿公弟。懿公薨後，尚有兄子伯御，立十一年，然後孝公繼之。武公在位僅二年，而其繼立者少子戲，是爲懿公。懿公被弑而立伯御。宣王伐魯而立孝公。事見《周語》。然則孝公之立，天子爲魯之逆王命，因誅魯之所立而立孝公，不關於邾顏。傳言：『顏夫人，嫗盈女也。』謂之嫗盈女，著其賤也。則叔術之妻嫂，非嫂也。盈女不忘夫而志報夫仇，自以色市，盈女無罪。叔術利色而爲之殺殺顏者，則罪無所逃，故末述公扈子之言曰：『烏有言人之國，賢若此者乎？誅顏之時，天子死，叔術起而致國乎夏父。當是時，邾人嘗被兵于周，曰：『何故死吾天子？』則叔術者，天子誅顏之時所立。妻嫂之事，言者之妄也。据言者之説，顏以邾君而淫魯宫，外淫當誅，納賊而賊魯幼君。顏之罪，不止於其身。天子誅顏反魯君，義也。誅君之子不立。夏父爲顏子，本無得國之理。叔術者，天子所立，無嫌於簒。致國於夏父，非正也。然則天子之誅顏，必非如言者所云：『顏誅不以罪。』叔術有嫌於心，故因天子死而致國于夏父。《春秋》當簒奪之時，以讓救争，故不追治其逆天子命之罪，而以讓國之功，通其所封邑，比之列國，所謂善善及子孫也。黑弓以濫來奔，叛也。不繫黑弓於邾婁，則没其叛罪，益若濫爲黑弓之邑。其來奔也，如『紀季以酅入于齊』者。然何氏之叔術妻嫂，身當絶，無死刑，當以殺殺顏者爲重。意以叔術之殺殺顏者，爲國討賊。何氏益亦以顏之見誅於天子，死於訴。而其訴於天子，必不如言者之云。如言者云云，鮑廣父、梁買子者，魯臣也，叔術何得殺之。術即殺之，魯能已乎？天子能已乎？當魯孝公時，宣王在上，能誅顏不能誅術乎？則邾婁國爲墟矣，又有

何國之可讓。《公羊》記言者之辭，傳疑也。記公扈子之言，解惑也。扈爲邾父兄，習邾故，不信公扈子之言而執言者傳聞之偏辭，以譏《公羊》，則《公羊》非怪而人自怪之耳。」按：包氏所駁，深得傳意。

通濫，則文何以無邾婁？**注**据國未有，口繫于人。

疏注「据國」至「于人」。○舊疏云：「言若通濫是國，宜應特達，何故文上無邾婁而已，其口仍繫邾婁言之乎？故注云：『據國未有，口繫于人。』」則傳意謂，通濫則文何以止無邾婁，又謂《春秋》之文，弟子據以相難也。

天下未有濫也。**注**欲見天下實未有濫國，《春秋》新通之爾，故口繫于邾婁。

疏注「欲見」至「邾婁」。○正以當時原無濫國，通濫爲國，《春秋》新意也。是故「口繫邾婁」，不得更改也。

天下未有濫，則其言以濫來奔何？**注**据上説天下實未有濫者，言《春秋》新通之也。《春秋》所通之君文成矣。不言濫黑弓來奔，而反與大夫竊邑來奔同文。

疏注「《春秋》所通之君」。○《校勘記》云：「鄂本『所』作『新』，此誤。上之《春秋》新通之君可證。」按：紹熙本亦作「新」。○注「不言」至「同文」。○即《襄二十一年》「春，邾婁庶其以漆、閭丘來奔」之屬是也。既成濫爲國，則宜書「濫黑弓來奔」，不宜仍與庶其等文同也。

叔術者，賢大夫也。絶之，則爲叔術不欲絶。不絶，則世大夫也。**注**此解不言濫黑弓意。叔術者，賢大夫也。如不口繫邾婁，文言濫黑弓來奔，則爲叔術賢心不欲自絶于國，又觸天下實有濫，無以起新通之，文不可設也。如口不絶邾婁，文言「濫黑弓來奔」，則嫌氏邑，起本邾婁世大夫，《春秋》口繫通之，文亦不可施。

疏注「此解」至「弓意」。○《弟子問》文。言以濫來奔與竊邑同之意。此答爲不言濫黑弓來奔意，似相違。正以不言「濫黑弓」意明，則文言「以濫來奔」義著矣。○注「叔術」至「設也」。○叔術賢大夫，不欲與邾婁絶。若不口繫邾婁，嫌叔術已與國絶，是失賢者心，且似實有濫國。《春秋》新意不明，無以見追有功，顯有德，興滅繼絶之

義。《通義》云：「假令與邾婁庶其同書，則黑弓醇爲叛人，而叔術子孫無專濫之道，是絶之也。今爲叔術賢，故不欲絶其世。」亦通。毛本「實」誤「寶」。○注「如口」至「氏邑」。○舊疏云：「若口云『邾婁』，文言『濫黑弓來奔』，則嫌大夫氏邑。」《通義》云：「假令不絶，則當云『濫黑弓來奔』，又嫌大夫皆得世其邑。」❶○注「起本」至「可施」。○舊疏云：「欲起黑弓本是邾婁大夫，口繫于邾婁，新通之爲世大夫故也。」按：疏意不明。何意以黑弓本邾婁世大夫，《春秋》因其口繫于邾婁，但可通濫爲國，不得徑施濫文於黑弓上也。蓋通濫爲國，不言邾婁，《春秋》之賢叔術。其言「以濫來奔」者，究係竊邑叛臣，設其文不得没其實也。此之故也。大夫之義不得世，故於是推而通之也。**注**推，猶因也。因就大夫竊邑奔文通之，則大夫不世、叔術賢心不欲自絶，兩明矣。主書者在《春秋》前，見王者起，當追有功，顯有德，興滅國，繼絶世。**疏**注「推，猶因也」。○《禮記・儒行》：「下弗推。」注「推，猶追也，舉也」。皆與因義相足。○注「因就」至「明矣」。○正以不書濫黑弓，但就竊已奔文，見通濫爲國，是大夫不世與叔術不絶于國之義兩明也。《通義》云：「故使仍與大夫以邑叛者同文，而又别之于邾婁，則黑弓實大夫與叔術不當絶之義，皆可推而知也。蓋叔術雖世爲大夫于邾婁，原其始，本與夏父分國，土地人民，皆所固有，不得反責其專濫爲竊邑也。」按：孔義非。《春秋》但賢叔術，故文不繫邾婁，而以濫來奔，實與竊邑同科也。雖文夏父分治，諸侯且不得專地，何論大夫也。○注「主書」至「絶世」。○舊疏云：「《隱元年》注：『諸大夫立隱不起者，在《春秋》前。明王者受命，不追治前事。』今此追之者，《春秋》之義，勸其後功。是以上《二十年》傳曰：『君子之善善也長，惡惡也短。惡惡止其身，善善及子孫。』賢者子孫，故君子爲之諱也。」《漢書・丙吉傳》：「制詔丞相、御史：『蓋聞，褒功德，繼絶統，所以重宗廟，廣賢聖之路也。』」又《外戚恩澤侯表》：「自古受命及中興之君，必興滅繼絶，修廢舉逸，然後天下歸仁，四方之政行焉。」又《功臣表》云：「是以内恕之君，樂繼絶

---

❶「又」上原衍「則」字，「世」下原脱「其邑」二字，據《通義》删補。

世。隆名之主，安立亡國。❶至於不及下車，德念深矣。」《後漢書・馮異傳》：「安帝詔曰：『夫仁不遺親，義不忘勞。興滅繼絶，善善及子孫，古之典也。』」《白虎通・封公侯》云：「王者受命而作，興滅國，繼絶世何？爲先王妄殺無辜，❷及嗣子幼弱，爲强臣所奪，子孫皆無罪囚而絶，重其先人之功，故復立之。」《論語》曰：「興滅國，繼絶世。」《韓詩外傳》：「古者天子諸侯受封謂之采地。百里諸侯以三十里，七十里諸侯以二十里，五十里諸侯以十里。其後子孫雖有罪而絀，使子孫賢者守其地，世世以祠其始受封之君，此之謂興滅國繼絶世也。《書》曰：『兹予大享于先王，爾祖其從與享之。』」濫本非國，無爲興繼。《春秋》意在追有功，顯有德，故從興滅繼絶起義也。

十有二月辛亥朔，日有食之。注是後，昭公死外，晉大夫專執，楚犯中國圍蔡也。疏包氏慎言云：「十二月書辛亥，据曆爲二日。大月則十二月朔，亦爲辛亥，然少餘不得歲增二日。劉歆亦以爲月之二日。」臧氏壽恭推是年正月乙酉朔，大。二月乙卯朔，小。三月甲申朔，大。四月甲寅朔，小。五月癸未朔，大。六月癸丑朔，小。七月壬午朔，大。八月壬子朔，小。九月辛巳朔，大。十月辛亥朔，小。十一月庚辰朔，大。十二月庚戌朔，二日辛亥也。」○注「是後」至「蔡也」。○昭公死外，即下《三十二年》「公薨于乾侯」是也。晉大夫專執，即《定元年》「晉人執宋仲幾歸于京師」是也。楚犯中國圍蔡，即《定四年》「楚人圍蔡」是也。舊疏云：「直言圍蔡足矣，何須言楚犯中國？欲言日食爲夷狄强，諸夏微之象故也。」《五行志下之下》：「三十一年十二月辛亥朔，❸日有食之。董仲舒以爲宿在心，天子象也。時京師微弱，後諸侯果相率而城周。宋仲幾亡尊天子之心而不衰城。劉向以爲時吳滅徐而蔡滅沈，楚圍蔡，吳敗楚入郢，昭王走出。」皆與何氏所占異。

三十有二年春，王正月，公在乾侯。取闞。

❶「安」，原作「每」，據《漢書》改。
❷「王」，原作「生」，據《白虎通》改。
❸「一」，原作「二」，據《漢書》改。

闞者何？邾婁之邑也。**疏**《左傳疏》引《土地名》：「東平須昌縣東南有闞城。」曷爲不繫乎邾婁？諱亟也。**注**與取濫爲亟。**疏**注「與取濫爲亟」。○即上《三十一年》「黑弓以濫來奔」是也。舊疏云：「取，亦有作受字者。」按：《莊二年》疏引作「受」，今作「取」，誤。「二年之間，比取兩邑，故以爲亟而諱之也。」《通義》云：「公在外而國中取邑，宜若無諱然。《春秋》壹不變其常詞者，所以存公而正名分也。杜預以爲昭公取魯邑。彼未知齊侯取運，唯繫之齊，得言取爾。若繫之公而言取，則是許隱如專魯而公反爲取季氏之所有矣，不亦昧乎順逆之甚。」按：《左》、《穀》皆誤以「取闞」與「公在乾侯」連文。

夏，吴伐越。

秋七月。

冬，仲孫何忌會晉韓不信、齊高張、宋仲幾、衛世叔申、鄭國參、曹人、莒人、邾婁人、薛人、杞人、小邾婁人城成周。**注**書者，起時善其修廢職，有尊尊之意也。孔子曰：「謹權量，審法度，脩廢官，四方之政行焉。」言成周者，起正居實外之。**疏**注「書者」至「意也」。○《校勘記》云：「蜀大字本、閩、監本同。鄂本無『也』字，毛本誤『尊卑』。」《穀梁》「世叔申」作「大叔申」。《左傳》「莒人」下脱「邾人」二字。舊疏云：「《隱七年》：『城中丘。』傳：『何以書？以重書也。』注云：『以功重，故書也。當稍稍補完之，至令大崩弛壞敗，❶然後發衆城之，猥苦百姓，❷虚空國家，故言城，明其功重，與始作城無異。』然則天子之城，不時脩理，至令大壞，方始城之，而書者，正欲起其當時之善故也。何者，當是之時，天子陵遲，諸侯奢縱，忽能修其廢職，有尊尊之心，是以書見，故曰起時善。」《通義》云：「《穀梁傳》曰：『天子微，諸侯不享覲。天子之在者，唯祭與號，故諸侯之大夫，相帥以城之，此變之正也。』」○注「孔子」至「行焉」。○《論語・堯曰》篇文。彼不冠「孔子曰」。按：《漢書・律曆志》云：「周衰失

❶「令」，原作「今」，據《春秋穀梁傳注疏》改。
❷「百姓」，原重文，據《春秋穀梁傳注疏》删。

政，孔子陳後王之法曰：『謹權量，審法度，修廢官，四方之政行矣。』」明皆孔子語。《宣十七年》注引「興滅國」全節文，亦有「孔子曰」。引之者，證修廢職也。○注「言成」至「外之」。○《校勘記》云：「疏中引注作『欲起正居』，此脱『欲』字。」舊疏云：「正以不言京師而言成周者，欲起正居在成周故也。言實外之者，正以王微弱，不能守成周，猥苦天下，是以不言京師，實外天子。」按：外之者，《春秋》「内其國而外諸夏」，與《宣十六年》書「成周」，意使若國文也。《漢書·地理志》雒陽下云：「周公遷殷民，是爲成周。《春秋·昭公三十二年》：『晉合諸侯于狄泉，以其地大，成周之城，居敬王。』」

十有二月己未，公薨于乾侯。疏包氏慎言云：「十二月書己未，月之十七日。」《易林·遯之蠱》云：「昭公失常，季氏悖狂，遜齊處鄆，喪其寵身。」

公羊義疏六十八

句容陳立卓人著

定元年盡是年。

春秋公羊經傳解詁定公第十 **疏**《校勘記》「《唐石經》定公第十一卷十」。《魯世家》：「昭公卒于乾侯，魯人共立昭公弟宋爲君，是爲定公。」《左傳釋文》：「定公名宋，襄公之子，昭公之弟。《謚法》：安民大慮曰定。」此《釋文》又云：「何以定公爲昭公子，與《左氏》異。」

元年春，王。

定何以無「正月」？**注** 据莊公雖不書即位，猶書「正月」。**疏**《通義》以下「三月」屬「春王」絶讀，云：「据《隱公元年》：『春，王正月。三月，公及邾婁儀父盟于眛。』《莊公元年》：『春，王正月。三月，夫人孫于齊。』俱事在三月，必以正月首時。今直舉三月，故問之云爾。相承此傳横著『元年春王』之下，竊以王爲月設，『春王』斷句，理不可通，故升『三月』二字於上，輒蹈不知之作，抑慙『蓋闕』之義。」按：《穀梁傳》注引徐邈曰：「按傳，《定元年》不書正月，言定無正也。然則改元即位，在於此年，故不可以不書王。書王，必有月以承之，故因其執月以表年首爾，不以謹仲幾也。」則徐氏以三月連讀矣。按：如傳義，定、哀多微辭。去正月者，隱起定公不得繼體奉正，不於「春王」絶句，無以起定無正月義，不嫌如通三統之書「春王三月」乎？○注「据莊」至「正月」。○即《莊元年》經云「元年春，王正月」是也。舊疏云：「莊公之經，上有正月，下有三月。今定公亦下有三月，而上無正月，故据之。」又云：「隱公之經，亦云『元年春，王正月』，下云『三月，公及邾婁儀父盟于眛』，亦是上有正月，下有三月，而不据之者，正以隱公所承不薨于外，且欲讓桓，位非己有，與定公不類。其閔、僖之屬，雖承弑君之後，其所承者皆在位見弑，元年之下復無三月之文，與定不同，故不据之。然則桓公戕于齊，昭公卒于外，亦是不類而得据之者，正以昭公失道，爲臣所逐，終死于外，恥與桓同，故据之耳。」《穀梁疏》亦以莊公相例，即本此傳爲義。正月

者，正即位也。 **注** 本有有正月者，正諸侯之即位。**疏** 注「本有」至「即位」。○《校勘記》云：「監、毛本同。閩本不疊『有』字。按：下『有』字衍文。」今按：紹熙本亦不疊「有」字。《通義》云：「本所以不言即位，仍言正月者，存其踰年即位之實也。」舊疏云：「《隱元年》傳：『何言乎王正月？大一統也。』」以此言之，書正月，爲大一統而言，正諸侯之即位，兼二義故也。何氏彼注云：「自公侯至於庶人，自山川至於草木昆蟲，莫不一一繫於正月。」即是正月者，正諸侯即位之義。**定無正月者，即位後也。** **注** 雖書即位於六月，實當如莊公有正月。今無正月者，昭公出奔，國當絶。定公不得繼體奉正，故諱爲微辭，使若即位在正月後，故不書正月。**疏** 舊疏云：「謂定公行即位之禮在正月之後也。」《通義》云：「定公即位，實在六月，則不假存正月矣。」○注「雖書」至「正月」。○正以正月以存君。昭公殁，定公立，國不可一日無君。故雖未即位，亦宜如莊公之有正也。《左傳疏》云：「六月既改之後，方以元年紀事。及史官定策，須有一統，不可半年從前，半年從後，雖則年初亦統此歲，故入年即稱元年也。」既經改元，即宜有正矣。○注「今無」至「正月」。○《漢書・梅福傳》：「匡衡議以爲，《春秋》之義，諸侯不得守其社稷者，絶。」是昭公出奔當絶也。舊疏云：「依經及傳，正以定公即位，在正月之後，故無正月。何氏更言昭公出奔，國當絶，定公不得繼體奉正者，正以書正月，❶大一統也。明不但即位而已。且諸侯之法，禮當死位，而昭公不君，棄位出奔，終卒於外，爲辱更甚。論其罪惡，君臣共有，故知魯國之當絶矣。是以何氏消量作如此注。故諱爲微辭者，謂經與傳直作無即位，故無正月之義。其定公當絶之文，没而不見，故謂微辭。」而包氏慎言云：「如何氏言，誅君之子不立，絶君之子亦不得立也。鄭伯突出奔，以奪正録，不以失衆録。奪正之罪重於出奔失衆。律所謂一人犯二罪，以重者論。然則奪正罪應誅也。」按：《穀梁傳》：「不言正月者，定無正也。定之無正何也？昭公之終，非正終也。定之始，非正始也。昭無正終，故定無正始也。」

❶「以」，原作「月」，據《春秋公羊傳注疏》改。

又下「公即位」，《穀梁傳》云：「即位，授受之道也。先君有正終，則後君有正始也。戊辰，公即位，謹之也。定之即位，不可不察也。」是則《穀梁》義，亦不與定公繼體奉正也。不可不察，蓋亦微辭與？何氏謂「昭公出奔，國當絶」，謂昭公絶於國爾。舊疏謂魯國當絶，過矣。季氏當誅，然叔孫舍、叔詣固欲納君矣，不得謂魯無臣子也。惟定爲絶君之子，不合即位。《春秋》之義，宜於成、襄之後，擇賢而立焉爾，故不書正，以示義焉。《論語・爲政》篇：「或謂孔子曰：『子奚不爲政？』」劉氏逢禄《論語述何》云：「政者，正也。《春秋》定無正月者，昭非正終，定非正始也。夫子以昭公孫于齊，適齊，以定公元年反魯不仕。故或人問之，引《書》『友于兄弟』爲孝者，繼體之君，臣子一例。定公，昭公之弟，不宜立者也。受國於季孫而不知討賊，則爲政之本失矣。書即位，桓公、宣公例也。『癸亥，公之喪至自乾侯。戊辰，公即位』，微辭也。是亦爲政，婉辭也；奚其爲爲政，正辭也。」按：劉氏之説甚是。惟以定爲昭弟，非何氏義。若果昭弟，責其不討賊可也，不得謂其不宜立也。《北堂書鈔》引《感精符》云：「魯昭公時，雉還環入宋。」注：「雉之爲言弟也，喻昭公弟爲季氏入之爲君也。」亦以定爲昭公弟。

即位何以後？ 注 据正月正即位。**昭公在外，** 注 昭公喪在外。

疏 注「昭公喪在外」。○《穀梁傳》：「不言即位，喪在外也。」

得入不得入，未可知也。 疏 舊疏云：「謂昭公之喪在外，得入不得入未可知，不謂据定公之身也。其實定公先在于内，是以上文已稱元年矣。但以君喪未入，未得正行即位禮，是以即位在正月之後。而《左氏》以爲喪及壞隤，公子宋乃先入者，何氏所不取。」按：《穀梁》下「公即位」，傳云：「於厲之中，又有義焉。未殯，雖有天子之命猶不敢，❶況臨諸臣乎？周人有喪，魯人有喪。周人弔，魯人不弔。周人曰：『固吾臣也，使人可也。』魯人曰：『吾君也，親之者也，使大夫則不可也。』故周人弔，魯人不弔，以其下成、康爲未久也。君至尊也，去父之殯而往弔，猶不敢，況未殯而臨諸臣乎？」范注：「先君未殯，則後君不得即位。」昭公之喪入不入未可知，故定公不得行即位禮也。

曷爲未可知？ 注 据已稱元年。疏 注「据已

❶「之命」二字原脱，據《穀梁傳注疏》補。

稱元年」。○舊疏云：「謂已稱元年春，似行即位之禮訖，何言昭公之喪得入不得入未可知也，而即位後乎？」在季氏也。**注**今季氏迎昭公喪而事之，定公得即位。不迎而事之，則不得即位。**疏**舊疏云：「定公是時雖以先君之喪未入，未行即位之禮。其實爲君之道已成，是以上文得稱『元年春』矣。但猶微弱，不敢逆其父喪，故云在季氏也。」《通義》云：「昭公之世子衍與公子宋，俱從在外。季氏謀黜衍而立宋，故雖踰年，君位尚未有定屬也。」定、哀多微辭。**注**微辭，即下傳所言者是也。定公有王無正月，不務公室，喪失國寶。哀公有黄池之會，獲麟，故揔言多。**疏**注「微辭」至「是也」。○《文選》劉歆《移書讓太常博士》云：「及夫子殁而微言絶。」注引《論語讖》曰：「子夏六十四人，共撰仲尼微言。」《荀子·勸學》云：「《春秋》之微也。」楊注：「謂襃貶沮勸。」《漢書·蓺文志》注：「李奇曰：『微言，隱微不顯之言也。』」《禮記·檀弓》云：「禮有微情者。」疏引何胤云：❶「微者，不見也。」又《坊記》云：「所以章疑别微。」《左傳》哀十六年注：「微，匿也。」蓋匿其實義而隱微其辭也。舊疏云：「定、哀二君微辭有五，故謂之多，不謂餘處更有所對。若然，昭與定、哀同是太平之世，所以特言定、哀者，昭公之篇無微辭之事，甯可彊言之乎？」《繁露·楚莊王》云：「義不訕上，智不危身。故遠者以義諱，近者以智畏。畏與義兼，則世愈近而言愈謹矣。」又《觀德》云：「魯十二公等也，而定、哀最尊。」《史記·匈奴列傳》：「太史公曰：『孔氏著《春秋》，隱、桓之間則章，至定、哀之際則微。爲其切當世之文而罔襃，❷忌諱之辭也。』」○注「定公」至「言多」。○定公有王無正者，上注云：「雖書即位於六月，實當如莊公有正月，今無正月者，昭公出奔，國當絶。定公不得繼體奉正，故諱爲微辭，使若即位在正月後，故不書正月。」然則書正月，所以大一統，不但書即位而已。惟昭公當絶，定公不當立，皆宜絶，不可直書，故退「即位」於下，若似未即位，故不書正月然也。故爲微辭，没其當絶之文也。「不務公室」者，下《二年》：

❶「胤」，原避雍正諱作「允」，今回改，不再出校。
❷「世」，原作「時」，據《史記》改。

「新作雉門及兩觀。」傳云：「修舊不書，此何以書？譏。何譏爾？不務乎公室也。」注：「務，猶勉也。不務公室，亦可施于久不脩，亦可施于不務如公室之禮，微辭也。」正以孔子曰：「禄之去公室五世矣，政逮于大夫四世矣。」譏定公不罪季氏，務彊公室，乃脩大門觀，僭越王制，不敢顯言，但書「新作雉門及兩觀」，爲若不務公室，久不脩治云爾。亦得爲微辭也。「喪失國寶」者，下《八年》：「盜竊寶玉大弓。」傳云：「寶者何？璋判白。」注：「不言璋，言玉者，起珪璧琮璜璋五玉盡亡之也。❶傳獨言璋者，❷所以郊事天尤重也。謂之寶者，世世寶用之辭。書大弓者，使若都以國寶書，微辭也。」則經言「盜竊寶玉大弓」，❸若似所謂寶玉者，即大弓等，言可世世保用之。其實因定公失政，陪臣專權，拘執正卿，喪失五玉，無以合信天子，交會鄰邦，當絶故也，故微其辭也。「黄池之會」者，《哀十三年》：「夏，公會晉侯及吴子于黄池。」傳：「其言及吴子何？會兩伯之辭也。不與夷狄之主中國，則曷爲以兩伯之辭言之，❹重吴也。曷爲重吴？吴在是，則天下諸侯莫敢不至也。」注「以晉爲大國，尚猶汲汲于吴，則知諸侯莫敢不至也。不書諸侯者，爲微辭，使若天下盡會之，而魯侯蒙俗會之者，惡愈」是也。蓋彼本惡諸侯君事夷狄，因書晉及吴。見晉尚汲汲於吴，知諸侯莫敢不至，則魯之往會，恥殺矣。是亦微辭也。「獲麟」者，《哀十四年》「西狩獲麟」是也。注：「絶筆於春，起木絶火王，制作道備，當授漢也。」而經但書「獲麟」，《春秋》紀以爲瑞，明撥亂功成，明大平以瑞應爲效，亦得謂爲微辭矣。

主人習其讀而問其傳，注 讀，謂經；傳，謂訓詁。主人，謂定公。言主人者，能爲主人，皆當爲微辭，非獨定公。疏 舊疏云：「主人習其讀，謂習其經而讀之也。而問其傳者，謂問其夫子口授之傳，訓詁之義矣。」○注「主人」至「定公」。○謂若黄池之會，獲麟在哀公之世，則主人屬哀公。蓋凡得位有權勢者，皆爲主人，故爲微辭，以辟害容身也。

則未知己之有罪焉爾。注 此假設而言

❶「璋」字，原脱，據《春秋公羊傳注疏》補。
❷「獨」，原作「特」，據《春秋公羊傳注疏》改。
❸「玉」，原作「用」，據《春秋公羊傳注疏》改。
❹「則」字，原脱，據《春秋公羊傳注疏》補。

之。主人謂定、哀也。設使定、哀習其經而讀之，問其傳解詁，則不知己之有罪於是。此孔子畏時君，上以諱尊隆恩，下以辟害容身，慎之至也。**疏**《隱二年》傳：「託始焉爾。」注「焉爾，猶於是也」。舊疏云：「讀其微辭，意指難明。雖問《解詁》，亦未知己之有罪乎《春秋》。讀《定元年》經而問其傳之《解詁》云『定何以無正月？正月者，正即位也。❶定無正月者，即位後也。』無以知其國當絶，定公不得繼體奉正之義。假令讀《定二年》經云『新作雉門及兩觀』，而問其傳之解詁云：『脩舊不書，此何以書？譏。何譏爾？不務乎公室也。』正以久不脩理，不以公室爲急務，故書之，無以知其僭天子是也。」○注「此假」至「於是」。○舊疏云：「當爾之時，未有《春秋》，故知主人習其經而讀之者，假設而言之也。既未有《春秋》，而彊言主人，故云『此假設而言之』。云『主人謂定、哀』者，正以上言定、哀多微辭，下文即言主人習其讀，故知此主人者，宜指定、哀言之也。」○注「此孔」至「至也」。❷○舊疏云：「此時君者，還指定、哀也。孔子作《春秋》，當哀公之世。定殁未幾，臣子猶存，故亦畏之，爲之諱惡，恩隆於定、哀，故曰『上以諱尊隆恩』也。若不迴避其害，則身無所容，故曰『下以辟害容身』也。其傳未行，口授弟子，而作微辭，以辟其害，亦是謹慎之甚，故曰『此慎之至也』。」按：諱尊者，《繁露・觀德》云「魯十二公等也，而定、哀最尊」是也。隆恩者，《隱元年》注云「於所見之世，恩己與父之臣尤深」，又云「立愛自親始，故《春秋》据哀録隱」是也。《漢書・蓺文志》云：「《春秋》所貶損大人，當世君臣有威權勢力，❸其事實皆形於傳，是以隱其書而不宣，所以免時難也。」是辟害容身之義也。《通義》云：「微詞者，意有所託而詞不顯，唯察其微者，乃能知之。蓋所記事，皆同時君臣，既以諱尊隆恩，亦無道言孫之法也」是也。《論語・憲問》篇：「邦無道，危行言孫。」注：「孫，順也。厲言不危俗，順言以遠害。」又《爲政》云：「多見闕殆。」《論語述何》云：「謂所見世也。殆，危也。《春秋》定、哀多危辭，上以諱尊隆恩，下以避害

❶「正」，原作「即」，據《春秋公羊傳注疏》改。
❷「注」，原作「往」，據上注文改。
❸「世」，原作「時」，據《漢書》改。

容身，慎之至也。」戴氏望《論語注》亦云：「於所見世，君大夫有過惡不敢直陳，而託諸微辭，以見遠害。如定無正月，書『戊辰，公即位』及立煬宫不日之類，皆是也。」

三月，晉人執宋仲幾于京師。 疏《校勘記》云：「《唐石經》、諸本同。《釋文》：『仲幾，本或作機。』按：《昭三十二年》疏作『仲機』。❶《左氏》、《穀梁》及《漢書·五行志》皆作『幾』。」《通義》云：「三月雖繫執仲幾事，❷其實外執大夫例時。」非何氏義。

仲幾之罪何？ 注据言「于京師」，成伯討辭，知有罪。疏舊疏云：「上言晉人，似非伯討。言『于京師』，是伯討之文，與奪未明，故難之。」○注「据言」至「有罪」。○《成十五年》『晉侯執曹伯歸之于京師』，注：「爲篡喜時。」是言『于京師』，爲執有罪，故成伯討也。**不蓑城也。** 注若今以草衣城是也。禮，諸侯爲天子治城，各有分丈尺。宋仲幾不治所主。疏《校勘記》云：「閩、監、毛本同。《唐石經》蓑作衰。《釋文》作『不衰』，云：『或作蓑。』《困學紀聞》云：『按：《左氏傳》「遲速衰序，於是焉在。」又云：「宋仲幾不受功。」蓑字當從《漢志》作衰。與《左氏》合。』」按：《釋文》作衰，音素戈反，則字作衰而音同蓑。其或音初危反，乃衰本音也。《經義雜記》云：「《五行志》『不衰城』，師古曰：『衰城，謂以差次受功賦也。衰音初爲反。一曰衰讀爲蓑，蓑城，謂以草覆城也。蓑音先和反。』按《釋文》及《漢志》，知《公羊》本作『不衰城』。《説文》『衰，艸雨衣，从衣象形』。何注用《説文》本義。作蓑，俗字也。衰城義當從師古説。」《通義》本作「衰」，云：「董仲舒讀傳文如是，是衰分之衰。師古曰『以差次受功賦也』。❸何邵公讀爲蓑，云：『若今以草衣城。』然今本竟作蓑字者，誤也。定从《開成石經》作衰。」○注「若今」至「是也」。○《魏志·劉馥傳》：「揚州刺史劉馥，高爲城壘，多積木石，編作草苫數千萬枚爲備。及吴圍合肥，天連雨，城欲崩，於是以苫蓑覆之。」故何氏以時事喻之也。故舊疏云：「衣讀如『衣輕裘』之衣。」按：《五行志下之下》：「宋仲幾亡

❶「二」，原作「一」，據《春秋公羊傳注疏》改。
❷「事」字，原脱，據《通義》補。
❸「曰」，原作「謂」，據《通義》改。

尊天子之心，而不衰城。」師古注：「一曰，衰讀爲蓑。蓑城，謂以草覆城。蓑音先和反。」是顔氏亦二説備存。按：《説文・衣部》衰下段注云：「《艸部》：『萆，雨衣。一曰衰衣。』《小雅》：『何蓑何笠。』傳：『蓑，所以備雨。』《齊語》注：『襏襫，蓑襞衣也。』《六韜》：『蓑薜簦笠。』衰，俗從艸作蓑，而衰遂專爲等衰、❶衰經字。以草爲雨衣，必層次編之，故引伸爲等衰也。」❷郭璞注《山海經》：「蓑，辟雨之衣也，音摧。」衰以辟雨，因即用以衣城，即謂衰城。《管子》謂水官之吏，常按行隄。有大雨，各葆其所，可治者趣治隄防，可衣者衣之，即蓑城之法也。○注「禮諸」至「丈尺」。○《周禮・大司馬》云：「大役與慮事，屬其植。」注：「植，築城楨也，❸屬，賦丈尺與其用人數。」鄭意植即《春秋傳》「華元爲植巡功」之「植」，屬即聚會之。要者，簿書。《左傳》「諸侯城成周，屬役賦丈，❹書以授帥，及會城而栽。」注：「栽即植也，謂楨幹。書者，要也，謂役要。」即何氏所謂治城各有分丈尺，顔氏所謂差次受功賦也。《經義襍記》又云：「衰城之義，有從師古説，謂以差次受功賦。顔氏必本漢魏人舊注，故勝於何邵公。陸德明亦一音初危反。《國語・齊語》管子曰：『相地而衰征，則民不移。』韋注：『衰，差也，視土地之美惡及所生出，❺以差征賦之輕重也。』可證顔注之有本。《左傳》：『孟懿子會城成周。庚寅，栽。宋仲幾不受功，乃執仲幾以歸。三月，歸諸京師。』與顔注正合。徐疏謂昭之二年既城訖，於此責其不蓑而已，此臆説也。」按：何氏此云「各有分丈尺」，亦即衰次之義。《公羊禮説》云：「《公羊》之義，不絶異説。一事兩義，往往並載，傳『不蓑城』也。《詩傳》：『蓑以備雨。』何氏望文生義，以漢法況之，故云『若今以草衣城』，《劉馥傳》『天雨，城欲崩，以苫蓑覆之』是也。何又云：『諸侯爲天子治城，各有分丈尺。』此即《九章》所謂差分，謂衰分也。何氏蓋見京師有作衰城者，師古《五行志》注與何氏後説同。何氏据胡毋生《條例》，與董仲舒不同。是所受之本異，故兩存其説也。」按：何氏自以以草衣城爲正解，即此所云「分丈

❶「專」字，原脱，據《説文解字注》補。
❷「衰」，原作「差」，據《説文解字注》改。
❸「楨」，原作「植」，據《周禮注疏》改。
❹「丈」，原作「又」，據《春秋左傳注疏》改。
❺「出」，原作「土」，據《經義雜記》及《國語解》改。

尺」，亦謂分丈尺以草衣城。上年城訖，恐未堅牢，故更以草覆蔽，用防雨雪崩弛之事。舊疏亦非無見也。○注「宋仲」至「所主」。○即《左傳》之「宋仲幾不受功也」，即不受役要也。彼傳仲幾曰「滕、薛、郳，吾役也」云云，是其事也。其言于京師何？注据城言成周，執不地。疏注「据城言成周」。○即《昭三十二年》「冬，仲孫何忌會晉韓不信以下城成周」是也。○注「執不地」。○舊疏：「謂《春秋》上下，大夫見執，例不舉地。即下《六年》『晉人執宋行人樂祈黎』、《七年》『齊人執衛行人北宮結』之屬是也。若然，《成十六年》：『晉人執季孫行父，舍之于招丘。』彼傳云：『執未有言舍之者，此其言舍之何？仁之也。曰：在招丘悕矣。』注：『悕，悲也。仁之者，若曰在招丘可悲矣，閔錄之辭。』『執未言仁有之者，此其言仁之何？代公執也』是也。」伯討也。注大夫不得專執，執無稱名氏，見伯討例，故地以京師，明以天子事執之，得伯討之義。疏注「大夫不得專執」。○正以上年經書「城成周」，皆大夫，此年《左傳》云：「士伯怒，謂韓簡子曰：『薛徵於人，宋徵於鬼。宋罪大矣，必以仲幾爲戮。』乃執仲幾以歸。」是大夫專執事也。下傳云：「大夫之義，大夫不得專執也。」是大夫不得專執。○注「無稱」至「之義」。❶○《僖四年》傳：「稱侯而執者，伯討也。稱人而執者，非伯討也。」是諸侯執人之例。其大夫不得專執，既執之有理，故沒其名氏，地以京師，從伯討之例。明以天子事執，爲得伯討義也。伯討則其稱人何？注据城稱名氏，諸侯伯執不稱人也。復發此難者，弟子未解，嫌大夫稱人相執，與諸侯同例。疏注「据城稱名氏」。○即《昭三十二年》書「仲孫何忌會晉韓不信以下城成周」是也。○注「諸侯」至「人也」。○即《僖四年》傳：「稱侯而執者，伯討也。稱人而執者，非伯討也。」又《成十五年》書「晉侯執曹伯歸之于京師」，是伯討不稱人例也。○注「復發」至「同例」。○正以經稱「晉人」，嫌大夫相執亦稱人以執，非伯討，與諸侯同，故發此難。貶。注故稱人爾，不以非伯討故。疏注「故稱」至「討故」。○「故稱人爾」，義具下傳，所

❶ 按注慣例，應作「執無」至「之義」。

謂「文不與者」是也。曷爲貶？注据晉侯伯執稱人，以他罪舉。疏注「据晉」至「罪舉」。○即《僖二十八年》「晉人執衛侯歸之于京師」是也。彼傳云：「此晉侯也，其稱人何？貶。曷爲貶？衛之禍，文公爲之也。文公爲之奈何？文公逐衛侯而立叔武，使其兄弟相疑，放乎殺母弟者，文公爲之也。」所謂「以他罪舉」也。文公執衛侯得伯討之義，宜稱侯，但以致衛侯，殺叔武之禍，故貶稱人也。不與大夫專執也。疏《穀梁傳》：「此其大夫，其曰人，何也？微之也。曷爲微之？不正其執人於尊者之所也，不與大夫之伯討也。」曷爲不與？注据伯討。實與，注「言于京師」是也。而文不與。注「文不與」者，貶稱人是也。文曷爲不與？大夫之義，不得專執也。注大夫不得專相執，辟諸侯也。不言歸者，諸侯當決於天子。犯之，惡甚，故録所歸。大夫當決主獄爾，犯之，罪從外小惡，不復別也。無例不在常書。又月者，善爲天子執之。

疏舊疏云：「据實與，但何氏省文，不復言大夫之義不得專執，則其曰實與之何？上無天子，下無方伯，天下大夫有爲無道者，力能執之則執之可也。異《僖元年》、《二年》『救邢』、『城楚丘』之傳者，正以諸侯相執，伯者之常事。大夫相執，例之所略，詳尊略卑之義也。」《通義》云：「不發『上無天子，下無方伯』傳者，與『弗克納』同義。」惠氏士奇《春秋説》云：「晉人執宋仲幾于京師。説者謂京師非執人之地，非也。吾不知執之者有所受之與？抑無所受之與？諸侯之大夫，會城成周，是奉天王之命也。宋仲幾不受功，則執之，可乎？曰可。執之當其辠，且既有所受之矣，雖執人于天子之側，可也。雖然，宋仲幾固有可執之罪，而晉士伯非執之之人。晉士伯不告于天子而專執之，仍以憾而執也。故書曰『晉人』，言士伯非執之之人也。」按：惠氏多本《左氏》立義。○注「大夫」至「侯也」。○《僖四年》：「齊人執陳袁濤塗。」傳發稱侯稱人之例，明諸侯得專執，但別伯討不伯討爾。大夫則雖伯討，亦不得專執也。○注「不言」至「所歸」。○即《僖二十八年》「晉人執衛侯歸之于京師」，《成十五年》「晉侯執曹伯歸之于京師」是也。其不録所歸，則《襄十六年》「晉人執莒子、邾婁子

以歸」是也。以諸侯執諸侯，當決之天子。《僖二十八年》注云「但欲明諸侯尊貴，不得自相治，當斷之于天子爾」是也。犯之惡甚，故分别録之。明執衛侯、執曹伯歸京師得正。執莒子、邾婁子以歸失正也。故《襄十六年》注云「録以歸者，惡晉也。有罪無罪，皆當歸京師，不得自治之」是也。其《襄十九年》「晉人執邾婁子」，亦是諸侯相執，而不録所歸，蓋即盟祝柯時執之，或即釋之，實無所歸也。○注「大夫」至「别也」。○舊疏云：「若執大夫，當決於主獄之人耳。若其犯之，但爲小惡，故從外小惡例，不復分别之也。若然，所見之世，録外小惡，而言從外小惡不復别之者，正謂時時録之，以見大平之世，諸夏小惡在治之限。文不盡録，故得然解。」按：此不書所歸，是其例也。杜云：「晉執人於天子之側，而不以歸京師，故但書其執，不書所歸。」○注「無例」至「常書」。○舊疏云：「欲道《春秋》上下，更無大夫相執之義，即是無其比例，不在常書之限。」又引舊云：「此事所以無『歸于』、『以歸』之例，正由大夫相執，不在當書故也。」○注「又月」至「執之」。○舊疏云：「今而書之，又書其月，詳録之，與諸侯相執同例者，善爲天子執故也。」知諸侯相執例書月者，《襄十六年》「三月，晉人執莒子、邾婁子」、《十九年》「正月，晉人執邾婁子」之屬是也，皆書月。《通義》云：「三月，雖繫執宋仲幾事，❶其實外執大夫例時。」按：執大夫無例，不得援外執大夫例時也。

夏，六月癸亥，公之喪至自乾侯。**注**至自乾侯者，非公事齊不專，中去之晉，竟不見容，死于乾侯。**疏**包氏慎言云：「六月有癸亥，月之二十三日。」《白虎通·謚》篇云：❷「故《春秋》曰：『公之喪，至自乾侯。』昭公死于晉乾侯之地，數月歸，至急，當未有謚也。」○注「非公」至「乾侯」。○《穀梁》隱五年傳：「非隱也。」注：「非，責也。」《淮南·氾論訓》：「而墨子非之。」注：「非，譏也。」《昭二十五年》「公孫于齊」，又「齊侯唁公于野井」，又「齊侯取運」，《二十六年》「公至自齊，居于運」，《二十七年》「公如晉，次于乾侯」，注：「月者，閔公内爲强臣所逐，外如晉，不見答。」又《二十九年》「公至自乾侯」，

❶「事」字，原脱，據《通義》補。
❷「謚」，原作「號」，據《白虎通》改。

注：「不致以晉者，不見容于晉。」是皆事齊不專，中去之晉，竟不見容事也。

戊辰，公即位。疏 包氏慎言云：「六月又書戊辰即位，月之二十八日。」《公》、《穀》皆言「正棺於兩楹之間，然後即位」，言須殯而後即位。癸亥去戊辰，蓋五日，殯期也。

癸亥，公之喪至自乾侯，則曷爲以戊辰之日，然後即位？注 据癸亥得入，已可知。

疏 注「据癸」至「可知」。○而以上傳云：「即位何以後？昭公在外，得入不得入未可知也。」今癸亥喪已至國，合即位，而至戊辰，故据以難。

正棺於兩楹之間，然後即位。注 正棺者，象既小斂，夷於堂。昭公死於外，不得以君臣禮治其喪，故示盡始死之禮。禮，始死于北牖下，浴于中霤，飯含于牖下，小斂于户內，夷于兩楹之間，大斂于阼階，殯于西階之上，祖于庭，葬于墓。奪孝子之恩，動以遠也。禮，天子五日小斂，七日大斂。諸侯三日小斂，五日大斂。卿大夫二日小斂，三日大斂。夷而絰，殯而成服。故戊辰然後即位。凡喪，三日授子杖，五日授大夫杖，七日授士杖。童子、婦人不杖，不能病故也。疏《穀梁傳》：「殯，然後即位也。」《通義》云：「正棺者，殯也。周人殯于西階之上，殷人殯于兩楹之間。魯有王禮，辟時天子，故多雜殷法也。《檀弓》曰：『殷朝而殯于祖。』而《左氏》説魯喪殯廟，即殷法也。喪自外來，當盡始死哀禮，故五日而後殯，其明日即位。《顧命》：『成王乙丑崩，康王癸酉即位。』鄭以爲殯之明日，此亦『死與往日，生與來日』者也。」○注「正棺」至「之禮」。○《喪大記》云：「小斂，主人即位于户內，主婦東面，乃斂。卒斂，主人馮之踊，主婦亦如之。主人袒，脱髦，括髮以麻。婦人髽，帶麻于房中。」又云：「徹帷，男女奉尸夷于堂，降拜。」注：「夷之言尸也。於遷尸，主人、主婦以下，從而奉之，孝敬之心。降拜，拜賓也。」《士喪禮》：「設牀第于兩楹之間，衽如初，有枕。卒斂，徹帷。士舉男女，奉尸侇于堂。幠用夷衾。男女如室位，踊無算。」注：「侇之言尸也。夷衾，

覆尸柩之衾也。堂謂楹間牀笫上也。」是則夷於堂在兩楹之間，故何氏以正棺兩楹之間爲象夷堂之節也。《曾子問》云：「君出疆，君薨，其入如之何？孔子曰：『共殯服，則子麻弁絰，疏衰，菲杖。』」注：「棺柩未安，不忍成服於外也。」此云「象既小斂」，則宜服殯服矣。《曾子問》又云：「入自闕，升自西階。」注：「闕，謂毀宗也。柩，毀宗而入，異於生也。升自西階，亦異生也。所毀宗，殯宫門西也。於此正棺而服殯服，既塗而成服。」是此昭公喪自外來，亦宜如是，故先象斂後，後乃塗之。爲未得盡君臣之禮，故此略存其儀節焉。孔氏以此正棺即爲殯，不毋急遽。《曾子問》又云：「如小斂，則子免而從柩，入自門，升自阼階。」此昭公去小斂已遠，自不限此禮也。又《雜記》云：「至於廟門，不毀牆，遂入，適所殯。唯輤爲説於廟門外。」注：「廟，所殯宫。❶牆，裳帷也。適所殯，謂兩楹之間。去輤乃入廟門，以其入自有宫室也。毁或爲徹。凡柩自外來者，正棺於兩楹之間，尸亦俠之於此，皆因殯焉。異者，柩入自闕，升自西階。尸入自門，升自阼階。其殯必於兩楹之間者，以其死不於室而自外來，留之於中，不忍遠之。」如賓也。《禮記·檀弓》云：「夏后氏殯于東階之上，則猶在阼也。殷人殯于兩楹之間，則與賓主夾之也。❷周人殯于西階之上，則猶賓之也。」或以魯殯於兩楹間爲魯多用殷禮，如牲用白牡之類，亦以意言也。若然，僖八年《左傳》：「弗殯于廟，則弗致也。」則正禮當殯于廟，而正棺于兩楹間者，《禮記疏》引服虔注云：「不殯于廟，廟謂殯宫，鬼神所在，謂之廟也。」至朝廟時，亦殷周不同。《檀弓》云：「殷朝而殯于祖，周朝而遂葬。」疏：「殷人尚質，敬鬼神而遠之。死則爲神，故云『朝而殯于祖廟』。周則尚文，親雖亡殁，故若猶存在，不忍便以神事之，故殯于路寢，及朝廟遂葬。」又云：「鄭康成以爲，《春秋》變周之文，從殷之質，故殯于廟也。」與服意以廟爲殯宫異。然則如鄭意，兩楹間即廟之楹間。《既夕禮》「遷于祖」亦正棺于兩楹之間，或魯用殷禮，亦正棺于廟之兩楹間與？○注「禮始」至「遠也」。○《校勘記》云：「北牖，宋本同。閩、監、毛本牖作墉。按：《釋文》作『北墉』云：『音容，本又作牖。』鄭注《禮記》『北牖』下云：『或爲北墉。』蓋何注本作『北墉』，即鄭所

❶「宫」，原作「室」，據《禮記注疏》改。

❷「則與」二字及「之」字，原脱，據《禮記正義》補。

云或本是也。今《公羊》注作『北牖』，則後人從《禮記》改轉。毛本『于』改『於』，非。」《白虎通・崩薨》篇：「人死必沐浴于中霤何？示潔淨反本也。《禮・檀弓》曰『死于牖下，沐浴于中霤，飯唅于牖下。小斂于户内，大斂于阼階，殯于客位，祖于庭，葬于墓，所以即遠也』，奪孝子之恩以漸也。」按：今《檀弓》無「死于牖下」二語。《禮記・坊記》云：「賓禮，每進以讓。喪禮，每加以遠。浴于中霤，飯于牖下，小斂于户内，大斂于阼，殯于客位，祖于庭，葬于墓，所以示遠也。」注：「遠之，所以崇敬也。」按：始死于北墉下者，《喪大記》云：「疾病，寢東首於北牖下。」注：「病者恒居牖北下。」❶《既夕禮・記》：❷「寢東首于北墉下。」《士喪禮》：「死于適室。」注：「疾時處北墉下。」彼《釋文》作「庸」，云：「牆也。」張氏《識誤》、李氏《集釋》並同。按：彼記上云「北墉」，下云「設牀第，當牖」，則作墉爲是。淩氏廷堪《禮經釋例》云：「室在堂後，南有牖，北惟牆，無牖也。士大夫以上皆同。《詩・豳風・七月》『塞向墐户』，《毛傳》：『向北出牖也。庶人蓽户。』然則北牖，蓋庶人之室，士大夫不爾也。」任氏啓運《宫室考》云：「或以爲室北有牖，非也。惟私室有北出小牖。」亦據《詩》「塞向」爲説，私室即謂燕寢也。段氏玉裁曰：「凡室之北有墉，無牖。《郊特牲》曰：『薄社北牖，使陰明也。』此可證宗廟正寢之牖不北矣。」胡氏培翬《儀禮正義》：「《士昏禮》：『婦盥饋，席于北墉下。』注：『墉，牆也。室中北牆。』又『婦廟見，席于北方』，注：『北方，墉下。』是北唯有墉，無牖。」諸説甚確。《論語》：「伯牛有疾，自牖執其手。」皇疏：「牖，南窗也。君子有疾，寐於北壁下東首。今師來，故遷出南窗下。」皇疏言「北壁」，足爲北墉之證，實勝賈、孔疏。朱子《集注》作「北牖下」，亦承疏文之誤。《禮記・檀弓》、《坊記》俱有「飯於牖下」之文，惟室南有牖，北無牖。室内止有一牖，故言牖下即知其處，不必分别南北也。「浴于中霤」者，《檀弓》云：「掘中霤而浴。」注：「周人浴不掘中霤。」以《喪大記》云：「掘「浴水用盆，沃水用枓。」❸沐用瓦盤，爲周制故也。中霤，室中也。故《檀弓》記曾子之喪，浴于爨室，爲不合于禮也。《士喪禮》云：「管人汲，不説繘，屈之。祝，淅

❶「牖北」，原作「北牖」，據《禮記正義》改。
❷「既夕」，原作「士喪」，據《儀禮注疏》改。
❸「枓」，原作「攝」，據《禮記注疏》改。

米于堂，南面用盆。管人盡階不升堂，受潘煮于堊，用重鬲。❶祝，盛米于敦，奠于貝北。士有冰，❷用夷槃可也。外御受沐入。主人皆出户外北面，乃沐，櫛挋用巾。浴用巾，挋用浴衣。渜濯棄于坎。」是其事也。「飯含于牖下」者，《士喪禮》云：「主人入即位。商祝襲祭服褖衣次。主人出，南面左袒。扱諸面之右，盥于盆上。洗貝，執以入。宰洗柶，建於米，執以從。商祝執巾從入，當牖北面，徹枕設巾，徹楔受貝，奠于尸西。主人由足西牀上坐，東面。祝又受米，奠于貝北。宰從，立于牀西在右。主人左扱米，實于右三，實一貝，左中亦如之。又實米唯盈。」《白虎通》云「所以有飯含何？緣生食。今死，不欲虛其口，故含。用珠寶物何也？有益死者形體。故天子飯以玉，諸侯以珠，大夫以璧，❸士以貝」是也。「小斂於户内」者，《士喪禮》云：「厥明，陳衣于房南領西上。綪絞，横三縮一，廣終幅，析其末。緇衾赬裏無紞，祭服次，散衣次。凡十有九稱。陳衣繼之，不必盡用。」又云：「士盥二人，以並東面，❹立于西階下。布席于户内，下莞上簟。商祝布絞衾、散衣、祭服。祭服不倒，美者在中。士舉遷尸，反位。設牀第于兩楹之間，衽如初，有枕。卒斂徹帷。」《喪大記》：「凡斂者六人。」《正義》：「凡者，貴賤同也。兩邊各三人，❺故用六人。」「夷于兩楹之間」，説見上。「大斂于阼階」者，《士喪禮》云：「厥明，滅燎。陳衣于房，南領西上，綪，絞、紟、衾二。君襚、祭服、散衣、庶襚，凡三十稱，紟不在算，不必盡用。」又云：「帷堂。婦人尸西東面，❻主人及親者升自西階，出于足，西面袒。士盥位如初。商祝布絞紟衾衣，❼美者在外。君襚不倒。有大夫則告，士舉遷尸復位。主人踊無算。卒斂徹帷，主人馮如初。主婦亦如之。」又記云：「大斂于阼。」❽「未忍便離主人位也。主人奉尸，斂于棺，則西階上，賓之。」《喪大記》：「小斂於户内，大斂於阼」是也。「殯於西階之上」者，《士喪禮》：「主人奉尸斂于

❶「鬲」，原作「高」，據《儀禮注疏》改。
❷「士」，原作「土」，據《儀禮注疏》改。
❸「璧」，原作「米」，據《白虎通》改。
❹「面」，原作「西」，據《儀禮注疏》改。
❺「各」，原作「如」，據《禮記注疏》改。
❻「西」，原作「東」，據《儀禮注疏》改。
❼「布」，原作「作」，據《儀禮注疏》改。
❽「阼」下原衍「階」，據《儀禮注疏》删。

棺，踊如初，乃蓋。主人降拜大夫之後至者，北面視肂。衆主人復位。婦人東復位。設熬，旁一筐，乃塗。踊無算。」記云：「既殯，主人脱髦。」注：「既殯，置銘於肂，復位時也。」《士喪禮》又云：「掘肂見衽。」注：「肂，埋棺之坎也。掘之於西階上。衽，小要也。《喪大記》曰：『君殯用輴，欑至于上，畢塗屋。大夫殯以幬，欑置于西序，塗不暨于棺。士殯見衽，塗上帷之。』」是也。「祖于庭」者，《禮・既夕》云：「俠牀饌于階間。」注：「俠之言尸也。朝正柩用此牀。」疏謂「柩至祖廟兩楹之間，尸北首之時，乃用此牀」。又云：「遷于祖，用軸。重先，奠從，燭從，柩從，主人從。升自西階，奠俟于下。正柩于兩楹間，用夷牀。」又云：「薦車直東榮北輈。」注：「薦，❶進也。進車者，象生時將行陳駕也。車當東榮，東陳西上於中庭。」又云：「有司請祖期，曰：『日側。』主人入袒，乃載。」注：「乃舉柩卻下而載之。」李氏如圭云：「下柩於階間載之。」褚氏寅亮云：「復以軸降自西階，載於車，此時柩仍北首也。」《既夕》又云：「乃祖。」注：「還柩鄉外，爲行始。」是祖於庭也。《白虎通》云：「祖於庭何？盡孝子之恩也。祖者，始也。始載于庭也。乘軸車，辭祖禰，故名爲祖載也。《禮》曰：『祖于庭，葬于墓。』」又曰：『適祖，升自西階。』」是也。「葬于墓」者，《既夕》云：「至于壙，陳器于道東西，北上。茵先入，屬引。」注：「於是脱載除飾，更屬引於緘耳。」《喪大記》：「凡封用綍，去碑負引。君封以衡，大夫士以咸。❷君命毋譁，❸以鼓封。大夫命毋哭。士哭者相止也。」《既夕》又云：「乃窆，主人哭踊無算。」注「窆，下棺也」是也。「飯含于牖下」，毛本「牖」誤「墉」。按：紹熙本不誤。《士喪》、《既夕》所載多是士禮，大夫以上容有異，用其率儀節，均不外是。○注「禮天」至「大斂」。○《白虎通》又云：「崩薨三日乃小斂何？奪孝子之恩以漸也。一日之時，屬纊于口上，以俟絶氣。二日之時，尚冀其生。三日之時，魂氣不返，❹終不可奈何。故《禮・士喪》經曰：『御者四人皆坐，持體屬纊，以俟絶氣。』《禮》曰：『天子諸侯三日小斂，大夫士二日小斂。』屬纊于口者，孝子欲生其親也。」與何氏所

❶「薦」上，原衍「車」，據《儀禮注疏》删。
❷「咸」，原作「威」，據《禮記注疏》改。
❸「譁」，原作「諱」，據《禮記注疏》改。
❹「返」，原作「通」，據《白虎通》改。

説惟天子禮異。《士喪禮》説陳小斂衣云：「厥明，陳衣于房。」張氏爾岐《儀禮句讀》云：「厥明者，❶繼昨日而言，死之第二日也。」卿大夫蓋與士同，下天子諸侯也。《士喪禮》説大斂云：「厥明，滅燎，陳衣于房。」胡氏培翬《儀禮正義》云：「厥明者，小斂之次日，死之第三日也。蓋士并死日數，卿大夫除死日數，三日大斂也。大斂與殯同日。《王制》云『天子七日而殯，七月而葬。諸侯五日而殯，五月而葬。大夫士三日而殯，三月而葬』是也。」○注「夷而」至「即位」。○《士喪禮》云：「卒斂，主人髺髪袒，衆主人免于房。」又云：「士舉男女，奉尸侇于堂。主人即位踊，襲絰于序東。」❷楊復《儀禮圖》云：「小斂變服有二節：謂主人、主婦馮尸後，主人髺髪袒，絞帶，婦人髽于室，衆主人免于房，布帶。此一節也。奉尸侇于堂，主人拜賓後，即位踊，襲絰于序東。此又一節也。」又云：「爲父母有小異。據《喪服小記》『斬衰括髪以麻，爲母括髪以麻，免而以布』。《喪大記》『主人即位襲帶絰踊。母之喪，即位而免』之文也。《小記》孔疏云：『爲母小斂後括髪，與父禮同。』至尸出堂，子拜賓之時，猶與爲父不異。至拜賓竟，即堂下位時，爲父猶括髪襲絰帶以至成服，爲母則不復括髪，乃著布免，襲絰帶以至成服。」蓋爲母易括髪爲免，即在此經「即位踊，襲絰于序東」時也。《曾子問》記君在外薨，入時禮云「共殯服」，注：「此謂君已大斂。殯服，謂布深衣、苴絰、散帶垂。」又云：「則子麻弁絰、疏衰、苴杖。」注：「棺柩未安，不忍成服於外。麻弁絰者，布弁而加環絰也。布弁如爵弁而布。」按：殯服者，小斂後未殯前之服。《士喪禮》云：「小斂，苴絰、大鬲、散帶垂。」又禮，親始死，布深衣至成服不改，故鄭如彼注也。何氏特舉絰言之，男子重絰故也。其首服，彼疏引崔氏云：「小斂之前，大夫士皆素冠。小斂括髪之後，士則加素冠，大夫加素弁。」又《雜記》云「小斂環絰」是也。凡弔服，視主人之服爲節。《檀弓》疏云：「凡弔喪之禮，主人未變之前，弔者吉服而弔。吉服謂羔裘、玄冠、緇衣、素裳，又袒去上服以露裼衣。」❸則「子游裼裘而弔」是也。主人既變之後，雖著朝服而加武以絰，又掩其上

❶「者」下，原衍一「者」字，據《儀禮鄭注句讀》删。
❷「序」，原作「席」，據《儀禮注疏》改。
❸「袒去上服以」五字，原脱，據《禮記正義》補。

服。若是朋友，又加帶。則記云：「主人既小斂，❶袒括髮。子游趨而出，襲裘帶絰而入。」蓋小斂夷堂，一時事，故子游絰而入，明主人時亦絰也。金氏榜《禮箋》云：「弔服錫衰、緦衰、疑衰，皆有絰帶。弔者加絰與衰，咸視主人爲節。未小斂吉服而往，天子爵弁加絰，諸侯卿大夫皮弁加絰，謂之弁絰。士則易玄冠爲素委貌加絰焉。《雜記》曰：『小斂環絰，公大夫士一也。』謂此主人既成服，則弔者亦服衰而往。天子爲三公六卿錫衰，爲諸侯緦衰，爲大夫士疑衰。諸侯卿大夫弔服錫衰，士弔服疑衰。其尊卑之差也。」是小斂後弔者絰，知主人亦絰，故何云「夷而絰」，明小斂後即夷也。「殯而成服」，謂大斂後也。《士喪禮》：「三日成服，杖。」注：「既殯之明日，全三日。」疏：「上『厥明，滅燎』，是三日之朝，行大斂之事。今別言三日成服，則除上三日，更加一日，是四日矣。而言三日者，謂除死日數之爲三日也。」又《既夕·記》云：「三日絞垂。」注：「成服日絞，要絰之散垂者。」又云：「冠六升，外縪纓，條屬厭。衰三升，屨外納。杖下本，竹桐一也。」敖繼公曰：「云成服者，曏已絰帶矣，今復以冠衰之屬足而成之也。」按：絞垂亦謂主人及大功以上親，其小功、緦麻初則絞之，不待三日也。「戊辰然後即位」者，癸亥至丁卯，五日大斂，次日即位也。即位吉服。《白虎通·爵》篇：「天子大斂之後稱王者，明民臣不可一日無君也。故《尚書》曰『王麻冕黼裳』，此大斂之後也。」又云：「故先君不可得見，則後君繼體矣。故《尚書》曰『王再拜興對，乃受銅瑁』也，明爲繼體君也。緣終始之義，一年不可有二君。❷故《尚書》曰『王釋冕反喪服』，吉冕服受銅，稱王以接諸侯。明已繼體爲君也。釋冕、藏銅、反喪服，明未稱王以統事也。」彼本《顧命》、《康王之誥》立義。是大斂後即殯，前吉服即位，禮畢後釋冕反喪服，明諸侯之禮亦宜然也。《書疏》引鄭《書注》云：「王釋冕反喪服。」《禮·喪服》：「臣爲君，諸侯爲天子，皆斬衰。知君臣皆同反服矣。」○注「凡喪」至「士杖」。○《喪服四制》云：「三日授子杖，❸五日授大夫杖，七日授士杖。」《喪大記》云：「君之喪三日，子、夫人杖。五日既殯，授大夫、世婦杖。」注：「三日者，死後之三日也。爲君杖，

❶「既」，原作「記」，據《禮記正義》改。
❷「一年」二字，原脱，據《白虎通》補。
❸「授」，原作「受」，其下衍「天」字，據《禮記注疏》改刪。

不同日。人君禮大，可以見親疏也。」按：士三日成服時始杖。据彼二記文，則天子諸侯杖在大斂前，蓋尊卑之差也。《喪大記》疏云：「下文云：『士之喪二日而殯，三日之朝，主人杖。』知君大夫三日者，與士同死後三日也。」疏又云：「下云：『大夫之喪既殯，主人、主婦、室老皆杖。』今君喪，親疏杖不同日，是人君禮大，可以見親疏也。」熊氏云：「經云『子杖』，通女子在室者。若嫁爲他國夫人，則不杖。嫁爲卿大夫之妻，與大夫同五日杖也。《喪服四制》：『七日授士杖。』君之女及內宗、外宗之屬嫁爲士妻及君之女御，皆七日杖也。」○注「童子」至「故也」。○《喪服傳》：「杖者何？爵也。無爵而杖者何？擔主也。非主而杖者何？輔病也。童子何以不杖？不能病也。婦人何以不杖？亦不能病也。」《喪服四制》云：「杖者何也？爵也。或曰擔主，或曰輔病，婦人童子不杖，不能病也。」鄭《喪服》注云：「爵，謂天子、諸侯、卿、大夫、士也。無爵謂庶人也。擔，猶假也，無爵者假之以杖，尊其爲主也。非主謂衆子也。」《喪服傳》又云：「苴杖，竹也。削杖，桐也。杖各齊其心，皆下本。」賈疏：「杖所以扶病，病從心起，故杖之高下以心爲斷也。」又云：「有爵之人必有德，有德則能爲父母致病深，故許其以杖扶病。雖無爵，然以適子故，假取有爵之杖，爲之喪主。衆子雖非爲主，子爲父母致病是同，❶亦爲輔病也。」❷敖繼公云：「傳意蓋謂，此杖初爲有爵者居重喪而設，所以優貴者也。其後乃生擔主、輔病之義焉。」《白虎通·喪服》篇：❸「所以必杖者，孝子失親，悲哀哭泣，三日不食，❹身體羸病，故杖以扶身，明不以死傷生也。」是即輔病之義也。《白虎通》又云：「禮，童子婦人不杖者，以其不能病也。」皆本《喪服傳》也。按：《喪服小記》云：「婦人不爲主而杖者，姑在爲夫杖，母爲長子削杖。女子子在室爲父母，其主喪者不杖，則子一人杖。」注：「一人杖，謂長女也。」又如《喪大記》所載授杖之制，有夫人、世婦等在內，則婦人亦有杖。孔氏《小記》疏以婦人謂童女也，以彼注云：「女子子在室，亦童子也。無男昆弟，使同姓爲攝主，不杖，則子一人杖，謂長女也。許嫁及二十而

❶「同」字原脱，據《儀禮疏》補。
❷「亦」字原脱，據《儀禮疏》補。
❸「喪服」，原作「崩薨」，據《白虎通》改。
❹「不」，原作「亦」，據《白虎通》改。

笄，笄爲成人，成人正杖也。」則鄭以《喪服》之婦人皆童女也。賈疏以彼傳童子爲庶童子，謂當室童子則杖。引《問喪》曰：「禮曰：『童子不緦，惟當室緦。緦者，其免也，當室則免而杖矣。』」謂適子也。《雜記》云：「童子哭不偯，不踊，不杖，不菲，不廬。」注：「未成人者，不能備禮也。」直有縗喪経帶而已。賈疏又云：「彼傳、疏，人爲童子、婦人，引《喪大記》云『三日，子、夫人杖』云云，諸君皆有婦人杖文，故知成人婦人正杖也。」明此童子婦人。又云：「童子得稱婦人者，『小功章』云：『爲姪、庶孫丈夫、婦人之長殤。』是未成人稱婦人也。」與《喪服四制》孔疏云「婦人謂未成人之婦人」，《小記》疏「爲鄭學者，則謂爲童子婦人同」，而賈疏引雷次宗則謂「此喪服，妻爲夫，妾爲君，女子子在室爲父，女子子嫁反在父之室，爲父三年。如傳所云：『婦人者，皆不杖。』《喪服小記》：『婦人不爲主而杖者，姑在爲夫。』唯著此一條，明其餘不爲主者，皆不杖矣。」孔疏引賀循亦云：「婦人不杖，謂出嫁之婦人，不爲主，則不杖。其不爲主而杖者，唯姑在爲夫。」皆與鄭説異。沈氏彤《儀禮小疏》云：「童子何以不杖，包女子子言。《小記》云：『女子子在室爲父母，其主喪者不杖，則子一人杖。』鄭云：『女子子在室，亦童子也。一人杖，謂長女也。』則非長女不杖。且有男昆弟主喪者，則女子子皆不杖矣。不能病，以稚弱不能致哀故。婦人何以不杖，承上文言婦人，則成人矣。雖非主而宜杖，故問也。此婦人謂異姓來嫁之婦人。《喪大記》：『君之喪，夫人、世婦杖。大夫之喪，主婦杖。士之喪，婦人皆杖。』則婦人皆杖者，唯士之喪耳。若大夫之喪，則主婦而外，有不杖者矣。君之喪，則夫人、世婦而外，有不杖者矣。凡此不杖者，恩皆疏，故曰『不能病』」。楊氏復《儀禮圖》云：「不杖者，蓋婦人不皆杖，非不杖也。」金氏榜《禮箋》云：「婦人唯爲主者杖，不爲主者不杖。以經校之，妻爲夫，母爲長子，爲主而杖者也。妾爲君，女子子在室爲父母，不爲主不杖者也。故《喪服小記》申其義曰：『婦人不爲主而杖者，姑在爲夫杖。』明他婦人不爲主者，不杖矣。又曰：『女子子在室，爲父母，其主喪者不杖，則子一人杖。』明主喪者杖，則女子子爲父母不杖矣。《小記》之文，正與《喪服傳》婦人不杖義相發明。《喪大記》：『士之喪，三日之朝，婦人皆杖。』此謂主婦於三日之朝，皆主人而杖，不得下通衆婦人。君之喪，五日世婦杖。君之世婦尊同大夫。所謂杖者，爵也，不

得下通於大夫士之妾。鄭君於《小記》注謂『婦人成人者皆杖』，違失經意。」胡氏培翬《儀禮正義》云：「此傳鄭無注，細繹傳意，自以成人婦人爲是。而沈氏、金氏之説尤詳。蓋傳層遞問下，其問童子者，以男子非主皆杖，童子何以不杖？其問婦人者，以童子未成人，非主不杖。婦人已成人，非主何以不杖？此兩問，俱跟非主而杖説下。若童子當室而杖，婦人爲主而杖，則其義已該於擔主中矣。童子自包女子子在內。若以上句爲問童男，下句爲問童女，則童男既以稚弱不能病，豈童女又能病乎？此問所不必問者也。賈、孔之説失之。」

子沈子曰： 疏 齊氏召南《考證》云：「《穀梁》引沈子『正棺乎兩楹之間』，曰：『然後即位也』，即用此傳文，可知即此子沈子，但非《穀梁》家師，故不冠以子字耳。」**「定君乎國，** 注 **定昭公之喪禮於國。**

疏 注「定昭」至「於國」。○俞氏樾《公羊平議》云：「定當讀爲正，古字通用。《尚書・堯典》『以閏月定四時』，《史記・五帝紀》定作正。《國語・齊語》『正卒伍』，《漢書・刑法志》正作定。並其證也。『正君乎國』，即所謂『正棺於兩楹之間』。上文云：『正棺於兩楹之間，然後即位。』説其事也。此引子沈子曰：『定君乎國，然後即位』，説其理也。《穀梁傳》曰：『何爲戊辰之日，然後即位也？正君乎國，然後即位也。沈子曰：「正棺乎兩楹之間，然後即位也。」』與此傳文雖互異，而義實相同。蓋惟正君乎國，即是正棺於兩楹之間，故以正君乎國，爲沈子之言，可也。以正棺於兩楹之間，爲沈子之言，亦可也。古經師口授，但求大旨之無乖，不斤斤於字句間也。孔氏《通義》不據《穀梁傳》讀定爲正，而自爲之説曰：『季氏立定公之謀，至戊辰然後定也。』❶謂《穀梁傳》與此相反，弟子乖其師説如此，失之甚矣。」**然後即位」。** 疏《通義》云：「此後師別自爲説，謂季氏立定公之謀，至戊辰然後定也。然《穀梁傳》云：『正君乎國，然後即位也。沈子曰：正棺乎兩楹之間，然後即位也。』均稱沈子語，而與此傳正相反。弟子之易乖其師説如此。」❷按：孔氏非是。何注明云：「定昭公之喪禮於國」，即《穀梁》所引沈子曰：「正棺于兩楹之

❶「也」，原作「國」，據《公羊春秋經傳通義》改。
❷「之易」二字原脱，據《通義》補。

問也。」定即正義，俞氏之説當矣。昭公之喪既正，即於殯前行即位禮稱君，與天子大斂後稱王同也。

即位不日，此何以日？ **注** 据即位皆不日。**録乎内也。** **注** 内事詳録，善得五日變禮。**或説：危不得以踰年正月即位，故日，主書者重五始也。**《通義》云：「即位不日者，有常日也。今而非常，故録之也。何言乎有常日？❶正始必以月之朔。《書》曰『月正元日』是也。」○注「内事」至「變禮」。○《繁露·天道施》云：「近者詳，遠者略。」故内事詳録也。舊疏云：「書月所以得變禮者，癸亥之日，公喪乃至。戊辰之日，然後君即位。象五日殯訖即位之禮，故録日以明之。言其變而合禮矣。」杜云：「定公不得以正月即位，失其時，故詳而日之。」亦謂失即位之常日也。按：此書日，似兼有二義也。○注「或説」至「故日」。○《穀梁傳》：「内之大事日。即位，君之大事也。其不日，何也？以年決者不以日決也。此則其日，何也？著之也。何著焉？踰年即位，厲也。」注：「厲，危也。公喪在外，踰年六月，乃得即位。危，故日之。」○注「主書」至「始也」。○《左傳疏》引《春秋緯》稱：「黄帝坐於扆閣，鳳皇銜書至帝前，其中得五始之文。」又云：「説《公羊》者，元者，氣之始。春者，四時之始。王者，受命之始。正月者，政教之始。公即位者，一國之始。」即此也。《禮記·中庸》云：「辟如天地之無不持載，無不覆幬。」鄭注：「聖人制作，其德配天地如此。唯五始可以當焉。」《禮記疏》引《合誠圖》云：「黄帝立五始，制以天道。」又引《元命包》云：「諸侯不上奉王之正，則不得即位。正不由王出，不得爲正。王不承於天以制號令，則無法。天不得正其元，則不能成其化也。」是則五始者，元年也，春也，王也，正月也，公即位也。此則元年也，春也，王也，公即位也。無正月者，微辭也。《解詁箋》云：「本例應追書『元年春，王正月，公即位』，如桓、宣之文。因定、哀多微辭，故小變其例，從其實。即位之日書之，則篡文顯而微矣。傳所云：『主人習其讀而問其傳，則未知己之有罪焉爾。』」其説是也。

秋，七月癸巳，葬我君昭公。 **疏** 包氏慎言云：

❶「日」字原脱，據《通義》補。

「七月有癸巳，月之二十四日。」

九月，大雩。 **注** 定公得立尤喜，而不恤民之應。

立煬宮。

煬宮者何？ **注** 据十二公無煬公。**煬公之宮也。** **注**《春秋》前煬公也。**疏** 注「春秋前煬公也」。○杜云：「煬公，伯禽子也。」《魯世家》：「魯公伯禽卒，子考公酋立。考公四年卒，立弟熙，是謂煬公。」《左疏》：「《謚法》：『好内怠政曰煬。』煬公，伯禽子。《世本》、《世家》文。」《祭法》鄭注云：「魯煬公，伯禽之子也。至昭公、定公，久已爲鬼，而季氏禱之而立其宮，則鬼之主在祧明矣。」疏引《世本》：「煬公，伯禽之子。」是春秋前也。《世本》云：「煬公徙魯。」宋衷曰：「今魯國。」**立者何？立者，不宜立也。** **疏**《穀梁傳》：「立者，不宜立者也。」杜云：「其廟已毁，季氏禱之而立其宮，書以譏之。」《公》、《穀》無季氏禱煬公事。要之，無論爲何，皆在親盡不宜立者也。**立煬宮，非禮也。** **注** 不日，嫌得禮，故復問立也。不日者，所見之世，諱深，使若比武宮惡愈，故不日。**疏** 舊疏云：「《春秋》之例，失禮於宗廟，例書日，故此不日，嫌得禮也。注言此者，正以《成六年》已有此傳，❶今復發之，故解云爾。」按：《隱四年》：「冬十有二月，衛人立晉。」傳云：「立者何？立者，不宜立也。」《成六年》：「春，二月辛巳，立武宮。」傳：「立者何？立者，不宜立也。」「立晉」爲篡發例。書月者，大國篡例也。「立武宮」書日，爲失禮立宮發例也。《昭二十三年》「尹氏立王子朝」，不發傳，從「立晉」例可知也。此不日，與「立武宮」日異，故復發傳聞，嫌爲得禮異也故也。○注「不日」至「不日」。○舊疏云：「例既書日而不日者，正以當所見之世故也。」《莊二十三年》『秋，丹桓宮楹』。注：『失禮宗廟例時。』與向説違者，蓋失禮於鬼神例日。故《隱五年》『初獻六羽』下，何氏云『失禮宗廟例日』是也。若失禮修營宗廟，則例書時，即《莊二十三年》『秋，丹桓宮楹』，注：『失禮宗廟例時也。』《莊二十四年》『刻桓宮桷』，書月

❶「成」，原脱，據《春秋公羊傳注疏》補。

者，注云『功重於丹楹』是也。若其失禮始造宗廟者，例書日，即《成六年》『春，王二月辛巳，立武宫』是也。所以然者，刻桷功重於丹楹，猶變例書月，況始造宗廟爲費實深，甯不日乎？」《通義》云：「昭公之出，季孫隱如禱于煬公，❶今立其宫以報之。趙汸曰：『立煬宫不日，明事出叛臣。』又與立武宫不同也。」按：趙氏牽涉《左氏》，孔氏何爲從之。煬宫是否季氏所立，本傳無文。然親盡之廟，非所宜立，與武宫同而日不日殊，其爲所見世、所聞世之别明甚。定、哀多微辭，諱之愈甚，譏之愈深也。

冬十月，隕霜殺菽。疏《差繆略》云：「叔，《公羊》作菽。」趙氏坦《春秋異文箋》云：「《唐石經》、《左氏》初刻作叔，磨改作菽。石經《穀梁》作菽，《左傳釋文》正作叔，云：『本或作菽。』《説文》作尗。」《校勘記》：「監本，冬字空缺。」

何以書？記異也。注菽，大豆。時猶殺菽，不殺他物，故爲異。疏注「菽，大豆」。○《詩·小雅·采菽》云：「采菽采菽。」箋：「菽，大豆也。」《左傳》成十八年云：「不能辨菽麥。」注：「菽，大豆也。」《左傳》此經疏云：「菽者，大豆之苗，又是耐霜之穀。」《五行志》注：「師古曰：『菽，大豆也。』」○注「時猶」至「爲異」。○《校勘記》云：「閩、監、毛本同，誤也。鄂本『猶』作『獨』，解云：『知獨殺菽，不殺他物者。』當據以訂正。」按：紹熙本「猶」亦作「獨」。舊疏云：「若更殺他物，則經直云『隕霜』，不舉穀名。傳云『記災也』，即《桓元年》『秋，大水』，傳云：『何以書？記災也。』彼注云：『災，傷二穀以上』是也。此則但傷一穀，既不成災，故謂之異。」《穀梁傳》：「未可以殺而殺，舉重。」注：「舉殺豆，則殺草可知。」「可殺而不殺，舉輕。」注：「不殺草，則不殺菽亦顯。《僖三十三年》『隕霜，不殺草』是也。」其曰「菽，舉重也」，非《公羊》義。

此災菽也，曷爲以異書？❷注据無麥苗，以災書。疏注「据無」至「災書」。○《莊七年》：「秋，大水，無麥苗。」傳「何以書？記災也」是也。舊疏云：「向解若更殺他物，則經直云『隕霜』，不舉穀名。

❶「出」，原作「世」，據《通義》改。
❷「曷」，原作「易」，據《春秋公羊傳注疏》改。

何故《莊七年》經云『無麥苗』者，彼傳云：『一災不書，待無麥，然後書無苗。』注：『水旱螟蟲，皆以傷二穀乃書。然不舉穀名，至麥苗獨書者，民食最重故也。』然則一災不書，今此書者，示以早當誅季氏，故不得不録也。」俞氏樾《公羊平議》以傳文「菽」爲衍文。蓋無麥苗以災書，則此實霜殺菽，亦當以災書，而傳乃曰「記異也」，故弟子問曰：「此災也，曷爲以異書。」亦通。異大乎災也。**注** 異者，所以爲人戒也。重異不重災，君子所以貴教化而賤刑罰也。周十月，夏八月，微霜用事，未可殺菽。❶菽者，少類，爲稼强，季氏象也。是時定公喜於得位，而不念父黜逐之恥，反爲淫祀立煬宫，故天示以當早誅季氏。**疏** 注「異者」至「罰也」。○《隱三年》傳注云：「異者，非常可怪，先事而至者。」《隱五年》注云：「災者，有害於人物，隨事而至者。」是則先事而至，人君可以爲戒。若其變改，則不害人物。若災則害事已見，無及變更，故君子重異不重災也。故《詩疏》引《洪範五行傳》及鄭《駮異義》皆云：「非常曰異，害物曰災。」異爲非常，上天垂象，教先乎殺，故爲教化。災已害物，譴罰已及，故爲刑罰也。《繁露·必仁且智》云：「天地之物，有不常之變者，謂之異。小者謂之災。災常先至而異乃隨之。災者，天之譴也。異者，天之威也。譴之而不知，乃畏之以威。《詩》云『畏天之威』，殆此謂也。凡災異之本，盡生於國家之失。國家之失乃始萌芽，而天出災異以譴告之。譴告之而不知變，乃見怪異以驚駭之。驚駭之尚不知畏恐，其殃咎乃至。以此見天意之仁而不欲害人也。謹按：災異以見天意。天意有欲也，有不欲也。所欲所不欲者，人内以自省，宜有懲於心。外以觀其事，宜有驗於國。故見天意者之於災異也，畏之而不惡也。以爲天欲振吾過、救吾失，故以此報我也。」是異爲人戒義也。《五行傳》又曰：「害物爲災，不害物爲異。故君子視不害物大於異物也。」《說苑·政理》云：「夫災散於已至，異戒於未來。未來者可追，已至者無及。化之不變而後威之，威之不變而後脅之，脅之不變而後刑之。夫至于刑者，則非王者之所得已也。是以聖王

❶「未」，原作「末」，據《春秋公羊傳注疏》改。

先德教而後刑罰。」〇注「周十」至「殺菽」。〇《説文》：「尗，豆也。」「荅，小豆也。」《淮南子・墬形訓》：「菽，夏生冬死。」《農桑輯要》引《四民月令》云：「杏花盛，桑椹赤，可種大豆。四月時雨降，可種大小豆。」又引《氾勝之書》曰：「三月榆莢時有雨，高田可種大豆。夏至後二十日，當可種。」則種菽有早晚。南方，早者六月可穫，晚者亦至冬令也。《詩・小雅・小明》云：「歲聿云莫，采蕭穫菽。」是夏正之八月，非穫菽時，而爲微霜所殺，故爲異也。〇注「菽者」至「象也」。〇舊疏云：「菽爲第三之稱，故爲少。類季氏於叔、孟爲弟，亦是少之義，故得爲其象。菽雖第三，爲稼最强。季氏雖幼，彊於叔、孟，故曰『菽者，少類，爲稼强，季氏之象也』。」按：《説文》：「尗，象豆生之形。」尗於五穀中，莖植最低，故叔季之字从尗。《廣雅・釋詁》：「叔，少也。」古多聲義相兼也，故菽亦作叔。《禮記・檀弓》「啜叔飲水，盡其歡」、《三公山碑》「叔粟如火」是也。《古微書・春秋考異郵》云：「菽者，稼最强。」《五行志》云：「菽，草之難殺者也。」又引董仲舒説亦云：「菽，草之彊者也。」〇注「是時」至「季氏」。〇《五行志中之下》云：「定公元年十月，隕霜殺菽。劉向以爲，周十月，今八月也。於卦爲《觀》，❶陰氣未至君位而殺，誅罰不由君出，在臣下之象也。是時季氏逐昭公，死于外。定公得立，故天見災以視公也。釐公三十三年隕霜不殺草，❷爲嗣君微，失秉事之象也。其後卒在臣下，則災爲之生矣。異故言草，災故言菽，重殺穀。一曰：菽，草之難殺者也。言殺菽，知草皆死也。言不殺草，知菽亦不死也。」本《穀梁》爲説。《志》又云：「董仲舒以爲，菽，草之彊者。天戒若曰：加誅於彊臣。言菽以微見季氏之罰也。」何氏之意本此。《韓非子・七術》篇「必罰」云：「故仲尼説隕霜，而殷法刑棄灰。」注：「仲尼對哀公言隕霜不殺草，則以宜殺而不殺故也。」按：韓非當斥此霣霜殺菽言，故下云：「魯哀公問於仲尼曰：『《春秋》之記曰：冬十二月，霣霜不殺菽。何爲記此？』仲尼對曰：『此言可以殺而不殺也。夫宜殺而不殺，桃李冬實，天失道，草木猶犯干之，而況於人君乎？』」《御覽》引《考異郵》云：「定公即位，隕霜不殺菽。菽者，稼最强。季氏之萌。」惠氏士奇《春秋説》云：「吴嘉禾三年

❶「於」，原作「消」，據《漢書》改。
❷「三十三」，原作「三十二」，據《公羊疏》改。

九月，隕霜殺穀。說者謂誅罰不中，君出政在臣下。是時呂壹專作威福。與漢元帝石顯用事，永光元年九月隕霜殺稼同應。定元年十月，乃夏之八月，而隕霜殺菽，較漢、吴在九月更早一月，而菽乃穀之尤勁者，而能殺之，則稼與菽更不足言矣。蓋石、吕後皆復誅。而魯自襄、昭以後，三家四分公室。定公受國季氏，爲寄食之君。其後哀公客死於外，故當定即位之後，夏之八月，即有隕霜之異。君弱臣强之象也。」舊疏云：「何氏以爲，定公者，昭公之子，與賈、服異。既爲昭公之子，而喜於得位者，正以父見放逐，薨於乾侯。讐人秉政有年歲矣，忘其恥辱，欲求福於淫祀。天怪其所爲，故示之戒也。」又引舊疏云：「定公爲昭公弟，立非其次，是以喜之。而謂昭公爲父者，臣子一例故也。」

公羊義疏六十九

句容陳立卓人著

定二年盡四年。

二年春，王正月。

夏，五月壬辰，雉門及兩觀災。**疏**包氏慎言云：「五月無壬辰，四月之二十七日。」

其言雉門及兩觀災何？**注**据桓宮、僖宮災不言「及」。不但問「及」者，方於下「及」聞其文問之，故先俱張本於上。**疏**注「据桓」至「言及」。○即《哀三年》書「桓宮、僖宮災」是也。○注「不但」至「於上」。○《校勘記》云：「鄂本聞作問，此誤。」言傳文不但問「及」者何？而連言「雉門及兩觀災」問也。爲下方復問「曷爲雉門災及兩觀」，故先於此俱問，張本於上也。兩觀微也。**注**雉門、兩觀皆天子之制。門爲主，觀爲其飾，故微也。**疏**注「雉門」至「微也」。○《禮記・明堂位》云：「太廟，天子明堂。庫門，天子皋門。雉門，天子應門。」注：「言廟及門，如天子之制也。」《正義》：「謂制度高大，如似天子耳。」《昭二十五年》傳「子家駒曰：諸侯僭天子久矣，設兩觀」云云，是雉門、兩觀，皆天子之制也。彼傳不及雉門者，舊疏云：「天子諸侯皆有雉門，但形制殊耳。」按：諸侯三門，他國不聞有雉門，或唯魯有而又制如應門，故爲天子制也。《史記・魯世家》：「煬公築茅闕門。」徐廣曰：「茅，一作第，又作夷。」雉字古文作䬾，雉亦與夷通。《左傳》昭十七年服注：「雉者，夷也。」又《漢書・楊雄傳》注引服虔云：「雉、夷聲相近。」《爾雅・釋詁》樊光注「雉，夷也」是也。《古微書》引《感精符》云：「雉之爲言弟也。」故弟闕門即雉闕門也。蓋即觀也。《周禮・閽人》注：「鄭司農云：『王有五門。外曰皋門。二曰雉門。三曰庫門。四曰應門。五曰路門，一曰畢門。』玄謂：雉門，三門也。《春秋傳》曰：『雉門災及兩觀。』」疏：「玄謂雉門爲三門者，破先鄭雉門爲二。必知雉門爲中門者，凡諸

侯三門，有皋、應、路。《詩》云『乃立皋門，皋門有亢。乃立應門，應門將將』是也。若魯三門，則有庫、雉、路。故《明堂位》云：『庫門，天子皋門。』則庫門向外兼皋門矣。又云：『雉門，天子應門。』則雉門向内，兼應門矣。既言庫門向外兼皋門，雉門向内兼應門，則天子五門，庫門在雉門外明矣。」按：毛氏《大雅·緜》傳云：「王之郭門曰皋門，王之正門曰應門。」箋云：「諸侯之宮，外門曰皋門，朝門曰應門，内有路門。天子之宮加以庫、雉。」蓋皋、應本太王爲諸侯之門，文王增爲天子之制，諸侯不得更有皋、應之名，故魯唯庫、雉、路也。江氏永《鄉黨圖考》云：「《集傳》云：『太王之時，未有制度，特作二門，其名如此。及周有天下，遂尊以爲天子之門，而諸侯不得立焉。』朱子又云：『《書》天子有應門，《春秋》書魯有雉門，《禮記》云魯有庫門，《家語》云衛有庫門，皆無云諸侯有皋、應者，則皋、應爲天子之門明矣。』此爲定説。《注疏》言魯有庫、雉，他國諸侯有皋、應者，皆非。」江氏又云：「《明堂位》言魯之庫門，擬天子之皋；雉門，擬天子之應耳。非謂唯魯有庫門、雉門，而餘諸侯不得立也。《檀弓》言庫門者四，除魯莊公既葬而絰，不入庫門之外，言『君復於庫門』，『宰夫命舍故諱新，自寢門至於庫門』，『軍有憂，則素服哭於庫門之外』，皆通諸侯言之，非專爲魯記也。《禮器》言『繹之於庫門内』，《家語》謂孔子爲衛莊公言之，則諸侯皆有庫門可知。有庫門則亦有雉門矣。」按：諸侯之門或路門同爾。魯有雉門者，正以有兩觀，故《通典》引《三禮義宗》云：「雉門。雉，施也。其上有觀闕以藏法象魏，故以施政教爲名。」《周禮》「乃縣治象之法于象魏闕」是也。他國無兩觀，中門未必名雉，則大門不必如魯有庫門也。魯有庫門，或因魯有大庭氏之庫得名。其《檀弓》所記，多是魯諸儒假魯事以明經制，不必他國皆然。《家語》多王肅私竄，不可據焉。戴氏震《三朝三門考》云：「天子之宮有皋門，有應門，有路門。路門一曰虎門，一曰畢門。不聞天子庫門、雉門也。諸侯之宮有庫門，有雉門，有路門，不聞諸侯皋門、應門也。皋門，天子外門。庫門，諸侯外門。應門，天子中門。雉門，諸侯中門。異其名，殊其制，辨等威也。天子三朝，諸侯三朝。天子三門，諸侯三門。其數同。君國之事侔體合，朝與門無虛設也。」王氏鎏《鄉黨正義》云：「戴氏謂天子亦三門，與宋劉氏敞之説同。既以爲三門，則皋門即庫門，雉門即應門，亦可通名，故《郊特牲》云『獻命庫

門之內』，是指王朝也。戴氏以爲據魯以合於天子，殆非也。《作雒解》路寢、明堂咸有庫臺。庫，庫門。臺，臺門，即雉門。是天子亦得稱庫、雉也。《考工記·匠人》云：『廟門容大扃七个，闈門容小扃參个，路門不容乘車之五个，應門二徹參个。』注云：『大扃，牛鼎之扃，長三尺，每扃爲一个，七个二丈一尺。廟中之門曰闈。小扃，膷鼎之扃，長二尺，參个六尺。路門者，大寢之門。乘車廣六尺六寸，五个三丈三尺。言不容者，是兩門乃容之。兩門乃容之，則此門半之丈六尺五寸。正門謂之應門，謂朝門也。二徹之內八尺，三个二丈四尺。』」焦氏循《群經宮室圖説》：「路門爲人君視朝之地，宜廣於諸門，不應小至一丈六尺五寸，視應門三之二也。以《考工記》門堂門室注參之，東西當得三十步，而兩室與門各居其一，則中亦十步也。一步六尺，則十步爲六丈矣。然古尺比今尺爲短，如注言一丈六尺五寸，得今九尺彊，則與《記》文不容之言不合。」而焦氏所言亦太侈。劉氏寶楠《論語正義》云：「細繹《記》文，但謂以乘車五个略狹，故曰不容車耳。乘車五个，三丈三尺，度以今尺爲二丈强，而路門稍狹，則爲二丈內外矣。《記》又云：『王宮門阿之制五雉。』注：『阿，棟也。雉長三丈高一丈，度高以高，度廣以廣。』疏：『謂門之屋，兩下爲之，❶其脊高五丈。』不著門丈之制。又此皆爲天子言之。若諸侯宮廟之門，其高廣，經無明文，然必當殺於天子。」王氏塗引迮氏愛蓮曰：「據鄭氏説，諸侯三門，其高與天子同。其廣，路門丈六尺五寸，雉門二丈四尺。皋門之廣與應門同。諸侯之庫、雉亦與天子同。」其説合理，殆非是也。門爲主，觀爲其飾者。《釋名·釋宮室》云：「闕在兩旁，中間闕然爲道也。」《禮記疏》引《白虎通》云：「闕者，所以飾明，別尊卑也。」崔豹《古今注》云：「闕，觀也。古每門樹兩觀於其前，所以標表宮門也。其上可居，登之則可遠觀，故謂之觀。人臣將朝至此，則思其所闕，故謂之闕。其上皆丹堊，其下皆畫雲氣，仙雲、奇禽、怪獸以昭示四方焉。」然闕止在雉門旁，崔謂每門皆有，於禮乖也。《元和郡縣志》：「兩觀在縣東南五十步，《定公二年》『雉門及兩觀災』，即孔子戮少正卯處」是也。《穀梁》桓三年「禮，逆女，諸母兄弟不出闕門」，或謂即此。然諸母並不得出路門

❶「之」字原脱，據《周禮注疏》補。

也，恐非指是。《左傳·莊二十一年》❶「鄭伯享王于闕西辟，樂備」，疏引服虔云：「西辟，西偏也。當謂兩觀之内道之西也。」是有兩觀，則東西有兩宫室，可設享而舞樂，不止門上作臺也。按：觀與闕似是一處而二物，詳《昭二十五年》義疏。雉門爲正，兩觀在門旁，瞻觀之物，故以兩觀爲微。

然則曷爲不言雉門災及兩觀？注据下「新作雉門及兩觀」，先言作者。**主災者，兩觀也。**注時災從兩觀起。疏注「時災從兩觀起」。○《穀梁傳》：「其不曰雉門災及兩觀何也？災自兩觀始也。」注：「始災者，兩觀也。」《通義》云：「實兩觀災，延及雉門。非雉門災延及兩觀。」**時災者兩觀，則曷爲後言之？**注据欲使言「兩觀災及雉門」。若言「宋督弑其君與夷及其大夫孔父。」疏《校勘記》云：「《唐石經》作『主災者兩觀』。諸本皆誤作『時』。孫志祖云：『《左傳疏》引作主。』」按：紹熙本作「主」，不誤。○注「据欲」至「孔父」。○見《桓二年》。正以兩觀先災，宜書「兩觀災及雉門」也。**不以微及大也。**疏《穀梁傳》：「先言雉門，尊尊也。」注：「欲言『兩觀災及雉門』，則卑不可以及尊。災不從雉門起，故不得言『雉門災及兩觀』。兩觀始災，故災在兩觀下也。鄭嗣曰：『欲以兩觀親災，則經宜言兩觀災及雉門。雉門尊，兩觀卑，卑不可以及尊，故不得不先言雉門，而後言兩觀，欲令兩觀始災，故災在兩觀下矣。』」《通義》云：「兩觀先災而後言之，稱言有序。猶孔父先死，而曰『弑其君與夷及其大夫孔父』也。若然，仲子以微不言『及』，兩觀又以微言『及』者，言『及』而後其微見者，加『及』以絶之也。不待言『及』而其微見者，不加『及』以絶之也。」**何以書？**注不復言「雉門及兩觀災，何以書」者，上已問「雉門及兩觀災」，故但言「何以書」。疏注「不復」至「以書」。○舊疏云：「《隱三年》：『秋，武氏子來求賻。』傳云：『武氏子來求賻，何以書？』注云：『不但言「何以書」者，嫌以主覆問上所以説二事，❷不問求賻。』又《七年》：『城中

❶「左」，原作「在」，據國學本改。
❷「以」字原脱，據《公羊傳注疏》補。

丘。」傳云：『中丘者何？內之邑也。城中丘何以書？』注云：『上問中丘者何？❶指問邑也。欲因其「何以書」，嫌但問書中丘，故復言「城中丘何以書」也。』《僖二十年》傳云：『西宮災？何以書？』然則彼三傳文皆舉句而問之，今此不嫌不以微及大何以書，而不舉句問之者，正以上傳已云：『其言雉門及兩觀災何？』不能復重言之，故省文也。」」記災也。**注**此本子家駒諫昭公，所當先去以自正者。昭公不從其言，卒爲季氏所逐。定公繼其後，宜去其所以失之者，故災亦云爾。立雉門兩觀不書者，僭天子，不可言。雖在《春秋》中，猶不書。**疏**注「此本」至「云爾」。○見《昭二十五年》。《穀梁疏》引劉向云：「雉門，天子之門，而今魯過制，故致天災也。」《五行志上》：「定公二年五月，雉門及兩觀災。董仲舒、劉向以爲，此皆奢僭過度者也。先是，季氏逐昭公。昭公死于外。定公即位，既不能誅季氏，又用其邪說，淫於女樂，而退孔子，天戒若曰：『去高顯而奢僭者。』一曰：門闕，號令所由出也。今舍大聖而縱有辠，亡以出號令矣。《京房易傳》曰：『君不思道，厥妖火燒宮。』」何氏、劉氏皆以魯雉門爲僭天子，皆與《漢志》所載董、劉說合。是《公》、《穀》義同。惟此傳云「記災」，不云「記異」。董、劉說及受女樂事在後，與傳例不合。○注「立雉」至「不書」。○《隱五年》：「初獻六羽。」傳云：「何以書？譏。何譏爾？譏始僭諸公也。始僭諸公昉於此乎？前此矣。前此，則曷爲始乎此？僭諸公猶可言也，❷僭天子不可言也。」此義與彼同。《解詁箋》云：「傳例，《春秋》見者不復見也。此因災見，且以張王文，猶郊禘也。」

秋，楚人伐吳。

冬十月，新作雉門及兩觀。

其言新作之何？**注**据俱一門兩觀如故常。**疏**《通義》云：「据新延廄不言作。」○注「据俱」至「故常」。○《莊二十九年》傳云：「有所增益曰作。」此仍故常，無所增益而言作，故据以難。脩大也。

❶「問」原作「言」，據《公羊傳注疏》改。
❷「僭諸公」，原重，據《春秋公羊傳注疏》刪。

注天災之，當減省如諸侯制，而復脩大，僭天子之禮，故言新作，以見脩大也。疏毛本「脩」作「修」。○注「天災」至「大也」。○《繁露·王道》云：「作雉門及兩觀，譏驕溢不恤下也。」驕溢即脩之義。《穀梁傳》：「言新，有舊也。作，爲也，有加其度也。」俱與何氏「有所增益曰作」義合。彼注又云：「繕故曰新。」此言新作，蓋有舊而又增大之也。《僖二十年》：「新作南門。」傳：「何以書？譏。何譏爾？門有古常也。」亦以其奢泰，不奉古制，惡之也。脩舊不書，此何以書？注据西宮災復脩不書。疏注「据西」至「不書」。○見僖二十年西宮災復脩，以理度知也。譏。何譏爾？不務乎公室也。注務，勉也。不務公室，亦可施于久不脩，亦可施于不務如公室之禮，微辭也。月者，久也。當即脩之，如諸侯禮。疏注「務，勉也」。○《呂覽·士節》云：「不可不務求此人也。」又《聽言》云：「不可不務也。」高注並云：「務，勉也。」《荀子·富國》云：「僨然要時務民。」注：「務，勉强也。」○注「不務」至「辭也」。○舊疏云：「即《文十三年》傳：『世室屋壞，何以書？譏。何譏爾？久不脩也。』何氏云：『簡忽久不以時脩治，至令壞敗，故譏之。』然則此文不務公室者，亦可見魯人簡忽。五月有災，十月乃作之義，故云『亦可施於久不脩也』。」《校勘記》出「亦可施于久不脩」，云：「蜀大字本、閩、監、毛本同。鄂本『于』作『於』，下同。作『於』是。」按：主人習其辭而問其傳，則但責其久不脩，其實則責其僭天子，不務如公室也。故爲微辭也。《通義》云：「譏季氏當國，不勉務公室之事。朝闕重地被災，彌五月然後脩之。魯雉門如天子應門，而兩觀尤非諸侯之法。《春秋》雖若以譏久不脩書，其僭已據事直見矣。所謂微辭也。」○注「月者」至「侯禮」。○舊疏云：「正以《莊二十九年》『春，新延廄』、《僖二十年》『春，新作南門』，皆書時，此特月者，譏其久不脩也。舊云：如天子之門大，不可即成，故月以久之。」按：舊説是也。時魯宜因陋就簡，及時脩治。今乃務爲驕溢，工作繁多，曠日持久，故書月以起之也。

三年春，王正月，公如晉，至河乃復。注月

者，内有彊臣之讎，外不見荅於晉，故危之。**疏** 注「月者」至「危之」。○正以凡朝例時，此月，故解之。書月爲危者，《襄二十八年》「十一月，公如楚」，注「如楚書月者，危公朝夷狄」之屬是也。而《僖十年》注云：「故如京師，則月榮之。如齊、晉，則月安之」者，美惡不嫌同辭故也。知不見荅於晉者，《昭二年》：「冬，公如晉，至河乃復。」傳：「其言至河乃復何？不敢進也。」注：「時聞晉欲執之，不敢往。君子榮見與，恥見距，故諱使若至河，河水有難而反。」又《十二年》、《十三年》、《二十一年》皆書「公如晉，至河乃復」之屬，皆不見荅之辭，此與彼文同故也。内有季氏彊臣，外不見荅盟主，故爲危。

三月辛卯，邾婁子穿卒。**疏**《校勘記》云：「《唐石經》原刻三月，磨改作二月。解云：《公羊》、《穀梁》皆作三月。《左氏》作二月，未知孰正。按：此則當從《唐石經》原刻。」包氏慎言云：「三月有辛卯，月之朔日。《春秋》杜氏《釋例》、《長曆》定公三年甲午，二月癸亥朔。辛卯，二十九日。」

夏四月。

秋，葬邾婁莊公。

冬，仲孫何忌及邾婁子盟于枝。**注** 後相犯。時者，諱公使大夫盟，又未踰年君，薄父子之恩，故爲易辭，使若義結善事。**疏**《釋文》：「枝，二傳作拔。」《校勘記》云：「枝，《唐石經》、諸本同。按：枝當爲拔字之誤也。如公孫拔之誤爲公孫枝。」按：枝與拔字形相近易混。《漢書·地理志》北海郡下「樂都」，云：「侯國。莽曰：『拔壟，一作杖，一作枝。』」又《荀子·彊國》云：「拔戟加乎首。」注：「拔，或作枝」是也。《左傳校勘記》：「顧炎武云：『《石經》拔誤枝。』按：《石經》此處殘缺，炎武所据，乃補刻本。」杜云：「拔，地闕。」《左傳》作郯。杜云：「郯即拔也。」《大事表》云：「當在今兖州府嶧陽縣境。」○注「後相」至「善事」。○會盟之例，大信時，小信月，不信日。此後相犯，不信明。即《哀元年》「仲孫何忌帥師伐邾婁」之屬是也。今而書時，爲大信辭，故解之。《閔二年》注「君臣無相適之道，故大夫不敵君」。《莊九年》注「鄰國之臣，猶吾臣也」。此公使大夫盟諸侯，非禮。又邾婁子穿卒於三月，冬會其孤，又失禮，故皆爲諱，作易辭

也。易者，《莊十三年》：「冬，公會齊侯盟于柯。」傳：「何以不日，易也。」注「易，猶佼易也。相親信，無後患之辭」是也。《通義》云：「不月者，入《春秋》來，邾婁數伐我邊鄙，内亦亟取其邑。唯終定公之世，二國修禮，未嘗相犯，故特與大信辭也。」❶義亦通。又云：「未踰年稱爵者，與其所可與，譏其所可譏。」

四年春，王二月癸巳，陳侯吴卒。疏包氏慎言云：「二月無癸巳，据曆三月之九日，正月之八日也。」

三月，公會劉子、晉侯、宋公、蔡侯、衛侯、陳子、鄭伯、許男、曹伯、莒子、邾婁子、頓子、胡子、滕子、薛伯、杞伯、小邾婁子、齊國夏于召陵，侵楚。注月而不舉重者，楚以一裘之故，拘蔡昭公數年，然後歸之。諸侯雜然侵之。會同最盛，故善録其行義兵也。拘不書者，惡蔡侯吝一裘而見拘執，故匹夫之。執歸不書者，從執例。

疏《左傳疏》引《土地名》云：「召陵，楚地。」舊疏云：「上文二月，陳侯吴卒。下之六月，葬陳惠公。然則其父未葬，宜稱子某而言陳子。僖九年宋子之下，注云：『宋未葬，不稱子某者，出會諸侯，非尸柩之前，故不名。』然則今此陳子亦然，但從宋子省文，故不復注之。」○注「月而」至「兵也」。○正以侵伐例時，此月。若其舉重，宜云「公會劉子晉侯以下侵楚」，不言于召陵也。而今會侵並舉，是書月，又不舉重，故解之。「善録其行義兵」者，《僖十五年》「秋七月，齊師、曹師伐厲」，注：「月者，善録義兵」；《僖十八年》「春，王正月，宋公會曹伯以下伐齊」，注：「月者，與襄公之征齊，善録義兵。」此與同也。舊疏云：「《僖四年》『春，王正月，公會齊侯以下侵蔡』，何氏云：『月者，善義兵也。』然則彼亦是義兵而舉重者，正以彼下經云：『楚屈完來盟于師，盟于召陵。』傳云：『其言盟于師，盟于召陵何？師在召陵也。師在召陵，則曷爲再言盟？喜服楚也。』則以下有『喜服楚』之文，爲義兵可知，是以不勞具録也。《桓十五年》：『冬，十有一月，公會齊侯宋公以下于侈，伐鄭。』彼注云：『月者，善諸侯征突，善録義兵也。不舉伐爲重者，用兵重於會，嫌月爲桓伐有危舉，不爲義兵

---

❶「與」字原脱，據《通義》補。

録，故復録會也。』」按：詳録多爲善辭，所謂「書之重辭之複，其中必有美者焉」是也。此書月，已爲義兵録。復以蔡昭見執，諸侯雜然侵之，會同最盛，故又詳録所會地，著其善也。蓋侵伐書月，不必皆録義兵。如《莊十年》「二月，公侵宋」，書月爲危。《僖四年》「冬十有二月，公孫慈會齊人以下侵陳」，書月爲刺。下《六年》「二月，公侵鄭」，《八年》春，王正月、二月，比侵齊爲危。《莊三年》「正月，溺會齊師伐衛」，書月爲惡齊、魯。是不皆爲義兵録，故此復不舉重以起之也。「拘蔡昭公」者，即下傳云：「蔡昭公朝乎楚，有美裘焉，囊瓦求之，昭公不與，爲是拘昭公於南郢，數年，然後歸之。」是其事也。○注「拘不」至「夫之」。○《僖二十一年》「執宋公以伐宋」，《二十八年》「晉侯執曹伯」之屬皆書執，此不書，故解之。「匹夫之」者，舊疏云：「所以不直言賤之，而言『匹夫之』者，以楚人執良霄之屬，大夫猶書。今反不書，賤於大夫，故言『匹夫之』。」○注「執歸」至「執例」。○舊疏云：「即《僖二十一年》注云：『凡出奔，歸書。執獲，歸不書者，出奔已失國，故録還應盜國，與執獲者異。臣下尚隨君事之，未失國，不應盜國，無爲録也。』是其被執而歸不書之義。今此蔡侯之執，經雖不書，其實見執，故得從其例矣。」

夏，四月庚辰，蔡公孫歸姓帥師滅沈，以沈子嘉歸，殺之。 **注**爲不會召陵故也。不舉滅爲重，書「以歸，殺之」者，責不死位也。日者，定、哀滅例日。定公承黜君之後，有彊臣之讎，故有滅則危懼之，爲定公戒也。**疏**包氏慎言云：「四月書庚辰，月之二十六日。」《校勘記》出「公孫歸姓」，云：「《唐石經》、諸本同。《釋文》：『公孫歸姓，二傳無歸字，姓音生。』按：《昭二十三年》注作『歸生』，疏引此經同。」《左氏釋文》作「公孫生」云：「本又作姓。」按：姓、生通。《昭元年》「會于虢」，三傳皆作「公孫歸生」。《左》、《穀》此經蓋脱也。○注「爲不」至「故也」。○舊疏云：「召陵之會，蔡爲謀首。召陵之經，不見沈子，而今滅之，故知義然也。」○注「不舉」至「位也」。○《襄六年》：「齊人滅萊。」傳：「曷爲不言萊君出奔？國滅君死之，正也。」注：「明國當存。不書殺萊君者，舉滅國爲重。」彼萊君死位，故但舉滅國爲重。今欲責沈子不死位，故并書「以歸，殺之」也。○注「日者」至「戒也」。○正以滅例

月，此日，故解之。定、哀滅例日者，舊疏云：「定、哀之時，文致大平。若有相滅，爲罪已重，故皆書日，以詳其惡。即此經及《六年》『春，王正月癸亥，鄭游遫帥師滅許，以許男斯歸』之屬是也。」又云：「既言定、哀滅例日，乃是滅爲例矣。而又言『定公承黜君之後，有强臣之讎，故有滅則危懼之，爲定公戒』者，欲道《哀公》之篇，若有相滅，例合日。」按：《哀公八年》：「春，王正月，宋公入曹，以曹伯陽歸。」傳：「曷爲不言其滅，諱同姓之滅也。何諱乎同姓之滅，力能救之而不救也。」注：「不日者，深諱之。定、哀滅例日，此不日者，諱使若不滅，故不日。」故舊疏謂「欲見他義者，容不書之」是也。舊疏又云：「《哀公》之篇，更無書滅之經，而知例日者，正以文承定公之下。定公猶日，則哀公明矣。」定公承黜君之後，偏有危懼，是以有滅則書日。哀公無此義，故諱其滅以没不救同姓之罪。但知例合書其日，故何氏云焉。」按：定、哀滅例日，何氏此語，必有所受，故据以爲例。

五月，公及諸侯盟于浩油。 **注** 再言公者，昭公數如晉，不見荅，卒爲季氏所逐。定公初即位，得與諸侯盟，故喜録之。後楚復圍蔡，不救不日者，善諸侯能翕然俱有疾楚之心，會同最盛，故褒與信辭。**疏**《釋文》：「浩油，二傳作皋鼬。」《校勘記》云：「《唐石經》、諸本同。《九經古義》云：『《鹽鐵論》作「誥鼬」。《爾雅·釋訓》「皋皋琄琄」，樊光本作「浩浩」。』」按：《鹽鐵論》見《和親》篇。桓寬多用《公羊》説，或亦《公羊》異本也。惠氏棟云：「古讀皋爲浩，鼬爲由。」皋、浩同部，油、鼬皆从由聲故也。《大事表》云：「鄭氏曰：『鄭地城皋也。』杜注：『繁昌縣東北有成皋亭，今在許州府臨潁縣界。』」按：在臨潁者近是。」《水經注·潁水》篇：「潁水又東南逕皋城北，即古皋城亭矣。《春秋》書『公及諸侯盟于皋鼬』者也。皋、澤字相似，名與字乖耳。」《一統志》：「城皋亭在許州府臨潁縣南。」《定四年》『盟于皋鼬』，❶即此地是也。」○注「再言」至「録之」。○舊疏云：「正以《僖五年》『夏，公及齊侯以下會王世子于首戴。秋八月，諸侯盟于首戴』，《九年》『夏，公會宰周

❶「定」，原作「字」，據國學本改。

公以下于葵丘。九月戊辰，諸侯盟于葵丘」之屬，皆不再言公，今此再言公，故於此解之。『昭公數如晉，不見荅』者，即《昭十二年》『夏，公如晉，至河乃復』、《十三年》『公如晉，至河乃復』、《二十三年》『公如晉，至河，公有疾，乃復』，是數如晉之文也。不見晉人來聘之經，故云『不見荅也』。『卒爲季氏所逐』者，即《二十五年》『公孫于齊』是也。而再言公，故知其喜，似若《僖四年》『楚屈完來盟于師，盟于召陵』，傳曰：『曷爲再言盟，喜服楚也』之類。注云：『孔子曰：「書之重，辭之複。嗚乎！不可不察，其中必有美者焉。」義亦通於此。」按：上年公如晉，亦至河乃復。此得與諸侯盟，故尤喜録之。《鹽鐵論·和親》云：「《春秋》存君在楚。詰鼬之會書公，殆夷狄也。」三傳皆無此義。蓋嚴氏《春秋》説。《通義》云：「彼意似以楚强無信，侵之有危，爲公危録。此盟蓋會、盟異地，間有他事。又劉子不與盟，備此三者，合書諸侯例也。但葵丘、重丘之等不書公，及今再言公，即與會于宋再言豹同意，故知是殆之也。」按：《春秋》於中國勝楚事，俱有善辭。故下經伯莒之戰，吳進稱子。此突爲殆諸侯，與全經例乖。○注「後楚」至「信辭」。○鄂本「褒」作「褎」。即下經「楚人圍蔡」是也。下傳云：「夷狄也而憂中國。」又曰：「蔡請救于吳。」明在會諸侯無救之者，故無救文也。宜書日而書月，爲小信辭者，正以諸侯能翕然疾楚，故猶與之也。

杞伯戊卒于會。注不日，與盟同日。疏《釋文》：「戊，音茂，又音恤。二傳作成。」按：戊、戌、成三字混，未知孰是。《史記·杞世家》：「平公十八年卒，子悼公成立。」與二傳同。《校勘記》云：「戊，《唐石經》、諸本同。」○注「不日，與盟同日」。○舊疏云：「考諸古本，『日』亦有作『月』者。若作『日』字，宜云『所見之世，小國之卒例合書日』即上言『三月辛卯，邾婁子穿卒』之文是也。今不『日』者，正以與盟同日，文不可施故也。何者，若言『五月甲子，公及諸侯盟于浩油。甲子杞伯戊卒于會』，則嫌上會非信辭。若言『五月公及諸侯盟于浩油。甲子，杞伯戊卒于會』，則嫌與盟别日，是以進退不得日也。若作『月』字，宜云『所見之世，雖例書日，若有内行失，亦但月之』，即《昭六年》『春，王正月，杞伯益姑卒』，何氏云：『不日者，行微弱，故略之。入所見之世，責小國詳，始録内行也。諸侯内行小失，不可勝書，故於終略責之見其義。』是也。今杞伯亦有

内小失，宜合書月而不書月，正以與盟同月故也。」《通義》云：「不日者，與益姑同義。」蓋用古本爲説。

六月，葬陳惠公。

許遷于容城。疏《大事表》云：「在今南陽府葉縣西。應劭以漢華容縣爲許所遷之容城，非也。定四年許遷，後二年鄭即滅許。傳云：『因楚敗也。』漢華容爲今荆州府監利縣，在郢都之側，鄭豈能至此？又哀元年許復從楚圍蔡，似未嘗滅，或云『楚復封之』，則不可考其何地矣。」《方輿紀要》云：「容城在荆州監利縣東五里。應劭以爲楚遷許之容城。」沈氏欽韓云：「其地當在南陽府，或曰葉縣西。」蓋本顧氏棟高説。《水經注·夏水》篇：「又東過華容縣南。縣，故容城矣。《春秋》『許遷于容城』是也。北臨中夏水。自縣東北逕成都郡故城南。」按：《昭十八年》「許遷于白羽」，即析也，在今南陽府之内鄉。鄭、許世仇，許避鄭患，豈有復遷葉縣之理。葉去鄭近於白羽也，則應劭謂在華容者近是。楚新復國，鄭承其敝滅許。鄭去之後，許仍復封，故哀元年得見于經，故《水經注》同應説也。

秋七月，公至自會。注月者，爲下劉卷卒。

月者，重録恩。疏注「月者」至「卷卒」。○舊疏云：「《春秋》之義，致公例時，《桓二年》『冬，公至自唐』之屬是也。若其有危，乃合書月，即下《八年》『三月，公至自侵齊』之屬是也。今此上會有義兵之録，上盟有信辭之美，又再言公爲喜文，則知公於時無危事而有七月，故知月爲下事爾。若然，《桓十六年》『秋七月，公至自伐鄭』，何氏云：『致者，善桓公能疾惡同類，比與諸侯行義兵伐鄭。致例時，此月者，善其比與善行義，故以致，復加月也。』似月爲善者。正以桓是篡賊，動作有危，而能疾篡脱危而至，故致之。」何氏彼注必言此者，欲對《桓元年》垂會之注云：「不致之者，爲下去王，適足以起無王，未足以見無王罪之深淺，故復奪臣子辭，成誅文也。」以此言之，則《桓十六年》注云「以致，復加月」，仍是危文。但善其比行義，故能脱危而至，與此仍不妨矣。○注「月者，重録恩」。○此解劉卷卒書月義也。舊疏云：「大夫之卒，宜又降于微國之君，但合書時而已。而書月者，正以新奉王命主會于召陵，於魯有恩，故重而録之。故云『月者，重録恩也』。」

劉卷卒

劉卷者何？天子之大夫也。外大夫不卒，此何以卒？我主之也。注劉卷，即上會劉子。我主之者，因上王魯文王之張義也。卒者，明主會者，當有恩禮也。言劉卷者，主起以大夫卒之，屈於天子也。不日者，此尹氏以天子喪爲主，重也。此卷主會，輕，故不日。疏《通義》云：「我主之者，蓋劉子反自召陵，遘疾道卒。魯人爲之辯護其喪事與？」按：劉子會召陵伐楚，由楚返周，不入魯竟，魯無爲辯護喪事。《穀梁傳》：「此不卒而卒者，賢之也。寰内諸侯也，非列土諸侯，此何以卒也？天王崩，爲諸侯主也。」則《公羊》義亦當然。○注「劉卷」至「義也」。○《校勘記》出「因上王魯文王之」，云：「閩本作『故主之』是也。此作『王之』，誤。監、毛本『故』亦作『文』，上屬，與疏合。『主之』作『王之』同誤。」舊疏云：「正以召陵之經，劉子爲首。今而書卒，故知一人也。不然，大夫之卒，例則不書。劉卷何事獨録見也。今而書見，明有恩於魯。傳曰『我主之』，亦其一隅矣。」又云：「劉子，天子之大夫，奉天子之命致諸侯於召陵，主會明矣。此傳宜云『外大夫不卒，此何以卒，主我也』，而云『我主之』者，正以《春秋》王魯，因魯之文，故言『我主之』，不言『主我也』。言『張義』者，欲張魯君爲王之義。」○注「卒者」至「禮也」。○舊疏云：「若主會有恩禮，即違例書卒也。僖九年公會宰周公，成十六年、十七年之時，數有公會尹子、單子之文，而皆不卒。言卒，等有恩，當論遠近。蓋在主會之年卒者，恩而録之。若期外者，當從恩殺略之。是以尹子、單子之徒，不見卒文。若奔喪主我，使來會葬之屬，其恩差重，三年之外，方始略之，即《隱三年》：『夏，四月辛卯，尹氏卒。』傳：『外大夫不卒，此何以卒？天王崩，諸侯之主也。』彼注云：『時天王崩，魯隱往奔喪，尹氏主儐，贊諸侯，與隱交接而卒，恩隆於王者，則加禮録之。』明當有恩禮。又《文三年》：『王子虎卒。』傳：『外大夫不卒，此何以卒？新使乎我也。』彼注云：『王子虎即叔服也。新爲王者使來會葬，在葬後三年中卒，君子恩隆於親親，則加報之，故卒。明當有恩禮也。』」按：尹氏卒在期内，舊疏述之者，爲亦當在加隆之例。其卒若在期外，亦宜恩録也。○注「言劉」至「天子」。○舊疏云：

「《襄十五年》劉夏之下，傳云：『劉夏者何？天子之大夫也。劉者何，邑也。其稱劉何？以邑氏也。』注：『諸侯入爲天子大夫，不得氏國稱本爵，故以所受采邑氏，稱子。』今此劉卷，乃是圻外諸侯入爲天子大夫，所以不言『劉子卷卒』，從諸侯之例而言劉卷。其但字者，正欲起大夫卒之屈於天子故也。」《通義》云：「劉敞曰：『何以不言爵？畿内之君也，❶不世爵，故不與爵稱也。王者之制，内諸侯禄，外諸侯嗣，此三代之禮最所重者也。於經未有以言之，觀乎劉卷卒，則可信矣。故生稱爵，其禄也。卒稱名，從正也。』」《解詁箋》云：「著劉者，明天子大夫得世禄。去子者，明爵不得世也。」按：劉卷之本國與爵不可考，其是否劉夏之後，亦不可定。要皆外諸侯而食采於劉者也。《左氏》家以爲夏後者，《公羊》所不取。○注「不日」至「不日」。○正以尹氏卒書「辛卯」，故解之。舊疏云：「《文三年》：『夏五月，王子虎卒。』注云：『尹氏卒日，此不日者，在期外也。』然則尹氏之主諸侯，由其在期内，故日之。今此劉卷之主諸侯，亦在期内而不日者，正以尹氏之主諸侯，乃是天王崩，儐贊隱公，其恩重。劉卷之主諸侯，乃在召陵之會，故不書日，見其輕矣。」

葬杞悼公。

楚人圍蔡。 **注** 囊瓦稱人者，楚爲無道，拘蔡昭公，數年而復。怒蔡歸有言，伐之，故貶。明罪重於圍。**疏** 注「囊瓦」至「伐之」。○《哀元年》「楚子、陳侯、隨侯、許男圍蔡」，稱爵，此稱人，故解之。知人爲囊瓦者，以下傳云「使囊瓦將而伐蔡」也。下傳云：「蔡昭公朝乎楚，有美裘焉，囊瓦求之，昭公不與。爲是拘昭公于南郢。數年，然後歸之。於其歸焉，用事乎河，曰：『天下諸侯苟有能伐楚者，寡人請爲之前列。』楚人聞之，怒。爲是興師。」是其事也。○注「故貶」至「於圍」。○《隱二年》注「凡書兵者，正不得也」，故圍亦有罪，但不爲其惡。此囊瓦貶稱人，故罪重於圍也。《繁露·王道》云：「觀乎楚昭王之伐蔡，知無義之反。」

晉士鞅、衛孔圄帥師伐鮮虞。 **疏**《釋文》：「圄，《左氏》作圉。『虞』，本或作『吴』。」《校勘記》云：「諸本同。《唐石經》作孔圄，虞字缺。」《穀梁》同《左氏》。《説

❶「畿」，原作「圻」，據《通義》改。

文・口部》:「囿，守之也。」《㚔部》:「圉，囹圄，所以拘罪人。」囿、圉聲義皆同也。《漢書・地理志・天水郡》「冀，《禹貢》朱圄山在縣南」，師古曰:「圄讀與圉同。」《隸釋・堯廟碑》「韶磬祝圄」，《大饗碑》「下及陪臺隸圉」，皆段「圄」爲「圉」也。

葬劉文公。

外大夫不書葬，此何以書？録我主也。

注其實以主我，恩録之，故云爾。舉采者，禮，諸侯入爲天子大夫，更受采地於京師，天子使大夫爲治其國。有功而卒者，當益封其子。時劉卷以功益封，故不以故國而以采地書葬，起其事，因恩以廣義也。稱公者，明本諸侯也。**疏**注「其實」至「云爾」。○正以傳云「我主」，實劉卷主會爲主我也。《通義》云:「明内有恩禮，故録之。」❶○注「舉采」至「其子」。○《白虎通・京師》云:「諸侯入爲公卿大夫，得食兩家采否？曰：有能，然後居其位。德加於人，然後食其禄，所以尊賢重有德也。今以盛德入輔佐，得兩食之。故《王制》曰：『天子之縣内諸侯，禄也。外諸侯，嗣也。』」兩家采，則謂更受采地於京師也。《公羊禮説》云:「采有二。始封之時，則有采地。入爲天子大夫，更受采地。其始封所受者，《書大傳》云:『古者，諸侯始受封，則有采地。百里諸侯以三十里，七十里諸侯以二十里，五十里諸侯以十五里。其後子孫雖有罪黜，其采地不黜，使其子弟賢者守之。世世以祠其始受封之人。』『紀季以酅入于齊』，酅即紀之采也，此國滅而采不滅之證。其入爲天子大夫，更受采者，《詩》所謂『還予授子之粲兮』，傳:『諸侯入爲天子卿士受采禄』是也。」按：諸侯受采京師之制，亦有二。有受而傳之子孫者，此注所云「有功而卒者，當益封其子」是也。召公封燕，仍爲大保。周公封魯，別子仍爲周大夫。其圻内采地，子孫世守。故《春秋》周有召伯、周公也。一則入爲大夫時，有采地，没後仍歸采地于王朝，其子襲本爵如故。《王制》所云:「内諸侯，禄也。」注:「選賢置之於位，其國之禄如諸侯，不得世。」又云:「大夫不世

❶「故」原作「當」，據《通義》改。

爵。」注「謂縣内及列國諸侯入爲天子大夫者」，❶但守其禄位而已，不得據有其地。故衛武公、齊丁公，並入爲卿士，不聞有子孫世守采地于京師也。即鄭武公、莊公爲平王卿士，當亦有采地，故《鄭風·緇衣》有「授子之粲」語，其子孫亦不聞世有采地于周也。明卿士於王室有館舍，於圻内有采禄矣。又諸侯入爲天子大夫，其命數仍如其本國，故《詩·王風·大車》云：「毳衣如菼。」箋：「古者天子大夫服毳冕，以巡行邦國，而決男女之訟，則是子男入爲大夫者。」蓋天子大夫四命，出封始加一等，不得服毳冕。諸侯入爲大夫者，本爵故尊，直以入仕爲榮，不得加其命數，故《詩疏》引《鄭志》答趙商云：「諸侯入爲卿大夫，與在朝仕者異，各依本國，如其命數，是由尊諸侯使之以其命也。」其采地所在，則《周禮·載師》云：「以小都之田任縣地，以大都之田任畺地。」鄭以卿之采地在小都，去王城四百里。公之采地在大都，去王城五百里也。陳氏奂《毛詩傳疏》以《尚書大傳》所記采地爲湯沐邑，非。《大傳》明云：「子孫雖有辠黜，其采地不黜，子孫世守之。」不得遠至京師也。《韓詩外傳》亦有是語。○注「時劉」至「義也」。○《漢書·毋將隆傳》：「隆奏封事，言古者選諸侯，入爲公卿，以褒有德。」是則諸侯入仕爲褒，故録劉卷不以故國爲善辭。又書葬，以起褒以功益封也。○注「稱公」至「侯也」。○正以《春秋》五等之爵，葬皆稱公，故劉卷稱公，明本諸侯也。蔡邕議：「按：古之以子配者，魯之季文子、孟懿子，衛之孫文子、公叔文子，皆諸侯之臣也。至於王室之卿大夫，其尊與諸侯並，故以公配。《春秋》曰：『劉卷卒。葬劉文公。』《公羊》曰：『劉卷者何？天子之大夫也。』」按：何以本諸侯，故稱公。蔡以其尊同，故稱公。二義並通。

冬，十有一月庚午，蔡侯以吴子及楚人戰于伯莒，楚師敗績。

疏 包氏慎言云：「十一月書庚午，月之二十日。」伯莒，《左氏》作柏舉。《穀梁》作伯舉。伯、柏，莒、舉音義通。杜云：「柏舉，楚地。」《水經注·江水》篇：「江水又東逕上磧北，山名也。仲雍謂之大小竹磧。北岸烽火洲，即舉洲也。北對舉口，仲雍作莒字，得其音而忘其字，非也。」又云：「舉水南流注于江，謂之舉口，南對舉洲。《左傳》定公四年『吴、楚戰

❶「縣」原作「圻」，據《禮記正義》改。

于柏舉』。京相璠曰：『漢東地矣。』江夏有浀水，或作舉，疑即此也。」於漢爲邾，屬江夏郡。《元和郡縣志》：「龜頭山在黄州麻城縣東南八十里，❶舉水之所出。《春秋》『吳、楚戰于柏舉』，即此。」《方輿紀要》：「黄州府麻城縣東北三十里有柏子山，『吳、楚陳于柏莒』，蓋合柏山、舉水而名。」《一統志》：「舉水源出麻城縣東北黄糵山，西南流，入黄岡縣西三十里入江。在麻城名岐亭，河入黄岡縣界謂之舊州河，其入江處謂之三江口。」《大事表》云：「《名勝志》云：『湖廣黄州府麻城縣東北三十里有柏子山，縣東南有舉水。柏舉之名，蓋因柏山、舉水而得。』今案：傳文『子常濟漢，自小別至于大別』，又『三戰而陳于柏舉』，是在漢之東北，其地應在麻城縣境也。」

吳何以稱子？ 注 据滅徐稱國。疏 注「据滅徐稱國」。○即《昭三十年》「冬十二月，吳滅徐，徐子章禹奔楚」是也。**夷狄也而憂中國。** 注 言「子」，起憂中國。言「以」，明爲蔡故也。與桓十四年同。疏 注「言子，起憂中國」。○《穀梁傳》：「吳其稱子，何也？以蔡侯之『以』之，舉其貴者也。蔡侯之『以』之，則其舉貴者，何也？吳信中國而攘夷狄，吳進矣。」《繁露・觀德》云：「雞父之戰，吳不得與中國爲禮。至於伯莒、黄池之行，變而反道，乃爵而不殊。」《白虎通・號》篇云：「蔡侯無罪，而拘于楚，吳有憂中國心，興師伐楚，諸侯莫敢不至。知吳之霸也。」○注「言以」至「年同」。○《桓十四年》：「冬，宋人以齊人以下伐鄭。」傳：「以者何？行其意也。」注「以己從人曰行，言四國行宋意也」是也。惠氏士奇《春秋說》云：「借人之力，以救己之亡，既不能左右之，又不能行其意。如楚人圍蔡，蔡方望救于吳，焉敢以吳。而柏舉之戰，《春秋》亦書『以』者，蓋憫蔡之危，善吳之救。吳之謀楚也，數十年矣。伍員謀于前，宰嚭謀于後。然則柏舉之戰，吳之志也。名爲救蔡，吳實主兵，而《春秋》特書『蔡侯以吳子』者，蔡無罪而楚圍之，吳能救之，蓋惡楚而進吳也。」按：《春秋》進吳，閔中國也。楚自熊通僭號，淩轢諸夏二百餘年，桓、文亦特小挫其鋒。吳能假救蔡入其都，滅其國，實足以張王法。雖其志不必尊王，《春秋》即攘夷大之，亦重義不重事之意也。

❶「八」，原作「入」，據國學本改。

其憂中國奈何？伍子胥父誅乎楚，**疏**《新序》九云：「楚平王殺伍子胥之父。」《史記·楚世家》：「無忌讒太子建於王。平王囚其傅伍奢，而召其二子，而告以免父死。伍尚謂伍胥曰：『聞父免而莫奔，不孝也。父戮莫報，無謀也。度能任事，智也。子其行矣，我其歸死。』伍尚遂歸。伍胥彎弓屬矢，奔吴。伍奢聞之曰：『胥亡，楚國危哉。』楚人遂殺伍奢及子尚。」《左傳》亦具有其事。挾弓而去楚。**注**挾弓者，懷格意也。禮，天子雕弓，諸侯彤弓，大夫嬰弓，士盧弓。**疏**注「挾弓」至「意也」。○《穀梁傳》：「子胥父誅于楚也，挾弓持矢而干闔廬。」《新序》云：「子胥出亡，挾弓而干闔廬。」《釋名·釋姿容》云：「挾，夾也，在旁也。」《越絶書·吴内傳》云：「吴憂中邦奈何乎？伍子胥父誅於楚，子胥挾弓身干闔廬。」《吴越春秋·王僚使公子光傳》云：「楚遣使追捕子胥。胥乃貫弓執矢去楚。楚使者追及無人之野，胥乃張弓布矢，欲害使者。使者俯伏而走。」是即「懷格意也」。舊疏云：「格，猶拒也。謂若君使追之時，已即懷拒之意，故曰『挾弓者，懷格意也』。若似今人謂不順之處爲格化之類也。或云『格，來也』，言所以挾弓者，懷欲到來復仇之意。」按：來意不明，訓拒是也。○注「禮天」至「盧弓」。○蓋逸《禮》文也。舊疏云：「古《禮》無文。」則《禮緯》亦無是語。《詩·大雅·行葦》「敦弓既堅」，傳：「敦弓，畫弓也。天子敦弓。」《釋文》云：「敦音彫。」《正義》：「敦與彫，古今之異。彫是畫飾之義，故曰『敦弓，畫弓也』。《冬官》弓人爲弓，唯言用漆，不言畫，則漆上又畫之。彼不言畫，文不具耳。此述天子擇士，宜是天子之弓，故云天子敦弓。其諸侯公卿宜與射者，❶自當各有其弓，不必畫矣。」《孟子·萬章》篇「弤朕」，趙注：「弤，彫弓也。天子曰彫弓，堯禪舜天下，故賜之彫弓也。」《音義》云：「弤，都禮切。丁音彫，云：『義與弴同。』」焦氏循《孟子正義》云：「氐，周皆訓至。《説文·車部》『輊，抵也』。鄭氏《士喪禮》注：『輖，墊也。墊、輊字同。輖之爲抵，猶彫之爲弤矣。」《説文》：「弴，畫弓也。」即《詩》之敦弓，此之雕弓也。段云：「雕弓者，蓋五采畫之。凡經傳言彫，有謂刻鏤者，如玉謂之彫，金謂之鏤。《禮記》『玉豆彫篹』，《論語》『朽木不

❶「宜」字，原脱，據《毛詩正義》補。

可彤』是也。有謂繪畫者，即此雕弓是也。《彡部》曰：『彫，琢文也。』古繪畫與刻畫無二字。諸侯彤弓，則天子當五采。《石鼓》詩有『秀弓』，秀即繡，五采備謂之繡。或曰天子之弓，但刻畫爲文也。《東京賦》：『彫弓斯彀。』薛注：『彫弓，謂有刻畫也。』弴與雕語之轉。敦弓者，弴之叚借字。《詩》、《禮》又叚敦爲之。敦、弴可讀如自，不得竟讀彫也。《孟子》作弤，亦雙聲。」又《子虛賦》：「左烏號之雕弓。」注：「張揖曰：『黄帝乘龍上天，小臣不得上，挽持龍鬚。鬚拔，墮黄帝弓，臣下抱弓而號，名烏號也。』」郭璞曰：「雕，畫也。」然則天子畫弓，其來尚矣。諸侯彤弓者，《詩・小雅》：「彤弓弨兮。」《毛傳》：「朱弓也，以講德習射。」《書・文侯之命》云「彤弓一，彤矢百」是也。嬰弓者，《釋文》云：「見《司馬法》。」段云：「嬰即《江賦》之繧字，蓋朱黑相間而嬰繞也。」盧弓即玈弓，黑弓也。《文侯之命》云「玈弓一，玈矢百」是也。《荀子・大略》云：「天子雕弓，諸侯彤弓，大夫黑弓，禮也。」黑弓即此之盧弓也。以干闔廬。**注**不待禮見曰干。欲因闔廬以復讎。闔廬曰：「士之甚，**注**言其以賢士之甚。**疏**《穀梁傳》：「闔廬曰：『大之甚。』」注：「子胥匹夫，乃欲復仇於國君，其孝甚大。」俞氏樾《公羊平議》云：「『士』，當作大。《穀梁傳》可據以訂正。大字隸書每變作士字，如赤幸、壺壹等字，其上皆從大，而今皆作士，是其證也。『大之甚』，譌作『士之甚』，何氏因曲爲之説，於義終不安也。」按：《越絶書・吴内傳》亦云「闔廬曰『士之甚』」，與《公羊》同。蓋士之者，猶言人之也。言其誠足爲士也。武叔曰「是謂我不成丈夫也」，亦此義。故何云：「言其以賢士之甚也。」勇之甚。」**疏**《穀梁傳》、《越絶書》同。將爲之興師而復讎于楚，伍子胥復曰：「諸侯不爲匹夫興師。**注**必須因事者，其義可得因公託私。而以匹夫興師討諸侯，則不免爲亂。**疏**《繁露・王道》云：「諸侯不得爲匹夫興師。」《越絶書・荆平王内傳》云：「子胥居吴三年，大得吴衆。闔廬將爲之報仇，子胥曰：『不可。臣聞諸侯不爲匹夫興師。』」又《吴内傳》云：「將爲之報仇，子胥曰：『不可。諸侯不爲匹夫報仇。』」《説苑・至公》篇：「吴王闔廬爲伍子胥興師，復仇于楚。子胥諫曰：『諸侯不爲匹夫興

師。』」○注「則不免爲亂」。○鄂本「爲」作「於」，紹熙本亦作「於」。且臣聞之，事君猶事父也。虧君之義，復父之讎，臣不爲也。」於是止。

疏《説苑・至公》篇亦載：「子胥曰：『且事君猶事父也。虧君之義，復父之讎，臣不爲也。』於是止。其後因事而後復其父仇也。如子胥，可謂不以公事趨私矣。」此與何氏上注「其義可得因公託私」義相足。《越絶書・吴内傳》亦云：「『虧君之行，報父之仇，不可』。於是止。」《穀梁傳》：「爲是欲興師而伐楚。子胥諫曰：『臣聞之，君不爲匹夫興師。且事君猶事父也，虧君之義，復父之仇，臣弗爲也。」意謂若爲匹夫興師，不免於亂，是爲陷君於不義也。《通義》云「言若使君爲匹夫興師，則是虧君之義」是也。蔡昭公朝乎楚，有美裘焉，囊瓦求之，昭公不與。爲是，拘昭公於南郢，數年，然後歸之。

疏《穀梁傳》：「蔡昭公朝於楚。有美裘焉，是日，囊瓦求之，昭公不與。爲是，拘昭公於南郢，數年，然後得歸。」❶《新序》云：「蔡昭公朝于楚，有美裘。楚令尹囊瓦求之，昭公不予。於是拘昭公於郢，數年而后歸之。」《史記・蔡世家》：「昭侯十年朝楚昭王，持美裘二。獻其一於昭王，而自衣其一。楚相子常欲之，不與。子常讒蔡侯，留之楚三年。蔡侯知之，乃獻其裘於子常。子常受之，乃言歸蔡侯。」《越絶書・吴内傳》云：「蔡昭公南朝楚，被羔裘。囊瓦求之，昭公不與，即拘昭公南郢，三年然後歸之。」上三年《左傳》云：「蔡昭侯爲兩佩與兩裘以如楚。獻一佩一裘於昭王。昭王服之，以享蔡侯。蔡侯亦服其一，子常欲之。弗與，三年止之。」三傳所記大同。《易林・泰之恒》云「蔡侯適楚，留連江濱，踰日歷月，思其后君」是也。《宣十二年》傳「南郢之與鄭」，注云：「南郢，楚都。」范注同。於是歸焉，用事乎河。

注時北如晉，請伐楚，因濟河。

疏毛本「事」誤「是」。《經傳釋詞》云：「焉，猶也。」用事，猶《禮器》所云「魯人將有事于上帝」之「事」也。○注「時北」至「濟河」。○正以蔡侯由楚返蔡，不渡河也。《管蔡世家》：「蔡侯歸而之晉，請與晉伐楚。」何氏所本。《穀梁傳》：「歸乃用事乎漢。」《左傳》云：「蔡侯歸，及漢，執

❶「得」，原作「行」，據《春秋穀梁傳注疏》改。

玉而沈，曰：『余所有濟漢而南者，有若大川。』蔡侯如晉，以其子元與其大夫之子爲質焉，而請伐楚。」《新序》云：「昭公濟漢水，『沈璧曰』云云。」皆作漢。蓋皆可通。傳者不一，紀載或殊也。

曰：「天下諸侯，苟有能伐楚者，寡人請爲之前列。」楚人聞之，怒。**注**見侵後，聞蔡有此言而怒。

疏《新序》亦云：「諸侯有伐楚者，寡人請爲前列。楚人聞之，怒。」《越絶書・吴内傳》云：「昭公去，至河，用事曰：『天下誰能伐楚乎？寡人願爲前列。』」《穀梁傳》：「苟諸侯有欲伐楚者，寡人請爲前列焉。楚人聞之而怒。」前列猶前驅也。《左傳・昭二十九年》「實列授氏」，疏：「列謂行列」，謂先啓行也。故在内蕃衛者，爲内列。《周禮・師氏》云：「朝在野外，則守内列。」注「内列，蕃營之在内者也」是也。○注「見侵」至「而怒」。○以上經楚人圍蔡，在侵楚後故也。

爲是興師，使囊瓦將而伐蔡。**疏**即上經「楚人圍蔡」是也。舊疏云：「圍而言伐，舉總名故也。」《新序》云：「於是興師伐蔡。」《管蔡世家》：「楚怒，攻蔡。」《越絶書》：「楚聞之，使囊瓦興師伐蔡。」《穀梁傳》：「爲是興師而伐蔡。」

蔡請救于吴。伍子胥復曰：「蔡非有罪也，楚人爲無道。君如有憂中國之心，則若時可矣。」**注**猶曰：「若是時可與師矣。」激發初欲興師意。**疏**《左傳》：「楚自昭王即位，無歲不有吴師。蔡侯因之，以其子乾與其大夫之子爲質於吴。」《穀梁傳》：「蔡請救于吴。子胥曰：『蔡非有罪，楚無道也。❶君若有憂中國之心，則若此時可矣。』」《越絶書》：「昭公聞子胥在吴，請救蔡。子胥於是報闔廬曰：『蔡非有罪，楚爲無道。君若有憂中國之心，意者時可矣。』」《新序》云：「蔡請救于吴。子胥諫曰：『蔡非有罪也，楚人無道也。君若有憂中國之心，則若此時可矣。』」○注「猶曰」至「師意」。○《詩・秦風・駟鐵》：「奉時辰牡。」傳：「時，是也。」《大雅・生民》：「時維姜嫄。」箋：「時，是也。」《爾雅・釋詁》：「時，是也。」按：若，猶此也。單言之，則曰若，連言之則曰「若此」。《通義》云：「若時，言如此時也。」《荀

❶「楚」下，原衍「爲」；「道」下，原脱「也」，據《穀梁傳注疏》删補。

子・儒效》云：「行一不義，殺一不辜，而得天下，不爲也。此若義信乎人矣。」彼「此若」，即「此若時」也。初欲興師意，即上傳「闔廬將爲之興師而復讎于楚也」。

於是興師而救蔡。【注】不書與子胥俱者，舉君爲重。子胥不見於經，得爲善者，以吴義文得成之也。雖不舉子胥，爲非懷惡而討不義，君子不得不與也。【疏】《穀梁傳》：「爲是興師而伐楚。」《越絶書》：「闔廬於是使子胥興師救蔡而伐楚。」《荆平王内傳》又云：「其後荆將伐蔡，子胥言之闔廬，即使子胥救蔡而伐荆。」《新序》云：「於是興師伐楚，遂敗楚人於柏舉而成霸道。子胥之謀也。故《春秋》美而褒之。」《通義》云：「傳主釋經進吴子之意，善其救蔡，非善其爲子胥復仇云爾。」舊疏云：「不書救蔡者，正以蔡爲兵首故也。」○注「不書」至「爲重」。○正以傳文有善子胥之意，經不書與子胥俱，故解之也。其實《春秋》重吴能救蔡，以夷狄而憂中國，故舉君爲重也。○注「子胥」至「之也」。○舊疏云：「子胥不見於經，而得爲善之者，正以吴得進而稱子，是其義文。以是之故，得成子胥之善，故曰『以吴義文得成之也』。」《穀梁疏》云：「此傳開端，似同《公羊》，及其結絢，不言子胥之善。夫資父事君，尊之非異。重服之情，理宜共均。既以天性之重，降於義合之輕。故令忠臣出自孝子，孝子不稱忠臣。今子胥稱一體之重，忽元首之分。以父被誅，而痛纏骨髓，得耿介之孝，失忠義之臣，而忠孝不得並存。傳不善子胥者，胥兩端之間，忠臣傷孝子之恩，論孝子則失忠臣之義。《春秋》科量至理，尊君卑臣，子胥有罪明矣。君者，臣之天。天無二日，土無二王。子胥以藉吴之兵，戮楚王之尸，可謂失矣。雖得壯士之偏節，失純臣之具道。傳舉見其事，不言其義。蓋吴子爲蔡討楚，申中國之心，屈夷狄之意，理在可知。」按：楊氏斯言，自爲正論。古之君臣，與後微殊。分土而治，固無分民。三諫不從得去，所以孤惡人君。楚王信任讒邪，子胥父兄無罪受誅，慘痛之情，血氣所共。君臣之義既絶，責求之備可寬。然《春秋》不見子胥，但爲褒吴之辭，蓋亦實與文不與爾。○注「雖不」至「與也」。○鄂本「與」下有「之」字。○舊疏云：「吴子若直救蔡討楚而敗之也，是其憂中國，尊周

室之義。但親用子胥之謀，兼有爲復仇之意，是以傳家取而説之，遂舉子胥之辭以見之。❶雖舉子胥之辭，但非懷惡而討不義，是以君子與之。《昭十一年》『楚子誘蔡侯』之下，傳云：『懷惡而討，不義，君子不予也。』故注者取而況之。」按：《越絶書・敘外傳記》云：「今荆平何善，以次太伯何？曰：非善荆平也，乃勇子胥也。賢其免於無道之楚，困不死也。善其以匹夫得一邦之衆，並義復仇，傾諸侯也。非義不爲，非義不死也。」是其義也。曰：「事君猶事父也，**疏**《韓詩外傳》六：「親尊，故父服斬衰三年。爲君亦服斬衰三年。」《禮記・坊記》云：「喪父三年，喪君三年，示民不疑也。」注：「君無骨肉之親，不重其服，至尊不明。」此其爲可以復讎奈何？」**疏**《通義》云：「就舉上子胥辭，責其事楚君何不如事父。」曰：「父不受誅，**注**不受誅，罪不當誅也。**疏**《越絶書・外傳紀》策考云：「伍子胥父子，奢爲楚王大臣，爲世子聘秦女，大有色。王私悦之，欲自御焉。奢盡忠入諫，守朝不休，欲匡正之，而王拒之。聽讒邪之辭，係而囚之，待二子而死。」是子胥父以無罪被誅也。《新書・耳痹》云：❷「昔者楚平王有臣曰伍子胥，王殺其父而無罪，奔走而之吴。」父不受誅事，詳《左傳》、《史記》。○注「不受」至「誅也」。○《禮・喪服》注：「受猶承也。」《吕覽・圜道》注：「受亦應也。」《爾雅・釋詁》：「應，當也。」承、應皆有「當」義。子復讎可也。**注**《孝經》曰：「資於事父以事君而敬同。」本取事父之敬以事君，而父以無罪爲君所殺。諸侯之君與王者異，於義得去，君臣已絶，故可也。《孝經》云：「資於事父以事母。」莊公不得報讎文姜者，母所生，雖輕於父，重於君也。《易》曰：「天地之大德曰生。」故得絶，不得殺。**疏**《通義》云：「可也者，亦可也。緣孝子言之，即復讎爲愛父。緣忠臣言之，即不復讎，亦爲善成其父之志。子胥適託憂蔡興師，得免於惡。假令正爲匹夫復讎，《春秋》猶當責之，故不與足

---

❶「胥」，原作「當」，據國學本改。

❷「痹」，原作「痺」，據《新書》改。

可之辭也。」《禮記疏》引《異義》：「『凡君非理殺臣，《公羊》説，子可復仇，故子胥伐楚，《春秋》賢之。《左氏》説，君命，天也，是不可復仇。』鄭《駁異義》稱子思云：『今之君子，退人若將隊諸淵。無爲戎首，不亦善乎？子胥父兄之誅，隊淵不足喻。伐楚使吴首兵，合於子思之言也。』」《白虎通·誅伐》云：「父母以義見殺，子不復仇者，爲往來不止也。《春秋傳》曰：『父不受誅，子復仇，可也。』」❶《後漢書·張敏傳》：「《春秋》之義，子不報仇，非子也。」是皆用《公羊》爲説。○注「孝經」至「事君」。○《孝經·士章》文。舊疏引《孝經》鄭注云：「資者，人之行也。」又引《喪服四制》注云：「資猶操也。」然則言人之行者，謂人操行也。故與何氏訓「取」義異。唐玄宗注用孔傳，亦以資爲取。《四制》云：「其恩厚者其服重，故爲父斬衰三年，以恩制者也。資於事父以事君而敬同，貴貴尊尊，義之大者也。故爲君斬衰三年，以義制者也。」注：「貴貴，謂爲大夫君也。尊尊，謂爲天子諸侯也。」蓋有父子，然後有君臣。故事君之義取於事父，所以求忠臣於孝子之門也。○注「而父」至「可也」。○諸侯之君與王者異。古者有分土無分民，故諸侯之臣於義得去也。是以《禮記·雜記》云：「違諸侯之大夫，不反服。違大夫之諸侯，不反服。」不言違天子，明天子之臣無去義。天子四海爲家，無出故也。○注「孝經」至「君也」。○《莊元年》：「夫人孫于齊。」傳：「夫人固在齊矣，其言孫于齊何？念母也。」又云：「念母者，所善也，則曷爲於其念母焉貶？不與念母也。」注：「念母則忘父，背本之道也。」蓋重本尊統，使尊行於卑，上行於下。貶者，見王法所當誅。是則文姜之罪，王法誅之可也。故《僖元年》善齊桓誅哀姜也，莊公但責其念母耳。故《莊元年》注又云：「言孫者，明當推逐去之，亦不可加誅，誅不加上之義也。」❷《喪服四制》云：「資于事父以事母而愛同。」取事父以事母，故母厭于父。《喪服》「父在爲母期」是也。緣所生之義，則重於君爾。故臣有大喪，君三年不呼其門，不以義斷恩故也。○注「易曰」至「得殺」。○《易·繫辭下傳》文。《左傳》莊元年云：「絶，不爲親，禮也。」故於義得絶也。

父受誅，子復讎，推刃之道也。

❶「子」下，原衍「不」字，據《春秋公羊傳注疏》刪。

❷「義」，原作「意」，據《公羊傳注疏》改。

注子復囚，非當復討其子。一往一來曰推刃。**疏**注「子復」至「推刃」。❶ ○《校勘記》云：「鄂本囚作讎，當據正。毛本討誤封。」按：紹熙本亦作「讎」。《一切經音義》引《蒼頡篇》云：「推，軵也，前也。」《墨子·小取》云：「推也者，以其所不取之，同於其所取者，予之也。」《淮南·氾論》云：「故恩推則懦。」注：「推，猶移也。」亦即一往一來之義也。《後漢書·臧洪傳》洪曰：「惜洪力劣，不能推刃爲天下報仇。」復讎不除害。**注**取讎身而已。不得兼讎子，復將恐害己而殺之。時子胥因吴之衆，墮平王之墓，燒其宗廟而已。昭王雖可得殺，不除云。**疏**注「時子」至「而已」。○舊疏云：「《春秋説》文。彼文又云：『鞭平王之尸，血流至踝。』此注不言之者，省文也。《昭二十六年》『秋九月，楚子居卒』，至今十餘年矣，而言『血流至踝』者，非常之事，甯可以常理言之。或者，蓋以子胥有至孝之至，精誠感天，使血流，所以快孝子之心也。」《説苑·奉使》云：「昔者，荆平王爲無道，殺子胥父與其兄。子胥被髮乞食於吴，闔廬使爲將。❷ 三年，將吴兵，復仇於楚，戰勝乎柏舉。級頭百萬。囊瓦奔鄭。王保于隨，引師入郢，軍雲行乎郢之都。子胥親射宫門，掘平王冢，笞其墳，數以其罪，曰：『吾先人無罪而子殺之！』士卒人加百焉，然後止。」《吴越春秋》二云：「伍胥以不得昭王，乃掘平王之墓，出其屍，鞭之三百。左足踐腹，右手抉其目，誚之曰：『誰使汝用讒諛之口，殺我父兄，豈不冤哉！』」《楚世家》：「吴兵遂入郢，辱平王之墓，以伍子胥故也。」《吴世家》：「子胥、伯嚭鞭平王之尸，以報父讎。」《越絶書·荆平王内傳》云：「使子胥救蔡，伐荆。十五戰，十五勝。將卒六千，操鞭捶笞平王之墓，而數之曰：『昔者吾先人無罪，而子殺之。今此報子也。』」又《吴内傳》云：「平王已死，❸子胥將卒六千人，操鞭捶笞平王墳，曰：『昔者，吾先君無罪而子殺之，今此以報子也。』」均無燒其宗廟語，唯《穀梁傳》云：「易無楚者，壞宗廟，徙陳器，撻平王之墓。」《校勘記》出「時

❶ 「復」下原脱「至」字，據全書注例補。
❷ 「使爲將」，《説苑》作「以爲將相」。
❸ 「平」，原作「吴」，據國學本改。

子胥因吴之衆」，云：❶「蜀大字本、閩、監、毛本同，鄂本無『之』，此衍。」○注「昭王」至「除云」。❷○《校勘記》云：「閩本『云』缺上畫，監、毛本改作『去』。」朋友相衛，**注** 同門曰朋。同志曰友。相衛，不使爲讎所勝。時子胥因仕於吴，爲大夫，君臣言朋友者，闔廬本以朋友之道爲子胥復讎。孔子曰：「益者三友，損者三友。友直、友諒、友多聞，益矣。友便辟、友善柔、友便佞，損矣。」**疏** 注「同門」至「曰友」。○舊疏以爲出《蒼頡篇》。《白虎通·三綱六紀》篇引《禮記》曰：「同門曰朋，同志曰友。」《周禮·大司徒》云：「五曰聯朋友。」注：「同師曰朋，同志曰友。」同師即同門也。《論語·學而》「與朋友交」，《集解》：「鄭曰：『同門曰朋，同志曰友。』」皇疏：「同處師門曰朋，同志曰友。」《詩·周南·關雎》：「琴瑟友之。」箋：「同志曰友。」《説文·又部》：「友，同志爲友，从二又，相交友也。」其實對文異，散則通。《論語稽求篇》云：「『同門曰朋』，此是古注。《説文》及《詩》注、《左傳》注、《公羊》注皆然。同師便不如同門之當。蓋朋是門户之名，凡曰『朋黨』、曰『朋比』，比是鄉比，黨是黨塾，皆里門、閭户，學僮居處名色。故朋爲同門，此是字義本爾，不可易也。」○注「相衛」至「所勝」。○《禮記·曲禮》云：「交遊之讎，不同國。」注：「讎不吾辟，則殺之。交遊或爲朋友。」又云：「父母存，不許友以死。」知父母殁，得爲朋友報讎也。《周禮·調人職》：「從父母兄弟之讎，不同國。」又云：「主友之讎，視從父兄弟」，不爲戎首，故但相衛。《檀弓》云：「主人能，則執兵而陪其後。」注：「爲其負，當成之。」負即不勝也，是也。○注「時子」至「復讎」。○《繁露·滅國》上云：「故伍子胥，一夫之士也。去楚干闔廬，遂得意于楚，所託者誠是，何可禦耶。」《越絶書·敘外傳記》：「子胥以固干闔廬，闔廬勇之甚，將爲復讎。名譽甚著，《詩》云：『投我以桃，報之以李。』」是亦謂闔廬以朋友之道，爲子胥復讎也。舊疏引《詩》云：「朋友攸攝，攝以威儀。」箋云：「朋友謂群臣與成王同志好者。」義亦通於此。又云：「《書

❶「衆」，原作「罪」，據《十三經注疏校勘記》改。
❷「除」原作「陳」，據前注文改。

傳》散宜生等受學於太公。太公除師學之禮，酌酒切脯約爲朋友。」然則太公爲師，既除師學之禮，連朋言之，亦何傷。○注「孔子」至「損矣」。○《論語・季氏》篇文。舊疏云：「引之者，道闔廬、子胥相與益友，蓋以闔廬爲諒。何者？謂一許爲之興師，終不變悔，是也。蓋以子胥爲直與多聞，何者？不敢虧君之義復父之讎，是其直也。子胥賢者，博古今之事，是其多聞矣。」便辟者，舊疏：「謂巧爲譬諭。今世間有一《論語音》便辟爲便僻者，非鄭氏之意。」則讀辟爲譬，鄭氏義也。《集解》引馬曰：「便辟，巧辟人之所忌，以求容媚。」蓋讀辟爲避，故皇本注中作避。惠云：「馬、鄭皆讀辟爲避，誤矣。」善柔者，舊疏：「謂口柔、面柔、體柔之屬。」蓋亦鄭義。馬氏專以面柔釋之。便佞者，《釋文》作「辯佞」，云：「本亦作便佞。」《校勘記》云：「疏本亦作『辯佞』，云：『辯爲佞矣。』今本作『便佞』，蓋据何晏《論語》本改。」按：便、辯古通。《書》「辯秩」亦作「便秩」。《御覽》四百六引《論語注》云：「便佞，辯以爲佞也。」與《公羊疏》文異義同，蓋亦鄭氏義也。而不相迿。**注** 迿，出表辭，猶先也。不當先相擊刺，所以伸孝子之恩。**疏** 注「迿出」至「先也」。○《說文》無迿字，古从辵字，多與从彳字混，疑迿即徇也。陳氏壽祺《左海經辨》云：「《說文》侚徇，即『朋友相衛而不相迿』之『迿』。❶《史記・韓世家》『將以楚徇』，《索隱》：❷『徇，從死也。』《文選・吴都賦》『徇蹲鴟之沃』，劉注：『亡身從物曰徇。』《漢書・賈誼傳》注臣瓚曰：『以身從物曰徇。』蓋謂朋友相衛，不得以身從死也。徇之以身，有敢勇争先之義，故何訓爲先也。不相迿，即《禮記》『居從父昆弟之讎之不爲魁』也。彼注：『魁，猶首也。』《天文》：『北斗星，魁爲本，杓爲末。』❸《調人》謂『主友之讎，視從父昆弟』，則亦不爲魁也。《玉篇》：『迿，出表辭也。』《集韻》：『先也。』蓋皆本此爲說。《左傳》襄十年云『帶其斷以徇于軍』，亦即出表之意。」舊疏云：「依《大司馬》田獵習戰之時云『爲表，百步則一，爲三表。又五十步爲一表』，然則表者，謂其戰時旅進旅

❶「朋」，原作「明」，今據《左海經辨》及上下文改。
❷「索隱」，原作「韓注」，據《史記》改。
❸「杓」，原作「故」，據國學本改。

退之限約。❶迫者，謂不顧步伍，勉力先往之意，故曰『出表辭』。所以伐吳之經不使子胥爲兵首者，蓋以吳王討楚，兵爲蔡故，且舉君爲重，是以不得見也。」○注「不當」至「之恩」。○原文闕。古之道也。」疏《通義》云：「已上二事，因方論復讎，故旁及之。」

楚囊瓦出奔鄭。疏《越絶書·吳内傳》：「囊瓦者何？楚之相也。」

庚辰，吳入楚。疏包氏慎言云：「十一月書庚辰，月之三十日。」《左氏》經作「入郢」。《史通·雜説》云：「《春秋左氏傳》釋經云：『滅而不有其地曰入。』如入陳，入衛，入許，入鄭，即其義也。至柏舉之役，子常之敗，庚辰吳入，獨書以郢。夫諸侯列爵，並建國都，唯取國名，不稱都號。何爲郢之見入，遺其楚名。比于他例，一何乖踳。尋二傳所載，皆云『入楚』，豈《左氏》之本，獨爲謬與？」」

吳何以不稱子？注據狄人盟于邢，有進行，稱人。疏注「據狄」至「稱人」。○《僖二十年》「齊人、狄人盟于邢」，注「狄稱人者，能常與中國也」是也。反夷狄也。其反夷狄奈何？君舍于君室，大夫舍于大夫室，蓋妻楚王之母也。注舍其室，因其婦人爲妻。曰者，惡其不義。疏《穀梁傳》：「何以謂之吳也？狄之也。何謂狄之也？君居其君之寢，而妻其君之妻。大夫居其大夫之寢，而妻其大夫之妻。蓋有欲妻楚王之母者，不正乘敗人之績而深爲利，居人之國，故反其狄道也。」《吳越春秋二》云：「闔廬妻昭王夫人。伍胥、孫武、白喜亦妻子常、司馬成之妻，以辱楚之君臣也。」按：「昭」當作「平」。《繁露·王道》云：「楚昭王行無度，❷殺伍子胥父兄。蔡昭公朝之，因請其裘，昭公不與。吳王非之，舉兵加楚，大敗之。君舍乎君室，大夫舍乎大夫室，妻楚君之母。貪暴之所致也。」又《仁義法》云：「闔廬能正陳、蔡之難矣，而《春秋》奪之義辭，以其身不正也。」按：「陳」字衍。《越絶書·敘外傳記》：「子胥妻楚王母，無罪而死于吳。其行如是，何義乎？曰：孔子固貶之矣。賢其復讎，惡其妻楚王母也。」《通義》

❶「約」，原作「絢」，據《公羊傳注疏》改。
❷「昭」，《春秋繁露》作「平」。

云：「此《左傳》所謂『以班處宮』者也。反其故俗，故不足進。」按：哀元年《左傳》：「蔡人男女以班。」襄二十五年《左傳》：「男女以班，賂晉侯。」《士虞・記》注：「班，次也。」蓋謂男與女相次，故《左氏》云：「以班處宮。」此傳云：「舍其室也。」惠氏士奇《春秋説》云：「《春秋》義之，曷爲狄之？其入郢也，以班處宮，故狄之。柏舉之戰以義始，以狄終，《春秋》不遺善，不隱惡，先進而後貶，直書其事，而義自見者如此。」《列女傳》云：「伯嬴者，楚平王之夫人，昭王之母也。昭王時，吴入郢，王亡。吴盡妻其后宮。伯嬴持刀曰：『諸侯外淫者，絶。卿大夫，放。士庶人，宮割。妾以死守之，不敢承命耳。且凡所欲妾者，爲樂也。近妾而死，何樂之有！如先殺妾，又何益於君王。』於是吴王慙，遂退舍。」是妻楚王母事也。《越絶書》以子胥妻楚王母，蓋傳聞之誤。楚王母，即平王所爲大子建娶于秦者也。

○注「日者，惡其無義」。○《校勘記》云：「鄂本『無』作『不』，此誤。」舊疏云：「正以《春秋》之義，入例書時，傷害多則月。即《定五年》『夏，於越入吴』、《僖三十三年》『春，王二月，秦人入滑』之屬。今而書日，故須解之。」

公羊義疏七十

句容陳立卓人著

定五年盡八年。

五年春，王正月辛亥朔，日有食之。注 是後，臣恣日甚，魯失國寶，宋大夫叛。疏 包氏慎言云：「正月書辛亥朔，《左傳》作三月，劉歆以爲正月二日，則劉氏所据《左氏》作正月也。《漢書·楚元王傳》注亦云：『五年正月辛亥朔。』師古所據疑是《穀梁》經，而二傳《釋文》不言與《左氏》異。」○注「是後」至「夫叛」。○舊疏云：「蓋謂下《八年》『秋，晉趙鞅帥師侵鄭，遂侵衛』之文是也。魯失國寶，即下《八年》『盜竊寶玉大弓』是也。宋五大夫叛，即下《十一年》『宋公之弟辰及仲佗、石彄、公子池自陳入于蕭以叛。宋樂世心，自曹入于蕭』，注『不言叛者，從叛臣，叛可知』是也。」《校勘記》云：「疏中引作『宋五大夫叛』，何校本同。此脱『五』字，當据補。」《五行志下之下》：「定公五年三月辛亥朔，日有食之。董仲舒、劉向以爲，後鄭滅許，魯陽虎作亂，竊寶玉大弓。季桓子退仲尼。宋三臣以邑叛。」按：《五行志》作三月，蓋後人据杜本《左氏》經改之。

夏，歸粟于蔡。疏 《周禮·大司徒》云：「大荒、大札，則令邦國移民通財。」注：「移民，辟災就賤。其有守不可移者，則輸之穀。《春秋》定五年『夏，歸粟于蔡』是也。」賈疏：「彼雖非荒札之事，直取歸粟一道，證經通財之義。」

孰歸之？諸侯歸之。曷爲不言諸侯歸之？注 据齊人來歸衛寶。疏 注「据齊」至「衛寶」。○見《莊六年》。離至不可得而序，故言我也。注 時爲蔡新被强楚之兵，故歸之粟，與戍陳同義。疏 《穀梁傳》：「諸侯相歸粟，正也。孰歸之，諸侯也。不言歸之者，專辭也。」注：「不言歸之者，主名若獨是魯也。」彼傳又云：「義邇也。」注：「此是邇近之事，故不足具列諸侯。」賈逵取彼爲說云：「不書所會，後也。」○注「時爲」至「之粟」。

○鄂本「强」作「彊」。舊疏云：「即《老子》云：『大兵之後，必有凶年。』彼注云『言妨其耕稼』是也。」○注「與戍陳同義」。○《襄五年》：「戍陳。」傳：「孰戍之？諸侯戍之。曷爲不言諸侯戍之？離至不可得而序。」注：「離至，離別前後至也。陳坐欲與中國，被强楚之害。中國宜雜然同心救之，乃解怠前後至，故不序，以刺中國之無信。」「故言我也」。注：「言我者，以魯至時書，與魯微者同文。」舊疏云：「微者同文者，使若『城楚丘』，辟魯獨戍之。今『歸粟于蔡』之義亦然，故云『與戍陳同義』矣」是也。亦刺諸侯不能翕然同救恤蔡難也。

於越入吴。

於越者何？越者何？ 注 不言或者，嫌兩國。疏《校勘記》云：「《唐石經》原刻脱『越者何』三字，後磨改補刻，故三行每行十一字。」「於越者何」？此經及下《十四年》「於越敗吴于醉李」是也。「越者何」，《昭三十二年》「吴伐越」之屬也。舊疏云：「此文加『於』字，是以單言越者，翻然可怪，故執不知問。」○注「不言」至「兩國」。○舊疏引舊云：「正以《僖四年》傳云：『執者曷爲或稱侯，或稱人？稱侯而執者，伯討也。稱人而執者，非伯討也。』然則彼言或者，乃是兩事之辭。今此若云『曷爲或言越？或言於越？』則嫌爲兩國，是以別之。」舊疏又云：「《隱元年》傳云『曷爲或言會？或言及』之屬，皆言或，❶此何故不云『曷爲或言於越？或言越』者，弟子之意，本疑於越與越爲兩國，是以分別而問之。」按舊疏義，則詁注「嫌」爲「疑」。

於越者，未能以其名通也。越者，能以其名通也。 注 越人自名「於越」，君子名之曰「越」。治國有狀，能與中國通者，以中國之辭言之曰「越」。治國無狀，不能與中國通，以其俗辭言之，因其俗可以見善惡，故云爾。赤狄以「赤」進者，狄於北方總名，赤者其別，與越異也。吴新憂中國，士卒罷敝而入之，疾罪重，故謂之「於越」。疏 注「於越」至「曰越」。○杜云：「於，發聲。」《正義》「言有此發聲」是也。越、於本語詞。《易·繫辭

❶「屬」下，原脱「皆言或」，據《春秋公羊傳注疏》補。

傳》云「於稽其類」，《書・堯典》「黎民於變時雍」，皆是。越之發聲曰於，猶吳之發聲爲句吳也。於、越雙聲，句、吳疊韻，皆夷音也。《釋名・釋州國》云：「越，夷蠻之國也，度越禮義，無所拘也。」《穀梁傳》注：「舊説，於越，夷言也。《春秋》即其所以自稱者書之，見其不能慕中國，故以本俗名自通。」按：稱「越」，稱「於越」，《春秋》新例也。故曰「越人自名曰於越，君子名之曰越」。○注「治國」至「云爾」。○舊疏云：「此狀謂模狀也。模狀猶規矩。若有規矩，是得先王之術，故謂之進。若無規矩，是失治國之法，當獲咎禍，故謂之退。《凶儀》云『無狀招禍』，義亦通於此。亦有一本『狀』皆作『禮』字，但非古本，是以不能得從之也。」《通義》云：「本受中國封號曰越，其俗自名曰於越。先言倪而後言小邾婁，進之也。先言越而後言於越，退之也。楚病中國，繼之以吳，《春秋》所不樂言也。末復繼之以越，君子尤惡之，故深絶而外之。」按：越，其正稱。於越，其俗所自稱。或曰越，或曰於越，當時本有二稱，《春秋》即因以示襃貶進退也。○注「赤狄」至「異也」。○舊疏云：❶「正以《宣十一年》『晉侯會狄于攢函』，單言狄。《宣十五年》：『晉師滅赤狄潞氏。』傳：『潞子之爲善也，離于夷狄。』是其加赤爲進之事也。但狄者，北方之總名，乃鄙賤之號。赤者，是其別稱，故得加之爲進矣。今越者，乃是其國名。若似齊、晉、魯、衛之屬，諸夏之人有禮儀者，其國名之上不見加『於』處，唯有越爲此文。尋檢其事，此時入吳，實合罪貶，故注之。」按：此亦所謂因其可貶而貶之也。○注「吳新」至「於越」。○《釋文》作「罷弊」，「音皮弊，亦作敝」。《少儀》云「國家罷敝」是也。毛本「罪」誤「最」。《吳世家》：「越聞吳王之在郢，國空，乃伐吳。吳使別將擊越。」《吳越春秋二》云：「越王允常恨闔廬破之檇里，❷興兵伐吳。吳在楚，越盜掩襲之。」是其事也。吳新憂中國，謂其救蔡伐楚。上「歸粟于蔡」爲予辭，故「於越入吳」爲疾辭。舊疏云：「夷狄之稱，止有七等之名。州不若國，最其賤者。今乃加『於』，見其入吳之疾，故以罪重言之。」

六月丙申，季孫隱如卒。**注**仲遂以貶起弑，是不貶，著其逐君者，舉君出爲重，故從

❶「云」，原作「去」，據國學本改。
❷「允」，原作「元」，據《史記》改。

季辛起之，猶衛孫、甯。**疏**包氏慎言云：「六月書丙申，月之十九日。」○注「仲遂」至「起之」。○《釋文》作「起殺」，云：「音試。」《宣八年》「仲遂卒于垂」，傳：「仲遂者何？公子遂也。何以不稱公子？貶。曷爲貶？爲弑子赤貶。」是其貶去氏以起弑君也。隱如逐君合貶，經無貶文，以君出爲重。故《昭二十五年》「公孫于齊，次于陽州」，是隱如之罪已見矣。又書季辛相起，即彼年經云：「秋，七月上辛大雩，季辛又雩。」注云「不言下辛言季辛者，起季氏不執下而逐君」是也。故何氏以季辛已起其逐君之惡，故於卒時不復貶也。《解詁箋》云：「不貶者，著所見世例，亦微辭也。」《通義》云：「隱如之罪重矣。比之於翬，是不卒者也。比之于遂，是不日者也。今卒而又日者，定公之大夫也。定公德其立己而不能正出君之罪，則如其恩禮而録之云爾。❶蓋惟君臣之大義於翬、遂既明之矣，故於此得施微詞焉。此之謂所見異辭。」按：翬亦桓之大夫，何以於桓世不見其卒。日者，所見世，大夫有罪無罪皆日故也。○注「猶孫、甯」。○《襄十四年》「衛侯衎出奔齊」，注「不書孫、甯逐君者，舉君絶爲重」是也。

秋，七月壬子，叔孫不敢卒。**疏**包氏慎言云：「七月書壬子，月之四日。」

冬，晉士鞅帥師圍鮮虞。

六年春，王正月癸亥，鄭游遬帥師滅許，以許男斯歸。**疏**包氏慎言云：「正月書癸亥，月之十九日。」《左氏》、《穀梁》游遬作游速。《大事表》云：「此所滅之許，非許本國也。《成十五年》『許遷于葉』，其地已悉歸于鄭，爲舊許矣。至《定四年》『楚遷許于容城』，則在今南陽府葉縣西。至此年，鄭復滅之，則係容城，楚所遷之地也。傳云『因楚敗』，蓋以四年入郢之難而滅其與國耳。」按：容城當以在華容者是。説詳《定四年》。意當時鄭雖滅許，僅將其君歸，未必即有其地。即以爲在葉縣，亦未必爲鄭所有，以沈諸梁在葉也。

二月，公侵鄭。**注**月者，内有彊臣之讐不能討，而結外怨，故危之。**疏**注「月者」至「危之」。○正以侵例時，此月，故解之。

❶「而」，原作「以」，據《通義》改。

公至自侵鄭。

夏，季孫斯、仲孫何忌如晉。**疏**《通義》云：「列數之者，各以事往，非相爲副也。不各言如晉者，其事不正，故其辭不繁。」按：孔氏取《左傳》爲義。

秋，晉人執宋行人樂祁犂。**疏**《唐石經》同。閩、監、毛本祁作祈。

冬，城中城。**疏**《穀梁傳》：「城中城者，三家張也。或曰，非外民也。」

季孫斯、仲孫忌帥師圍運。**疏**《校勘記》云：「《唐石經》、諸本同。解云：『古本無何字，有者誤也。《穀梁》及賈經皆無何字。而賈氏云：《公羊》曰仲孫何忌者，蓋誤。』按：上文『夏，季孫斯、仲孫何忌如晉』，有何字。」蓋誤指上經也。《哀十三年》：「晉魏多帥師侵衛。」傳：「此晉魏曼多也，曷爲謂之晉魏多？❶譏二名，二名非禮也。」與此傳文同，故知此經無「何」字。

此仲孫何忌也，曷爲謂之仲孫忌？譏二名，二名非禮也。**注**爲其難諱也。一字爲名，令難言而易諱，所以長臣子之敬，不逼下也。《春秋》定、哀之間，文致大平，欲見王者治定，無所復爲譏，唯有二名，故譏之。此《春秋》之制也。**疏**舊疏云：「正決上文『夏，仲孫何忌如晉』之文也。」○注「爲其」至「下也」。○舊疏云：「難言者，謂言難著。既不言君父之名，即是臣子之敬，故曰『長臣子之敬』也。動不違禮，爲下之易，故曰『不逼下也』。」《白虎通·姓名》云：「《春秋》譏二名何？所以譏者，乃謂其無常者也。若乍爲名，祿甫元言武庚。」按：彼以二名猶言更名也，與何氏異。然傳明以何忌爲難，則以二字爲名爲二名矣。《禮記疏》引《異義》云：「《公羊》説：譏二名，謂二字作名，若魏曼多是也。《左氏》説：二名者，楚公子棄疾，即位之後改爲熊居，是爲二名。慎謹按：文武賢臣有散宜生、蘇忿生，則《公羊》之説非，從《左氏》義是。」則《白虎通》所載，《左氏》説也。鄭《駁》無考。○注「春秋」至「制也」。○舊疏云：「《春秋》定、哀之間文致大平者，實不大平，但作大平文而已，故曰『文致大平』也。」

❶「爲謂」，原倒，據《公羊疏》正。

《春秋》説昭公亦爲所見世，而此注偏指定、哀爲大平者，正以昭公之時，未譏二名故也。文王之臣散宜生、孔子門人宓不齊之屬，皆親事聖人，而以二字爲名者，謂依古禮。若似堯名放勳，舜名重華，禹名文命，宣王名子爲宫涅之屬。但孔子作《春秋》，欲改古禮爲後王之法，是以譏其二名，故注即言『此《春秋》之制也』。則傳云『二名非禮者』，謂非新王禮，不謂非古禮也」是也。按：《越絶書・敘外傳記》云：「賜見《春秋》改文尚質，譏二名，興素王，亦發憤記吴越，章句其篇，以喻後賢。」《隱元年》注云：「至所見之世，著治大平，夷狄進至于爵，天下遠近小大若一，用心尤深而詳。故崇仁義，譏二名。晉魏曼多、仲孫何忌是也。」《繁露・俞序》云：「故始言大惡，殺君亡國。終言赦小過。是亦始于麤粗，❶終于精微。教化流行，德澤大洽。天下之人，❷人人有士君子之行而少過矣。亦譏二名之意也。」《通義》云：「《春秋》之制者，君子所託新意，損益周制，以爲後王法。若周人尊尊，弟兄不得以屬通。《春秋》親親，母弟稱弟，母兄稱兄。成王既殯，康王冕服受朝。《春秋》之義則踰年即位，於其封内三年稱子。凡此類非一，欲見周禮本得二名，但《春秋》譏之耳。而許叔重横引文武賢臣蘇忿生、散宜生爲難，烏足與議也。杜預輒以不稱『何』爲闕文，名闕一字，復何難曉，而君子不敢增也。何忌自昭末年見經，至此獨一年有兩事，取其同簡異名，易以相起，故就此譏之。如子服何忌，《左傳》又謂之子服何，或單言何，或單言忌，❸蓋時多有。此《春秋》取其單言者爲正焉。」

七年春，王正月。

夏四月。

秋，齊侯、鄭伯盟于鹹。

齊人執衛行人北宫結以侵衛。**疏**《穀梁傳》：「以，重辭也。衛人重北宫結。」注：「齊以衛重結，故執以侵之，若楚執宋公以伐宋。凡言『以』，皆非所宜『以』。」

齊侯、衛侯盟于沙澤。**疏**《通義》云：「再盟皆不月者，齊聯衛、鄭，晉始失伯。伯主不信，信在諸侯矣。」

❶「粗」，原作「糲」，據《繁露》改。
❷「天下之人」，原作「天地之大」，據《繁露》改。
❸「或單言忌」，原脱，據《通義》補。

《左氏》、《穀梁》經無澤字。《左傳》作瑣，杜云：「瑣即沙也。❶陽平元城縣東南有沙亭。」在今大名府元城縣東。按：《左氏》書地，往往省文于《公羊》。如此《公羊》作沙澤，《左氏》作沙。《僖二年》，《公羊》作貫澤，《左氏》作貫。蓋皆從省文也。《釋例·土地名》：「衛地，沙、瑣二名。陽平元城縣東南有沙亭。」《方輿紀要》：「沙亭在大名府東，《左氏》謂之瑣。」《晉地道記》：「方城縣南有瑣陽城，是即沙亭矣。」《經學卮言》云：「《左氏》經作沙，傳作瑣。《公羊》作沙澤。《成十二年》『公會齊侯、衛侯于瑣澤』，《公羊》經亦作『沙澤』。然則瑣即瑣澤，《公羊》曰沙，《左氏》曰瑣，齊、魯讀之異。今此《左氏》作沙，與傳不合，寫誤也。杜於此注云：『地在陽平元城。』于瑣澤下云：『地闕。』是未考沙、瑣，沙澤、瑣澤，同是一地耳。」語極明晰。

大雩。**注**先是，公侵鄭，城中城，季孫斯、仲孫忌如晉，圍運，費重不恤民之應。**疏**注「先是」至「之應」。❷〇即上《六年》「二月，公侵鄭」，又「冬，城中城」，又「夏，季孫斯、仲孫何忌如晉」，又「冬，季孫斯、仲孫忌圍運」是也。「城中城」先言者，舊疏云：「蓋逐重者先言之也。」《五行志中之上》：「定公七年九月，大雩。先是，定公自將侵鄭，歸而城中城。二大夫帥師圍鄆。」❸與何義反。

齊國夏帥師伐我西鄙。

九月，大雩。**注**承前費重不恤民，又重之以齊師伐我，我自救之役。**疏**注「承前」至「之役」。❹〇即上「齊國夏帥師伐我西鄙」是也。《校勘記》云：「蜀大字本、閩、監、毛本同。鄂本無下『我』字。」按：有「我」字是。紹熙本重「我」字。《左疏》引賈逵云：「旱也。」

冬十月。**疏**《左氏》經無此句。杜亦無説，宜是脱文。《左傳校勘記》云：「纂圖本、閩本、監本、毛本亦脱此三字，據《石經》、宋本、淳熙本、岳本補。」

八年春，王正月，公侵齊。**疏**舊疏云：「侵伐例

❶「瑣」字原脱，據《春秋經傳集解》補。
❷「之」，原作「云」，據注文改。
❸「帥」，原作「師」，據國學本改。
❹「前」，原作「尊」，據注文改。

時，而此月者，正以內有强臣之讐，而外犯彊齊，故危之。」按：義具下注。

公至自侵齊。**疏**舊疏云：「以例言之，不蒙上月矣。」

二月，公侵齊。

三月，公至自侵齊。**注**出入月者，內有彊臣之讎，外犯彊齊。再出，尤危於侵鄭，故知入亦當蒙上月。**疏**注「出入」至「上月」。○《校勘記》云：「閩、監、毛本同。蜀大字本脱『再』字。鄂本『尤』誤『大』。」紹熙本無脱誤。舊疏云：「《春秋》之例是也。故何氏分疏之，云此定公侵齊，所以出入月者，正以內有强臣之讎不能討，而外犯强齊，頓煩再出，❶尤危於六年侵鄭之時，故知其入亦當蒙月也。上《六年》『二月，❷公侵鄭』，彼注云：『月者，內有强臣之讐不能討，而外結怨，故危之也。』下經始云『公至自侵鄭』，則知何氏以爲至不蒙月，故此決云：『再出尤危於侵鄭，則知入亦當蒙月也。』」《穀梁傳》：「公如，往時致月，危致也。往月致時，危往也。往月致月，惡之也。」

曹伯露卒。

夏，齊國夏帥師伐我西鄙。

公會晉師于瓦。**疏**杜云：「瓦，衛地。東郡燕縣東北有瓦亭。」《大事表》云：「今衛輝府滑縣東南瓦岡集，古瓦亭也。」《水經注·濟水》篇：「酸瀆首受河于酸棗縣，東逕酸棗城北，❸又東北逕燕城北，又東逕滑臺城南，又東南逕瓦亭南。《春秋》定八年『公會晉師于瓦』是也。」《一統志》云：「在衛輝府滑縣西。」公至自瓦。**注**此晉趙鞅之師也，但言晉師者，君不會大夫之辭也。公會大夫，不別得意。雖得意不致，此致者，諱公爲大夫所會，故使若得意者。**疏**注「此晉」至「師也」。○舊疏云：「正以下經云：『晉趙鞅帥師侵鄭，遂侵衛。』故知此亦趙鞅之師也。」○注「但言」至「辭也」。○《宣元年》「趙盾帥師救陳。宋公以下會晉師于斐林，伐鄭」。傳：「此晉趙盾之師也，曷爲不言趙盾之師？君不會

❶「頓」，《春秋公羊傳注疏》作「頻」。
❷「二」，原作「三」，據《春秋公羊傳注疏》改。
❸「北」，原脱，據《水經注》補。

大夫之辭也。」此與彼同，故据以解之。《通義》云：「按《左傳》，時趙鞅等來救魯也。瓦，内地。」按：如彼傳，士鞅居首。注止言趙鞅，恐不取《左氏》爲義。瓦爲内地，書至當有解説。何無注，亦不以爲内地也。○注「公會」至「不致」。○《莊六年》注云：「公與二國以上出會盟，得意致會，不得意不致。公與一國出會盟，得意致地，不得意不致。」彼謂公與鄰國諸侯尊同勢敵，故分别得意與否。若大夫以下，尊卑異等，自宜得意，故無區别。故《僖二十五年》注：「公與未踰年君大夫盟，不别得意，雖在外，猶不致也。」此與趙鞅會，可不致而致者，以諱與大夫會，似與晉君會，依得意恒例書矣，「故使若得意者」。疏及閩、監、毛本同，鄂本脱「使」字。

秋，七月戊辰，陳侯柳卒。**疏** 包氏慎言云：「七月書戊辰，月之八日。」《左傳釋文》：「柳，本或作抑。」

晉趙鞅帥師侵鄭，遂侵衛。**疏**《左氏》經作士鞅。按：《左氏》：「公會晉師于瓦。」傳云：「晉士鞅、趙鞅、荀寅救我。」士鞅居首，故侵鄭之師亦書士鞅也。杜云：「兩事，故曰遂。」

葬曹靖公。**疏**《校勘記》云：「《唐石經》、諸本同。《釋文》作曹竫，云：『才井反。本亦作靖。』」按：段校本作竫。」《周書·謚法》：「共以解信曰靖。」

九月，葬陳懷公。**疏**《謚法》：「慈仁短折曰懷。」

季孫斯、仲孫何忌帥師侵衛。

冬，衛侯、鄭伯盟于曲濮。**疏** 杜云：「曲濮，衛地。」

從祀先公。

從祀者何？順祀也。**注** 復文公之逆祀。

疏 注「復文公之逆祀」。○《左傳》云：「順祀先公而祈焉。」杜云：「從，順也。先公，閔公、僖公也。將正二公之位次，所順非一，親盡，故通言先公。」《禮記疏》引服虔云：「自躋僖公以來，昭穆皆逆。」《穀梁傳》：「貴復正也。」《漢書·郊祀志》：「《春秋》大復古，善順祀。」《後漢書·質帝紀》：「詔曰：『孝殤皇帝雖不永休祚，❶而即位踰年，君臣禮成；孝安皇帝，承襲統業，而前世遂令恭陵在康陵之上，先後相踰，失其次序，非所

❶「休」，原作「體」，據《後漢書》改。

以奉宗廟之重，垂無窮之制。昔定公追正順祀，《春秋》善之，其令恭陵次康陵，憲陵次恭陵，以序親秩，爲萬世法。』」又《周舉傳》：「《春秋》魯閔公無子，庶兄僖公代立。其子文公遂躋僖公於閔上，❶孔子譏之，書曰：『有事于大廟，躋僖公。』傳曰：『逆祀也。』及定公正其序，經曰『從祀先公』，爲萬世法也。」皆以從祀爲順。

文公逆祀，去者三人。注 諫不從而去之。

疏《文二年》「八月丁卯，大事于大廟，躋僖公」是也。彼傳云：「躋者何？升也。何言乎升僖公？譏。何譏爾？逆祀也。其逆祀奈何？先禰而後祖也。」

定公順祀，叛者五人。注 諫不以禮而去曰叛。去與叛皆不書者，微也。不書禘者，後祫亦順，非獨禘也。言祀者無已，長久之辭。不言僖公者，閔公亦得其順。

疏《公羊問答》云：「順祀而叛者何也？曰：《論衡》曰：『魯文公逆祀，去者三人。定公順祀，叛者五人。貫於俗者則謂禮爲非。❷曉禮者寡，則知是者稀。』」《解詁箋》云：「叛者，謂陽虎之屬也。逆祀當出季氏之意，欲章其立僖之功。文公不知正之耳。從祀亦非定公之意，陽虎欲更季氏之政，定公亦不能違爾。」義或然也。惟劉氏又以叛者謂陽虎之屬，自相矛盾。《通義》引《左傳》曰：「『季寤、公鉏極、公山不狃，皆不得志于季氏。叔孫輒無寵于叔孫氏。叔仲志不得志于魯。故五人因陽虎。陽虎欲去三桓，以季寤更季氏，以叔孫輒更叔孫氏，己更孟氏。冬十月，順祀先公而祈焉。辛卯，禘于僖公。』此傳云：『叛者五人。』虎叛已見下文，故略舉其黨，即寤也、極也、不狃也、輒也、志也。傳意明順祀非實得正，亦微辭耳。季氏專魯國，然後舍中軍。陽虎專季氏，然後從祀先公，而《春秋》書之，壹若國之典制者，稱其美不稱其惡。臣子之義，重其禮，不重其事，制作之意也。察於此，可以治《公羊》之學矣。」○注「諫不」至「曰叛」。○舊疏云：「謂諫君全不以禮，不從之而去之者，謂之叛也。」○注「不書」至「禘也」。○《左傳》：「辛卯，禘于僖公。」注：「不於大廟者，順祀之義，當退僖公，懼於僖神，故於僖廟行順祀。」舊疏云：「何意以

❶「遂」，原作「逆」，據《後漢書》改。
❷「則謂」，原倒，據《論衡》正。

三年一祫，五年一禘。謂諸侯始封之年，禘祫並作。但夏禘則不礿，秋祫則不嘗而已。一祫一禘，隨次而下。其間三五參差，亦有禘祫同年時矣。若其有喪，正可於喪廢其禘祫之年，仍自乘上數之。即《僖八年》『禘于大廟』之時，禘、祫同年矣。至《文二年》『大事于大廟』之下，傳云：『大事者何？大祫也。』注：『從僖八年禘數之，知爲大祫。』是從僖八年禘祫同年數之，即文二年爲祫年，五年爲禘祫同年。又隨次而數之，至今定八年亦禘祫同年矣。凡爲祭之法，先重而後輕。禘大於祫，固當先之，則知從祀先公者，是禘明矣。故云『不書禘者，後祫亦順，非獨禘也。』若然，既言是禘，理宜在夏，而在冬下者，當之矣。」❶按：陽虎爲欲去季氏，故不必正時也。○注「言祀」至「之辭」。○《說文》：「祀，祭無已也。从示巳聲。」《釋名·釋天》云：「殷曰祀。祀，巳也。新氣升故氣已也。」皆本巳爲義，以其一年稱祀之義，則取其已。以其大祭稱祀之義，則取其無已。反正互訓，古人多有此例。○注「不言」至「其順」。○舊疏云：「《閔二年》『夏，五月乙酉，吉禘于莊公』、《僖八年》『秋七月，禘于大廟』、《文三年》『八月丁卯，大事于太廟』之文，皆道其人。今此經文所以不言從祀僖公而言先公者，正以閔公亦得其順，是以不得特指之。」

盜竊寶玉、大弓。

盜者孰謂？ **注** 微而竊大，可怪，故問之。**疏** 注「微而」至「問之」。○舊疏云：「《哀四年》傳云：『弒君賤者窮諸人。此其稱盜以弒何？賤乎賤者也。』是盜爲微賤之稱。寶玉、大弓，國之重寶，故云『微而竊大』也。」**謂陽虎也。陽虎者，曷爲者也？季氏之宰也。** **注** 季氏之陪臣爲政者。**疏** 注「季氏」至「政者」。○《論語·陽貨》篇：「陽貨欲見孔子。」《集解》孔曰：「陽貨，陽虎也，季氏家臣而專魯國之政。」《孟子·滕文公》篇「陽虎曰」，趙注：「陽虎，魯季氏家臣也。」下九年《左傳》：「齊鮑文子諫曰：❷『夫陽虎有寵於季氏，而將殺季孫，以不利魯國而求容焉。』」《論語·季氏》篇：「陪臣執國命。」謂此。**季氏之宰，則微者也，惡乎得國寶而竊之？**

❶「當」，《春秋公羊傳注疏》作「失」。

❷「諫」字，原脱，據《春秋左傳正義》補。

陽虎專季氏，季氏專魯國。陽虎拘季孫。注季氏逐昭公之後，取其寶玉，藏於其家。陽虎拘季孫，奪其寶玉。季孫取玉不書者，舉逐君爲重也。疏注「季氏」至「寶玉」。○季氏逐昭公，在昭二十五年。取其寶玉，藏於其家，何氏蓋以理知之，或別有所見。《左傳》謂「陽虎説甲如公宮，取寶玉大弓以出。」按：陽虎時已與孟氏戰敗，奔亡之不暇，安能尚説甲如公宮，取寶玉大弓，故何氏不取。○注「取玉」至「重也」。○各本無「也」字，依鄂本補。**孟氏與叔孫氏迭而食之。睋而鋟其板。**注以爪刻其饋斂板。疏《校勘記》云：「《唐石經》、諸本同。《石經》原刻作俄，後改睋。下同。《釋文》作睋。又云：『鋟，本又作鑯，七廉反，又且審反。本或作鍛，誤。』按：《桓二年》傳：『俄而可以爲其有矣。』《莊三十二年》傳：『俄而牙弒械成。』字皆作俄。何注《桓二年》云：『俄者，謂須臾之間，創得之頃也。』此从目，非。」《通義》本作睋，云：「臥而睋之曰睋。」按：「臥而睋之」無謂，《石經》原刻是也。○注「以爪」至「斂板」。○《廣雅·釋器》云：「鋟，錐也。」又《釋詁》：「鑯，鋭也。」《集韻》「鋟，或作鑯」。《説文·金部》：「鑯，鐵器也。一曰鑴也。」鋟本以錐刻物之名，不必專指以爪刻也。爪爲人手掌之稱。時季氏被囚，或無鐵物，故直以爪刻字於上求救。蓋當時急切所爲，何氏非訓鋟爲以爪刻板也。《通義》云「鋟，刻也。板，饋食器上蓋」。按：《説文》無板字，當作版。古音方、反皆重脣音，故訓方爲版。因之斂藏衣物之器亦謂之板。**曰：「某月某日，將殺我于蒲圃。**疏《校勘記》云：「《唐石經》、諸本同。《釋文》：『蒲圃，本又作甫。』葉鈔本作滿圃。」按：《左傳》亦作「蒲圃」。**力能救我則於是。」**注於是時。**至乎日若時而出。**疏舊疏云：「謂至于某日如約之時也。以此言之，則知上文云『某月某日』，宜亦言其時，但傳家省去之，至此乃言若時，以刻日也。」《左傳》云：「壬辰，將享季氏于蒲圃而殺之。」蓋是日若時也。《校勘記》云：「疏及諸本同，《唐石經》『乎』磨改，日誤曰。」**臨南者，陽虎之出也。**疏舊疏云：「姊妹之子謂之出。蓋是虎之外生也。或曰從其家出而仕于公，亦不妨。下季氏云『世世有子』是矣。」《通義》云：「臨南，臨

楚字。出，姊妹之子也。」蓋舊疏前一説是也。御之。**注**爲季孫御。**疏**注「爲季孫御」。○《左傳》：「陽虎前驅，林楚御桓子。虞人以鈹盾夾之。陽越殿。將如蒲圃。」林楚即臨南也。於其乘焉，**疏**舊疏云：「於其乘焉，謂於其上車之時矣。」季孫謂臨南曰：「以季氏之世世有子，**注**言我季氏累世有女以爲臣。**疏**俞氏樾《群經平義》云：「何解未得有字之意。有者，相親有之謂也。昭二十年《左傳》：『是不有寡君也。』杜注：『有，相親有也。』宣十五年《公羊傳》：『潞子離於狄而未能合於中國，晉師伐之。中國不救，狄人不有。』不有，亦言不相親有也。以季氏之世世有子，謂季氏累世親厚於子，異於它人。若如何解，則爲不辭。」按：如何義，亦未爲不可通。子可以不免我死乎？」**注**以義責之。**疏**《左傳》：「桓子咋謂林楚曰：『而先皆季氏之良也，爾以是繼之。』」杜云：「欲使林楚免己於難，以繼其先人之良。」臨南曰：「有力不足，臣何敢不勉。」**疏**《左傳》：「林楚對曰：『臣聞命後。陽虎爲政，魯國服焉。違之徵死，死無益於主。』桓子曰：『何後之有，而能以我適孟氏乎？』對曰：『不敢愛死，懼不免主。』桓子曰：『往也。』」陽越者，陽虎之從弟也，爲右。**注**爲季孫車右，實衛之。**疏**《左傳》：「陽越殿。」注云：「越，陽虎從弟。」○注「爲季」至「衛之」。○舊疏云：「謂守衛季孫，不令走。」乘車中有車右也。諸陽之從者，車數十乘，至于孟衢，**注**孟氏衢，四達可以横去。**疏**注「孟氏」至「横去」。○舊疏云：「即《釋宮》：『四達謂之衢。』李巡曰：『四達各有所至曰衢。』孫氏曰：『交通四出。』是也。」《釋名·釋道》云：「四達曰衢。齊、魯謂四齒杷爲欋。欋杷地則有四處，此道似之也。」時臨南奉季孫適孟氏，此衢蓋即近孟氏之舍，故曰孟衢。《左傳》云「及衢而騁」，即此衢也。臨南投策而墜之。**注**策，馬捶也。見二家迭食之，欲將季孫由孟氏免之，恐陽越不聽，故詐投策，欲使下車。**疏**《釋文》作「而隊」，《唐石經》缺。○注「策，馬捶也」。○襄十七年《左傳》：「左師爲己短策。」《正

義》引服虔注：「策，馬捶也。」《淮南・道應訓》：「杖策，錣上貫頤。」注：「策，馬捶。」文十三年《左傳》：「繞朝贈之以策。」杜注：「策，馬撾也。」《吕覽・審爲》云：「杖策而去。」注：「策，箠也。」《説文・竹部》：「策，馬箠也。」陽越下取策，臨南駷馬，**注**捶馬銜走。**疏**《校勘記》云：「《唐石經》、諸本同。《釋文》：『駷，本又作㨷。字書無此字，相承用之。』」按：《廣雅・釋詁》：「㨷，擊也。」王氏念孫《疏證》云：「《玉篇》：『㨷，㨷擊也。』《公羊傳》駷、㨷並音素董反，其義同也。」是也。〇注「捶馬銜走」。〇鄂本捶作摇。按：依《説文》當作箠，叚借字。捶譌作摇。按：紹熙本亦作摇。《廣韻》：「駷，馬摇銜走也。」則作摇亦通。《左傳》「林楚怒馬，及衢而騁」是也。而由乎孟氏。陽虎從而射之，矢著于莊門。**注**莊門，孟氏所入門名。言幾中季孫，賴門閉，故著門。**疏**《釋文》：「莊，本或作嚴，亦音莊。」蓋漢人避諱改也。〇注「莊門」至「著門」。〇《左傳》：「孟氏選圉人之壯者三百人，以爲公期築室於門外。」又曰：「陽越射之不中，築者闔門。」注：「季孫既得入，乃閉門。」此以爲陽虎射之，異。然而甲起於琴如，**注**甲，公斂處父所帥也。琴如，地名。二家知出期，故於是時起兵。**疏**注「甲公」至「帥也」。〇即下云「公斂處父帥師而至」是也。《左傳》：「陽虎劫公與武叔，以伐孟氏。公斂處父帥成人自上東門入。」〇注「二家」至「起兵」。〇即上傳云「力能救我，則於是」是也。下注云：「公斂處父，孟氏、叔孫氏將兵之將。」《左氏》以爲孟氏家臣，何所不取。弑不成，卻，反舍于郊，皆説然息。**注**説，解舍。然，猶如。**疏**舊疏云：「正以季孫於陽虎爲君，故謂之弑也。『卻，反舍于郊』者，謂上文『陽虎從而射之』時，逐之鄉孟氏。今而還去，舍于郊，故曰『卻，反舍于郊』。不謂元從郊來。」《左傳》：「與陽氏戰于南門之内，弗勝，又戰于棘下。陽氏敗。陽虎説甲如公宫，取寶玉大弓以出，舍于五父之衢。」即此之「卻，反舍于郊」也。《校勘記》云：「《唐石經》、諸本同。《釋文》弑作殺，云：『音試，下同。』卻，本又作却。『説然』，本又作税。』」〇注「説，解舍。然，猶如」。〇《易・遯》六二：「莫之勝説。」虞注：「説，解也。」《國語・齊語》：「脱衣

就功。」注：「脱，解也。」《禮・士昏禮》：「主人説服于房。」又《既夕・記》：「主人説髦。」注：「今文説爲税。」税亦訓舍，《詩・碩人》「税于農郊」是也。「然，猶如」者，《詩・魏風・葛屨》云：「宛然左辟。」《説文・人部》引作「宛如左辟」。然、如雙聲字，得通用。故《論語・憲問》云：「子曰：『其然』。」皇疏：「然，如此也。」《禮記・大傳》：「其義然也。」注：「然，如是也。」《通義》云：「説然，猶脱然也。」按：此即《左傳》之「寢而爲食」也。俞氏樾《群經平議》云：「何氏此解殊未明了。説，猶脱也。《詩・野有死麕》篇『舒而脱脱兮』，《毛傳》：『脱脱，舒遲也。』重言之爲脱脱，單言之即爲脱。《淮南子・精神訓》：『則脱然而喜矣。』高注：『脱，舒也。』此傳云『説然』，猶彼云『脱然』，乃舒遲之意。蓋陽虎意中無所畏憚，故與其徒脱然止息耳。」脱與説古字通用。《荀子・正名篇》楊倞注曰：「説讀爲脱。」義亦通。

或曰：「弑千乘之主，**注** 時季氏邑至於千乘。**疏** 注「時季」至「千乘」。○《禮記・坊記》云：「故制國不過千乘，都城不過百雉，家富不過百乘。」鄭注：「古者方十里，其中六十四井，出兵車一乘，此兵賦之法也。成國之賦千乘。」又鄭注《小司徒》云：「井十爲通，士一人，徒二人。通十爲成，革車一乘，士十人，徒二十人。十成爲終，革車十乘，士一百人，徒二百人。十終爲同，革車百乘，士千人，徒二千人。」此謂公卿大夫采地出軍之制也。《禮記疏》引《司馬法》又云：「甸方八里，出長轂一乘。」鄭注《小司徒》云：「若通溝洫之地，則爲十里。若除溝洫之地，則爲八里。」則方十里者，六十四井也。季氏爲大夫，極于百乘，而得千乘者，蓋初作中軍，三分公室，各有其一。及舍中軍，四分公室，季氏擇二，皆盡征之。公車千乘，皆季所專，故目爲千乘之主焉。《論語・先進》云：「季氏富於周公。」亦以季氏專執魯政，盡征其民故也。

而不克，舍此可乎？」**注** 嫌其近而無所依。**疏**《左傳》：「其徒曰：『追其將至。』」

陽虎曰：「夫孺子得國而已，**注** 得免專國家而已。**疏**《通義》云：「孺子，謂季桓子。」按：謂季孫仍得國政而已也。《左傳》：「虎曰：『魯人聞余出，喜於徵死，何暇追余。』」

如丈夫何。」**注** 如，猶奈也。丈夫，大人稱

也。疏注「如猶奈也」。○《文選・東京賦》：「如之何，其以温故知新。」薛注：「如，奈也。」《昭十二年》傳：「子苟如之何？」注：「如，猶奈也。」《論語・子罕》篇：「匡人其如予何？」皇疏：「如予何者，猶言奈我何也。」○注「丈夫，大人稱也」。○《説文》：「夫，丈夫也。从大一，以象簪也。周制以八寸爲尺，十尺爲丈。人長八尺，故曰丈夫。」《禮記・郊特牲》注：「夫之言丈夫也。」《曲禮》云「若夫」，注：「言若欲爲丈夫也。」《廣雅・釋器》：「男子謂之丈夫。」《哀十一年》傳：「是謂我不成丈夫也。」是丈夫爲美大之稱也。《易・隨》六二：「係小子，失丈夫。」以丈夫與小子對，故何氏謂「大人稱也」。《通義》云：「丈夫，陽虎自謂，言必不敢追己。」睋而曰：「彼哉，彼哉。」注望見公斂處父師，而曰：「彼哉，彼哉。」再言之者，切遽意。疏注「望見」至「彼哉」。○即下傳云「公斂處父帥師而至」是也。《經義述聞》云：「家大人曰：何以睋字从目，故訓爲望，其實非也。睋讀爲俄，俄謂須臾之頃也。虎舍于郊而説然息，謂魯人之必不來追也。❶俄而思公斂處父必來追，故曰『彼哉彼哉』。此意中之處父，非目中之處父也。處父至，則不及駕，故曰『趣駕』，非望見處父之師而後駕也。『俄而』二字，傳文屢見。《桓二年》傳曰：『俄而可以爲其有矣。』《莊三十二年》傳曰：『俄而牙弑械成。』作睋者，叚借字耳。上文曰『睋而鋟其板』，亦是借睋爲俄也。《漢書・外戚傳》：『始爲少使，蛾而大幸。』則又借用蛾眉字。」❷按：此陽虎實望見公斂處之師，故趣駕。既駕而師至，故曰「慬然後得免」。作見解，作俄讀，俱無不可通。「彼哉彼哉」，《論語・憲問》篇亦有是語，夫子論子西也。宋氏翔鳳《過庭録》云：「何意謂彼哉言彼地不可久處，禍將及也。楚令尹子西之治亂，足以招亂，故孔子思速去之。與《公羊》言趣駕語義同。蓋魯、齊兩《論》也。」❸《論語稽求篇》云：「《埤蒼》曰：『佊者，邪也。』彼字省作佊字，而《廣韻》、《集韻》遂各收佊字在《上紙韻》，且各引《論語》『佊哉佊哉』爲證。於是，傳會之家遂謂《魯論》舊本原是佊字。然按《公羊》定八年陽

❶「之」字原脱，「追」下原衍「我」，據《經義述聞》補删。
❷「眉」字，原脱，據《經義述聞》補。
❸引文實出自宋氏《論語説義》。下同。

虎謀弑季氏不得，見公斂處父之甲，睋而曰『彼哉彼哉』，則彼本如字，且陽虎時未有《魯論》，此必古成語，而夫子引以作荅者。」按：《論語集解》引馬曰：「『彼哉彼哉』，言無足稱也。」皇疏「彼哉彼哉者，又荅或人言，人自是彼人耳，無别行可稱也。」蓋陽虎初見甲起，不知何人，尚脱然息。及見公斂處父，乃懼而疾走，曰：「彼哉彼哉。」彼即彼公斂處父，蓋畏詞也。與論子西語氣同，而語義異也。何晏《論語序》云「《古論》至順帝時，馬融爲之訓詁」，則馬習古文也。《説文》無佊字。《玉篇・人部》：「佊，邪也。」《廣韻》所本《説文》用《古論》，故不收佊字。《過庭録》又云：「《廣韻・五寘》：『佊，哀也。』《論語》云：『子西佊哉』，言子西不若子産治政之有遺愛，管仲治齊之無怨言，終於掩面而死，固可哀也。《廣韻》所載蓋古文《論語》之遺，佊字當在《史籀》亡篇中，❶故《説文》不載佊字也。」按：《玉篇》云：「邪也。」《廣雅》云：「衺也。」則《廣韻》之「哀」，即「衺」之譌。子西之死在孔子後，孔子何得逆知其事而哀之？且作邪字解，亦不可通。以之説《論語》，則論子西太過。以之説《公羊》，則陽虎不得以公斂處父爲邪也。彼哉者，若曰：「是彼也哉。」○注「再言」至「遽意」。○原文闕。

趣駕。注使疾駕。疏注「使疾駕」。○《後漢・光武紀》注：「趣，急也。讀曰促。」《管子・國蓄》云「則君雖强本趣耕」，注：「趣，讀爲促。」《説文・走部》：「趣，疾也。」《漢書・翟方進傳》「督趣司隸」，注：「趣，讀曰促。」謂促其疾行，故曰：「趣駕也。」《左傳》：「從者曰：嘻！速駕，公斂陽在。」即處父也。

既駕，公斂處父帥師而至。注公斂處父，孟氏、叔孫氏將兵之將。疏注「公斂」至「之將」。○《左傳》「成宰公斂處父告孟孫」，成爲孟氏邑，則公斂處父孟氏家臣也。與何異。

慬然後得免。疏《通義》云：「慬，僅也。」《一切經音義》引《字林》云：「僅，才能也。」《國策》云：「邯鄲僅存。」注：「僅，裁。」慬即僅字之借，言僅僅得免也。《左傳》：「公斂陽請追之，孟孫弗許。」故得免也。

自是走之晉。疏《左傳》：「陽虎入于讙、陽關以叛。」《魯世家》云：「陽虎欲盡殺三桓適而更立其所善庶子以代之。載季桓子，將

❶「亡」，《論語説義》作「三」。

殺之，桓子詐而得脱。三桓共攻陽虎，陽虎居陽關。魯伐陽虎，陽虎奔齊，已而奔晉趙氏。」《左傳》下十年具詳其事。

寶者何？璋判白。

注 判，半也。半圭曰璋。白藏天子，青藏諸侯。魯得郊天，故錫以白。不言璋言玉者，起珪、璧、琮、璜、璋五玉盡亡之也。傳獨言璋者，所以郊事天尤重。《詩》云「奉璋峨峨，髦士攸宜」是也。禮，珪以朝，璧以聘，琮以發兵，璜以發衆，璋以徵召。

疏 《穀梁傳》：「寶玉者，封圭也。」《左傳》注：「謂夏后氏之璜。」孔疏以爲劉歆説，皆何氏所不取。○注「判，半也」。○《周禮·媒氏》：「掌萬民之判。」注：「判，半也。」《楚辭注》引《字林》：「牉，半也。」《一切經音義》：「判，古文牉，又作胖。」《詩·大雅·訪落》：「繼猶判涣。」傳：「判，分也。」《周禮·朝士職》：「凡有責者，有判書。」注：「判，半分而合者。」是判爲半也。○注「半圭曰璋」。○《詩·大雅·棫樸》：「左右奉璋。」傳：「半圭曰璋。」《白虎通·瑞贄》篇引《禮》：「半珪爲璋。」《周禮·大宗伯》：「以赤璋禮南方。」注：「半圭曰璋，象夏物半死。」按：璋本半圭之名。又言判白者，蓋半白下天子也。亦《玉人職》「天子用全，上公用龍」之義。毛本圭作珪，下珪璧字皆从玉。○注「白藏」至「以白」。○舊疏云：「白藏天子，青藏諸侯，《春秋説》文。」蓋諸侯純青，天子純白。魯降於天子，異於諸侯，故判白也。藏字《釋文》無音。○注「不言」至「之也」。○《周禮·小行人》云：「合六幣。圭以馬，璋以皮，璧以帛，琮以錦，琥以繡，璜以黼。」此唯無琥，蓋彼《周禮》也。《周禮》：「圭、璋以朝聘，璧、琮用以享，琥、璜用以大饗。」所用亦與下注所記不合。○注「傳獨」至「是也」。○《校勘記》云：「峨峨，鄂本、閩、監、毛本同。此本翻刻者峨字誤从虫旁。《釋文》『峨峨，本又作娥』。按：《廣雅·釋訓》：『娥娥，容也。』與何氏引《詩》正合。《毛詩》作峩，叚借字也。」舊疏云：「言文王祭皇天上帝時，在助祭者，奉此半圭之璋，其儀容峨峨盛莊矣，盡是俊士之所宜利。何氏與鄭同。」按：舊疏所云，即鄭氏箋義。《公羊禮説》云：「此疏大謬。鄭箋：『璋，璋瓚也。祭祀之禮，王裸以圭瓚。諸臣助之，亞裸以璋瓚。』疏：『禮，圭以進君，璋以進夫人。』則圭當統名，不得言

璋。《冬官・玉人》大璋、中璋、邊璋皆是璋瓚也。《小宰》注云：『唯人道宗廟有灌。天地大神至尊，不灌，莫稱焉。』則此言灌事，❶祭宗廟也。按：何氏謂『判，半也。半圭曰璋』，與毛同。鄭以爲璋瓚，與何異。何以爲郊天，鄭以爲宗廟之祭，絶然兩途。徐謂何與鄭同，不察之甚矣。何氏郊天之説，出于仲舒《繁露・四祭》云『已受命而王，必先祭天，乃行王事。文王之伐崇是也。《詩》曰：「濟濟辟王，左右奉璋。奉璋峩峩，髦士攸宜。」此文王之郊也』是也。鄭以上章爲郊天，此章爲祭宗廟。舊疏亦沿上章而致誤與？」《詩疏》引孫毓《異同評》云：「國事莫大乎祀，祀神莫大乎天。必擇俊士與共其禮，故舉祭天之事以明官人之義。」亦以此節爲郊天之詩。毛氏本上章爲説，蓋亦以爲郊天之禮。謂君王行禮之時，其左右之臣，奉璋而助行之也。彼疏引王肅申之云：「群臣從王行禮之所奉。」引《顧命》曰：「大保秉璋以酢。」皆與鄭以璋爲璋瓚者異。○注「禮珪」至「徵召」。○《白虎通・瑞贄》篇云：「五玉者各何施？ 蓋以爲璜以徵召，璧以聘問，璋以發兵，珪以質信，琮以起土功之事也。」與此互異，蓋皆逸《禮》文也。珪以朝者，《白虎通》云：「珪以爲信何？ 珪者，兑上，象物始生，見於上也。信莫著于作見，故以珪爲信，而見萬物之始莫不自潔。珪之爲言圭也。上兑，陽也。下方，陰也。陽尊，故其理順備也。位在東，陽見義于上也。」又云：「合符信者，謂天子執瑁以朝，諸侯執圭以覲天子。」是此之珪以朝，即彼之珪以質信也。《説文・玉部》：「珪，瑞玉也。」《禮記・禮器》云：「諸侯以圭爲瑞。」注：「瑞，信也。」《荀子・大略》云：「聘人以珪。」楊注：「謂使人聘他國以珪璋。」皆因圭以質信，故用以朝。臣下所執，則瑑圭也。諸侯所執以朝天子，則《大宗伯》云「公執桓圭，侯執信圭，伯執躬圭」之類是也。璧以聘者，《白虎通》云：「璧以聘問何？ 璧者，方中圜外，象地。地道安甯而出財物，故以璧聘問也。方中，陰德方也。圓外，陰繫于陽也。陰德盛于内，故見象于内，位在中央。璧之爲言積也。中央，故有天地之象，所以據用也。内方象地，外圓象天也。」按：《禮・聘禮》：「受享束帛加璧。」注：「君享用璧。」知聘用璧也。其子男朝天子，亦以璧。《大宗伯》「子執穀璧，男執蒲璧」是也。琮以發兵者，《白虎通》云：「琮以起土

❶「此言」，原作「眥」，今據《公羊禮説》改。

功發衆何？琮之爲言宗也。象萬物之宗聚也。功之所成，故以起土功發衆也。位在西方。西方陽，收功于内。陰出成于外。内圜象陽，外直爲陰。外牙而内湊，象聚會也，故謂之琮。后夫人之財也。」按：琮之見於《禮》者，《大宗伯》：「以黄琮禮地。」《玉人》云：「駔琮五寸，宗后以爲權。」《聘禮》：「享夫人以琮。」此謂琮以發兵，與諸書不合。璜以發衆者，《白虎通》云：「璜所以徵召何？璜者半璧。位在北方，北陰極而陽始起，故象半陰。陽氣始施，徵召萬物，故以徵召也。不象陽何？陽始物微，未可見也。璜者，横也，質尊之命也。陽氣横于黄泉，故曰璜，璜之爲言光也，陽光所及，莫不動也。象君之威命所加，莫敢不從；陽之所施，無不節也。」徵召與發衆事近也。璋以徵召者，《白虎通》云：「璋以發兵何？璋半珪。❶位在南方。南方陽極而陰始起，兵亦陰也，故以發兵也。不象其陰何？陰始起，物尚凝，❷未可象也。璋之爲言明也。賞罰之道，使臣之禮，當章明也。南方之時，萬物莫不章，❸故謂之璋。」亦與徵召取義爲近。按：《周禮・典瑞》：「牙璋以起軍旅。」蓋周禮也。璋以徵召，又以郊天者，蓋郊天之璋判白，此或即青藏者與？

弓繡質 **注** 質，拊也。言大者，力千斤。**疏** 《穀梁》以爲「武王之戎弓也」。杜預用劉歆以來説，以大弓即封父之繁弱，與何氏異。舊疏云：「千斤之文，何氏有所見也。」○注「質，拊也」。○《校勘記》云：「閩、監、毛本同。《釋文》：『質，柎。』此从手旁，訛。」按：《廣雅・釋言》：「柎，柢也。」《考工記・弓人》云：「於挺臂中有柎焉。」❹注：「柎，側骨。」《釋名・釋兵》云：「中央曰弣。弣，撫也，人所撫持也。」拊即敝，故下云：「方其峻而高其柎，長其畏而薄其敝。」鄭司農云：「敝，謂弓人所握持也。」戴氏震《考工記圖補正》云：「挺臂中有柎，柎嚮弦宜高而薄之，以便握持。敝與柎皆弓把。柎者，其内側骨，謂之質之。」《周禮疏》云：「『柎，把中，居弓之正中。』質亦有正義。《司弓》云：『矢以授甲革椹質者。』注『質，正也』是也。」蓋唯繡爲異爾。○注「言大者，力千斤」。○舊疏云：「《家語》云：『三十斤爲鈞，謂之

❶「璋」下，原衍「者」，據《白虎通》删。
❷「物」上，原衍「象」，據《白虎通》删。
❸「萬物」，原脱，據《白虎通》補。
❹「柎」原作「拊」，據下文及《周禮注疏》改。

石。』然則千斤之弓，其力八石三斗有餘，故《左傳》云：『可以威不軌，戒不虞也。』」按：斤數不合。段校本「謂」字上有「百二十斤」四字，下文「三斗有餘」四字，乃衍文。

龜青純。 **注** 純，緣也，謂緣甲䫇也。千歲之龜青髯，明于吉凶。《易》曰：「定天下之吉凶，成天下之亹亹者，莫善乎蓍龜。」經不言龜，以先知從寶省文。謂之寶者，世世寶用之辭。此皆魯始封之錫。不言取而言竊者，正名也。定公從季孫假馬，孔子曰：「君之於臣，有取無假，而君臣之義立。」主書者，定公失政，權移陪臣，拘其尊卿，喪其五玉，無以合信天子，交質諸侯，當絶之。不書拘季孫者，舉五玉爲重。書大弓者，使若都以國寶書，微辭也。

疏 注「純緣」至「吉凶」。○《周禮・司几筵》云：「設莞筵紛純。」司農注：「純，緣也。」《禮・既夕・記》云：「緇純。」注：「飾衣曰純，謂領與袂。」❶《士冠禮》：「青約繶純。」注：「純，緣也。」凡衣履之飾邊者皆曰純，故亦謂龜之緣曰純也。毛本䫇誤頗。《説文・龜部》：「䶌，龜甲邊也。❷ 从龜冄聲。天子巨龜，尺有二寸。諸侯尺，大夫八寸，士六寸。」段注云：『䫇者，⿱冄寸之省，䶌之叚借字。」劉淵林注《蜀都賦》引譙周《異物志》曰：「涪陵多大龜，其甲可以卜。其緣中又似瑇瑁，俗名曰靈。」又郭注《爾雅》亦用其説，而今本多訛字。《漢書・食貨志》：「元龜岠冄，長尺二寸。」冄亦叚借字。孟康曰：「冄，龜甲緣也。岠，至也。度背兩邊緣，尺二寸也。」緣者，甲之邊也。甲文象木載孚甲之象，故介蟲外骨謂之甲。《禮記・樂記》云：「青黑緣者，天子之寶龜也。」《史記・樂書》同，即此之青純也。青、黑色近，故《禮器》注云：「秦時或以青爲黑故也。」千歲之龜，髯色成青黑，故曰青緣。《樂記》疏謂寶龜之甲，並以青黑爲之緣，非也。○注「易曰」至「蓍龜」。○《繫辭上傳》文。韓康伯本作「莫大乎蓍龜」。《釋文》大作善，與此同。《漢書・蓺文志》、《儀禮疏》引皆作「莫善」。

❶「袂」，原作「袂」，據《儀禮注疏》改。
❷「龜」字原脱，據《説文》補。

賈公彦云：「凡草之靈，莫善於蓍。凡蟲之靈，莫善於龜。」《中山經》云：「江水出焉，其中多良龜。」郭注：「良，善也。」亦取《易》爲義也。舊疏云：「今《易》善作大，爲異文。彼注云：『凡天下之善惡及没没之衆事，皆成定之，言其廣大無不包也。』」舊疏多用鄭説，疑亦鄭氏注也。《校勘記》云：「惠棟云：『古《易》皆作莫善乎蓍龜，王弼本善作大，後人皆仍其誤。』按：今文《易》作『莫善』。古文《易》作『莫大』。鄭注本及王弼本皆費氏古文也，故作大。鄭注云：『言其廣大無不包也』，可證是大字。」○注「經不」至「之辭」。○《校勘記》云：「疏引作『世世保用之辭』，此以保訓寶也。今本仍作寶，非。《定元年》疏引同。按：何校本正作保。」《郊特牲》云：「龜爲前列，先知也。」故云：「以先知從寶省文。」《通義》云：「經未見龜者，虎止竊弓璋，傳廣言魯所有寶爾。《明堂位》曰『封父龜』，即此也。大弓，繁弱之弓也。」按：《明堂位》所記魯寶多矣，傳何爲不敘及，但廣言龜，蓋龜亦虎所竊也。龜謂之寶者，《禮記・禮器》云：「諸侯以龜爲寶。」注：「古者貨貝寶龜，大夫以下有貨耳。《易》曰：『十朋之龜。』」是寶龜唯天子諸侯有之也。《白虎通・蓍龜》云：「天子龜長一尺二寸，諸侯一尺，大夫八寸。」蓋尋常卜龜，大夫得有也。《士喪禮》有卜日，知士亦有矣。故臧氏守龜有句僂者。《論語・公冶長》篇：「臧文仲居蔡。」包注：「蔡，國君之守龜也，長尺有二寸。」皇侃疏：「蔡，大龜也。禮，唯諸侯以上得畜大龜，以卜國之吉凶。大夫亦得卜，用龜之小者，不得畜蔡也。」則臧氏居蔡，蓋亦僭越，故孔子譏其不知，不獨山節藻棁也。○注「此皆」至「之錫」。○舊疏云：「《左傳》定四年具有其文也。」《穀梁傳》亦以爲周公受賜，藏之魯。《書・召誥》云：「大保乃以庶邦冢君，出取幣。乃復入，錫周公。」疏引鄭注云：「所賜之幣，蓋璋以皮及寶玉大弓，此時所賜。召公見衆殷之民大作，周公德隆，功成有反政之期而欲顯之，因大戒天下，故與諸侯出取幣，使戒成王立於位，以其命賜周公。」是爲始封之錫也。若然，定四年《左傳》又云「分魯公以大路、大旂，夏后氏之璜，封父之繁弱」者，彼蓋賜魯公，此爲賜周公，同爲始封之錫也。此傳璋即寶玉。《書》鄭注以璋與寶玉殊言之者，寶玉雜色，有琮、璧、圭、璜，而璋祀天之物，尤重，故特舉之與？○注「不言」至「名也」。○《穀梁傳》：「非其所以與人而與人，謂之亡。非其所取而取之，謂之盜。」彼蓋以盜即竊，其

實盜爲賤者之稱，竊者乃其正名也。○注「定公」至「義立」。○舊疏云：「《家語》文。」《校勘記》：「今《家語》無『君臣之義立』。」按：《韓詩外傳》五云：「孔子侍坐于季孫。季孫之宰通曰：『君使人假馬，其與之乎？』孔子曰：『吾聞君取於臣謂之取，不曰假。』季孫悟，告宰通，曰：『今以往，君有取謂之取，無曰假。』孔子曰：『正假馬之言，而君臣之義定矣。』《論語》曰：『必也正名乎？』《詩》曰『君子無易由言』，名正也。」《新序五》亦載此事，蓋何氏所本。《家語》多王肅僞竄，非何所据也。《大戴禮·少間》云：「臣故曰：『君無言情於臣，君無假人器，君無假人名。』」《論語·子路》篇：「必也正名乎？」❶注：「馬曰：『正百事之名。』」皇疏：「孔子荅曰：『爲時昏禮亂，言語翻雜，名物失其本號，故爲政，必以正名爲先也。』」○注「主書」至「絶之」。○《校勘記》出「喪其五玉」，云：「鄂本同，閩、監、毛本作寶玉，非。此本譌作『玉玉』，今訂正。」包氏慎言云：「五玉爲天子所錫，以鎮國者也。爲盜所竊，當坐不謹，故絶奪其爵。」《解詁箋》云：「魯郊非禮，辨已見前。《詩》云『奉璋』，當是《周官》『璋瓚』，《尚書·顧命》所謂『秉璋以酢』者也。此盜竊寶玉，當是魯之命圭，失之定公，坐重，故爲微辭。傳順經諱文，別舉三物以實之爾。」按：三傳無以寶玉專指命圭者。《公羊》之義，命圭亦在其中，所以合信天子，交質諸侯。若以璋爲璋瓚，則宗廟之祭，臣子所執，傳無緣特舉之也。○注「不書」至「爲重」。○律所謂二罪俱發，以重者論也。陪臣執大夫，辱莫大焉。蓋定、哀之世，文致大平，故爲深諱辭與？○注「書大」至「辭也」。○舊疏云：「言大弓與龜皆可保用，所以龜得從寶省文。而特書大弓不省文，使若都以國寶書，作微辭之義，何者？經言『盜竊寶玉大弓』，若似所謂寶玉即大弓，是言可世世傳保而金玉之然，故得爲微辭也。」按：大弓得爲寶玉者，《明堂位》云：「越棘、大弓，天子之戎器也。」與越棘並，故知亦國寶也。其爲微辭者，道大弓謂之寶，實爲喪其五玉，當坐絶也。

❶「也」，原作「曰」，據《論語注疏》改。

公羊義疏七十一

句容陳立卓人著

定九年盡十三年。

九年春，王正月。

夏，四月戊申，鄭伯囆卒。【疏】毛本脱「伯」字。包氏慎言云：「四月書戊申，据曆四月無戊申，三月之十二日也。」下書「葬鄭獻公」，卒在四月，相距僅一月。經當以慢葬書日，而不日，恐經月有誤。囆，《左氏》作蠆。

得寶玉大弓。

何以書？國寶也。喪之書，得之書。【注】微辭也。使若都以重國寶故書。不以罪定公者，其寶失之，當坐。得之，當除。以竊寶不月，知得例不蒙上。【疏】注「微辭」至「故書」。○舊疏云：「寶玉大弓者，乃是周公初封之時，受賜于周之物。而必藏之魯者，欲使世世子孫無忘於周，而定公失之，季氏奪之，皆當合絶。而上文直言『盜竊寶玉大弓』，此文直云：『得寶玉大弓。』傳云：『何以書？國寶也。喪之書，得之書。』不見貶之者，正言作微辭，使若都以重國寶之故而書之，文更無刺譏之義也。然則此言微辭者，仍與上文共爲一事。」《通義》云：「先王之賜，先君之世守，失之足以爲辱，得之足以爲重，故兩録之也。此陽虎歸之也，然可言爲盜所竊，不可言爲盜所歸，故但舉得之而已。《莊子》曰：『《春秋》以道名分。』」按：孔氏之義甚是。惟於何氏微辭意未合。○注「不以」至「當除」。○舊疏云：「上注云：『無以合信天子，交質諸侯，當絶。』今知不復絶之者，以得之當除故也。杜氏云：『弓玉，魯之分器，得之足以爲榮，失之足以爲辱，故重而書之。』義亦通於此。」○注「以竊」至「蒙上」。○《校勘記》出「知得例不蒙上」，云：「鄂本下有月字，諸本皆脱。疏云：『不蒙上月。』」按：紹熙本有「月」字。上八年「冬」下無月，知書盜竊寶玉大弓不月，故此亦不蒙上「四月」文矣。《穀梁傳》「惡得之，得之堤下。或曰：陽虎以解衆也。」《左傳》：「陽虎歸寶玉大弓。」《公羊》不言得之故，故孔氏据《左

氏》爲説。

六月，葬鄭獻公。

秋，齊侯、衛侯次于五氏。**注**欲伐魯也。善魯能却難早，故書次而去。**疏**杜云：「五氏，晉地。」《大事表》云：「亦曰寒氏。《十年》傳『午以徒七十人門于衛西門，曰：『請報寒氏之役』即此。今直隸廣平府邯鄲縣有五氏城。」《一統志》：「五氏城在廣平府邯鄲縣西。」按：何氏云「欲伐魯」，則五氏非晉地矣。○注「欲伐」至「而去」。○舊疏云：「知欲伐魯者，正以直書其次，上下更無起文，乃與《莊十年》『夏六月，齊師、宋師次于郎，公敗宋師于乘丘』之文同，故知正欲伐魯也。故彼傳云『其言次于郎何？伐也。我能敗之，故言次也』是也。彼注云：『此解本所以不言伐言次意也。二國纔止次，未成于伐魯，即能敗宋師，齊師罷而去，故不言伐言次也。明國君當强，折衝當遠。魯微弱，深見犯至於近邑，賴能速勝之，故云爾。所以强内者。』是其書次云『欲伐魯，善其却難早』之文。」《釋文》作「卻難」，云：「亦作却。」《解詁箋》云：「《文十年》『楚子、蔡侯次于屈貉』，《解詁》：『魯恐，故書，刺微弱也。』當爲一例。」劉氏蓋用杜氏説，以五氏爲晉地。然邯鄲去魯絶遠，魯何爲恐之，而書以刺微弱也。

秦伯卒。

冬，葬秦哀公。

十年春，王三月，及齊平。**注**月者，頰谷之會，齊侯欲執定公，故不易。**疏**注「月者」至「不易」。○正以平例時。下《十一年》「冬，及鄭平」是也。此月，故解之。齊侯欲執定公，事詳下注。《解詁箋》云：「月者，魯盜在齊、晉，欲藉齊、晉以襲國，上『齊、衛次五氏』是也。魯汲汲與齊平，故不易。」按：不易，謂不佼易也。《莊十三年》「冬，公會齊侯盟于柯。」傳：「何以不日？易也。」注：「易，猶佼易也。相親信，無後患之辭。」此下頰谷之會，齊侯欲執定公，故不爲易辭也。《宣十五年》「夏五月，宋人及楚人平」，注：「月者，專平不易。」《昭七年》「春，王正月，暨齊平」，注：「月者，刺内暨暨也。」皆各有爲也。齊未與晉合，於魯盜在齊、晉無涉。

夏，公會齊侯于頰谷。**疏**《左氏》作夾谷。杜云：「即祝其。」《水經注·淮水》篇：「游水又北逕祝其縣故

城西。《春秋》經書『公會齊侯于夾谷』。《左傳》定十年『公及齊平，會于祝其』，實夾谷也。服虔曰：『地二名。』王莽更之曰猶亭，縣之東有夾口浦。」《史記注》引服又云：「東海祝其縣是也。」《大事表》云：「舊以濟南淄川縣西南三十里有夾山，上有夾谷，是爲定公會齊侯處。按：齊魯兩君相會，不應去齊若此之近，在魯若此之遠。今泰安府萊蕪縣有夾谷峪。《名勝志》以爲萊兵劫魯侯處，庶幾近之。」顧氏炎武《杜解補正》云：「在今萊蕪縣。杜解及《史記》服虔注皆云在東海祝其縣，今淮安之贛榆，遠，非也。《水經注》萊蕪縣曰：『城在萊蕪谷，當路險絶，兩山間道，由南北門。舊説云：齊靈公滅萊，萊民播流此谷，邑落荒蕪，故曰萊蕪。《禹貢》所謂萊夷也。夾谷之會，齊侯使萊人以兵劫魯侯，宣尼稱『夷不亂華』是也。是則會于此地，故得有萊人，非召之東萊千里之外也。」又《日知録》云：「《金史》淄川有夾谷山。《一統志》：『夾谷山在濟南淄川縣西南三十里，舊名祝其山，其陽即齊、魯會盟之處。萌水發源於此。』《水經注》：『萌水出般陽縣西南甲山。』是以甲山爲夾谷也。而《萊蕪縣志》又云：『夾谷在縣南三十里，接新泰縣界。』未知所据。然齊魯之境，正在萊蕪。東至淄川，則已入齊地百餘里，二説俱通。」沈氏欽韓云：「《一統志》夾谷峪在泰安府萊蕪縣南三十里。又云：夾谷山在海州贛榆縣西四十里。」❶此本《寰宇記》，而以《春秋》之夾谷在海州者爲是。云祝其漢縣，在贛榆縣西五十里之夾谷宜在此地。按：齊、魯好會，宜就兩國竟上，胡爲遠至海濱。漢之祝其，不必即傳之祝其，當從顧氏爲允。按：顧氏之《日知録》尚未實指所在，《杜解補正》定在萊蕪，故沈氏依而用之。

公至自頰谷。**注** 上平爲頰谷之會，不易，故月。致地者，頰谷之會，齊侯作侏儒之樂，欲以執定公。孔子曰：「匹夫而熒惑於諸侯者誅。」於是誅侏儒，首足異處，齊侯大懼，曲節從教。得意，故致也。**疏** 注「致地」至「致也」。○鄂本「誅侏儒」下疊「侏儒」二字。又「故致也」，鄂本作「故致地」。按：紹熙本與鄂本同，當從之。《莊六年》注云：「公與一國出會盟，得意致地。」此上平書月，爲頰谷之會不易，不得意可知。今而

❶「四」，《漢書疏證》作「三」。

致地，故云。「頰谷之會」至「曲節從教」。舊疏云：「《家語》及《晏子春秋》文也。」《穀梁傳》：「頰谷之會，孔子相焉。兩君就壇，兩相相揖。齊人鼓譟而起，欲以執魯君。孔子歷階而上，不盡一等，而視歸乎齊侯，曰：『兩君合好，夷狄之民何爲來爲？』命司馬止之。齊侯逡巡而謝，曰：『寡人之過也。』退而屬其二三大夫曰：『夫人率其君與之行古人之道，二三子獨率我而入夷狄之俗，❶何爲？』罷會，齊人使優施舞於魯君之幕下，孔子曰：『笑君者罪當死。』使司馬行法焉，首足異門而出。齊人來歸鄆、讙、龜陰之田者，蓋爲此也。」《左傳》：「犁彌言於齊侯曰：『孔丘知禮而無勇，若使萊人以兵劫魯侯，必得志焉。』齊侯從之。孔丘以公退，曰：『士兵之！兩君合好而裔夷之俘以兵亂之，非齊君所以命諸侯也。裔不謀夏，夷不亂華，俘不干盟，兵不偪好。於神爲不祥，於德爲愆義，於人爲失禮，君必不然。』齊侯聞之，遽辟之。」《史記·齊世家》：「與魯定公好會夾谷。犁鉏曰：『孔丘知禮而怯，請令萊人爲樂，因執魯君，可得志。』景公害孔丘相魯，懼其霸，故從犁鉏之計。方會，進萊樂。孔子歷階上，使有司執萊人斬之，以禮讓景公。景公慙，乃歸魯侵地以謝。」《孔子世家》：「齊有司趨而進曰：『請奏宮中之樂。』景公曰：『諾。』優倡侏儒爲戲。孔子趨而進，歷階而登，不盡一等，曰：『匹夫而熒惑諸侯者，罪當誅，請命有司。』有司加法焉，手足異處。景公懼而動，知義不若，歸而大恐。」《新語·五》云：「魯定公之時，與齊侯會于夾谷。孔子行相事。兩君升壇，兩相處下。兩相欲揖君臣之禮，濟濟備焉。齊人鼓譟而起，欲執魯公。孔子歷階而上，不盡一等而立，謂齊侯曰：『兩君合好，以禮相率，以樂相化。臣聞嘉樂不野合，犧象之薦不下堂。夷狄之民何來爲。』命司馬請止之，定公曰：『諾。』齊侯逡巡而避席，曰：『寡人之過。』退而自責大夫。罷會，齊人使優旃儛于魯公之幕下傲戲，欲候魯君之隙，以執定公。孔子歎曰：『君辱臣當死。』使司馬行法斬焉，首足異門而出。」《漢書·陳湯傳》：「車騎將軍許嘉、右將軍王商以爲，《春秋》夾谷之會，優施笑君，孔子誅之。」《後漢書·陳禪傳》：「昔齊、魯爲夾谷之會，齊作侏儒之樂，仲尼誅之。」又《張升傳》：「昔仲尼暫相，誅齊之侏儒，手足異門而出，故能威震强國，反其侵地。」皆用《公

❶「而」，原作「子」，據《春秋穀梁傳注疏》改。

羊》說。其《穀梁》、《左傳》、《史記》、《新語》與《公羊》詳略互見，蓋皆傳聞之異也。

晉趙鞅帥師圍衛。

齊人來歸運、讙、龜陰田。**疏**杜云：「三邑皆汶陽田。泰山博縣北有龜山。」《大事表》云：「博縣爲今之泰安府。龜山在新泰縣之西南，泗水縣之東北，與泰安府境相接。」《一統志》：「龜山在泰安府新泰縣西南四十里。山之南，即兗州府泗水縣。」《水經注·汶水》篇：「其水自谿而東，濬波注壑，東南流逕龜陰之田。龜山在博縣北十五里。昔夫子傷政道之陵遲，望山而懷操，故《琴操》有《龜山操》焉。山北即龜陰之田。《春秋》『齊人來歸龜陰之田』是也。」《史記注》引服虔云：「三田，汶陽田也。龜山名陰之田，得其田不得其山也。」《漢書·五行志》引「來」作「倈」。《地理志》引「讙」作「鄻」。《說文》亦作「鄻」。歸者，復還所取之物之謂。《禮記·祭義》云：「子全而歸之。」《孟子·盡心》云：「久假而不歸。」皆歸還之義也。

齊人曷爲來歸運、讙、龜陰田？**注**据齊嘗取魯邑。**疏**注「据齊嘗取魯邑」。○舊疏云：「即《宣元年》『六月，齊人取濟西田』、《哀八年》『齊人取讙及僤』之文是也。」孔子行乎季孫，三月不違。**注**孔子仕魯，政事行乎季孫，三月之中，不見違。過是違之也。不言政行乎定公者，政在季氏之家。**疏**舊疏云：「《孔子家語》亦有此言。若以《家語》言之，孔子今年從邑宰爲司空。既爲大夫，故有行於季孫之義。」《孔子世家》「定公以孔子爲中都宰。一年，四方皆則之。由中都宰爲司空，由司空爲大司寇」是也。○注「孔子」至「之也」。○《左傳》哀十四年傳：「且其違者，不過數人。」注：「違，不從也。」《後漢書·朱景等傳》注：「違，失也。」《廣雅·釋詁》：「違，偝也。」言無有偝失，故無不從也。○注「不言」至「之家」。○《孟子·萬章》云：「於季桓子，見行可之仕也。」趙注：「行可，冀可行道也。魯卿季桓子秉國之政，孔子仕之，冀可得因之行道。」按：《世家》：「季孫使人召，孔子欲往。子路不說，止孔子。然亦卒不行。」是孔子未仕季氏，《孟子》所言即謂仕於定公也。季氏執政，故曰於季桓子。故此傳曰：「行乎季孫，三月不違也。」齊人爲是來歸之。**注**齊

侯自頰谷會歸，謂晏子曰：「寡人或過於魯侯，如之何？」晏子曰：「君子謝過以質，小人謝過以文。齊嘗侵魯四邑，請皆還之。」歸濟西田不言來，此其言來者，已絶魯，不應復得，故從外來常文，與齊人來歸衛寶同。夫子雖欲不受，定公貪而受之，此違之驗。**疏** 注「齊侯」至「還之」。○舊疏云：「皆《晏子春秋》及《家語》、《孔子世家》之文。」《校勘記》出「或過」，云：「閩、監、毛本同，誤也。鄂本『或』作『獲』，當据正。《穀梁》注引作獲。」按：紹熙本亦作獲。《世家》云：「景公歸而大恐。告其群臣曰：『魯以君子之道輔其君，而子獨以夷狄之道教寡人，使得罪於魯君，爲之奈何？』有司進對曰：『君子有過則謝以質，小人有過則謝以文。君若悼之，則謝以質。』於是齊侯乃歸所侵魯之鄆、汶陽、龜陰之田以謝過。」《穀梁》敘此語在斬侏儒之前，不合。《史記正義》：「鄆，今鄆州鄆城縣，在兗州龔丘縣東北五十四里。故謝城在龔丘縣東七十里，齊歸侵魯龜陰之田以謝魯。魯築城於此，以旌孔子之功，因名謝城。」《新語》又云：「於是，齊人懼然而恐，君臣易操，不安其故行，乃歸魯四邑之侵地，終無乘魯之心。」《鹽鐵論・備胡》云：「孔子仕於魯，魯無敵國之難，鄰境之患。强臣變節而忠順，故季桓墮其都城，大國畏義而合好。齊人來歸鄆、讙、龜陰之田。故爲政而以德，非獨辟害折衝也，所欲不求而自得。」是也。舊疏云：「其四邑者，蓋運也、讙也、龜也、陰也。邑而言田者，《桓元年》傳云：『田多邑少稱田。』然則此等皆是土地頃畝多，邑内人民少，故稱田。龜亦是邑，非山名。賈、服異。若欲同於賈、服，即云上二邑，邑内人民多，故舉邑名。龜陰言田者，龜是山名，直得田而不得邑。而言侵魯四邑，請皆歸之者，謂雖有此請，齊君不全許，是以但得三邑而已。蓋非何氏之意。」按：何注四邑，蓋三邑之譌，運也、讙也，邑也。龜陰，田也。据《左傳》皆在汶陽也。《索隱》引《左傳》：「鄆、讙及龜之田。」是鄆、讙與龜陰别。○注「歸濟」至「寶同」。○齊人來歸衛寶，見莊六年。按：《宣十年》：「齊人歸我濟西田。」是不言來也，彼傳云：「齊已取之矣，其言我何？未絶乎我也。曷爲未絶乎我？齊已言取之矣，其實未之齊也。」注：「齊已言語許取之，其

人民貢賦尚屬于魯，實未歸于齊。不言來者，明不從齊來，不當坐取邑。」是彼與魯未絕，故不言來，與此異也。舊疏云「言魯不應復得之者，正以不能保守先君世邑而失之故也」是也。○注「夫子」至「之驗」。○正以魯不應復得，故夫子不欲受也。舊疏云：「四邑屬齊年歲淹久，已絶於魯，魯不應得。頰谷之會，討殺侏儒，威劫齊侯，方始歸之。雖曰獲田，君子不貴也。」《解詁箋》云：「傳此注，義例閎遠，得聖人之心矣。魯任用孔子，則聖化及天下，豈以區區反侵地爲得意。反侵地者，正齊人欲沮撓魯政，即歸女樂之幾。受女樂大惡，不可言也。而《左氏》、《穀梁》以反侵地爲聖功，陋矣。頰谷書致者，蓋齊以魯有聖人，有加禮焉故也。齊桓衣裳之會，猶云朝服濟河，而無怵惕。曾以聖人相君，而置之危地，且效曹沫、屈建之詐，設兵刑以偪好哉！何君依違之辭去之而義益長矣。」劉意以上注頰谷之會致地，此注及謝過一節，須刪去。按：孔子誅侏儒事，《左》、《穀》、《史記》、《新序》並載其事，則當時容或有之。孔子不必藉此威齊，而齊人之歸田，亦未嘗不因此存之，固無損聖德焉。聖人固不置君危地，而危阸之來，亦聖人所不能預禁，則有不如此而不可者。《禮記·儒行》云：「鷙蟲攫搏不程勇者，引重鼎不程其力。」疏：「此喻艱難之事。言儒者見艱難之事，遇則行之，不豫度量也。此實暴虎之事而得爲儒者，實自述也。若夾谷之會，孔子欲斬齊之侏儒，是也。」舊疏云：「言此違之驗者，欲對上傳云❶『孔子行乎季孫，三月不違』文也。」

叔孫州仇、仲孫何忌帥師圍郈。 **疏**《齊乘》云：「郈城在沂州東三十六里。」《水經注》：「無鹽縣之郈鄉城。郈即昭伯之故邑。《定十二年》『叔孫氏墮郈』，今其城無南面。」《一統志》：「在東平州南四十里是也。」《通義》云：「郈、費皆内邑不聽者。」

秋，叔孫州仇、仲孫何忌帥師圍費。 **疏**《校勘記》云：「《唐石經》、諸本同。解云：《左氏》、《穀梁》費爲郈，《公羊》正本作費字。與二家異。賈氏不云《公羊》曰費者，蓋文不備，或所見異也。」《春秋異文箋》云：「謹案：《左氏傳》明云：『秋，復圍郈。』《穀梁》亦作郈，自當以郈字爲正。且郈邑屬叔孫氏，故圍郈，叔孫爲主。費邑屬季氏，若有事於費，帥師者當爲季氏，不

❶「云」，原作「去」，據國學本改。

當獨任叔孫也。以是知《公羊》作費，或傳受之譌。」

宋樂世心出奔曹。疏舊疏云：「世字亦有作泄字者，故賈氏言焉。《左氏》、《穀梁》作大字。」《校勘記》云：「《唐石經》、諸本同。」按：《禮記·檀弓》泄柳，《唐石經》作世柳。

宋公子池出奔陳。疏《釋文》：「池，《左氏》作地。」《校勘記》云：「《唐石經》、諸本同。鄂本奔作犇。」按：池與地，皆从也得聲，於古讀若它。《莊子·大宗師》篇：「相造乎水者，穿池而養給。」《釋文》：「池，本亦作地，崔同。」顧氏炎武《唐韻正》云：「《五支》池，古音駝。《六至》地，古音沱。陳第曰：『《詩》稱地，在《斯干》韻裼，與今音同。及讀屈原《橘頌》以過韻地，讀平聲，正叶沱字。楊雄《羽獵賦》亦同此例。』按：《斯干》九章以地、瓦、儀、議、罹入韻，❶而子、裼二字可不入韻，不當以此證其爲今音也。」「閩、監、毛本誤以《釋文》『池，《左氏》作地』爲注語。」

冬，齊侯、衛侯、鄭游速會于牽。疏《左氏》、《穀梁》牽作安甫。舊疏云：「賈氏不云《公羊》曰牽者，亦是文不備。《穀梁》經『甫』亦有作『浦』字者。」《差繆略》云：「安甫，《公羊》作牽父。」

叔孫州仇如齊。

宋公之弟辰暨宋仲佗、石彄出奔陳。注復出宋者，惡仲佗悉欲帥國人去，故舉國言之。公子池、樂世心、石彄從之，皆是也。辰言「暨」者，明仲佗強與俱出也。三大夫出不月者，舉國危亦見矣。疏《左氏》經脱下「宋」字。○注「復出」至「言之」。○舊疏云：「如此注者，正決昭二十年宋華亥、向甯、華定出奔陳，不重言宋向甯也。」《左傳》：「公子地出奔陳，公弗止。辰爲之請，弗聽。辰曰：『是我迋吾兄也。吾以國人出，君誰與處。』冬，母弟辰暨仲佗、石彄出奔陳。」則以欲帥國人出爲辰事，不可同於《公羊》也。○注「公子」至「是也」。○下《十一年》云：「宋公之弟辰及仲佗、石彄、公子池自陳入于蕭以叛。」皆在惡之科也。又「樂世心自曹入于蕭」，注不言叛者，從叛臣，叛可知。○注「辰言」至「出也」。○《隱元年》傳：「暨，猶暨暨也。及，我欲之。

❶「入韻」，原脱，據《音學五書》補。

暨，不得已也。」是則辰爲不得已從仲佗等出矣。舊疏云：「知非辰强之者，正以莊三十二年公子牙、昭元年招之屬，以其有罪，皆去弟以貶之。今不去弟，故知仲佗强之矣。」《穀梁》注云：「辰爲佗所强，故曰暨。」用何氏義。《釋文》强作彊。葉鈔本作强，是也。《通義》云：「佗、彄起意而辰序上者，既加暨，又序下，嫌辰全無罪矣。」義或然也。○注「三大」至「見矣」。○《昭二十年》「冬十月，宋華亥、向甯、華定出奔陳」，注：「月者，危三大夫同時出奔，將爲國家患，明當防之。」此亦三大夫出奔，不月，故解之。

十有一年春，宋公之弟辰及仲佗、石彄、公子池自陳入于蕭以叛。注不復言宋仲佗者，本舉國已明矣。辰言「及」者，後汲汲當坐重。疏注「不復」至「明矣」。○舊疏云：「以奔時舉言宋仲佗，是其率國人去已明矣，是以此經不復言宋也。」○注「辰言」至「坐重」。○《隱元年》傳：「及，猶汲汲。」又云：「及，我欲之。」明上奔爲不得已，故書「暨」。此叛爲辰汲汲，故變「暨」言「及」。舊疏云：「言當坐重者，惡其母弟之親而汲汲于叛，故當合坐重於疏者。」《通義》云：「胡康侯曰：『出奔陳，則稱暨。入于蕭以叛，則稱及。及，非不得已之辭，得已而不已者也。夫事君者，可貧、可賤、可殺，而不可使爲亂。今不得已而輕於去國，猶之可也。得已而不已，而果於叛君，則無首從之別，其罪一施之。』」

夏四月。

秋，宋樂世心自曹入于蕭。注不言叛者，從叛臣，叛可知。疏注「不言」至「可知」。○決上「宋公之弟辰以下自陳入于蕭以叛」文也。

冬，及鄭平。疏《鹽鐵論·備胡》云：「孔子仕于魯，前仕三月及齊平，後仕三月及鄭平，務以德安近而綏遠。當此之時，魯無敵國之難，鄰境之患，强臣變節而忠順，故季桓隳其都城。大國畏義而合好，齊人來歸鄆、讙、龜陰之田。」

叔還如鄭莅盟。疏《校勘記》云：「閩、監、毛本同。《唐石經》、蜀大字本蒞作莅，❶鄂本作涖。一从艸，一

❶「蜀大字本蒞」、「鄂本作涖」、「此合并爲蒞」三「蒞」字，原作「莅」，均據《十三經注疏校勘記》改。

从水，此合并爲菈，非。」《通義》云：「平六年侵鄭之怨也。既平之後，遂終《春秋》未嘗相犯，故特與莅盟，同爲大信辭。」

十有二年春，薛伯定卒。**注**不日月者，子無道，當廢之，而以爲後。未至三年，失衆見弑，危社稷宗廟，禍端在定，故略之。

疏注「不日」至「略之」。○《釋文》弑作殺，云：「音試。」所見世，小國卒，例書日月。《昭三十一年》「夏，四月丁巳，薛伯穀卒」之屬是也。今不日月，故解之。子未三年，失衆見弑者，即下《十三年》「薛弑其君比」是也。知失衆者，以其稱國以弑故也。《文十八年》：❶「莒弑其君庶其。」傳：「稱國以弑者，衆弑君之辭。」注：「一人弑君，國中人人盡喜，故舉國以明失衆，當坐絶也。例皆時者，略之也。」然則此亦宜日月而不日月，亦略辭也。《校勘記》云：「解云：『禍端在定』，亦有作『在是』者，今解從『定』。按：『薛弑其君比』，即在《定十三年》，則此作『定』，非也。『定』當從『是』。」今按：「禍端在定」，即謂禍端在定之當廢不廢也，不必改「是」字。

夏，葬薛襄公。

叔孫州仇帥師墮郈。**疏**《穀梁傳》：「墮猶取也。」注：「陪臣專强，違背公室，恃城爲固，是以叔孫墮其城，若新得之，故云墮。墮猶取也，墮非訓取。言今但毁其城，則郈永屬己，若更取邑於他然。」彼疏云：「何休難云：『當言取，不言墮，實壞耳，無取於訓詁。』鄭君如此釋之。」則范注皆鄭《釋廢疾》語。諸本脱去「《釋廢疾》曰」，皆誤作范注矣。劉氏逢禄《難》云：「夫子辨家邑之制，爲此墮也。若叔孫討陪臣，安得書於《春秋》」。是也。《通義》云：「啖助曰：『毁，全除之。墮，但損之。』」《水經注·汶水》篇：「汶水自桃鄉四分。其左二水，雙流西南，至無鹽之郈鄉城南。郈，昭伯之故邑也。禍起鬬雞矣。《春秋》定十二年『叔孫氏墮郈』，今其城無南面。」

衛公孟彄帥師伐曹。

季孫斯、仲孫何忌帥師墮費。

曷爲帥師墮郈、帥師墮費？**注**据城費。

❶「文」，原作「又」，今據《春秋公羊傳注疏》改。

疏注「据城費」。〇見《襄七年》。孔子行乎季孫，三月不違。疏《史記・孔子世家》：「定公十四年，孔子年五十六，由大司寇攝相事，誅魯大夫亂政者少正卯。與聞國政三月，粥羔豚者，弗飾賈。男女行者，別于塗。塗不拾遺。四方之客至乎邑者，不求有司，皆予之以歸。」《續漢・五行志》注引《風俗通》劭曰：「孔子攝魯司寇，非常卿也。折僭濫溢之端，消纖介之漸。從政三月，惡人走境，邑門不闔。外收强齊侵地，内虧三桓之威。」是其事也。《通義》云：「再言三月不違者，前据爲中都宰時，此据爲司空時也。」舊疏云：「上《十年》傳云：『孔子行乎季孫，三月不違。』以此言之，三月之外違之明矣。故上有注云：『定公貪而受之，此違之驗。』此傳復言之者，《家語》：『定十年時，孔子從邑宰爲司空。十一年又從司空爲司寇，則爲司空時，爲季孫所重。齊人遂懼，求歸四邑。及作司寇時，攝行相事，國無姦民，誅少正卯，政化大行。季孫重之，復不違三月，是以作傳文言其事矣。」按：此三月，蓋猶《論語・雍也》篇「回也，其心三月不違仁」之三月，言其久耳，不必僅三月不違也。

曰：家不藏甲，疏《禮記・禮運》云：「冕弁兵革，藏于私家，非禮也。是爲脅君。」《漢書・毋將隆傳》：「《春秋》之誼，家不藏甲，所以抑臣威，損私力也。」邑無百雉之城。疏《禮記・坊記》云：「都城不過百雉。」注：「雉，度名也。高一丈長三丈爲雉。百雉爲長三百丈，方五百步。」於是帥師墮郈，帥師墮費。注郈，叔孫氏所食邑。費，季氏所食邑。二大夫宰吏數叛，患之，以問孔子。孔子曰：「陪臣執國命，采長數叛者，坐邑有城池之固，家有甲兵之藏故也。」季氏説其言而墮之。故君子時然後言，人不厭其言。書者，善定公任大聖，復古制，弱臣勢也。不書去甲者，舉墮城爲重。疏注「二大」至「患之」。〇即上《十年》「叔孫州仇、仲孫何忌帥師圍郈。秋，叔孫州仇、仲孫何忌帥師圍費」，又《昭十三年》「叔弓帥師圍費」之屬是。按：《左傳》歷記南蒯、公山弗狃等以費叛，侯犯以郈叛等事，明二邑大夫數叛，故患之也。〇注「以問」至「墮之」。〇舊疏云：「《春秋説》及《史記》

皆有此言。」按：《孔子世家》云：「定公十三年夏，孔子言於定公曰：『臣無藏甲，大夫毋百雉之城。』使仲由爲季氏宰，將墮三都。於是叔孫氏先墮郈。季氏將墮費，公山弗狃、叔孫輒率費人襲魯。入及公側。孔子命申句須、樂頎下伐之。費人北，國人追之。二子奔齊，遂墮費。」是其事也。○注「故君」至「其言」。○《論語·憲問》篇文。○注「不書」至「爲重」。○舊疏云：「以傳云：『家不藏甲，邑無百雉之城。』明其並從二事而特舉墮城，不書去家之甲者，舉重故也。必知去甲亦合書者，正以《成元年》『三月，作丘甲』書之於經，明知去甲亦合書矣。」

雉者何？五板而堵，注八尺曰板，堵凡四十尺。疏《校勘記》：「《毛詩·小雅》鄭箋引『而』作『爲』，下『而雉』同。」○注「八尺」至「十尺」。○舊疏云：「八尺曰版者，《韓詩外傳》文。」《校勘記》云：「當作《内傳》。傳注『版』作『板』，當從此。」《說文·木部》栽下段注云：「古築牆，先引繩，營其廣輪方制之正。《詩》『其繩則直』是也。繩直則豎楨幹。題曰楨，植于兩頭之長杙也。旁曰幹，植于兩邊之長杙也。而後横施板于兩邊幹内，以繩束幹，實土築之。一板竣，則層絫而上。《詩》曰『縮版以載』是也。何注『八尺曰板，堵凡四十尺』，曰《戴禮》、《韓詩》也。鄭箋《詩》引此傳而釋之曰『雉長三丈，則版六尺』，自用其說也。」五堵而雉，注二百尺。疏《校勘記》云：「《唐石經》、諸本同，《詩·鴻雁》正義引王愆期《公羊》云：『諸儒皆以爲雉長三丈，堵長一丈，疑五誤，當爲三。』」百雉而城。注二萬尺，凡周十一里三十三步二尺，公侯之制也。禮，天子千雉。蓋受百雉之城十。伯七十雉，子男五十雉。天子周城，諸侯軒城。軒城者，缺南面以受過也。疏注「二萬」至「制也」。○舊疏云：「公侯方百雉，《春秋說》文也。古者六尺爲步，三百步爲里。計一里有千八百尺，十里即有萬八千尺。更以一里三十三步二尺爲二千尺，通前爲二萬尺也。故云：『二萬尺，凡周十一里三十三步二尺也。』」按：《坊記》注以「長三丈爲雉，百雉爲長三百丈，方五百步。子男之城方五里。百雉者，此謂大都三國之一」，與何注絶殊。然如

鄭説，則百雉之城不及二里，未免過隘。《左傳疏》引《異義》：「《戴禮》及《韓詩》説，八尺爲板，五板爲堵，五堵爲雉。板廣二尺，積高五板爲一丈。五堵爲雉，雉長四丈。古《周禮》及《左氏》説，一丈爲板，板廣二尺。五板爲堵。一堵之牆長丈高丈。❶三堵爲雉，一雉之牆長三丈高一丈。以度其長者用其長，以度其高者用其高也。」何説雉積，與《韓詩》説合。雉此未及板之廣耳。《毛詩疏》引《異義》：「《周禮》説，雉高一丈長三丈。《韓詩》説，八尺爲板，五板爲堵，五堵爲雉。」鄭辨之云：「《左氏傳》説鄭莊公弟段居京城，祭仲曰：『都城過百雉，國之害也。先王之制，大都不過參國之一，中五之一，小九之一。今京不度，非制也。』古之雉制，書傳各不得其詳。今以《左氏》説，鄭伯之城方五里，積千五百步也。大都三國之一，則五百步也。五百步爲百雉，則知雉五步。五步於度長三丈，則雉長三丈也。雉之度量於是定可知矣。」按：如《左傳》則大都三國之一，即正得百雉，正合大夫之正。孔子何爲言邑無百雉之城，墮郈、墮費耶？如其合制，郈、費大夫有辭以對，聖人能違禮爲之耶？《周禮·典命》注云：「公之城，蓋方九里。侯伯之城，蓋方七里。子男之城，蓋方五里。」《典命》疏引《書·無逸》傳曰：「古者百里之國，九里之城。玄或疑焉。《周禮·匠人》『營國方九里』，謂天子之城。今大國與之同，非也。然大國七里，次國五里，小國三里之城，爲近可也。或者天子實十二里之城，諸侯大國九里，次國七里，小國五里。如是，鄭自兩解不定。《隱公元年》祭仲云：『都城不過百雉，大都三之一。』是公七里，侯伯五里，子男三里矣。此賈、服、杜君等與鄭一解也。鄭又云：『鄭伯之城方七里。』大都三之一，方七百步，實過百雉矣，而云『都城不過百雉』。舉子男小國之大都，以駮京城之大，其實鄭之大都過百雉矣。又据天子城十二里而言也。」按：鄭爲兩解者，以《匠人》「營國方九里」，据天子而言，則公宜七里，侯伯宜五里，子男宜三里。以《典命》國家宮室以命數爲節，則公九命，當九里。侯伯七命，當七里。子男五命，當五里。《詩·大雅·文王有聲》箋云：「築城伊減，適與城方十里等。小於天子，大於諸侯也。」❷賈公彦云：「雖改殷制，仍服事殷，未敢十二里。則周之天子

❶ 上「丈」，原作「十」，據《五經異義》改。
❷ 「諸」，原作「之」，據《毛詩注疏》改。

十二里，公宜九里，侯伯宜七里，子男宜五里。則《匠人》云九里，或据異代法，以其《匠人》有夏、殷法故也。」按：此則鄭《駁異義》所主。所謂天子城九里，公七里，侯伯五里，子男三里，見《坊記》疏者也。《通義》云：「今按：此城每面五百丈，近三里之城。《墨子》曰：『率萬家而城方三里。』若以六尺爲步，三百步爲里計之，三里之城，實周百有八雉，容舉成數也。《周禮》城郭以命數爲節，公九里，侯伯七里，子男五里者，皆謂外城。《孟子》言三里之城，七里之郭，乃侯伯之正制。天子外城，十有二里。而《攷工記》云『匠人營國方九里』者，以公之外城爲其中城也。《左傳》曰：『先王之制，大都不過三國之一，中五之一，小九之一。』三里之城，其積九里。九里之城，其積八十一里，爲方九里者九。十里之城，其積三十九里，爲方九里者五而强。五里之城，其積二十五里，爲方九里者三而弱。然則都城百雉，於子男爲大都，於侯伯爲中都，於公爲小都。今三家私邑悉如中都之制，❶不利公室。故諷使墮之。」按：舊疏云：「公侯方百雉，《春秋説》文。」疑何注二萬尺脱「公侯方百雉」語，故舊疏如此也。所謂方者，不必如開方積數，故下注引《禮》「天子千雉，伯七十雉，子男五十雉」，無「方」字也。何注明云：「周十一里有奇。」孔氏以每面五百丈，近三里之城計之，亦合其實。何氏之説不可通於《周禮》。何氏引《禮説》云「天子千雉」，則奚止十二里哉。《孟子》言三里之城，七里之郭，舉其邑之至小者而言。今縣城有周三里者矣，不必即指國都，亦不必泥「方」字立説。即《匠人》、《典命》亦不必强合。孔氏以《典命》所記爲外城，《匠人》所記爲内城，亦以意言耳。百雉之城，公侯之制，家邑不得同之。今三家私邑僭擬國都，故孔子云然也。孔氏又云：「古《周禮》説，三堵爲雉。」與此傳不合。或當以五堵者度長，三堵者度高。若然，一堵之牆，高丈長四丈。一雉之牆，高三丈長二十丈。義亦可通。然《周禮》説與《禮》戴、《詩》韓、《春秋》公羊不必强爲合也。存之。○注「禮天」至「十雉」。○舊疏以天子千雉及伯七十雉，子男五十雉，皆《春秋説》文。按：何注引《禮》或《逸禮》。《禮緯》亦有是語。蓋受百雉之城十，何氏申《春秋説》文也。《匠人》疏引《異義》：「古《周禮》説，天子城高七雉，隅高九雉。公之城高五雉，隅高七雉。侯伯之城高

❶「三」、「制」，原作「云」、「利」，據《公羊經傳通義》改。

三雉，隅高五雉。都城之高，皆如子男之城高。」蓋子男城亦與伯等，是以《周禮》説不云子男城及都城之高也。何氏自論周城之數，與彼不同。○注「天子」至「軒城」。○舊疏云：「《春秋説》文。」《初學記》引《白虎通》云：「天子曰嵩城，言崇高也。諸侯曰干城，言不敢自專，禦於天子也。」干城即軒城，音義通。軒城闕一面，即不敢自專之義。○注「軒城」至「過也」。○《説文・亯部》：「⿰亯夬，❶缺也。古者城闕其南方謂之⿰亯夬。」段注云：「闕之義同缺。」引何氏《公羊》此注「『軒城者，闕南面以受過也』」。按：《毛詩・出其東門》傳：「『闉，曲城也。闍，城臺也。』城門上有臺謂之闍。《周官・匠人》、《詩・静女》所謂『城隅』也。」天子南城門有臺，故《新序・雜事五》云「天子居闉闕之中」是也。闉即《宣十五年》傳之堙，堙即包城臺言。《韓詩外傳》「司馬子反乘闉而窺宋城」，即堙也，亦即《説文》之闉。闉，樓上户也。闉在高處，可以眺望故也。鄭爲諸侯無南城門，其三面皆有城，城皆有臺，故《子衿》詩云「在城闕兮」是也。闕即⿰亯夬，隸變爲⿰享夬。「三面有臺，南方獨無，故爲⿰享夬。軒懸之缺南方，故亦曰軒。猶泮水之缺北方，皆爲下乎天子也。《毛詩》之闕，乃⿰享夬之叚借，非象魏之闕」。陳氏奂《詩毛傳疏》引《爾雅》「觀謂之闕」、《説文》「闕，門觀」等語釋之，誤矣。《毛詩傳》曰：「乘城而見闕。」箋申之曰：「登高而見於城闕」，即謂城門之闕，非見觀闕之闕也。南方亦有城垣，但無臺爾。不必如舊疏所云：「不設射垣，以備守也。」舊疏又云：「舊古城無如此者，蓋但孔子設法如是。」然至作舊疏時，未必春秋古城仍有存者，且後代小邑亦有四門不全，其一面無城樓者，蓋即⿰享夬之遺象與？

秋，大雩。 注 不能事事信用孔子，聖澤廢。

疏 注「不能」至「澤廢」。○舊疏云：「謂三月之後違之。」按：如受齊人所歸田，其一事也。

冬，十月癸亥，公會晉侯盟于黄。 疏 包氏慎言云：「十月書癸亥，据曆當爲九月之二十八日。時曆不閏六月，故十月有癸亥。下又書十一月丙寅朔，是當時於十一月後方置閏也。」《左氏》、《穀梁》作齊侯。《春秋異文箋》云：「《公羊》作晉侯，方音之譌。」《校勘記》云：「《唐石經》、諸本同作晉，誤也。宋張洽云：『黄，

❶「⿰亯夬」，原作「⿱亯丁」，據《説文》改。

齊地。《公羊》作晉侯，誤。』」按：古齊、晉多混，説詳昭十年「齊欒施來奔」下。

十有一月丙寅朔，日有食之。**注**是後，薛弒其君比，晉荀寅、士吉射入于朝歌以叛。

疏《五行志》：「劉歆以爲十二月二日，楚鄭分。」臧氏壽恭推是年正月庚午朔，大。二月庚子朔，小。三月己巳朔，大。四月乙亥朔，小。五月戊辰朔，大。六月丁卯朔，大。七月丁酉朔，小。八月丙寅朔，大。九月丙申朔，小。十月乙丑朔，二日丙寅。〇注「是後」至「以叛」。〇薛弒君，在下《十三年》「冬，晉荀寅、士吉射叛」，亦同時。舊疏云：「晉荀寅、士吉射叛在弒君之前，而後言之者，正以弒君之變重，故先取以應之。」《五行志下之下》：「定十二年十一月丙寅朔，日有食之。董仲舒、劉向以爲，後晉三大夫以邑叛，薛弒其君，楚滅頓、胡，越敗吴，衛逐世子。」

公至自黄。

十有二月，公圍成，公至自圍成。**注**成，仲孫氏邑。圍成月又致者，天子不親征下土，諸侯不親征叛邑。公親圍成，不能服，不能以一國爲家，甚危，若從他國來，故危録之。**疏**注「成，仲孫氏邑」。〇《説文・邑部》：「郕，魯孟氏邑。」❶段《注》：「今《春秋》經傳皆作成。郕、成古今字也。《左傳・昭七年》『晉人來治杞田，季孫將以成與之』，杜云：『成，孟氏邑。』此年《左傳》云：『將墮成。公斂處父謂孟孫：「墮成，齊人必至于北門。」』注：『成在魯北境故。』按：孟氏邑之成，非姬姓郕國之郕也。《隱五年》『衛師入郕』，《文十二年》『郕伯來奔』，僖二十四年《左傳》『管、蔡、郕、霍，文之昭也』，各書皆从邑作郕，而許於『郕』下不云『姬姓之國』者，蓋許所据《左氏》郕、成字互易，不可以今所据繩許也。《公羊》郕國之字作盛，或盛爲姬姓國之正字，郕爲孟氏邑之正字也。古郕國在今兗州府汶上縣北二十里有郕城。」孟氏之城，地當近杞也。〇注「圍成」至「叛邑」。〇圍例時。《宣十二年》「春，楚子圍鄭」是也。此書月。又《莊二十七年》注云：「凡公出在外致，在内不

❶「魯孟」，原作「古」，據《説文》改。

致。」此在内而致，故並須解之。舊疏云：「天子不親征下土者，即《公羊》説云：『一國叛，王自征之。若四國皆叛，安得四王而征也。』是其義也。《桓五年》：『蔡人、衛人、陳人從王伐鄭。』傳云：『其言從王伐鄭何？從王正也。』彼注云：『美其得正義也。故以從王征伐録之。』然則天子不親征下土，而美之者，直是美諸侯之得正，猶自不言桓王伐鄭之善。故彼注又云：『蓋起時天子微弱，諸侯背叛，莫肯從王者征伐，❶以善三國之君獨能尊天子。死節稱人者，刺王者也。天下之君，海内之主，當秉綱撮要，而親自用兵，故見其微弱，僅能從微者，不能從諸侯也。』按：何氏彼注，即天子不親征下土之義也。《王制》云：「諸侯賜弓矢，然後征。」明諸侯有罪，天子當命方伯討之也。諸侯不親征叛邑者，舊疏云：「正以諸侯於天子，亦宜以國爲家，如天子之有天下也。而不能全服，親自征之，故爲非禮，爲《春秋》所刺也。」沈氏欽韓云：「書之者，所以恥公而惡夫方命者也。」《校勘記》出「下士」，云：「閩、監、毛本同。蜀大字本士作土，此本疏中引注亦作土，當据正。」○注「公親」至「録之」。○《校勘記》出「故危録之」，云：「蜀大字本、閩、監、毛本同。鄂本下有『矣』。」《左傳》載「公歛處父又曰：『且成，孟氏之保障也。無成，是無孟氏也。子僞不知，我將弗墮。』十二月，公圍成，弗克」，是其不能服也。公親圍成而不克，恥甚，故爲從他國來文，書月以危之。《莊六年》傳：「不得意致伐。」注「公與一國及獨出用兵，得意不致，不得意致伐」是也。《穀梁傳》：「何以致，危之也。何危爾？邊乎齊也。」侵伐人國，且不必皆危，僅邊齊何危爾。《通義》引趙汸曰：「昭圍成不月，異在國也。」

十有三年春，齊侯、衛侯次于垂瑕。 疏 《穀梁》脱衛侯二字。《左氏》、《穀梁》瑕作葭。《左傳》：「實郥氏。」杜云：「高平鉅野縣西南有郥亭。」《大事表》云：「鉅野縣今屬山東曹州府。」

夏，築蛇淵囿。 疏 《水經注・汶水》篇：「蛇水又西南逕鑄城西。《左傳》所謂蛇淵囿也。京相璠曰：『濟北有蛇丘城，城下有水，魯囿也。』」《大事表》云：「蛇在今濟南府肥城縣南。」《成十八年》注云：「刺奢泰妨民也。」

❶「肯」，原作「背」，據《春秋公羊傳注疏》改。

大蒐于比蒲。疏《桓六年》注云：「五年大簡車徒，謂之大蒐。」又《昭八年》：「蒐于紅。」傳：「蒐者何？簡車徒也。何以書？蓋以罕書也。」此蓋與彼同。《釋文》作「大庾」，云：「本又作蒐。」

衛公孟彄帥師伐曹。

秋，晉趙鞅入于晉陽以叛。疏《大事表》云：「即今太原府之太原縣。唐叔始封時故都也。成王封叔虞于唐，在河汾之東，方百里古唐國。《昭元年》子産曰：『昔高辛氏有二子，伯曰閼伯，季曰實沈。不相能，日尋干戈。帝遷實沈于大夏，主參。唐人是因。及成王滅唐而封太叔，故參爲晉星。』杜注：『大夏，晉陽也。』」曰大夏，曰太原，曰大鹵，曰夏墟，曰唐，曰晉，曰鄂，《左傳》所稱凡七名，皆指晉陽一地。後爲趙氏食邑。古唐國在今縣治北。古晉陽城在縣治東北。包氏慎言云：「鞅意非叛。無君命而持兵向國，事同於叛，論罪當誅。」《潛研堂荅問》云：「欒盈之入曲沃，趙鞅之入晉陽，書之以戒大都耦國之漸，人君不可專其私邑也。」《穀梁傳》：「以者，不以者也。叛，直叛也。」疏「入者，内弗受也。以其無君命，於義不受」是也。雖非實叛，未奉君命，擅据私邑，故書「入」、書「以叛」，罪之。

冬，晉荀寅及士吉射入于朝歌以叛。疏襄二十三年《左傳》：「齊侯伐晉，取朝歌。」《大事表》云：「朝歌即今河南衛輝府淇縣，衛始封時故都，後入于晉。孔疏：『衛爲狄所滅，東徙渡河，遷楚丘，河内殷虚更屬于晉。』」《左》、《穀》無「及」字，此「及」衍文也。《釋文》不言《左》、《穀》無「及」字，知陸所見本無矣。荀寅、士吉射，位鈞罪等，非有首從，無爲言及也。《通義》云：「晉陽，趙氏之私邑。朝歌，寅、吉射之私邑也。實自國出，居其私邑，而《春秋》不言出奔，反與彭城、曲沃同以入言之者，唯君有國，臣不專地。荀專私邑以叛，即與入公邑同誅。」

晉趙鞅歸于晉。

此叛也，其言歸何？注据叛與出、入惡同。疏注「据叛」至「惡同」。○《桓十五年》傳云：「歸者，出入無惡。」此上已書叛，明出入惡矣。今此反書歸，故難之。以地正國也。注軍以井田立數，故言以地。疏舊疏云：「趙鞅以井田之兵，逐君側之惡人，故云以地正國也。」《穀梁傳》：「此叛也，

其以歸言之何也？貴其以地反也。貴其以地反，則是大利也。非大利也，許悔過也。許悔過，則何以言叛也？以地正國也。」注：「地謂晉陽也。蓋以晉陽之兵，還正國也。」○注「軍以」至「以地」。○《昭元年》「有千乘之國」，注云「十井爲一乘」是也。按十井八十家，賦長轂一乘。以《魯頌》及《司馬法》計之，每乘三十人也。

其以地正國奈何？晉趙鞅取晉陽之甲，以逐荀寅與士吉射。荀寅與士吉射者曷爲者也？君側之惡人也。此逐君側之惡人，曷爲以叛言之？無君命也。

注 無君命者，操兵鄉國，故初謂之叛，後知其意欲逐君側之惡人，故録其釋兵，書歸赦之。君子誅意不誅事。晉陽之甲者，趙簡子之邑，以邑中甲逐之。

疏 注「無君」至「誅事」。○《哀三年》疏引作「書歸而赦之」。《穀梁》注引凱曰：「專入晉陽以興甲兵，故不得不言叛。實以驅惡而安君，則釋兵不得不言歸。《春秋》善惡必著之義。」舊疏云：「君子之人，探端知緒，但誅其意，若輕而難原；不誅其事，若重而可恕。以趙鞅意，實非逆，但以持兵鄉國爲罪，是以《春秋》書歸以赦之。故曰『誅意不誅事也』。」《後漢書·董卓傳》：「昔趙鞅興晉陽之甲，逐君側之惡人。」《楊秉傳》：「《春秋》趙鞅以晉陽之甲，逐君側之惡。」傳曰：「除君之惡，唯力是視。」皆取《公羊》爲説。《通義》云：「時荀寅、士吉射作亂，攻趙氏。趙鞅奔晉陽，興師以拒二子。君爲之逐荀、士，而復鞅。其復有君命，故以歸言之。其出無君命，故以叛言之。然書歸者，非與使無惡也，所以起其叛。爲以地正國明，雖逐惡人，苟無君命，不免爲叛。鞅自以與寅、吉射情有曲直，而《春秋》之誅壹施之，此臣道之大防也。後世蕭、高、宇文之徒，猶託名清君側之惡爲義師者，唯《春秋》之教不明，而亂臣賊子不知所懼也。董仲舒曰：『天子受命于天，諸侯受命于天子，子受命于父，臣妾受命于君，妻受命于夫。諸所受命者，其尊皆天也。天子不能奉天之命，則廢而稱公，王者之後是也。公侯不能奉天子之命，則名絶而不得就位，衛侯朔是也。子不奉父命，則有伯討之罪，衛世子蒯聵是也。臣不奉君命，雖善以叛言，晉趙鞅入于晉陽以叛是也。妾不奉君之命，則媵女先至者是也。妻不奉夫之

命，則絶夫不言及是也。』」《解詁箋》云：「傳例言復歸者，出惡歸無惡。歸者，出入無惡。趙鞅、荀寅、士吉射皆亂賊，故上入邑以叛同文。趙鞅挾君勢，惡尤甚，故變文以起之。曰歸者，著其以清君側爲名，書入則不能著，非爲善辭也。歸者，出入無惡。其出也，入邑以叛。其入也，必挾君以令，故反與以出入無惡之文，此變例中之正例，與趙盾復見同義。若欲赦之，則當以出惡歸無惡之文書復歸矣。」按：《趙世家》：「晉定公十四年，范、中行作亂。明年春，簡子謂邯鄲大夫午曰：『歸我衛士五百家，吾將置之晉陽。』午許諾。歸而其父兄不聽，倍言。趙鞅捕午，囚之晉陽。乃告邯鄲人曰：『我私有誅午也，諸君欲誰立？』遂殺午。荀寅、范吉射與午善，謀作亂。十月，范、中行氏伐趙鞅，鞅奔晉陽，晉人圍之。十一月，荀躒、韓不佞、魏哆奉公命以伐范、中行氏，不克。范、中行反伐公，公擊之，范、中行敗走，奔朝歌。韓、魏以趙氏爲請。十二月，趙鞅入絳，盟于公宮。孔子聞趙簡子不請晉君而執邯鄲午，保晉陽，故書《春秋》曰：『趙鞅以晉陽畔。』」是亦以其無君命故也。又云：「定公十八年，簡子圍范、中行氏于朝歌，中行文子奔邯鄲。二十一年，簡子拔邯鄲，中行文子奔柏人。簡子又圍柏人，中行文子、范昭子遂奔齊。」按：《史記》所載本之《左傳》，以事而論，趙鞅與韓、魏相比，同以私怨逐荀、范。荀、范始亂，又有伐公之罪，故趙鞅雖惡，然其歸也有君命。明知晉君之命，即韓、魏所挾之命。但既奉君命，《春秋》即以權屬君，故其不奉君命也則曰叛，其奉君命也則曰歸，尊君抑臣，尊綱紀於一綫而已。○注「晉陽」至「逐之」。○《左傳》注云：「晉陽，趙鞅邑。」按：趙衰始封于温，故《文五年》傳趙衰稱温季。其封晉陽，不知何代。

薛弑其君比。

公羊義疏七十二

句容陳立卓人著

定十四年盡十五年。

十有四年春，衛公叔戍來奔。疏《禮記・檀弓》云：「公叔朮有同母異父之昆弟死。」注：「朮當爲朱，《春秋》作戍，衛公叔文子之子，定公十四年奔魯。」《正義》引《世本》云：「衛獻公生成子當，當生文子拔，拔生朱。」按：朮、朱、戍，古音同部，得通也。

晉趙陽出奔宋。疏《校勘記》云：「《唐石經》、鄂本、閩、監本同。毛本陽誤鞅，疏同。解云：《穀梁》與此同，《左氏》作『衛趙陽』，字也。」❶杜云：「陽，趙黶孫。」疏引《世本》云：「懿子兼生昭子舉，舉生趙陽。」兼即黶也。按：《左傳》以陽爲戍黨，證之《世本》，當從《左氏》作衛。此及《穀梁》蓋因上年冬有「晉趙鞅入于晉陽以叛」之文，故誤衛爲晉。毛本又誤陽爲鞅。鞅已歸于晉，無復有奔宋事也。《差繆略》云：「衛，《公羊》作晉。」按：今《公》、《穀》並作晉。

三月辛巳，疏《校勘記》云：「閩、監、毛本同，誤也。《左》、《穀》皆作二月。《唐石經》原刻作三月，後磨改去上一畫。」《經義述聞》云：「三當爲二。《左氏》、《穀梁》並作二。据杜預《長曆》，是年二月己未朔，辛巳二十三日也。若三月，則戊子朔，不得有辛巳矣。《釋文》但云公子佗人，二傳作公孫佗人。牄，二傳作牂，而不言三月。二傳作二月，則此傳亦作二月可知。《唐石經》始誤二爲三。」包氏慎言云：「二月書辛巳，月之二十三日。」楚公子結、陳公子佗人帥師滅頓，以頓子牄歸。注不別以歸何國者，明楚、陳以滅人爲重，頓子以不死位爲重。疏《左氏》、《穀梁》作公孫佗人。《唐石經》佗字人旁磨改。牄，舊疏云：「《左氏》、《穀梁》皆作頓子牂字。賈氏不注，文不備。」按：牂、牄音近。《説文・羊部》：「牂，从羊爿聲。」《倉部》：「牄，从倉爿聲。」皆从爿得聲也。鄂

❶「字也」二字，《春秋公羊傳注疏》有，而《校勘記》無。

本牄誤搶，蜀大字本誤愴。○注「不別」至「爲重」。○舊疏云：「正以上《四年》『滅沈，以沈子嘉歸』，《六年》『以許男斯歸』之屬，其上文皆直一國大夫而已，是以其經言以歸，不暇分別。今此經上載二國，其下直言以歸而已，似非詳備之義，是以解之。明楚、陳以滅人爲重者，二國之卿，擅相滅獲，其過已深。假言歸楚，不足輕陳之罪。假言歸陳，不足減楚之惡故也。頓子以不死位爲重者，諸侯之禮，當合死位。頓子不死，其過已深，何假書言歸于某乎？故云『頓子以不死位爲重也』。」按：《襄六年》傳：「國滅君死之，正也。」故注云然。不言所歸，略也。

夏，衛北宫結來奔。

五月，於越敗吴于醉李。**注**月者，爲下卒出。**疏**《釋文》「醉李，本又作檇」。《漢書·地理志》會稽郡下由拳云：「故就李鄉，吴越戰地。應劭曰：『古之檇李也。』」《大事表》云：「今嘉興府治嘉興縣南有醉李城。句踐歸吴後，夫差增封其地至此。然則與闔廬戰時，檇李猶爲吴地。杜氏《通典》：『吴國南百四十里與越分境。吴伐越，越子禦之于檇李。』則今嘉興府之地也。古檇李城在今浙江嘉興府嘉興縣南四十五里。」《左氏》、《穀梁》作檇李。杜云：「檇李，吴郡嘉興縣南醉李城。」《説文·木部》：「檇，以木有所擣也。《春秋傳》曰：『越敗吴于檇李。』」《史記·吴世家》：「越王句踐迎擊之檇李。」《集解》：「檇音醉。賈逵曰：檇李，越地。」《漢書·地理志》：「敗之雋李。」師古曰：「雋，音醉。」《越絶書》：「語兒鄉，故越界，名曰就李。吴疆越地，以爲戰地，至于柴辟亭。句踐更就李爲語兒鄉。」沈氏欽韓謂就李即檇李也。《嘉興府志》：「檇李城在秀水縣西南七十里。」按：就、檇、醉皆方音之轉。○注「月者，爲下卒出」。○《隱六年》注「戰例時。偏戰日。詐戰月」，此兩夷相敗，宜略於諸夏，不合月。今此書月，故云「爲下卒出」也。吴子光卒月者，《襄十二年》「吴子乘卒」，注云「卒皆不日，吴遠於楚」是也。

吴子光卒。**疏**《越絶書·吴内傳》：「吴人敗于就李，吴之戰地。敗者，言越之伐吴，未戰，吴闔廬卒，敗而去也。卒者，闔廬死也。」《左傳》：「吴伐越。越子句踐禦之，陳于檇李，大敗之，靈姑浮以戈擊闔廬。闔廬傷將指，取其一屨，還，卒于陘，去檇李七里。」《通義》云：「趙汸曰：『吴、楚之君，雖卒於外，不地。』」

公會齊侯、衛侯于堅。 **疏**《釋文》：「堅，本又作掔，音牽。《左氏》作牽。」按：《穀梁》亦作牽。《易・睽》六四：「牽羊悔亡。」《子夏傳》牽作掔。是牽、堅、掔，音義同。杜云：「魏郡黎陽縣東北有牽城。」《大事表》云：「《路史》内黄西南三十里有故牽城，今在内黄之西南濬縣之北。二縣本連壤，内黄今屬河南彰德府，濬縣屬衛輝府。」《一統志》：「牽城在衛輝府濬縣北十八里。」《水經注・淇水》篇：「淇水東北逕枉人山東、牽城西。《春秋》『公會齊侯、衛侯于牽』是也。」

公至自會。

秋，齊侯、宋公會于洮。 **疏**馬氏宗槤《左傳補注》云：「鄄元曰：今甄城西南五十里有桃城，或謂之洮。按：洮城，宋滅曹，爲宋地。」

天王使石尚來歸脤。 **疏**《通義》云：「黃道周曰：『歸脤而不舉月日，❶何也？其來者遠矣。紀受者，則不尊。紀賜者，則不親。爲之紀時焉。』」脤，《説文》作祳。鄭玄注《周禮・地官・掌蜃》引作蜃。❷

石尚者何？天子之士也。 **注**天子上士以名氏通。 **疏**注「天子」至「氏通」。○《周禮・大宗伯》疏云：「石尚，天子之上士，故稱名氏。言來者，自外之辭。歸者，不反之稱。」舊疏云：「傳直言天子之士，而知上士者，何氏以爲《春秋》之例，天子上士以名氏通，中士以官録，下士略稱人。今此經書其名氏，故知之。」《穀梁傳》：「其辭石尚，士也。何以知其士也？天子之大夫不名。」杜云：「石尚，天子之士。石，氏；尚，名。」《釋例》：「王之公卿，皆書爵。大夫書字，元士、中士稱名，劉夏、石尚是也。下士稱人，『公會王人』是也。」舊疏云：「何氏意，必知例然者，正以傳云：『石尚者何？天子之士。』《隱元年》傳云：『宰者何？官也。咺者何？名也。曷爲以官氏？宰，士也。』《僖八年》傳云：『王人者何？微者也。曷爲序乎諸侯之上？先王命也。』然則以此三處之傳言之，則知單名繼官，不以名氏通。單稱王人云者，不以名見。故《隱元年》注云『天子之上士以名氏通，中士以官録，下士略稱人』是也。」杜以上士、中士稱名，非。**脤者何？俎**

---

❶「月日」，原倒，據《通義》正。

❷「玄」，原作「人」，據國學本改。

實也。注實，俎肉也。疏《周禮・掌蜃》云：「祭祀共蜃器之蜃。」注：「飾祭器之屬也。《鬯人職》曰：『凡四方山川用蜃器。』《春秋》定十四年秋，天王使石尚來歸蜃。蜃之器以蜃飾，因名焉。鄭司農云：『蜃可以白器，令色白。』」彼疏云：「注引《左氏》云：『石尚來歸蜃。』《公羊》以爲宜社之肉，以蜃器而盛肉，故名肉爲蜃。是祭社之器爲蜃也。」按：《周禮》直云「蜃器之蜃」，不別宜社者爲蜃，故鄭氏總謂祭器，明社稷、宗廟、四望、山川皆同，故引《鬯人》文爲證。蜃灰可以飾物，祭器皆用之，❶因謂祭器爲蜃也。而鄭氏注《鬯人》「凡山川四方用蜃」，則又云：「蜃，畫爲蜃形。蚌曰含漿，尊之象。」則又與《地官》注不同。蓋無正文，故説不定也。今三傳本皆作脤。《公羊傳》云：「俎實。」《穀梁傳》亦云：「脤者何？俎實也，祭肉也。」何注云：「實，俎肉也。」則脤即俎中肉，分賜臣下者。《大行人》「歸脤以交諸侯之福」是也，不云「宜社之肉」。《周禮・大宗伯》疏引《異義》：「《左氏》説，脤，社祭之肉，盛之以蜃。」又成十三年《左傳》：「成子受脤于社。」注：「脤，宜社之肉。」則以爲宜社之肉者，《左氏》説也。然彼傳因「成子受脤于社」，故云「脤，宜社之肉」。因社肉亦謂之脤，非脤專爲宜社之肉也。○注「實，俎肉也」。○《説文》：「俎，禮俎也。从半肉在且上。」《漢書・項籍傳》：「乃爲高俎。」注：「俎者，所以薦肉。」《一切經音義》引《字書》：「俎，肉几也。」《士冠禮》注：「煮於鑊曰亨，在鼎曰升，在俎曰載。」故謂實爲俎肉也。**腥曰脤，熟曰燔。**注禮，諸侯朝天子，助祭於宗廟，然後受俎實。時魯不助祭而歸之，故書以譏之。疏《周禮》引《異義》：「《左氏》説，脤，社祭之肉，盛之以蜃。宗廟之肉名曰膰。」則以脤與膰分社、廟之祭。《説文・示部》：「祳，社肉，盛以蜃，故謂之祳。❷天子所以親遺同姓。《春秋傳》曰：『石尚來歸祳。』」❸《説文》多用古文《春秋説》也。又鐇下云：「宗廟火熟肉。《春秋傳》曰：『天子有事，鐇焉以饋同姓諸侯。』」《周禮・大宗伯》：「以脤膰之禮，親兄弟之國。」鄭注：「脤、膰，社稷、宗廟之肉，以賜同姓之

❶「用」，原作「周」，據國學本改。
❷「祳」，原作「脤」，據《説文》改。
❸「祳」，原作「脤」，據《説文》改。

國，同福禄也。兄弟有共先王者。」亦引是經，蓋亦用《左氏》義。《穀梁傳》與此同，則今文《春秋》説也。按：《釋文》：「燔，本亦作膰，又作繙。」《唐石經》、諸本同作燔。盧氏文弨《考證》云：「繙，疑⿰炙番字之誤。《説文・火部》：『燔，爇也。』《詩・小雅・楚茨》『或燔或炙』，箋云：『燔，燔肉也。炙，肝炙也。』❶《大雅・生民》云：『載燔載烈。』傳：『傳火曰燔。』《左傳》僖二十四年：『天子有事，燔焉。』襄二十二年《左傳》：『與執燔焉。』《孟子・告子》：『燔肉不至。』皆謂熟肉焉，似不必分别社、廟。亦謂之胙，《僖九年》『天子使宰孔賜齊侯胙』是也。」○注「禮諸」至「俎實」。○《論語・鄉黨》云：「祭於公，不宿肉。」集解：「周曰助祭於君，所得牲體，歸則班賜，不留神惠。」《曲禮》云：「凡祭于公者，必自徹其俎。」注：「臣不敢煩君使也。大夫以下，或使人歸之。」疏：「此謂士助君祭也。若大夫以上，則君使人歸之。」則彼注「以下」當作「以上」。是故《史記・孔子世家》：「孔子曰：『魯今且郊，如致膰乎大夫，則吾猶可以止。』」明孔子大夫，故俟君之頒致。後膰肉不至，故不脱冕而行也。然徹俎與歸俎不同。徹俎謂當祭末徹俎時，尸與主人、主婦俎有司徹之。臣得獻之俎，自徹之，置堂下。祭畢後，士自持俎歸。大夫以上，君使人歸之。《曲禮》所云「乃助祭之臣，各獻俎肉」，所謂「賓俎」，與君賜之胙同名。脤，膰也。故《左傳》昭十六年云：「爲嗣大夫，喪祭有職，受脤歸脤。」受脤，即受賜之肉。賓脤，即賓俎也。彼大夫助祭諸侯之禮，《雜記》所謂「冕而祭於公」者。知諸侯助祭天子，亦有歸脤之事。《詩・大雅・文王》云「殷士膚敏，裸將于京。厥作裸將，常服黼冔」是也。諸侯助祭事也。《禮記・祭統》云：「俎者，所以明祭之必有惠也。」又曰：「俎者，所以明惠之必均也。」則異姓諸侯助祭，亦必致膰，故孔子異姓大夫，有不宿肉之事。則古文家以脤燔專遺同姓之國，非也。故《左傳》有賜齊侯胙事。《説文》：「胙，祭福肉也。」又有宋先代之後，於周爲客。天子有事燔焉之事，蓋二王後及有功德者，亦得賜焉。○注「時魯」至「譏之」。○舊疏云：「正以魯無朝聘天子之處，而書『歸脤』以譏之。」按：如《左傳》所記，賜齊桓胙及有事燔宋，則似天子賜脤不專及助祭諸侯矣。然《春秋》書之，不得無故。何云「譏之」，或《春秋》制與？《穀梁》

❶「炙」，原脱，據《毛詩注疏》補。

以爲「久矣，周之不行禮于魯也。請行賑，貴復正也」，何氏所不取。

衛世子蒯聵出奔宋。 注 主書者，子雖見逐，無去父之義。疏 注「主書」至「之義」。○《白虎通·諫諍》云：「子諫父，父不從，不得去者，父子一體而分，無相離之法。猶火去木而滅也。」明君臣以義，故得去；父子以恩，不得去也。舊疏云：「父子天倫，無相去之義。子若大爲惡逆，人倫之所不容，乃可竄之深宮，閽人固守。若小小無道，當安處之，隨宜罪譴，會其克改，甯有逐之佗國，爲宗廟羞。且子之事父，雖其見逐，止可起敬起孝，號泣而諫。諫若不入，悦則復諫。自不避殺，如舜與宜咎之徒，甯有去父之義乎？今大子以小小無道，衛侯惡而逐之。父無殺己之意，大子懟而去之。論其二三，上下俱失。衛侯逐子，非爲父之道。大子去父，失爲子之義。今主書此經者，一則譏衛侯之無恩，一則甚大子之不孝。故曰『子雖見逐，無去父之義』。若其父大爲無道，如獻公、幽王之類，若不迴避，必當殺己。如此之時，甯得陷父於惡。是以申生不去，失至孝之名。宜咎奔申，無刺譏之典。但衛侯爾時，無殺子之意，是以蒯聵出奔，書氏譏之耳。」按：疏語甚通，惟責備申生太過。《檀弓》云：「天下豈有無父之國哉！」不得去之義明矣。孔子責曾子，「小則受，大則走」，亦止謂暫避其怒耳。宜臼之事，書缺有間，不得据爲典要。

衛公孟彄出奔鄭。

宋公之弟辰自蕭來奔。 疏 上《十年》「出奔陳」，《十一年》「入于蕭以叛」，此乃自蕭來奔也。

大蒐于比蒲。 注 譏亟也。疏 注「譏亟也」。○舊疏云：「大蒐之禮，五年一爲。若數于此，則書而譏亟。若緩於此，則書而譏罕。上《十三年》夏已大蒐于比蒲，今始一年，復行此禮，故曰『譏亟也』。」

邾婁子來會公。 注 書者，非邾婁子會人於都也。如入人都，當脩朝禮。古者諸侯將朝天子，必先會閒隙之地，考德行，一刑法，講禮義，正文章，習事天子之儀。尊京師，重法度，恐過誤。言公者，不受于廟。疏 注「書者」至「都也」。○舊疏云：「《曲禮》

下云：『諸侯相見於郤地曰會。』今乃會人于都，故書而非之。」《通義》云：「杜元凱以爲會公于比蒲是也。大蒐、大閲，公雖在不書，國内常禮，省文可知也。郎、郚言公者，乃特譏也。」按：杜注亦以意言耳。○注「如入」至「朝禮」。○《桓六年》注：「諸侯相過，至竟必假塗，入都必朝。所以崇禮讓，絶慢易，戒不虞也。」是則凡入人都，皆當修朝禮矣。杜云：「會公于比蒲，而不用朝禮，故曰會。」按：若會于比蒲，儘可書地。不地，明在國内，故譏其不修朝禮也。若在外，何朝之有？若其行朝，則當如《僖二十八年》書「公朝于王所」之例矣。杜説恐未當。○注「古者」至「之地」。○《曲禮下》文。○注「考德」至「過誤」。○舊疏云：「謂考校其德行，齊一其刑法也。講禮義者，謂習其禮儀也。」《王制》云：「天子無事，與諸侯相見曰朝。考禮、正刑、一德，以尊於天子。」義亦通於此。○注「言公」至「于廟」。○《隱七年》「齊侯使其弟年來聘」，注：「不言聘公者，禮，聘受之于太廟。❶孝子謙不敢以己當之，歸美於先君，且重賓也。」是則朝重於聘，更宜受之于廟矣。故《隱十一年》「滕侯、薛侯來朝」，注「不言朝公者，禮，朝受之于太廟」是也。故《莊二十三年》：「公及齊侯遇于穀，蕭叔朝公。」傳云：「其言朝公何？公在外也。」彼注云：「時公受朝於外，故言朝公，惡公不受于廟。」是則朝聘皆當于廟也。今此會在外，故言來會公，明不受之於廟也。

城莒父及霄。**注**去「冬」者，是歲蓋孔子由大司寇攝相事，政化大行。粥羔豚者不飾，男女異路，道無拾遺。齊懼，北面事魯，饋女樂以間之。定公聽季桓子，受之，三日不朝，當坐淫，故貶之。歸女樂不書者，本以淫受之，故深諱其本文。三日不朝，孔子行，魯人皆知孔子所以去。附嫌近害，雖可書，猶不書。或説無「冬」者，坐受女樂，令聖人去。冬陰，臣之象也。**疏**杜云：「魯邑。」《大事表》云：「莒繫以父者，魯人語。音如梁父、亢父、單父是也。子夏爲莒父宰，即此。今爲沂州府莒州地。霄在今莒州竟。」杜云：

❶「太」字，原脱，據《公羊疏》補。

「公叛晉助范氏，故懼而城二邑。」閻氏若璩《四書釋地》曰：「是時荀寅、士吉射據朝歌，晉人圍之。魯與齊、衛謀救之。朝歌在魯正西將八百里，則莒父屬魯之西鄙。子夏爲宰，邑去其家密邇。」要亦約略言之耳。《一統志》：「春秋時有三莒：一爲周境内邑，《昭二十六年》『陰忌奔莒』是也。一爲齊東境，《昭三年》『齊侯田于莒』、《昭二十六年》『陳桓子請老于莒』是也。一爲魯邑，《定十四年》『城莒父』是也。惟莒州爲莒國之莒。」與《大事表》同。《山東通志》謂「莒，始封在萊州府高密縣東南，乃莒子之都，而子夏所宰之莒父也。春秋時莒子遷於城陽，漢封劉章爲城陽王，置莒縣，即今青州府之莒州。莒父之邑，蓋以莒子始封得名耳」。王氏鎏《四書地理考》云：「杜氏備晉之説，本屬臆度。高氏士奇曰：『取地於莒，遂謂之莒，如鄭取許田，而謂之許。楚取沈邑，而謂之沈。魯有辟地而謂之辟。』然則莒父或係莒地而魯取之，即以爲莒州之地，在魯東南，與莒接壤可也。」《説文·邑部》有「邩」字，「地名，从邑少聲」。《玉篇》亦云：「魯地名。」古霄、邩聲同，但未知在今何地。○注「去冬」至「不朝」。○《史記·孔子世家》：「定公十四年，孔子由大司寇攝相事。齊人聞而懼，曰：『孔子爲政，必霸。霸則吾地近焉，我之爲先并矣。盍致地焉。』犁鉏曰：『請先嘗沮之，沮之而不可，則致地，庸遲乎！』於是選齊國中女子好者八十人，❶皆衣文衣而舞《康樂》，文馬三十駟，遺魯君。陳女樂、文馬於魯城南高門外。季桓子微服往觀再三，將受，乃語魯君爲周道游，往觀終日，怠于政事。子路曰：『夫子可以行矣。』孔子曰：『魯今且郊，如致膰乎大夫，則吾猶可以止。』桓子卒受齊女樂，三日不聽政。郊，又不致膰俎於大夫。孔子遂行。」此何氏所本。江氏永《鄉黨圖考》云：「《世家》歸女樂，去魯，適衛，皆敘於定公十四年，非也。定十三年夏，有築蛇淵囿，大蒐比蒲，皆非時勞民之事，使夫子在位而聽其行之，則何以爲夫子。考《十二諸侯年表》及《魯世家》，皆於定十二年書女樂去魯事。《年表》及《衛世家》皆於靈公三十八年書孔子來，禄之如魯。衛靈三十八，當魯定之十三。蓋女樂事在十二、十三冬春之間。去魯，實在十三年春。魯郊當在春，故經不書。當以《衛世家》爲正。」按：孔子雖攝相事，而執政究係三家。如築囿、大蒐，雖曰勞民，

❶「齊」字，原脱，據《史記》補。

尚於國政未爲大害。孔子必事諫阻，是《孟子》所謂「不可磯也」。不得據以證《孔子世家》非，而《年表》、《衛世家》是也。《韓非・内儲説》：「仲尼爲政于魯，齊景公患之。❶黎且謂景公曰：『君何不迎之重禄高位。遺哀公女樂，以驕榮其志。❷哀公新樂之，必怠于政。仲尼必諫，諫必輕絶於魯。』景公曰：『善。』乃令黎且以女樂二八遺哀公。❸哀公樂之，果怠於政。仲尼諫，不聽，去而之楚。」按：孔子爲政在定公時，黎且口中不得稱謚，當是魯公之誤。諫之不聽乃去，於聖人去父母邦之道，尤爲周到。觀齊歸女樂，不敢直陳魯廷，或因孔子諫止之與？《後漢書・馮衍傳・顯志賦》曰：「誅犁鉏之介聖兮。」注「介，間也」。《韓子》曰：「仲尼爲政於魯，道不拾遺，齊景公患之。犁鉏曰：『去仲尼猶吹毛耳。君何不遺魯公以女樂，以驕其志。魯君樂之，必怠於政。仲尼必諫。諫而不聽，必輕絶魯。』景公曰：『善。』乃令犁鉏以女樂遺魯，公樂之，公怠於政事。仲尼諫之，不聽，遂去之。」不言其何年也。舊疏云：「《隱六年》傳：『《春秋》編年，四時具，然後爲年。』今此無冬，四時不具，故解之。是歲蓋孔子由大司寇攝相事者，即《家語・始誅》篇云『孔子爲魯大司寇，攝行相事，有喜色』是也。若以《家語》言之，則定九年始爲邑宰，十年爲司空，十一年爲大司寇。從大司寇攝行相事之時，年月不明，故此注云『蓋』也。云『政化大行，粥羔豚者不飾，男女異路，道無拾遺』者，皆《家語・相魯》文也。」按：《校勘記》出「粥羔肫者不飾」，云：「此本及閩、監本疏中引注，皆肫作豚。毛本始改爲肫，非。按：《史記》、《家語》皆作羔豚。」不飾者，舊疏引舊説云：「魯前之時，粥羔豚者，皆以彩物飾之。自孔子爲相，此事乃止，故曰『粥羔豚者不飾』也。」按：《世家》云：「與聞國政三月，粥羔豚者弗飾賈，男女行者别於塗，塗不拾遺。四方之客至乎邑者，不求有司皆予之以歸。」是也。齊懼北面事魯，《世家》無文，或何以意增之。饋女樂以間之，《論語・微子》作「歸女樂」。彼《釋文》「歸如字，鄭作饋」。《後漢書・蔡邕傳》：「齊人歸樂，孔子斯征。」注引《論語》作「饋」。《文選》鄒陽《上書》注引《論語》亦作「饋」，並與何、鄭本同。《漢書・禮

❶「之」字，原脱，據《韓非子》補。
❷「榮」，原作「縱」，據《韓非子》改。
❸「二八」，原作「六」，據《韓非子》改。

樂志》云：「是時周室大壞，桑間、濮上、鄭、衛、宋、趙之聲並出，内則致疾損壽，外則亂政傷民。巧僞因而飾之，以營亂富貴之耳目。庶人以求利，列國以相間，故秦穆遺戎而由余去，齊人歸魯而孔子行。」顔注：「餽亦饋字。」引《論語》作餽，疑亦饋字也。「季桓子受之，三日不朝」，《論語》亦有是語。注「孔曰：『桓子，季孫斯也。』使定公受齊之女樂，君臣相與觀之，廢朝禮，三日，孔子行」是也。○注「當坐淫，故貶之」。○舊疏云：「推尋古禮，無女樂之文。魯人受之，故當坐淫泆之惡。去冬，以見之。」按：《桓六年》：「蔡人殺陳佗。」傳：「陳君則曷爲謂之陳佗？絶也。曷爲絶之？賤也。其賤奈何？外淫也。」是諸侯外淫者絶。受女樂差於外淫，故貶去「冬」也。冬者，四時之名也。《春秋》以天之端，正王之政。王者不承天以制號令，則無法。今魯受女樂，怠政事，故去「冬」，明不能承天成化也。《春秋正辭》云：「去冬何也？不終也。是年也，齊歸女樂，季孫受之，而孔子行，故曰不終。《易》曰『無喪無得』，其吾聖人與？『汔至亦未繘井，羸其瓶，❶凶』。夫季桓子與？」《通義》云：「無冬者，❷師説以爲齊人歸女樂之歲也。魯君臣受之，三日不朝，雖諱而削其事，事繫于冬，故去冬以起之。《史記》曰：『定公十四年，齊人遺魯君女樂、文馬，季桓子微服往觀再三，將受，乃語魯君爲周道游，往觀終日，怠於政事。子路曰：『夫子可以行矣。』孔子曰：『魯今且郊，如致膰於大夫，則吾猶可以止。』云且郊者，謂明年春當郊，實受女樂在是冬之證。」○注「歸女」至「不書」。○《校勘記》出「故深諱其本文」，云：「閩、監、毛本同，誤也。鄂本、蜀大字本『文』作『又』，屬下讀，當据正。」按：此與《莊二十三年》書「公如齊觀社」同義。彼注云：「觀社者，觀祭社，諱淫言觀社者，與親納幣同義。」蓋淫大惡，不可言，故諱以觀社小惡書。此亦諱淫，故去「冬」以起。劉氏逢禄《論語述何》云：「解齊人歸女樂章云：定公十四年，齊人歸女樂，《春秋》不書者，内大惡諱。定、哀多微詞也，故唯去『冬』以明聖功之不終也』。」是也。舊疏云：「附嫌近害，雖可書，猶不書者，正以其獲麟之後，得端門之命而制《春秋》。乃自因之，即云已之本出，由饋女樂之故。魯國之人，悉知所由。若其書之，即是附於嫌疑，

❶「羸」，原作「嬴」，據《周易正義》改。
❷「無」，原作「去」，據《通義》改。

近於禍患，是以雖非國家之諱，依例可書于經，孔子亦不書之，故曰『附嫌近害，雖可書，猶不書』。」何意以魯受女樂，雖不爲諱，亦不書，爲其附嫌近害，非謂受女樂可不諱也。○注「或説」至「象也」。○舊疏云：「孔子自書《春秋》而貶去冬，失謙遜之心，違辟害之義。蓋不修《春秋》已無冬字，孔子因之，遂存不改，以爲王者之法，宜用聖臣。故曰『如有用我者，朞月則可，三年乃有成』是也。又《春秋》之説，口授相傳，達於漢時，乃著竹帛。去一『冬』字，何傷之有。」按：或説恐未然。時季孫當國，史臣載筆，未必顯著國惡，直如南、董。舊疏「《春秋》之説」下，似是駁或説也。蓋去「冬」之屬，孔子作《春秋》新義，未必不修《春秋》已有此例。毛本「令」誤「今」。

十有五年春，王正月，邾婁子來朝。**疏**《通義》云「月者，爲下録郊牛之變」是也。正以朝例時故也。

鼷鼠食郊牛，牛死，改卜牛。

曷爲不言其所食？**注**据食角。**疏**注「据食角」。○即《成七年》「春，王正月，鼷鼠食郊牛角，改卜牛。鼷鼠又食其角，乃免牛」是也。漫也。**注**漫者，偏食其身，災不敬也。不舉牛死爲重，復舉食者，内災甚矣。録内不言火，是也。**疏**《校勘記》云：「鄂本、閩、監、毛本同。《唐石經》元本漫作曼。按：《釋文》作漫也。」○注「漫者，偏食其身」。○《列子・黄帝》篇：「漫言曰。」《釋文》：「漫，散也。」《文選・甘泉賦》：「指東西之漫漫。」注：「漫漫，無厓際之貌也。」《漢書・楊雄傳》：「爲其泰曼漶而不可知。」注：「曼漶，不分別貌。」牛身偏爲鼠傷，散漫無際，故曰漫也。俞氏樾《公羊平議》云：「漫即曼字。《唐石經》元本作曼，是也。」《説文・又部》：「曼，引也。」《漢書・禮樂志》：「世曼壽。」師古注：「曼，延也。」是曼有延及之義，故曰「曼衍」。《莊子・齊物論》「因之以曼衍」是也。亦曰「曼羨」，《文選・封禪文》「沕潏曼羨」是也。古字本止作曼。以水言之，則从水作漫，猶以艸言之，則從艸作蔓也。《詩・野有蔓草》傳：「蔓，延也。」此經不言所食者，蓋初食雖止一處，而其傷蔓延不能知其初食之處，故曰曼也。何氏謂偏食其身，於義尚未盡得。《楊雄傳》「爲其泰曼漶而不可知」，即此曼字之義。按：何云「偏食其身」，即包有曼延之義。

因傳文作漫，是漫散意，當是其身偏食之象。○注「災不敬也」。○《穀梁傳》：「不敬莫大焉。」注：「定公不敬最大，故天災最甚。」疏：「今牛體偏食，不敬之罪大也。」《五行志中之上》：「定公十五年正月，鼷鼠食郊牛，牛死。劉向以爲，定公知季氏逐昭公，辠惡如彼。親用孔子，爲夾谷之會，齊人倈歸鄆、讙、龜陰之田，聖德如此。反用季桓子，淫於女樂，而退孔子，無道甚矣。《詩》曰：『人而亡儀，不死何爲。』是歲五月，定公薨，牛死之應也。《京房易傳》曰：『子不子，鼠食其郊牛。』」《經義雜記》云：「《禮記》：『牛曰一元大武。』《説文》：『牛，大牲也。』故牛死爲定公薨之象，以示不能誅賊臣而用聖人也。」○注「不舉」至「甚矣」。○舊疏云：「《春秋》之義，悉皆舉重。食死並書，故解之。食在死前而言復者，以食輕於死，故對重以爲復矣。」所以爲内災甚之也。○注「録内」至「是也」。○即《襄九年》：「春，宋火。」傳云：「大者曰災，小者曰火。然則内何以不言火？內不言火者，甚之也。」注：「《春秋》以内爲天下法，動作當先自克責。故小有火，如大有災也。」此牛死復舉食，以甚之，猶彼義也。

二月辛丑，楚子滅胡，以胡子豹歸。 **疏** 包氏慎言云：「二月書辛丑，月之十九日。」上《四年》「滅沈」，注云：「定、哀滅例日。定公承黜君之後，有强臣之仇，故有滅則危懼之，爲定公戒也。」《僖二十六年》「秋，楚人滅隗」，注：「不月者，略夷狄滅微國也。」《昭三十年》「冬十二月，吴滅徐」，注：「至此乃月者，所見世，始録夷狄滅小國也。」此亦所見世，夷狄滅小國而書日者，從滅沈例也。

夏，五月辛亥，郊。 **疏** 包氏慎言云：「五月書辛亥，月之朔日。」

曷爲以夏五月郊？ **注** 据魯郊正當卜春三正也。又養牲不過三月。**疏** 注「据魯」至「正也」。○《成十七年》傳：「郊用正月上辛。」注「魯郊轉卜春三月，言正月者，因見百王正所當用也」，《僖三十一年》注云「魯郊非正，故卜三卜，❶吉則用之，不吉則免牲」者，是其魯郊轉卜春三正義也。舊疏云：「何氏必知然者，正以哀元年《穀梁傳》云『郊自正月至于三月，郊之時。夏四月郊，不時。五月郊，不時』之文也。」

❶「卜」，原作「上」，據《春秋公羊傳注疏》改。

○注「養牲不過三月」。○《宣三年》傳：❶「帝牲在于滌三月。」注：「滌，宫名。養帝牲三牢之處也。謂之滌者，取其蕩滌潔清。三牢者，各主一月，取三月一時，足以充其天牲。」《禮記・祭義》亦云：「帝牛必在滌三月，稷牛唯具，所以别事天神與人鬼也。」正月郊牛死，應即復養帝牛，五月郊，已過三月限矣。三卜之運也。

注 運，轉也。已卜春三正，不吉，復轉卜夏三月。周五月得二吉，故五月郊也。《易》曰：「再三瀆，瀆則不告。」不得其事，雖吉猶不當爲也。不舉卜者，從可知。

疏 注「已卜」至「郊也」。○舊疏云：「猶言轉卜夏之正也。必知得吉者，正以經有郊文故也。若其不吉，宜言『乃免牲』，或言『乃免牛』，乃不郊矣。知其二吉者，以《僖三十一年》傳：『三卜，禮也。三卜何以禮？求吉之道三。』彼注云：『三卜，吉凶必有相奇者，可以決疑，故求吉必三卜也。』是其得二吉，乃可爲事之義。今此五月而郊，故知得二吉也。」胡氏匡衷《儀禮釋官》云：「卜筮，古者貴賤並用三兆、三《易》。《洪範》：『立時人作卜筮，三人占則從二人之言。』鄭注：『卜筮各三人。』《大卜》：『掌三兆、三《易》。』是鄭意卜則掌三兆者各一人，筮則掌三《易》者各一人，故《金縢》：『乃卜三龜。』《士喪禮》：『占者三人。』注：『以爲掌玉兆、瓦兆、原兆者』是也。」按：《太卜》注：「子春云：『玉兆，帝顓頊之兆。瓦兆，帝堯之兆。原兆，有周之兆。』」此三卜也。《太卜》又云：「掌三《易》之法。一曰《連山》，二曰《歸藏》，三曰《周易》。」蓋或卜或筮，得一卦，三人共占之，其從多者爲吉，所謂二吉也。《通義》云：「魯郊本以十月上甲繫牲，十二月下辛卜日。今爲改卜牛，故正月始繫牲。更以三月下辛卜四月上辛，不從，又以四月下辛卜五月上辛，得吉卜，乃郊也。然失『稷牲唯具』之正。」哀元年《穀梁傳》曰：「自正月至于三月，郊之時也。夏四月郊，不時也。五月郊，不時也。夏之始可以承春，以秋之末承春之始，蓋不可矣。」注：「凱曰：『不時之中有差劇也。夏始承春，方秋之末猶爲可也。』」意以郊在四月、五月，是以夏始承春，比之秋九月郊，猶爲可也。」又曰：「郊三卜，禮也。四卜，非禮也。五卜，强也。」注：「以十二月下辛卜正月上辛。如不

❶「三」，原作「二」，據《春秋公羊傳注疏》改。

從，則以正月下辛，卜二月上辛。如不從，則以二月下辛，卜三月上辛。所謂三卜也。鄭嗣曰：『謂卜一辛而三也。求吉之道三，故曰禮也。』」按：四卜，見僖三十一年、襄十一年。五卜，見成十年。此亦五月而非五卜，彼不易牲。此因牛死，至三月末始卜四月上辛，不吉。又於四月末卜五月上辛，得吉，始郊故也。○注「《易》曰」至「爲也」。○《易・蒙・彖傳》文。舊疏引鄭注云：「弟子初問，則告之以事義，不思其三隅相況以反解而筮者，此勤師而功寡，學者之災也。瀆筮則不復告，欲令思而得之，亦所以利義而幹事是也。」按：四卜、五卜，皆再三瀆也，故二傳皆云：「非禮。」舊疏云：「引之者，欲道魯人瀆卜，故五月非郊之月而得吉兆，❶是龜靈厭之，不復告其所圖之吉凶故也。卦象之義，乃弟子請問師之事義，故言筮以況之。今此乃卜也，而引者，龜筮道同，亦何傷乎？『不得其事』者，謂不得其事之宜，即五月郊天是也。『雖吉猶不當爲』者，謂吉凶會以事之善惡爲本，郊非其月，雖吉亦不得爲。何者？正以靈龜厭之，不復告其吉凶故也。」義或然也。○注「不舉」至「可知」。○舊疏云：「正以《僖三十一年》『夏四月，四卜郊，不從』云云舉卜。今此直言『五月辛亥郊』，不舉卜者，正以言郊，則知卜吉明矣，故曰『從可知』。」

壬申，公薨于高寢。 疏 包氏慎言云：「五月書壬申，月之二十二日。」❷杜云：「高寢，宮名。不於路寢，失其所。」胡氏培翬《燕寢考》云：「《左傳》魯有楚宮，晉有固宮，皆是隨意所欲爲之，不在燕寢之數。魯之高寢，當亦似此。」按：《說苑・修文》云：「《春秋》曰：『壬申，公薨于高寢。』傳曰：『高寢者何？正寢也。曷爲或言高寢，❸或言路寢？曰：諸侯正寢三，一曰高寢，二曰左路寢，三曰右路寢。高寢者，始封君之寢也。二曰路寢者，繼體之君寢也。其二何？曰：子不居父之寢，故二寢。繼體君世世不可居高祖之寢，故有高寢，名曰高也。路寢其立奈何？高寢立中，路寢左右。』然則天子之寢奈何？曰：亦三。承明，繼體守文之君之寢曰左右之路寢。謂之承明何？曰：承明堂之後者也。故天子諸侯三寢立而名實正，父子之義章，尊卑之

❶「兆」，原作「非」，據《春秋公羊傳注疏》改。
❷「曰」，原作「月」，據國學本改。
❸「言」，原作「曰」，據《說苑》改。

事別，小大之德異矣。」《穀梁傳》曰：「非正也。」《公羊》、《左氏》無傳。何氏《莊三十二年》注云：「天子諸侯皆三寢。一曰高寢，二曰路寢，三曰小寢。父居高寢，子居路寢。」與劉子政義大同。

鄭軒達帥師伐宋。**疏**《釋文》：「軒達，《左氏》作罕達。」

齊侯、衛侯次于籧篨。**疏**舊疏云：「《左氏》作籧挐字，賈氏無説，文不備也。」《校勘記》云：「《唐石經》、閩本同。監、毛本籧誤蘧。❶疏同。盧文弨曰：『《左氏》經作渠蒢，傳作籧挐。』」按：籧蘧渠、篨挐，音義皆通。《左氏》成八年傳：「與渠丘公立於池上。」注：「渠丘，邑名。莒縣有蘧里。」《困學紀聞》云：「崔駰《七依》云：『夏屋渠渠。』《文選注》引《七依》作『蘧蘧』可證。」范云：「地也。」《差繆略》云：「《左氏》作籧。」按：唐石經《左氏》、《穀梁》並作「渠蒢」。石經《公羊》作「籧篨」也。舊疏云：「上《九年》：『齊侯、衛侯次于五氏。』注云：『欲伐魯也。善魯能卻難早，故書次而去。』然則今此亦然，故省文不注。而賈氏云『欲救宋，善恤鄰也』者，蓋與何氏異，或者九年之次，以其無起文，故解爲欲伐魯。今此上有軒達伐宋之文，下即云『齊侯、衛侯次于籧篨』，此則知欲救宋明矣。不注之者，從可知省文。」按：何氏之意未必與賈氏同。

邾婁子來奔喪。

其言來奔喪何？**注**据會葬以禮書，歸含且賵不言來。**疏**注「据會葬以禮書」。○《文元年》：「天王使叔服來會葬。」傳：「其言來會葬何？會葬，禮也。」○注「歸含」至「言來」。○《文五年》「王使榮叔歸含且賵」是也。奔喪，非禮也。**注**但解奔喪者，明言來者常文，不爲早晚施也。禮，天子崩，諸侯奔喪會葬。諸侯薨，有服者奔喪，無服者會葬。邾婁與魯無服，故以非禮書。禮有不弔者三：兵死、壓死、溺死。**疏**杜云：「諸侯奔喪，非禮。」不別同姓異姓，與何氏異。○注「但解」至「施也」。○《隱元年》傳：「其言來何？不及事也。」明彼言來者，有刺譏。

❶「蘧」，原作「籧」，據《十三經注疏校勘記》改。

此自如常文言來，非爲早晚施，但解奔喪非禮。雖及事，亦非禮也。《釋名·釋姿容》云：「奔，變也。有急變奔赴之也。」《穀梁傳》：「喪急，故以奔言之。」○注「禮天」至「禮書」。○《禮記疏》引《異義》：「『《公羊》説，諸侯之喪，遣大夫弔，君會其葬。《左氏》説，諸侯之喪，士弔，大夫會葬。文、襄之伯，令大夫弔，卿共葬事。謹案：《周禮》諸侯無會葬事，知不相會葬，從《左氏》義。』鄭《駮》無考。」然當周初千八百國，若皆會葬，列土封疆，輕棄所守，似非蕃屏之義。蓋同姓同盟者有會葬禮，故《左傳》隱元年「衛侯來會葬」，無譏文。彼傳又云「諸侯五月而葬，同盟至」是也。《通義》云：「會葬亦當遣大夫而已。《異義》曰：『《公羊》説，同盟諸侯薨，君會葬。其夫人薨，君又會葬。』是其不遑國政而常在路也。」按：同盟諸侯不得過多，何至不遑國政而常在路？奔喪專指有服者言，則奔喪之國亦僅矣。無服者會葬，亦必同姓之國也。邾婁與魯，既非同姓，又非甥舅姻亞，是無服也，故以非禮書。○注「禮有」至「溺死」。○舊疏云：「《春秋説》文。」《釋文》「壓死」作「厭死」，於甲反。《禮記·檀弓》云：「死而不弔者三：畏、厭、溺。」鄭注：「畏者，人或以非罪攻己，己不能有以説之死之者。『孔子畏於匡』是。厭者，行止危險之下。溺者，不乘橋船。」《通典》引盧植注云：「畏者，兵刃所殺也。」又引王肅《聖證論》以犯法獄死謂之畏。臧氏琳《經義雜記》云：「若如所難，則肅謂犯法獄死謂之畏。古不有非其罪而在縲絏之中者乎？欲異乎鄭，實乖舊義。」按：畏死之説，盧、王二注均勝鄭義。三者皆謂死於非命者。《孟子·盡心》云：「莫非命也，順受其正。是故知命者，不立乎巖牆之下。盡其道而死者，正命也。桎梏死者，非正命也。」王氏原謂犯法獄死者，若其非罪而在縲絏，則不爲犯法矣。盧氏所云則《祭義》所謂「戰陳無勇，非孝也」。故皆非正命也。《白虎通·喪服》云：「有不弔三何？爲人臣子，常懷恐懼，深思遠慮，志在全身。今乃畏、厭、溺死，用爲不義，故不弔也。《檀弓》曰：『不弔三：畏、厭、溺也。』畏者，兵死也。《禮·曾子問》曰：❶『大辱加于身，支體毀傷，即君不臣，士不交，❷祭不得爲昭穆之尸，食不得居昭穆之位，死不得葬昭穆之域也。』」是也。《喪服》「殤小功」章：

❶《白虎通》作「曾子記」。
❷「交」，原作「官」，據《白虎通》改。

「大夫公之昆弟，大夫之子，爲其昆弟、庶子、姑姊妹女子子之長殤。」《通典》引馬注云：「大夫無昆弟之殤。此言殤者，關有罪，若畏、厭、溺當殤服之。」又「緦麻」章：「夫之姑姊妹之長殤。」《通典》引馬注云：「禮，三十乃娶，而夫之姊妹殤者，關有畏、厭、溺者。」然則此三者不弔，故服亦降於成人矣。《檀弓》疏云：「除此三事之外，其有死，不得禮，亦不弔。故昭二十年孟縶被殺而死，宗魯亦死之。孔子弟子琴張欲往弔之，孔子止之，曰：『齊豹之盜而孟縶之賊，女何弔焉？』杜預云：『言齊豹所以爲盜，孟縶所以見賊，皆由宗魯。』是失禮者亦不弔也。」夫兵死、溺死，果其身殉君父，損軀成仁，亦能不弔乎？又不可概論矣。舊疏云：「邾婁子來奔喪，魯人無此三事而引之者，以明不弔之類，非謂禮實同也。」按：何氏因論奔喪會葬，廣論弔禮爾。

秋，七月壬申，姒氏卒。 **疏** 包氏慎言云：「七月書壬申，月之二十三日。」姒氏，《穀梁》作弋氏。

姒氏者何？哀公之母也。 **注** 姒氏，杞女。哀公者，即鄭公之妾子。**疏** 注「姒氏」至「妾子」。○《校勘記》出「鄭公」，云：「諸本同，誤也。鄂本作定公，當據正。」按：紹熙本亦作「定公」。姒氏杞女者，以杞爲夏後姒姓也。不稱夫人，知其爲妾。《穀梁傳》：「妾辭也。哀公之母也。」

何以不稱夫人？ **注** 据母以子貴。**疏** 注「据母以子貴」。○《隱元年》傳文也。彼注云：「禮，妾子立，則母得爲夫人，成風是也。」按：襄公母定弋、昭公母齊歸，皆妾子爲君稱夫人者也，故据以難。

哀未君也。 **注** 未踰年，不稱公。**疏** 注「未踰年，不稱公」。○《文九年》傳：「以諸侯之踰年即位，亦知天子之踰年即位也。以天子三年然後稱王，亦知諸侯於其封内三年稱子也，踰年稱公矣。則曷爲於其封内三年稱子？緣民臣之心，不可一日無君；緣終始之義，一年不二君，不可曠年無君。」注：「君薨稱子某，既葬稱子，踰年稱公。」是未踰年不稱公也。踰年稱公，亦係臣子之稱，故其生母即尊稱夫人，而諸侯自稱猶稱子也。《通義》云：「未踰年，未成爲君，猶未得遽尊其母。魯之末失，妾齊於嫡，故因其可正者正之。」

八月庚辰朔，日有食之。 **注** 是後，衛蒯聵犯父命，盜殺蔡侯申，齊陳乞弑其君舍。**疏**

臧氏壽恭推是年正月癸未朔，小。二月壬子朔，大。閏月壬午朔，小。三月辛亥朔，大。四月辛巳朔，小。五月庚戌朔，大。六月庚辰朔。○注「是後」至「君舍」。○「衛蒯聵犯父命」，即《哀二年》「晉趙鞅納衛世子蒯聵于戚」是也。「盜殺蔡侯申」，見《哀四年》。「齊陳乞弒其君舍」，見《哀六年》。《五行志下之下》：「十五年八月庚辰朔，日有食之。董仲舒以爲宿在柳，周室大壞，夷狄主中夏之象也。明年，中國諸侯果累累從楚而圍蔡。蔡恐，遷于州來。晉人執戎蠻子歸于楚，京師楚也。劉向以爲盜殺蔡侯，齊陳乞弒其君而立陽生。孔子終不用。」皆與何氏所占詳略互見。劉歆以爲六月晉趙分。

九月，滕子來會葬。 疏上注云「無服者會葬」，故不發非禮傳也。《通義》云：「不發傳者，與奔喪同，非禮可知。」范云：「邾、滕，魯之屬國。近則來奔喪，遠則來會葬。於長帥之喪同之王者書，非禮。」皆以會葬非禮，非《公羊》義。

丁巳，葬我君定公。雨，不克葬。戊午日下昊，乃克葬。 注昊，日西也。《易》曰：「日中則昊。」是也。下昊，蓋晡時。疏《校勘記》出「日下昊」云：「宋本、閩本同。監、毛本『昊』改『昃』，非。注及疏同。按：《釋文》、《唐石經》作昊。」《穀梁傳》：「葬既有日，不爲雨止，禮也。雨不克葬，喪不以制也。乃，急辭也，不足乎日之辭也。」按：庶人葬，不爲雨止，非諸侯禮也。《穀梁》作「日下稷」。《漢隸字原》所載《靈臺碑》「日稷不夏」，《郙閣頌》「劬勞日稷兮維惠勤」，《費鳳別碑》「乾乾日稷」，皆與《穀梁》合。昊、稷音義同，故《尚書中候·握河紀》：「至于日稷。」《運衡》篇：「退俟至于下稷。」《考河命》篇：「至于下稷。」鄭注：「稷，讀曰側。」按：《白虎通·謚》篇引《春秋》曰：「丁巳葬。戊午日下側，乃克葬。」明應葬而有謚也。作「側」與鄭氏《書緯注》合。伏琛《齊地記》云：「齊城西門側，系水出，故曰稷門。」是側、稷音義亦近。側者，不正之謂。日過中，則不正，故曰側。《説文》作𣅔，在《日部》，从日仄聲，其正字也。昊、昃皆俗體。側取其義，稷叚借也。包氏慎言云：「九月丁巳，爲月之九日。戊午，月之十日也。」○注「昊日」至「晡時」。○《易·豐卦》彖辭也。彼云：「日中則昊，月盈則食。」鄭注：「言皆有休已，無常盛。」見舊疏。《公羊問答》

云：「問：昃，日西也，何也？孟喜《周易章句》：『昃，日在西方時側也。』問又曰：下昃，蓋晡時，何也？曰：此如《前漢·五行志》曰：『中時食，從東北過半，晡時復。《淮南子》：「日至於悲谷，是爲晡時。」』《玉篇》曰：『晡，申時也。』」按：《說文》：「昃，日在西方時側也，从日仄聲。《易》曰：『日昃之離。』」又《中候》注：「下側，日西之時。」《周禮·司市》云：「大市，日昃而市。」注：「日昃，昳中也。」《淮南·墬形訓》：「東西方曰昃區。」

辛巳，葬定姒。 疏 包氏慎言云：「九月又有辛巳，爲葬定弋之日。十月之三日，不蒙上月也。」此定姒，《穀梁》亦作定弋。**定姒何以書葬？** 注 据不稱小君，子般不書葬。 疏 注「据不稱小君」。○正以《春秋》夫人皆書「葬我小君」故也。○注「子般不書葬」。○《莊三十二年》書「子般卒」，不書葬是也。子般未踰年君，不書葬。今定姒之子亦未踰年而書葬，故据以難。正以哀此時雖未踰年，終是成君。母以子貴，故成其母葬，與子般之終不成君者殊也。是以隱公之母稱夫人，書其薨，明隱公時已踰年，故曰「夫人子氏薨」。宜書葬而不書其葬者，《隱二年》傳云：「何以不書葬？成公意也。何成乎公之意？子將不終爲君，故母亦不終爲夫人也。」明乎此，則《左氏》於《隱三年》書「君氏卒」爲聲子者，其誤不攻自明矣。**未踰年之君也。** 注 哀未踰年也。母以子貴，故以子正之。 疏 注「哀未」至「正之」。○正以哀雖未踰年，然已君矣，故得稱其母尊，所以書葬，母以子貴義也。沈氏彤《左傳小疏》云：「《儀禮·喪服》云：『庶子爲父後者，爲其母緦。』傳曰：『與尊者爲一體，不敢服其私親也。』注云：『君卒，庶子爲母大功。』疏云：『今庶子承重，故緦。』是嗣君及公子於妾母之喪，皆不以年斷，故得數閏月也。」按：辛巳，先儒皆以爲閏九月。《春秋》凡失禮則書閏，不告月，及「閏月葬齊景公」是也。此妾子，禮得數閏，故不書閏。若如《左氏》以定姒實是夫人，臣子怠慢，不成其禮。則適母之喪，不以閏數，則當書閏月矣。**有子則廟，廟則書葬。** 注 如未踰年君之禮。稱謚者，方當踰年稱夫人。《曾子問》曰：「並有喪，如之何？❶何先何

❶「如」上，原衍「則」字，據《禮記正義》刪。

後？」孔子曰：「葬先輕而後重。其奠也，其虞也，先重而後輕，禮也。」**疏** 舊疏云：「未踰年之君，有子則廟，廟則書葬者，但當連作一勢讀之，乃可解。」按：《喪服小記》云：「慈母與妾母不世祭也。」鄭注：「以其非正。《春秋傳》曰：『於子祭，於孫止。』」彼所引，《穀梁》説也。《穀梁》隱五年傳云：「禮，庶子爲君，爲其母築宮，使公子主其祭也。於子祭，於孫止。仲子者，惠公之母，隱孫而修之，非隱也。」彼以仲子爲孝公之妾，當築宮以祭。至隱則止。則子之立廟，即《穀梁》之築宮與？又《雜記》上曰：「妾袝于妾祖姑。無妾祖姑，則亦從其昭穆之妾。」彼下文「主妾之喪」疏引「庾蔚之曰：『妾祖姑無廟，爲壇祭之。』崔靈恩曰『於廟中爲壇祭之』」是也。《漢書·韋玄成傳》：「玄成言：古者制禮，別尊卑貴賤。國君之母非適，不得配食，則薦於寢，身殁而已。陛下躬至孝，承天心，建祖宗，定迭毁，序昭穆。大禮既定，孝文太后、孝昭太后，寢、祠、園，宜如禮，勿復修。」又云：「孝莫大於嚴父，故父之所尊，子不敢不承。父之所異，子不敢同。禮，公子不得爲母信爲後，則於子祭，於孫止。尊祖嚴父之義也。」李奇曰：「不得信，尊其父也。公子去其所而爲大宗後，尚得私祭其母，爲孫則止，不得祭公子母也。明繼祖不復顧其私祖母也。」❶按：崔氏所云謂攝女君者。若不攝女君之妾，則不得爲主，別爲壇以祭，使其子主祭者，不在廟中。其子爲君者，則《穀梁》所謂爲其母築宮，使公子主其祭矣。范注云：「公子者，長子之弟及妾之子也。」皆以屈父之尊，不得伸其私恩故也。是以《喪服》「天子、諸侯庶子，父在爲其母練冠、麻衣、縓緣」。《喪服·記》所記「公子爲其母」之服在五服外者是也。父殁爲後，則爲緦，「緦麻」章「庶子爲父後者，爲其母」是也。其不爲後者，大功，「大功」章「公之庶昆弟爲母」是也。大夫卒，庶子爲母三年，「大功」章「大夫之庶子爲母」，謂父在者也。士庶子爲其母如衆人也。又《服問》曰：「君之母非夫人，則群臣無服，唯近臣及僕、驂乘從服，唯君所服服也。」即緦麻章所云是也。馬融云：「承父之體，四時祭祀，不敢申私親服廢尊者之祭，故服緦也。」所以緦者，彼傳云「有死於宮中者，則爲之三月不舉祭」故也。若然，《曾子問》又云：

❶「復」原作「得」，據《漢書》改。

「古者天子練冠以燕居。」鄭注：「天子練冠以燕居，蓋謂庶子王爲其母。」彼疏云「練冠乃異代之法」是也。爲《禮經》所記周制也。○注「如未」至「夫人」。○舊疏云：「未踰年之禮，則無謚。今此定姒如未踰年君之禮而稱謚者，正以方當踰年稱夫人故也。」《通義》云：「雖未踰年，其義成爲君，當得爲其妾母别築宫廟，故從廟則書葬之例。辛巳距戊午二十三日，蓋定公七虞、卒哭既畢，然後啓，禮也。」○注「曾子」至「禮也」。○舊疏云：「引之者，欲道定公五月薨，定姒七月卒，非其並有喪禮。是以先葬定公，後葬定姒。若其同月，當定姒先葬矣。」按：舊説非是。定姒後定公兩月死，定公之喪猶在殯，仍是並有喪。所以不從先輕後重之禮者，以定姒妾母，不得援尊同常禮相例也。彼《記》云：「曾子問曰並有喪，如之何？何先何後？」注：「並謂父母若親。」疏：「並謂父母也。親同者，祖父母及世叔兄弟。」明妾母與父不得云並也。鄭又云：「同者，同月死。」然下皆言葬事，明葬前皆然，不必泥同月也。故《記》又云：「孔子曰：葬先輕而後重，其奠也先重而後輕，禮也。自啓及葬不奠。行葬不哀次。反葬奠而後辭於殯，遂脩葬事。其虞也，先重而後輕，禮也。」鄭注：「不奠，務於當葬者。不哀次，輕於在殯者。殯當爲賓。辭於賓，謂告將葬啓期也。」何氏總而引之，故但云「其奠也，其虞也」而已，謂如父喪在殯，先葬母時，從啓母殯之後及葬柩欲出之前，唯設母之啓殯之奠、朝廟之奠及祖奠、遣奠而已，不於殯宫爲父設奠。其母殯未啓之先，哀次之朝夕奠，則先父後母，與後日之虞祭同也。故《正義》引皇氏曰：「葬是奪情，故從輕者爲首。奠是奉養，故令重者居先也。」又引《鄭志》：「崇精問曰：『葬母亦朝廟否？其虞，父與母同日異日乎？』焦氏答曰：『婦未廟見，不朝廟耳。《内豎職》云：王后之喪，朝廟則爲之蹕也。是母喪亦朝廟明也。虞當異日也。』」是也。又《喪服小記》云：「父母之喪偕，先葬者不虞祔，待後事。其葬服斬衰。」❶注：「偕，俱也。謂同月若同日死也。先葬者，母也。引《曾子問》曰：『葬先輕而後重。』又曰：『反葬奠而後辭於殯，遂修葬事。其虞也，先重而後輕。』待後事，謂如此也。其葬服斬衰者，喪之隆衰宜從重也。假令父死在前月，而同月葬，猶服斬衰，不變服也。言其葬服斬衰，則虞祔各以其服

❶「斬」，原作「車」，據《禮記注疏》改。

矣，及練、祥皆然。卒事反服重。」然則並没則先葬母。葬母既竟，不即虞祔，而更修葬父之禮。爲虞祔稍飾，父喪在殯，未忍爲，故云「待後事」。後事謂葬父也。雖葬母，仍服斬衰，以父未葬，不合變服也。然則爲母虞、祔、練、祥，皆齊衰。卒事之日，即反服重也。故《通典》引周續之《喪服答問》云「葬奠之禮，何先何後？答曰：『父母之喪偕，其葬也先輕而後重。其虞也先重而後輕。葬服斬衰』是也。又《喪服小記》云：「除喪者，先重者。易服者，易輕者。」注：「謂大喪既虞、卒哭而遭小喪也。其易喪服，男子易乎帶，婦人易乎首。」《正義》：「重謂男首絰，女要絰。男重首，女重要。凡所重者，有除無變。所以卒哭不受以輕服，至小祥各除其重也。謂練男子除乎首，婦人除乎帶是也。若先遭重喪，後葬遭輕喪，變先者輕，則謂男子要，婦人首也。謂先遭斬衰，虞、卒哭已變葛絰，大小如齊衰之麻。若又遭齊衰之喪，齊衰要、首皆牡麻。牡麻則重於葛服，宜從重，而男不變首，女不易要，以其所重故也。但以麻易男要女首，是所輕故也。男子易乎帶，婦人易乎首。若未虞、卒哭，則後喪不能變也。」《喪服小記》又云：「斬衰之葛與齊衰之麻同，齊衰之葛與大功之麻同，麻同皆兼服之。」注：「皆者，皆上二事也。兼服之，謂服麻又服葛也。男子則絰上服之葛帶，下服之麻。婦人則絰下服之麻，固自帶其故帶也，所謂『易服易輕』者也。兼服之文，主於男子。」《正義》：「此一節明前遭重喪，後遭輕喪，麻葛兼服之義。斬衰既虞，受服之葛，首絰要帶與齊衰初喪麻絰帶同。絰則俱七寸五分之一，帶則俱五寸二十五分寸之十九。齊衰變服之葛與大功初死之麻同。絰俱五寸二十五分寸之十九，帶俱四寸百二十五分寸之七十六。兼服之者，謂斬衰既虞，遭齊衰新喪，男子則要服齊衰之麻帶，首服斬衰之葛絰；婦人則首服齊衰之麻絰，要仍服斬衰之麻帶，婦人上下皆麻故也。以前文云『易服者易輕者』，《閒傳》篇云『男子重首』，則要輕也，是男子易要帶，不易首絰，故云『則絰上服之葛帶，下服之麻』也。婦人絰下服之麻同，自帶其故帶者，以下服初死，故服下服之麻。故《檀弓》篇云『婦人不葛帶』是也。前服受服之時，不變葛，仍服前麻帶，故云『帶其故帶也』。兼服之文，主於男子者言，婦人絰帶俱麻。今經云：『麻葛兼服之。』故云『主於男子也』。」又《雜記》云：「有父之喪，如未殁喪而母死，其除父之喪也，服其除服。卒事，反喪服。」注：「殁猶竟也。

除服，謂祥祭之服也。卒事，既祭，反喪服，服後死者之服。」又云：「雖諸父昆弟之喪，如當父母之喪，其除諸父昆弟之喪也，皆服其除喪之服。卒事，反喪服。」注：「雖有親之大喪，猶爲輕服者，除骨肉之恩也。唯君之喪不除私服。」故《曾子問》云：「『大夫士有私喪，可以除之矣，而有君服焉。其除之也，如之何？』孔子曰：『有君喪服於身，不敢私服，又何除焉。』」是有君服，其父母以下服皆不得除也。其非殤長、中，降在緦、小功者，亦弗除。《服問》云：「緦之麻，不變小功之葛。小功之麻，不變大功之葛。」明正服在緦、小功者，不得除。故下又云：「殤長、中，變三年之葛。」爲其降在緦、小功，爲本服在大功以上服中，故爲之著服而又爲之除也。《雜記》又云：「如三年之喪，則既穎，其練、祥皆行。」注：「言今之喪既服穎，乃爲前三年者變除而練、祥祭也。此主謂先有父母之服，今又喪長子者。其先有長子之服，今又喪父母，其禮亦然。然則言『未殁喪』者，已練、祥矣。」疏云：「依禮，父在不爲長子三年。今云先有長子之服，今又喪父母者，庾氏又云：『後喪既穎，又前喪練、❶祥皆行。若後喪既殯，得爲前喪虞祔也。」穎即葛，謂既虞受服之後也。知《雜記》前文之「未殁喪」是練後祥前也。此並有喪除服之殊也。《閒傳》又云：「斬衰之喪，既虞卒哭，遭齊衰之喪，輕者包，重者特。既練，遭大功之喪，麻葛重。齊衰之喪，既虞卒哭，遭大功之喪，麻、葛兼服之。」鄭注：「輕者可施於卑。齊衰之麻以包斬衰之葛，謂男子帶，婦人絰也。重者宜主於尊，謂男子之絰，婦人之帶。特其葛不變之也。」吴射慈云：「斬縗既葬，縗裳六升。男子絰帶悉易以葛，婦人易首絰以葛，要帶故麻也。但就五分去一，殺小之爾。仍遭母及伯叔兄弟齊縗之喪，其爲母更以四升布爲要帶，謂之包，言包斬衰帶也。絰，斬衰之葛絰，謂之重者，主於尊也。婦人易首絰以麻，亦謂之包。帶，斬縗之麻帶，謂之特。期喪既葬，服上服六升之縗裳。男子帶，上服之葛帶。婦人絰，上服之葛絰也。」若斬衰既練後，遭大功之喪，麻葛重，謂斬衰既練，男子除首絰，婦人除要絰。男子唯有要帶，婦人唯有首絰，是其單也。今遭大功之喪，男子首空著大功麻絰，婦人要空著大功麻帶。男子又以大功麻帶易練之葛帶，婦人又以大功麻絰易練之葛絰。婦人絰，其練之故葛絰。

❶「又」字，原脱，據《禮記正義》補。

著斯之葛帶，是謂之重葛。然則《檀弓》所謂婦人不葛帶者，謂齊、斬之婦人也。其齊衰之喪，既虞、卒哭，遭大功之喪，則麻葛兼服之。兼猶兩也，謂齊衰既虞、卒哭，遭大功之喪，易換輕者。男子則大功麻帶易齊衰之葛帶，其首服猶服齊衰葛絰。是首有葛，要有麻，故云「麻葛兼服矣」。專据男子言。婦人則首服大功之麻絰，要服齊衰之麻帶，上下俱麻，不得云「麻葛兼服之也」。《服問》云：「小功無變也。」注：「無所變於大功、齊衰之服，不用輕累重也。」又云：「小功不易喪之練冠。如免，則絰其緦、小功之絰，因其初葛帶。緦之麻不變小功之葛。小功之麻不變大功之葛，以有本爲稅。」謂小功以下之喪不合變易。三年喪之練冠，其期之練冠，亦不得易也。此哀公服妾母之喪，依《禮經》止緦，又在三月以內，其無所變易可知。」

冬，城漆。**疏**杜云：「漆，邾庶其邑，在高平南平陽縣東北，有漆鄉。」《大事表》云：「今在兖州府鄒縣北。」馬氏宗槤《左傳補注》云：「《郡國志》：『山陽南平陽有漆亭。』潁容《釋例》云：『漆，邾之舊邑。』凡邑有先君之廟曰都，漆有邾先君之廟，是亦邾之大都，故魯得漆而遂都之。」彼依《左氏》「凡邑有宗廟先君之主曰都。邑曰築，都曰城」傳爲説也。

公羊義疏七十三

句容陳立卓人著

哀元年盡五年。

《春秋公羊經傳解詁》哀公第十一　**疏**《校勘記》云：「《唐石經》哀公第十二。下注『卷十一』。」《魯世家》：「定公卒，子將立，是爲哀公。」注引《世本》：「將，亦作蔣。」《穀梁疏》云：「公名蔣，定公之子。敬王三十六年即位，十四年西狩獲麟，《春秋》終矣。二十七年薨，謚曰哀。《周書・謚法》：『恭仁短折曰哀。』」《左傳釋文》：「哀公名蔣，定公之子。蓋夫人定姒所生。」

元年春，王正月，公即位。

楚子、陳侯、隨侯、許男圍蔡。**注**隨，微國，稱侯者，本爵俱侯，土地見侵削，故微爾。許男者，戌也。前許男斯見滅以歸，今戌復見者，自復。斯不死位，自復無惡文者，滅以歸可知。**疏**注「隨微」至「微爾」。○舊疏云：「正以入春秋以來，不稱爵，大夫名氏不得見經，故知其微。《隱五年》傳云：『大國稱侯，小國稱伯、子、男。』此微國而稱侯，故須解之也。言『本爵俱侯』者，謂其初封之時，與齊、晉之屬俱稱侯。今爲小國者，但以土地見侵削故也。知非得褒乃得稱侯，如滕侯、薛侯之類者，正以滕、薛入《桓篇》之後，或稱滕子，或稱薛伯，故知《隱篇》稱侯，由朝新王得褒。今此隨侯，一無善行可褒，二無稱伯、子之處，故知本爵爲侯也。」杜云：「隨世服於楚，不通中國。吴之入楚，昭王奔隨。隨人免之，卒復楚國。楚人德之，使列於諸侯，故得見經。」按：《春秋》爲明義之書，豈以楚之德怨爲進退。楚爲諸國僭亂之渠，隨即復楚，有何足録。杜之謬妄可爲極矣。特以先時無事可紀，適此年有隨、楚圍蔡之事，因仍其本爵書之，非義所繫。亦如胡、頓、牟、葛之屬，偶一二見耳。《穀梁》注云：「隨久不見者，衰微也。稱侯者，本爵俱侯。土地見侵削，故微爾。」即本何義。○注「許男」至「自復」。○下《十三年》有「許男戌卒」，知許男爲戌也。許男斯見滅，在《定六年》。知戌爲自復者，以《昭十三年》「蔡侯廬歸于蔡，陳侯吴歸于陳」，爲楚所

歸，書以見不與專封專受。今戍不見復歸之文，故知自復也。《通義》云：「何氏必知許自復者，令諸侯復之，當有不與專封之文。陳、蔡爲楚所封，《春秋》以自復之辭書之。許實自復，即不復書，足與彼相起也。」○注「斯不」至「可知」。○《校勘記》出「滅以歸」，云：「閩、監、毛本同。鄂本上有從字，此脱。」《定六年》書「鄭游遬帥師滅許，以許男斯歸」，書以歸，是「斯不死位」文也。《左傳疏》引《世族譜》云：「許男斯後有元公成，悼公孫也。」按：下十三年《釋文》：「戍，本亦作成。」則成即成，宜爲斯子。斯不死位，當絶。成不得繼體奉正，其自復，雖不似專受封，亦宜有惡文，而《春秋》不見者，正以許男斯書滅以歸，其不死位，惡已見，是以此處從省可知也。舊疏云「斯不死位，其國合絶。今而自復，不爲惡文，正以定六年書已著，是以此處不見」是也。

鼷鼠食郊牛，**注** 災不敬故。**疏** 注「災不敬故」。○與《定十五年》同。彼注亦云：「災不敬也。」《穀梁》作「鼷鼠食郊牛角」，傳云：「志不敬也。郊牛日展斛角而知傷，展道盡矣。」杜云：「書過也。不言所食，非一處。」蓋即此《定十五年》傳「漫也」之義。《公羊》亦不言所食，宜與彼同。《五行志中之上》：「哀元年正月，鼷鼠食郊牛。劉向以爲，天意汲汲於用聖人，逐三家，故復見戒也。哀公年少不親見昭公之事，故見敗亡之異已而。哀不寤，身奔于粤，此其效也。」改卜牛。**疏** 《穀梁傳》：「全曰牲，傷曰牛，未牲曰牛。」此斥未牲者也。

夏，四月辛巳，郊。**疏** 包氏慎言云：「四月書辛巳郊，月之六日。」《通義》云：「亦以改卜牛，故三月下辛始卜郊，特此一卜得吉爾。」《穀梁傳》：「自正月至于三月，郊之時也。夏四月郊，不時也。」又曰：「子不忘三月卜郊，何也？郊自正月至于三月，郊之時也。我以十二月下辛，卜正月上辛。如不從，則以正月下辛，卜二月上辛。如不從，則不郊矣。」此傳不云「非禮」，從省文可知例也。

秋，齊侯、衛侯伐晉。

冬，仲孫何忌帥師伐邾婁。**注** 邾婁子新來奔喪，伐之不諱者，期外恩殺惡輕，明當與根牟有差。**疏** 注「邾婁」至「惡輕」。○邾婁子來奔喪，見定十五年夏。去年來奔喪，於魯有恩。今即伐之，内惡已明而不諱者，爲在期外，故恩殺惡輕也。

○注「明當」至「有差」。○《宣九年》「取根牟」是也。傳曰：「曷爲不繫乎邾婁？諱亟也。」注：「亟，疾也。屬有小君之喪，邾婁子來加禮。未期而取其邑，故諱不繫邾婁也。」然則彼以加禮未期，其恩猶重，伐之惡，故諱。此恩殺惡輕，可不諱也。

二年春，王二月，季孫斯、叔孫州仇、仲孫何忌帥師伐邾婁，取漷東田及沂西田。 注 漷、沂皆水名。邾婁子來奔喪，取其地不諱者，義與上同。疏 舊疏云：「《公羊》之義，言田者，田多邑少故也。《穀梁傳》云：『取漷東田，漷東未盡也。及沂西田，沂西未盡也。』注：『以其言東西，則知其未盡也。』與此別。《左氏》以漷東、沂西爲邑名。」按：漷東田、沂西田，謂近漷之東與沂之西之田也。《穀梁》説是也。《公羊》亦無異義。○注「漷、沂皆水名」。○《穀梁》注同。《水經注·泗水》篇：「漷水出東海合鄉縣，其水西南流入邾。《春秋》哀二年『季孫斯伐邾，取漷東田及沂西田』是也。」《大事表》云：「漷水出鄒山東，則流于邾、魯之間。今滕縣南十五里有漷水，即《襄十九年》『取邾田自漷水』者。前所取未盡，故邾復以賂魯。沂水，小沂水也，出太山武陽之冠石山。今兗州府費縣爲邾之沂田，此沂西田是也。出曲阜縣尼丘山，西流經魯之雩門者，爲魯城南之沂。《昭二十五年》『季孫請待于沂上以察罪』是也。出沂州府沂水縣西北一百七十里者，爲齊之沂水，《襄十八年》晉師東侵及濰南、及沂是也。」《大事表》又云：「此爲邾之沂，俗呼小沂水，非沂水縣之沂也。出兗州府費縣。漷水在今滕縣南十五里。」○注「邾婁」至「上同」。○亦以在期外惡輕故。

癸巳，叔孫州仇、仲孫何忌及邾婁子盟于句繹。 注 所以再出大夫名氏者，季孫斯不與盟。疏 包氏慎言云：「二月書癸巳，月之二十二日。」杜云：「句繹，邾地。」《方輿紀要》：「葛嶧山在兗州府嶧縣東南十五里。」句、葛聲同而誤。○注「所以」至「與盟」。○《左疏》引服虔云：「季孫尊卿，敵服先歸，使二子與之盟。《穀梁傳》曰：『三人伐而二人盟何？❶各盟其得也。』」其意言季孫不得田，故不與盟

❶「伐」，原作「戰」，據《春秋穀梁傳注疏》改。

也。」與《公羊》、《左氏》異。舊疏云：「正以《宣元年》：『公子遂如齊逆女。三月，遂以夫人婦姜至自齊。』傳云：『一事而再見者，卒名。』何氏云：『卒，竟。但舉名省文。』然則今此伐邾婁，『及邾婁子盟于句繹』之經，亦是一事而再舉大夫名氏者，正由季孫斯不與盟故也。」舊疏又云：「此注氏字，或有或無。」故疏又云：「此注内直云所以再出大夫名者，即決《昭十三年》『秋，公會劉子及諸侯』者，間無異事可知矣。今此二經亦間無異事而再出大夫之名，故解之也。」按：有氏字是也。注若無氏字，則經文宜云「州仇、何忌及邾婁子」云云矣。

夏，四月丙子，衛侯元卒。 疏 包氏慎言云：「四月書丙子，月之六日。」

滕子來朝。

晉趙鞅帥師納衛世子蒯聵于戚。

戚者何？衛之邑也。 疏 《水經注·河水》篇：「故瀆東北逕戚城西。《春秋》哀公二年『晉趙鞅率師納衛太子蒯聵于戚，宵迷，陽虎曰：右河而南，必至焉。』今頓丘衛國縣西戚亭是也。爲衛之河上邑。」**曷爲不言入于衛？** 注 据弗克納，未入國。文言「納于邾婁」，納者入辭，故傳言「曷爲不言入于衛」。疏 注「据弗」至「于衛」。○《文十四年》「晉人納捷菑于邾婁，弗克納」，彼捷菑實未入國，故曰「弗克納」，作未入國辭，而文言「納于邾婁」，與「納頓子于頓」文同，是又爲已入國辭，故曰「納于邾婁」。以納者，入辭也。今此上亦有納文，亦是入國之辭，而言「于戚」，不言「于衛」，故据而難之。正以戚與帝丘相去非遠，既已納于戚，即是入衛，而經只云「于戚」，故傳言「曷爲不言入于衛」，注疊言之也。**父有子，子不得有父也。** 注 明父得有子而廢之，子不得有父之所有，故奪其國文，正其義也。不貶蒯聵者，下曼姑圍戚無惡文，嫌曼姑可爲輒誅其父，故明不得也。不去國見挈者，不言入于衛，不可醕無國文。輒出奔不書者，不責拒父也。主書者，與頓子同。疏 注「明父」至「義也」。○《通義》云：「以蒯聵對輒言之，固父也。雖若得有其子之國，以蒯聵對靈公言之，則子也。靈公不以衛與蒯聵，即蒯聵不得而有衛

也。鄭康成曰『蒯聵欲殺母，靈公廢之』是也。若君薨有反國之道，當稱子某，如齊子糾也。今稱世子，如君存，是《春秋》不與蒯聵得反立明矣。」《解詁箋》云：「書世子，與蔡世子友同例，明不得立也。郤缺貶，趙鞅不貶者，略亂賊也。」丁履恒曰：「父有子者，蒯聵爲父，輒爲子，蒯聵似可有輒之衛。子不得有父者，蒯聵爲子，靈公爲父，蒯聵靈公所逐，輒乃靈公所立，蒯聵不得有靈公之衛也。」按：父有子，宜如何義。傳爲申答「不言入于衛」，則父子止据靈公、蒯聵言之也。《穀梁傳》：「不繫戚於衛，子不有父也。」○注「不貶」至「得也」。○舊疏云：「正以犯父之命，理宜貶之。然則文十四年郤缺納不正，貶之稱人。今趙鞅亦納不當得位之人，而不貶者，以納父罪不至貶也。『故明不得也』者，正蒯聵無惡文，❶知曼姑不得誅之明矣。」按：注義極正。蒯聵得罪于父，但不能得國耳，其於輒則父也。輒受國于祖，義不合讓，有悖祖命，得國之後，即宜遣迎，尊崇不改，如《禮經》所謂廢疾不立者，庶爲仁至義盡。故曼姑可以無惡，而不得爲輒拒父，故不貶蒯聵以起之也。○注「不去」至「國文」。○舊疏云：「正以《文十四年》『晉人納接菑』，注『接菑不繫邾婁者，見挈于郤缺也』。今此不見挈者，不可醇無國文。」是也。○注「輒出」至「父也」。○舊疏云：「知輒出奔者，正以蒯聵之入故也。諸侯之禮當死位，若其出奔，皆書責之。此不書，不責輒之拒父故也。」按：何氏不知何据，蓋亦《公羊外傳》諸書語，則《公羊》家以此年蒯聵即得國，輒即出奔矣。《史記·衛世家》云：「簡子送蒯聵，衛人發兵擊蒯聵。蒯聵不得入，入宿而保，衛人亦罷兵。」出公輒十二年，孔悝納蒯聵，輒奔魯。孔悝立太子蒯聵，是爲莊公。《左傳》大同，均與《公羊》説異。如何氏義，則輒未嘗拒父矣。惲氏敬《先賢仲子廟立石文》曰：「衛公未嘗拒父也。衛靈公生于魯昭公二年，其卒年四十七。而蒯聵爲其子，出公爲其子之子。蒯聵先有姊衛姬。度出公之即位也，内外十歲耳，元年蒯聵入戚。二年春圍戚，衛之臣石曼姑等爲之，非出公也。」夏氏炘《衛出公輒論》：「世以衛公輒爲拒父，輒非拒父者也。其拒蒯聵，君夫人南子爲之，非輒意也。輒尚可與爲善者也。惜乎！有孔子而不能用，終身負惡名而不敢辭耳。靈公薨時，輒至長亦年十餘歲耳。以十餘歲之童子即位，

❶「文」，原作「又」，據《春秋公羊傳注疏》改。

則拒蒯聵者，非輒也。蒯聵有殺母之罪，斯時南子在堂，其不使之入明矣。輒不得自專也。及輒漸長而君位已定，勢不可爲矣。」彼皆据《左傳》「輒雖久立而未嘗拒父」爲説也。按：《太史公自序》曰：「南子惡蒯聵，子父易名。」❶謂不以蒯聵爲子，而以孫禰祖也，則夏氏之説信矣。○注「主書」至「子同」。○即《僖二十五年》「楚人圍陳，納頓子于頓」是也。彼注云：「納頓子書者，前出奔當絶，還入爲盜國當誅。書楚納之，與之同罪也。主書者從楚納之。」此《定十四年》「蒯聵出奔宋」，子無去父之義，已當合絶。今還入爲盜國，復當合誅。晉納之，宜與同罪。故曰「與頓子同義也」。舊疏云：「蒯聵犯父之命，其惡已明。晉爲伯主而納逆命之子，奪已立之侯，故云『主書者，從晉納也』。」則明晉同罪矣。

秋，八月甲戌，晉趙鞅帥師及鄭軒達帥師戰于栗，鄭師敗績。 **疏** 包氏慎言云：「八月書甲戌，月之七日。」舊疏云：「諸家之經，『軒達』之下皆有『帥師』，唯服引經者無，與諸家異。」《校勘記》云：「『鄭軒達』下不言『帥師』者，蒙上『晉趙鞅帥師』也。今三家下有『帥師』，當衍。疏本與服氏無之，是也。」《左氏》、《穀梁》栗作鐵，鐵、栗同部字，得叚借也。《釋文》亦作栗，云：「一本作秩，二傳作鐵。」舊疏云：「於鐵者，三家同。有作栗字者，誤也。今定本作栗字。」則疏本亦作鐵。《校勘記》云：「疏又謂三家同作『戰于鐵』。定本作栗者，誤。而《釋文》同定本作栗。區別之云：『二傳作鐵。』陸德明所據之本不及疏本也。」《水經注・河水》篇：「河水東逕鐵丘南。《春秋左氏傳》哀公二年『鄭罕達帥師救衛，郵無恤御簡子，衛太子爲右。登鐵上，望見鄭師。衛太子自投車下』，即此也。京相璠曰：『鐵，丘名也。』杜預曰：『在戚南河之北岸，有古城，戚邑也。』」《大事表》云：「今大名府開州北有戚城，其南爲王合里，即鐵丘也。」《一統志》：「鐵丘在大名府開州北。」《方輿紀要》云：「北五里。」

冬十月，葬衛靈公。 **疏** 《解詁箋》云：「蒯聵父子争國無危文者，明適子以罪廢得立適孫，文家法也。」按：劉説是。所謂「父有子，子不得有父也」。俞氏樾《公羊

❶「名」，原作「位」，據《史記》改。

平議》云：「父有子者，謂靈公已有輒爲子也，輒於靈公孫也，非子也，而得爲子者，《成十五年》傳曰：『爲人後者爲之子也。』彼嬰齊於歸父以弟爲兄後而有子道。然則輒於靈公，以孫爲王父後，其有子道明矣。靈公既不以蒯聵爲子，而別以輒爲子，則蒯聵亦不得以靈公爲父。《國語・晉語》秦穆公使公子縶弔公子重耳於翟，重耳再拜不稽首。此即不得有父之義也。穆公曰：『吾與公子重耳，重耳仁，再拜不稽首，不没爲後也。』韋注：『没，貪也。』靈公逐蒯聵而立輒。蒯聵乃於父死之後，介大國以求入，是父已有子，而必争之曰：『此吾父也。』是貪爲後也。故《春秋》不與也。」按：俞説非是。爲人後者爲之子，謂支子入後大宗也。大夫士立後必以次，非如天子諸侯可以弟後兄，以叔後姪也。故嬰齊後歸父，《春秋》譏之。天子諸侯立後，即《喪服》「斬衰」章所謂「爲人後者」，疏引雷次宗曰：「此文當云『爲人後者，爲所後之父』，闕此五字者，以其所後之父或早卒，今所後其人不定，或後祖父，或後曾高祖，故闕之，見所後不定故也。」與輒後靈公似同而異。以孫後祖，則《喪服》「不杖期」章：「爲君之父母、妻、長子、祖父母。」傳曰：「父卒然後爲祖後者，服斬。」注：「此爲君矣，而有父若祖之喪者，謂始封之君也。若是繼體，則其父若祖有廢疾不立。父卒者，父爲君之孫宜嗣位而早卒，今君受國於曾祖。」疏引《鄭志》趙商問：「父卒爲祖後者三年，已聞命矣。所問者，父在爲祖如何？欲言三年，則父在。欲言期，復無主斬杖之宜，主喪之制，未知所定。答曰：天子諸侯之喪，皆斬衰，無期。」是則孫爲祖後，爲之服斬，爲其承重故也。而祖孫稱謂，仍自無改。自不得以祖爲父，故父卒仍宜斬，而臣下從服期也。若如何氏謂輒即爲靈公子，則輒實置蒯聵於何地。《論語》曰：「名不正，則言不順。」非蹈夫子所責與？是以朱子於宋孝宗之喪，主《鄭志》立論，詳《宋史・禮志》及《建炎以來朝野雜記》也。蒯聵雖見逐於父，義不合去，而謂蒯聵不得以靈公爲父，亦於理乖。要之，爲後與爲子少殊，不得混爲一也。

十有一月，蔡遷于州來。 注 畏楚也。州來，吴所滅。疏 《水經注・淮水》篇：「淮水又北逕下蔡縣故城東，本州來之城也。吴季札始封延陵，後邑州來，故曰延州來矣。《春秋》哀公二年蔡昭侯自新蔡遷於州來，謂之下蔡。淮之東岸又有一城，下蔡新城也。

二城對據，翼帶淮、潰。」《地理志》沛郡下蔡下云：「故州來國，爲楚所滅。後吴取之。至夫差，遷昭侯于此。後四世，侯齊竟爲楚所滅。」按：漢沛郡之下蔡，於今爲鳳陽府壽州地。○注「畏楚也」。○舊疏云：「正以上文爲楚所圍，今遷而近吴，故知然也。」杜云：「畏楚而請遷，故以自遷爲文。」四年《左傳》：「蔡昭侯將如吴，諸大夫恐其又遷也承。」明時屬吴，故畏楚。○注「州來，吴所滅」。原文闕。

蔡殺其大夫公子駟。**注**稱國以殺者，君殺大夫之辭。稱公子者，惡失親也。**疏**注「稱國」至「之辭」。○《僖七年》傳文。彼注云「諸侯國爲體，以大夫爲股肱，士民爲肌膚，故以國體録」是也。

三年春，齊國夏、衛石曼姑帥師圍戚。

齊國夏曷爲與衛石曼姑帥師圍戚？**注**据晉趙鞅以地正國加叛文。今此無加文，故問之。**疏**舊疏云：「《公羊》之義，輒已出奔，曼姑稟誰之命而得圍戚者。下傳云：『曼姑受命于靈公而立輒，蒯聵奪輒，是以《春秋》與得圍之矣。』」○注「据晉」至「問之」。○《定十三年》「秋，晉趙鞅入于晉陽以叛」。冬，「晉趙鞅歸于晉」，傳：「此叛也，其言歸何？以地正國也。其以地正國奈何？晉趙鞅取晉陽之甲以逐荀寅與士吉射。荀寅與士吉射者，曷爲者也？君側之惡人也。此逐君側之惡人，曷爲以叛言之？無君命也。」注：「無君命者，操兵鄉國，故初謂之叛。後知其意欲逐君側之惡人，故録其釋兵書歸而赦之。」是也。趙鞅操兵鄉國，《春秋》加以叛文。此曼姑亦操兵鄉國，而使齊國夏爲兵首，不加叛文，故据以難。伯討也。**注**方伯所當討，故使國夏首兵。**疏**《繁露·順命》云：「子不奉父命，則有伯討之罪，衛世子蒯聵是也。」此其爲伯討奈何？曼姑受命乎靈公而立輒，**注**靈公者，蒯蕢之父。❶以曼姑之義，爲固可以距之也。**注**曼姑無惡文者，起曼姑得拒之。曼姑，臣也。拒之者，上爲靈公命，下爲輒故。義不可以子

❶「蕢」，據上下文，當作「聵」。

誅父，故但得拒之而已。傳所以曼姑解伯討者，推曼姑得拒之，則國夏得討之明矣。不言圍衛者，順上文，辟圍輒。疏《通義》云：「曼姑之義爲可距，則輒之義不可距父，文外自見。此傳立言之善也。蒯聵本靈公所逐，曼姑爲父拒子，非爲子距父也。假令輒以愛父之故，委國而去。衛人猶當更立長君，將遂可以悖靈公之命，迎蒯聵而君之乎？推是以論，曼姑不得不距矣。」按：孔氏曼姑之義甚正。《繁露·玉英》云：「難者曰：公子目夷、祭仲之所爲之者，皆存之事君，善之可矣。荀息、曼姑非有此事也，而所欲恃者皆不宜立者，❶何以得載乎義？曰：《春秋》之法，君立不宜立不書。大夫立則書。書之者，弗予大夫之得立不宜立者也。不書，予君之得立也。君之立不宜立者，非也。既立之，大夫奉之是也。荀息、曼姑之所得爲義也。」○注「曼姑」至「距之」。○正以不似趙鞅加叛辭，故知無惡文也。《校勘記》：「拒當同傳作距，下同。」○注「曼姑，臣也」。○舊疏云：「欲道曼姑者乃是靈公之臣也。受命乎靈公，當立輒，故得距蒯聵矣。引《僖十年》傳云：『君嘗訊臣矣，臣對曰：使死者反生，生者不愧乎其言，則可謂信矣。』注：『言臣者，明君臣相與言，不可負是。』」按：舊疏非是。注意以輒既出奔，蒯聵已立。蒯聵，靈公之世子，則曼姑亦蒯聵之臣也，似不宜距。此難辭，下答辭也。○注「拒之」至「而已」。○正以曼姑受命于靈公，故得距。而下爲輒故，又不可以子誅父，故但得距也。《禮記疏》引「《異義》云：『妻甲，夫乙毆母，甲見乙毆母而殺乙。《公羊》說，甲爲姑討夫，猶武王爲天誅紂。』鄭駁之云：『乙雖不孝，但毆之耳，殺之太甚。』」然則曼姑爲靈公討蒯聵，其即爲天誅紂義與？唐律及今律，子孫毆父母、祖父母，皆斬，故乙毆母而甲殺之。蒯聵得罪靈公，《公羊》說不言其欲殺母，則罪不至死。此時亦但與子爭得國，較毆罪輕，故曼姑亦但拒之而已。不可以子誅父者，謂不可以輒而誅父也。《檀弓》云：「子弒父，凡在宫者，殺無赦。」注：「言諸臣子孫無尊卑，皆得殺之。」疏：「子之於父，天性也。父雖不孝於祖，子不可不孝於父。今云子者，因孫而連言之，或容兄弟之子耳。」則輒之不得拒父，更可知矣。○注「傳所」至「明矣」。

❶「者」字，原脱，據《春秋繁露》補。

○《公羊》之義，輒雖出奔，曼姑受命于先君立輒。今蒯聵奪輒，故曼姑得從伯討也。○注「不言」至「圍輒」。○舊疏云：「蒯聵去年入衛，今而圍者，止應圍衛而言圍戚者，順上經文。且輒上出奔不見于經，若言圍衛，則恐去年蒯聵入于戚，今年圍衛者，是圍輒矣。故言圍戚以辟之。」輒者，曷爲者也？蒯聵之子也。然則曷爲不立蒯聵而立輒？注 据《春秋》有父死子繼。蒯聵爲無道，注 行不中善道。靈公逐蒯聵而立輒。疏《通義》云：「周人之法，無適子者有適孫。靈公廢蒯聵而不廢輒，則輒適孫當立者，故傳以爲有王父之命也。」然則輒之義可以立乎？注 輒之義，不可以拒父，故但問可立與不。疏 注「輒之」至「與不」。○正以上傳云：「曼姑之義，爲固可以距之。」知輒之義，不可距也。故此傳但問其可立與不焉。曰：「可。」疏《漢書·雋不疑傳》：「昔蒯聵違命出奔，輒距而不納，《春秋》是之。」《通義》云：「傳言可者，謂衛人可以王父之命立輒，非謂輒可仇讎其父，偃然居位也。」按：《雋不疑傳》亦云：「謂蒯聵違命，衛人可拒。《春秋》是之，非謂輒可拒父也。」其可奈何？不以父命辭王父命。注 不以蒯聵命辭靈公命。疏《禮記疏》引《異義》云：「『衛輒拒父，《公羊》以爲，孝子不以父命辭王父之命，許拒其父。《左氏》以爲，子而拒父，悖理逆倫，大惡也。』鄭《駁異義》云：『以父子私恩言之，則傷仁愛。』」鄭意以《公羊》所言公義也，《左氏》所言私恩也。然《公羊》亦不以輒可拒父，故下注云：「雖得正，非義之高者」，謂僅能得不以父命辭王父命之正也。亦即鄭氏傷仁恩之義。《白虎通·五行》云：「不以父命辭王父命，何法？法金不畏土而畏火。」《後漢書·安帝紀》云：「《春秋》之義，爲人後者爲之子，不以父命辭王父命。」《穀梁傳》：「何用弗受也？以輒不受也。以輒不受父之命，受之王父也。信父而辭王父，則是不尊王父也。其弗受，以尊王父也。」❶以王父命辭父命，注 辭，猶不從。疏《繁露·精華》云：「辭父之命而不爲不承親。」《說苑·辨

❶「尊」下，原脱「王」字，據《春秋穀梁傳注疏》補。

物》上：「辭蒯聵之命，不爲不聽其父，謂以王父命辭也。」是父之行乎子也。**注**是靈公命行乎蒯聵，重本尊統之義也。**疏**注「是靈」至「義也」。○《莊元年》「夫人孫于齊」。注云：「念母則忘父，背本之道也，故絶文姜不爲不孝，拒蒯聵不爲不順，脅靈社不爲不敬。蓋重本尊統，使尊行於卑，上行於下。」《通義》云：「記曰：『都邑之士，則知尊禰。大夫及學士，則知尊祖。』是故輒有王父命，爲可立。蒯聵無父命，必不可立。經若惡蒯聵，即似與輒。與輒，是親親之義不著也。惡輒，即似與蒯聵。與蒯聵，是尊尊之義不著也。故但得託齊伯討，以兩見其義。言乎輒使曼姑距父，則不可。曼姑以靈公遺命拒蒯聵，則可。輒之道雖當讓，而衛人奉輒，自不失尊王父之意。若夫《論語》所言，賢者之至行，又烏足以責輒也。推子貢之問，正以叔齊雖幼，而有父命，合於立輒尊王父命之事，故援以爲喻。令輒無可立之理，冉有、子貢皆非中知以下，復何所疑而致問耶。或詆《公羊》有助子仇父之説者，抑不善讀此傳矣。」不以家事辭王事。**注**以父見廢，故辭讓不立，是家私事。**疏**《後漢書・丁鴻傳》：「鮑駿曰：『《春秋》之義，不以家事廢王事。』」○注「以父」至「私事」。○正以父子私恩。國者，受之天子，傳之先君，不得顧私恩而昧公義也。以王事辭家事，**注**聽靈公命立者，是王事公法也，**疏**注「聽靈」至「法也」。○《校勘記》云：「此本『者』誤『是』，今据鄂本訂正。閩、監、毛本因誤作『是』，遂删去此字。」是上之行乎下也。**注**是王法行於諸侯，雖得正，非義之高者也。故冉有曰：「夫子爲衛君乎？」子貢曰：「諾。吾將問之。」入曰：「伯夷、叔齊，何人也？」曰：「古之賢人也。」曰：「怨乎？」「求仁而得仁，又何怨。」出曰：「夫子不爲也。」主書者，善伯討。**疏**注「是王」至「諸侯」。○《校勘記》云：「蜀大字本、閩、監、毛本同。鄂本『於』作『乎』。何校本疏中同。」舊疏云：「唯受靈公之命而拒蒯聵，而引王法行於諸侯者，正以靈公於蒯聵，若似天子於諸侯，故取以況之。」○注「雖得」至「者也」。○正以曼姑雖受命靈公，可以拒蒯聵，究屬爲子

拒父，故不得爲義之高也。包氏慎言云：「衛輒之事，夫子不爲，而《公羊》不責其拒父，何也？曰：蒯聵自絶於父出奔，義無得國之理。夫子之不爲衛君者，謂其所以處骨肉之間者，未盡其道耳，非謂輒之不宜君衛也。使輒之事果爲逆天悖倫，聖人安肯受其公養者。」江熙曰：「經書衛世子蒯聵，援鄭世子忽爲比，不知《春秋》異義不嫌同辭。蒯聵之稱世子，聵自世子之，晉人世子之，衛人不以爲世子也。靈公之語公子郢曰：『予無子。』則靈公不以聵爲子也。公子郢之對夫人曰：『亡人之子輒在。』目蒯聵爲亡人，則固絶之於國也。自靈公憤於剸澤之盟，叛晉，連年與齊伐晉。晉人雖殺涉佗以謝，而衛終不回也。繼又謀救范、中行氏，並與趙氏結怨。靈公死，趙鞅納蒯聵于戚，挾世子之名以要衛。衛人弗受也。經亦順而書之曰世子耳。夫禽獸猶知有母，天王且以不能乎母而見絶。聵爲人子，曾其母之不知，而欲殺其母，是梟獍也。以義言之，聵者，靈公所絶，亦《春秋》所絶也。考之《左氏》，聵之居戚且十五年，不聞衛人爲通外内之言，則國人之不義聵而莫肯戴聵也明矣。然國人弗戴聵，而輒爲其子，能晏然已乎？桃應問於孟子曰：『舜爲天子，皋陶爲士，瞽瞍殺人，則如之何？』孟子曰：『執之而已矣。』『然則舜不禁與』？曰：『夫舜，烏得而禁之。』聵犯父命出而復入，齊國夏、石曼姑之圍戚，皋陶之執也。故《公羊》曰：『以曼姑之義，爲固可以拒之也。』桃應曰：『然則舜如之何？』曰：『舜視棄天下猶棄敝屣也。竊負而逃，遵海濱而處，終身訢然，樂而忘天下。』父子重於天下，有司執法爲天下法也。法之在天下者，君不可枉，則甯棄天下以全父子。聵者，靈公所弗子，而輒不能不以爲父。輒不能竊負而逃。然苟超然遠引，棄衛國如敝屣。聵雖頑，曾其子知有父，而已不知有父，安然處其位乎？夫子之不爲，謂其所以感格者無術也，仗義執言。《穀梁》曰：『信父而辭王父，則是不尊王父也。其弗受，以尊王父也。』《公羊》曰：『不以父命辭王父命，以王父命辭父命，是父之行乎子也。』皋陶之爰書，聵無所逃其罪。凡此爲齊國夏言之，爲石曼姑之受命於靈公言之，非爲輒言也。輒之義，知有父子而已。《春秋》於聵之入，没輒出奔之文，亦以始違而其後之所處猶未爲失也。江熙、范甯，徒較量其父子之孰當立，孰不當立，則父廢而輒以孫爲祖後，固無惡於天下矣。況靈公以夏卒，蒯聵以六月入戚，父在殯而倜然稱兵，以圖復國。父死之謂

何？又因以爲利，苟有人心者，則宜於此變矣。江、范所言，所謂設淫辭而助之故也。亂臣賊子幾何而不接踵於天下哉！」包氏此論，極平允。而於何氏雖得正，非義之高者，義猶切當也。○注「故冉」至「爲也」。○《論語·述而》篇文。《校勘記》出「曰怨乎？求仁而得仁」云：「鄂本、元本、閩本同。監、毛本『怨乎』下增『曰』字，非。何煌曰：『按文勢不當有曰字，《論語》有者衍文。』」舊疏云：「冉有所以疑之者，正以輒之立也，雖得公義，失於父子之恩矣。『入曰伯夷、叔齊何人也』者，正以輒之拒父，非義之高，不敢正言，故問古賢以測之。云『子曰：古之賢人也』者，言古之賢士，且有仁行。若作『仁』字，如此解之。若作『人』字，不勞解也。則何氏所引《論語》，當是『古之賢仁』也。今本据何晏《論語》改之。」舊疏又云：「『曰怨乎』者，謂諫而不用，死于首陽。然則怨周王乎？『曰求仁而得仁，又何怨』者，言其兄弟相讓而來，正以求爲仁道，卒得成讓，仁道遂成，不欲汲汲乎求仁，有何孜孜而怨周王乎？『出曰夫子不爲也』者，正以伯夷、叔齊兄弟讓國，夫子以爲賢，而知輒與蒯聵父子爭國者，夫子不助明矣。」○注「主書者善伯討」。○舊疏云：「一則見輒之得正，二則見曼姑可拒。但主書善其伯討，故曰『主書者，善伯討』。」

夏，四月甲午，地震。 注 此象季氏專政、蒯聵犯父命。是後蔡大夫專相放，盜殺蔡侯申，辟伯晉而京師楚。黄池之會，吴大爲主。疏 包氏慎言云：「四月書甲午，月之朔日。」○注「此象」至「爲主」。○「蔡大夫專相放」，即下「蔡人放其大夫公孫獵于吴」是也。「盜殺蔡侯申」，見下《四年》。「辟伯晉而京師楚」者，即下《四年》「晉人執戎曼子赤歸于楚。」傳「辟伯晉而京師楚」是也。「黄池之會，吴大爲主」者，即下《十三年》「公會晉侯及吴子于黄池」，傳「吴何以稱子？吴主會也。吴在是，則天下諸侯莫敢不至也」是也。《五行志下之上》：「哀公三年四月甲午，❶地震。劉向以爲，是時諸侯皆信邪臣，莫能用仲尼。盜殺蔡侯，齊陳乞弑君。」《通義》云：「古與昭公同。哀公孫越事，在《春秋》後。」

❶「月」，原脱，據《漢書》補。

五月辛卯，桓宮、僖宮災。疏包氏慎言云：「五月書辛卯，月之二十八日。」

此皆毁廟也，其言災何？注据禮，親過高祖，則毁其廟。疏注「据禮」至「其廟」。○《公羊禮説》云：「《春秋》之例，始封之君，其廟不毁，其餘親過高祖則毁其廟。桓、僖當毁而不毁，魯廟災，故孔子在陳，聞之，曰：『其桓、僖乎？』其後董仲舒《廟殿火災對》本此。然有中興之功，則不毁。經書『成周宣謝災』是也。」《五經異義》：「《魯詩》説，丞相匡衡以爲，殷中宗，周成、宣王，皆以時毁。古文《尚書》説，經稱中宗，明其廟宗而不毁。謹案：《公羊》御史大夫貢禹説，王者宗有德，廟不毁。宗而復毁，非尊德之義。」按：漢之廟制，不用周禮。每帝即世，輒立一廟，不止於七。後用貢禹之議，以孝文、孝武、孝宣皆以功德茂盛爲宗不毁，用《公羊》經師之説也。

復立也。曷爲不言其復立？注据立武宫言立。疏注「据立」至「言立」。○見成六年。《孔叢子·論書》篇云：「《書》曰：『唯高宗報上甲微。』定公問曰：『此何謂也？』孔子對曰：『此謂親盡廟毁，有功而不及祖，有德而不及宗，故於每歲之大嘗而報祭焉，所以昭其功德也。』公曰：『先君僖公，功德前列，可以與於報乎？』孔子曰：『丘聞之，昔虞、夏、商、周以帝王行此禮者，則有矣。自此以下，未之知也。』」然則僖廟，定公時猶未立也。

《春秋》見者不復見也。注謂内所改作也。哀自立之，善惡獨在哀，故得省文。疏注「謂内」至「省文」。○舊疏云：「《春秋》之義，諸是内所改作者，但逐其重處，一過見之而已。其餘輕處，不復見之。所以然者，正以哀自立之，還於哀世災之，善惡獨在於哀，故得省文矣。似若《襄三十一年》『公薨于楚宫』，不言作楚宫者，正以襄自作之，還襄自薨之，善惡獨在于襄，故得省文之類。」《通義》云：「《春秋》之大法，凡主譏者，有所託見，則不復特見。一省其文，一微其義。若然，經有『有事于武宫』，復言『立武宫』者，武公不在《春秋》中，嫌本有武世室，其爲廟毁復立未明，故特見也。」《春秋正辭》云：「竊謂書墮郈，不書城郈，亦是也。立武宫書者，嫌于不毁也。城費書者，以季首惡也。《左疏》引服虔云：『季氏出桓公，又爲僖公所立，故不毁其廟。』」則以桓僖之廟本未毁，與

此異。按：三家皆出桓公，而季氏得政在僖公世，故《僖十五年》「震夷伯之廟」，❶此蓋季氏所立。**何以不言及？** **注**据雉門及兩觀。**疏**注「据雉門及兩觀」。○《定二年》「雉門及兩觀災」是也。**敵也。** **注**親過高祖，親疏適等。**疏**注「親過」至「適等」。○正以桓、僖皆在毁廟之數，輕重相同，故不言及以别之。《禮記·王制》云：「諸侯五廟，二昭二穆與太祖之廟而五。」《文王世子》云：「五廟之孫，祖廟未毁。」是則五廟外皆所當毁。計桓之於哀，八世祖也，僖六世祖也。按禮，皆在宜毁者也。《左疏》引服虔云：「俱在迭毁，故不言及。」《穀梁傳》云：「言及，則祖有尊卑，由我言之，則一也。」是謂自我言之，皆親盡當毁。是也。《通義》云：「自義率祖，則太廟而外，其尊同；自仁率親，則高祖而上，其疏等。故言敵也。」**何以書？** **注**上已問「此皆毁廟，其言災何」？故不復連桓宫、僖宫。**疏**舊疏云：「《隱三年》：『武氏子來求賻。』傳：『武氏子來求賻，何以書？』注：『不但言何以書者，嫌主覆問上所以説二事，不問求賻。』今此上文亦有二事之嫌，主《春秋》見者不復見也。何以不言及？敵也。何以書而不復爲嫌者？正以上傳云：『此皆毁廟也，其言災何？復立也。』分疏已訖，是以不復言桓宫、僖宫災，何以書矣。」**記災也。** **注**災不宜立。**疏**注「災不宜立」。○舊疏云：「謂其宫不宜立，若曰『以其不宜立故災之』然。」《史記》注引服虔云：「桓、釐當毁而魯事非禮之廟，故孔子聞有火災，知其爲桓、釐也。」《五行志上》：「哀公三年五月辛卯，桓、釐宫災。董仲舒、劉向以爲，此二宫不當立，違禮者也。哀公又以季氏之故，不用孔子。孔子在陳，聞魯災，曰：『其桓、釐之宫乎？』以爲桓，季氏之所出。釐，使季氏世卿者也。」《左傳》：「司鐸火，火踰公宫，桓、僖災。」杜云：「言桓、僖親盡而廟不毁，宜爲天所災。」《經義雜記》云：「《公》、《穀》及董、劉説，以桓、僖廟爲毁後復立者，《左傳》無明文，故服、杜以爲原未毁者也。《定二年》『雉門及兩觀災』，言『及』。此不言『及』者，《公》、《穀》以爲尊卑敵體，故不言。服氏則以並毁，故不言

❶「震」下，原衍「其孚」，據《春秋公羊傳注疏》删。

也。哀公時，桓、僖有廟者，服解亦本董、劉之義。至於桓、僖親盡，不當有廟，天故災之，三傳説並同也。」

季孫斯、叔孫州仇帥師城開陽。 **疏**《左氏》、《穀梁》作啓陽。開者，爲漢景帝諱也。《校勘記》云：「《唐石經》、諸本同。」按：《公羊》之興，正在景世，故傳寫者遂改「啓」爲「開」也。杜云：「琅邪開陽縣。」《大事表》云：「今沂州府治北十五里有開陽故城，本鄅國地。季氏本曰：『《昭十八年》邾人襲鄅，鄅子從帑于邾，遂爲邾地，近季氏費邑。魯既取漷東沂西田，則邾不得不以啓陽讓魯矣。』」《水經注・沂水》篇：「沂水又南逕開陽縣故城東。縣，故鄅國也。《春秋左傳》昭公十八年『邾人襲鄅，盡俘以歸。鄅子曰：「余無歸矣，從孥于邾」是也』。後更名開陽。《春秋》哀公三年經書『季孫斯、叔孫州仇帥師城啓陽』者，是矣。縣，故琅邪郡治也。」《地理志》東海郡開陽下云：「故鄅國。」

宋樂髡帥師伐曹。

秋，七月丙子，季孫斯卒。 **疏**包氏慎言云：「七月書丙子，月之十四日。」

蔡人放其大夫公孫獵于吴。 **注**稱人者，惡大夫驕蹇作威相放，當誅，故貶。**疏**注「稱人」至「故貶」。○舊疏云：「知是大夫者，正以《春秋》之例，君殺大夫稱國，即《僖七年》『鄭殺其大夫申侯』之屬是。大夫自相殺稱人，即《文九年》『晉人殺其大夫先都』之屬是。則知稱國以放者，君自放之，即《宣元年》『晉放其大夫胥甲父于衛』是也。則稱人以放，乃是大夫自相放，即此文是矣。而言作威者，即《洪範》云『唯辟作威』是也。今此大夫作威，故貶之。言當誅者，謂於王法當誅也。言故貶之者，正以大夫之貴，平常之時，合稱名氏，故稱人爲貶之」。是也。

冬，十月癸卯，秦伯卒。 **注**哀公著治大平之終，小國卒葬極於哀公者，皆卒日葬月。

疏包氏慎言云：「十月書癸卯，月之十三日。」○注「哀公」至「葬月」。○正以所見之世，昭、定、哀三世，故哀公著治大平之終也。小國卒葬極於哀公者，舊疏云：「即此癸卯秦伯卒，明年五月葬秦惠公是也。按：《昭元年》：『秦伯之弟鍼，出奔晉。』傳云：『有千乘之國而不能容其母弟。』注：『秦侵伐，自廣大，故曰千乘。』然則秦是西方之伯，國至千乘。此注謂之小國者，正以僻

陋在夷，罕與諸夏交接。至於《春秋》，大夫名氏不見於經，是以比之小國，其實非小者也。舊説云：地之張翕，彼此異時。蹙闢之數，不可同日而語。昭元年之時，自以千乘爲大國，至此還小，亦何傷也，而有疑焉。」鄂本、閩、監、毛本「大」改「太」，非。《釋文》：「大平音泰。」按：秦伯自昭、定而後，不至蹙國。觀於《左傳》，秦哀復楚走吴，可見舊疏是。所引舊説，不可通也。

叔孫州仇、仲孫何忌帥師圍邾婁。

四年春，王三月庚戌，盜殺蔡侯申。**疏**包氏慎言云：「《公羊》經三月有庚戌，据曆爲二月之二十二日。三月無庚戌。《左氏》、《穀梁》均作二月，疑《公羊》誤。」《校勘記》出「盜殺」云：「閩、監、毛本同。《唐石經》殺作弑。」此《釋文》及《左氏釋文》皆作殺，音弑。惟《穀梁》經作弑。按：作殺者，《釋文》本也。《公羊》、《左氏疏》本宜皆作弑。後人据《釋文》本改疏本也。二傳並云：「此稱盜以弑何？」則經文作「弑」明矣。

弑君，賤者窮諸人。此其稱盜以弑何？**注**据宋人弑其君處臼稱人。**疏**注「据宋」至「稱人」。○《文十六年》「宋人弑其君處臼」是也。彼傳云：「大夫弑君稱名氏。賤者窮諸人。」此稱盜，故据彼以難。

賤乎賤者也。**注**賤於稱人者。**疏**注「賤於稱人者」。○舊疏云：「彼注云：『賤者，謂士也，士正自當稱人。』然則今此非士，故言賤乎賤者也。」段氏玉裁《經韵樓集》「賤乎賤，謂盜爲賤中之賤者也。《爾雅·釋訓》『微乎微者也』，謂『式微式微』，言微而又微也。《法言》『才乎才』，謂儀、秦才而又才，但非聖人所謂才耳。其他有『習乎習』、『雜乎雜』、『辰乎辰』，《素問》『形乎形』、『神乎神』，《史記·淮陰侯列傳》『時乎時』，詞略同。蓋謂賤者稱人，稱盜則又賤之至賤者矣。」

賤乎賤者孰謂？**注**据無主名。

謂罪人也。**注**罪人者，未加刑也。蔡侯近罪人，卒逢其禍，故以爲人君深戒。不言其君者，方當刑放之，與刑人義同。**疏**《通義》云：「本賤者，又犯罪，故尤賤之。」○注「罪人者，未加刑也」。○舊疏云：「若其刑訖，當有刑稱，即《襄二十

九年》『夏，閽弑吴子餘祭』是也。今此言盜，又謂之罪人，故知未加刑也。」○注「蔡侯」至「深戒」。○舊疏云：「卒，詁爲終也。」○注「不言」至「義同」。○即《襄二十九年》「閽弑其君」，下注云：「不言其君者，公家不畜，士庶不友，放之遠地，欲去聽所之，故不繫國，故不言其君也。」舊疏云：「此處之盜，仍未加刑，而亦不言其君者，正以方當刑放之，與刑人義同也。」《鹽鐵論·周秦》云：「《春秋》無名號，❶謂之云盜，所以賤刑人而絶之人倫也。❷故君不臣，士不友，於閭里無所容。」《穀梁傳》：「稱盜以弑，君不以上下道道也。」注「是直稱盜，不在人倫之序」是也。錢氏大昕《荅問》云：「書『閽弑吴子餘祭』，戒人君之近刑人也。書『盜弑蔡侯申』，戒人君之疏大臣而近小人也。」

蔡公孫辰出奔吴。

葬秦惠公。

宋人執小邾婁子。

夏，蔡殺其大夫公孫歸姓、公孫霍。**疏**《通義》云：「《左氏》以爲皆弑君之黨。然經不以討賊之辭言之，則彼未足信。」

晉人執戎曼子赤歸于楚。**疏**《大事表》云：「今河南汝州西南有蠻城，爲春秋時蠻子國。傳云：『晉執戎蠻子，以畀楚師于三户。』按：三户，今河南南陽府淅川縣西南有三户城，蓋在南陽、汝州之間矣。」《水經注·伊水》篇：「又東北逕新城縣南。」胡氏渭云：「今洛陽縣南七十五里有新城，《春秋》戎蠻子邑，漢以爲縣。」《左氏》、《穀梁》作戎蠻子，古蠻、曼同部叚借字。赤者何？**注**欲以爲戎曼子名，則晉人執曹伯，言畀宋人，不言名歸。欲言微者，則不當書，故以不知問也。**疏**注「欲以」至「名歸」。○即《僖二十八年》「晉侯入曹，執曹伯，畀宋人」是也。彼則曹伯，不言名；畀宋人，不言歸，故据以難。毛本「言畀」誤「以畀」。○注「欲言」至「問也」。○舊疏云：「欲言赤是楚之微者，自歸于楚，則微者之例不當書見，故以不知問之。」戎曼子之名也，其言歸于楚何？**注**据執曹伯，畀宋人，不言歸

❶「無」上，原衍「罪人」，據《鹽鐵論》删。

❷「之」字，原脱，據《鹽鐵論》補。

于宋。**疏**《通義》云：「弟子讀經文，似晉人執戎曼子爲一事，赤歸于楚爲一事，疑與赤歸于曹同類，故設問云爾。」按：傳已明言「赤，戎曼子之名也」，似不必疑赤歸于楚爲一事矣。○注「据執」至「于宋」。○彼傳云：「其言畀宋人何？與使聽之也。」故與此書「歸于楚」異。子北宮子曰：「辟伯晉而京師楚也。」**注**此解名而言歸意也。前此楚比滅頓、胡，諸侯由是畏其威，從而圍蔡，蔡遷于州來。遂張中國，京師自置。晉人執戎曼子，不歸天子，而歸于楚，而不名，而言歸于楚，則與伯執歸京師同文。故辟其文而名之，使若晉非伯執，而赤微者，自歸于楚。言歸于楚者，起伯晉，京師楚。主書者惡晉背叛，當誅之。**疏**舊疏云：「《成十五年》『晉侯執曹伯，歸于京師』，是伯執人歸于京師之文。今戎曼子不言名，直言『晉侯執戎曼子歸于楚』，則是伯者執人歸京師無異，故名戎子以辟之。言『赤歸于楚』者，似楚之微者自歸，不干戎子然，故曰『辟伯晉而京師楚也』。」○注「此解」至「意也」。○《校勘記》云：「閩、監、毛本同，誤也。鄂本作『名而言歸』，當據正。」按：紹熙本亦作「言」。舊疏云：「言赤歸于楚之意也」是也。○注「前此」至「于楚」。○楚滅頓、胡，即《定十四年》「楚公子結帥師滅頓，以頓子牄歸」、《十五年》「楚子滅胡，以胡子豹歸」是也。「從而圍蔡」，即上《元年》「楚子、陳侯、隨侯、許男圍蔡」是也。「蔡遷于州來」，見上《三年》。《通義》云：「引先師言，以正之。此實晉爲楚執戎曼子，歸于楚，欲言晉人執，❶則嫌與『晉侯執曹伯歸于京師』同文，嫌若以方伯待晉，而以京師比楚，故特避之，加名以爲別也。所以加名得見別異者，正以衛侯、曹伯等執歸京師，皆不名故也。」舊疏云：「不名而言『歸于楚』，則與《成十五年》『晉侯執曹伯歸于京師』同文，似與伯者執人歸京師同，故辟其名而名戎曼子也，使若晉非伯執者。《僖四年》傳：『稱人而執者，非伯討也。』今此經云『晉人』，故云『使若晉非伯討也』。而亦微者自歸于楚者，若似楚之微者名赤，自歸于楚然。猶《莊二十四年》『冬，赤歸于曹』之

❶「欲言晉人執」，《通義》在「歸于楚」下。

類。」○注「言歸」至「師楚」。○舊疏云：「正以《僖二十八年》『晉侯執曹伯，畀宋人』，諸侯相執不言歸，今言歸者，欲起晉人以楚爲京師故也。」按：此所謂不没其實也。○注「主書」至「誅之」。○舊疏云：「主書此事者，正欲惡晉以楚爲京師，背叛天子，當合誅絶也。若然，楚人是時京師自置，甯知不惡之者，正以《宣十八年》：『楚子旅卒。』傳：『吴、楚之君不書葬，辟其號也。』則吴、楚僭號，不書葬，一譏而已。自餘京師自置之事，理應不譏，故云爾。」包氏慎言云：「按：伯者，帥諸侯以供命于天子者也。晉爲諸夏諸侯之伯，無天子命而擅執人君，歸之於楚，是爲楚執也。晉爲楚執人之君，是天子楚也。故坐以背叛當誅。」按：晉人而京師楚，則諸夏諸侯可知，故何氏以爲地震之應。

城西郛。

六月辛丑，蒲社災。**疏** 包氏慎言云：「六月書辛丑，月之十五日。」舊疏引賈氏云：「《公羊》曰薄社，蓋所見本異。」《左氏》、《穀梁》經作亳社。《唐韻正》：「亳，傍各切，平聲。」則音蒲。《書序》：「作將蒲姑。」《釋文》：「蒲，如字。馬本作薄。」《左傳·昭九年》云「蒲姑、商奄」，❶《釋文》：「蒲，如字，又音薄。」《周本紀》：「遷其君薄姑。」《吕覽·具備》篇：「湯嘗約於郼薄矣。」注：「薄，或作亳。」蓋蒲、亳、薄三字通。《讀書叢録》云：「蒲是薄字之省。薄、亳古字通用。《尚書序》：『成王既踐奄，將遷其君於蒲姑。』《釋文》：『蒲，馬本作薄。』疏云：『賈氏曰：《公羊》曰薄社。』所見本薄字尚不省。」『《通義》云：「《左氏》經作亳社。賈逵云：『《公羊》曰薄社，與亳音訓並同。』《郊特牲》曰：『薄社北牖，使陰明也。』今《公羊》爲蒲字，轉寫脱下寸耳。」

蒲社者何？**注** 据鼓用牲于社，不言蒲。**疏** 注「据鼓」至「言蒲」。○見《莊二十五年》。亡國之社也。**注** 蒲社者，先世之亡國，在魯竟。**疏** 注「蒲社」至「魯竟」。○舊疏云：「《公羊解》以爲蒲者，古國之名。天子滅之，以封伯禽，取其社以戒諸侯，使事上。今災之者，若曰：『王教絶云爾。』《左氏》、《穀梁》以爲亳社者，殷社也。武王滅殷，遂取其社

❶「九」，原作「元」，據《春秋左傳注疏》改。

賜諸侯，以爲有國之戒。然則傳説不同。」按：《穀梁傳》：「亳，亡國也。亡國之社以爲廟屏，戒也。」注引劉向説「立亳社于廟之外，以爲屏蔽。取其不得通天，人君瞻之而致戒心」是也。《左傳》杜注：「亳社，殷社，諸侯有之，所以戒亡國。」疏云：「説者以爲立亳社於廟門之外，以爲屏蔽，使人君視之而致戒也。」《郊特牲》注：「薄社，殷之社，殷始都薄。」此皆以爲殷社者也。何氏以爲亡國之社，在魯竟者。蒲雖不可考，然《左傳》有「蒲姑」與「商奄」並舉，則蒲姑即蒲，亦即薄姑。薄姑與四國作亂，爲周公所滅，蓋即分其地屬齊、魯，故齊亦有薄姑氏地，《晏子》所謂「薄姑因之」是也。薄姑是諸侯之號，其君號謚不可考，因即舉其地爲氏也。《詩疏》引《書大傳》云：「奄君薄姑。」鄭注：「或疑爲薄姑齊地，非奄君名也。」薄姑與四國作亂，四國即指管、蔡、商、奄，是薄姑非奄君名。蓋魯既分得薄姑氏地，因立彼國之社以示誡，所以魯有兩社，閔二年《左傳》所云「間于兩社」是也。若以爲殷社，則宋亦有亳社，《左傳·襄三十年》「鳥鳴于亳社」是也。❶豈宋亦故表其先世之惡，以自戒。周家以忠厚立國，恐周公、成王不如是之已甚也。《繁露·王道》云：「周發兵，不期會於孟津之上者八百諸侯，共誅紂，大亡天下。《春秋》以爲戒，曰：『亳社災。』」董生所説，多與何邵公殊也。《通義》云：「《書序》蒲姑，馬本作薄姑。何邵公云：『蒲社者，先世之亡國，在魯竟。』似別有蒲國，誤矣。武王伐殷克薄，班其社於諸侯。《吕氏·貴直論》曰：『殷之鼎，陳于周之廷。其社，蓋于周之屏。』」按：孔氏遷《左》、《穀》之説以駁何氏，然《吕氏春秋》所云「武周所以爲屏示戒，未必諸國皆有也」，書缺有間，固然，何各國不聞有亳社耶。

社者，封也。【注】封土爲社。【疏】《廣雅·釋詁》：「社，封也。」○注「封土爲社」。○《白虎通·社稷》云：「不謂之土何？封土立社，故變名謂之社，別于衆土也。」《禮記疏》引《異義》：「『今《孝經》説，社者土地之主，土地廣博，不可偏敬，故封五土以爲社。古《左氏》説，共工之子爲后土，后土爲社。許君謹按：亦曰《春秋》稱公社，今人稱社。神爲社公，故知社是上公非地祇。』玄駁之云：『社祭土而主陰氣。』又云：『社者，神地之道。謂社神俱言上公，失之矣。今人謂雷曰

❶「鳥」，原作「烏」，據《左傳正義》改。

雷公，天曰天公，豈上公也。』」何氏此義，當同鄭説。**其言災何？** 注 据封土非火所能燒。**亡國之社，蓋揜之，** 疏 《禮記・郊特牲》云：「天子大社，必受霜露風雨，以達天地之氣也。是故喪國之社屋之，不受天陽也。薄社北牖，使陰明也。」注：「絶其陽，通其陰而已。」舊疏云：「公羊子不受于師，故言『蓋』也。」**揜其上而柴其下。** 注 故火得燒之。揜柴之者，絶不得使通天地四方，以爲有國者戒。疏 《周禮・地官・媒氏》注云：「亡國之社奄其上而棧其下。」蓋柴即棧也。《管子・小問》篇：❶「傳馬棧者最難。先傳曲木，曲木又求曲木。曲木已傳，直木無所施矣。先傳直木，又求直木，直木已傳，曲木亦無所施矣。」《淮南・道應訓》：「柴箕子之門。」注：「箕子亡之朝鮮，舊居空，故柴護之。」蓋編木圍其四面。用之亡國之社，則爲柴其下，用以護箕子之居，則爲柴箕子之門。用木爲車箱，則爲棧車，亦爲柴車。用以養魚，則謂之涔。《爾雅・釋器》云：「槮謂之涔。」《毛詩疏》引孫炎注：「積柴養魚曰涔。」《説文・木部》「栫，以柴木雝也」是也。編柴養馬，則曰校。《廣雅・釋木》：「校，椒柴也。」故《周禮・夏官》主養馬者稱校人也是也。《左傳》哀八年「吴囚邾子於樓臺，栫之以棘」，亦即柴其下之象。故《説文・木部》以校爲木囚，亦謂編木繫人，使不得外達。此社用柴遮塞，故注云：「火得燒之也。」《莊子・馬蹏》云：「編之以皁棧。」皁棧即草棧也，故《説文》竹木之車皆曰棧。又《天地》云：「趣舍聲色以柴其内。」柴亦取義爲塞也。○注「揜柴」至「者戒」。○《漢書・王莽傳》：「古者畔逆之國，既已誅討，四牆其社，覆上棧下，示不得通。辨社諸侯，❷出門見之，著以爲戒。」師古曰：「棧謂以簀蔽之也。下則棧之，上則覆之，所以隔塞不通陰陽之氣。」孟康曰：「辨，布也。布崇社，國國各作一，❸見以爲戒也。」《白虎通・社稷》云：「王者諸侯必有誡社者何？示有存亡也。明爲善者得之，爲惡者失之。故《春秋公羊傳》曰：『亡國之社，奄其上，柴其下。』《郊特牲・記》曰：『喪國之社屋之。』示與天地絶也。在門東，明自下之無

❶「小問」，原作「内業」，據《管子》改。
❷「諸侯」二字，原脱，據《漢書》補。
❸「各」字，原脱，據《漢書》補。

事處也。或曰：皆當著明誡，當近君，置宗廟之牆南。《禮》曰：『亡國之社稷，必以爲宗廟之屏。』示賤之也。」《通典·禮·五》引《白虎通》誡作柴。魯有兩社。外朝在庫門之内，東有亳社，西有國社。朝廷執政之處在其中也。《穀梁傳》：「亳，亡國也。亡國之社以爲廟屏，戒也。其屋亡國之社，不得上達也。」《獨斷》云：「古者天子亦取亡國之社以分諸侯，使爲社，以自儆戒。屋之，掩其上，使不通天。柴其下，使不通地。自與天地絶也。面北向陰，示滅亡也。」其祭以喪祝掌之，《周禮·春官·喪祝》云「掌勝國邑之社稷之祝號，以祭祀禱祠」是也。以士師爲尸，《秋官·士師》云「若祭勝國之社稷，則爲之尸」是也。蒲社災，何以書？記災也。**注**戒社者，先王所以威示教戒諸侯，使事上也。災者，象諸侯背天子。是後，宋事彊吴，齊、晉前驅，滕、薛俠轂，魯、衛驂乘。故天去戒社，若曰「王教滅絶云爾」。**疏**不直言何以書，嫌止主問災也。○注「戒社」至「上也」。○陳氏《禮書》引《韓詩内傳》曰：「亡國之社以戒諸侯。」故《白虎通》亦謂諸侯有誡社也。俱不云有亳社，蓋各國各有誡社與？○注「災者」至「云爾」。○舊疏云：「是後至驂乘，《春秋説》文。謂下十三年黄池之會時也。」按：宋事彊吴，未知所指。《五行志上》：「哀四年六月辛丑，亳社災。董仲舒、劉向以爲，亡國之社，所以爲戒也。天戒若曰：『國將危亡，不用戒矣。』《春秋》火災，屢見於定、哀之間，不用聖人而縱驕臣，將以亡國，不明甚矣。一曰：天生孔子，非爲定、哀也。蓋失禮不明，火災應之，自然象也。」《志》又云：「建元六年，遼東高廟災，高園便殿火。董仲舒對曰：『《春秋》之道，舉往以明來。是故天下有物，視《春秋》所舉，與同比者，精微眇以存其意，通倫類以貫其理。天地之變，國家之事，粲然皆見，無所疑矣。』按：《春秋》魯定公、哀公時，季氏之惡已孰，而孔子之聖方盛。夫以盛聖而易孰惡，季孫雖重，魯君雖輕，其勢可成也。故定公二年五月，兩觀災。兩觀僭亂之物，天災之者，若曰：『僭禮之臣，可以去。』已見辠徵，而後告可去，此天意也。定公不知省，至哀公三年桓宫、釐宫災。二者同事，所爲一也。若曰：『燔貴而去不義云爾。』哀公未能見，故四年六月，亳社災。兩觀，桓、釐廟，亳社，四者皆不當立。天皆燔其不當立者，以示魯，欲其去亂

臣而用聖人也。季氏亡道久矣。前是天不見災者，魯未有賢聖臣，❶雖欲去季孫，其力不能，昭公是也。至定、哀迺見之，其時可也。不時不見，天之道也。」專就魯論，義較近切。惟謂亳社不當立，未知何本。何氏取應於天下諸侯者，《春秋》託王於魯。蒲社而災，聖人故即假以示王教滅絶焉。《經義雜記》云：「《公》、《穀》及董、劉義，皆以亳社爲殷社，故云『亡國之社』。先王立之，俾諸侯以亡爲戒。今天災之，因人君不能爲戒而國將亡也。乃何氏見《公羊》作蒲，而以爲先世之亡國。疏又云：『蒲者，古國之名。天子滅之，以封伯禽。』考《禮記》：『薄社北牖。』注：『薄社，殷之社。殷始都薄。』《釋文》：『薄，本又作亳。』《書序》：『將遷其君於蒲姑。』《釋文》：『蒲如字，徐又扶各反，馬本作薄。』《史記·周本紀》作『遷其君薄姑』。是薄、蒲、亳三字古通。何氏墨守《公羊》，未考《左》、《穀》之經，不知蒲爲亳字之聲借，其誤一也。又云：『戒社者，先王所以威示教戒諸侯，使事上。』此與立社爲使民戰栗之説無異，而反失警戒危亡之義，其誤二也。又歷指宋、齊、晉、滕、薛、魯、衛之聽命于吳，天以爲王教絶滅，故災之。按：經傳及先儒皆無此義，其誤三也。范注《穀梁》最得經傳意。」按：如亳爲殷社，則古天子之社不得立之侯國。宰予失言，在使民戰栗。何意只使諸侯知所懼戒，正得畏天尊王之意，何有不合？至各國聽命于吳之説，何氏本之諸緯，並非肊造，均不得据以相難也。

秋，八月甲寅，滕子結卒。疏包氏慎言云：「八月書甲寅，月之二十九日。」

冬十有二月，葬蔡昭公。注賊已討，故書葬也。不書討賊者，明諸侯得討士以下也。

疏注「賊已」至「葬也」。○正以《隱十一年》傳：「《春秋》君弒賊不討，不書葬，以爲無臣子。」蔡侯被殺而書葬，故知賊已討也。○注「不書」至「下也」。○舊疏云：「考諸正本，何氏之注盡於此。若更有注者，衍字矣。」又云：「《孟子》曰：『諸侯不得專殺大夫。』是以《春秋》之內，殺大夫不問有罪無罪，皆書而譏之。若殺微者，例所不録。今蔡侯之賊乃微者，嗣子殺之，故不書見。故云『明諸侯得專討士以下也』。」范云：「不書弒君之賊，而昭公書葬。既謂之盜，若殺微賤小人，不

❶「未」下，原衍「能」字，據《漢書》删。

足録之。」

葬滕頃公。

五年春，城比。《校勘記》云：「《唐石經》、諸本同。《釋文》：『比，本又作芘，亦作庇。同音毗。《左氏》、《穀梁》作毗。』按：古比、密、𣬈、輔字，祇皆作比。後世叚用𣬈字，又譌作毗也。《周易·比·象傳》：「比，輔也。」《說文·比部》：「比，密也。」《廣韻·六脂》：「𣬈，《說文》曰人臍也。❶今作毗，通爲𣬈輔之𣬈。」

夏，齊侯伐宋。

晉趙鞅帥師伐衛。

秋，九月癸酉，齊侯處臼卒。疏 包氏慎言云：「九月書癸酉，月之二十四日。」《左氏》、《穀梁》作杵臼。《史記·齊世家》注：「徐廣曰：《史記》多作箸臼。」

冬，叔還如齊。

閏月，葬齊景公。

閏不書，此何以書？注 据楚子昭卒，不書閏。疏 注「据楚」至「書閏」。○《襄二十八年》「冬，十有二月甲寅，天王崩。乙未，楚子昭卒」，注：「乙未，甲寅相去四十二日，蓋閏月也。」彼卒在閏月，不書閏，故据以難。喪以閏數也。注 謂喪服大功以下諸喪，當以閏月爲數。疏《釋文》：「數，所主反。下及注『月數』、『閏數』同。」舊疏云：「此『數』讀如『加我數年』之『數』，非『頭數』之『數』也。」○注「謂喪」至「爲數」。○毛本「諸喪」誤「諸侯」。舊疏云：「此『數』乃爲『頭數』之『數』，謂九月、五月、三月之喪，既是數月之物，故得數閏以充之，是以葬亦書閏矣。何者，葬亦數月之物故也。」《白虎通·喪服》云：「三年之喪，不以閏月數何？以言其期也。❷期者，復其時也。大功已下月數，故以閏月除。《禮·士虞》經曰：『期而小祥，又朞而大祥。』」舊疏引《鄭志》答趙商云：「居喪之禮，以月數者數閏。以年數者，雖有閏，無與于數也。」《通典》引射慈云：「三年期喪，歲數没閏。九月以下，數閏月也。」然則此傳之以閏數者，謂功緦之服。《穀梁傳》所謂閏月者，天子不以告朔而喪事不數者，謂

❶「臍」，原作「齎」，據《說文》改。
❷「言其」，原倒，據《白虎通》正。

期三年服也。《通義》云：「葬月，當併閏計之，故特著其禮。五月而葬，亦事之以月數者，故同得計閏也。然何氏竟指大功以下數閏釋此傳，則非也。❶禮，與諸侯爲兄弟者服斬。齊之臣子，豈有服大功者乎？明年傳曰：『除景公之喪。』注：『期而小祥，服期者除。』然景公以九月卒，而以七月練，是齊之末失，雖以年數者，亦數閏矣。」按：何特舉大功以下以月數者，得以閏數，以明葬之以月數者，亦得以閏耳，不必謂齊之臣子服景公以大功以下也。下傳云：「喪數略也。」必非指葬言。

喪曷爲以閏數？ 注 据卒不書閏。疏 舊疏云：「此喪亦《喪服》大功以下者。」**喪數略也。** 注 略猶殺也。以月數恩殺，故并閏數。疏 《通義》云：「喪數沽略。」包氏慎言云：「九月至十二月，方四月，未及葬期。時曆閏十二月，齊以有閏月爲合五月之期，故經特書閏以著其失。」其説是也。○注「略猶殺也」。○《荀子·天論》云：「養略而動希。」注：「略，減少也。」《文選注》引《國語》賈注：「略，簡也。」《管子·侈靡》云：「略近臣。」注：「略，禮謂不繁也。」皆與殺義通。○注「以月」至「閏數」。○舊疏云：「此數亦如『加我數年』之數。大功以下之喪所以得數閏月者，正以恩殺故也。」舊疏引《鄭志》：「趙商問曰：經曰閏月不告朔，猶朝于廟。《穀梁傳》云：『閏月附月之餘日，喪事不數。』又《哀五年》『閏月葬齊景公』。《公羊傳》云：『喪以閏數，喪數略也。』此二傳義相反，於禮斷之，何就？鄭答曰：『居喪之禮，以月數者數閏，以年數者，雖有閏，無與于數也。』」是則鄭意以彼云「喪事不數」者，謂期與三年也。此云「喪以閏數」者，謂大功以下也。舊疏又云：「若《穀梁》之意，以爲大功以下及葬皆不數閏。」按：《穀梁》説非是。

❶「則」字，原脱，據《通義》補。

公羊義疏七十四

句容陳立卓人著

哀六年盡十三年。

六年春，城邾婁葭。注城者，取之也。不言取者，魯數圍取邾婁邑，邾婁未曾加非於魯，而侮奪之，不知足，有夷狄之行，故諱之，明惡甚。疏《校勘記》云：「《唐石經》、閩、監、毛本同。鄂本葭作瑕，非。」《左氏》、《穀梁》作「邾瑕」。《春秋異文箋》云：「定公十三年《左氏》經『次于垂葭』，《公羊》經作『垂瑕』。此年《左氏》經作『城邾瑕』，《公羊》經作『城邾婁葭』。知瑕、葭音相近。」杜云：「任城亢父縣有邾瑕城。」《大事表》云：「今在兖州府濟甯州南二十里。」《水經注・泗水》篇：「又西過瑕丘縣東，屈從縣東南流，漷水從東來注之。瑕丘，魯邑。《春秋》之負瑕矣。漷水西南流入邾。」馬氏宗槤《左傳補注》云：「按：《郡國志》負瑕屬山陽郡，與邾之漆與閭丘近。《哀七年》：『囚邾子負瑕。』杜云：『在南平陽縣西北。』《哀二年》：『伐邾，取漷東田。』《水經》：『負瑕，漷水從東來注之。』酈元亦云：『漷水在瑕丘西南。』是哀二年所取漷東田，即負瑕也。本邾地，故曰邾瑕。《哀七年》傳『負瑕故有繹』，亦瑕丘本爲邾地之證。杜注非是。」○注「城者，取之也」。○《襄二年》：「遂城虎牢。」傳：「虎牢者何？鄭之邑也。其言城之何？取之也。」今言城邾婁葭，文與彼同，故知城之爲取之也。○注「魯數」至「惡甚」。○即上《二年》「伐邾婁，取漷東田及沂西田」、又《三年》「叔孫州仇、仲孫何忌帥師圍邾婁」之屬是也。有夷狄行者，舊疏云：「正以貪而無親故也。」《通義》云：「諱取言城，與虎牢同義。不但言取葭者，方將滅其國，故諱之益深。凡爲內深諱者，正惡之大者也。諱亟取不繫國，今深諱反繫國者，但言城葭，嫌與內邑同文，無所起。」

晉趙鞅帥師伐鮮虞。

吳伐陳。

夏，齊國夏及高張來奔。

叔還會吳于柤。

秋，七月庚寅，楚子軫卒。疏包氏慎言云：「七月書庚寅，月之十七日。」軫，《史記·世家》作珍。

齊陽生入于齊。疏《穀梁傳》：「入者，内弗受也。荼不正，何用弗受？以其受命，可以言弗受也。陽生其以國氏何也？取國于荼也。」注引何君《廢疾》曰：「即不使陽生以荼爲君，不當去公子，見當國也。又《穀梁》以爲，國氏者，取國于荼。齊小白又不取國于子糾，無乃近自相反乎？』」以《穀梁》上傳曰：「陽生入而弑其君，以陳乞主之，何也？不以陽生君荼也。其不以陽生君荼，何也？陽生正，荼不正。」故何氏有此難也。鄭釋之曰：「陽生簒國，故不言公子，不使君荼，謂書陳乞弑君爾。荼與小白其事相似，荼弑乃後立，小白立乃後弑。雖然，俱簒國而受國焉爾。傳曰『齊小白入于齊』，惡之也。陽生其以國氏何？取國于荼也。義適相足，又何自反乎？子糾宜立而小白簒之，非受國于子糾，則將誰乎？」按：《經義述聞》云：「子糾未得入于齊，則國非其國也。豈得云『受國子糾』？」故劉氏逢禄難之曰：「荼之不正，以不日明之，與晉卓子同例。荼之弑，實陳乞主之，故與晉里克同例。經曰『其君』，傳曰『陳乞之君』，非陽生之君，不亦亂于義乎？然則楚棄疾不以國氏，此又不稱其君，且得爲誅亂辭乎？商人取國于舍，又何爲不以國氏乎？』」按：大國簒例月，此不月者，舊疏云：「陽生之入，實是九月。但事不宜月，故直時。」若然，《隱四年》注「大國簒例月」，則齊爲大國，例宜書月，而言事不宜月者，正以陽生之簒，陳乞爲之。故陽生之入，欲移惡於陳乞故也。似若《莊九年》「夏，齊小白入于齊」，注「不月者，移惡于魯也」之類也。然則大國之簒，所以月者，以其禍大故也。既移惡于陳乞，是以不月，正得述事之宜矣。

齊陳乞弑其君舍。疏《釋文》：「《左氏》、《穀梁》舍作荼，云：『音舒。』」舍、荼同部，故通。《唐韻正》：「舍，古音署。《詩·小雅·何人斯》云『亦不遑舍』，與車、盱韻。」熊朋來曰：「舍非但與車、盱協韻，音作舒，便合讀作舒。《春秋》哀六年『齊陳乞弑其君荼』，《公羊》作舍，音舒。此經中明證。」《史記·律書》：「日月所舍。舍者，舒氣也。」《九經古義》云：「《史記·律書》：『舍者，日月所舍。舍者，舒氣也。』是舍有舒義，故有舒音。」

弑而立者，不以當國之辭言之，此其以當

國之辭言之何？**注**據齊公子商人弑其君舍而立，氏公子。**疏**《通義》云：「弑而立者，謂繼弑君而立者。若宋督弑殤公而立莊公，不言『宋馮入于宋』。趙盾弑靈公而立成公，不言『晉黑臀入于晉』之類是也。」○注「据齊」至「公子」。○《文十四年》「齊公子商人弑其君舍」，故疑陽生不氏公子。爲諼也。**疏**馮、黑臀等皆君弑而後復國，此則先復國乃以諼弑舍，故特爲篡詞，與齊小白入于齊而後殺糾者同罪也。此其爲諼奈何？**注**問其義。景公謂陳乞曰：「吾欲立舍，何如？」**疏**《齊世家》云：「景公寵妾芮姬生子荼。」《左氏傳》：「諸子鬻姒之子荼嬖。」未知孰是。陳乞曰：「所樂乎爲君者，欲立之則立之，不欲立則不立。**注**貴自專也。**疏**舊疏云：「此乃有爲而言，非正道也。」君如欲立之，則臣請立之。」**注**陳乞欲拒言不可，恐景公殺陽生。**疏**《齊世家》云：「景公病，命國惠子、高昭子立少子荼爲太子。」與《左傳》同，與此異。陽生謂陳乞曰：「吾聞子蓋將不欲立我也。」陳乞曰：「夫千乘之主，將廢正而立不正，必殺正者。**注**晉世子申生是也。**疏**注「晉世」至「是也」。○即《僖五年》「晉侯殺其世子申生」是也。《穀梁傳》云：「陽生正，荼不正。」《世家》：「荼少，其母賤，無行。」明不正也。吾不立子者，所以生子者也。走矣。」**注**教陽生走。**疏**《左傳》、《史記》皆以陽生奔在景公卒後。與之玉節而走之。**注**節，信也。析玉與陽生，留其半，爲後當迎之，合以爲信，防稱矯也。奔不書者，未命爲嗣。**疏**注「節，信也」。○《周禮・掌節》云：「守邦國者用玉節。」注：「諸侯於其國中，公卿大夫王子弟於其采邑，有命者亦自有節以輔之。玉節之制如玉爲之，以命數爲小大。」是也。○注「析玉」至「矯也」。○《漢書・孝文紀》：「除關無用傳。」張晏曰：「傳，信也。若今過所也。」如淳曰：「兩行書繒帛，分持其一，出入關，合之乃得過，謂之傳也。」李奇曰：「傳，棨也。」師古曰：「古者或用棨，或用繒帛。棨者，刻木爲合符也。」又《終軍傳》：「關吏予軍

繻。」即師古所謂「或用繒帛」也。蓋古或有用木者，《說文・木部》：「棨，傳信也。」自謂木爲之者。又《孝文紀》：「初與郡守爲銅虎符、竹使符。」注：「應劭曰：『銅虎符第一至第五，國家當發兵，遣使者，至郡合符，符合乃聽受之。竹使符，皆以竹箭五枝，長五寸，鐫刻篆書第一至第五。』張晏曰：『符以代古之珪璋，從簡易也。』師古曰：『與郡守爲符者，謂各分其半，右留京師，左以與之。』」《後漢書・杜詩傳》：「兵者，國之凶器。聖人所慎。舊制發兵皆以虎符，其餘徵調竹使而已。符策合會，取爲大信，所以明著國命，斂持威重也。」注云：「《說文》：『符，信也。漢制以竹長六寸分而相合。』」皆古玉節之遺也。《通義》云：「使詐以使命出，防闕稽也。《周禮》有金節、竹節。此言玉者，蓋若龍輔之類。」○注「奔不」至「爲嗣」。○《通義》云：「子糾來奔，亦不書，同此例。」按：《定十四年》：「衛世子蒯聵出奔宋。」此陽生出奔不書，明未命爲嗣矣。然則上傳云：「廢正而立不正，必殺正者。」立子以貴，蓋陽生雖非嫡出，但其秩次宜立，故亦爲正。或貴妾之子也。舊疏引舊云：「陽生實是世子，但未命爲嗣，故出入不兩書。若命爲嗣，則是大國之君，出入合兩書者，非。」按：《左傳》、《史記》皆云：「諸大夫願擇諸子長賢者爲嗣，景公惡言嗣事。」是未命爲嗣。若陽生是適，則諸大夫宜請立陽生矣。

景公死，而舍立。陳乞使人迎陽生，于諸其家。**注**于諸，寘也。齊人語也。**疏**《齊世家》：「田乞敗二相，乃使人之魯，召公子陽生至齊，私匿田乞家。」《左傳》：「僖子使召公子陽生。逮夜，至于齊，國人知之。僖子使子士之母養之。」

除景公之喪。**注**期而小祥，服期者除。

疏注「期而」至「者除」。○期而小祥，《士虞・記》文。《喪服》「斬衰」章父傳曰：「父，至尊也。」又曰君傳曰：❶「君，至尊也。」則君父皆應三年。景公死於上年之九月，至此年秋末始及期。舍及陳乞並諸大夫，皆無除喪之禮，蓋時無三年喪禮也。故《孟子・盡心》云：「齊宣王欲短喪，公孫丑曰：『爲朞之喪，猶愈於已乎。』」又《滕文公》篇：「滕定公薨。然友反命，定爲三年之喪。父兄百官皆不欲，曰：『吾宗國魯先君莫之行，吾先君亦莫之行也。』」襄十四年《左傳》：「吳子諸

❶ 上「曰」字，疑爲衍文。

樊既葬而除喪。」注：「乘卒至此春十七月，既葬而除。」《閔二年》傳：「譏始不三年。」《論語・陽貨》篇：「宰我問三年之喪，期已久矣。」是當時各國皆不行三年喪也。《詩・檜風序》：「《素冠》，刺不能三年也。」則春秋前已有不三年者矣。《通義》云：「除義如『除喪者，先重者』之『除』。《喪服》：『自卒哭而練而祥而禫，各有變除之節，❶謂之除喪。』此期而除喪者，所謂男子除乎首，婦人除乎帶也。」義或然也。然此距景公之卒並未及期，蓋連閏數之耳。練祭當以閏數，則不能行三年之喪必矣。

諸大夫皆在朝。陳乞曰：「常之母，**注**常，陳乞子。重難言其妻，故云爾。**疏**注「常，陳乞子」。○《田齊世家》：「田乞卒，子常代立，是爲田成子。」田常，即陳恒也。漢博士避文帝諱，改恒爲常。○注「重難」至「云爾」。○今人猶有此稱。舊疏云：「正以妻者，己之私，故難言之。似若今人謂妻爲兒母之類是也。」

有魚菽之祭，**注**齊俗，婦人首祭事。言魚豆者，示薄陋無所有。**疏**《齊世家》：「十月戊子，田乞請諸大夫曰：『常之母有魚菽之祭，幸來會飲。』」○注「齊俗」至「祭事」。○舊疏云：「主婦設祭，禮則有之，何言齊俗者，正以主婦設祭之時，助設而已。其實男子爲首，即君牽牲，夫人奠酒，君親獻，夫人薦豆之類。若其齊俗，則令婦人爲首也。故此傳云云，即其文是矣。」○注「言魚」至「所有」。○《鹽鐵論・散不足》篇：「古者，庶人魚菽之祭。」蓋陳乞自卑之詞也。舊疏云：「依正禮，水陸僉陳，而止言魚與豆者，示薄陋無所有故也。」《公羊問答》云：「問：陳乞爲大夫而祭以魚菽，何也？曰：祭典，國君有牛享，大夫有羊饋，士有豚犬之奠，庶人有魚炙之薦。今陳乞大夫而言魚菽之祭，故注云『示薄陋，無所有』。」《通義》云：「牲用魚，薦用菽，家之小祭祀，所謂『季女尸之』者也。亦以陳乞未終君喪，❷不可自首祭事。其妻服除，故得言之。禮，爲夫之君服期。」按：孔氏此論甚是。陳乞本爲立陽生事，不必實有正祭也。

願諸大夫之化我也。」**注**言欲以薄陋餘福共宴飲。**疏**《桓六年》傳：「曷爲慢之，化我也。」注：「行過無禮

❶「各」，原作「皆」，據《通義》改。
❷「陳」，原脱，據《通義》補。

謂之化，齊人語也。」意謂魚菽至薄，諸大夫不必以禮相將，謙若不敢當盛儀然也。《通義》云：「不將禮而相過曰化。」❶諸大夫皆曰：「諾。」於是皆之陳乞之家，坐，陳乞曰：「吾有所爲甲，**注**甲，鎧。請以示焉。」諸大夫皆曰：「諾。」於是使力士舉巨囊而至于中霤。**注**巨囊，大囊。中央曰中霤。**疏**《校勘記》出「巨囊」云：❷「《唐石經》、諸本同。《釋文》：『囊，乃郎反，又音託。』」按：《史記·齊大公世家》囊作橐，故音託。」○注：「巨囊，大囊。」○陳氏啓源《毛詩稽古編》云：「諸家釋囊、橐各異。《毛傳》：『小曰橐，大曰囊。』《玉篇》解亦同。孔疏引《左傳》：『趙盾食靈輒，寘食與肉於橐』及《公羊傳》『陳乞盛公子陽生于囊』，以橐僅容物，證其小；囊可容人，證其大。干寶《晉紀論》引此詩吕注云『大曰橐，小曰囊』，與《毛傳》反。《釋文》引《説文》云：『無底曰囊，有底曰橐。』孫奕《示兒編》亦引之。《唐韻》：『橐，無底囊。』《漢書注》：『無底曰橐，有底曰囊。』❸宋董氏及朱《傳》因之，與《釋文》正反。説各異而《毛傳》最古。疏引趙盾、陳乞二事，似爲確證。《史記·平原君傳》『若錐之處囊中』，《楊雄傳》『士或自盛以橐』，又云『范雎扶服入橐』，則囊未嘗不可盛物，橐未嘗不可容人。二物本大同小别，可以互稱，人各以意名之乎？」按：陳説辨論極明晰，蓋本無定名，故説亦互異。○注「中央曰中霤」。○《左傳》宣二年：「三進及溜。」《釋文》：「溜，屋霤也。」惠氏棟《左傳補注》云：「案熊氏《經説》云：『古有《中霤禮》，蓋《儀禮》之逸而不傳者。霤者，屋有複穴，開其上以取明，雨則霤之，因名中庭曰中霤。《鄉飲·記》有『磬階霤』，即中霤也。《大記》有『東霤』，注云：『危棟上也。』《雜記》有『門内霤』，即賓執脯賜鐘人之處。《釋名·釋宫室》云：『中央曰中霤。古者寢穴復室之霤，當今之棟下，直室之中，古者霤下之處也。』《月令》『其祀中霤』，注：『中霤，猶中室也。古者複穴，是以名室爲霤。』」舊疏引庾蔚之云：「複地上，累土穴，則穿地也。複穴皆開其上取明，故雨霤之，是以因名中室爲中霤也。」程氏瑤田《釋宮小

❶「曰」，原作「謂之」，據《通義》改。
❷「囊」，原作「橐」，據國學本改。
❸「囊」，原作「橐」，據國學本改。

記》云：「霤之義，始于廇。《爾雅》云：『宎廇謂之梁。』言宫室之上覆者，廇然隆起也。當未有宫室之先民，複穴以居。地上累土爲之謂之複，鑿地爲之謂之穴。其上皆必有廇然者覆之。此宫室宎廇之所自始也。開上納明，雨從此下，此則霤之所自始。故字从雨而从留也。受霤之地在複穴之中，則中室名中霤之始也。《月令》：『中央土，其祀中霤。』祀土神也。土爲五行主，神在室之中央。室之中央因於古先納明之霤，故名之曰中霤，祀之於此，故名祀土神曰『祀中霤』也。祀中霤之禮，設主於牖下，牖象納明之霤，故主設之於此。《郊特牲》曰：『家主中霤而國主社。』社祀土，中霤亦祀土，故家國相擬也。今世茅屋草舍，開上納明，以破甕之半側覆之以禦雨，即古中霤之遺象與？嘗試論之：古者初有宫室時，易複穴爲蓋構，度亦未遽爲兩下屋與四注屋也，不過爲廇然之物，以覆於上。當如車蓋然，中高而四周漸下，以至於地。中高者棟，四周漸下者宇。度所謂上棟下宇者或如是，亦通謂之壁。度即屋之上覆者，非如後世牆垣始謂之壁也。古者明堂，圜其上以法天。余以爲上棟下宇之初，殆亦圜其上者與？古者屋覆至地，必開上納明，故霤恒入於室。後世制度大備，屋宇軒敞，四旁皆得納明，其霤不入於室而惟外垂。故天子諸侯屋皆四注，則有東西南北之霤凡四。大夫以下兩下屋，則有南北之兩霤。《燕禮》當霤，見有南北霤，復有西南霤也。《鄉飲酒禮》縮霤，則其南霤也。此言堂屋之霤也。凡門屋又皆有北霤，曰門内霤。凡此之霤，皆外垂，皆有木梘承之。《檀弓》所謂『池視重霤』，鄭氏謂屋之承霤『以木爲之，用行水也』。」按：此自謂屋之中霤，非南北霤也。

諸大夫見之，皆色然而駭。

注 色然，驚駭貌。

疏《校勘記》云：「《唐石經》、諸本同。《釋文》：『色然，如字。本又作垝，又或作危。』按：《一切經音義》引作『歒然』。此作色，蓋誤。」《經義述聞》云：「色者，歒之借字也。《一切經音義》卷九：『歒，所力反。』《埤蒼》云：『恐懼也。』《通俗文》：『小怖曰歒。』《公羊傳》『歒然而駭』是也。《集韻》：『歒，恐懼也。』亦引《春秋傳》『歒然而駭』，與何本不同，蓋出王愆期、高龍、孔衍三家注也。垝、危皆色之譌，猶脃之譌爲脆矣。」❶〇注「色然，驚駭貌」。〇《莊

❶「脃」，原作「胞」，據《經義述聞》改。

子・大宗師》云：「且彼有駭形而無損心。」注：「以變化爲形之駭動耳。」《説文》：「駭，驚也，从馬亥聲。」《讀書叢録》云：「《説文》：『歗，悲意。』色、歗同聲叚借字，本作垝。危者，又因色字而譌。《經傳釋詞》説《論語》『色斯舉矣』云：『斯猶然也。』《鄉黨》馬注云：『見顔色不善，則去之。』《憲問》篇『其次辟色』，孔傳曰：『色斯舉矣。』二注相應。然下句『翔而後集』，自指鳥言之。若謂孔子辟色，則與下句意不屬。若謂鳥見人之顔色不善而飛去，則人之顔色不善，又豈鳥所能喻。今按：『色斯』者，狀鳥舉之疾也，與『翔而後集』意相反。色斯猶色然，驚飛貌也。《吕覽・審應》篇云：『蓋聞君子猶鳥也，駭則舉。』《公羊傳》『色然而駭』，何注『驚駭貌』，與此相近。漢人多以色斯連讀。《論衡・定賢》云：『大賢之涉世也，翔而後集，色斯而舉。』《議郎元賓碑》『翻翥色斯』，《竹邑侯相張壽碑》『君常懷色斯，遂用高逝』，《堂邑令費鳳碑》『色斯輕翔，翻然高潔』，《費鳳別碑》『功成事就，色斯高舉』，則色斯即此之色然也。」

開之則闖然，**注**闖，出頭貌。**疏**《校勘記》云：「《唐石經》、諸本同。《釋文》：『闖然，見貌。《字林》云：馬出門貌。』按：《説文》『覢，暫見也，从見炎聲。《春秋公羊傳》曰：覢然公子陽生』。」按：《釋文》：「闖，丑鴆反，又丑甚反，一音丑今反，見貌。」○注「闖，出頭貌」。○《玉篇・門部》：「闖，敕蔭切，馬出門皃。」引《公羊傳》「開之則闖然」，何注：「闖然，出頭皃。或作峴。」按：《説文・見部》有覢字，則《玉篇》之「或作峴」當云「或作覢」也。段注云：「猝乍之見也。《倉頡篇》曰：『覢覢，視皃。』按：與《目部》之睒，音義皆同。」《説文》云：「闖，出門皃，从馬在門中，讀若彬。」出門皃與出頭貌，取象亦近也。《説文》：「睍，私出頭貌也。」「閃，闚頭門中也。」《太玄・瞢》初一：「瞢復睒天，❶不覩其軫。」❷范注：「睒，窺也。」《劇》次三：「鬼睒其室。」注：「睒，視也。」❸《禮運》注：「淰之言閃也。」凡閃、睒、覢、闖，音義皆相近。

公子陽生也。陳乞曰：「此君也已。」諸大夫不得已，皆逡巡北面，再拜稽首而君之爾。**注**時舍未能

❶ 二宋、陸、王本「復」又作「腹」。
❷ 二宋、陸、王本「軫」又作「畛」。
❸ 「視」原作「見」，據《太玄集注》改。

得衆，而陽生今正當立，諸大夫又見力士，❶知陳乞有備，故不得已遂君之。**疏**《齊世家》：「會飲，田乞盛陽生橐中，置坐中央，發橐出陽生，曰：『此乃齊君矣。』大夫皆伏謁。將與大夫盟而立之，鮑牧醉，乞誣大夫曰：『吾與鮑牧謀共立陽生。』鮑牧怒曰：『子忘景公之命乎！』諸大夫相視欲悔，陽生前，頓首曰：『可則立之，否則已。』鮑牧恐禍起，乃復曰：『皆景公子也，何爲不可！』乃與盟，立陽生。」與此大同小異。○注「時舍」至「君之」。○《齊世家》云：「芮子故賤而孺子少，故無權，國人輕之。」是未能得衆也。毛本「今正」作「本正」。《齊世家》云：「鮑牧恐禍起」，蓋亦見力士，知陳乞有備也，故諸大夫亦從而君之爾。

自是往弑舍。**注**陽生先詐致諸大夫，立於陳乞家，然後往弑舍，故先書當國，起其事也。乞爲陽生弑舍，不舉陽生弑者，諼成于乞也。不日者，與卓子同。**疏**《齊世家》云：「悼公入宮，使人遷晏孺子於駘，殺之幕下。」《左傳》：「使胡姬以安孺子如賴，去鬻姒，使毛遷孺子於駘，❷不至，殺諸野幕之下。」○注「陽生」至「事也」。○舊疏云：「先書當國，起其事也者，謂書陽生入齊，乃在弑舍之前，所以起其先入後弑也。」《通義》云：「陽生正，舍不正，而入于齊爲篡辭者，舍有父命也。此大爲臣子防也。」《穀梁傳》：「不正則其曰君，何也？荼雖不正，已受命矣。入者，内弗受也。荼不正，何用弗受？以其受命，可以言弗受也。」注：「先君已命立之，於義可以拒之。」是弑君之謀起於陽生，故以當國辭起之。○注「乞爲」至「乞也」。○舊疏云：「舉重略輕，《春秋》之常事。今而不書者，諼成于乞故也。」《通義》云：「比猶加弑，陽生不加弑者，彼言歸，嫌比無惡。此言入，不嫌陽生無惡，須主見陳乞之罪。彼則別書棄疾弑公子比于下，諼弑之罪，自有所見也。此二經文異而義實同。」❸按：弑君之事，成于乞。不書陳乞弑君，乞罪不見。陽生已書當國，不嫌無罪也。○注「不日」至「子同」。○《僖十年》：「春，王正月，晉里克

❶「士」，原作「土」，據國學本改。
❷「毛」上，原衍「朱」字，據《春秋經傳集解》刪。
❸「實」字，原脱，據《通義》補。

弑其君卓子。」注：「不日者，不正遇禍，終始惡明，故略之。」今此陳乞弑舍不日，亦不正遇禍，終始惡明，故略之也。故曰「與卓子同」。舊疏云：「鄉解云：陽生之入，實在九月。但事不宜月，故不書月。則陳乞之事，宜云『不月』而云『不日』者，以卓子之弑書月，若言不月，則與卓子同，文不可設，故曰『不日』。且陳乞弑舍，實不書日，謂之不日，亦何傷？則陳乞弑舍與里克弑卓子相類而不月者，以文承陽生入齊之下。陽生入齊不月，是以陳乞之事不得月也。《僖九年》『冬，晉里克弑其君之子奚齊』，注：『不月者，不正遇禍，終始惡明，故略之。』此亦不月，何氏不云『不月者，與奚齊同義』，正以奚齊未踰年之君，與舍不類也。」

冬，仲孫何忌帥師伐邾婁。

宋向巢帥師伐曹。

七年春，宋皇瑗帥師侵鄭。

晉魏曼多帥師侵衛。

夏，公會吴于鄫。疏《左傳校勘記》云：「《釋文》作繒云：『一本作鄫。』」陳樹華云：「《穀梁》、《史記·吴世家》、《魯世家》、《孔子世家》並作『繒』。是所據本有異也。」

秋，公伐邾婁。八月己酉，入邾婁，以邾婁子益來。疏包氏慎言云：「八月書己酉，月之十一日。」

入不言伐，此其言伐何？注据當舉入爲重。疏注「据當舉入爲重」。○《莊十年》傳：「戰不言伐，圍不言戰，入不言圍，滅不言入，書其重者也。」

内辭也，若使他人然。注諱獲諸侯，故不舉重而兩書，使若魯公伐而去，他人入之。「以來」者，醕順他人來文。疏注「諱獲」至「來文」。○《隱六年》：「鄭人來輸平。」傳：「諱獲也。」注：「明鄭擅獲諸侯，魯不能死難，皆當絶之。」又《僖十五年》：「獲晉侯。」注：「釋不書者，以獲君爲惡。書者，以惡見獲與獲人君者，皆當絶也。」是獲君當絶，故爲内諱獲諸侯也。舊疏云：「若不諱，宜舉重云『公入邾婁』。今不舉重，而伐入兩書，故知諱獲諸侯也。」又云：「使若魯公伐而去，他人入之。以來者，以來是詣魯之常文，故何氏『言來者常文，不爲早晚施』是

也。今始若不諱，宜云『以邾婁子益至自某』，而經言來，故如此解。」又云：「諂順他人來文者，以上諱獲諸侯，故不舉重，使若魯人伐而去，他人自入之。今文言來，作外來詣魯之常文，故曰『諂順他人來文』也。」按：經若不諱，當云「以邾子益歸」，不言來也。《通義》云：「諱，不欲公首其惡，與須朐同意。不嫌觸日入例者，下有獲文，惡明。」**邾婁子益何以名？**注据以隗子歸，不名。**絶。曷爲絶之？**注据俱以歸。疏《校勘記》云：「《唐石經》、諸本同。按：《僖二十六年》疏引此『曷』上有『之』字，此脱。」○注「据俱以歸」。○正以經書「以來」，實則歸也。不書歸而書「以來」，不没其實也。與「以隗子歸」同，故云「据俱以歸」。**獲也。**疏《穀梁傳》：「益之名，惡也。」注：「惡其不能死社稷。」《左傳》：「師宵掠，以邾子益來，獻于亳社，囚諸負瑕。負瑕故有繹。」**曷爲不言其獲？**注据獲晉侯言獲。疏注「据獲晉侯言獲」。○見《僖十五年》。**内大惡諱也。**注故名，以起之也。日者，惡魯侮奪邾婁無已，復入獲之。入不致者，得意可知例。

疏正以擅獲諸侯，宜絶，故爲内大惡也。舊疏云：「《隱二年》『無駭入極』之下，傳云：『此滅也，其言入何？内大惡諱也。』《昭四年》『取鄫』之下，傳云：『滅之則其言取之何？内大惡諱也。』今此又言『内大惡諱也』，重發傳者，正以往前二處，入、取文異。今此上經雖亦言入，但書名之由，事須備釋，是以又言。」《通義》云：「外言以歸，内言以來，別其辭也。諂順諱文，不舉公至，故特辟不言以至，而《穀梁》以爲，言來有外魯之辭焉。非經意。」○注「故名以起之也」。○正以内諱獲言來，獲之實恐不見，故書名以起之。正以《曲禮》云：「諸侯不生名。」又曰：「諸侯失地名。」是諸侯禮當死位。今不能死位，故生名，見其宜絶，知被獲矣。○注「日者」至「獲之」。○《隱二年》注「入例時，傷害多則月」，此書日，故解之。侮奪無已，即上《六年》「城邾婁葭」注云「魯數圍取邾婁邑，邾婁未嘗加非於魯，而侮奪之，不知足」。今又入其國，獲其君，故書日以惡内也。○注「入不」至「知例」。○《莊六年》注：「公與一國及獨出用兵，得意不致，不得意致伐。」至入則不書致，明

得意也。此不書致，從可知例。《僖三十三年》「公伐邾婁，取叢」，注云：「取邑不致者，得意可知。」例與此同。

宋人圍曹。

冬，鄭駟弘帥師救曹。

八年春，王正月，宋公入曹，以曹伯陽歸。

曹伯陽何以名？注据以隗子歸不名。疏注「据以」至「不名」。○見《僖二十六年》。絶。曷爲絶之？注据俱以歸。滅也。疏《大事表》云：「按：宋滅曹，而經文書入，先儒以爲，入與滅不同。然《哀十四年》經書『宋向魋入于曹以叛』，則曹爲宋邑明矣。且《春秋》書入者多矣，『莒人入向』，向爲莒邑；『秦人入滑』，而滑爲晉邑；『秦人入鄀』，而鄀爲楚邑，至《哀十三年》『於越入吴』，豈得謂其非滅耶。而《宣十二年》書『楚子滅蕭』，而蕭反未滅，仍屬于宋。然則謂入與滅之判然不同者，殆未可爲定例也。益知《隱二年》『入極』，《公》、《穀》以爲滅者，其説近是矣。」曷爲不言其滅？注据滅隗也。諱同姓之滅也。注故名以起之。疏注「故名以起之」。○義與書邾婁子益同。《桓七年》：「穀伯綏來朝，鄧侯吾離來朝。」傳云：「皆何以名，失地之君也。」何諱乎同姓之滅？注据「衛侯燬滅邢」不諱。疏注「据衛」至「不諱」。○見《僖二十五年》。力能救之而不救也。注以屬上力能獲邾婁而不救曹，故責之。不日者，深諱之。定、哀滅例日，此不日者，諱使若不滅，故不日。疏《通義》云：「滅邢不諱，滅曹諱者，所見之世，爲内恥尤深也。此同事而異辭，所以各見其義。彼主責衛滅同姓，此主責魯不救同姓之滅，直書宋滅，則責内意無所託。變滅言入，乃得起其微辭，故曰『諱與譏之爲用一也』。❶至於滅國之惡，前後屢見，不待責一宋公而後顯。所謂見者不復見耳。《春秋》用意，每略人所易曉而發人所難知，亦猶滅虞言執虞公，梁亡不言秦滅，勿獨嫌責宋公之薄也。且入國而以其君歸，罪固不減于滅矣。」○注「以屬」至「責之」。○即《上七年》

❶「諱」下，原衍「之」，據《通義》删。

「公伐邾婁。八月己酉入邾婁，以邾婁子益來」是也。○注「不日者，深諱之」。○舊疏云：「既書入以諱同姓見滅，而又不日，故曰『深諱也』。」今疏本脱「不」字。○注「定哀」至「不日」。○《定四年》「夏，四月庚辰，蔡公孫歸姓帥師滅沈」，注云：「定、哀滅例日。定公承黜君之後，有彊臣之讎，故有滅則危懼之，爲定公戒也。」哀承定後，亦宜日。今不日，諱使若不滅然，故不日也。

吴伐我。注 不言鄙者，起圍魯也。不言圍者，諱使若伐而去。疏《解詁箋》云：「所見世，著治大平文也。董子曰：『當此之時，魯無鄙疆，諸侯之伐哀者，皆言我。』《中庸》述《春秋》之化，施及蠻貊，正此意也。從吴、齊來伐，上見者明，當與《春秋》異道，不得相干也。」按：董子説見《繁露·奉本》篇。○注「不言」至「魯也」。○《莊十九年》「齊人以下伐我西鄙」，注：「鄙者，邊垂之辭，榮見遠也。」此見圍，故不得言鄙矣。《通義》云：「不言鄙者，近逼城下之辭。」均與董異。○注「不言」至「而去」。○舊疏云：「國君當彊，折衝當遠。魯微弱，深見犯，至于圍國，故諱之。但言伐者，差輕也。」按：《莊十九年》：「齊人以下伐我西鄙。」注又云：「榮見遠也。」則此逼近國都，恥可知，故深爲諱也。

夏，齊人取讙及僤。疏《校勘記》：「《唐石經》、諸本同。《釋文》：『僤，《字林》作墠。《左氏》作闡。解云：《左氏》、《穀梁》作讙、闡字。」杜云：「闡在東平剛縣北。」《大事表》云：「戰國時爲齊之剛邑，故剛城在今兖州府甯陽縣東北三十五里。」《玉篇·阜部》：「墠，尺善切，❶魯邑名。」與《字林》同。《水經注·汶水》篇：「又西南過剛縣北。《地理志》：『剛，故闡也。』應劭曰：『《春秋》書「齊人取讙及闡」是也。』杜預《釋地》曰：『闡在剛縣北，剛城東有一小亭，今剛縣治，俗又謂之闡亭。』京相璠曰：『剛縣西四十里有闡亭。』」《漢書·地理志》泰山郡：「剛，故闡。」應劭曰：「《春秋》注取鄣及闡，今闡亭是也。」闡、墠皆單聲，音義通。❷《方輿紀要》：「應劭曰：『剛城，故闡邑也。』戰國時爲齊之剛邑。秦昭王三十六年取齊剛壽，即此。漢置剛縣，屬泰山郡。後漢屬濟北。晉曰剛平，後譌剛爲堽。今有堽

❶「切」，原作「反」，據《玉篇》改。
❷「墠」，原作「僤」，據國學本改。

城壩。」《紀要》又云：「闡城，兖州甯陽縣東北三十五里故剛城。」《北通志》亦云：「闡邑在管陽縣東北境。」《爾雅注》別爲闡。應劭又引讙作鄿，不知何家本。《漢·地理志》亦引作鄿。《説文》有鄿字。

外取邑不書，此何以書？所以賂齊也。

曷爲賂齊？**注**据上無戰伐之文。**疏**《穀梁傳》注：「《宣元年》傳：『内不言取。言取，授之也。』以是爲賂齊。』此言取，蓋亦賂也。」爲以邾婁子益來也。**注**邾婁，齊與國。畏爲齊所怒而賂之，恥甚，故諱使若齊自取。**疏**注「邾婁」至「自取」。○《穀梁傳》：「惡内也。」范上注云：「魯前年伐邾，以邾子益來。益，齊之甥也。畏齊，故賂之。」范以邾子益爲齊甥，本《左氏》爲説。何以爲邾婁，齊之與國。未知何氏所本。

歸邾婁子益于邾婁。**注**獲歸不書，此書者，善魯能悔過歸之。嫌解邾婁子益無罪書，故復名之。**疏**注「獲歸」至「歸之」。○舊疏云：「正以僖十五年秦獲晉侯，後歸不書，故曰『獲歸不書』。今此書者，善魯能悔過歸之，故録見之。」○注「嫌解」至「名之」。❶○監、毛本「名」誤「明」。又經文「于」誤「子」。《穀梁傳》：「益之名，失國也。」注：「於王法當絶故。」《解詁箋》云：「正以上來爲獲歸，且刺畏齊而後歸益也。」按：《桓十五年》傳：「歸者，出入無惡。」今此言歸，是無惡之文，嫌魯與益皆無罪，故復書名以罪之。蓋書名有二義：一則見邾婁子不能死之罪，一則見魯雖解釋邾婁子，不能除其獲人之罪也。舊疏所以書益之名，得見魯之有罪者，正以上《七年》以益來之時，傳云：「内大惡諱。」注：「故名以起之。」然則初書名，起見魯罪，則知今復名者，其不善明矣。

秋七月。

冬，十有二月癸亥，杞伯過卒。**疏**包氏慎言云：「冬，十二月書癸亥，月之四日。」

齊人歸讙及僤。**注**書者，善魯能悔過歸邾婁子益，所喪之邑，不求自得，故不言來，使若不從齊來，與歸我濟西田同文。**疏**注

❶「解」，原作「辭」，據前注文改。

「書者」至「之邑」。○魯歸邾婁子所喪之邑，經傳無文，未知何氏所據。○注「不求」至「同文」。○正以書歸，知不求自得也。若求乃得之，則當言取。《僖三十一年》「取濟西田」、《成二年》「取汶陽田」是也。「與歸我濟西田同文」者，《宣十年》「齊人歸我濟西田」，傳：「齊已取之矣，其言我何？言我者，未絶于我也。曷爲未絶于我？齊已言取之矣，其實未之齊也。」注「不言來者，明不從齊來，不當坐取邑」是也。則彼以未之齊，故不言來。此以不求自得，使若不從齊來。不當坐取邑，故亦不言來，故云「與彼同文」矣。然則彼言我者，以其未絶于我。此不言我，蓋讙、僤已絶于魯。濟西田未絶，齊不坐取邑，則讙、僤齊人當坐取邑矣。《通義》云：「既歸邾婁子，齊亦還所賂。」

九年春，王二月，葬杞僖公。

宋皇瑗帥師取鄭師于雍丘。**疏**杜云：「雍丘縣屬陳留。」《方輿紀要》：「雍丘城，今開封府杞縣治。」

其言取之何？**注**据詐戰言敗也。**疏**注「据詐戰言敗也」。○《莊十年》：「荆敗蔡師于莘」，《昭二十三年》「吴敗頓、胡、沈、蔡、陳、許之師于雞父」是也。敗于雞父，傳云：「此偏戰也，曷爲以詐戰之辭言之？」故《春秋》各國詐戰者，皆書敗。易也。其易奈何？詐之也。**注**詐，謂陷阱、奇伏之類。兵者，爲征不義，不爲苟勝而已。十三年詐反不月，知此不蒙上月，疾略之爾。**疏**注「詐謂」至「之類」。○舊疏云：「何氏蓋取《禮記·中庸》云：『人皆曰予知，❶驅而納諸罟獲陷阱之中，而莫之知辟也。』」又言：『奇伏者，奇兵伏兵之謂也。』」莊十一年《左傳》：「覆而敗之曰取某師。」杜氏《釋例》：「覆者，謂威力兼備，若羅網之所掩覆，一軍皆見禽制，故以取爲文，專制之辭也。」○注「兵者」至「而已」。○《春秋》之義，偏戰者日，詐戰者月。所以然者，不爲苟勝。故《繁露·竹林》云：「惡詐擊也。」○注「十三」至「之爾」。○即下《十三年》：「春，鄭軒達帥師取宋師于嵒。」傳：「其言取之何？易也。其易奈何？詐反也。」注：「前宋行詐，取鄭師。今鄭復行詐，取之。苟相報償，不以君子正道，故傳言『詐反』。反猶報也。」

❶「曰」，原作「日」，據《禮記注疏》改。

是不月也。詐戰者月，所以然者，疾其行詐，故略之也。此二經設陷阱奇伏，又爲詐之甚者，故不月，疾之深，故略之甚也。知此不蒙上月矣。

夏，楚人伐陳。

秋，宋公伐鄭。

冬十月。

十年春，王二月，邾婁子益來奔。**注**月者，魯前獲而歸之，今來奔，明當尤加禮厚遇之。**疏**注「月者」至「遇之」。○《隱元年》注：「出奔例時。」故《襄二十八年》「冬，齊慶封來奔」、上《六年》「夏，齊國夏、高張來奔」之屬是。今此月，故解之。舊疏云：「《文十二年》『春，王正月，盛伯來奔』，注：『月者，前爲魯所滅，今來見歸，尤當加意厚遇之也。』義亦通於此。則知《昭二十三年》『秋七月，莒子庚輿來奔』，月者，爲下『戊辰，吳敗頓、胡以下之師』書。莒子之奔，雖在月下，不蒙月。何氏不注之者，正以《隱元年》『冬，十有二月，祭伯來』之下注云：『月者，爲下卒也。』上已有注，故知庚輿之下省文，從可知。」

公會吳伐齊。

三月戊戌，齊侯陽生卒。**疏**包氏慎言云：「三月有戊戌，月之十六日。」

夏，宋人伐鄭。

晉趙鞅帥師侵齊。

五月，公至自伐齊。**疏**《通義》云：「前後公會吳，皆不致者，恥也。此致者，善公因齊喪退師，將順其美。」

葬齊悼公。

衛公孟彄自齊歸于衛。

薛伯寅卒。**注**卒葬略者，與杞伯益姑同。**疏**《左氏》、《穀梁》寅作夷。《書·堯典》：「寅賓出日。」《釋文》：「寅，又音夷。」又「夙夜惟寅」，《釋文》「徐音夷」。古音寅讀如以脂切，故得與夷通。○注「卒葬」至「姑同」。○《昭六年》：「春，王正月，杞伯益姑卒。」注：「不日者，行微弱，故略之。」上城杞已貶，復卒略之者，入所見世，責小國詳，始録內行也。諸侯內行小失不可勝書，故於終略責之，見其義。則此不卒日葬月者，故亦以內行小失略之。

秋，葬薛惠公。

冬，楚公子結帥師伐陳，吴救陳。【注】救中國，不進者，陳，吴與國。救陳，欲以備中國，故不進。【疏】注「救中」至「不進」。○《僖十八年》：「秋，救齊。」又云：「邢人、狄人伐衛。」注：「狄稱人者，善能救齊。雖拒義兵，猶有憂中國之心，故進之。不於救時進之者，辟襄公不使義兵壅塞也。」《定四年》：「冬，蔡侯以吴子及楚人戰于伯莒。」傳：「吴何以稱子？夷狄也而憂中國。」注：「言子，起憂中國。」則夷狄能憂中國皆進之。此稱國不進，以救陳欲以備中國，故不進也。《通義》云：「何焯曰：『救中國不進者，吴、楚結憾，志不在救中國，故不進。』」

十有一年春，齊國書帥師伐我。

夏，陳袁頗出奔鄭。

五月，公會吴伐齊。甲戌，齊國書帥師及吴戰于艾陵。【疏】《方輿紀要》：「艾陵亭在泰安府萊蕪縣北。」齊師敗績，獲齊國書。【注】戰不言伐。舉伐者，魯與伐而不與戰。不從內與伐，使吴爲主者，吴主會，故不與夷狄主中國也。言獲者，能結日偏戰，少進也。【疏】《宣二年》「春，獲宋華元」之下注云：「復出宋者，非獨惡華元，明恥辱及宋國。」則此復出齊者亦然，但省文，從可知，故不注。○注「戰不」至「與戰」。○《莊十年》傳云「戰不言伐」，今此戰伐並舉，故解之。○注「不從」至「國也」。○《成二年》「季孫行父以下會晉郤克以下及齊侯戰于鞌，齊師敗績」，注：「大夫敵君不貶者，隨從王者，大夫得敵諸侯也。」然則郤克等得敵齊侯，由隨從魯人，故得序于上，主齊侯也。❶今魯雖與伐，實吴主會。若與之序于齊上，則是夷狄主中國矣，是以退之，而以齊主之也。然則《宣十二年》「晉荀林父帥師及楚子戰于邲」，林父序楚子上，亦宜是不與夷狄主中國，而彼注云「不與晉而反與楚子爲君臣之禮」者，以彼楚稱子，已成楚爲君。此吴止稱國，與彼殊也。○注「言獲」至「進也」。○《莊十年》「荊敗蔡師于莘，以蔡侯獻舞歸」，傳：「曷爲不言其獲？不與夷狄

❶「主」，原作「王」，據《春秋公羊傳注疏》改。

之獲中國也。」此言「獲齊國書」，故云「能結日偏戰，少進也」。亦猶《昭二十三年》「獲陳夏齧」，傳云：「不與夷狄之主中國，則其言獲陳夏齧何？吴少進也。」注「能結日偏戰，行少進，故從中國辭言之」是也。

秋，七月辛酉，滕子虞母卒。疏包氏慎言云：「七月書辛酉，月之四日。」《左傳》本有作母者。《六經正誤》作毋，興國本作母。

冬十有一月，葬滕隱公。

衛世叔齊出奔宋。

十有二年春，用田賦。

何以書？注据當賦税，爲何書？譏。何譏爾？譏始用田賦也。注田謂一井之田。賦者，斂取其財物也。言用田賦者，若今漢家斂民錢，以田爲率矣。不言井者，城郭里若亦有井，嫌悉賦之。禮，税民公田不過什一，軍賦十井不過一乘。哀公外慕彊吴，空盡國儲，故復用田賦，過什一。疏《通義》云：「《魯語》曰：『季康子欲以田賦。子謂冉有曰：「先王制土，藉田以力，而砥其遠邇，賦里以入，❶而量其有無。任力以夫，而議其老幼。於是乎有鰥寡孤疾，有軍旅之出則徵之，無則已。其歲收，田一井出稯禾、秉芻、缶米，不是過也。」』《五經異義》：『《周禮》説，有軍旅之歲，一井九夫百畝之賦，出禾二百二十斛，芻粟二百四十斤，釜米十六斗。』謂此田賦也。古者，公田藉而不税，有武事然後取其賦，故賦之字从武从貝。昔伯禽徂征淮夷，芻茭餱糧郊遂峙之。此田賦之法也。今魯用田賦者，是無軍旅之歲，亦一切取之，厲民甚矣。税畝本無其制，故言『初』。田賦本有其制，特不宜非時用之，故言『用』。傳例曰：『用者，不宜用也。』」○注「田謂」至「率矣」。○《周禮·大宰》云：「以九賦斂財賄。」注：「玄謂：『賦，口率出泉也。今之算泉，民或謂之賦，此其舊名與？』」疏：「鄭君引漢法，民年二十五已上至六十，出口賦錢，人百二十以爲算。」江氏永《周禮疑義舉要》云：「漢之口率出泉，《周禮》亦有之。《閭師》言『凡無職者，出夫布』是也。此因閒民一職轉移執事於人，不能赴公旬三日之役，故

❶「里」上，原脱「賦」，據《國語》改。

使出夫布，以當之，猶後世之丁錢及雇役錢，不可以此通釋賦字也。賦者，徵取財物之總者。自一至六，以三農九穀爲主，而草木、鳥獸、器用、布帛及閒民夫布皆有之，唯臣妾無賦。關市則商賈也，山澤則虞衡也。關市、山澤獨別出者，自邦中至都鄙，皆有關市、山澤，別爲二賦，不與六賦混也。幣餘之賦，則已用之餘，取之於掌事者，故居末。」《公羊問答》云：「古安得有此制耶？曰：此舉漢法以況之也。《食貨志》董仲舒曰：『田租口賦，二十倍於古。』《貢禹傳》：『古民無賦。筭口錢起武帝征四夷，重賦於民。民產三歲以上，則出口錢。故民重困，宜令兒七歲去齒，❶乃出口錢。年二十，乃筭。』元帝令產子七歲乃出口錢。」《鹽鐵論》：『田雖三十，而以頃畝出稅，加之以口賦更繇之役。』此皆漢法之可考者。哀公事强吴，而虛國用，有類於後世之斂民，故何氏以漢法況之。」按：《漢書·昭帝紀》注：「如淳曰：《漢儀注》『民年七歲至十四，出口賦錢，人二十三。二十錢以食天子。其三錢者，武帝加口錢以補車騎馬。』」《貢禹傳》：「元帝時，禹以爲古民亡賦。筭口錢起武帝征伐四夷，重賦於民。民產子三歲，❷則出口錢，故民重困，至於生子輒殺，甚可悲痛，宜令兒七歲去齒，乃出口錢。年二十乃筭。天子下其議，令民產子七歲乃出口錢。」此傳言之最詳。則口錢之制，興於漢世。然《管子·山至數》篇云：「邦錢之籍，終歲十錢。」則口賦之法，殆管子時已有矣。按：如何注，則魯蓋仍按田於正供之外復取民財，與口賦殊。孔氏說似較通。舊疏云：「知如此者，正以《家語·政論》篇云：『季康子欲以一井之田出賦法焉。』又《魯語》下篇云：『孔子謂冉求曰：田一井出稯禾、秉芻、缶米。』彼二文皆論此經用田賦之事，而言一井，故知然也。」〇注「不言」至「賦之」。〇《校勘記》出「里若」，云：「閩、監、毛本同，誤也。鄂本『若』作『井』，當據正。」按：紹熙本作「城郭里巷」，較鄂本尤善。蓋計田以井，故科賦亦以井起也。〇注「禮稅」至「什一」。〇《穀梁傳》：「古者公田什一，用田賦，非正也。」《宣十五年》傳：「什一者，天下之中正也。什一行而頌聲作矣。」許慎所稱《周禮》說，「軍旅之歲，一井九夫，百畝之賦，出禾二百四十斛，芻秉二百四十觔，釜米十六斗」，《周禮》無文，蓋即《魯語》所謂

❶「兒」，原作「兔」，據《漢書》改。

❷「民」，原脱，據《漢書》補。

「先王制土，其歲收，田一井，出稯禾、秉芻、缶米不是過也」。《禮記疏》引《異義》：「《左氏》説，山林之地，九夫爲度，九度而當一井。藪澤之地，九夫爲鳩，八鳩而當一井。京陵之地，九夫爲辨，七辨而當一井。淯鹵之地，九夫爲表，六表而當一井。疆潦之地，九夫爲數，五數而當一井。偃豬之地，九夫爲規，四規而當一井。原防之地，九夫爲町，三町而當一井。隰皋之地，九夫爲牧，二牧而當一井。衍沃之地，九夫爲井。賦法：積四十五井，除山川坑岸三十六井，定出賦者九井。則千里之畿，❶地方百萬井。」是仍不外以井定賦也。○注「軍賦」至「一乘」。○舊疏引鄭氏云：「公侯方百里，井十則賦，出革車一乘者，義亦通於此。」○注「哀公」至「什一」。○上《十年》「公會吴伐齊」，《十一年》「公會吴伐齊」，下云「公會吴于橐皋」，是其外慕强吴也。

夏，五月甲辰，孟子卒。 疏 包氏慎言云：「五月書甲辰，月之四日。」

孟子者何？ 注 据魯大夫無孟子。**昭公之夫人也。** 疏《論語·述而》云：「君取於吴，爲同姓，謂之吴孟子。」**其稱孟子何？** 注 据不稱夫人某氏。疏 注「据不」至「某氏」。○《隱二年》「冬，十有二月乙卯，夫人子氏薨」之屬是也。**諱娶同姓，蓋吴女也。** 注 禮，不娶同姓。買妾不知其姓，則卜之。爲同宗共祖，亂人倫，與禽獸無別。昭公既娶，諱而謂之吴孟子。《春秋》不繫吴者，禮，婦人繫姓不繫國。雖不諱，猶不繫國也。不稱夫人，不言薨，不書葬者，深諱之。疏 舊疏云：「公羊子不受于師，故疑之。」○注「禮不」至「無別」。○《曲禮》文。鄭注：「爲其近禽獸也。」《通典》引《異義》云：「諸侯娶同姓，今《春秋公羊》説，魯昭公娶于吴，爲同姓也，謂之吴孟子。《春秋左氏》説，孟子非小君也，不成其喪，不當譏。謹案：《易》曰：『同人于宗，吝。』言同姓相娶，吝道也，即犯誅絶之罪。言五屬之内，禽獸行，乃當絶。」《白虎通·嫁娶》云：「不娶同姓者，重人倫，防淫泆，恥與禽獸同也。《論語》曰：『君娶于吴，爲同

❶「畿」，原作「圻」，據《禮記正義》改。

姓，謂之吴孟子。』」則《白虎通》與何氏説同。許君駁從《左氏》，言五屬之内，禽獸行，乃當絶，明娶同姓不爾，此也。按：《禮記・大傳》云：「六世親屬竭矣。其庶姓别于上，而戚單於下，昏姻可以通乎？」又云：「繫之以姓而弗别，綴之以食而弗殊，❶雖百世而昏姻不通者，周道然也。」《禮記・坊記》云：「取妻不取同姓，以厚别也。」注：「厚，猶遠也。」《國語・鄭語》云：「史伯曰：『夫和實生物，❷同則不繼。以它平它謂之和。若以同裨同，盡乃棄矣。故先王聘后于異姓。』」又《晉語》胥臣曰：「同德則同姓，同姓雖遠，男女不相及。異姓雖近，男女相及也。」《御覽》引《禮外傳》曰：「夏殷五世之後，則通婚姻。周公制禮，百世不通。」据《大傳》云：「雖百世而婚姻不通。」目爲周道，則《禮外傳》有來矣。《穀梁傳》：「孟子者何也？昭公夫人也。其不言夫人何也？諱取同姓也。」○注「昭公」至「孟子」。○《禮記・坊記》云：「魯《春秋》猶去夫人之姓曰吴，其死曰孟子卒。」注：「吴大伯之後，魯同姓也。昭公取焉，去姬曰吴。❸至其死，亦略云『孟子卒』，不書夫人某氏薨。」《左傳》云：「昭夫人孟子卒。昭公娶於吴，故不書姓。」疏引賈云：「言孟子，若言吴之長女也。」《禮記・雜記》云：「夫人之不命於天子，自魯昭公始也。」注：「周之制，同姓百世婚姻不通。吴大伯之後，魯同姓。昭公娶於吴，謂之吴孟子，不告於天子。自此後，取者遂不告於天子，天子亦不命之。」按：賈説是也。昭公特避孟姬之稱耳。杜預以爲詭託宋姓者，非也。《詩・齊風・南山》云❹「齊子由歸」，同此。《通義》云：「孟子者，貴母姊妹之稱。」故《坊記》鄭注云：「孟子，蓋其且字。」亦不以子爲宋姓也。○注「春秋」至「國也」。○《禮記・坊記》云：「魯《春秋》猶去夫人之姓曰吴。」此謂不修《春秋》也。然則魯《春秋》或當有「夫人至自吴」之文，聖人修之，並没吴文，但存「孟子卒」，舊書法而已。婦人繫姓不繫國者，即《隱元年》注云：「仲子，子姓。婦人以姓配字，不忘本也，因示不適同姓也。」故孟子雖不諱，猶不繫吴。以文姜、穆姜之屬亦不繫國言之也。○注「不稱」至「諱之」。○舊疏云：「若稱夫人，

❶「食」，原作「祀」，據《禮記注疏》改。
❷「物」，原作「氣」，據《國語》改。
❸「姬」，原作「姓」，據《禮記正義》改。
❹「南山」，原作「載驅」，據《毛詩注疏》改。

又言薨，則當書『夫人姬氏薨』。若葬，當言『葬我小君昭姬』。皆爲大惡，不可言，故曰深諱之也。而云『孟子卒』者，若言宋之長女爲魯侯之妾而卒之。如《定十五年》書『姒氏卒』之類。」

公會吴于橐皋。疏杜云：「在淮南逡遒縣東南。」《大事表》云：「孟康曰：『橐皋，音拓姑。漢置縣，今廬州府巢縣西北六十里有柘皋鎮，俗猶名會吴城。漢逡遒故城在今廬州府治合肥縣東，與巢縣相接壤。』」按：《漢書·地理志》九江郡下橐皋云：「孟康曰：『音拓姑。』」後譌「拓」，又譌「柘」。宋紹興十一年，兀术屯兵柘皋，是也。《方輿紀要》：「橐皋城在廬州府巢縣西北六十里，一名會吴城，杜云『淮南』者，沈約《州郡志》云：『魏復九江爲淮南郡，徙治壽春。』」

秋，公會衛侯、宋皇瑗于運。疏《左傳》運作鄖。杜云：「發陽也。廣陵海陵縣東南有發繇口。」《大事表》云：「按：晉時海陵縣屬廣陵郡，今爲江南泰州。發陽無考。今通州如皋縣亦係海陵地，縣南十里有會盟原，相傳爲吴、楚會盟處。考《春秋》之世，吴、楚始終無會盟事，意必指此矣。」《名勝志》「今有立發口，在通州如皋縣西北二十里，即發繇口也」。按：通泰地於時屬吴，故九年《左傳》云：「吴城邗溝，通江淮。」是其證矣。魯、衛、宋不應遠會至此。《左氏》作鄖者，古員聲、軍聲同部也。《通義》云：「諸夏之會，止於是，故不月不致，復爲大信辭，所以撥亂世，存中國。其猶《下泉》殿《曹》、《匪風》終《檜》之意與？」

宋向巢帥師伐鄭。

冬，十有二月，螰。疏《校勘記》云：「《唐石經》、諸本同。《釋文》：『螰，本亦作螽。注同。』按注『比年再螰』，疏作『比年再螽』。」

何以書？記異也。何異爾？不時也。

注螰者，與陰殺俱藏。周十二月，夏之十月，不當見，故爲異。比年再螰者，天不能殺，地不能理。自是之后，天下大亂，莫能相禁。宋國以亡，齊并於陳氏，晉分爲六卿。疏《解詁箋》云：「《左氏》記夫子之言曰：『火伏而後蟄者畢，今火猶西流，司曆過也。』是据當時實測，非不知歲差也。時周不頒朔，國自爲正。官御廢

職，閏餘乖次，經於十三年再書『十二月螽』，終之以十有四年『春西狩獲麟』，以明改建夏正之數云。」○注「螽者」至「爲異」。○《五行志中之下》：「哀公十二年十二月螽。是時哀用田賦。劉向以爲，春用田賦，冬而螽。十三年九月螽，十二月螽，比三螽，虐取於民之效也。劉歆以爲，周十二月，夏十月也。火星既伏，蟄蟲皆畢。天之見變，因物類之宜，不得以螽。是歲再失閏矣。周九月，夏七月，故傳曰：『火猶西流，司曆過也。』」《經義雜記》云：「按：《穀梁》三螽，范皆無說。用田賦，傳云：『古者公田什一，用田賦，非正也。』故子政据以爲說。歆以爲天之見變，因物類之宜，不得以螽是陰，以父說爲非也。杜注《左氏》云：『是歲應置閏而失不置，雖書十二月，實今之九月。司曆誤一月。九月之初尚温，故得有螽。』本劉子駿義，與傳合。」《律曆志》劉歆説云：「哀十二年亦以建申流火之月爲建亥，而怪蟄蟲之不伏也。」張晏曰：「周十二月，夏八月也。❶再失閏，當爲八月建酉，而云建申，誤也。仲尼曰：『火猶西流，司曆過矣。』劉歆徒以《詩》『七月流火』爲喻，不知八月，火猶西流也。」○注「比年」至「能理」。○惠棟云：「二語見《荀子》。理，當作埋。」❷從之。比年再螽，即下《十三年》「冬十二月螽」是也。○注「自是」至「六卿」。○舊疏云：「皆在《春秋》後。考諸舊本，宋是宗字。然則宗國，猶大國。言天不能殺，地不能埋，天下大亂，莫能相禁，是其紀綱之國滅亡之象。是故齊并於陳氏，晉分爲六卿。若作宋字，何氏更有所見。《春秋說》云：『陳氏篡齊，三年，千人合葬，故螽蟲冬踊者，是其螽爲齊亡之一隅也。』何氏取象較廣，蓋亦《春秋緯》義。舊疏又云：「《左氏》及《史記》皆云：『晉亡，分爲魏、趙、韓。』今云『晉分爲六卿』者，蓋其初時，晉君失政，六卿用事，不妨其下滅時，但三家分之矣。」《漢書·五行志中之上》：「傳曰：『言之不從，是謂不艾，時則有介蟲之孽。』介蟲孽者，謂小蟲有甲，飛揚之類，陽氣所生也。於《春秋》爲螽，今謂之蝗，皆其類也。」故《志》所引劉向、董仲舒説諸螽，皆與何氏同。大率皆以爲煩擾之應。惟此注與前解諸傳異。按：《顯宗紀》云：「魯哀禍火，天不降譴。」注引《感精符》云：「魯哀公時，政彌亂絶，不日食，則比年書螽，當爲天下記異也。」故何氏

❶「八」，疑當作「十」。
❷「埋」，原作「理」，據國學本改。

推廣之。《春秋》者，聖人明義之書，此之再蝝，不必泥爲齊亡、晉分之應。然記之《春秋》之末，則《春秋》後事，皆在所繫。若執事實以求之，則泥矣。

十有三年春，鄭軒達帥師取宋師于嵒。其言取之何？易也。其易奈何？詐反也。 **注** 前宋行詐取鄭師，今鄭復行詐取之。苟相報償，不以君子正道，故傳言「詐反」。反，猶報也。**疏** 注「前宋」至「詐反」。○即上《九年》「宋皇瑗取鄭師于雍」是也。○注「反猶報也」。○原文闕。

夏，許男戌卒。 **注** 比陳、蔡不當復卒，故卒葬略。**疏** 《通義》云：「失國復立，尤微弱，故不得日卒。」舊疏云：「《昭八年》『冬，楚師滅陳』，《十一年》『楚師滅蔡』，至《十三年》『秋，蔡侯廬歸于蔡，陳侯吴歸于陳』，《二十年》『冬，十有一月辛卯，蔡侯廬卒』，《二十一年》『春，王三月，葬蔡平公』，《定四年》『春，王二月癸巳，陳侯吴卒。夏六月，葬陳惠公』，《定六年》『鄭游遬帥師滅許，❶以許男斯歸』，今年『夏，許男戌卒，秋，葬許元公』，然則陳、蔡之滅，非吴廬之罪。及其存時，乃爲大國所復。但以不受封於天子，故書君以見之。仍以前君死位，非其自復，其國合存，故許録其卒葬也。而許男斯者，爲鄭所滅，不能死位，許國合絶，不足存之。而戌自復，罪惡深矣。若比之陳、蔡，不當合録而録之者，正欲見其前君不死位，後君自復之，惡深，是以書其卒葬，而去其日月以見矣。故曰『比陳、蔡不當復卒』，故卒葬略之也。」

公會晉侯及吴子于黄池。 **疏** 杜云：「陳留封丘縣有黄亭，亭近濟水。」《水經注・泗水》篇：「又東過沛縣東，黄水注之。黄水出小黄縣黄溝。《國語》曰『吴子會諸侯于黄池』者也。」《大事表》云：「《地名考》從《胡傳》以黄池列諸衛地，非也。《公羊傳》曰：『吴在是，則天下諸侯莫敢不至。』趙伯循曰：『黄池，魯地，故魯獨會之耳。若更有諸侯，不當不序。』是時吴闕爲深溝于商、魯之間。商即宋。魯會而宋不會，故吴王歸欲伐宋，殺其丈夫而囚其婦人。則趙氏之言爲有據矣。《國語》稱

❶「許」，原作「詐」，據《春秋公羊傳注疏》改。

北屬之沂，西屬之濟，以會晉公午于黄池。沂水出蓋縣臨樂山，入于泗，而濟水在封丘縣南。今河南開封府封丘縣西南有黄池，東西廣三里。《春秋》時爲宋地。」按：《漢書·地理志》魏郡内黄下云：「清河水出南。應劭曰：『《春秋》吴子、晉侯會于黄池。今黄澤在西，陳留有外黄，故加内云。』臣瓚曰：『《國語》曰：吴子會諸侯于黄池，掘溝於齊魯之間。今陳外黄有黄溝是也。《史記》曰：「伐宋，取黄池。」然則不得在魏郡明矣。』師古曰：『瓚説是也。應説失之。』」《續漢志》：「平丘有黄池亭。」《元和郡縣志》：「黄池在汴州封丘縣南七里。」按：諸説是也。黄池不得在内黄。

吴何以稱子？**注**据救陳稱國。**疏**注「据救陳稱國」。○即上《十年》「吴救陳」是也。吴主會也。**注**以言「及」也。時吴彊而無道，敗齊臨菑，乘勝大會中國。齊、晉前驅，吴、衛驂乘，滕、薛俠轂而趨。以諸夏之衆，冠帶之國，反背天子而事夷狄，耻甚，不可忍言，故深爲諱辭，使若吴大以禮義會天下諸侯，以尊事天子，故進稱子。**疏**《通義》云：「吴自是遂雄長列國，不可復得抑，故稱爵存其實。」齊氏召南《考證》云：「按此會，《左傳》謂先晉而《國語》謂先吴。《公羊》亦謂吴主會。以勢度之，《國語》是也。晉不競已數世矣。自宋之會，即爲楚所先。此時能與吴争乎？《公羊》説非無据，但何注引《緯書》所云『齊、晉前驅，魯、衛驂乘，滕、薛俠轂而趨』者，則言之太過，不可信耳。」《繁露·觀德》云：「雞父之戰，吴不得與中國爲禮。至於柏莒、❶黄池之行，變而反道，乃爵而不殊。」按：柏莒之戰，吴有憂中國之心，故有與辭。此傳無進吴之文，董生比類而舉，與何氏異。○注「以言及也」。○舊疏云：「以經言『及吴』，即知吴主會。何者，正以及者，汲汲之辭。即《僖五年》『夏，公及齊侯、宋公以下會王世子于首戴』，注云：『言及者，因其文可得見汲汲也。』然則彼云『及齊侯，齊侯主會』，則知此言『及吴子，吴子主會』明矣。故云『以言及也』。」○注「時吴」至「臨菑」。○舊疏云：「菑字有作晉字者。

❶「於」字，原脱，據《春秋繁露》補。

若作晉字，以黄池爲近晉，晉人畏而會之，故曰臨晉。」按：即上《十一年》「五月，公會吳伐齊。甲戌，齊國書帥師及吳戰于艾陵，齊師敗績」是也。不在臨菑，以或本作臨晉爲是。○注「乘勝」至「中國」。○即謂此會也。○注「齊晉」至「而趨」。○舊疏云：「《春秋説》文。」《北堂書鈔》引《考異郵》云：「黄池之會，齊、晉前驅，滕、薛俠轂，魯、衛驂乘。」《文選注》引《感精符》云：「黄池之會，重吳子。滕、薛挾轂，魯、衛驂乘。」《左傳》有單平公，經亦不書，亦其一也。《越絶書》：「吳有子胥之教，伯世甚久。北陵齊、楚，諸侯莫敢動者。乘薛、許，邾婁、莒旁轂趨走。」按：彼文有譌，或即「薛、許驂乘，邾婁、莒旁轂趨走」是也。前驅者，《詩·衛風·伯兮》云「伯也執殳，爲王前驅」是也。驂乘者，即《史記·齊世家》「齊陳乞僞事高國者，每朝，必驂乘」是也。俠轂即夾轂也。《禮·士喪禮》：「婦人俠牀東西。」《冬官·考工記》注：「今時鐘乳，俠鼓與舞。」與夾同也。《漢書·叔孫通傳》「殿下郎中俠陛」，亦夾義也。舊疏云：「以下傳及注云，則天下盡會而《春秋説》特舉此六國，時爲之役，故偏舉之。或言不盡意故也。」○注「以諸」至「稱子」。○《穀梁傳》：「吳王夫差曰：『好冠來。』孔子曰：『大矣哉，夫差未能言冠而欲冠也。』」注「不知冠有差等，唯欲好冠」是也。明不知冠帶，故諸夏之衆爲冠帶之國矣。彼傳又云：「黄池之會，吳子進乎哉，遂子矣。吳，夷狄之國也。祝髮文身，欲因魯之禮，用晉之權，而請冠端而襲。其藉於成周，以尊天王，吳進矣。吳，東方之大國也，累累致小國以會諸侯，以合乎中國。吳能爲之，則不臣乎？吳進矣。王，尊稱也。子，卑稱也。辭尊稱而居卑稱，以會乎諸侯，以尊天王。」然則吳時蓋實有興伯尊周之心，故《春秋》如其意而進之，且以殺恥故也。

吳主會，則曷爲先言晉侯？ 【注】据申之會，楚子主會序上。 【疏】注「据申」至「序上」。○即《昭四年》「夏，楚子、蔡侯以下會于申」是。

不與夷狄之主中國也。 【注】明其實自以夷狄之彊會諸侯爾，不行禮義，故序晉於上。 【疏】《通義》云：「《國語》稱黄池之盟，吳公先歃，晉侯亞之。《春秋》不欲以吳長晉，故不録其盟，唯存會時之次云爾。」

其言「及吳子」何？ 【注】据鍾離之會，殊會吳，不言及。

《僖五年》「公及齊侯」，齊侯主會益明矣。**疏**注「据鍾」至「言及」。○《成十五年》「叔孫僑如會晉士燮、齊高無咎以下，會吴于鍾離」是也。○注「僖五」至「明矣」。○《僖五年》「公及齊侯、宋公以下會王世子于首戴」是也。舊疏云：「按：如彼經，書『公及齊侯』，齊侯主會。此云『及吴』，則是吴子主會益明矣。何言不與夷狄之主中國乎？是以据而難之。」會兩伯之辭也。**注**晉序上者，主會文也。吴言「及」者，亦人往爲主之文也。方不與夷狄主中國，而又事實當是，不可醋奪，故張兩伯辭，先晉，言「及吴子」，使若晉主會爲伯，吴亦主會爲伯，半抑半起，以奪見其事也。語在下。**疏**《繁露·奉本》云：「黄池之會，以兩伯之辭言之，不以爲外，以近内也。」與何義殊。○注「晉序」至「文也」。○正以不與夷狄主中國，故以晉主會爲文也。○注「吴言」至「文也」。○舊疏云：「凡言及者，汲汲之辭。今言『及吴子』，則似吴子先在是，天下之人慕而往事之然，故曰『人往爲主之文』」是也。○注「方不」至「事也」。○舊疏云：「序晉于上，是其抑之。言『及吴子』，起其爲伯也。故曰『半抑半起矣』。序晉于上，是其奪。言『及吴子』，亦見其爲伯之事，故曰『奪見其事』。」○注「語見下」。○即下傳「重吴也」云云。爲其重吴，故不得不見其事。爲其不與，故不得以奪見其事。不與夷狄之主中國，則曷爲以會兩伯之辭言之？**注**据伯主人。**疏**舊疏云：「謂爲伯者，主領會上之人矣。」毛本傳文「主中」作「中主」，誤。重吴也。**注**其實重在吴，故言及。舉晉者，諱而不盈。**疏**注「其實」至「言及」。○舊疏云：「謂其實處權重在于吴，故言『及吴子』，作汲汲之文矣。」是也。○注「舉晉」至「不盈」。○《僖二十三年》：「宋公慈父卒。」傳：「何以不書葬？盈乎諱也。」注：「盈，滿也，相接足之辭也。」此云「不盈」，即取彼傳文也。舊疏云：「公會晉侯，是其諱爲吴所主也。晉侯之下，即言『及吴子』，是其不盈滿其諱文也。何者，晉是大國而汲汲乎吴，還是吴爲會主之義也。」曷爲重吴？**注**据常殊吴。**疏**注「据常殊吴」。○即《成十五年》「叔孫僑如會晉士燮以

下會吳于鍾離」、《襄十年》「公會晉侯以下會吳于柤」之屬是也。

吳在是，則天下諸侯莫敢不至也。注以晉大國，尚猶汲汲於吳，則知諸侯莫敢不至也。不書諸侯者，爲微辭，使若天下盡會之，而魯侯蒙俗會之者，惡愈。齊桓兼舉遠明近，此但舉大者，非尊天子，故不得褒也。主書者，惡諸侯君事夷狄。

疏注「不書」至「惡愈」。○《桓二年》疏引此「惡愈」下有「甚也」字，是也。《通義》云：「諸侯不序者，序在晉下，則仍似外吳常辭，兩伯不顯。序在吳下，則是外吳，而并外中國諸侯矣。文不可施，故一切削之，但張兩伯辭，則諸侯皆在可知。」蓋欲實而言之，則天下諸侯豈可悉至。若歷言某侯某侯，則有不至之國，而魯乃與會，其恥甚，故但舉大國晉，見天下諸侯莫敢不至，魯因亦蒙俗會之，其恥少殺也。舊疏云：「但欲見其重在吳，偏至之辭而已。」○注「齊桓」至「褒也」。○《僖二年》：「齊侯、宋公、江人、黄人會于貫澤。」傳：「江人、黄人者何？遠國之辭也。遠國至矣，則中國曷爲獨言齊、宋至爾？大國言齊、宋，小國言江、黄，則其餘爲莫敢不至也。」是齊桓之會，不但舉大以見小，并舉遠以見近矣。而此但舉大見小，明齊桓實尊天子，故褒之，爲遠近大小皆至之辭。吳則《春秋》使若以禮義會天下諸侯，以尊事天子而已，故不得同也。○注「主書」至「夷狄」。○舊疏云：「《春秋》見義非唯一種。一則見吳之强暴，一則見晉之衰微。但主書之情，本惡諸侯君事夷狄，餘者兼見之矣。」

楚公子申帥師伐陳。

於越入吳。

秋，公至自會。注有恥致者，順諱文也。疏注「有恥」至「文也」。○《莊六年》注：「公與二國以上出會，得意致會。」此有恥書致，順上諱文，使若吳亦尊天子，會諸侯然，故作得意文也。

晉魏多帥師侵衛。

此晉魏曼多也，曷爲謂之晉魏多？注据上七年言「曼多」。疏注「据上」至「曼多」。○即上《七年》「晉魏曼多帥師侵衛」是也。《左氏》、《穀梁》

經作「魏曼多」，淺人妄增也。譏二名，二名非禮也。注復就晉見者，明先自正而后正人。正人當先正大以帥小。疏《通義》云：「謹按：《世本》『獻子荼生簡子取，取生襄子多』，然則曼多本一名多。如《左傳》所載，晉文公重耳，又稱晉重。宋樂祈犁即謂之樂祈。❶當時多有此比，故何忌或言忌，曼多或言多。《春秋》因兩書之，以託譏二名之義。亦所謂因其可譏而譏之也，非本二字作名而强削其一矣。」按：《晉世家》作「魏晉侈」。○注「復就」至「帥小」。○《定六年》：「仲孫忌帥師圍運。」傳：「此仲孫何忌也，曷爲謂之仲孫忌？譏二名，二名非禮也。」注：「爲其難諱也。一字爲名，令難言而易諱，所以長臣子之敬，不逼下也。《春秋》定、哀之間文致太平，欲見王者治定，無所復爲譏，唯有二名，故譏之。」是則彼於魯已見譏二名之義，此復譏晉魏多也。所以然者，先見於魯，爲先自正而後正人。復見於晉，爲先正大以帥小也。《繁露·觀德》云「魯、晉俱諸夏也。譏二名，獨先及之」是也。

葬許元公。

九月，蝝。注先是，用田賦，又有會吴之費。疏注「先是」至「之費」。○用田賦，見十二年。會吴，即上黄池之會是也。

冬十有一月，有星孛于東方。

孛者何？彗星也。其言于東方何？注据北斗言星名。疏「据北斗言星名」。○即《文十四年》「有星孛入于北斗」是也。見于旦也。注旦者，日方出。時，宿不復見，故言東方，知爲旦。疏舊疏云：「于字亦有作平字者，誤也。」《校勘記》云：「諸本同。《唐石經》于字磨改，當本作平。」宋氏翔鳳《論語發微》云：「《春秋·文十四年》『有星孛于北斗』，《昭十七年》『有星孛于大辰』，《哀十三年》『有星孛于東方』，《公羊》説曰：『孛者何？彗星也。』古文《左氏》説曰：『彗所以除舊布新也。』謂文公繼所傳聞之世，當見所以治衰亂；昭公繼所聞世，當見所以治升平；哀公終所見世，當見所以治大平者。於

❶「祈」，原作「祁」，據《通義》改。

此之時，天必示以除舊布新之象，而後知《春秋》張三世之法。聖人所爲本天意以從事也。北斗運於中央，中宮之星也。蓋除舊布新於内而未遑治外也。大辰、房、心，明堂也。明堂之位，公侯伯子男至九采之國，内外秩如，所謂治升平之世，内諸夏而外夷狄，故見除舊布新之象於明堂。有星孛于東方，文王房、心之精，在東方。孔子作《春秋》，明文王之法度，將興周道於東方，而天命集，仁獸至，故天所以三見其象而《春秋》之法備矣。」○注「旦者」至「爲旦」。○舊疏云：「旦者，日方出地，未相去離之辭。故曰『旦者，日方出』。當爾之時，宿皆不見，故曰『時，宿不復見』也。星孛仍見，餘宿已没，是以不復指與孛之星，漫道其方而已，故言東方，知爲旦也。」杜云：「平旦，衆星皆没而孛乃見，故不言所在之次。」何以書？記異也。**注**周十一月，夏九月，日在房、心。房、心，天子明堂布政之庭。於此旦見，與日争明者，諸侯伐主治，典法滅絶之象。是後周室遂微，諸侯相兼，爲秦所滅。燔書道絶。**疏**注「周十」至「之庭」。○舊疏引《堪輿》云：「九月，日體在大火，故曰『日在房、心』。云『房、心，天子明堂，布政之庭』，出《堪輿》。《星經》亦云也。」《五行志下之下》：「哀公十三年冬，十一月，有星孛于東方，董仲舒、劉向以爲，不言宿名者，不加宿也。以辰乘日而出，亂氣蔽君明也。明年，《春秋》事終。一曰：周之十一月，夏九月，日在氐。出東方者，軫、角、亢也。軫，楚。角、亢，陳、鄭也。或曰：角、亢，大國象，爲齊、晉也。其後楚滅陳，田氏篡齊，六卿分晉，此其效也。劉歆以爲孛，東方大辰也。不言大辰旦而見，與日争光，星入而彗猶見，是歲再失閏。十一月，實八月也。日在鶉火，周分野也。」《解詁箋》云：「《堯典》夏時冬至日起虚、危。周初冬至日起牽牛。蓋歲差七十年而一度。計堯時至《春秋》末，約一千六百餘年。夏正八月辰則伏，九月辰繫於日。至《春秋》末，十一月當辰始伏，尚未繫於日。且司天失閏一月，昏時火尚西流，是時斗建申，日當在巳，翼、軫之次，秦、楚相滅之應。」按：《月令》：「季秋之月，日在房。」《正義》引《三統曆》：「九月節，日在氐五度。九月中，日在房五度。」又《元嘉曆》：「九月節，日在亢一度。九月中，日在氐七度。」亦與房體近也。○注「於此」至「道絶」。○《校勘記》出「諸侯伐主治」，

云：「閩、監、毛本同，誤也。鄂本作『諸侯代王治』。余本『伐』亦作『代』，當據正。」按：紹熙本亦作「代」。□□引《易是類謀》云：「出彗守大辰，東方之度，天下亡。」鄭注：「大辰在東之度，七宿之中，皆昔。周之衰，有星守于户，有星茀于東方，此其驗之一隅。」《開元占經》引《運期授》云：「蒼帝亡也。大亂，彗東出。」舊疏引《春秋説》云：「趨作法，孔聖没，周姬亡，彗東出。秦正起，胡破術。書紀散亂，孔子不絶也。」亦言由此孛星，周室遂微也。彼言「秦正起」，與何氏「諸侯相兼，爲秦所滅」義同。《秦本紀》云：「始皇名正，以二十六年滅周，并六國也。」「燔書道絶」，見《史記·本紀》。惠氏士奇《春秋説》云：「晉大安三年，彗星見東方，與哀十三年同。占之曰：『孛主兵喪。』咸甯三年五月，星孛于東方，明年吴亡。」

盜殺陳夏彄夫。**疏**《釋文》：「夏，户雅反，一本作廉。彄，苦侯反，一本作嫗，音同。二傳作夏區夫。」彄从區得聲，例得通也。《經義述聞》云：「夏與廉，聲不相近，夏字無由通作廉。廉蓋廡之誤。古聲夏、廡相近，故夏通作廡。《檀弓》：『見若覆夏屋者矣。』鄭注：『夏屋，今之門廡也。』是廡與夏聲義相近也。隸書廉字作廡，與廡相似，故廡誤爲廉耳。《公羊》古本蓋作廡，今作夏者，後人以二傳改之也。」

十有二月，蝝。**注**黄池之會，費重煩之所致。**疏**注「黄池」至「所致」。○見上。

公羊義疏七十五

句容陳立卓人著

哀十四年盡是年。

十有四年春，西狩獲麟。疏《經義雜記》云：「《論衡·指瑞篇》：『《春秋》曰『西狩獲死驎』，人以示孔子』云云。据《論衡》，則《春秋》經作『西狩獲死麟』。今三傳本無死字，而《公羊傳》云：『顔淵死。子曰：噫！天喪予。子路死，子曰：噫！天祝予。西狩獲麟，孔子曰：吾道窮矣。』注云：『天生顔淵、子路，爲夫子輔佐。皆死者，天將亡夫子之證。麟者，太平之符，聖人之類，時得麟而死，此亦天告夫子將没之證。』則此傳本作『西狩獲死麟』，與上『顔淵死』、『子路死』一例。『吾道窮矣』，與上『天喪予』、『天祝予』一例。孔仲達引《家語》云：『獲麟，折其前足，載而歸。叔孫以爲不祥，棄之於郭外。』徐疏引《孔叢子》云：『以爲不祥，棄之五父之衢。孔子視之曰：茲日麟出而死，吾道窮矣。』二書雖魏、晉人託作，然以爲麟死而棄之，則與《公羊》合。疑《公羊》經本有死字也。王充謂麟爲常有之物，無所爲來，則非。」按：驎，俗麟字。《水經注·濟水》篇：「黄水又東逕鉅野縣北。何承天曰：『鉅野湖澤廣大，南通洙、泗，北連清、濟，東北出爲大野矣。昔西狩獲麟于是處也。』」

何以書？記異也。疏《校勘記》云：「《唐石經》、諸本同。《隸釋》載漢石經《公羊》殘碑『何以書』上有『十有四年』字。据此及隱公傳，知經、傳別行，傳首皆載某公年數。後人以經合傳，始删傳中紀年矣。」《九經古義》云：「按：孔舒元《公羊傳》本云：『《十有四年》「春，西狩獲麟」。何以書？記異也。今麟非常之獸，其爲非常之獸奈何？有王者則至，無王者則不至。然則孰爲而至？爲孔子之作《春秋》。』孔穎達曰：『何休注《公羊》，無作《春秋》之事。』棟案：蔡邕《石經》云『何以書？記異也』，『何以』云云，與今本合。」按：下「《春秋》何以始于隱」？注云：「据獲麟乃作。」則獲麟而作《春秋》，何氏本有是語，與孔舒元本同，不知穎達何以云「何休無作《春秋》事」也。《通義》云：「何氏傳本無

此，蓋治《公羊》者强成其說。」舊疏云：「麟者，仁獸，大平之嘉瑞，而言記異者，當爾之時，周室大衰，爲天下所厭。漢高方起，堯祚將復。興者謂之瑞，亡者謂之異。然則何吉凶不並，瑞災不兼之有乎？」按：麟於《春秋》爲瑞，於周爲異，義各有主也。何異爾？非中國之獸也。疏《校勘記》云：「《唐石經》、諸本同。《左傳序》疏引孔舒元《公羊傳》本作『今麟，非常之獸。其爲非常之獸奈何』，與注本迥異。」《穀梁傳》：「其不言來，不外麟於中國也。其不言有，不使麟不恒於中國也。」注：「雖時道喪，猶若不喪。」頗得聖人作《春秋》之意，故舊疏云：「謂有聖帝明王，然後乃來，則知不應華夏無矣。然則以其非中國之常物，故曰『非中國之獸』，不謂中國不合有。似《昭二十五年》『有鸛鵒來巢』之下，傳云『何以書？記異也。何異爾？非中國之禽也』之類是也。若然，皆非中國之物。鸛鵒言有來而麟不言有來者，正以麟是善物，《春秋》慕之，欲其常於中國，非今始有，非今始來之義。」然則孰狩之？注稱西言狩，尊卑未分，据無主名。疏注「稱西」至「主名」。○舊疏云：「西者，四時之叔，是爲卑稱。狩者，天子諸侯之事，乃是尊名，故曰『稱西言狩，尊卑未分』也。」按：《大戴禮・夏小正》云：「十有一月，王狩。」傳：「王狩者，言王之時田也。冬獵爲狩。」又《桓四年》：「公狩于郎。」是天子諸侯之事。傳不出主名，故据以難。薪采者也。注西者，据狩言方地，類賤人象也。金主芟艾，而正以春盡木火當燃之際，舉此爲文，知庶人采樵薪者。疏舊疏云：「薪采，猶言采薪也。言是庶人采薪者矣。」吴氏《經説》云：「按：薪，一作新，以斤斫取曰新，故新从斤从亲。以手折取曰采，故采从爪木。木伐更生，故凡除舊生新者，皆名爲新。果孰必采，凡采而可食者，皆名爲采。加艸作薪菜，以別新舊之新、采取之采，非古文也。包束乾草曰芻，攀折木枝曰蕘。《説文》：『新，取木也。』『采，取也。』『薪，蕘也。』『蕘，薪也。』『芻，刈艸也，象包束之形。』是薪猶采也。《左傳》以爲叔孫氏之車子鉏商獲麟，疏引服云：『車，車士，微者也。子，姓。鉏商，名。』《家語・辯物》篇：『子鉏商采薪於大野，獲麟焉。折其前左足，載而歸。叔孫以爲不祥，棄之於郭外。使人告諸孔子。孔子曰：麟也。

然後取之。』王注：『傳曰狩，此曰采薪，時實狩獵。鉏商非狩者，采薪而獲麟也。』」○注「西者」至「象也」。○舊疏云：「正以西方爲兑，少女之位。女子之卑，草木衰落，亦非可貴之義，故曰『類賤人象也』。」《左疏》引服虔云：「言西者，有意於西。明夫子有立言，立言之位在西方，故著於西也。」又引賈逵曰：「周在西，明夫子道繫于周。」皆與此異。○注「金主」至「薪者」。○舊疏云：「經言西者，賤人象。金主芟艾，持斧之義，而文正以春盡是火當絶木之時。今乃舉此爲文，即知庶人持斧、破木、燃火之義，故曰『庶人採樵薪者』。似若漢高祖起於布衣之内，持三尺之劒，而以火應之，君臨四海，從東向西，以應周家木德之象也。」義或然也。《校勘記》云：「鄂本、元本同。閩、監、毛本采作採，下同。」

薪采者，則微者也。曷爲以狩言之？**注** 据天子諸侯乃言狩，「天王狩于河陽」、「公狩于郎」是也。河陽冬言狩，獲麟春言狩者，蓋据魯變周之春以爲冬，去周之正而行夏之時。**疏** 注「据天」至「是也」。○見《僖二十八年》、《桓四年》。○注「河陽」至「狩者」。○《解詁箋》云：「春言狩下，當增『不從狩郎以正月譏』八字乃明。微者以狩言，是假狩名以著文，宜有正月也。」舊疏云：「河陽言狩者，周之季冬，當夏之十月，故得言狩矣。」又云：「若使周之正月，乃夏之仲冬，得冬獵田狩之時，即《大司馬職》云『仲冬，教大閲，遂以狩田』是也。但孔子作《春秋》，欲改周公之舊禮。正朔三而反，改當欲行夏之時，取夏之孟冬以爲狩時。夏之仲冬，不是田狩之月，是以《桓四年》『春正月，公狩于郎』，注云：『狩例時，此月者，譏不時。』周之正月，夏十一月也，陽氣始施，鳥獸懷任，草木萌牙，非所以養微者。』是也。」舊疏云：「今獲麟之經，春言狩者，蓋据魯爲王而改正朔。方欲改周之春以爲冬，去其周之正月而行夏之時，故春而言狩矣。」○注「蓋据」至「之時」。○据，《校勘記》云：「蜀大字本、閩、監、毛本同。鄂本『据』作『據』。」《孔叢子・雜訓》篇：「縣子問子思曰：『顔淵問爲邦，夫子曰行夏之時。若是，殷、周異正爲非乎？』❶子思曰：『夏數得天，堯舜之所同也。殷、周之王，征伐革命以應乎天，因改正朔。若云天時之改耳，故不相因

❶「異正」，原脱，據《孔叢子》補。

也。夫受禪於人者，則襲其統。受命於天者，則革之。所以神其事，如天道之變然也。三統之義，夏得其正，是以夫子云。』」《淮南子・氾論訓》：「夫殷變夏，周變殷，《春秋》變周，三代之禮不同，何古之從。」是《春秋》據魯以變周，行夏之時也。《宋書・禮志》：「黄武五年，詔曰：『孔子稱行夏之時，乘殷之輅，服周之冕，樂則韶舞。此聖人集群代之美事而爲後王制法也。』」《公羊禮説》云：「《春秋》自用周正。《公羊》於西狩獲麟注，乃云『河陽冬言狩，獲麟春言狩者，蓋据魯變周之春爲冬而行夏之時』。《夏小正》：『十有一月，王狩。』此其證已。此假以爲後王法，當用夏正，非顯然改周正也。《周禮》有正歲，有正月，鄭注：『正月，周之正月。正歲，夏之正月。得四時之正，以出教令者審也。』据此則知《夏小正》『農緯厥來』，記於夏之正月。《豳風》『三之日于耜』，傳：『三之日，夏正月也。』故皇侃以爲三王所尚正朔，服色雖異，而田獵、祭祀、播種並用夏時，得天之正也。是知凡在夏時當用正月者，在周時則用三月。若夏時與周時無異，何以周有正歲又有正月乎？審是，則三代改正朔，不改時月之説，其不然乎？其不然乎？」按：何氏此注，決《桓四年》書「正月」之義。書狩者，紀事之實，不書正月，明改周之正也。**大之也。**【注】使若天子諸侯。【疏】《穀梁傳》注：「非狩而言狩，大得麟，故以大所如者名之也。且實狩，當言冬，不當言春。」《通義》云：「麟，太平之嘉應，帝王之極瑞，不可以賤者之辭加之，故大其文也。」**曷爲大之？**【注】据略微。【疏】注「据略微」。○《隱元年》：「及宋人盟于宿。」傳：「孰及之，内之微者也。」注：「内者，謂魯也。微者，謂士也。不名者，略微也。」薪采者又微於士矣。**爲獲麟大之也。曷爲爲獲麟大之？**【注】据鸛鵒俱非中國之禽，無加文。【疏】注「据鸛」至「加文」。○《昭二十五年》「有鸛鵒來巢」。**麟者，仁獸也。**【注】狀如麕，一角而戴肉，設武備而不爲害，所以爲仁也。《詩》云「麟之角，振振公族」是也。【疏】舊疏引「《五行傳》云：『東方謂之仁。』又云：『視明禮修而麟至。』是以《春秋説》云：『麟生火，遊于中土，軒轅大角之獸。』然則麟爲土畜而言仁獸者，正以設武備而不害物，所以爲仁也」。《禮運》疏云：「按《異義》，説《左

氏》者，以《昭二十九年》傳云『水官不修，故龍不至』，以水生木，故爲修母致子之説。故服虔注：『獲麟之麟，中央土獸。土爲信，信，禮之子，修其母致其子。視明禮修而麟至，思睿信立而白虎擾，言從乂成而神龜在沼，聽聰知正則名山出龍，貌恭性仁則鳳皇來儀。』又《毛詩傳》云：『麟，信而應禮。』又云：『騶虞，義獸，有至信之德則應之。』皆爲修母致子之義也。若鄭氏之説，則異於此。」《禮記疏》引《異義》：❶『《公羊》説，麟，木精。《左氏》説，麟，中央軒轅大角之獸。陳欽説，麟是西方毛蟲。許慎謹案：《禮運》云：『麟鳳龜龍，謂之四靈。』龍，東方也。虎，西方也。鳳，南方也。龜，北方也。麒，中央也。」「鄭駁之云：『古者聖賢言事，亦有效三者，取象天、地、人。四者，取象四時。五者，取象五行。今云麟鳳龜龍，謂之四靈，則當四時明矣。虎不在四靈中，空言西方虎者，則麟中央得無近誣乎？』」則鄭不以麟爲土精也。彼疏又引《公羊》説：「麟者，木精。」「鄭云：『金九以木八爲妻。金性義，木性仁。得陽氣，性似父。得陰氣，性似母。麟，毛蟲，得木八之氣。』」是與《公羊》説同。舊疏引《異義》：「《公羊》説又云：『麟者，木精。一角赤目，爲火候。』」下注亦云：「麟者，木精者，正以設武備而不害物，有仁之物，屬東方。赤木爲火候，火乃木之子，謂之木精，亦何傷？」又《鶡冠子》云：「麟者，北方玄枵之獸，陰之精者。」正以五行相配言之。水爲土妃，水土搆精而生麟。得土氣者，性似父。得水氣者，性似母。蓋以麟得水氣，故云「玄枵之獸，陰之精也」。非《公羊》家義。○注「狀如」至「仁也」。○《爾雅・釋獸》云：「麐，麕身，牛尾，一角。」郭注：「角頭有肉。」引此傳云：「有麕而角。」《廣雅・釋獸》云：「麟，狼額肉角。」《禮記疏》引《京房易傳》云：「麟，麕身，牛尾，馬蹄，有五彩，高丈二尺。」《詩疏》引陸璣疏云：「麟，麕身，牛尾，馬足，黄色，圓蹄，一角，角端有肉。音中鍾呂，行中規矩。遊必擇地，詳而後處。不履生蟲，不踐生草。不群居，不侶行。不入陷穽，不罹羅網。王者至仁則出。今并州界中有麟，大小如鹿，非瑞應麟也。故司馬相如賦云『射麋腳麟』，謂此麟也。」是爲仁也。○注「詩云」至「是也」。○《詩・周南・麟趾》篇文。傳：「麟角所以表德也。」箋云：「麟角之末有肉，示有武而不用。」《禮記疏》引《廣雅》云：「文章斌

❶「記」，《禮記注疏》作「運」。

斌，故呼爲大角之獸。」有王者則至，注上有聖帝明王，天下太平，然後乃至。《尚書》曰：「《簫韶》九成，鳳皇來儀。擊石拊石，百獸率舞。」《援神契》曰：「德至鳥獸，則鳳皇翔，麒麟臻。」疏注「上有」至「乃至」。○《詩疏》引李巡《爾雅注》云：「麐，瑞應獸名。」孫炎云：「靈獸也。」《宋書・符瑞志》引《京房易傳》：「聖人清静，行乎中正，賢人至，民從命，厥應麒麟來。」《文選注》引《感精符》云：「麟，一角，明海内共一主也。王者不刳胎，不剖卵，則出於郊。」又《類聚》引《感精符》云：「王者德及幽隱，不肖斥退，賢人在位，則至。明於興衰，武而仁，仁而有慮，禽獸有埳穽，非時張獵，則至。明王動則有義，静則有容，麒麟乃見。」舊疏云：「若今未太平而麟至者，非直爲聖漢將興之瑞，亦爲孔子制作之象，故先至。故《孝經説》云：『丘以匹夫徒步，以制正法。是其賤者獲麟，兼爲庶人作法之義也。』」《釋文》：「大，音泰。」監、毛本「后」作「後」。○注「尚書」至「率舞」。○《咎繇謨》文。毛本「皇」改「凰」，俗字。舊疏引鄭注云：「《簫韶》，舜所制樂。」又引宋均注《樂説》云：「簫之言肅。舜時民樂其肅敬而紀堯道，故謂之簫韶。或曰：『韶，舜樂名。』舜樂者，其秉簫乎？鄭氏又云：『樂備作謂之成。《簫韶》作九備，而鳳皇乃來儀，止巢乘匹。』『擊石拊石，百獸率舞』者，石，磬也；百獸，服不氏所養者。謂音聲之道，與政通焉。」舊疏云：「欲道上有聖帝明王，天下大平，瑞物乃來之義。」○注「援神」至「麟臻」。○《白虎通・封禪》云：「德至鳥獸，鳳皇翔，麒麟臻。」据此知本《援神契》爲説也。舊疏引《釋獸》云：「麠如馬，一角。不角者騏。舍人云：『麠如馬而有一角。不有角者，名麒。』然則麒麟非直雄雌之異，其體亦別。」無王者則不至。注辟害遠也。當春秋時，天下散亂，不當至而至，故爲異。疏《校勘記》云：「《唐石經》、諸本同。」《經義雜記》云：「杜元凱《春秋左氏傳序》云：『《春秋》之作，《左傳》及《穀梁》無明文。』《正義》曰：『据杜云「《左傳》及《穀梁》無明文」，則知《公羊》有其顯説。今驗何注《公羊》，亦無作《春秋》事。』按：孔舒元《公羊傳》本云：『十有四年春，西狩獲麟。何以書？記異也。今麟非常之獸，其爲非常之獸奈何？有王者則至，無王

者則不至。然則孰爲而至？爲孔子之作《春秋》。』是有成文也。《左傳》及《穀梁》則無明文。按：孔舒元未詳何時人，《儒林傳》及鄭《六蓺論》皆無之。《隋志》有《春秋公羊傳》十四卷，孔衍集解，未知是否。杜氏作序，既所据用，則爲古本可知矣。」按：今何注無下二語，亦無「今麟非常之獸」二語，故《通義》以爲治《公羊》者增成其説也。○注「辟害」至「爲異」。○舊疏云：「謂無道之世，刳胎殺夭，是以瑞物亦不來游也。即《家語》云孔子曰『刳胎殺夭，則麒麟不至；擿巢毁卵，則鳳皇不翔』是也。故云：『辟害遠也。』」《水經注・河水》篇：「《續漢書》曰：『延熹九年，河水清。襄楷上疏曰：《春秋》注記未有河清，而今有之。《易乾鑿度》曰：上天將降嘉應，河水先清。《京房易傳》曰：河水清，天下平。天垂異，地吐妖，民厲疫。三者並作而有河清。《春秋》麟不當見而見，孔子書以爲異。』」

有以告者曰：「有麕而角者。」**疏**《校勘記》云：「《唐石經》同。閩本麕字剜改困作君。監、毛本承之，非也。《釋文》作麐，云：『本又作麇，亦作麕。』按：《隸釋》載《漢石經》作麕，即麕之隸變。《爾雅・釋獸》：『麐，麕身牛尾。』郭注引《公羊傳》曰：『有麕而角。』是古本作麕也。《石經考文提要》云：『宋景德本、鄂泮官書本皆作麕。』」按：《孔叢子》亦作「有麐，肉角」。舊疏云：「即《孔叢》云：『叔孫氏之車子曰鉏商，樵于野而獲麟焉。衆莫之識，以爲不祥，棄之五父之衢。冉有告孔子曰：『有麐肉角，豈天下之妖乎？』夫子曰：『今何在？吾將觀焉。』遂往，謂其御高柴曰：若求之言，其必麟乎。」

孔子曰：「孰爲來哉？孰爲來哉？」**注**見時無聖帝明王，怪爲誰來。**疏**舊疏引《孔叢》又云：「到，視之，曰：『今宗周將滅，天下無主，❶孰爲來哉？兹日麟出而死，吾道窮矣。』乃作歌曰：『唐虞之世，麟鳳游。今非其時，來何求？❷麟兮麟兮，我心憂。』是也。」《類聚》引《琴操》曰：「魯哀公十四年，西狩，薪者獲麟。擊之，傷其左足。將以示孔子。孔子遂與相逢，見，俛而泣。抱麟曰：『汝孰爲來哉？孰爲來哉？』反袂拭面，仰視其人，龍顔曰角。夫子奉麟之口，

❶「天下」，原脱，據《孔叢子》補。
❷「求」，原作「由」，據《孔叢子》改。

須臾吐三卷圖：一爲『赤伏劉季興爲王』。二爲『周滅，夫子將終』。三『爲漢制造作改經』。夫子還，謂子夏曰：『新主將興，其人如得麟。』」《樂府》引《獲麟歌》曰：「唐虞世兮麟鳳遊，今非其時兮來何求？麟兮麟兮我心悲之。」即本《孔叢子》。舊疏云：「然則此告者，其冉求也。若以《孔叢》合之此傳，則鄉云『薪采者』，還是鉏商也。而《春秋》不言之者，略微故也。不言爲漢獲之者，微辭也。故《春秋説》云：『不言姓名，爲虛主。』宋氏云：『劉帝未至，故云虛主。若書姓名，時王惡之。』是其義也。」○注「見時」至「誰來」。○《論衡·指瑞》云：「《春秋》曰：『西狩獲死麟，人以示孔子。孔子曰：「孰爲來哉？孰爲來哉？」反袂拭面，泣涕沾襟。』儒者説之，以爲天以麟命孔子。孔子不王之聖也。夫麟爲聖王來，孔子自以不王，而時王魯君無感麟之德，怪其來而不知所爲，故曰：『孰爲來哉？孰爲來哉？』知其不爲治平而至，爲己道窮而來。望絶心感，故涕泣沾襟。以孔子言『孰爲來哉』？知麟爲聖王來也。曰：前孔子之時，世儒已傳此説。孔子聞此説而希見其物也。見麟之至，怪所爲來。實者，麟至無所爲來，常有之物也。行邁魯澤之中，而魯國見其物，遭獲之也。孔子見麟之獲，獲而又死，則自比於麟，自謂道絶不復行，將爲小人所徯獲也。故孔子見麟而自泣者，據其見得而死也，非據其本所爲來也。然則麟之至也，自與獸會聚也。其死，人殺之也。使麟有知，爲聖王來，時無聖王，何爲來乎？思慮深，避害遠，何故爲魯所獲殺乎？夫以時無聖王而麟至，知不爲聖王來也。爲魯所獲殺，知其避害不能遠也。聖獸不能自免於難，聖人亦不能自免於禍。禍難之事，聖者所不能避，而云『鳳麟思慮深，避害遠』，妄也。」蓋亦《公羊》家説，言時無聖帝明王而來，宜其遭害而死也。舊疏云：「下注云：『夫子素案圖籙，知庶姓劉季當代周。見采薪獲麟，知爲其出。』夫子素知此事，而云『孰爲來哉』以怪之者，蓋畏時遠害，假爲微辭，故注解『見時無聖帝明王，怪爲誰來矣』。或者素案圖籙，知劉季當代周，但初見時，未知薪采獲麟爲之出，仍自未明，故作此言。乃後詳審，煥然而寤，是以泣之。」

反袂拭面，

疏 舊疏云：「目亦有作面字者。」知徐本作「目」也。按：杜預《左傳序》亦作「反袂拭面」。稱「吾道窮」，則宜作面矣。《校勘記》云：「面，《唐石經》、諸本同。」《易林·小畜之坤》：『子鉏執麟，《春秋》作元。陰將以終，尼父悲

心。」」涕沾袍。**注**袍，衣前襟也。夫子素案圖録，知庶姓劉季當代周。見薪采者獲麟，知爲其出。何者，麟者木精，薪采者，庶人燃火之意。此赤帝將代周居其位，故麟爲薪采者所執。西狩獲之者，從東方王於西也。東，卯。西，金象也。言獲者，兵戈文也，言漢姓卯金刀，以兵得天下。不地者，天下異也。又先是蠓蟲冬踊。彗，金精，埽旦置新之象。夫子知其將有六國争彊，從横相滅之象。秦、項驅除，積骨流血之虞，然后劉氏乃帝。深閔民之離害甚久，故豫泣也。**疏**注「袍，衣前襟也」。○舊疏云：「袍亦有作衿字者。以衣前襟言之，袍似得之。」《釋文》亦作沾袍，音步刀反，又步報反。《經義雜記》云：「《説文·衣部》：『袍，襺也。从衣包聲。』《論語》曰：『衣敝緼袍。』裣，交衽也，从衣金聲。是當作『涕沾裣』。衿、襟皆俗字。作袍，非也。《論衡·指瑞》云：『反袂拭面，泣涕沾襟。』是王仲任所見之傳亦作裣。《春秋序》正義引《公羊》：『反袂拭面，泣沾袍。』下又云：『聖人甯復畏懼死亡，下沾衿之泣？』据下作沾衿，疑沾袍或後人改也。《離騷》：『攬茹蕙以掩涕兮，霑余襟之浪浪。』亦可證。」按：傳若直作衿，何注衣前襟，成囈語矣。《經義述聞》云：「家大人曰：何以袍爲衣前襟者，袍本作襃，步報反。《釋文》：『衣前襟也。』當以步報之音爲是。《玉篇》：『襃與袍同，又步報反，衣前襟也。』《廣韻》：『襃，薄報切，衣前襟。』《墨子·公孟》篇：『楚莊王解冠組纓，絳衣博袍。』然則袍者，襃之借字。涕沾袍即涕沾襟，非衣敝緼袍之袍也。」《論衡》引此傳『西狩獲麟』作『西狩獲死驎』，『涕沾袍』作『涕沾襟』。蓋据《嚴氏春秋》，故與何本異。其實，襟與袍一物也。《春秋序》正義引《公羊》涕沾袍，又曰『下沾裣之泣』者，以衿袍同物，而衿爲人所易曉，故言衿以見袍。非引《公羊》本作衿而後人改之也。」王氏此説，可釋臧氏之疑矣。《説文·衣部》：「裾，衣襃也。」段注云：「上文云：『襃，褱也。』褱物謂之襃，因之衣前襟謂之襃。《方言》：『襌衣有襃者，趙魏之間謂之袏衣。』郭云：『前施襃囊也。』按：前施襃囊，即謂右外裣。《方

言》無袍者，謂之裎衣，則今之對襟衣，無右外衽者也。褻衣無袍，禮服必有褒。上文之袥、衸，謂無褒者。唐、宋人所謂衩衣也。《公羊傳》『涕沾袍』當作『褒』。何注云：『衣前襟也。』《釋器》：『衣皆謂之襟，袚謂之裾。』袚同袷，謂交領。褒連于交領，故曰『袚謂之裾』。郭謂衣後襟，非也。《釋名》裾在後之説，非是。」○注「夫子」至「代周」。○《校勘記》云：「鄂本、蜀大字本同。毛本案改按。閩本剜改，聖作姓。監、毛本因之。惠棟云：『當作庶聖。』《參同契》曰：『夫子庶聖雄。』」《詩疏》引《異義》鄭駁云：「孔子作《春秋》，應以金獸，賤者獲之，則知將有庶人受命而得之。」《説苑・君道》云：「孔子曰：『夏道不亡，商德不作。商德不亡，周德不作。周德不亡，《春秋》不作。《春秋》作而後君子知周道亡也。』」《文選注》引《演孔圖》云：「有人卯金刀，握天鏡。」舊疏云：「蓋見《中候》云：『卯金刀帝出，復堯之常。』是其案圖籙，從亭長之任而爲天子，故謂之庶姓矣。」○注「何者」至「所執」。○《初學記》引《演孔圖》云：「蒼之滅也，麟不榮也。麟，木精也。」宋均注：「麟，木精，生水，故曰陰。木氣好土，土黄木青，故麟色青黄不榮，謂見絏柴者也。」《開元占經》引《異義》：「《公羊》説，孔子獲麟，天命絶周，天下叛去。」《隱元年》疏引《春秋説》云：「經《十有四年》『春，西狩獲麟』。赤受命，蒼失權。周滅火起，薪采得麟。」《禮運》疏引《石渠禮論》：「議郎尹更始、待詔劉更生等議，以吉凶不並，瑞災不兼。今麟爲周亡天下之異，則不得爲瑞以應孔子至。」又引《異義》：「《公羊》説，哀十四年獲麟，此受命之瑞，周亡失天下之異。」舊疏引舊云：「木生火，火生土。麟爲土畜，亦受氣于祖。性合人仁，故爲木精也。」又引《春秋説》云：「麟生於火，游於中土，軒轅大角之獸。麟爲土畜而言木精者，正以《公羊説》云：『麟者，木精，一角赤目，爲火候。』既爲火候，是木之子，謂之木精，亦何傷。」按：《公羊》家自以麟爲木畜，其以爲土畜者，《左氏》家説，不必牽涉也。舊疏又云：「庶人采薪，本供庖爨，意欲燃之，故曰采薪庶人燃火之意也。木雖生火，火復燒木，即漢以火德承周之后，而能滅之，故曰『此赤帝將代周居其位也』。云『故麟爲薪采者所執』者，其若不然，麟爲異物，體形不小，薪采隻夫，甯能獲之。」○注「西狩」至「天下」。○《類聚》引《演孔圖》云：「有人卯金興於豐，擊玉鼓，駕六龍。」又云：「其人曰角龍顔，姓卯金刀，含仁義。」《後漢書》注引云：「卯

金刀，名爲劉。赤帝後，當次周。」《文選注》引《漢含孳》云：「劉季握，卯金刀。在軫北，字禾子。天下服。卯在東方，陽所立，仁且明。金在西方，陰所立，義成功。刀居右，字成章。力擊秦，枉矢東流，水神哭，祖龍死。」《御覽》引《考靈曜》云：「卯金出軫，握命孔符。」注：「卯金，劉字之别。軫，楚分野之星。符圖劉所握，天命孔子制圖書。」《初學記》引《帝命驗》云：「有人雄起，載玉英，履赤矛。析旦失籥，亡其金虎，東南紛紛。」注：「精起昌，光出軫，已啚之。」《華陽國志·公孫述志》：「世祖報曰：『西狩獲麟，讖曰：乙木卯金，即乙未歲授劉氏。」按：緯言興於豐，在軫北，即此注言從東方王於西也。以兵得天下者，舊疏云「言劉季起於豐沛之間，提三尺之劍，而入秦宫」是也。○注「不地」至「異也」。○舊疏云：「所以不言西狩于某獲麟者，正以麟見于魯，乃爲周室將亡之異，是以不舉小地之名，亦得爲王魯之義，故曰不地者，天下異也。」○注「又先」至「之象」。○蠑蟲冬踊，即上《十二年》「冬，十有二月，蠑」、《十三年》「冬，十有二月蠑」是也。彗，金精，埽旦置新之象，即上《十三年》「冬，十有一月，有星孛于東方」是也。彼傳云：「孛者何？彗星也。其言于東方何？見于旦也。」舊疏云：「孛從西方鄉東，故曰金精。彗者，埽除之象。鄉晨而見，故曰埽旦也。然則蠑蟲冬踊者，乃是天不能殺，地不能理，故爲六國争强，天下大亂之象也。金精埽旦，乃是秦項驅除，劉氏乃帝之義，故何氏云焉。」按：災異之應，俱不大遠。此哀公之世，蠑、孛之變，得應之數百年後者，此《春秋》之義也。《春秋》爲漢制法，次年絶筆。後無所見，適有蠑、孛之見，因即假以示義焉爾。○注「夫子」至「乃帝」○《校勘記》出「積骨流血之虞」云：「鄂本虞作虐，不誤。」解云：虐亦有作害者。」按：紹熙本亦作「虐」是也。六國争强，舊疏云：「即燕、齊、楚、韓、魏、趙也。齊据東蕃，燕、楚强于南北，韓、魏、趙居于晉洛之間，各自保險，迭相征伐」是也。從横：燕、楚南北而遠，故謂之從。蘇秦在東而相六國，謂之合從。張儀在西而相秦以成，謂之連横。故彼下文「從成則楚王，横成則秦帝」。蘇公居趙，秦兵不敢東伐。張儀在秦，楚兵絶于西是也。蘇公既死，張儀以横滅從，是其相滅也」。秦項駈除者，舊疏云：「始皇据秦，藉滅周之資而殄六國。項羽因胡亥之虐而籠括天下。皆非受命之帝，但爲劉氏驅其狐狸，除其豺狼而已。故曰『秦項驅除』也。」積骨流血者，舊疏

云：「爾時天下土崩，英雄鵲起。秦項之君，視人如芥。殽函之處，積骨成山。平原之地，血流如海。自此以後，高祖乃興。故曰『然後劉氏乃帝也』。」《御覽》引《文耀鉤》云：「庶人争權，赤帝之精。」注：「庶人，項羽、劉季者也。争權，並欲起也。」《越絶書・敘外傳記》：「孔子感精，知後有彊秦，❶喪其世而漢興也。賜權齊晉。」《易林・屯之坤》：「採薪得麟，大命隕顛。豪傑争名，天下四分。」是其義也。○注「深閔」至「泣也」。○《説苑・貴德》云：「仁人之德教也，誠惻隱于中，悃愊於内，不能已於其心。故其治天下也，如救溺人。見天下强凌弱，❷衆暴寡，幼孤羸露，死傷係虜，不忍其然。是以孔子歷七十二君，冀道之一行，而得施其德，使民生於全育，烝庶安土，萬物熙熙，各樂其終。卒不遇，故睹麟而泣。哀道不行，德澤不洽，❸於是退作《春秋》，明素王之道，以示後人。」《越絶書・敘外傳記》：「孔子懷聖承弊，睹麟垂涕，傷民不得其所，非聖人孰能痛世若此。」

顔淵死，子曰：「噫！**注**噫，咄嗟貌。

疏《校勘記》「唐石經作『孔子曰』」。按：下『西狩獲麟，孔子曰』，注云『加姓者，重終也』。然則於此不當有『孔』字矣」。○注「噫，咄嗟貌」。○《論語・先進》云：「子曰：『噫！』」注：「包曰：『噫，痛傷之聲也。』」皇疏同。《易・繫辭傳》：「噫！亦要存亡吉凶。」崔憬注：「噫，歎聲也。」《詩・周頌》：「噫嘻成王。」傳：「噫，歎也。」《漢書・董仲舒傳贊》：「噫！天喪余。」注：「噫，歎聲也。」《後漢書・袁閎傳》：「未嘗不噫嗚流涕。」注：「噫嗚，歎傷之貌也。」或作意。《淮南・繆稱訓》「意而不戴」是也。或作懿，《詩・大雅・瞻卬》「懿厥哲婦」是也。《禮記・曾子問》云：「祝聲三。」注：「聲，噫。歆警神也。」緣「祝聲」不知作何聲，故曰「噫」解之，亦爲其有咄嗟義也。《禮記・檀弓》云：「公肩假曰：『噫！』」是古人發聲多云「噫」矣。

天喪予。**注**予，我。

疏舊疏云：「聖人之道，當須輔佐而成。是以《家語》及《殷傳》云：『自予得回也，門人加親也。』今而遭命，故曰『天喪予』。」翟氏灝《四書考異》云：「《史記》云：『顔子年二十九，髮盡白，早死。』二十九乃其髮

❶「知」，原作「如」，據《越絶書》改。
❷「下」，原作「人」，據《説苑》改。
❸「洽」，原作「治」，據《説苑》改。

白之年，非死之年。其死年無所記，但云蚤耳。旁考之，則顏子之死，乃在哀公十四年獲麟之後。其次年子路亦死，故《公羊傳》連讖之曰『有以麟告者曰』云云，『顏淵死』云云，『子路死』云云。公羊氏去聖較近，所傳述定得本真也。」《通義》云：「子路死事，在哀十五年。顏淵死年，諸書乖互。推泗水侯之歿，先聖年七十，而《論語》有『鯉也死，有棺無椁』之言，則淵卒又少在後。蓋亦當哀十二、十三年間也。比年三見傷痛，故子深悼之，傳亦連述之矣。」《拜經日記》云：「《論語集註》：『短命者顏子，三十二而卒也。』《家語》：『顏回少孔子三十歲，年二十九，髮白，三十一而死。』王肅注：『校其年，則顏回死時，孔子年六十一。』然則伯魚年五十，先孔子卒。卒時孔子且七十年。今此爲顏回先伯魚死，而《論語》顏淵死時，孔子曰：『鯉也死，有棺而無槨。』或爲設事之詞。按：《史記·列傳》但云：『顏回少孔子三十歲。年二十九，髮盡白，蚤死。』並不著卒之年歲。夫五十以上而卒，皆可謂之早。三十一歲之文，不知所本，必係王肅僞撰。《公羊傳》哀十四年『顏淵死』云云，《史記·孔子世家》顏淵死，孔子曰：『天喪予。』及西狩獲麟曰：『吾道窮矣。』夫曰『天喪予』，曰『天祝予』，曰『吾道窮矣』。夫曰『天喪予』，曰『天祝予』，曰『吾道窮』，曰『吾已矣』者，皆孔子將歿之年所言，故《公羊春秋》及《弟子傳》皆連言之，則顏子之死，必與獲麟、子路死、夫子卒相先後。孔子年七十一獲麟。七十二子路死。七十三孔子卒。顏子少孔子三十歲，孔子七十，顏子已四十也。《世家》云伯魚年五十，先孔子卒。」以核孔子年二十生伯魚之説，尚不甚遠。則伯魚卒時，孔子年六十九。據《論語》顏淵死在伯魚之後，則孔子年七十，顏子正四十七。魯哀、季康之問，皆在哀十一年。孔子反魯之後，時顏子新卒，故聖人述之有餘痛焉。若王肅説，孔子年六十一顏子死，此正孔子自陳反蔡之年，猶未反魯，哀公、康子何從問詢。且此時去困阨陳、蔡，首尾三載。如六十一顏子已死，孔子思從難諸賢，何以首及顏淵。可知王肅削奪先賢年齒以求勝其私説也。」○注「予，我」。○《爾雅·釋詁》云：「予，我也。」

子路死，子曰：「噫！天祝予。」 注 祝，斷也。天生顏淵、子路爲夫子輔佐。皆死者，天將亡夫子之証。

疏 注「祝，斷也」。○上十三年《穀梁傳》：「祝髮文身。」注：「祝，斷也。」

《廣雅・釋詁》云：「祝，斷也。」《書・泰誓》：「祝降時喪。」傳亦云：「祝，斷也。」《鹽鐵論・訟賢》云：「若『由不得其死然』，『天其祝予』矣。」舊疏云：「然天祝惡已之道德，亦是斷絶之義矣。」○注「天生」至「之証」。○《董仲舒傳贊》：「至向子歆以爲，伊、吕乃聖人之耦，王者不得則不興。故顔淵死，孔子曰：『噫！天喪予。』唯此一人足以當之。」師古曰：「噫，歎聲。言失其輔佐也。」舊疏云：「自予得由也，惡言不至於耳。是其爲輔佐之義也。若欲以理言之，則四科十人，游、夏之徒，皆爲夫子之輔佐。故《孝經説》云：『《春秋》屬商，《孝經》屬參』是也。今特言二人，皆以其先卒故也。良輔之内，二人先死，亦非祐助之義，故曰『將亡夫子之証』。」《校勘記》云：「閩本剜改証作證。監、毛本承之。」

西狩獲麟。

疏《校勘記》云：「《唐石經》、諸本同。《經義雜記》曰：『《論衡・指瑞》云：《春秋》曰：西狩獲死驎。』今三傳本無死字，而《公羊》云：『顔淵死，子曰：噫！天喪予。子路死，子曰：噫！天祝予。西狩獲麟，孔子曰：吾道窮矣。』注：『時得麟而死。此亦天告夫子將殁之徵。』則此傳本作『西狩獲死麟』，與上『顔淵死』、『子路死』一例。『吾道窮矣』，與上『天喪予』、『天祝予』一例。」驎，俗麟字。

孔子曰：「吾道窮矣。」

注加姓者，重終也。麟者，太平之符，聖人之類。時得麟而死，此亦天告夫子將殁之徵，故云爾。

疏舊疏云：「麟之來也，應於三義：一爲周亡之徵，即上傳云『何以書？記異也』是也。二爲漢興之瑞，即上傳云：『孰爲來哉？孰爲來哉？』雖在指斥，意在於漢也。三則見孔子將殁之徵，故孔子曰『吾道窮矣』是也。」《史記・孔子世家》云：「魯哀公十四年春，狩大野。叔孫氏車子鉏商獲獸，以爲不祥。仲尼視之，曰：『麟也。』取之。曰：『河不出圖，雒不出書，吾已矣夫。』顔淵死，孔子曰：『天喪予。』及西狩見麟，曰：『吾道窮矣！』喟然歎曰：『莫知我夫。』子貢曰：『何爲莫知子？』子曰：『不怨天，不尤人。下學而上達，知我者其天乎。』」又《儒林列傳》：「仲尼干七十餘君，❶無所遇，曰：『苟有用我者，期月而已矣。』西狩獲麟，曰：『吾道窮矣。』故因史記作《春秋》，以當王法。其辭微而指博，後世學者多録

❶「干」，原作「於」，據《史記》改。

焉。」○注「加姓者，重終也」。○舊疏云：「正以上文再發『子曰』，皆不加姓故也。」○注「麟者」至「云爾」。○《史記》注引服虔云：「麟非時所常見，故怪之，以爲不祥也。仲尼名之曰：『麟。』❶然後魯人乃取之也，❷明麟爲仲尼至也。」《繁露·隨本消息》云：「顔淵死，子曰：『天喪予。』子路死，子曰：『天祝予。』西狩獲麟，曰：『吾道窮。』❸三年，身隨而卒。階此而觀，天命成敗，聖人知之。有所不能救，命矣夫。」《後漢書·何敞傳》：「西狩獲麟，孔子有兩楹之殯。」是皆以爲夫子將殁之徵也。舊疏云：「麟者，聖人之類者，以皆有聖帝明王乃見，故謂之類也。時得麟而死者，即《孔叢子》云『麟出而死，言道窮矣』是也。」

《春秋》何以始乎隱？ **注** 据得麟乃作。**疏** 注「据得麟乃作」。○舊疏引《演孔圖》云：「獲麟而作《春秋》，九月書成」是也。」又《隱七年》疏引《演孔圖》云：「孔子修《春秋》，九月而成。卜之，得陽豫之卦。」又引《説題辭》云：「昔孔子受端門之命，制《春秋》之義，使子夏等十四人求周史記，得百二十國寶書。九月經立。」舊疏引《揆命篇》云：「孔子年七十歲，知圖書，作《春秋》者，何氏以爲年七十歲者，大判言之，不妨爾時七十二矣。」《左疏》引服虔説，以爲夫子以哀十一年自衛反魯而作《春秋》，約以《周禮》，故有麟應而至，與此不合。賈逵、潁容等皆同服説，以爲修母致子之應。蓋《左氏》家説也。而《説苑·至公》篇：「夫子道不行，退而修《春秋》。精和聖制，上通於天而麟至。此天之知夫子也。故夫子曰：『不怨天，不尤人。下學而上達，知我者其天乎？』」亦與《左氏》説合。《通義》云：「《春秋》之作，存王道於將絶，垂治法於不朽。孟子以爲亂後之一治，故《左氏》先師賈、服之徒，皆言制作三年，文成致麟。而胡康侯謂《簫韶》九奏，鳳儀于庭。魯史成經，麟出于野。天人相與之際，誠有然者。至其出而見獲，則聖道不行，❹終老兩楹之象也。但夫子謙不敢當麟爲己出，故但傷麟見非時，感而致泣。方在制作，就絶筆于所感爾。」按：

❶「麟」下，原衍「然」字，據《史記》删。
❷「後」字，原脱，據《史記》補。
❸《春秋繁露》重「吾道窮」三字。
❹「聖」下，原衍「人」字，據《通義》删。

《孔子世家》亦云：「哀公十四年春，❶狩大野，獲獸。仲尼視之，曰：『麟也。』曰：『吾道窮矣。』乃因史記作《春秋》，上至隱公，下訖哀公十四年，十二公。據魯，親周，故殷，運之三代。約其文詞而指博。」則亦以得麟而作。**祖之所逮聞也。**注託記高祖以來事，可及問聞知者，猶曰：「我但記先人所聞。」辟制作之害。疏《校勘記》云：「唐石經、諸本同。《隸釋》載《漢石經》逮作遝。《九經古義》云：『《説文》：『遝，迨也。』❷《玉篇》：『迨遝，❸行相及。』❹又《目部》：❺『眔，❻目相及。』《方言》云：『迨、遝，及也。東齊曰迨，關之東西曰遝，或曰及。』」《州輔碑》云：「遝事和熹后、孝安皇帝。」《劉寬碑》云：「未遝誅紂。」《陳球後碑》云：「遝完徂齊。」俱以遝爲逮也。《釋言》云：「逮，遝也。」遝、逮古音同也。《説文》又云：「逮，及也。及，逮也。」又云：「隶，及也。」則亦通隶。《釋言》云「逮，及也」，謂祖之所及聞也。按：《爾雅·釋言》又云：「遾，逮也。」《方言》又云：「噬，逮也。北燕曰噬。逮，通語也。」《詩·唐風·有杕之杜》「噬肯適我」，《韓詩》作「逝」，亦云：「及也。」《通義》云：「隱公以來之事，祖雖不及見，猶及聞而知之。過是以往，文獻不足，恐失其實，故斷自隱始。」舊疏云：「何氏以爲，公取十二，則天之數。故《隱元年》『益師卒』之下，注云：『所以二百四十二年者，取法十二公，天數備足』是也。今此傳云『祖之所逮聞』者，謂兼有天數之義，亦託問聞而知，亦取制服三等之義。故《隱元年》注云：『所以三世者，禮爲父母期，爲曾祖爲祖父母期，爲曾祖、高祖父母齊衰三月。』是也。」○注「託記」至「之害」。○《史記·儒林傳》：「故因史記作《春秋》，以當王法。其詞微而指博，後世學者多録焉。」舊疏云：「假託云：道我記高祖以來事者，謂因己問父，得聞昭、定、哀之事。因父問祖，得聞文、宣、成、襄之事。因祖問高祖，得聞隱、桓、莊、閔、僖之事。故曰『託記高祖以來事，可

❶「春」字，原脱，據《史記》補。
❷「迨」，原作「迨」，據《説文》改。
❸「迨」，原作「迨」，據宋本《玉篇》改。
❹「及」，原作「近」，據宋本《玉篇》改。
❺「目」，原作「自」，據宋本《玉篇》改。
❻「眔」，原作「遝」，據宋本《玉篇》改。

及問聞知者』。以此言之，則無制作之義，故曰：『我但記先人所聞，辟制作之害也。』」所見異辭，所聞異辭，所傳聞異辭。**注**所以復發傳者，益師以臣見恩，此以君見恩，嫌義異。於所見之世，臣子恩其君父尤厚，故多微詞也。所聞之世，恩王父少殺，故立煬宮不日，武宮日是也。所傳聞之世，恩高祖、曾祖又殺，故子赤卒不日，❶子般卒日是也。

疏注「所以」至「義異」。○舊疏云：「《隱元年》：『冬，十有二月，公子益師卒。』傳：『何以不日？遠也。所見異辭，所聞異辭，所傳聞異辭。』然則彼已有傳，今復發之者，正以益師之卒，所以不日者，以其恩遠。孔子所不見，欲道當時之君無恩於其臣，是以大夫之卒不問有罪與不，例皆不日以見之。是以須發三代異辭之言。今此西狩獲麟，當所見之世，己與父時之事。欲道當時之臣有恩於其君，故爲微辭，不忍正言其惡，是以復須發傳，道其三代異辭之意。然則言益師以臣見恩者，言益師之經，以臣之故，見君恩之薄厚也。此以君見恩者，此獲麟之經，以君之故，見臣恩之厚薄，其義實異，故重發。《桓二年》成宋亂之下，傳云：『內大惡諱，此其目言之何？遠也。所見異辭，所聞異辭，所傳聞異辭。』注：『所以復發傳者，益師以臣見恩，此以君見恩，嫌義異也。』則桓公時，已發見君恩之傳，今復發之者，正以桓公時，欲見其臣無恩於其君，是以不爲之諱大惡。今時有恩於其君，故爲之諱而作微辭也。彼注云『嫌義異』，此復注云『嫌義異』，是其一隅。何氏不決之者，省文也。」○注「於所」至「辭也」。○《繁露·楚莊王》云：「《春秋》分十二世以爲三等，有見，有聞，有傳聞。有見三世，有聞四世，有傳聞五世。故定、哀、昭，君子之所見也。所見六十一年，於所見微其辭。」是也。《定元年》傳云：「定、哀多微辭。」注云：「定公有王無正月，不務公室，喪失國寶。哀公有黃池之會，獲麟。故總言多。」是也。○注「所聞」至「是也」。○《繁露》又云：「襄、成、宣、文，君子之所聞也。所聞八十五年，❷於所聞，痛其禍。」按：彼謂子般卒日，子赤卒不日故

❶「卒」，原作「平」，據《春秋公羊傳注疏》改。

❷「五」，原作「一」，據《春秋繁露》改。

也。此立煬宮不日，即《定元年》「秋九月，立煬宮」是也。武宮日，即《成六年》「二月辛巳，立武宮」是也。《公羊》之義，失禮鬼神例日，故所聞世不爲諱，恩殺也。○注「所傳」至「是也」。○《繁露》又云：「僖、閔、莊、桓、隱，君子之所傳聞也。所傳聞九十六年。於所傳聞殺其恩。」按：子赤卒不日，即《文十八年》「冬，十月，子赤卒」是也。子般卒日，即《莊三十二年》「冬，十月乙未，子般卒」是也。《文十八年》注云「所聞世，臣之恩痛王父深厚，故不忍言其日，與子般異」是也。《通義》云：「所聞者，己之所逮聞也。至於祖之所逮聞，而父受之祖，己受之父，則所傳聞也。世疏者，其恩殺。若桓之無王，莊之不復仇、納鼎、歸寶，文姜淫泆，皆得質言之，以立其義。移於所見之世，則義有所尊，恩有所諱，定公受國於季氏，❶不敢明其篡。昭公取同姓，不忍斥其惡。是以《春秋》正名分，誅亂賊之大用，必託始于所傳聞世，而後可施也。近者微辭，遠者目言。以義始之，❷以仁終之。別其世而不亂，斯異其詞而不糅。」

何以終乎哀十四年？**注**据哀公未終也。

疏《漢書·儒林傳》：「因魯《春秋》舉十二公行事，繩之以文武之道，成一王法，至獲麟而止。」《文選》班固《答賓戲》云：「孔終篇於西狩。」○注「据哀」至「終也」。○舊疏云：「正以未見公薨之文故也。且以《左氏》言之，即哀二十七年公孫於越而因卒，則知今未終。」

曰：「備矣。」**注**人道浹，王道備。必止於麟者，欲見撥亂功成於麟，猶堯舜之隆，鳳皇來儀。故麟於周爲異，《春秋》記以爲瑞。明大平以瑞應爲效也。絶筆於春，不書下三時者，起木絶火王，制作道備，當授漢也。又春者，歲之始，能常法其始，則無不終竟。**疏**《禮記·禮運》云：「故聖人作則，必以天地爲本，以陰陽爲端，以四時爲瑞，以日星爲紀，月以爲量，鬼神以爲徒，❸五行以爲質，禮義以爲器，人情以爲田，四靈以爲畜。」注：「天地以至於五行，其制作所取象也。禮義人情，其政治也。四靈者，

❶「定公」上，原衍「是以」二字，據《通義》刪。
❷「以」上，原衍「世」，據《通義》刪。
❸「徒」，原作「從」，據《禮記注疏》改。

其徵報也。此則《春秋》始於元，終於麟，包之矣。」《正義》：「謂《春秋》元年以後，獲麟以前，包籠此天地、陰陽、四時、星辰、日月之等。按：《春秋》五始：元者，氣之始，則天地也。春者，四時之始，則四時也。王者，政教之始，則禮義也。公即位者，一國之始，亦禮義也。熊氏云：『《春秋》書郊，是天。書地震，是地。書無冰，是陽。書雨雹，是陰。書春夏秋冬，是四時。又四時陰陽也。書日是日，書恒星是星，書月是月，書沙鹿崩、梁山崩，是鬼神。又取郜大鼎，是金。雨木冰，是木。大水是水。成周宣謝火，是火。城諸及防，是土。金木水火土，即五行也。得禮則褒，失禮則貶，是禮義也。桓書即位，先君被弑而行即位，安忍其喪，其情惡。莊不書即位，文姜出不忍行即位之禮，其情善。此是人情也。西狩獲麟，是四靈爲畜也。』是亦即備義也。蓋備即王道備，故《文選注》引《元命包》云：「孔子曰：丘始于元，終于靈，王道成也。」○注「人道浹，王道備」。○《繁露・王道》云：「孔子明得失，差貴賤，反王道之本。譏天王以致大平。刺惡譏微，不遺大小。善無細而不舉，惡無細而不去。進善誅惡，絶諸本而已矣。」《通義》云：「上治隱、桓而貶絶之法立，下録定、哀而尊親之義著。君君、臣臣、父父、子子、夫夫、婦婦，采毫毛之善，譏纖芥之惡。凡所以示後王經制者，靡不具焉。天之大數不過十二，因而十之，周而再之，天道浹于上，人事備于下。」《史記・十二諸侯年表》：「孔子明王道，干七十二君，❶莫能用，故西觀周室，論史記舊聞，興於魯而治《春秋》，上紀隱，下至哀之獲麟。約其辭文，去其煩重，以制義。王道備，人事浹。」《説苑・至公》篇：「夫子行説七十諸侯，無定處，意欲使天下之民各得其所，而道不行，退而修《春秋》。采豪毛之善，貶纖芥之惡。人事浹，王道備。」舊疏云：「浹，亦有作帀字者。正以三代異辭，因父以親祖，以親曾祖，以曾祖親高祖，骨肉相親，極于此，故云『人道浹』也。王道備者，正以撥亂于隱公，功成于獲麟，懔懔治之至于太平，故曰『王道備』也。」○注「必止」至「效也」。○舊疏云：「必止於麟者，正以獲麟之后，得端門之命，乃作《春秋》。但孔子欲道從隱撥亂，功成于麟，是以終于獲麟以示義。似若堯舜之隆，制禮作樂之后，《簫韶》九成，鳳皇乃來止，巢而乘匹之類也。故麟於周爲異者，即上傳云『何以

❶「干」，原作「於」，據《史記》改。

書？記異也。何異爾？非中國之獸也』是也。『《春秋》記以爲瑞』者，『記』亦有作『託』者，今解從『記』也。『明太平以瑞應爲效』者，言若不致瑞，即太平無驗，故《春秋》記麟爲太平之效也。」《禮記疏》引《五經異義》：「《公羊》説，哀十四年獲麟，此受命之瑞，周亡失天下之異。」《左傳疏》引賈逵、服虔、潁容等，皆以爲孔子自衛反魯，考正禮樂，修《春秋》，約以周禮，三年文成致麟，麟感而至。取龍爲水物，故以爲修母致子之應。非何氏義。《詩疏》引「《異義》」，❶《左氏》説，麟是中央軒轅大角之獸，孔子作《春秋》者，禮修母以致其子，故麟來爲孔子瑞。❷陳欽説，麟是西方毛蟲，孔子作《春秋》有立言。西方兑，兑爲口，故麟來。許慎謹案云：議郎尹更始、待詔劉更生等議，以爲吉凶不並，瑞災不兼。今麟爲周亡天下之異，則不得爲瑞以應孔子至。」「玄之聞也，《洪範》五事，二曰言。言曰從，從作乂。乂，治也。言於五行屬金。孔子時，周道衰亡，已有聖德，無所施用，作《春秋》以見志。其言可從，以爲天子法，故應以金獸性仁之瑞。賤者獲之，則知將有庶人受命而得之。受命之徵已見，則於周將亡事勢然也。興者爲瑞，亡者爲災，其道則然，何吉凶不並，瑞災不兼之有乎？如此修母致子，不若立言之説密也。」如鄭此説，從陳欽之義，以孔子有立言之教，故致其方毛蟲。故《禮記疏》引熊安生申鄭義云：「若人臣官修，則修母致子之應，《左氏》之説是也。若人君修其方，則當方來應。孔子修《春秋》爲素王法以立言，故西方毛蟲來應。未知然否，且具録焉。或以修母致子，康成所不用也。」《校勘記》出「鳳皇」云：「鄂本鳳作皇，何校本疏同。」又出「效」字云：「鄂本效作効。按：疏中引注同。」○注「絶筆」至「漢也」。○舊疏云：「四時具然後爲年，此乃《春秋》之常。今不書下三時者，欲起木應之。君將亡，欲別起爲王。是以此處不得記之。且獲麟既記制作之道已備，當欲以之授于漢帝，使爲治國之法，是以不得録下三時矣。」○注「又春」至「終竟」。○舊疏云：「所以然者，始正則《僖十六年傳》云：『朔有事則書，晦有事不書也。』義亦通此。」

君子曷爲爲《春秋》？**注** 据以定作五經。**疏** 姚氏範《援鶉堂筆記》云：「爲《春秋》，

❶「詩疏」，當爲《禮記疏》之誤。

❷「麟」，原作「禮」，據《毛詩注疏》改。

如『女爲《周南》、《召南》』之類。」舊疏云：「君子謂孔子。『曷爲今日始爲《春秋》乎？』嫌其大晚於諸典之後。」○注「据以定作五經」。○舊疏云：「何氏以爲，孔子領緣五經，皆在獲麟之前，故言此。何氏知然者，正以《論語》云：孔子曰：『吾自衛反魯，然後樂正，《雅》、《頌》各得其所。』按：孔子自衛反魯，在哀十一年冬，則知料理舊經不待天命者，皆在獲麟之前明矣。而《論語》直言「樂正，《雅》、《頌》」，文不備矣。言料理五經在獲麟之前，何故作《春秋》獨在獲麟之後乎？故据五經以難之。」**撥亂世，**注撥猶治也。疏注「撥猶治也」。○《廣雅・釋詁》：「撥，治也。」《詩・商頌・長發》云：「玄王桓撥。」傳：「撥，治也。」《楚辭・懷沙》：「孰察其撥正。」注：「撥，治也。」《後漢・明帝紀》、《梁統傳》、《陳元傳》注並云：「撥，理也。」避治諱也。《説文・手部》亦云：「撥，治也。」《詩・大雅・雲漢序》云：「宣王承厲王之烈，内有撥亂之志。」《孟子章指》：「言桓王之事，譎正相紛，撥亂反正，聖意弗珍。」**反諸正，莫近諸《春秋》。**注得麟之后，天下血書魯端門，曰：「趨作法，孔聖没。周姬亡，彗東出。秦政起，胡破術。書記散，孔不絶。」子夏明日往視之，血書飛爲赤烏，化爲白書，署曰：《演孔圖》。中有作圖制法之狀。孔子仰推天命，俯察時變，却觀未來，豫解無窮。知漢當繼大亂之后，故作撥亂之法以授之。疏《史記・太史公自序》云：「夫《春秋》，上明三王之道，下辨人事之紀；别嫌疑，明是非，定猶豫；善善惡惡，賢賢賤不肖；存亡國，繼絶世，補敝起廢，王道之大者也。是故《禮》以節人，《樂》以發和，《書》以道事，《詩》以達意，《易》以道化，《春秋》以道義。撥亂世反之正，莫近於《春秋》。文成數萬，其指數千，萬物之聚散皆在《春秋》。《春秋》之中，弑君三十六，亡國五十二，諸侯奔走不得保其社稷者不可勝數。察其所以，皆失其本已。故《易》曰：『失之豪釐，差以千里。』故曰『臣弑君，子弑父，非一旦一夕之故也，其漸久矣』。夫不通禮義之旨，至於君不君，臣不臣，父不父，子不子。夫君不君則犯，臣不臣則誅，父不父則無道，子不子則不孝。此四行者，天下之大過也。以天下之大過予之，則受而弗敢辭。故《春秋》者，

禮之大宗也。夫禮禁未然之前，法施已然之後。法之所爲用者易見，而禮之所爲禁者難知。壺遂曰：『孔子之時，上無明君，下不得任用，故作《春秋》，垂空文以斷禮義，當一王之法。』」《孟子·盡心》「無義戰」章章指：「言《春秋》撥亂，時多争戰。事實違禮，以文反正。征伐誅討，不自王命，故曰『無義戰也』。」《通義》云：「子曰：『我欲託之空言，不如見之行事之深切著明也。』蓋理不窮其變，則不深。事不當其勢，則不切。高論堯舜之道而無成敗之效，則不著不明。故近取諸《春秋》，因亂世之事，季俗之情，漸裁以正道。庶賢者易勉，不肖者易曉，亦致治太平之所由基也。」《史記·自序》又曰：「上大夫壺遂曰：『昔孔子何爲而作《春秋》哉？』太史公曰：『余聞董生曰：周道衰廢，孔子爲魯司寇，諸侯害之，大夫壅之，孔子知言之不用，道之不行也，是非二百四十二年之中，以爲天下儀表。貶天子，退諸侯，討大夫，以達王事而已矣。子曰：吾欲見之空言，不如行事之深切著明也。』」《孔子世家》云：「上至隱公，下訖哀公十四年，十二公。據魯，親周，故殷，運之三代。約其文辭而指博。故吴、楚之君自稱王，而《春秋》貶之曰『子』。踐土之會實召周天子，而《春秋》諱之曰『天王狩于河陽』。推此類以繩當世，貶損之文，後有王者舉而開之。《春秋》之義行，則天下亂臣賊子懼焉。」舊疏云：「孔子未得天命之時，未有制作之意，故但領緣舊經，以濟當時而已。既獲麟之後，見端門之書，知天命己制作以俟後王，于是選理典籍，欲爲撥亂之道。以爲《春秋》者，賞善罰惡之事。若欲治世反歸于正道，莫近于《春秋》之義。是以得天命之後，乃作《春秋》矣。即上云『治世之要務』。義亦通於此。」《校勘記》云：「浦鏜云：《詩序》及《爾雅序》疏引何注有『莫近，猶莫過之也』七字，疑今本脱。」〇注「得麟」至「之狀」。〇舊疏以爲《演孔圖》文。《類聚》、《白帖》引《演孔圖》「孔不絶」下有「此魯端門血書。十三年冬，有星孛東方」十五字。《孔聖全書》引《演孔圖》云：「孔子曰：『某作《春秋》，天授《演孔圖》，中有大玉，刻一版曰：璿機一低一昂，是七期驗敗毁滅之徵也。』」趙氏在翰云：「端門，今在孔廟東南十一里。」《類聚》引《説題辭》云：「孔子謂子夏曰：『得麐之月，天當有血書魯端門。』子夏至期往，逢一郎，言門有血書。往寫之，血飛爲赤烏，化爲帛，烏消書出，署曰：《演孔圖》。」與此所引大同。舊疏云：「秦始皇名正。《秦本紀》云：秦皇

爲無道，周人以舊典非之，乃用李斯之謀，欲以愚黔首。於是燔《詩》、《書》云。然則始皇燔《詩》、《書》而言胡破術者，謂始皇燔之不盡，胡亥亦燔之。」按：《御覽》引《演孔圖》云：「驅除名正，顛倒吾衣裳，坐吾曲牀，濫長九州，滅六王，至於沙丘亡。」是其事也。舊疏又云：「疾作王者之法，孔氏聖人將欲没矣，周王姬氏將亡，是以十三年冬，彗星出於東方矣。秦始皇方欲起爲天子，其子胡亥破先王之術。當爾之時，書契紀綱盡皆散亂，唯有孔氏《春秋》口相傳者獨存而不絶。孔子聞之，使子夏往視其血書。❶其血乃飛爲赤烏，其書乃化爲白書，署之曰：《演孔圖》。中義理，乃有訓作之象，制法之形狀矣。」《校勘記》出「赤烏」云：「蜀大字本、閩、監、毛本同，誤也。鄂本烏作鳥，當據正。」○注「孔子」至「授之」。○《御覽》引《演孔圖》云：「孔胸文曰：『制作定世符。』」《繁露・符瑞》云：「有非力之所能致而自致者，西狩獲麟，受命之符是也。然後託乎《春秋》正不正之間，而明改制之義。一統乎天子，而加憂於天下之憂也。」《御覽》引《考靈耀》云：「卯金出軫，握命孔符。」鄭注：「卯金，劉字之别。軫，楚分野之星。符，圖書所握。天命孔子制圖書。」《文選注》引《春秋緯》云：「麟出周亡，故立《春秋》制，素王授當興也。」《隱元年》疏引《春秋説》云：「伏羲作八卦，丘合而演其文，讀而出其神，作《春秋》以改亂制。」又云：「某覽史記，援引古圖，推集天變，爲漢帝制注，陳敘圖籙。」又云：「某水精，制法爲赤制功。」《後漢書・郅惲傳》：「漢歷久長，孔爲赤制。」注：「言孔某作緯書，著歷運之期，爲漢家立制。漢火德尚赤，故云爲赤制。即《春秋感精符》云『墨、孔生，爲赤制』是也。」又《蘇竟傳》：「夫孔丘祕經，爲漢赤制。」《越絶書》云：「見孔子删《書》，作《春秋》，定王制。賢者嗟歎。」又云：「道獲麟，周盡證也，故作《春秋》以繼周也。此時天地一清，日月一明，弟子欣然相與太平。」舊疏云：「孔子仰推天命，謂仰尋天命，即端門之命是也。俯察時變，即螽蟲冬踊，彗星埽旦之象也。卻觀未來，豫解無窮，知漢當繼大亂之後，故作撥亂之法以授之者，謂知其承大亂之後，天下未醇，故作治亂之法以授之矣。若欲託之《春秋》，即所傳聞之世是也。故《桓三年》傳：『近正也』注：『善其近正，似於古而不相背，故書以撥亂』是也。」則未知其爲是與？

❶ 「視」，原作「親」，據《春秋公羊傳注疏》改。

疏舊疏云：「爲，音于僞反。公羊子謙不敢斥言孔子作《春秋》，故依違云：則未知其爲此《春秋》，可以撥亂世而作之與？」其諸君子樂道堯舜之道與？注作傳者，謙不敢斥夫子所爲作意也。堯舜當古，曆象日月星辰，百獸率舞，鳳凰來儀。《春秋》亦以王次春上。法天文，四時具，然后爲年。以敬授民時，崇德致麟，乃得稱太平。道同者相稱，德合者相友，故曰「樂道堯舜之道」。疏舊疏云：「其諸，辭也。即《桓六年》『公羊子曰：「其諸以病桓與？」』注：『其諸，辭也。』」是君子謂孔子，不知爲是孔子愛樂堯舜之道，是以述而道之與？」《繁露·俞序》云：「苟能述《春秋》之法，致行其道，豈徒除禍哉，乃堯舜之德也。」《孟子·滕文公》云：「知我者，其惟春秋乎？」《史記》注引劉熙《孟子注》云「知者，行堯舜之道者也」是也。○注「作傳」至「意也」。○姚氏範《援鶉堂筆記》云：「蓋聖人制《春秋》以俟後聖，則君子樂後之知己，亦猶孔子之志也。傳者自云所以爲傳者，不敢必其爲得聖人經意，而要爲樂道堯舜之徒也。」○注「堯舜」至「來儀」。○《校勘記》云：「何校本凰作皇，疏同。」《漢書·李尋傳》：「《書》曰『曆象日月星辰』，此言仰視天文，❶俯察地理，觀日月消息，候星辰行伍，揆山川變動，參人民繇俗，以制法度，考禍福。舉錯悖逆，❷咎敗將至，徵兆爲之先見。」《史記·五帝本紀》「曆象」作「數法」。《大戴禮·五帝德》云：「帝嚳曆日月而迎送之。」蓋謂歷象彼日月星辰也。《史記·曆書》云：「方士唐都，分其天部，而巴落下閎運算轉曆。」則落下閎之徒即所謂曆，如周馮相氏所掌，今之推步是也。唐都之徒，即所謂象，如《周禮》保章氏之法，今之占驗是也。「百獸率舞，鳳皇來儀」，見《堯典·皋陶謨》。《史記》注引鄭注云：「百獸，服不氏所養者也。率舞，音和焉。」謂「聲音之道與政通焉」是也。《夏本紀》云：「於是夔行樂，祖考至，群后相讓，鳥獸翔舞，《簫韶》九成，鳳皇來儀，百獸率舞，百官信諧。」❸與崇德致麟之義

❶「視」，原作「觀」，據《漢書》改。
❷「悖」，原重，據《漢書》刪。
❸「信」，原作「倍」，據《史記》改。

合。《宋書·禮志》高堂隆引《尚書傳》：「舜定鐘石，論人聲，乃及鳥獸咸變于前，故定四時改堯正。」○注「春秋」至「民時」。○《史記·三代世表》：「孔子因史文次《春秋》，紀元年，正時月日，蓋其詳哉。」《隱六年》「秋七月」，杜云：「雖無事而書首月，具四時以成歲。」「敬授民時」，《堯典》文。舊疏云：「欲似堯舜當古，曆象日月星辰，以敬授人時也。」○注「崇德」至「太平」。○舊疏云：「欲似堯舜，百獸率舞，鳳皇來儀也。」《禮運》注云：「《吕氏》説《月令》而謂之《春秋》，❶事類相近也。」孔疏：「言此一經，初以天地爲本，終以四麟爲畜，是當《春秋》始於元年，終於獲麟也。《吕氏》説十二月之令，爲《吕氏春秋》，事之倫類，與孔子所修《春秋》相近。《月令》亦載天地、陰陽、四時、日月星辰、五行、禮義之屬也。」○注「道同」至「之道」。○舊疏云：「謂孔子之道同於堯舜，故作《春秋》以稱述堯舜是也。友者，同志之名。言孔子之德合於堯舜，是以愛而慕之，乃作《春秋》，與其志相似也。」《禮記·中庸》云：「仲尼祖述堯舜，憲章文武。上律天時，下襲水土。」鄭注：「此以《春秋》之義，❷説孔子之德。❸孔子曰：『吾志在《春秋》，行在《孝經》。』二經固足以明之。孔子祖述堯舜之道而制《春秋》，而斷以文王、武王之法度。《春秋傳》曰：『君子曷爲爲《春秋》？撥亂世反諸正，莫近諸《春秋》。其諸君子樂道堯舜之道與？末不亦樂乎堯舜之知君子也。』又曰：『是子也，繼文王之體，守文王之法度。文王之法無求而求，故譏之也。』又曰：『王者孰謂？謂文王也。』」皆取其相稱相友也。彼《正義》引《合誠圖》云：「黄帝立五始以制天道。」此《春秋》元年，即當《堯典》「欽若昊天」也。《春秋》四時，即當《堯典》「日中星鳥，日永星火，宵中星虚，日短星昴」也。《春秋》獲麟，即當《益稷》「百獸率舞，鳳皇來儀」是也。

末不亦樂乎堯舜之知君子也，

注 末不亦樂后有聖漢，受命而王，德如堯舜之知孔子爲制作。

疏 《中庸》疏云：「末謂終末，謂孔子末，聖漢之初，豈不愛樂堯舜之知君子也。」《經傳釋詞》云：「末蓋發聲。末不亦，不亦也。也猶邪字，言不亦樂乎後世

❶「令」，原作「會」，據《禮記注疏》改。

❷「義」，原作「道」，據《禮記注疏》改。

❸「説」原作「述」，據《禮記正義》改。

堯舜之知君子邪。下文『制《春秋》之義，以俟後聖，以君子之爲亦有樂乎此也』，正申明此句之義。《禮記·中庸》云：『苟不固聰明聖知達天德者，其誰能知之。』鄭注引《春秋傳》曰：『末不亦樂乎堯舜之知君子，明凡人不知也。』」○注「末不」至「制作」。○孔子之道既與堯舜雅合，故得與堯舜相對爲首末。然則孔子言「不亦」也，堯舜之時，預知有己而制道術，預知有己而爲君子慕之，己亦預制《春秋》授劉帝。是孔子亦慕堯舜之知君子而效之。

制《春秋》之義以俟後聖，【注】待聖漢之王以爲法。【疏】舊疏云：「制作《春秋》之義，謂制《春秋》之中賞善罰惡之義也。」《禮記疏》引《鉤命決》云：「某爲制作之王，黑綠不代蒼黄。」《書疏》引王愆期注《公羊》以爲「《春秋》制，文王指孔子耳，非周昌也。《文王世子》稱武王對文王云：『西方有九國焉，君王其終撫諸？』呼文王爲王，是後人追爲之詞」。亦本緯書爲説。其意以《春秋》制以文王爲即孔子，所謂制作之王也。《繁露·俞序》云：「仲尼之作《春秋》也，上探正天端王公之位，萬民之所欲。下明得失，起賢才，以待後聖。」又《左氏疏》引《六藝論》云：「孔子既西狩獲麟，自號秦王，爲後世受命之君制明王之法。」《漢書·王莽傳》：「孔子作《春秋》以爲後王法，至於哀之十四年而一代畢。」《後漢書·班固傳》：「《典引》云：『故先命玄聖，使綴學立制。』」《禮記·中庸》注云：「此孔子兼包堯舜文武之盛德，而著之《春秋》，以俟後世者。」《孔子世家》云：「子曰：『弗乎弗乎？君子病没世而名不偁焉。吾道不行矣，吾何以自見於後世哉？』乃因史記作《春秋》。後有王者舉而開之。《春秋》之義行，則天下亂臣賊子懼焉。」

以君子之爲，亦有樂乎此也。【注】樂其貫於百王而不滅，名與日月並行而不息。【疏】舊疏云：「君子，謂孔子。所以作《春秋》者，亦樂此《春秋》之道可以永法故也。」《論語·學而》篇：「人不知而不愠，不亦君子乎？」劉氏逢禄《論語述何》云：「《禮·中庸》曰：『君子依乎中庸，遯世不見知而不悔，惟聖者能之。』又曰：『苟不固聰明聖知達天德者，其孰能知之。』傳曰：『末不亦樂乎堯舜之知君子也，制《春秋》之義以俟後聖，以君子之爲，亦有樂乎此也。』蓋夫子述《詩》《書》禮樂，文辭有與人共者，不獨有也。至於作《春秋》，筆則

筆，削則削，游、夏之徒不能贊一辭。故曰『莫我知也』。又曰『知我者其惟《春秋》也』。」此解最得。《通義》云：「言君子豈不樂當世有聖帝如堯舜者，知君子而用之也。既不可得，退修《春秋》，以俟後世王者復起，推明《春秋》之義，❶以治天下，則亦君子之所樂也。《左氏》馳騁於文辨，❷《穀梁》圈囿於詞例，此聖人制作之精意，二家未有言焉。知《春秋》者，其惟公羊子乎。」

❶「明」，原作「於」，據《通義》改。
❷「辨」，原作「辭」，據《通義》改。

公羊義疏七十六

句容陳立卓人著

春秋公羊經傳解詁序

漢司空掾，任城樊，何休序。**疏** 阮氏元《校勘記》云：「《唐石經》同。《釋文》祇作《春秋公羊序》五字。何校本、閩本、監本、毛本此題及下序並傳，皆低一格，惟《春秋》經文始頂格，通書並然。蓋後人以意爲之，非也。此本從《唐石經》題、序、經、傳皆頂格。」阮氏重刊本卷首有「中書門下牒」，《校勘記》云：「此本及閩本、監本卷首皆載此牒文，係景德二年也。毛本始删去此牒文。下兩敕字、中書字，俱跳行頂格。閩、監本改牒文皆低一格。牒字跳行，亦低一格。兩敕字始頂格。」阮氏本又有《監本附音春秋公羊注疏》序，《校勘記》云：「何煌校宋監本『公羊』下有『傳』字，是也。此脱。閩、監、毛本改此爲《春秋公羊傳注疏》七字。閩本於此下署『何休學』。原闕四字疏另行署『明御史李元陽，提學僉事江以達校刊』。監本改署『皇明朝列大夫、國子監祭酒曾朝節等奉敕重校刊』。毛本但存『漢何休學』四字。其實亦不當有也。」漢者，舊疏云：「巴漢之閒地名也。秦二世元年，諸侯叛秦。沛人共立劉季以爲沛公。二年八月，沛公入秦。秦相趙高殺二世，立子嬰。冬十月，爲漢元年。其年二月，項羽更立沛公爲漢王，王巴漢之閒四十一縣，都南鄭。五年十二月，斬羽。六年二月，即皇帝位，遂取漢爲天下號。」司空者，舊疏云：「漢三公官名。」淩先生曙《公羊問荅》云：「問：徐疏漢三公官何也？曰：言漢以別於周也。周以太師、太傅、太保爲三公。冢宰、司徒、宗伯、司馬、司寇、司空，是爲六卿。漢則不然。《史記》：『公孫弘以《春秋》，白衣爲三公。』漢初因秦置丞相，而弘爲之，則丞相爲三公矣。《續漢書·百官志》：『太尉公一人，掌四方兵事。功課歲盡，則奏其殿最而行賞罰。世祖即位爲大司馬。』謝靈運《晉書》云：『秦有太尉，掌兵。漢仍修之，或置或省，是故司馬之官，主九伐之職。』是漢初無

司馬而有太尉。《天文録》曰：『三公星在北斗柄南，主宣德化，和陰陽，若今之大尉、司空之象。』應劭《漢官儀》曰：『冲帝册書曰：三公，國之楨幹，朝廷取正以成斷。今大司農李固，公族之苗，忠正不撓，有史魚之風，其以固爲太尉。』是以太尉爲三公矣。《漢書》曰：『成帝綏和元年，始更名御史大夫曰大司空。』又曰：『彭宣爲大司空。宣上書曰：三公鼎足承君，一足不任，則覆亂美實。臣老病，願上印綬。』是以司空爲三公矣。《漢官儀》曰：『王莽時，議以漢無司徒官，故定三公之號曰大司馬、大司徒、大司空。世祖即位，因而不改。』此後漢三公之制，而又不同於前代者也。故《唐六典》云：『漢承秦制，不置三公。漢末，以大司馬、大司徒、大司空爲三公。師、傅之官，位在三公上。後漢因之，師、傅尊號曰上公，置府僚。』是也。掾者，舊疏云：「即其下屬官也，若今之三府掾是也。」《校勘記》云：「掾字从手。《釋文》、《唐石經》、何校本並同。閩、監、毛本改从木旁，非。」《公羊問荅》云：「掾屬有別否？曰：《漢書》蕭何爲沛主吏掾。《音義》：『正曰掾，副曰屬。』崔寔《政論》曰：『上三公，天子之股肱。掾屬則三公之喉舌。天子當恭己南面於三公，三公亦委策以荅天子。』干寶《司徒儀》曰：『掾屬之職，敦明教義，肅厲清風，非禮不言，非法不行，以訓群吏，以貴朝望，各掌其所治之曹。』《漢舊注》東西曹掾比四百石，餘掾比三百石，屬比二百石。故曰公府掾者，古元士三命者也。《通典》：後漢司空屬官：長史一人，掾屬二十九人，令史及御屬三十二人。掾史辟皆上言之，故有秩，皆比命士。其所不言，則爲百石屬。其後皆自辟除，故通爲百石。」又云：「何謂三府？曰：漢有三府、四府、五府。三府則三公之府也。《漢官典職》曰：『司徒本丞相官，哀帝改爲大司徒，衆馴五品。府與蒼龍闕對，厭於尊者，不敢稱府也。』《漢官儀》曰：河閒相張衡説：明帝以爲司徒、司空府已治，更治太尉府，府公南陽趙熹。安帝元初六年詔：三輔選掾屬高第，承宫傳。建武三府更辟，注：『太尉、司徒、司空。』《李雲傳》三府注『三公府』是也。」❶按：《續漢志》云：「司空，公一人。」本注曰：「掌水土事。凡營城起邑，浚溝洫，修隄防之事，則議其利，建其功。凡四方水土，功課歲盡，則奏其殿最而行賞罰。世祖即位，爲大司空。建武二十七年，去大。」注引

❶「公」下，原脱「府」字，據《春秋公羊問荅》補。

應劭《漢官儀》曰：「綏和元年，❶罷御史大夫官。法周制，初置司空。議者又以縣道官獄司空，故覆加大，爲大司空，亦所以別大小之文。」考漢前止丞相、御史大夫。哀帝元壽二年，更丞相爲大司徒。成帝綏和元年，❷更御史大夫爲大司空。哀帝建平二年，復舊名。元壽二年，又爲大司空。官名雖有更替，終漢之世不廢。太尉不常置。武帝建元二年省。元狩四年置大司馬，冠將軍之號。宣帝地節三年，置大司馬，不冠將軍，亦無印綬，官屬亦不常置。成帝綏和元年，初賜大司馬印綬，置官屬，比丞相。哀帝建平二年，復去印綬、官屬，將軍如故。元壽二年，復賜大司馬印綬，置官屬，去將軍，位在司徒上。後漢因之。終漢世，三公常設不改也。《志》又云：「屬：長史一人，千石。掾屬二十九人，令史及御屬四十二人。」《説文・手部》：「掾，緣也。」緣者，衣領袂口之飾，引申爲凡物緣邊之稱。此掾爲三公翼輔，故亦得有緣義。又考《後漢書》本傳：「太傅陳蕃辟之。黨禁解後，又辟司徒，拜議郎，再遷諫議大夫，卒。」未知爲司空掾何時也。任城樊者，《續漢書・郡國志》兖州刺史部「任城國有桃聚、亢父、樊」。《後漢書》本傳注「樊縣故城在今兖州瑕丘縣西南」是也。按：樊於前漢屬東平國，爲今兖州府滋陽縣地。何休者，《後漢書・儒林傳》本傳云：「何休字邵公，任城樊人也。父豹，少府。休爲人質朴訥口而雅有心思，精研六經，世儒無及者。以列卿子，詔拜郎中，非其好也，辭病而去。不仕州郡，進退必以禮。太傅陳蕃辟之，與參政事。蕃敗，休坐廢錮，迺作《春秋公羊解詁》。覃思不闚門十有七年。又注訓《孝經》、《論語》、《風角七分》，皆經緯典謨，不與守文同説。又以《春秋》駮漢事六百餘條，妙得《公羊》本意。休善曆算，與其師博士羊弼追述李育意，以難二傳。作《公羊墨守》、《左氏膏肓》、《穀梁廢疾》。黨禁解，又辟司徒。群公表休道術深明，宜侍帷幄。倖臣不説之，迺拜議郎，屢陳忠言，再遷諫議大夫。年五十四，光和五年卒。」《拾遺記》云：「何休木訥多智。三墳五典，陰陽算術，河洛讖緯及遠年古諺，歷代圖籍，莫不成誦。門徒有問者，則爲注記而口不能説。作《左氏膏肓》、《公羊墨守》、《穀梁廢疾》，謂之三闕。言理幽微，非知幾藏往不可通焉。京

❶「元」，原作「四」，據《漢官六種》改。
❷「元」，原作「二」，據《漢書》改。

師謂之學海。」序者，《釋名・釋言語》云：「敘，抒也。抒擽其實，宣見之也。」《爾雅・釋詁》云：「敘，緒也。」《説文・支部》：「敘，次第也。」書不空作，皆有所由緒。録其作書之由，使其意指抒發，故謂之敘也。敘，正字。序，叚借也。孔子爲《易・序卦傳》，又作《書序》，子夏作《詩序》，作序之始也。舊疏二十八卷，相傳爲徐彦作。《文獻通考》作三十卷。《四庫全書總目》云：「或彦本以經文併爲二卷，別冠於前。後人又散入傳中，故少此二卷，亦未可知也。彦疏《唐志》不載，《崇文總目》始著録，稱『不著撰人名氏，或云徐彦』。董逌《廣川藏書志》亦稱『世傳徐彦，不知時代，意其在貞元、長慶之後。』《校勘記序》云：「徐彦疏，《唐志》不載。《崇文總目》始著録，亦無撰人名氏。宋董逌云：『世傳徐彦所作，其時代里居不可得而詳矣。』光禄寺卿王鳴盛云：『即《北史》之徐遵明也。』不爲無見也。蓋其文章似六朝人，不似唐人所爲者。《郡齋讀書志》、《書録解題》並作三十卷，世所傳本乃止二十八卷，其參差之由，亦無可考也。」按：舊疏名氏，迄無定據，故今所引但稱「舊疏」也。

昔者孔子有云：

疏 舊疏云：「《孝經》云：『昔者明王。』鄭注：『昔，古也。』《禮記・檀弓》云『予疇昔之夜』，注：『昔猶前也。』何氏言前古孔子有此言也。」《史記・孔子世家》云：「孔子生魯昌平鄉陬邑。生而首上圩頂，故因名曰丘云。字仲尼，姓孔氏。孔子之時，周室微而禮、樂廢，《詩》、《書》缺。追迹三代之禮，序《書傳》。古者詩三千餘篇，孔子去其重，取可施於禮義三百五篇。禮樂自此可述，以備王道，成六藝。晚而好《易》。弟子蓋三千焉，身通六蓺者七十二人。大野獲麟，乃因史記作《春秋》。上至隱公，下訖哀公十四年。貶損之義，後有王者舉而開之。《春秋》之義行，亂臣賊子懼焉。筆則筆，削則削，子夏之徒不能贊一辭。弟子受《春秋》，孔子曰：『後世知丘者以《春秋》，罪丘者亦以《春秋》。』卒年七十三。以魯哀公十六年四月己丑卒，葬魯城北泗上。」

「吾志在《春秋》，行在《孝經》。」

疏 《禮記・中庸》注引《鉤命決》云：「吾志在《春秋》，行在《孝經》。」彼疏引《鉤命決》又云：「聖人不空生，必有所制，以顯天心。丘爲木鐸，制萬世法。」舊疏引《鉤命決》云：「孔子在庶，德無所施，功無所就，志在《春秋》，行在《孝經》是也。」《事文類聚》引《鉤命決》

又云：「以《春秋》屬商，以《孝經》屬參。」《石臺孝經敘》引《孝經緯》云：「孔子曰：『欲觀我褒貶諸侯之志在《春秋》，崇人倫之行在《孝經》。』」《白虎通・五經》云：「已作《春秋》，復作《孝經》何？❶欲專制正。」《蜀志・秦宓傳》：「『宓曰：『孔子發憤作《春秋》，大乎居正。復制《孝經》，廣陳德行。杜漸防萌，預有所抑。』」是《春秋》、《孝經》相輔而行也。故《禮記・中庸》云：「唯能經綸天下之大經，立天下之大本。」鄭注：「大經，《春秋》也。大本，《孝經》也。」《論語・學而》篇：「君子務本，本立而道生。孝弟也者，其爲仁之本與？」劉氏逢禄《論語述何》云：「本立道生，謂始元終麟，仁道備矣。堯舜之行，則本乎孝弟。夫子志在《春秋》，行在《孝經》。二經相爲表裏也。」《孔子世家》云：「孔子之去魯，凡十四歲而反乎魯。然魯終不能用孔子，孔子亦不求仕，乃因史記作《春秋》。」《繁露・俞序》云：「孔子曰：『吾因其行事而加乎王心焉。以爲見之空言，不如行事博深切明。』」《史記・自序》及趙岐《孟子序》亦云：「仲尼有云：『我欲託之空言，不如載之行事之深切著明。』」舊疏云：「所以《春秋》言志在，《孝經》言行在。《春秋》者，賞善罰惡之書，見善能賞，見惡能罰，乃是王侯之事，非孔子所能行，故但言志在而已。《孝經》者，尊祖愛親，勸子事父，勸臣事君，理關貴賤，臣子所宜行，故曰『行在孝經』也。」**此二學者，聖人之極致，**疏 舊疏云：「二學者，《春秋》、《孝經》也。極者，盡也。致之言至也。言聖人作此二經之時，盡己至誠而作之，故曰聖人之極致也。」《初學記》云：「《春秋》經文備三聖之度。」《北堂書鈔》引《援神契》曰：「孔子作《春秋》、制《孝經》，既成，使七十二弟子向北辰星磬折而立，使弟子抱《河》、《洛》事北向，孔子齋戒，簪縹筆，衣絳單衣，向北辰而拜。」**治世之要務也。**疏 舊疏引《春秋説》云：「作《春秋》以改亂制。」《孟子・滕文公》云：「孔子成《春秋》而亂臣賊子懼。」《太平御覽》引《説題詞》云：「《孝經》者，所以明君父之尊，人道、人業、天地開闢皆在孝也。」是爲治世要務也。舊疏云：「凡諸經藝等皆治世所須，但此經或是懲惡勸善，或是尊祖愛親，有國家者最所急行，故云『治世之精要急務矣』。《祭統》云：『凡治人之道，莫急於禮。』禮者，謂三

❶「何」字，原脱，據《白虎通》補。

王以來也。若大道之時，禮於忠信爲薄，正以孔子修《春秋》，祖述堯舜，故言此。」《校勘記》云：「《唐石經》、諸本同。疏云：『考諸舊本，皆作也，若作世字，俗誤已行。』按：『也』作『世』，則屬下讀，曰『世傳《春秋》者非一』。俗本是。」傳《春秋》者非一。**疏** 舊疏云：「孔子至聖，卻觀無窮，知秦無道，將必燔書。故《春秋》之説，口授子夏。度秦至漢，乃著竹帛。故《説題詞》云：『傳我書者，公羊高也。』」按：《廣韻・一東》：「公複姓，子夏門人齊人公羊高作《春秋傳》。」《初學記》引《演孔圖》云：「公羊全孔經。」宋均注：「公羊，公羊高也。經，指謂《春秋》。」是也。舊疏引戴宏序云：「子夏傳與公羊高，高傳與其子平，平傳與其子地，地傳與其子敢，敢傳與其子壽。至漢景帝時，壽乃共弟子齊人胡毋子都著於竹帛，與董仲舒皆見於圖讖。」又引《六蓺論》云：「『治《公羊》者，胡毋生，董仲舒。仲舒弟子嬴公，嬴公弟子眭孟，眭孟弟子莊彭祖、顔安樂。安樂弟子陰豐、劉向、王彦。』故曰『傳《春秋》者非一』。」按：《後漢書・鍾離意傳》注引《意別傳》云：「意於孔子教授堂下得素書云：『後世修吾書，董仲舒。』」《史記・儒林傳》：「董仲舒，廣川人也。以治《春秋》，孝景時爲博士，下帷講誦，弟子傳以久次相受業，❶或莫見其面。公孫弘治《春秋》不如董仲舒，而弘希世用事，位至公卿。董仲舒居家至卒，終不治産業，以修學著書爲事，故漢興至於五世之閒，唯董仲舒名爲明於《春秋》，其傳公羊氏也。」又《平津侯列傳》：「丞相公孫弘者，齊菑川國薛縣人也。年四十餘乃學《春秋》、雜説。建元元年，天子初即位，招賢良文學之士。是時弘年六十，徵以賢良，爲博士。」《儒林列傳》又云：「胡毋生，齊人也。孝景時爲博士，以老歸教授。齊之言《春秋》者多受胡毋生，公孫弘亦頗受焉。」《漢書・儒林傳》云：「董生自有傳。弟子遂之者，蘭陵褚大，東平嬴公，廣川段仲温、吕步舒。唯嬴公守學不失師法，授東海孟卿、魯眭孟。」又：「嚴彭祖，東海下邳人也。與顔安樂俱事眭孟。孟弟子百餘人，唯彭祖、安樂爲明。質問疑義，各持所見。孟曰：『《春秋》之義在二子矣。』孟死，彭祖、安樂各顓門教授。由是《公羊春秋》有嚴、顔之學。彭祖授琅邪王中，中授同郡公孫文、東門雲。顔安樂，魯國薛人，授淮陽泠豐次君，淄川任公。由是顔家有泠、任之學。始

❶「久」，原作「名」，據《史記》改。

貢禹事嬴公，成於眭孟。疏廣事孟卿。廣授琅邪筦路。禹授穎川堂谿惠。惠授泰山冥都。都與路又事顏安樂。故顏氏復有筦、冥之學。路授孫寶。豐授馬宮、琅邪左咸，咸徒衆尤盛。」《後漢書·儒林傳》引《前書》以嬴公、孟卿、眭孟以下皆爲胡毋子都弟子。據《六藝論》則皆董仲舒弟子。范氏誤以《前書》「弟子遂之者」綴於胡毋子都下，誤仞爲胡毋弟子。其實彼文自承「董生爲江都王相，自有傳」連綴之爾。惟胡毋子都弟子不見諸史。何氏之學出於李育，育多據胡毋生《條例》，故與董生等説往往不同。齊氏召南《注疏考證》云：「陰豐當作泠豐。《前書·儒林傳》『顏安樂授淮陽泠豐及淄川任公，由是顏家有泠、任之學』是也。又按：劉向始學《公羊》，後受《穀梁》。又按：《前書》有王亥而無王彥，即與尹更始、劉向、周慶、丁姓同以《穀梁》議石渠者。《後漢·賈逵傳》：『兼通《穀梁》五家之説。』❶注云：『五家：尹更始等』，又作王彥，未知孰是。」惠氏棟《九經古義》云：「劉子政從顏公孫受《公羊春秋》，本傳不載。然封事多用《公羊》説。又按：《漢書·藝文志》有《公羊外傳》五十篇，《公羊章句》三十八篇，《公羊雜記》八十三篇，《公羊顏氏記》十一篇，《公羊董仲舒治獄》十六篇。蓋皆當時傳《公羊》者各述所受，故何氏云：『非一也。』」舊疏又引舊云：「傳《春秋》者非一者，謂本出孔子，而傳五家，故曰非一。」據《漢書·藝文志》有《左氏傳》、《公羊傳》、《穀梁傳》、《鄒氏傳》、《夾氏傳》。《公羊》、《穀梁》立於學官。鄒氏無師，夾氏無師，故云「非一」。然此下何氏傳論《公羊》家學，未必牽涉餘四家也。

本据亂而作，疏《史記·太史公自序》：「上大夫壺遂曰：『昔孔子何爲而作《春秋》哉？』太史公曰：『余聞董生曰：周道衰微，孔子爲魯司寇，諸侯害之，大夫壅之。孔子知言之不用，道之不行也，是非二百四十二年之中，以爲天下儀表。貶天子，退諸侯，討大夫，以達王事而已矣。』」又曰：「《春秋》之中，弑君三十六，亡國五十二，諸侯奔走不得保其社稷者，不可勝數。察其所以，皆失其本已。故《易》曰：『失之毫釐，差以千里。』故曰：『臣弑君，子弑父，非一旦一夕之故也，其漸久矣。』」《越絶書·德序外傳記》：「夫子作經，攬史記，憤懣不泄，兼道事後，覽承傳説，厥意以爲周道

❶「之説」下，原衍「注云五家之説」六字，據國學本删。

不敝，《春秋》不作。」舊疏云：「孔子本獲麟之後，得端門之命，乃作《春秋》。公取十二，則天之數，是以不得取成王、周公之史，而取隱公以下，故曰『據亂而作』，謂據亂世之史而爲《春秋》也。」按：據亂，蓋兼兩義。**其中多非常異義、可怪之論，**疏舊疏云：「由亂世之史，故有非常異義可怪之事也。非常異義者，即莊四年齊襄復九世之仇而滅紀、僖二年實與齊桓專封是也。此即是非常之異義，言異於文、武時。何者？若其常義，則諸侯不得擅滅諸侯，不得專封，故曰非常異義也。其可怪之論者，即昭三十一年邾婁叔術妻嫂而《春秋》善之是也。」包氏慎言《條釋》云：「《春秋》貶纖芥之惡，祭仲出君而許以行權，齊襄禽獸之行無善可紀而以復遠祖之仇見褒，宋襄喪師辱國而稱爲文王，叔術蔑倫通嫂而以讓國通其子孫於列國，周王守府而新之等於宋稱爲二王後，衛輒拘父而以尊王父：是數者，皆所謂異義可怪之端也，爲業《左氏》者所口舌。」**説者疑惑，**疏《繁露·俞序》云：「《史記》十二公之閒皆衰世之事，故門人惑。」舊疏云：「此説者謂胡毋子都、董仲舒之後，莊彭祖、顔安樂之徒，見經傳與奪異於常理，故致疑惑。」**至有倍經任意，反傳違戾者。**疏舊疏云：「此倍讀如反背之背，非倍畔之倍也。言由疑惑之故，雖解經之理而反背於經，即成二年逢丑父當左以免其主，《春秋》不非而説者非之，是背經也。任意者，《春秋》有三世異辭之言，顔安樂以爲從襄二十一年之後，孔子生訖，即爲所見之世，是任意。任意者，凡言見者，目覩其事，心識其理，乃可爲見。故《演孔圖》云：『文、宣、成、襄所聞之世也。』而顔氏分張一公而使兩屬，是其任意也。反傳違戾者，《宣十七年》『六月癸卯，日有食之』。按：《隱三年》傳云：『某月某日朔，日有食之者，食正朔也。其或日或不日者，或失之前，或失之後。失之前者，朔在前也，謂二日乃食。失正朔於前，是以但書其日而已。失之後者，朔在後也，謂晦日食。失正朔於後，是以又不書日，但書其月而已，即《莊十八年》『三月，日有食之』是也。以此言之，則日食之道不過晦朔與二日，即《宣十七年》言日不言朔者，是二日明矣。而顔氏以爲十四日日食，是反傳違戾也。」**其勢雖問，不得不廣。**疏《校勘記》云：「《唐石經》、諸本同。疏云：一説其勢維適，畏人問難，故曰

『維問』，維誤爲雖耳。按：維當作惟，言其形勢惟問難者多，是以不得不廣爲説也。故下云『講誦師言，至於百萬』云云。」按：舊疏云：「言説者疑惑，義雖不足，但其形勢已然，故曰其勢雖復致問，不得不廣引外文，望成其説，故曰『不得不廣』也。一説謂顔、莊之徒以説義疑惑，未能定其是非，致使倍經任意，反傳違戾，是以何氏觀其形勢，故曰『其勢維適，畏人問難』，故曰『維問』。遂恐已説窮短，不得不廣引外文，望成己説，故曰『不得不廣』也。」按：作雖字亦通。言雖倍經任意，反傳違戾，然既窮相問詰，不得不廣引以證成己説也。《援鶉堂筆記》云：「雖，疑『難』字之譌而誤，强解爲維字之誤，謬矣。」亦不必改讀難字。古人文義不必如後世之平順也。

是以講誦師言，至於百萬，猶有不解。

疏 舊疏云：「此師謂胡、董之前，公羊氏之屬也。言由莊、顔之徒講義不是，致他問難，遂爾謬説至於百萬言。其言雖多，猶有合解而不解者。」按：此蓋何氏自謂講誦師言至於百萬，猶有未解者也。《繁露·俞序》云：「孔子曰：『吾因其行事而加乎王心焉。』以爲見之空言，不如行事博深切明，故子貢、閔子、公肩子言其切而爲國家資也。故衛子夏言，有國家者不可不學《春秋》。不學《春秋》，則無以見前後旁側之危，則不知國之大柄，君之重任也。故曾子、子石盛美齊侯安諸侯，❶尊天子。」又：「故子夏言，《春秋》重人。故子池言魯莊築臺，丹楹刻桷，晉厲之刑刻意者，皆不得以壽終。」是七十子言人人殊，故《漢書·藝文志》云：「口授弟子，弟子退而異言焉。」

時加釀嘲辭。

疏 《校勘記》云：「諸本同。《唐石經》缺。按：《釋文》作『讓嘲』。讓，相責讓也。嘲，嘲笑也。言時加責讓嘲笑之辭。作釀誤，當據正。」按：葉鈔本、徐本《釋文》本，釀作讓。如作釀，陸當有音。然今本《釋文》亦作釀矣。舊疏云：「顔安樂等解此《公羊》，苟取頑曹之語，不顧理之是非。若世人云：『雨雪其雱，臣助君虐』之類是也。」

援引他經，失其句讀。

疏 舊疏云：「三傳之理，不同多矣。群經之義，隨經自合，而顔氏之徒，既解《公羊》，乃取他經爲義，猶賊黨入門，主人錯亂，故曰『失其句讀』。」

以無爲有，

疏 舊疏云：「《公羊》經

❶「侯」，原作「桓」，據《春秋繁露》改。

傳，本無以周王爲天囚之義，而《公羊説》及莊、顔之徒，以周王爲天囚，故曰『以無爲有』也。」甚可閔笑者，疏舊疏云：「欲存《公羊》者，閔其愚闇。欲毁《公羊》者，笑其謬妄也。」《校勘記》云：「《唐石經》同。閩、監、毛本作笑，非。」不可勝記也。疏舊疏云：「言其可閔可笑者多，不可勝負，不可具記也。」按：不可勝記者，言記不勝記也，言其多也。勝記，猶言遽數之、悉數之也。是以治古學、貴文章者謂之俗儒。疏舊疏云：「《左氏》先著竹帛，故漢時謂之古學。《公羊》漢世乃興，故謂之今學。是以許慎作《五經異義》云：『古者，《春秋左氏》説。今者，《春秋公羊》説也。』」按：《易》、《書》、《詩》、《禮》、《春秋》、《孝經》皆有今文、古文。今文立於學官。當時所習古文，或出孔壁，或出民間，往在蝌蚪文，故無師傳，因皆目爲古文也。《後漢書·范升傳》：「尚書令韓歆上疏，欲爲《左氏春秋》立博士，升對曰：『《左氏》不祖孔子而出於邱明。師徒相傳，又無其人。』謹奏《左氏》之失凡十四事。❶時難者以太史公多引《左氏》。升又上太史公違戾《五經》，謬孔子言，及《左氏春秋》不可録三十一事。」按：《春秋》當漢代，《公羊》爲今文，《左氏》爲古文。劉歆欲建《左氏春秋》及《毛詩》、逸《禮》、古文《尚書》列於學官。諸博士或不肯，故劉歆遺書太常博士責讓之。中有「抑此三學，以《尚書》爲不備，謂《左氏》不傳《春秋》」之語。明當時以治古學、貴文章爲譏也。《史記·十二諸侯年表》：「太史公曰：『儒者斷其義，馳説者騁其詞，不務綜其終始。曆人取其年月，數家隆於神運，譜牒獨記世謚，其詞略。欲一觀諸要難，於是譜十二諸侯，自共和訖孔子，表見《春秋》、《國語》學者所譏盛衰大指著于篇，爲成學治古文者要删焉。」❷按：《史記》所謂儒者斷其義，謂《公羊》先師胡毋生、董仲舒能得《春秋》之義。馳説者騁其詞，即謂貴文章，《左氏春秋》但務事實也。舊疏云：「謂之俗儒者，即《繁露》云：『能通一經曰儒生，博覽群書號曰洪儒。』則言乖典籍，辭理失所，名之爲俗，教授於世謂之儒。鄭、賈之徒謂《公羊》雖可教授於世，而辭理失所矣。」按：鄭衆、賈逵皆治古文者也。至使賈逵緣隙奮筆，以爲《公羊》可

❶「謹」，原作「乃」，據《後漢書》改。
❷「爲」，原作「而」，據《史記》改。

奪，《左氏》可興。疏《後漢書·賈逵傳》：「建初元年，詔逵入講北宮白虎觀、南宮雲臺。帝善逵說，使出《左氏傳》大義長於二傳者。逵於是具條奏之，曰：『臣謹擿出《左氏》三十事尤著明者，斯皆君臣之正義，父子之紀綱。其餘同《公羊》者十有七八。或文簡小異，無害大體。至如祭仲、紀季、伍子胥、叔術之屬，《左氏》義深於君父，《公羊》多任於權變，其相殊絶，固已甚遠，而寃抑積久，莫可分明。』」又云：『凡所以存先王之道者，要在安上理民也。今《左氏》崇君父，卑臣子，强幹弱枝，勸善戒惡，至明至切，至直至順。且三代異物，損益隨時，故先帝博觀異家，❶各有所採。《易》有施、孟，復立梁丘。《尚書》歐陽，復有大小夏侯。今三傳之異，亦猶是也。又五經家皆無以證圖讖，明劉氏爲堯後者，而《左氏》獨有明文。五經家皆言顓頊代黄帝，而堯不得爲火德，《左氏》以爲少昊代黄帝，即圖讖所謂帝宣也。如令堯不得爲火，則漢不得爲赤。其所發明，補益實多，❷陛下若復留意廢學，以廣聖見，庶幾無所遺失矣。』書奏，帝嘉之，令逵自選《公羊》嚴、顔諸生高才者二十人，教以《左氏》，與簡紙經傳各一通。」舊疏云：「賈逵者，即漢章帝時衛士令也。言緣隙奮筆者，莊、顔之徒説義不足，故使賈逵得緣其隙漏，奮筆而奪之，遂作《長義》四十二條，云：❸『《公羊》理短，《左氏》理長。』意望奪去《公羊》而興《左氏》矣。鄭衆亦作《長義》十九條十七事，專論《公羊》之短，《左氏》之長，在賈逵之前。何氏所以不言之者，正以鄭衆雖扶《左氏》而毁《公羊》，但不與讖合，帝王不信，毁《公羊》處少，與《左氏》不强，故不言之。豈如賈逵作《長義》四十二條，奏御于帝，帝用嘉之，乃知古之爲真也。賜布及衣，將欲存立，但未及而崩耳。然則賈逵幾廢《公羊》，故特言之。」按：《春秋序》正義云：「賈逵上《春秋大義》四十，以抵《公羊》。」《後漢書》本傳則云：「出《左氏傳》大義長者，擿三十餘事以上。」《玉海》引疏亦作「四十一條」，是宋世本作「一」不作「二」也。**恨先師觀聽不決，多隨二創。**疏舊疏云：「此先師戴宏等也。戴宏作《解疑論》難《左氏》，不得《左氏》之理，不能以正義決之，故云『觀聽不決』。」按：戴宏不知何時人。休

❶「觀」，原作「覽」，據《後漢書》改。
❷「實」，原作「甚」，據《後漢書》改。
❸「二」，據《後漢書》當作「一」，下同，不再出校。

本傳云：「休善曆算，與其師博士羊弼追述李育義，以難二傳，作《公羊墨守》、《左氏膏肓》、《穀梁廢疾》。」又《李育傳》云：「李育，扶風漆人也。少習《公羊春秋》。沈思專精，博覽書傳，知名太學，深爲同郡班固所重。嘗讀《左氏傳》，雖樂文采，然謂不得聖人深意。以爲前世陳元、范升之徒，更相非折，而多引圖讖，不據理體，於是作《難左氏義》四十一事。建初四年，詔與諸儒論五經於白虎觀。育以《公羊》義難賈逵，往返皆有理證，最爲通儒。」然則先師或亦指李育之《難左氏義》有未盡，故何氏如此云與？多隨二創者，舊疏云：「上文云『至有背經任意，反傳違戾者』，與《公羊》爲一創。又云『援引他經，失其句讀』者，又與《公羊》爲一創。今戴宏作《解疑論》多隨此二事，故曰『多隨二創』也。而舊云：《公羊》先師説《公羊》，義不著，反與《公羊》爲一創；賈逵緣隙奮筆奪之，與《公羊》爲二創，非也。」《援鶉堂筆記》云：「二創，疑斥上文詆爲俗儒及《公羊》可奪、《左氏》可興爲二創，疏解非也。」此世之餘事，

疏 舊疏云：「何氏言先師解義，雖曰不是，但有已在，《公羊》必存，故曰『此世之餘事』。餘，末也。言戴氏專慮，《公羊》未申，此正是世之末事，猶天下閒事也。舊云：何氏云前世之師，説此《公羊》，不得聖人之本旨，而猶在世之未説，故曰『世之餘事』也。」《援鶉堂筆記》云：「餘事，疑同多事，言其議論紛紜，滋多而未已也。當時三家互相排擠，豈得云閒事也。疏解非是。」斯豈非守文持論，敗績失據之過哉！

疏 舊疏云：「守文者，守《公羊》之文。持論者，執持《公羊》之文以論《左氏》，即戴宏《解疑論》之流矣。敗績者，争義似戰陳，故以敗績言之。失據者，凡戰陳之法，必須據其險勢以自固，若失所據，即不免敗績。若似《公羊》先師欲持《公羊》以論《左氏》，不閑《公羊》、《左氏》之義，反爲所窮，己業破散，是失所依據，故以喻焉。」余竊悲之久矣。

疏 舊疏云：「何邵公精學十五年，專以《公羊》爲己業。見《公羊》先師失據敗績，爲他《左氏》先師所窮，但在室悲之而已，故謂之竊悲。非一朝一夕，故謂之久。後拜爲議郎，一舉而起，陵群儒之上，己業得申，乃得公然歎息。」往者，略依胡毋生《條例》，多得其正。

疏《漢書·儒林傳》：「胡毋生字子都，齊人。治《公羊春秋》，爲景帝博士，與董仲

舒同業。仲舒著書稱其德，年老歸教於齊。齊之言《春秋》者，宗事之。公孫弘亦頗受焉。」舊疏云：「胡毋生本雖以《公羊》經傳傳授董氏，猶自別作《條例》，故何氏取之以通《公羊》也。雖取以通傳意，猶謙未敢言己盡得胡毋之旨，故言略依而已。何氏本著作《墨守》以距敵《長義》，以强義爲《廢疾》以難《穀梁》，造《膏肓》以短《左氏》，蓋在注傳之前。猶鄭君先作《六蓺論》訖，然後注書，故云『往者』也。何氏謙不言盡得其正，故言多爾。」惠氏棟《九經古義》云：「《公羊》有嚴、顔二家。蔡邕《石經》所定者，嚴氏《春秋》也。何邵公所注者，顔氏《春秋》也。何以知之？以《石經》知之。《石經》載《公羊》云『桓公二年，顔氏有「所見異辭，所聞異辭」云云』，是嚴氏《春秋》已見於隱元年，於此不復發傳也。今何本有之。又云：『卅年，顔氏言「君出則己入」』，此《僖三十年》傳也。又云：『顔氏無伐而不言圍者，非取邑之辭也。』今何氏本亦無。以此知何所注者，蓋顔氏《春秋》焉。鄭康成注三《禮》引《隱五年》傳云：『登戾之。』又引《桓十一年》傳：『遷鄭焉而鄙留。』又引《隱二年》傳：『放於此乎。』與《石經》同，與何氏異，蓋所據者嚴氏本也。《藝文志》云：『《公羊顔氏記》十一篇。』《後漢》張伯饒又減定爲二十萬言。顔氏説經以襄公二十一年之後，孔子生訖，即爲所見之世。又以爲十四日日食，周王爲天囚之類，倍經違戾，皆何氏所不取。」按：何氏亦不必爲顔氏學，其本或偶與《石經》所記顔氏説合耳。

故遂隱括，使就繩墨焉。

疏 舊疏云：「隱謂隱審。括謂檢括。繩墨猶規矩也。何氏言己隱審檢括《公羊》，使就規矩也。而舊云：善射者，隱括令審，射必能中。何氏自言己隱括《公羊》，能中其義也。」《公羊問荅》云：「故遂隱括，此何義也？曰：《説文》：『檃，括也。括，檃也。』《荀子》：『大山之木，示諸檃栝。』又：『拘木必待檃括烝矯然後直。』《淮南子》：『其曲中規，檃括之方。』檃，叚借作隱。《漢書·刑法志》：『隱之以勢。』臣瓚注：『隱括其民。』栝叚借作括，經傳中多作括。邪曲之器，揉曲者曰檃，正方者曰括。舊云：隱括令審，射必能中，迂遠不可從。」按：段氏玉裁注《説文》云：「檃與栝互訓，亦叚借作隱括。《尚書大傳》：『檃栝之旁多曲木，良醫之門多疾人。』《荀子·大略》『示諸檃栝』，檃栝者，矯制衺曲之器也。《方言》：

『所以隱櫂謂之簸。』❶郭云：『搖櫓小橛也。』按：櫂以索繫於簸而後可行，是簸者所以檃其櫂也。如許云『矢檃弦處謂之矢括』，矢括所以控弦也。《般庚》：『尚皆隱哉。』某氏注云：『相檃栝共爲善政。』《公羊序》：『隱括使就繩墨焉。』孫卿書：『劫之以勢，隱之以阸。』皆讀爲檃。《漢志》注臣瓚曰『秦政急峻，❷隱括其民於隘狹之法』是也。凡古云安隱者，皆謂檃栝之而安也。俗作安穩，形聲皆變也。」按：段説是也。《韓詩外傳》：「外寬而内直，自設於隱括之中。直己不直人，善廢而不悒悒，蘧伯玉之行也。」亦即矯之義也。凡多衺曲、臃腫，不中繩墨，故須隱括之而後就繩墨之直。何氏自謂矯正「倍經任意，反傳違戾」者，一規矩之於正也。

❶「櫂」，原作「擢」，據《説文解字注》改，下二「櫂」字同。
❷「漢」，原作「注」，據《説文解字注》改。

鳴謝

《儒藏》精華編惠蒙善助，共襄斯文；謹列如左，用伸謝忱。

本煥法師　壹佰萬元

智海企業集團董事長　馮建新先生　壹佰萬元

NE·TIGER時裝有限公司董事長　張志峰先生　壹佰萬元

張貞書女士　壹佰萬元

北京大學《儒藏》編纂與研究中心

本册审稿人　郜積意

本册責任編委　王豐先

圖書在版編目(CIP)數據

儒藏.精華編.八八/北京大學《儒藏》編纂與研究中心編.—北京：北京大學出版社，2019.1

ISBN 978-7-301-11806-1

Ⅰ.①儒… Ⅱ.①北… Ⅲ.①儒家 Ⅳ.①B222

中國版本圖書館CIP數據核字（2018）第258762號

書　　名	儒藏（精華編八八） RUZANG
著作責任者	北京大學《儒藏》編纂與研究中心　編
責任編輯	王長民
標準書號	ISBN 978-7-301-11806-1
出版發行	北京大學出版社
地　　址	北京市海淀區成府路205號　100871
網　　址	http://www.pup.cn　　新浪微博：@北京大學出版社
電子信箱	dianjiwenhua@126.com
電　　話	郵購部010-62752015　發行部010-62750672　編輯部010-62756449
印 刷 者	北京中科印刷有限公司
經 銷 者	新華書店 787毫米×1092毫米　16開本　41.75印張　640千字 2019年1月第1版　2019年1月第1次印刷
定　　價	1200.00元

ISBN 978-7-301-11806-1
9 787301 118061 >
定價：1200.00元